KEYKOREA

성리소설의 미학 ③

구운몽의 知性美

지성미

설성경

연세대학교 출판문화원

설성경

대구에서 태어나 연세대학교 문과대학 국어국문학과를 졸업하고, 같은 대학원에서 문학 석사 및 박사학위를 받았다. 순수학의 심화 위에서 응용학으로 확장하는 신국문학 운동의 개척자다. 연세대학교 인문과학연구소장, 국학연구원 원장, 강진다산실학연구원 원장, 남해유배문학관 명예관장을 역임하였고, 현재는 아시아문화연구원 이사장, 나손인문학연구실 대표이며, 연세대학교 명예교수다.
순수학 연구 이론을 토대로 「춘향전 특별전」을 비롯한 다양한 응용학을 전개하여 학술의 대중화와 세계화에 힘쓰고 있는 현장 지향적 연구자다. 대표 저서로는 『구운몽의 비밀』, 『홍길동전의 비밀』, 『춘향전의 비밀』 등이 있다.

구운몽의 지성미

2024년 12월 16일 1판 1쇄

지은이 설성경
펴낸곳 연세대학교 출판문화원
주소 서울특별시 서대문구 연세로 50
등록 1955년 10월 13일(제9-60호)
전화 02) 2123-3378~80
팩스 02) 2123-8673
전자우편 ysup@yonsei.ac.kr
홈페이지 http://press.yonsei.ac.kr
인쇄 (주)동국문화

ISBN 978-89-6850-903-2 (94810)
ISBN 978-89-6850-900-1 (세트)

값 60,000원

머리글

서포 김만중은 1637년 서해바다 배 안에서 출생하였다. 그의 증조부는 율곡의 제자인 사계 김장생이요, 조부는 허주 김반이요, 부친은 충정공 김익겸이다. 내우외환의 소용돌이 속, 그것도 숙종의 혼미라는 시대적, 사회적 불행과는 달리, 가문은 그야말로 활력이 넘치는 당대의 갑족이었다. 예조판서와 대제학을 지낸 그의 대표작 「구운몽」은 조선조 최고의 베스트셀러가 되어 왕으로부터 양반은 물론 서민, 백성들까지 두루 즐겼던 소설로 그 명성을 떨쳤다. 그러나 지금까지 「구운몽」은 통속소설로 평가되어왔는데, 여기서는 최초로 이 작품을 성리소설의 완결편으로 규정하고, 그 이치를 국민들에게 제공하여 우리 고전의 참된 가치와 자긍심을 함께 누리고자 한다.

숙종은 혈통을 이을 자식이 없어 걱정하던 중, 인경왕후가 승하한 후 계비로 맞이한 인현왕후 민씨의 양해로 궁녀 장씨를 후궁으로 맞게 되었다. 이후 장씨는 숙의가 되자 정사에 참여함에 따라 지위와 권세가 부풀게 되고, 이를 기화로 재야에 있던 남인들은 재차 등용을 꾀하며 그녀의 오빠 장희제와 결탁하여 득세를 시도하였다. 그런데 장씨의 모는 일찍이 조사석의 비첩이었다고도 전해지고, 조사석은 숙종 13년에 우상에까지 올랐으며, 영의정 김수항은 파직되었다. 이때 김만중은 경연 자리에서 숙종에게 조사석의 현달과 김수항 파직의 부당함을 상소하였다가 숙종의 노여움을 사서 이튿날 유배되었다. 이때 영의정 남구만, 예조판서 남용익을 비롯한 정원과 옥당이 신원했으나 숙종은 받아들이지 않았다. 김만중은 평안도 선천에 유배되어 있으면서, 거대 상소에 해당하는 성리소설 「구운몽」을 창작하여, 혼미한 숙종을 깨우치려 노력하였다.

이 책에는 대제학이요 정치관료인 서포 김만중이 직언 끝에 유배를 당했지만, 유배지에서도 나라와 임금을 위한 상소를 소설로 지어바친 충신의 거대 상소문에 해당하는 「구운몽」의 창작 배경과 목적을 작가론, 작품론, 향수론을 함께 다루는 〈광통학〉의 방법으로 탐색하였다. 그러면서 국문학의 외연을 인문학의 영역으로 확장하여 순수학을 심화시키고, 이를 토대로 인문 응용학으로까지 나아가 문학 작품 속에 투영되어 있는 한국인의 정체성을 대변하는 내용까지도 아울러 담아냈다.

서포 김만중은 군신 간의 소통이 적절히 이루어지지 않은 처지에서 유배를 당하게 되자, 유배지 선천에서 충신으로서 해야 할 정치적 발언을 소설을 통해 표현했다. 서포는 소설 속에 형상된 이념적 인간상의 모습들을 통해, 지성소설로서의 「구운몽」의 특성과 이를 적극적으로 수용한 독자들의 심성이나 의식 지향성이 추구한 이상적 삶의 가치를 소설이라는 대체적 모형으로 제시해 주고자 했다. 그러므로 오늘날의 독자에게도 여전히 가치 있는 삶의 방식을 제공하는 걸작 「구운몽」의 비평 연구는 작품의 소재로 삼고 있는 유가 사상, 불가 사상, 도선 사상을 융합시켜 형상해 낸 서사 속에서, 가장 한국적인 정신에 뿌리를 둔 삶의 질적 수준을 분석해 낸 결과로서, 안으로는 민족적인 자긍심을 높여주고, 밖으로는 동양 문학의 특질을 세계인들에게 입증하기에 아주 적절한 작품이다.

이는 「구운몽」이 17세기에 주류를 형성하고 있었던 동아시아의 전통적 종교 철학의 오묘한 뜻을 서사로 풀어내고 있고, 이를 근거로 작가 서포 김만중이 다수의 습작 끝에 집중적인 창의성을 발휘하여 지성미의 한 결실을 유감없이 작품으로 형상해 낸 결과이다.

또한, 작가 서포 김만중의 순수한 심성과 치열한 창작의식, 게다가 어머니 경복당 윤씨부인과의 현실과 작품 속에서 전개되는 삶의 수준은 가히 동서양의 여타 작가들이 범접할 수 없는 아름다운 팀의 경지를 구축하고 있는 최강의 모자 관계를 보여주었기에, 「구운몽」을 세계문학으로 올려놓는 큰 바탕이 되었다.

작가 서포의 모친 경복당 윤씨는, 서포의 국가를 위한 헌신과 고민, 고급 신료로서의 정통성을 유지하려는 열정 등을 곁에서 직접 지켜보면서 침묵 속에 많은 가르침을 주었다.

서포는 노모의 걱정 어린 표정과 강한 의지를 이심전심 읽어내며, 작가로서 모친 윤씨부인이 염원하는 원심적이고도 구심적인 의식을 작품 속에 복합적이고 원융적인 차원에서 표현하였다. 또한 「구운몽」이 지닌 문학으로서의 위대성은 불교적 소재를 차용하여, 그 소재의 본질을 인문학적으로 접근하여 세계문학 수준에 결단코 밀리지 않는 원리로 창조해냈다. 즉, 「구운몽」은 다른 어떤 고소설보다 동양 종교 사상의 중심에 놓여 있는 불교의 대승 경전의 한 전형이라 할 『금강경』의 철학적 원리를, 선학에서 수행의 방편으로 사용하는 참선과 화두의 문제까지도 정통적으로 활용하면서, 유가적인 철학 속에서도 신유학의 성리학적 수준에서 인간 심성의 깊은 내면의 궤적을 3차원의 서사적 시공간 층위에서, 진공묘유의 통합 원리로 전환시켜 소설화한 작품이다.

이제 「구운몽」은 한국뿐만 아니라, 중국, 일본 등 인접국의 연구자와 독자들 그리고 전 세계의 문예학자와 독자들이 주목하여 연구하고 향유할 수 있는 새로운 지평을 열게 되었다.

연구자는 독자들을 동양 고전의 방대한 인문학적 지식의 세계로 초대한다. 연구서를 읽고, 소설책으로 읽고, 드라마와 영화로 보면서, 한글의 기원과 새로운 문자의 탄생과정이 어떠했는지를 쉽고 흥미롭게 배우는 것이, 인문학의 고급 대중화를 지향하는 세종인문대로 운동이다.

이 책은 한국에서 개발된 〈광통학〉의 연구 방법으로 밝혀 제공하는 성리소설 「구운몽」의 지성미로써, 동아시아를 넘어 세계 인문학으로의 지평을 확장 개척하는 길이 되기를 기대한다.

2024년 8월 15일

설 성 경

차 례

1

들머리

이 연구에서 역사 자료는 『조선왕조실록』을 비롯한 관찬 자료와 개인 문집의 자료를 최대한 활용하면서, 성리철학자 출신인 작가들이 보여준 조정 관료로서의 신하의 개성과 당파성, 그리고 당파성을 넘어서는 개인적인 언행과 성격의 실현을 포괄적이면서 미세한 부분까지도 점검하였다. 특히 철학과 역사의 융합에서 한 단계 더 심화 시키는 지성적인 작가의 문학에서는, 동양의 철학 체계가 본유하고 있는 사유방식이 서양철학과 거리가 있으므로, 동양철학 고유의 독자적 방법론을 통해 분석해냈다. 성리철학에 기반한 성리문학의 본질과 미학을 해석해내고 표현해내는 한국문학의 인문학적 확장 연구 방법인 광통학의 방법으로 구체적인 작품의 해석과 더불어 전후 시대 작품과의 상대적 상관관계도 분석해내었다.

조동일교수는 『한국문학통사』에서 「구운몽」의 주제에 대하여 다음과 같이 거론하였다.

> "「구운몽」은 주제를 둘러싸고 많은 논란이 있는 작품이다. 유 · 불 · 도 3교에서 온 요소가 두루 들어있지만, 육관대사의 제자 성진이 남악 연화봉에서 세속 생각을 하며 잠이 들었다가 욕망 추구가 허망한 줄 깨달았다는 몽유소설(夢遊小說)로서의 기본 설정은 전편이 불교적 의미를 가졌음을 말해준다. 육관대사가 언제나 〈금강경(金剛經)〉으로 가르침을 삼았다는 점까지 보태어, 작품의 주제가 〈금강경〉의 공(空)사상이라는 견해도 있다. 그러나 성진은 꿈속에서 양소유로 태어나, 시골 출신이 서울 가서 장원급제를 하고, 나아가면 장수가 되고 들어가면 정승이 되어 온갖 부귀를 누리면서 연화봉에서 만났던 팔선녀를 두 아내 여섯 첩으로 맞이하는 과정을 자상하고도 묘미 있게 다루었다. 세속의 욕망이 허망하다는 것은 작품의 결말에서나 강조되어 있을 따름이고, 부귀를 획득하고 애정을 성취하는 데 더욱 절실한 관심을 보였다 성진의 길과 양소유의 길 가운데 어느 쪽을 택할 것인가 하는 진퇴의 문제를 주제로 삼고 독자도 각자의 성향에 따라서 생각이 달리질 수 있게 했다 하겠으

나, 흥미로운 읽을거리를 찾는 사람이라면 으레 자기를 성진 또는 팔선녀 가운데 누구와 동일시해 공감을 얻었을 것이다.[1)]

이러한 평가와는 달리, 이 책에서는 다음과 같은 결과를 얻게 되었음을 먼저 개요 수준에서 밝힌다.

김만중은 어머니의 근심을 위로하기 위해서 「구운몽」을 지었다고 한다. 그의 모친 윤씨부인은 대제학의 모친이라는 조건을 고려해볼 때, 그런 모친이 위로받을 만한 작품은 과연 어떤 것이어야 할지에 주목해야 한다. 또 김만중이 작품을 창작한 시점과 상황에서 보면, 일반적인 평민이나 몰락 양반의 위치에서 통속소설과 같은 작품을 창작하지는 않았을 것으로 판단한다.

서포 김만중은 숙종 13인 1687년에 평안도 선천에 유배되어 귀양살이를 하고 있을 때, 이 작품을 지었다. 『서포년보』에서는 「몽환」이란 제목으로 어머니에게 지어 보낸 것으로 분명히 밝히고 있다. 이 「몽환」이 「구운몽」을 지칭하는 것은 유배지에서 모친의 생신 때에 창작한 〈사친시〉[2)]와는 달리, 이 「몽환」만은 직접 한양으로 보내어 자식을 유배지로 보낸 모친을 진정으로 위로하고자 한 내용이 「구운몽」 속에 담겨 있기 때문이다.

이런 판단의 근거로는, 「구운몽」의 작품 속 현실서사에서, 천상에서 8선녀를 대동하고 형산에 하강한 위부인은, 위서의 딸을 위부인으로 지칭하고 있는 선가서의 내용과, 이와 유사한 처지에 있던 어머니 윤씨부인을 당시 곁에서 위부인이라 일컬었던 상황을 잘 아는 아들 서포가 그 이름을 일치시키고

---

1) 조동일, 『한국문학통사』 3권, 제3판, 지식산업사, 1994, 120~121쪽.

2) 서포는 본디 주자학자요 정치가로서, 한시와 시평의 전문가였다. 이러함 점은 "내가 간간이 김공 중숙(金公重叔)과 시에 대해 이야기하곤 했는데, 정성(正聲)이 막히고 속학(俗學)이 비루한 것을 탄식하며 김공에게 고시를 산정해 줄 것을 부탁하였다. 내가 또 예전에 들었던 이야기로 그 같은 점과 다른 점을 고증해서 합하여 6편을 완성했으니, 나 역시 주자의 뜻을 계승한 것이지만 약간의 차이가 있다.(『서하집』 제12권, 발문)에서도 확인된다.

있기 때문이다.

또 성진의 선몽에서 환생한 존재인 양소유의 모친 유씨부인은 양처사의 아내로서, 일찍 양처사가 신선이 되어 떠나자 유씨부인은 외아들 양소유와 살아가는 처지가 된 것도, 현실의 모친 윤씨부인과 상황이 흡사하다. 김만중은 작품 속 유씨부인에 모친 윤씨부인을 투사하여, 아들 양소유가 출세한 후에는 당대 최고 가문의 여성들을 며느리로 맞이하게 한다. 즉, 황태후의 공주, 정사도의 규수 등 갖가지 재능을 갖춘 천하의 여성들을 양소유가 처첩으로 맞이하고 이로써 유씨부인은 최고의 며느리들의 호강을 한 몸에 받으며, 99세의 천수를 누리고 세상을 떠나는 행복한 일생을 갖춘 대부인으로 설정하여, 어머니 윤씨부인을 작품을 통해 지극히 높여드린 것이다.

「구운몽」의 핵심 사건은 성진이 환생한 양소유와 8선녀가 환생한 진채봉을 비롯한 8여인과의 집단적인 혼사 문제다. 그러나 양소유가 펼치는 이들 8여인과의 혼례는 표면서사의 1차 소재이고, 그 속에는 현종과 숙종 당시의 상례 문제로 정치적 쟁점이 되었던 조대비가 은유적 존재인 황태후로 등장한다. 표면서사에는 애정 갈등과 그 해결의 문제를 중심에 두고 있다. 양소유의 두 혼사 대상 사이에 벌어지는 갈등은 궁중의 늑혼을 풀어내는 지혜를 통해 순임금의 두 부인인 아황과 여영의 관계를 중첩시킨다. 또한 당나라 현종과 양귀비의 관계를 음양 대비로 보여주는 본연지심에 근거한 선인형 인물과 그렇지 못한 기질지성의 악인형 인물을 성리학의 두 인물로 변형 설정하여 서사를 풀어간다.

서포 김만중은 8선녀의 화신인 8명의 여인들이 서로 양보하고 화합하는 지성적인 성리학을 적용하여 혼례를 해석함으로써, 양소유가 정경패와 이소화를 제1 부인과 제2 부인으로 좌정시켜 행복한 가정을 이루고, 황제와 신하의 질서와 예우도 유지하게 한다. 이는 당파 사이의 갈등을 극복하고, 젊은 숙종이 대를 이을 왕자의 문제를 풀어나가는 장희빈에 대한 총애와 왕자 탄생에 대한 집착을 객관화시키고, 그 갈등의 현실을 불교적인 선몽의 기술을 원용한 창의력을 통해 혼사 소재의 활용에서 구체화 된다. 작가 서포 김만중은 상례나 혼례를 둘러싼 정치적인 상처가 더 이상 반복되어서는 안되며, 이를 둘러싼 당쟁의 근원에서 문제를 노출시키고, 나아가서 이러한 갈등을 탕평의 차원에서 치유하고 극복해보고자 하는 애민, 애족의 마음을 성리소설 창작으로 해결하고 하였다.

이러한 발상은 그는 대제학 출신으로 직언 끝에 유배된 충신이요, 탁월한 재능을 구비한 대작가였기에 가능하였다. 숙종을 둘러싼 장희빈, 조대비, 조사석에 의한 조정 내 당파 간, 비빈 간의 갈등, 특히, 궁궐의 가장 어른의 위치에 놓인 조대비로 이어진 복제 논란의 여파와 함께 겹친 조정의 위기 상황을 성리학의 이념으로 풀어내었다. 작가 서포 김만중은 상례와 비빈의 문제를 직접 거론하지 않으면서, 이를 빗댄 한 인물과 여덟 처첩의 혼사에 얽힌 갈등을 합리적인 예론으로 풀어내는 방식을 활용하였다. 또한, 중국 당나라 시대의 비극적 역사인 현종과 양귀비에 대한 전고를 반면 교사형으로, 작품 속에 서사로 형상해 내었다. 서포 김만중의 「구운몽」의 창작 설계도는 충신의 깊고 큰 애국 애민의 창작 정신 위에서 그려진 것임을 알 수 있다.

또, 「구운몽」에는 자신을 유복자로 낳아 출세시킨 늙은 모친에 대한 위로의 내용을 담고 있다. 파한꺼리를 넘어서는, 거대한 효로서의 모친의 파란만장한 삶에 근거한 평생의 한을 풀어주는 내용을 작품 속에 구비하였을 뿐만 아니라, 깨달음과 복덕의 길을 열어주는 『금강경』의 복덕론과 영험력에 기대면서, 「구운몽」을 모친 윤씨부인에게 바쳤다. 서포 김만중은 조선의 정치적 사건, 구체적으로는 숙종과 군신, 비빈의 갈등 문제를 현실 갈등의 이상적 해결이라는 주제를 고도의 철학적인 기법으로 지성적인 아름다움을 구현하였다. 즉, 성진과 8선녀의 불교적 깨달음을 표면에 내세우고, 이를 내면적인 의미상에서 유가적 깨달음으로, 그 은유적인 의미를 형상화시켰다. 서포 김만중은 정통 유학자요 선비이지만, 유교의 이상적인 인간상인 군자를 직접적으로 표현하지 않았다. 초자연적인 세계에 탐닉하면서, 정통 유학을 계승하면서도, 성리와 격물의 철학적인 세계에 대해 개인의 관점을 지향하였다. 그는 공조판서 · 대사헌 및 홍문관 대제학에 올랐던 관료로서, 일반 유자로서는 배척의 대상이 되는 이단적 양식인 소설 즉, 패설로 여기던 소설 양식에 당시는 이교에 해당하는 불가의 주인공을 표면구조에서 표현하였다. 이런 이단적인 듯한 이야기 속에서, 오히려 비밀스러운 암시를 통하여 유학 가문의 후예로서, 주자의 학도로서 성리의 학문을 승계하는 이야기를 정통적으로 제시하였다.

「구운몽」은 한편으로는 가족의 자전적인 이야기요, 다른 한편으로는 국가적 역사소설이다. 표면상의 서사 전개는 중국의 당나라 시대를 배경으로 하고 있다. 그러면서도 그 내부 서사에 자리한 은유적 의미에서는 조선의 역사적 사실에 대한 풍자와 대안 제시로, 행복한 삶을 종교적 결말로 승화시켰다. 그리고 동시에, 자기 정체성에서는 당대 명문 양가의 혈통을 이은 작가로서, 가문과 자신의 유가적 학문이나, 유가적인 사대부로서의 도덕과 인격에 대한 높은 자긍심을 바탕으로, 최고의 존재인 스승 육관대사와 그 제자 성진, 위부인과 8선녀를 주역으로 등장시켰다. 이처럼 하나의 서사에서 생성되는 다중적 의미는, 민족과 국가를 위한 대표 존재로서, 자랑스런 가문과 역사 앞에서 충성을 다하고자 하는 굳은 의지가 담겨 있음을 알 수 있다. 이런 다중적 의미망에서 보면, 「구운몽」은 2중 서사를 통한 은유적 주제를 본질로 삼고 있다. 표면서사로는 하루 동안에 벌어지는 산사에서의 승려 개인의 이야기와, 60년간의 당나라의 화평을 이끌어가는 영웅의 이야기가 중첩되고 있다. 그러나 이면서사의 의미로는 유배를 오기 직전에 경연 사건이 이야기의 핵심을 이루고 있다. 그래서 이면구조에 자리한 은유적인 의미는, 구체적으로 당시대에 적용되는 시사성으로 숙종의 각성에 초점이 맞추어져 있다.

표면서사에서는 인도, 불교, 육관, 중국, 성리학, 성진의 성격을 대대적으로 묘합시키는 문제를 서사화하고 있다. 얼핏 보면, 성진은 불가적인 속성만을 지향하는 승려 같지만, 자세히 그 내면을 탐색해보면, 성진은 중국의 유가적 윤리와 철학에 근거한 삶을, 불가적인 외연으로 넓힘으로써, 삶을 풍요롭게 살아 나가는 이상적인 인간형을 은유적으로 표현하고 있다. 「구운몽」의 특질은 중국에 못지 않는 조선문화에 대한 자긍심을 보여주는 성리소설로써, 성리이념을 내우외환의 문제를 극복하는 군담형 영웅담에 내포하여, 깨달음에 이르는 논리적인 근거를 『금강경』 전법의 서사구조로 풀어내는 창의적 소설로 보여주는 것이다. 즉, 혼미한 군주를 일깨우고자 하는 성리학 기반의 군주학에, 명문가의 후손으로서의 충성심, 유복자를 키워준 모친 윤씨부인에 대한 효심까지 담아낸 탁월한 성리소설이다.

17세기 조선 문학의 위상을 세계 정상의 위치에까지 올려놓고자 한 「구운몽」의 작가 서포 김만중의 최대 소망이 담긴 성리소설 「구운몽」은 정축호란 때 순국한 부친 김익겸과 조모 서씨를 고려하면, 표면서사의 안팎에 연계된 「구운몽」의 확장된 배경과 그 의미에서 시간적 배경을 당나라로 한 이유와, 개인적이면서 국가적인 해한, 즉, 병자호란의 남한산성에서의 패전과 인조의 삼전도의 굴욕까지 치유하는 국가적인 자긍심의 회복을 대주제로까지 확장시키고 있다. 이런 군담형 영웅소설을 내화로 한 「구운몽」은, 외침에 대한 군담적인 해한을 국가 차원은 물론, 강화도에서 젊은 나이에 순절한 부친이요 충신인 충정공 김익겸에 대한 추모와 해한이라는 다중적 의미를 내장시킨 성리소설이다.

대작가 서포 김만중은 전형적인 성리학자로서, 성리학의 이념과 정치현실의 거리를 유배지에서 소설 양식으로 드러내어 해결한 전범을 보여주었다. 그는 유학자요, 충신 관료이며, 문인으로서의 활동과 모친 윤씨를 향한 지극한 효심을 작품 속에 지성적으로 투사시켰다. 그는 군주에 대한 충언 때문에 억울하게 유배 되었지만, 그곳에서 모친과 군주를 향한 충효의 마음을 작품 속에 투사시켜 「구운몽」을 창작했다. 그는 모친 윤씨부인을 위부인과 동일한 수준에서 작품의 주제를 형상화시키고 있다. 그러므로 송강이 가사에서 보여준 은유적 주제화 방식을, 불교를 표층에 내세우면서 송강의 선가를 내세운 주제를 이면으로 감싸며, 성리소설 「구운몽」의 중층적인 주제를 구조로 제시하였다.

서포 김만중은 세계 최고의 소설을 목표로 제왕학의 경서에 준하는 '제왕학 소설'을 창작하고자 임금이 바로 서야 나라가 바로 선다는 일념으로, 기울어진 임금 숙종을 바로 세우고자 성리소설 「구운몽」을 창작하여 마음의 실상인 겉마음과 속마음을 오가는 이야기로 표현하였다. 숙종의 위선과 가식을 진정성으로 승화시키는 힘을 작품 속 주인공인 숙종의 모델 성진은 갖추고 있다. 권력을 지닌 숙종의 진정성을 진지하고 철저하게 따지는 작가 서포의 지성과 지혜담이, 육관대사와 성진 사이를 대립시키고 중개시키고 통합시키는 흥미로운 애정 서사의 이면구조의 이치로 자리하게 하였다.

핵심적인 사건은 유배를 당하게 된 자신의 처지, 특히 유배를 당하게 된 사건인 1687년 9월의 희정당 경연에서의 그날의 문제를 소설의 원천 소재로 삼아, 독자들이 즐겨 읽을 수 있는 흥미성을 담보한 통속소설의 서사 형식 속에, 성리학의 도심을 투영시킨 인물들의 이야기로 전환시켰다. 서사구조의 골격이 되는 이론의 원천은 『금강경』에서 가져온 시공간 인식의 이중부정의 방식을 가져왔다. 서포 김만중이 유배당하게 된 경연 당일에 일어난 일을, 「구운몽」에서는 작가 자신의 울분과 한이 아닌, 성리 도심을 기반으로 정제되어 이루어진 격조 높은 철학과 사상 및 이념성을 자신이 개발한 서사구조 위에서 표출하여, 대안적 정책의 소설로 전환시킨 것이 「구운몽」이다.

2

「구운몽」의 특질과 연구사에 대한 성찰

2-1. 「구운몽」은 성리학 시대에 대제학이 창작한 성리소설

(1) 「구운몽」의 본질은 성리학 시대 대제학이 창작한 제왕학

17세기 조선은 주자 성리학 시대였다. 남송의 주자는 불가와 도가의 사상까지 일부 수용하면서 북송의 주렴계 등에서 시작된 송대 성리학을 완성시켰다. 그의 이론은 이와 기의 관계, 심성론 등으로 맹자의 인의예지, 사단칠정[3])을 이와 기,[4]) 도심과 인심의 관계에서 파악하고, 칠정 속에는 선과 악의 심성이 함께 있다는 관점을 보였다. 주자 성리학을 중심으로 삼아 조선 성리학의 한 계보를 이룬 율곡과 우계의 기호 성리학에서 사계, 김집, 우암으로 이어지는 정통성을 이어받은 서포 김만중은 일시 혼미해진 군주 숙종에 의해 유배를 당하게 되자, 세존의 불법을 인도에 전한 달마와 그의 6대 학통을 이은 혜능의 『금강경』을 소재로 활용하여 표면서사에서 인도의 승려 육관대사가 『금강경』을 중국에 전하는 서사 중에서 제자 성진과 8선녀가 함께 깨닫는 사건을 표면서사의 주로 삼았다.

이런 표면서사에 내장시킨 우의적 수준의 이면서사에서는 성리학이 조선에 들어와서 이론적으로는 16세기에 접어들어 심화 발전하기도 하였지만, 당파성과 군주의 왕권을 비롯한 정국 운영의 허점으로 인하여, 구체적으로는 장희빈 문제 등 조정에 여러 가지 문제가 야기되자, 그 문제를 제왕학의 한 형태로 해소하고자 하는 대제학이 창작한 성리소설이 「구운몽」이다. 즉, 해소하고자 하는 주제를 작품 속에서 도심을 실현하는 주류적인 작중 인물들의 언행을 통하여 회복하는 창의적인 문제 해결의 방법을 성리학을 응용

---

3) 仁義禮智 四端七情.

4) 理氣.

한 소설로 제시한 것이다.

주자는 이기론을 사람의 마음에 적용하여, 성리학은 심성, 즉 마음의 두 측면인 성으로서의 본성과 정으로서의 감정을 분리하며, 마음은 성과 정을 주재한다는 심통성정[5]이라고 주장했다. 주자는 심과 성은 같지 않으며 분리되지 않지만 섞이지도 않는다고 주장하는데, 여기서 심과 성과 리가 같다고 주장하는 양명학과 갈리게 되는 것이다.

주자는 성과 리가 같다는 성즉리[6]를 주장한다. 성을 순수한 이인 본연지성과 이기가 섞인 기질지성의 두 가지로 보는데, 타고난 본성인 '리'가 만인이 따라야 할 보편적 도덕 원리인 인의예지, 본연지성[7]을 형성하고, 다만 인간 기질의 상이함에 따라 현실로 구현된 성인 기질지성[8]이 사람마다 달라져 사람들의 개성, 열등함과 우수함이 나뉘게 된다고 파악하였다. 주자의 수양론에서 보면, 성리학의 학문적 실천의 방법은 거경궁리[9]와 격물치지[10]가 있다. 거경궁리를 거경과 궁리로 따로 해석해 보면, 거경은 궁리를 임할 때의 마음의 자세를 바로잡아 하나에 몰입하는 것을 뜻하며, 궁리는 만물의 이치를 연구하는 것이다. 또한 궁리는 격물치지이며, 격물치지는 사물에 대하여 연구하여 지식을 넓히는 것이다. 이는 인간의 기질을 우수하게 하기 위한 학문적 수행이라고 볼 수 있다. 정신을 집중해 자신의 마음이나 사물에 몰입한 후, 그 이치를 성실히 연구해서 알고, 그 이치를 실천함으로써 사람의 도덕성을 높일 수 있다는 것이다. 거경에 대하여 주희는 마음을 깊이 관찰하여, 희노애락이 크게 발하기 전의 고요한 마음 상태를 관찰하는 주경함양을

---

5) 心統性情.

6) 性卽理.

7) 本然之性.

8) 氣質之性.

9) 居敬窮理.

10) 格物致知.

이야기했다. 이는 이미 희노애락이 발하였고, 의식 위로 떠오른 상태인 이가 생성되는 이치와 작용을 탐구하는 격물치지와는 구분된다. 즉, 주희는 잠에서 막 깨어나 마음에 생각이나 감정이 활성화되기 전인 미발 상태에서도 수행이 계속되어야 함을 주장하였다.

율곡은 인심도심[11]에 대하여 그의 도우인 우계 성혼과 편지를 통해서 철학적 토론을 한 바 있다. 그런데 성혼과의 토론 중에서 핵심적인 내용은 인심과 도심의 관계론이었다. 전통적인 유가사상에 따르면 성명에 근본을 두느냐 형기의 간섭을 받느냐에 따라 인심도심이 갈린다고 했다. 그러나 이는 발생론적인 측면에서의 논의였다. 그러나 율곡은 한걸음 더 나아가 이미 발한 상태의 인심과 도심이 구체적 삶 속에서 어떤 관계를 가지는 것인가를 탐구했다. 결론적으로 율곡은 형기의 간섭을 받아 생겨난 인심이라 하더라도 종국엔 도심으로 이어지게 할 수도 있고, 성명에 근원을 두어 발현된 도심이라도, 인심으로 흘러 갈 수 있다는 것이다. 문제는 심의 통제와 운용인 것이다. 율곡은 그것이 어디에서 발생했는가의 문제를 넘어, 어떻게 운용할것인가로 철학적 사유의 시선을 옮기게 했다.

인심과 도심의 관계에 대한 서포의 인식은 그의 『서포만필』에서 비유적으로 잘 설명하고 있다.

> 『중용』 서문에 인심은 도심에게서 명을 듣는다고 한 한마디 말은 가장 해독하기가 어렵다. 대저 이미 허령 지각은 하나일 뿐이라고 말했다면, 인심 도심이 어찌 두 마음이 있겠으랴. 이를 임금에 비유한다면 도심은 임금이 조정회의를 보거나 강론을 하고 있을 때와 같다면, 인심은 잔치를 벌이거나 한가롭게 놀 때와 같다. 그것은 사실은 한 사람의 몸인 것이다. 만약 인심이 도심에게서 명을 듣는다고 하면 이는 잔치를 벌이고 있는 임금이 조회를 보는 임

11) 人心道心.

금에게서 명령을 듣게 하려는 것과 다름이 없다. 바로 명령을 들을 때에는 한 사람일까, 아니면 두 사람일까 알 수 없다. 이제 만약에 이것을 해석하기를, 반드시 의리의 마음으로 항상 일심의 주를 삼게 하고, 때로 형체나 심기에서 나타나는 것들도 의리의 마음에 명령을 듣지 않을 수 없도록 한다고 하면 자못 분명한 이해가 될 것 같다. 주자의 뜻도 과연 이와 같은 것인가 알 수 없다. 대저 사람의 한 몸 안에는 마치 두 가지 마음이 있는 것 같을 때가 있다. 그 때는 방편으로 말을 해야 사람들이 쉽게 이해하는데 이 또한 한 방법이다. 이것이 바로 석씨가 마음으로써 마음을 살핀다는 주장인데 굳이 주자에게 배척을 당했던 것이다. 마음으로써 마음을 살핀다는 것은 스스로 그 마음을 점검한다는 것이고, 인심이 도심에게서 명을 듣는다는 것은 그 마음으로써 그 마음을 점검받는다는 것이니 그 차이가 있음을 발견할 수가 없다.[12]

성리학에서 인심과 도심이 두 마음이 아니라는 점은 일찍이 주자도 의식했던 문제이다. 그러나 주자는 이를 의식만 했을 뿐, 인심이 도심의 명령을 받는다는 것에 대해서는 별다른 해명을 하지 못했다. 이 문제에 대해서 율곡은 우계에게 보낸 편지글 속에서 인심도심종시[13]의 설을 펼쳤던 것이다. 율곡을 독실하게 배운 사계 집안의 가학적 전통 위에서 김만중 역시 인심도심종시의 인식론 위에서 중용의 구절을 재음미해본 것이 바로 『서포만필』 중에서 위의 인용 구절이다.

주자는 선과 성리학이 비록 유사해도 그 귀결은 다르니 불교에 현혹되지 말라는 의도로 언급한 것이다. 그러나 서포는 이러한 지적이 거꾸로 선과 성리학의 상동성을 주자 스스로 시인한 것일 수도 있음을 간파하고 있다. 그래서 선과 성리학이 각각 쓰임에 있어 다르다는 주자의 주장을 인정한다 하더

---

12) 홍인표 역주, 『서포만필』, 일지사, 1987, 129~130쪽.

13) 人心道心終始.

라도, 마음을 닦는 데 큰 도움이 되는 불교를 스승으로 못 삼을 것도 없다는 것에서, 불교를 배척하려고 한 주자의 의도와는 다른 위치에서 서포가 유교와 불교를 바라보고 있음을 알 수 있다.

> 내가 서새에 있을 때 한 노승을 만났는데, 그 말이 이와 같았다. 또 말하기를 (중략) 오늘 우연히 『주자어류』를 보니, 거기에 구천강풍지설(九天剛風之說)을 논했는데 이것과 다름없었다.
>
> 감(坎)이 하류를 막아 태(兌)가 된다는 설은 유서에도 보이니, 아마 이 승려의 말이 내력이 없지 않을까 하는데, 이를 자세히 묻지 못한 것이 후회스럽다.[14)]

위의 인용문에서 서새라고 한 것은 평안도 선천을 의미하므로 「구운몽」의 작가 서포 김만중은 선천에서 유배 생활을 하고 있을 때, 불경, 그 중에서도 대승경전인 『금강경』에 대하여 깊은 이해를 하였기 때문에, 그곳에서 「구운몽」을 창작하면서, 육관대사가 제자들에게 『금강경』의 지혜를 전하는 것을 표면서사의 기본서사로 삼았다.

서포 김만중은 유학자로서 불교를 용인하는 것이 자연스러운 것일 수 없던 당대의 조류 속에서, 참선으로 마음을 닦는 것을 성리학으로 마음을 닦는 것과 비교해보면, 마음을 깨우치는 것은 같지만, 그 쓰임에 있어서는 전혀 다르다는 주자의 언급을 인용하면서, 오히려 참선과 성리학의 상동성에 대해 지적을 하였다. 실상에 대한 그대로의 접근에서는 상대성이 용인되어야 하기에, 각각의 민족어가 갖는 상대적 가치에 대해서도 같은 안목과 인식을 가지고 있었다. 서포 김만중은 이런 입장에서 자신은 「구운몽」에서 주자 성리학의 어느 한 측면을 불가의 『금강경』의 지혜와 융합시켜서, 주자의 불

14) 홍인표 역주, 『서포만필』, 일지사, 1987, 214쪽.

교철학을 배제하며 전개하고자 하는 성리학의 영역 밖에서, 자칫 사문난적으로 비판받을 수도 있는 처지이지만, 용감하게 『금강경』을 표면서사에 내세웠다. 서포 김만중은 「구운몽」에서 주자 성리학의 본질인 도심의 주인공들인 양소유와 8처첩이 대가족을 구성해가는 과정을 표면서사를 통해 전개하였다. 그 과정에서 인심을 앞세운 권력자들에 의해 위기를 맞는 상황에 처하게 될 때, 때로는 양소유의 도심으로, 때로는 8처첩이 되는 여성들의 도심으로 해결해가며 화목과 화평을 이루어간다. 이러한 표면서사의 이면에는 현실의 조선 조정에서의 군주와 신하들, 군주와 비빈과 궁인들의 관계를 은유적으로 제시하며, 성리소설의 목적과 특성을 살려내는 창의력을 유감없이 발휘하였다.

서포 김만중은 『서포만필』과 소설을 저작한 의도에 있어서, 불교의 참선이 진지한 차원에서 신유학인 성리학에 도움이 되며, 특히 유배 생활을 하는 유가 관료들에게는 마음에 위로가 된다는 긍정적 태도를 보이고 있음을 알 수 있다.

> 방사의 도사와 황백, 불도의 탑묘와 제계, 유자의 정삭, 복색, 명당, 벽옹, 봉건, 정전, 주관, 육형 등은 모두가 그들의 근본적인 특색이다. 진시황, 한무제, 왕망, 왕안석이 일찍이 이를 사용하였지만, 궁색하게 된 뒤에 황백은 수련으로 변하였고, 제계는 선정으로 변하였으며, 주례는 격물, 치지, 성의, 정심으로 변하였다. 그 입설함이 심원하고 교묘하여 이를 이해하여 설파할 수는 없지만, 사실은 모두 저것에 궁색하니까 이것에 따른 것일 뿐이다.[15)]

이러한 서포 김만중의 불교관과 연관 지어 볼 때, 삶의 문제를 다루는 유가와 내세의 문제를 다루는 불교는 서로 넘어설 수 없는 고유한 영역을 가지

15) 홍인표(역), 『서포만필』, 일지사, 1987, 91쪽.

고 있다고 보았다. 이러한 상대성의 용인은 당대적 상황의 낡은 사유의 틀이 가진 설명의 한도를 넘어서 있었다. 그는 실상에 대한 접근은 있는 그대로 있고, 그렇게 하기 위해서는 상대성이 용인되어야 한다고 생각하였다.[16] 그는『서포만필』에서 수십 차례에 걸쳐 참선과 성리학과의 관련성, 불교에 얽힌 일화로 주자의 태도 비판, 유불선 삼교의 비교, 불교의 진리, 불교에 대한 설명, 불교 옹호, 불교의 가치 평가, 불교의 미신적 요소에 대한 배척 등을 거론하고 있다. 특히 참선과 성리학과의 관련성에 역점을 두고 있다.[17]

> "불서가 비록 번다하지만, 그 요점은 '眞空妙有' 네 글자에서 벗어나지 않는 것이다. (중략) 이 말은 周濂溪의 '無極而太極'이란 말과 아주 비슷하다. 주자가 定性書의 性자를 사용함에 차이가 있다 함은, 아마 性은 定하여서 말할 수 없다 함이다. 禪家에서는 作用을 性이라 하기 때문에 그들 책에는 定性比丘 (중략) 이라는 말이 있는데, 의심건대 程子, 張橫渠의 학문이 禪家에서부터 변화되었기 때문에 인습적으로 쓰고 고치지 아니했던 것이리라.[18]

서포 김만중은 불교에 대한 무조건적인 배척이 아니라, 비교와 사유의 대상으로서 불교를 바라보았다. 그는 성리학과 불교의 비교를 통해 각각의 존재 가치를 상대적으로 인식하였다. 그는 당시 조선의 사상계에서 최고의 권위를 누리고 있던 성리학이 지닌 여러 사상에 대한 배타적인 태도를 극복하려는 태도로 이해된다.[19]

---

16) 설성경,『구운몽의 통시적 연구』, 새문사, 2007, 43쪽.
17) 홍인표 역주,『서포만필』, 일지사, 1987, 185쪽.
18) 홍인표 역주,『서포만필』, 일지사, 1987, 162~163쪽.
19) 설성경,『구운몽의 통시적 연구』, 새문사, 2007, 51쪽.

"荷澤 神會는 曹溪 문하의 知解宗이다. 그의 말에 '知 한 글자가 衆妙의 門이다' 하였다. 주자는 일찌기 하택이 (중략) 본연의 定慧로써 마음의 體用을 삼았다 하였다. 주자는 이것을 周易의 寂感 두 글자로써 대체하여 드디어 천고의 說心의 妙詮으로 삼았으니, 종밀이 유문에 끼친 공이 적지 않다고 할 만하다."[20)]

"당의 사대부들 중에는 불교를 학습한 사람이 대단히 많지만 (중략) 여러 분들이 비록 인품에는 순후하거나 야박함이 있었고, 터득함에는 深淺이 있었지만, 淸淨으로 本濟를 삼고, 定力을 발휘함으로써 言論을 삼아, 政事에도 탁월하여 볼 만함이 있었으니, 사대부의 禪學이 여기서 성행하였다."[21)]

『서포만필』에 나타난 서포의 불교에 대한 인식은, 성리학이 선학의 영향을 받았음을 주지의 사실로 보고 있다. 객관적인 학문의 태도 위에서 그는 당시 사대부들이 금과옥조처럼 받들던 주자의 학설에 대해 의문을 품고, 의문나는 점이 있으면 문헌을 통해 고증하거나 나름의 논리적 체계를 세워 주장을 펼치고 있다. 성리학을 절대적인 것으로 여기던 때, 성리학이 불교에 깊은 영향을 받았음을 인정하면서 성리학과 선학과의 연관 관계를 주의 깊게 관찰하였고, 거기서 한 걸음 더 나아가 불교 자체에 대한 관심으로 확장하였다. 그는『원각경』,『능엄경』등 불교의 경전을 읽었을 뿐 아니라,『휴정집』을 비롯한 각종 불서를 섭렵했음을 그가 인용하는 구절을 보면 알 수 있다. 심지어 당나라 소설에 나온 불교에 관련된 장면에도 주목했다. 유배지에서도 승려들과 교류하였다.[22)] 불교의 높은 철학을 여러 교류를 통해 자신의 마음에 와닿는 말이 있으면 소중하게 여겼고, 거기에 근거하여 자신의 주장을

20) 홍인표 역주,『서포만필』, 일지사, 1987, 292쪽.

21) 홍인표 역주,『서포만필』, 일지사, 1987, 242~243쪽.

22) 홍인표 역주,『서포만필』, 1987, 202~203쪽.

펼쳤다. 그러나 유학자 서포는 불교에 대해 관심을 보이고는 있지만, 한계선을 가지고 있었다. 유학이 선학에 영향을 받았음을 언급하는 데서 그치지 않는다는 말 끝에는, "원래 이 일은 선종과 교종이 아주 비슷하다. 지금 학승들은 선학을 모르고, 선승들은 또 선학을 몰라서, 서로 배척하여 도무지 아픈 곳을 도려낼 줄 모르니 역시 가소로울 뿐이라 하였다"는 주자의 평을 인용하여, 불교에 대한 비판적 자세도 유지하고 있다. 불교에 대해 옹호하면서도 불교는 성인의 설과는 달리 편벽됨이 있고, 그 편벽됨으로 폐단이 있을 수 있다는 점도 인정하였다.[23)]

「구운몽」은 스승으로서 제자를 가르치는 쪽으로 설정된 육관대사와 제자로서 자기 다스리기 쪽으로 설정된 성진의 상관관계로 전반적인 서사가 전개된다. 자기 다스리기 쪽으로 사는 성진은 육관대사로부터 『금강경』을 배우는 제자로서, 자신을 낮추고 욕망을 억제하고 뒤로 물러나는 것을 할 줄 알아야 하기에, 10년 수행이 끝나는 어느날, 하룻 동안의 사건을 통하여 『금강경』의 지혜를 스스로의 참선과 육관대사의 설법을 교학 통합의 경지에서 깨달음을 얻어 보살의 위치로 나아감이 전체 서사의 핵심이다. 육관대사는 제자 가르치기 쪽으로 사는 스승으로 욕망을 실현하려고 하는 인간들과는 목표가 다른 먼저 깨달은 보살의 경지에 이른 인도의 불승으로서, 중국의 제자들에게 대승불법을 전하고자 국경을 넘어온 전법자다.

이런 표면적인 서사를 설정한 성리학 기반의 정치가요, 학자 문인인 김만중은 「구운몽」에서 육관대사를 내세워서 성진을 가르쳐 깨닫게 하려는 접법자다. 그리고 당나라의 황제의 충신인 양소유가 한 가정의 주역으로서 8처첩을 화목하게 이끌어가는 지혜를 담은 표면서사를 통하여, 그 비유적인 존재인 작가의 현실에서 만난 혼미한 젊은 숙종을 깨우치게 하는 이면서사를 통한 작품 밖의 참제인 희정당에서 주역의 함괘를 해설하고 장희빈과 연계되

---

23) 홍인표 역주, 『서포만필』, 일지사, 1987, 역자 서문.

었다는 조사석을 정승으로 제수한 사건에 대한 숙종을 깨닫게 하려는 것이 작가가 지향하는 최종적인 주제다. 즉, 표면서사는 성진의 참선을 통한 깨달음의 문제를 주제로 삼고 있고, 또 성진이 환생한 존재인 양소유의 집단적인 혼사 문제를 양소유와 황제 및 황태후와의 갈등과 그 해소 문제를, 다시 양소유의 꿈에서는 백능파와의 천정 혼사 문제를 주제로 다루고 있지만, 그 이면서사와 작가의 창작 의도와 목적은 군주와 신하 사이의 진정한 소통 문제를 성리소설의 측면에서 제시하고 있다.

(2) 조정 차원의 갈등에 대응한 사모곡과 연주곡의 이중 서사

효자로서 정평이 있던 서포 김만중은 참 효자답게 평안도 선천에 유배되어 있으면서도 나라의 안위와 모친의 건강을 생각하면서 자신을 자애로 성장시킨 늙은 모친을 위하여 눈물에 먹을 갈아 대제학의 문장력을 무르녹여 모친 대부인 윤씨의 이미지를 작품 속에서 최고의 신격의 위치에 존재하는 위부인으로 설정하였다. 게다가 지금 직언 끝에 유배지에 와 있는 자신은 당나라를 시대 배경으로 한 중국 대륙에서 종횡무진 활동하는 양소유에 이미지를 투영시켜 전개하는 위로의 대서사를 창작하여 어머니께 보여드렸다. 이런 측면에서 보면, 서포 김만중이 「구운몽」을 단순한 통속적 재미의 소설로 창작하여 어머니께 드린 것이 아니라, 정축호란의 패배로 인한 국가적인 한과, 그때 절의를 지키려 자결한 충정공 부친의 의로움을 환기시키며, 부모와 자식의 입장을 모두 고려한 가족 차원에서의 해한, 그리고 나아가서는 국가적 차원의 화합의 정치를 대주제 속에 담아내면서, 당시의 현안인 숙종의 혼미도 각성시키려는 여러 가지 의도에서 창작한 것임을 알 수 있다. 또한 성리소설 「구운몽」의 이면서사의 중심 축에서는 자신의 가문과 맞수인 조사석 가문에 얽힌 현안들을 성리학 기반에서 군신의 소통과 화합을 통해 해소하고자 하는 국정운영에 대한 은유적인 의견도 제시하였다.

이런 다양한 주제가 대제학의 명문장으로 형상된 소설 「구운몽」은, 지성적 깨달음에 이르는 심성 은유소설이며, 성리학을 응용하여 소설로 풀어낸 성리소설이다. 즉, 서포 김만중의 「구운몽」은 통속소설의 재미와 흥미의 측면이 아닌 성리소설로서 작품을 분석하고 해석하면, 단연 조선조 최고의 문장력을 가진 충신 서포 김만중이 임금의 스승격인 대제학의 위치에서, 중국문학에 밀리지 않는 주체적이고 창의적인 방법으로, 사상과 철학이 논리적으로 받쳐주는 작품이다. 이는 세계문학사에 등장하는 최초의 성리소설이며, 작가와 작품 그리고 연구 비평에 있어서 최고의 요건을 충분히 갖춘 세계명작이다.

서포 김만중은 자신의 선천 유배에 얽힌 당면 현안을 투영시켜서, 『금강경』을 전법하는 보살 수준의 스승인 육관이 주제가 되어 제자로서 깨닫게 해야할 대상인 성진과 8선녀의 하룻밤 특수 체험을 핵심사건으로 삼아서, 성진과 8선녀가 보살의 대도를 얻고, 중생제도의 큰길로 나아가는 사건을 제시하였다. 작품 속의 주인공들인 군주 숙종을 은유한 혼미한 성진로부터 선몽을 통한 깨달은 성진으로서의 하룻밤 선몽으로, 『금강경』 설법의 교학을 통해, 돈오 대각하여 보살이 되듯이, 작품 밖의 현실에서도 그러한 대전환이 이루어져서 숙종의 대각으로 작가 자신의 해배와 인현왕후의 복위가 이루어지기를 염원하였다.

표면서사에 드러난 문맥을 그대로 수용하여도 흥미로운 거대 걸작이 되지만, 이와 병행하여 그려내는 이면서사는 하나의 독특한 우언에 해당한다. 즉, 우언은 표면적인 이야기에 무엇인가를 기탁하는 뜻[24)]이 있기 때문에, 드러난 이야기로 속에 숨겨진 이야기를 포장하고 있다. 사마천이 『장자』가 온

24) 言外之言, 弦外之音, 以小見大, 擧一反三, 以此喩彼, 言在此而意在彼 등.

통 우언[25]이라고 했듯이, 장자 〈제물론〉의 호접몽을 육관대사의 『금강경』 설법에서 직접 인용되고 있듯이, 「구운몽」에서는 작가로서 자신이 직접 체험한 숙종과의 희정당 경연에서 다루었던 『주역』 함괘의 풀이와 당시 문제가 되고 있었던 숙종과 조대비, 장희빈, 조사석 등이 관계된 조정과 내명부의 갈등에 얽힌 사건을 「구운몽」에서 표면서사와 이면서사 사이에 중국과 조선의 정치 철학 등을 하나로 녹여, 성리소설의 특징인 이중 서사구조로 표현해내었다.

(3) 「구운몽」은 『금강경』의 지혜를 서사화한 깨달음의 성리소설

「구운몽」은 외화의 표면서사로 본다면, 육관대사의 전법의 주제를 다룬 불교소설이지만, 그 내화인 이면서사에서는 양소유의 유가적 영웅담을 통해서 본다면, 성리학에 기초한 군주의 조정을 은유하는 양소유 가문의 처첩 사이의 조화를 이룬 서사가 주제인 유교의 윤리적, 철학적인 정치담론을 다룬 것으로, 주제의 개방성과 상생적인 측면을 부각시킨 작품이다. 「구운몽」은 외연으로서의 표면서사에서는, 육관대사의 제자인 사미승 성진의 삶, 여기에 연기론에 의한 윤회 환생한 현실 위에서 살아간, 양처사의 아들 양소유의 가정적인 화평함과, 국가적으로는 유가적 세계에서의 영웅적 삶을 중첩시켜 제시하고 있다. 이런 서사 기법을 통하여, 표면서사에 드러난 의미 이상으로 내장된 전고형 이면서사를 통해 표현하였다. 인명, 장면, 인용 싯구 등을 통해 작가 당시의 조정의 혼란상이 군주인 숙종이 장희빈을 총애하는 데서 비롯됨을 현종과 양귀비와의 관계를 은유적으로 표현하면서, 자칫 국망의 길로 나아갈 수도 있는 징후를 경계하였다. 이런 나쁜 징후를 성리 이론과 『금강경』의 반야철학을 무르녹여 흥미로운 사랑과 혼사 이야기 속에 은폐된 정

25) 『史記』에서 "太史公稱 莊子之書皆寓言 吾觀子長所謂 史記 寓言亦居十之六七"(曾國藩, 聖哲畫像記).

치성으로 전개시켰다.[26)]

작가 서포 김만중은 정치인으로서 권력의 핵심부에서 일어나는 당색이나 당권간 쟁투를 몸으로 겪으면서, 이러한 현상들을 삶의 본질과 연계시킨 소설을 창작함으로써, 삶과 죽음이라는 인간의 영원한 종교적인 주제를 비롯하여 조정의 중신으로서의 정치적인 문제도 성리학의 인심과 도심의 측면에서 성리학의 이념을 소설 속에 기묘하게 투사하여, 유배 생활 속에서도 좌절하거나 격분하지 않고 냉정함을 유지하면서 유가 학문 위에 불교의 진리까지 수용하여 자신의 현실적인 체험을 변용시켜 학문적 지식과 사유를 문학적으로 형상하였다.

또, 인물 배치의 측면에서는 위부인의 시녀인 8선녀는 팔괘에 근거한 8인의 여성들로, 성진은 태극에 근거한 1인의 양소유로 전환시켜, 음양의 두 길을 주역의 이치를 수용하여 제시하였다. 특히, 8여인을 대표하는 백능파와 양소유의 혼사 문제에 있어서는, 유가들이 의리의 문제를 실천적인 차원에서 접근하듯이 현실에 대응하는 자세를 강직하게 표현하여, 타협이 있을 수 없는 의리적 인물로 형상화시켰다. 「구운몽」의 주요 사건은 1인의 남성 주인공과 8인의 여성 주인공의 사건을 역리 철학을 근거로 서사화하였다. 특히 8인의 여성들은 도가의 스승인 위부인, 불가의 스승인 육관대사, 그리고 성진 또는 양소유라는 개성적인 1인과의 상대역으로 삼았다. 이러한 서사를 전개함에 있어서는, 태극과 음양, 팔괘의 배치에서 일반적 음과 양의 배합과는 다른 태극과 팔괘의 배합을 근간으로 삼았다. 남성 주역인 성진과 환생한 존재로 등장하는 양소유는 태극을 상징하며, 그와 짝이 되는 8선녀와 8처첩은 팔괘의 개체를 상징하며 남녀의 관계를 설정하였다. 「구운몽」에서는 남성 주역과 여성 주역에 대한 인물 수의 설정을 이런 이치를 토대로 하여, 선가의 8선녀는 음의 상징인 소극적, 가정적, 생활적인 집단 사이에서 화평의 길로

26) 설성경, 『구운몽의 통시적 연구』, 새문사, 2007, 271쪽.

나아간다.

(4) 「구운몽」의 미적 특질은 성리학 시대의 학자가 형상한 지성미

「구운몽」은 숙종인 군주에 대한 교육, 특히 심리 심성교육의 혁신 텍스트다. 숙종은 세자시절부터 유가 성리학 정통교육을 받았으나 희정당 경연에서는 전혀 유가 성리학에서 배운 것과는 다른 분노의 감정을 폭발시켰다. 서포는 이런 현장에서의 제왕학이 가진 한계를 보고 이를 해소하는 새로운 군주교육으로서의 제왕학 이론을 서사적 소설로 쓴 것이 「구운몽」이다. 유배지에서 소설로 군신 사이의 갈등을 해결하는 하나의 사례를 제시하려는 작가는 표면사사에 투사된 것이 형산 연화봉에서 일어나는 육관대사가 수백 명의 제자 중에서 젊은 제자 성진을 『금강경』의 설법과 그 『금강경』의 지혜에 따른 참선 방식을 통한 심리적 여행담으로 서사를 전개하였다.

「구운몽」의 표면서사에서는 작가인 서포 김만중의 서사적인 자아로 투사된 육관대사를 통하여 숙종을 투사시킨 젊은 제자인 성진을 세 가지 방식으로 교육시켜 깨닫는 길을 보여준다.

육관대사는 형산 연회봉에 세워진 사찰에서 수행하고 있는 젊은 제자 성진이 1차로 동정 용왕을 만나보고 오는 환경을 만들어주었다. 성진은 동정용궁에서 용왕의 가족 중에 백능파라는 공주가 있고, 그 공주는 남해태자의 혼사 강요 때문에 용궁을 떠나서 국경 가까운 백용담에 숨어있다는 사실을 인지하지 못하고 귀환하였다. 그러나 성진이 2차 용궁행에서는 성진이 환생 윤회하여 양처사의 아들인 양소유가 되었다. 양소유는 출장입상하게 되는데, 중간에 먼저 정사도의 딸인 정경패와 혼약을 하고 육례를 갖춘 혼사를 진행하는 도중에 황태후가 자신의 딸인 이소화 공주를 양소유와 혼사를 진행하게 강요하였다. 이런 황태후 때문에 정경패와의 혼사에 장애가 생긴 예부상서의 위치에 있던 양소유는 황제와 태후에 상소를 올려서 자신이 부마가 되는 것은 부당하다고 하다가 감옥에 갇혔다. 그때 마침 토번이 서쪽 국경을 침범해왔기 때문에 황제는 감옥에 갇혀 있던 양소유를 장군으로 내세워 토번군을 격퇴시키고자 하였다. 양소유는 토번과의 반사곡 전투에서 적에게 포위가 되었다. 그때 백용담에 피신해 있던 백능파의 시녀가 나타나 꿈 속의 양소유를 모시고 백능파 에게로 안내했다. 백능파는 양소유에게 자신은 하늘이 정한 양소유의 배필이라고 하였다. 양소유는 백용담에서 백능파와 육체 관계를 맺은 후에, 백능파와 함께 동정용궁에 가서 동정용왕의 사위로 인정을 받았다. 그 후에 양소유는 백능파를 두고 전쟁터로 귀환하다가 형산에 이르러 절에 올랐다가 호승을 만나는데, 그때 호승은 양소유에게 지금은 올 때가 아니라고 하자, 양소유는 깨어나 보니 반사곡에서 토번군에게 포위를 당해 있었던 것이 현실이었다.

이러한 형산의 성진에서 당나라의 천하 제일의 장군 양소유로, 다시 꿈 속에서 백능파의 남편이요 동정용왕의 부마로서 동정용왕과 두 번째 만나는 사건이 「구운몽」에서 작가 김만중이 가장 공력을 들여서 설정한 사건이다. 즉, 성진과 성진의 참선 속의 현실에서, 다시 양소유의 꿈으로 들어가서 동정용왕을 만난다는 제1차 불승으로서 동정용왕과의 만남과, 제2차 성진이 참선 속에서의 꿈에서 전개된 양소유가 되어 제2차로 동정용왕을 만나는 두 만남의 같음과 다름을 성진이 깨닫는 것이 선방에서 사용하는 화두와 같은 동정용궁 회사였다.

작가 김만중은 이런 성진의 2차에 걸친 화두형 심성 사건을 통하여, 자신이 창덕궁 희정당 경연에서 숙종을 향한 직간에서 충신인 자신의 발언을 문제 삼아, 평안도 선천으로 유배를 보내자, 자신이 「구운몽」을 지어서 제2차의 직간에 해당하는 소설형의 상소를 하는 심정을 통해서 백능파가 하늘이 정해준 혼사를 실현하려는 정신이나 태도와 같은 것임을 보여준다.

이런 수준 높은 철학에 근거하여, 3층위에 걸친 양소유와 백능파의 진지한 혼사담은 17세기 말을 살아가던 성리학 시대의 학자, 더군다나 대제학이 창작한 지성미의 극치를 보여주는 점이 이 소설이 지닌 최고의 특질이다.

좀더 구체적으로 살펴보면, 「구운몽」은 유가나 성리학자들의 『태극도설』과 『금강경』이라는 주자 성리학과 세존의 불경을 기본 원리로 융합하여, 성리학의 외연을 확장하면서 중국 제왕학을 서사원리로 활용하였다. 이런 원리로 전개되는 「구운몽」에서는 1차로는 당나라 때에 인도의 육관대사가 중국의 제자 성진에게 『금강경』을 전하는 이야기를 내세우면서, 2차로는 송나라 때의 주자가 악록서원에서 마지막 강설을 하는 것으로 의미의 전환을 이루고, 다시 3차로 조선의 창경궁 희정당에서 작가 서포가 젊은 숙종을 앞에 모시고, 『주역』의 원활한 상하 소통을 논하는 경연 자리에서, 군신이 일시 갈등을 일으키는 현실을 소재화하였다. 이런 현실을 은유화한 작품에서는 하룻밤 사이에 육관에 의해 성진이 윤회 환생하여, 양소유와 양소유가 꿈에 양장군이 되어 동정호에서 남해태자의 늑혼을 피해 백용담에 피신해 있다가, 양소유와 결연하여 남해태자를 퇴치시키는 성진의 제3 층위에서 일어난 심성사건과, 양소유가 제2 층위에서 8선녀가 환생한 8처첩과의 집단 혼사와 이어진 화목한 가정생활을 마친다. 이렇듯 윤회로서의 꿈을 깨고 성진과 8선녀로 환원되는 하룻밤의 성진과 8선녀의 선몽을 체득하고, 그들 9인이 함께 육관대사의 『금강경』 설법을 듣고 일시에 불생불멸의 진리 깨닫게 되고, 성진은 육관대사의 『금강경』과 의발을 전수받아 8불승과 함께 중생을 제도하고 승천한다는 거대하면서도 복잡한 서사 내용을 담고 있다.

또 이와 다른 측면에서 보면, 진나라 때의 천상 여선인 위부인과 동정용왕이 합력하여, 8선녀와 백능파를 통하여 당나라 때에 중국의 성진을 인도에서 온 스승 육관대사를 내세워, 위부인의 제자이면서, 동정용왕의 딸인 백능파를 육관대사의 수제자 성진과 혼사로 결연시키는 도가 집안과 불가 집안의 인연을 이루어 천상의 약속을 실현하는 것으로, 가장 이상적인 군신의 관계를 1차적으로는 표면에 내세우면서, 2차적으로는 김익겸과 윤씨부인의 아들 김만중과 현종의 아들인 숙종의 군신 사이의 이상적인 관계를 표현하였다. 즉, 숙종과 김만중, 조사석, 인현왕후, 후궁 장씨에 얽힌 관계에서 숙종의 혼미로 인해, 노론과 남인 사이의 정치적 환국과 혼란을 숙종의 대각으로 바로잡으려는 내용을 도가적 인물설정으로 유가적인 인물과의 화합을 보여 주었다.

이런 두 가지 측면을 종합해 보면, 「구운몽」은 성리학 중심 시대에 부작용으로 일어난 사상과 정치 갈등을 보다 개방적인 안목에서 초극해내는 사상적으로는 유불선 3교의 화합을, 정치적으로는 노론과 남인 등의 당파간의 화합을, 궁궐의 내명부에서는 숙종을 중심으로 인현왕후와 후궁 장씨의 관계가 『예기』에서 내세운 질서처럼, 모든 갈등이 해소되는 중용과 화합의 온전한 정치 담론을 원론과 그 원론에서 응용된 정치 사회 현상의 얽힘과 해소를 다룬 성리소설이다. 그러면서 또 다른 한편으로는, 유복자로 태어난 자식을 충신으로 키웠지만, 현실로는 불충했다는 억울한 죄명으로 유배객이 된 자식을 생각하며 애태우고 계신 모친 윤씨부인과, 그런 아내를 영혼이 되어서 지켜보고 있는 병자호란 때의 순국 충신인 부친 김익겸을 향한 효자 서포가 부모를 위로하는 사모곡이요, 사부곡에 해당한다.

또, 양소유가 8선녀의 화신인 8처첩을 만나 한 가정을 이루는 과정에도 문학적인 흥미를 충분히 느끼게 한다. 즉, 양소유의 8처첩이 되는 8인 중에서 1차로 제2 층위에서 등장하는 진채봉은 자유분방하고 가련한 분위기를 보여준다. 제2차로 등장하는 계섬월은 섬세하면서도 이지적인 분위기를 보여주고, 제3차로 등장하는 정경패는 정숙하고 당돌하며 윤리 규범에 충실한 분위기로, 속은 것을 분해하며 복수를 해야 하는 성격을 지니고 있다. 제4차로 등장하는 가춘운은 온순하고 나약한 분위기를, 제5차로 등장하는 난양공주 이소화는 온순하고 상냥한 성격을, 제6차로 등장하는 적경홍은 명랑하면서도 낭만적인 분위기를, 제7차로 등장하는 심요연은 대장부와 같은 용맹스러운 기질을, 제8차로 제3 층위에서 등장하는 백능파는 고답적이면서도 신비스러운 분위기를 지니고 있다.

이처럼 제1 층위에서는 8선녀라는 공통의 속성으로 집단적으로 활동하던 8여성이, 제2 층위와 제3 층위에서는 각자의 개성을 드러내는 독립된 존재로 활동하지만, 그들은 모두 전생에 형산에서 위부인을 모시고 수행을 하던 선녀들이었기 때문에, 그런 전생 인연이 없는 속세의 인간들과는 구별이 되면서도, 그들이 지닌 공통성으로 한결같이 솔직하고 당당한 성격의 소유자들이다. 다시 말하면, 굳이 윤리에 얽매여 자신의 속마음을 억압하며 살아가는 여성들이 아니다. 좁고 갑갑한 가정이나 가문의 틀 속에서만 살아야 하는 억압된 삶이 아닌, 삶의 질곡에서 벗어난 여덟 여인을 통해 단계적으로 삶의 질을 높이는 방식의 서술을 전개하였다.[27]

또, 양소유를 중심으로 꾸며진 이상적인 가정의 제시는 화이부동[28]이면서, 공통성은 성리 본원심을 갖춘 여인들이기에, 각각의 탄생과 양소유와의 만남과 혼사 인연이 이루어지는 과정에서 성리학을 실현하는 순수 인간, 즉, 도심의 인간이라는 점을 가지고, 양소유를 중심으로 행복하고 아름다운 가정을 이루어내고, 끝까지 파탄 없이 지속한다는 점이 남성 주역인 양소유의 모친 유씨부인을 모시면서 9인이 부부로서 이룬, 2처 6첩이 함께 이상적인 가정을 지켜낸다.

만남의 과정도 성리학의 『태극도설』의 태극과 음양과 8괘의 이치에 따라, 인과 의를 강조한 여인들, 예와 지를 강조한 여인들이 개성 있게 부각되면서도, 이들 8여인들은 1차로는 2인, 2차로는 4인, 3차로는 6인, 4차로는 8인이,

---

27) 이강엽, 『구운몽 9인의 레벨업 프로젝트 성진과 팔선녀 운명을 개척하다.』(나무를 심는 사람들, 2016)에서는 "『구운몽』을 성진과 팔선녀 아홉 명이 함께 성장해 나가는 '9인의 레벨업 프로젝트'로 해석하였다.

28) 『논어』 〈자로〉 편의 "군자는 화합하지만 부화뇌동하지 않고, 소인은 부화뇌동하지만 화합하지 않는다."(和而不同).

결국은 양소유와 8처첩이 되어, 5차로는 9인의 화목한 가정의 구성원들이 되고, 끝내는 윤회의 인연을 마감하는 참선 같은 큰 꿈을 깨고 나서는, 제1 층위에서 6차로 육관대사를 포함한 10인으로 합일되어 집단화로 완성한다. 즉, 각각의 인물로 큰 깨달음의 주체가 된 온전한 한 팀으로서의 보살이 된 10인같은 9인이 되어 중생을 구제하는 보살도의 길을 나선다는 것이 성리소설 「구운몽」의 대단원에 해당한다. 이는 표면서사를 통해 구현되는 주제 의식과 더불어 작가가 선천으로 유배되기 직전의 현실인 창덕궁 희정당에서 일어난 군신 사이의 갈등을 해소하려는 이념적으로 해결하는 이면적인 서사를 통해서 드러내는 서포 김만중의 「구운몽」을 창작한 최종 목표로 판단된다.

「구운몽」에서는 『금강경』을 구체적인 텍스트로 삼아 육관대사의 설법을 서사화하여 횡적인 주요 소재로 내세우고, 성리 철학은 구체적인 용어로는 그 이론을 논리로 제시하지 않지만, 성리철학의 핵심 이론에 해당하는 인심과 도심의 문제 중에서, 성진과 8선녀를 도심을 실현하는 인물서사로 내세우며, 인심에 기우는 상대적 인물을 제어한다. 「구운몽」은 1차적으로 9인의 대각을 집중적으로 서술하고, 그 다음에는 2차적으로 대각한 대사와 보살로서 살다가 함께 극락으로 간다는 이야기가 핵심 내용이다. 공의 지혜를 전하는 인도의 육관대사와는 달리, 이런 공의 지혜를 배우는 중국의 성진 사미는 유가에서 이상형으로 삼는 본성의 진실성을 성진의 윤회속 인물인 양소유의 평생을 통해 제시한다. 그러나 작중 인물들도, 작품을 읽는 독자들도 미처 인지하지 못한 것은, 성진이 양소유로 환생하여 60년의 삶을 살았던 것은, 성진이 형산에서 참선을 하는 하룻밤 사이에 일어났던 참선이며, 단지 성진의 마음이 움직인 생각의 흐름이었다. 이런 사실을 인지한 것은 성진만이 아니라, 석교에서 성진과 함께 잠시 수작을 했던 8선녀의 윤회와 환생도 마찬가지다. 양소유의 처첩으로서의 60년을 함께 살았던 삶도 같은 이치에서 진행된 것이었음을 8선녀가 육관대사를 찾아와서, 부처님이 전하는 불법에 귀의하겠다는 것이 작품의 종결이다. 이러한 표면서사에서의 불가적 깨달음은, 이면서사에서는 작가 서포와 군주 숙종의 희정당 경연에서 일어난 혼미한 숙종이 대각하여, 경연을 주도한 서포 김만중 자신이 진정한 충신임을 깨닫는 것이라는 의미를 담아내고 있다.

2-2. 「구운몽」 연구의 성찰과 전망

(1) 제1세대 연구자들의 단편적인 논의들

「구운몽」의 주제에 대하여 부귀공명 일장춘몽이라는 견해는 일찍부터 있었다. 김만중의 종손인 김양택이 편찬했을 가능성이 높은[29)]『서포년보』의 기록 가운데, 「구운몽」의 저작에 관한 것으로 보이는, "글을 지어 부쳐서 소일거리를 삼게 하였다."는 글의 요지는 일체의 부귀번화가 모두 몽환[30)]이라는 것이었으니, 또한 뜻을 넓히고 슬픔을 달래기 위한 것이었다.'[31)]이라고 적고 있다.[32)]

이재의 『삼관기』에는 『서포연보』의 기록과 마찬가지로 "패사에 「구운몽」이라는 것이 있는데, 곧 서포가 지은 것이다. 그 요지는 '공명과 부귀가 일장춘몽으로 돌아간다'는 것이니. 대부인의 근심을 위로하여 풀어드리는 위한 것이다."[33)]라 하였다. 또, 심재는 조선조 후기의 사회상을 담은 필기잡록 『송천

29) 최재남, 「서포연보의 성격과 김만중 연구」, 『한국학보』, 57집, 일지사, 1989. 84~89쪽.

30) "九雲夢者…以爲一切富貴繁華,都是夢幻".

31) 김병국, 최재남, 정운채 역, 『서포년보』, 서울대출판부, 1992. 번역, 227쪽.

32) 장효현, 「〈구운몽〉의 주제와 그 수용사에 관한 연구」. 『김만중 문학연구』, 국학자료원, 1993, 125쪽.

33) 이재, 『송천필담』 권삼, 稗史有九雲夢者 卽西浦作 大旨以功名富貴 歸之一場春夢 要以慰釋

필담』에서 "패사에 「구운몽」이란 것이 있는데, 곧 서포가 지은 것이다. 그 요지는 '공명과 부귀가 일장춘몽으로 돌아간다'는 것이니, 대부인의 근심을 위로하고 풀어드리기 위한 것이었다. 그 책은 여인들 사이에서 성행하였는데, 대개 석가의 말에 의지하였으며, 그 중에는 초사에서 나온 뜻도 많다고 한다."[34]고 하였다. 여기에서는 『초사』가 전하는 뜻[35]을 주목하여 불교적 형식의 사유체계를 빌어 초나라의 충신인 굴원의 심성을 「구운몽」이 담아내고 있음을 지적하여, 작가의 내적 창작심리 내지 창작의도'를 파악하고 있다.[36]

또, 유학자 이우준은 『몽유야담』의 〈소설〉이라는 항목에서 「구운몽」의 주제를 다음과 같이 평하였다.

> 구운몽은 공이 유배 때에 지은 것이다. 곧, 육관대사의 제자 성진이 남악 팔선녀와 더불어 서로 즐기다 죄를 얻어 인간으로 적강하여 양씨 가문에 환생한 이야기다. 양소유는 문장과 공훈 업적이 20대에 일세에 날려서, 나가서는 장수요 들어와서는 정승으로 몸이 극히 부귀를 누리고, 인하여 팔선녀와 서로 만나서 일생의 기쁨을 즐기니, 마침내 인연을 다하고 불문에 되돌아갔다.
>
> 그 뜻은 대개 공명과 부귀는 일장춘몽의 경지라는 석가세존의 말에 의지하였으며, 초사의 이소가 남긴 뜻을 체득하게 한다.[37]

이처럼 이우준은 성진과 팔선녀가 서로 희롱한 일, 인간세계에 유배 와서

大夫人憂思.

34) 심재, 『삼관기』, 국문 필사본.

35) 楚騷遺意.

36) 김병국, 「구운몽」, 『한국고전소설작품론』, 집문당, 1990. 677쪽.

37) 이우준, 『몽유야담』.

양씨 집안에 환생한 일, 양소유가 출세한 일, 팔여인과 인연을 맺는 일, 불문에 되돌아온 일 등을 차례로 요약하고 있다. 그는 「구운몽」의 주제에 대해 부귀공명을 한바탕 꿈으로 돌리는 제행무상적 이해를 보이지만, 「구운몽」은 비록 석가 세존이 깨달음의 지혜를 전하는 불교 이야기의 형식을 빌어쓰고 있지만, 작가 김만중이 주제로 제시하는 것에는 『초사』의 한 편인 「이소」가 전하는 충신의 애틋한 뜻을 담아내고 있다고 보았다.[38)]

이와는 달리, 이규경은 『오주연문장전산고』의 〈소설 변증설〉에서는 「구운몽」의 창작 동기와 창작 기간에 대하여, 모친을 위하여 하룻밤 사이에 창작을 하였다는 내용을 전하고 있어 주목을 끈다.

> 우리나라 사람은 국량이 얕고 재주가 짧아 또한 다스리기 어렵다. 여항 간에 성행하는 것으로 다만 「구운몽」이 있는데, 서포 김만중이 지은 바로 조금은 의의가 있다. 세상에서 전하기로는 서포가 유배되었을 때 대부인의 심심파적을 위하여 하룻밤에 지었다고 한다.[39)]

이규경의 할아버지는 박학다재하여 고금의 제자백가와 기문이서에까지 통달했고, 문장도 새로운 풍을 일으켜 인정과 물태를 곡진히 그려내었다. 일찍이 정조가 규장각을 열고, 명사를 검서관에 등용할 때, 유득공 · 박제가 · 서이수와 함께 이른바 4검서라 일컬었다. 특히, 정조가 신하를 특별히 사랑해 후하게 대우함을 받아 규장각에 편서의 일이 있을 때마다 참여하였다. 부친 이광규도 조부를 이어 검서관에 등용되어 오랫동안 규장각에서 일했다. 이규경은 이러한 가풍에서 자라면서 팽배하던 정조 실학의 학풍에 영향을

---

38) 설성경, 『구운몽의 비밀』, 서울대학교출판부, 2012, 16쪽.

39) 『오주연문장전산고』 권칠, 소설변증설, "我東人則量淺才短 亦不能領略 閭港間盛行者 只有九雲夢 西浦金萬重所撰 稍有意義 世傳西浦竄荒時 爲大夫人破閑 一夜製作".

받았다.

이규경은 우리나라와 중국의 고금 사물에 대한 수백 종의 서적을 탐독해 천문 · 역수 · 종족 · 역사 · 지리 · 문학 · 음운 · 종교 · 서화 · 풍속 등 모든 학문을 섭렵하며, 서적의 진위와 이동을 조사해 밝히고 분석해서 『오주연문장전산고』를 지었다.[40] 이런 배경을 지니고 있는 이규경이 김만중이 귀양지에서 어머니 윤씨 부인의 한가함과 근심을 덜어 주기 위해 지었다고 말한 것은, 효심을 강조하기 위한 것이고, 하룻밤 사이에 지었다는 것은, 작가의 창작 능력이 천재성을 갖추었음을 강조한 것으로 해석할 만하다. 그 까닭은 「구운몽」은 당시로서는 장편소설이라, 필사하는 시간만도 상당한 기간이 요구되는 작품이며, 작품의 핵심 내용이 성진과 8선녀가 겪는 하룻 동안의 이야기라는 점을 부각 시킨 표현으로 평가된다.

또, 조재삼의 「송남잡지」 등에서는 김춘택이 「구운몽」을 창작했다는 창작설의 오류를 보여 주기도 한다. 즉, 조재삼은 『송남잡지』에서 「구운몽」이나 「사씨남정기」 같은 소설을 궁중으로 들여보내, 궁녀들에게 그것을 읽게 하여 임금을 감오하게 했다고 다음과 같이 기록하고 있다.

> 세상에 전하기를 김북헌이 「구운몽」과 「남정기」 등 소설을 지어 궁녀들로 하여금 아침저녁으로 외우게 하여 임금의 총명을 깨우쳐 중전 민씨를 돌아오도록 기약했다 한다.[41]

이 기록은 작가를 잘못 기록하고 있고, 사실 여부를 확인하기에 곤란한 사실을 기록하고 있다. 그러나 궁중의 궁녀들이 「구운몽」의 독자가 되었을 뿐

---

40) 저서로는 『오주연문장전산고』, 『오주서종박물고변』, 『백운필』 등이 있다.

41) 조재삼, 「송남잡지」, 남정기조, 世傳 金北軒著 九雲夢及南記等小說 使宮女朝夕諷誦 欲感悟聖聰 期返閔殿也.

만 아니라, 궁녀들을 매개로 왕도 「구운몽」을 읽었을 수 있다는 가능성을 열어놓고 있다. 물론 이 기록은 「남정기」에 비중을 더 두고 있지만, 「구운몽」도 궁중으로 들어갔고, 궁녀들의 독송을 통해 숙종까지 내용을 알게 되었고, 그 결과 축출했던 인현왕후를 다시 왕비로 복귀시키는 실질적인 교화 기능까지 감당하는 데 기여했을 수도 있음을 전하고 있다. 또, 당시는 소설에 대한 인기가 높아가면서, 여항의 무식한 사람들까지 국문을 배워서 옛사람들이 서로 전하는 이야기들을 베껴서 밤낮 이야기를 했다[42]는 기록에서처럼 김만중의 「구운몽」 같은 소설들의 유통이 활기[43]를 띄게 됨으로써, 「구운몽」의 독자층은 확장되어 갔다고 볼 수 있다.

(2) 「구운몽」 주제에 대한 제2세대의 상반된 해석

경성제국대학에서 다카하시 도루의 제자로서 학부 논문으로 집필한 내용을 1933년에 책으로 출간한 김태준의 『조선소설사』에는 「구운몽」에 대하여 다음과 같이 설명하였다.

> 「九雲夢」은 조선人의 精神生活의 總發露요 階級社會의 全面鏡이다. 宇宙間의 모든 存在는 上流階級의 享樂材料에 지나지 못하며 그와 같은 社會에는 여러 가지 封建的 矛盾이 無難히 容認되고 總和되어 있나니 一夫多妻主義는 社會組織에 重要한 壘壁이여서 女權이란 當初부터 問題가 되지 못하고 女子는 婦女된 羞恥를 잘 堪忍함으로써 前生의 罪惡을 贖하는 줄로 믿고 六畜과 같이 寶玉과 같이 主人에게 無條件으로 驅使되고 玩弄될 것으로 알고 있는

42) 낙서거사의 『오륜전전서』 "余觀閭巷無識人 習傳諺字 謄書 古老相傳之語 日夜談論".

43) 류탁일, 「유통매체로서의 고소설의 문헌성과 변화」, 『고소설사의 제문제』, 집문당, 1993, 90쪽.

故로 一夫多妻의 表面的 和合과 男主人公의 得意滿滿한 心境이 標紙에 흩은다. 楊少游의 富貴繁華야말로 南海配所에서 多年 呻吟하던 西浦의 理想이요 慾望이다. 그러나 所詮 人間의 享樂은 假現이오 夢幻이라는 것을 그는 알엇다. 그리고 夫婦의 因緣도 過去에서 現在에 現在에서 未來에 永遠히 連續된 것으로 佳緣은 天定한 것이라는 信念이 所謂 四柱八字라는 信念과 함께 堅固한 宿命的 觀念을 일러서 性眞과 八仙女는 벌서 前生에 結緣되어 現世에 換生하야 다시 夫婦가 되어 가진 苦樂과 休戚을 함께 하다가 다시 녯날의 性眞과 八仙女로 變하여 갓다고 하는 心理小說에 引導한 것이다.[44]

「구운몽」이야말로 조선 사회의 사정 사전(事情辭典)이라 말하고 싶다. 기실은 나보다 먼저 게일(Gale) 박사가 〈The Cloud Dream of Nine〉의 서에 쓰되, 「구운몽」은 진면목한 극동 지식의 계시이니 그 문장과 어구가 기교할 뿐 아니라 극동적 사상과 취미의 신앙적 해석에 있어서 한층 더 문학적 성가를 발휘하고 있다. (중략) 「구운몽」의 주제 또는 사상에 관하여는 여러 연구에서 논란이 거듭되었다. 우선 주장된 바는 「구운몽」에는 삼교화합사상이 나타난다는 것이다. 게일(Gale,J.)이 「구운몽」을 영역할 때 서문을 쓴 스콧(Scott,R.)은 「구운몽」에는 "유교 · 불교 · 도교 사상이 섞여 있다."고 하였다.[45]

이처럼 김태준은 작품의 여러 장면에서 나타나는 민간신앙에서 유 · 불 · 선 삼교의 화합사상을 엿볼 수 있다고 하였다.

또, 박성의는 『한국고대소설사』에서 「구운몽」의 주제를 다음과 같이 설명하였다.

---

44) 김태준, 『조선소설사』, 학예사, 1933, 78쪽.

45) 김태준, 『조선소설사』, 학예사, 1933, 79쪽.

「九雲夢」의 要旨는 요컨대, 『松泉筆譚』에서 말하는 바와 같이 人間의 富貴와 榮華와 功名이란 一場春夢에 지나지 않는다는 뜻이다.[46)]

이 小說의 主題는 著作 動機에서 말한 바와 같이 人間의 富貴功名이란 한바탕 꿈에 지나지 않는다는 것이 要旨이다. 그것은 佛敎的인 諸行無常觀에서 온 것이므로 本小說은 佛敎思想을 中心으로 한 佛敎小說이라고도 할 수 있다.[47)]

이처럼 박성의는 「구운몽」은 동양의 대표적인 종교와 사상인 유교와 불교와 도교라는 삼교사상이 교묘히 융합되어, 유교사상인 공리주의 및 현실주의와 불교의 세속적인 부귀영화를 부정하는 은둔사상과 도교의 향락주의가 혼연일치가 된 소설로, 인간이 누리는 부귀와 공명은 한 바탕의 꿈으로 보았다.[48)]

조윤제는 『국문학사』에서 작가와 모친 윤씨부인의 관계를 주목한 「구운몽」의 주제 해석을 하면서 다음과 같이 설명하였다.

母夫人은 또한 賢夫人으로 子女敎育을 깊이 留意하야 親히 小學 十八史略 唐詩 等書를 그 子弟들에게 가르쳐 주었던 것이니, 西浦는 古史異書를 모으고 稗官雜記로써 日夜 左右에 談說하여 一笑에 資하게 하였다. 西浦의 이러한 孝誠은 늙어서도 衰하지 않았으니 그가 小說에 뜻을 두고 工夫를 하며, 또 많은 小說을 지었다는 것도 그 動機는 오로지 母夫人에 대한 孝誠에서 나왔

46) 박성의, 『한국고대소설사』, 일신사, 1958, 278쪽.

47) 박성의, 「구운몽의 사상적 배경 연구」, 『아세아연구』, 36호, 고려대학교 아세아문제연구소, 1969, 57쪽.

48) 설성경, 『구운몽의 비밀』, 서울대학교 출판문화원, 2012, 18쪽.

다고 할 수 있다.(중략)

이것이 「九雲夢」의 簡單한 그 梗槪가 될 것이다. 要컨대 人間世上의 富貴功名을 一場春夢에 돌리고 만 것인데, 말하자면 그 慈堂이 靑春에 寡婦가 되어 가난한 家庭에서 오직 두 子息에 마음을부처 精誠껏 길러 餘生을 질길야 하였던 것이 늦게 그 長子 萬基를 잃어버리고, 또 萬重조차 謫所에 보내어 虛無한 人生을 咀呪하고 있는 그 마음을 慰勞코자 한 것이다. 그러나 이것은 그 어머니를 慰勞할랴는 것뿐만이 아니라 確實히 無常한 人生의 一面을 如實히 그린 點도 있을 것이다.[49]

이처럼 조윤제는 「구운몽」을 소설 유형을 나눔에 있어서는 운명소설로 규정하면서, 주제는 인간 세상에서 누리는 부귀와 공명은 한바탕의 꿈으로 서술하였다.[50]

이재수도 『한국소설 연구』에서 다음과 같은 평가를 하였다.

「九雲夢」이 空 思想의 中心經인 『金剛經』을 思想的으로 藍本으로 하여 엮어져 있다는 것은 그 作品의 古代小說로서는 드물게 볼 수 있는 짜임새로 보나, 『西浦漫筆』에서 [眞空妙有]를 論한 西浦의 專門家的인 見解로 보나, 遺腹子로 生長한 家庭的 環境과 晩年의 悲慘한 社會環境으로 보아, 이는 偶然한 亂筆이 아니며, 五洲 李圭景이 말한 바 단순히 大夫人의 破閑을 爲하여 一夜에 製作했다고 速斷할 것이 아니라, 「九雲夢」이야말로 Faust가 Goethe의 全人生의 表現인 것 같이 西浦의 全人生의 表現이며, 그의 人生觀의 結論이라고 보아야 할 것이다.[51]

---

49) 조윤제, 『국문학사』, 동국문화사, 1959, 255~256쪽.

50) 설성경, 『구운몽의 비밀』, 서울대학교 출판문화원, 2012, 20쪽.

51) 이재수, 『한국소설연구』, 선명문화사, 1973, 269쪽.

차용주는 「구운몽」의 주제 해석을 하면서 다음과 같이 설명하였다.

「구운몽」의 주제를 이러한 구조적인 특성에 입각하여 고찰하면 성진이 용궁에 갔다 오던 길에 돌다리 위에서 팔선녀를 본 후에 수도에 회의를 느끼며 현실의 공명을 도경하다가 지쳐 지게 되며, 꿈속에서 양소유로 환생한 것이다. 그리고 양소유가 성취한 것은 앞서 성진이 팔선녀를 본 후 동경했던 현실의 공리성을 그대로 구현한 것이다. 그런데 「구운몽」은 몽자소설의 구성상의 특징에 따라 현실 세계에서 생각했던 공리성을 꿈속에서 체험하는 것으로 만족하고자 한 것이 아니다. 성진이 꿈을 깬 후 여덟 사람의 처첩들은 간 곳이 없고 자신은 포단 위에 앉아 있는 소화상임을 발견하고 부귀영화와 남녀정욕이 모두 환몽과 같은 것임을 깨닫게 되었다. 그 후 성진이 꿈을 체험한 후 현실의 공리성에 대한 미련을 버리고 수도에 정진했다. 이로써 볼 때 「구운몽」의 주제는 양소유의 일생에서 찾을 것이 아니라, 성진이 꿈을 체험한 후 현실의 공리성에 허무를 느끼고 수도에 정진하는 것에서 찾아야 할 것이다. 그러므로 「구운몽」의 주제는 현실세계의 공명은 춘몽과 같이 허무한 것으로 부정하고 불교적인 허무의 세계에서 일생의 의의를 찾고자 한 것으로 보는 것이 타당할 것이다.[52)]

정주동은 『고대소설론』과 「구운몽의 불교관적 고찰」에서 「구운몽」을 소설 유형 분류에서 환상소설로 규정하고, 도교와 불교 사상을 바탕으로 하여 인생은 운명적이며, 모든 부귀영화는 무상한 환상에 지나지 않는 것으로 보면서도, 불교사상과 주제의 연계성을 높여서 부귀와 공명이 한바탕의 꿈이라는 것 이상의 불교적 무상관으로 해석을 강화하였다.[53)] 또, 이가원은 「구운

52) 차용주, 『한국한문소설사』, 아세아문화사, 2003, 282쪽.

53) 설성경, 『구운몽의 비밀』, 서울대학교 출판문화원, 2012, 21쪽.

몽」의 주제를 "서포는 자기 일가의 고락성쇠도 모두가 숙명적이어서 하등의 슬퍼할 것도 없으려니와, 또는 하등의 기뻐할 것도 없음을 말하여 자기가 스스로 마음을 위안하며, 모부인의 인간 역경을 위안한 일종의 숙명론을 주제로 한 소설이 곧 「구운몽」"이라고 하였다.[54)]

이렇게 전개된 선행 연구의 일반적인 견해는 「구운몽」에서 핵심이 되는 대승불교의 『금강경』이 지닌 부처의 지혜를 전하는 주제인 불교적인 공사상에 근거하여 현실을 부정하는데 있는 것 같지만. 이면적으로는 불교의 무상관을 소박한 수준에서 인생만사는 허무한 것으로 수용하는 것에 머문 해석에 근거한 주제론이다. 소위 '일장춘몽설'의 주제로서의 한계는, 작가가 『금강경』이라는 불법을 전하는 육관대사의 전법이 「구운몽」 서사의 가장 외부에 놓인 이야기라는 점을 가볍게 바라보고, 『금강경』 설법을 듣고 공사상의 파악에 의한 성진과 그와 함께 한 8선녀의 대각으로 작품의 대단원이 마무리된다는 점을 가볍게 넘겼다는 데에 있다. 이로 인하여 양소유는 말년에 삶에 대한 비관 단계에서 멈추지 않고, 부정적인 감정을 계기로 새로운 수행의 길을 모색하게 됨으로써, 성진은 양소유로서의 일생을 부정하게 된다. 성진의 생각 또한 육관대사에 의해 다시 부정되는 단계로 작품의 종결 부분이 전개되는 것은, 성진이 참선에 해당하는 꿈를 꾸고 깬 다음에, 선행한 몽환설화의 수준을 넘어서는 쪽으로 확장[55)]되고, 그 결과가 성진과 그와 함께한 8여인이 함께 『금강경』의 지혜를 대각하여 9인이 함께 중생을 구제하는 보살대도의 길로 나아간다는 최종 서술을 주목하지 않았다는 데서 그 한계를 보인다.

또, 조동일은 『한국문학통사』에서 「구운몽」의 주제에 대하여 다음과 같이 거론하였다.

54) 이가원, 『구운몽 역주』, 연세대학교출판부, 1970, 21~22쪽.

55) 설성경, 『구운몽의 비밀』, 서울대학교 출판문화원, 2012, 25~26쪽.

“「구운몽」은 주제를 둘러싸고 많은 논란이 있는 작품이다. 유 · 불 · 도 3교에서 온 요소가 두루 들어 있지만, 육관대사의 제자 성진이 남악 연화봉에서 세속 생각을 하며 잠이 들었다가 욕망 추구가 허망한 줄 깨달았다는 몽유소설(夢遊小說)로서의 기본 설정은 전편이 불교적 의미를 가졌음을 말해준다. 육관대사가 언제나 『금강경(金剛經)』으로 가르침을 삼았다는 점까지 보태어, 작품의 주제가 『금강경』의 공(空)사상이라는 견해도 있다.

그러나 성진은 꿈속에서 양소유로 태어나, 시골 출신이 서울 가서 장원급제를 하고, 나아가면 장수가 되고 들어가면 정승이 되어 온갖 부귀를 누리면서 연화봉에서 만났던 팔선녀를 두 아내 여섯 첩으로 맞이하는 과정을 자상하고도 묘미 있게 다루었다. 세속의 욕망이 허망하다는 것은 작품의 결말에서나 강조되어 있을 따름이고, 부귀를 획득하고 애정을 성취하는 데 더욱 절실한 관심을 보였다 성진의 길과 양소유의 길 가운데 어느 쪽을 택할 것인가 하는 진퇴의 문제를 주제로 삼고 독자도 각자의 성향에 따라서 생각이 달리질 수 있게 했다 하겠으나, 흥미로운 읽을거리를 찾는 사람이라면 으레 자기를 성진 또는 팔선녀 가운데 누구와 동일시해 공감을 얻었을 것이다.[56]

「구운몽」의 주제는 양소유를 중심으로 접근하면 ‘부귀공명 일장춘몽’이라는 쪽으로 귀결되지만, 이와는 달리 성진을 중심으로 접근하면 『금강경』의 공사상이 주제라는 쪽으로 귀결될 수도 있기에, 몇몇 연구자들은 「구운몽」의 주제는, 『금강경』의 공사상이라는 견해를 보여왔다.

정규복은 1974년의 『구운몽 연구』에서의 「구운몽」의 주제에 대하여 다음과 같이 서술하였다.

『금강경』에서 이른 바 幻夢을 통하여 앞에서 언급한 바대로 覺한 후, 양소

---

56) 조동일, 『한국문학통사』 3권(제3판), 1994, 120~121쪽.

유는 없어지고 다시 성진으로 돌아가는데, 이것은『금강경』에 '佛告須菩提 凡所有相 皆是虛妄 若見諸相非相 卽見如來'하고 한 바와 같이 무릇 相 있는바 모두 허망한 것이니, 諸相을 상 아닌 것으로 본다면 如來를 본 것과 같다고 한, 즉 성진이 과거에 양소유로 환생하여 인간의 부귀공명을 마음껏 누린 것은 실상이 아니요 일체를 환몽으로 보고 覺한 후에는 상 아닌 것으로 본 것이다. 즉 성진은 팔선녀의 미모와 부귀공명을 실상으로 받아들이려 했다. 여기서 성진은 혼미한 현상 가운데 헤매는 것이다. 그의 스승 육관대사는 꿈을 통하여 성진을 양소유로 환생시켜 인간의 부귀영화가 일장의 환몽임을 깨닫게 한다. 이로 인하여 성진은 양소유 이전의 성진으로 환원하되 그것은 제자리에서의 성진이 아니라 360도 변한 성진인 것이다. 즉 미한 성진과 각한 성진의 가장 가까이 있으면서도 가장 먼 거리에 있는 것이다.[57]

또, 성현경은 "넓게는 불교사상, 좁게는 공사상이 서포적으로 변용, 굴절되어 나타났다."고 하였다. 정주동은 "불교사상 중에서도『금강경』의 공사상, 곧 공즉시색(空卽是色) · 색즉시공[58]의 진공묘유 사상을 토대로 하고 있다."는 견해를 밝혔다. 김일렬은「구운몽」이『금강경』의 중심사상인 공사상을 투영하려 하였으나, 그 결과는 "공사상의 본격적인 차원"에 이르지 못하였음을 지적하였다.「구운몽」의 현실부정은 각자의 관념적인 도피이며, 이는 공사상의 한 단계로서 공사상만의 것이 아니고, 불교사상 일반의 것으로 그 초보단계에 불과하다는 것이다. 조동일은 "성진이『금강경』사상의 높은 차원의 것을 실행하지는 않았고, 다른 방법으로 그 사상이 작품에 나타나 있는 것도 아니다."라고 하면서, 공사상설을 비판하였다. "상이 있는 것은 허망하다라는 정도의 생각은 불교의 기본적인 전제이기에 불교사상설이 오히려 실상에

57) 정규복,『구운몽 연구』, 고려대학교출판부, 1974, 240쪽.

58) 色卽是空.

부합된다."는 것이다. 그러나 정규복은 「구운몽」의 종결 부분에 등장하는 육관대사와 성진의 문답에서 성진의 꿈속에서의 양소유와 인간인 성진의 2분법을 깨뜨리고 성진과 양소유, 몸과 꿈, 장주와 호접의 1분법으로 되돌리는 것을 중심으로 하여, 「구운몽」의 주제와 사상은, 다시 『금강경』이 바탕이 된 공관의 미학을 보여주는 작품으로 파악하였다.

일반적으로 '일장춘몽' · '공'의 주제는 삶에 대한 허무와 체념으로 축소해서 받아들여지는 경우가 많았다. 「구운몽」은 성진이 양소유의 몸을 빌어, 세속의 향락과 영예를 누린 뒤 불가에 귀의하는 것으로 그려져 어느 한 편의 삶을 부정하거나 배척하지 않는다. 성진이 주색에 미혹되어 체험한 양소유의 삶은 그의 전생이었고, 그러한 전생의 인연 때문에 팔선녀를 만나는 순간 미혹에 빠졌으나, 곧 본래의 청정심을 되찾을 수 있었다. 그러므로 성진에게 양소유의 삶은 참이면서 거짓이고, 거짓이면서 참이다. 불교적 관점에 따르면 현생의 우리는 전생의 연기에 의해 만들어진 것이고, 현생의 연기로 내생이 만들어진다. 양소유가 세상의 부귀영화를 누린 뒤 불가에 귀의하는 서사구조는 싯다르타 태자가 궁성을 나와 출가하는 이야기와 흡사하다.[59)]

이런 접근과 함께, 필자는 「구운몽」의 주제에 대한 새로운 논의의 경향을 제시하면서, 평면적인 초기 주제론의 성과 위에서, 선행 주제론의 의미를 확장하여 작가 서포의 우국충정의 심리를 담고 있다거나, 작가의 소망을 담은 정신적인 승리로서의 희망의 서사라는 쪽에서 주제를 파악하려는 모색을 전개하였다.

---

59) 장영우, 「분별 · 망상 부수니 '진공묘유'의 진리가 불교로 읽는 古典」 – 김만중의 〈구운몽〉 『현대불교』, 2014. 87쪽.

(3) 지속적으로 접근한 「구운몽」의 본질과 미학 탐색의 궤적

(가) 1단계, 1991년 『한국고전소설의 본질』, 국학자료원

필자는 「구운몽」 연구의 1단계를 1991년에 『한국고전소설의 본질』로 국학자료원에서 출간하였다.

『한국고전소설의 본질』 목차는 다음과 같다.

『한국고전소설의 본질』의 표지

1. 고전소설의 본질과 아름다움을 찾는 기본 방향
   1. 고전소설의 본질과 아름다움을 찾는 방법
   2. 연구 대상 작품의 선정 기준과 범위
2. 15세기형 창작단편 남염부주지에 나타난 정치이념의 형상화
   〈중략〉
3. 17세기형 창작단편 구운몽에 나타난 윤리 · 철학의 형상화
   1. 구운몽의 창작 배경
      (1) 김만중의 삶과 시대적 상황
      (2) 동양 사상과 철학을 소재로 한 창조적 변용
         (가) 군담 소설의 소재화를 통한 사상소설로서의 변형
         (나) 발전적 전환 양식인 선몽구조의 사상 · 철학적 소재
            (ㄱ) 서유기의 불경 취득 소재
            (ㄴ) 장자와 열자의 우의적 환몽 소재
            (ㄷ) 법화경과 능엄경의 불경 소재

(ㄹ) 금강경 소재의 구조 차원의 활용
(다) 위부인과 유의에 관한 단편적 설화 소재원
2. 구운몽의 작품세계와 그 아름다움
⑴ 선몽의 서사구조를 통한 불교철학과 사회윤리의 형상미
(가) 양적 시간의 확장에 따른 현실적 세계관
(ㄱ) 초월적 삶을 반영한 하루의 철학적 의미
(ㄴ) 세속적 삶을 반영한 평생의 윤리적 의미
(ㄷ) 확장된 삶인 윤회생의 종교적 의미
(나) 질적 시간의 분화에 따른 이념적 세계관
(ㄱ) 속계 시간과 선계 시간의 대응적 분화
(ㄴ) 선계 시간의 인식으로 본 선몽의 층위
(다) 금강경에 근거한 서사구조의 철학적 기반
(라) 선몽구조의 통합적 층위와 계열의 양상
(ㄱ) 둘째 층위의 꿈과 그 계열상
(ㄴ) 셋째 층위의 꿈과 그 계열상
(ㄷ) 꿈의 다원 층위로 본 선계의 의미
(마) 존재의 근원 인식과 근원으로 환원 의지
⑵ 시간 배경의 대응성을 통해 구현된 사회윤리의 건강성
(가) 황혼의 혼미와 새벽의 깨우침
(나) 봄의 낭만성과 가을의 허무감
⑶ 출세와 사랑의 병행적 구성을 통한 화평지향의 미의식
4. 19세기형 개작장편 남원고사에 나타난 생활문화의 형상화
5. 마무리

「구운몽」에 대한 비평이나 연구는 20세기 들어와서 구미의 소설학을 수용하면서 본격화되었지만, 한국형 소설의 전형인 「구운몽」의 참모습을 한국적

인 방법으로 밝혀내는 데까지는 나아가지 못했다. 이러한 환경 속에서, 필자는 한국적인 방법론을 창안하여 「구운몽」 속에 담긴 미학을 찾아내어, 문학, 철학, 역사를 기저로 한 한국의 대표적인 고전소설로서의 특질을 밝혀 1972년 석사학위 논문을 작성한 이후, 「구운몽의 구조적 연구」 시리즈 5편을 연속하여 논문으로 발표하며, 점진적으로 한국적 연구 방법의 개발을 위해 부단히 노력했다. 필자는 「구운몽」 연구에 대한 다각적인 접근을 지속하며, 1999년에는 국학자료원에서 『구운몽 연구』, 2007년에는 새문사에서 『구운몽의 통시적인 연구』, 2012년에는 서울대학교 출판문화원에서 『구운몽의 비밀』을 연구 결과로 출간하였다. 필자의 지속적인 노력은 40년의 적공 끝에 광통학이라는 방법과 기술을 터득하여, 「구운몽」이 '풍류 성리소설'임을 밝혀낼 수 있게 되었다.

(나) 2단계, 1999년 『구운몽의 연구』, 국학자료원

필자는 「구운몽」 연구의 2단계를 1999년에 『구운몽 연구』로 국학자료원에서 출간하였다.

『구운몽의 연구』의 목차는 다음과 같다.

『구운몽의 연구』 표지

Ⅲ. 텍스트론

1. 표기문자의 이원화에 따른 한문 · 국문텍스트

2. 한문 · 국문 두 원전의 변이 텍스트

1.1. 한문 노존본에서 한문 연화본으로 변이

1.2. 완판 한문본의 성행과 장면의 탈락

1.3. 초기 노존본에서 강전섭본으로 축약

1.4. 초기 한문 노존본과 국문 노존본의 대응

1.5. 국문 목판본의 변이와 그 작품성

(1) 완판 국문본의 축약과 작품성의 손상

(2) 경판 국문본의 축약과 작품성의 손상

2. 서사가사를 통한 텍스트의 변이와 대중성

3. 근대전환기 텍스트의 변이상

3.1. 구활자본 텍스트의 변이상

Ⅳ. 소재론

1. 금강경과 육관대사의 소재

1.1. 달마대사와 육관대사의 유사성

1.2. 달마대사의 불법전수와 육조의 금강경

1.3. 윤방의 선도전수와 몽유 소재

1.4. 전법 소재가 지닌 유가정치의 은유

Ⅴ. 작품론

1. '애정'을 다룬 서사전통과 구운몽

1.1. 전기 최치원의 애정

1.2. 구운몽과 애정성의 다채로운 표출

2. '사상'을 다룬 서사전통과 구운몽

2.1. 설화 조신과 몽유 형식

2.2. 몽유를 변형시킨 선적인 몽유

1.2. 남한 연구사를 통해 본 「구운몽」

1.3. 북한 연구사를 통해 본 「구운몽」

2. 「구운몽」 교육의 현황과 새 진로

1.1. 「구운몽」 교육과 감상의 실상

1.2. 「구운몽」 교육에서의 줄거리 제시 수준

1.3. 「구운몽」 교육의 방향 모색의 실제

(1) 「구운몽」의 서두에 대한 교육

(2) 「구운몽」의 지성미에 대한 교육

Ⅷ. 결론

필자는 『구운몽의 연구』의 맺음말에서 다음과 같이 서술하였다.

이제 작품에 대한 연구 방법 못지 않게, 연구에 대한 연구 방법을 모색할 시기에 이르렀다. 지금까지의 「구운몽」 연구는 작가나 원전 계열의 작품에 대한 연구가 주류를 이루어 왔다. 그러나, 21세기의 「구운몽」 연구는 비평가나 연구자 내적인 권역 속에서 연구되고 활용되는 전문적이고 폐쇄적인 상황 속에서 이루어졌다. 이러한 20세기의 연구성과는 그 결과가 대중들에게나 다양한 예술로 재창작을 실현하는 예술가들에게 실질적인 기여를 온전히 할 수 없었다.

이러한 20세기의 연구성과를 성찰해 볼 때, 연구를 위한 연구라고 비판을 받을 수 있는 여지를 과감히 없애고, 「구운몽」이라는 고전소설의 미학을 대중들이 쉽게 이해하여 삶의 질을 높이는 데 기여하고, 예술가들이 고전을 소재로 한 창조적 재현에 전문연구가들의 연구성과를 적극 활용할 수 있는 분위기를 마련해야 한다. 이러한 연구의 과감한 방향의 전환을 실현하기 위해서는 「구운몽」 연구 또한 작가론, 작품론 못지않게 향수론 영역이 연구의 핵심 영역으로 부상해야 한다. 여기에서 이야기하는 향수론이란 「구운몽」이라는 고전이 지닌 미적 특징을 독서 행위를 통해 수용하며 즐기는 것만이 아니라 적극적인 독자에 의하여 새로운 의미가 부여되며, 새로운 예술 양식으로 재창작되는 창조적 기능까지도 포함하는 광의적 의미이다.

이런 전제에서 21세기의 「구운몽」 연구는 지금까지 이루어 온 순수학으로서의 「구운몽」 연구나, 연구자 중심의 폐쇄적 연구 분위기를 벗어나는 획기적 방법이 강구되고 실현되어야 한다. 「구운몽」의 원전은 무엇이며, 작가의 삶이 어떠했다는 것이 관심의 초점이 되었던 순수학의 연구성과를 우리 시대의 독자들에게 살아있는 고전으로 일구어내기 위해서는 순수학을 기반으로 한 응용학으로의 확산이 그 하나의 돌파구가 될 수 있다. 이 점이 작가론, 작품론 중심에서 향수론으로 옮아가야 함을 강조하는 이유이다. 문자매체로서의 「구운몽」이 아니라 21세기의 다양한 매체 속에 「구운몽」의 미학적 원리가 표현되는 예술로써 재창조됨으로써 「구운몽」의 진정한 가치는 되살아나는 것이다. 이런 멀티미디어를 통한 예술의 재창조는 한국인만이 아니라 세계인들이 함께 공감하면서 17세기에 비롯된 한국의 고전이요, 아시아의 고전인, 그리고 세계의 고전반열에 올라야 할 「구운몽」 연구의 새로운 목표일 수 있다. 「구운몽」은 진정 한국 최고의 지성인이 창작한 '지성소설'로 평가될 수 있다면, 이제 더 이상, 이 명작을 한국이라는 공간적 권역 속에 묶어둘 수는 없다. 「구운몽」의 한국문학적 특질을 부각시키면서 동시에 세계문학으로서의 보편적 의미를 살려내는 연구가 진행되어야 한다. 그러한 연구의 새로운 성과는 한국의 작품을 대상으로 하여 세계의 고전을 새롭게 해석해내는 길을 탐색하는 기초작업이 될 수도 있기 때문이다. 지금부터 모색하고자 하는 것은 방법론 자체에 대한 새로운 방법론의 인식이다.[60)]

(다) 3단계, 2007년 『구운몽의 통시적 연구』, 새문사

필자는 「구운몽」 연구의 3단계를 2007년에 『구운몽의 통시적 연구』로 새문

---

60) 설성경, 『구운몽 연구』, 국학자료원, 1999, 343~344쪽.

사에서 출간하였다.

『구운몽의 통시적 연구』의 목차

Ⅰ. 들머리

Ⅱ.작가론

1. 김만중의 가문과 삶
   1) 김만중의 가문
   2) 김만중의 일생
   3) 김만중의 정치적 시련
2. 김만중의 인식론
   1) 전통적 인식의 계승
      (1) 주자주의
      (2) 굴원주의
   2) 새로운 인식의 모색
      (1) 우주관
      (2) 불교관
      (3) 사상관
3. 김만중의 소설 창작 배경
   1) 송당제만준성사우북
   2) 기몽을 통해 창작의도의 원천
      (1) 기몽의 내용과 분석
      (2) 기몽에 나타난 꿈의 구조
   3) 글쓰기 전통과 소설 창작의 토양
      (1) 문이재도의 전통
      (2) 소설과의 친연성

『구운몽의 통시적 연구』 표지

Ⅲ. 제재론

1. 유가적 제재

1) 유가적 사상 토대

(1) 악

(2) 예의 근본과 혼례

2) 유가적 소재

(1) 정경패의 음악평론

(2) 이소화의 음악정신

(3) 구운몽의

2. 불가적 제재

1) 불가적 사상 토대

(1) 『금강경』

(2) 『능엄경』

(3) 『법화경』

2) 불가적 소재

(1) 달마대사와 육관대사의 유사성

(2) 달마대사의 불법전수와 혜능의 『금강경』

(3) 육관과 성진의 인명 소재

3. 도교적 사상 토대와 소재

1) 도교적 사상 토대

(1) 「태극도」

(2) 『장자』

(3) 『열자』

2) 도교적 소재

(1) 위부인 소재

(2) 황량몽과 운방의 전도

(3) 꿈과 그림자의 중첩성

Ⅳ. 텍스트론

1. 원작 표기의 이원화와 그 변이

2. 한문 원전계의 세 가지 변이상

1) 한문 원전계의 세 갈래

2) 국문 노존본의 특성

3) 국문 목판본의 변이

(1) 완판 국문본의 축약

(2) 경판 국문본의 축약

4) 근대전환기 활자본 시대의 텍스트

(1) 「신번구운몽」의 특성

(2) 「연정구운몽」의 특성

3. 가사 양식으로의 변이

Ⅴ. 작품론

1. 인물의 다양한 성격

1) 성진과 8선녀의 겹윤회

2) 양소유와 8여인의 주역적 인물 배치

3) 본화의 내화 속 인물들의 개성

2. 서사의 기법과 수사

1) 접근 시점의 조감성과 우주적 시야

2) 세계 인식의 투시성

3) 서사 진행상 동정 상황 교체

4) 장회명과 동일인의 명칭 변화

5) 한시와 상소, 비답 등의 공문의 대조

6) 거시구조로 본 두 층위의 인물

3. 구성과 주제론

4) 시조에 남겨진 「구운몽」의 자취

5) 가사에 남겨진 「구운몽」의 자취

6) 잡가에 남겨진 「구운몽」의 자취

7) 탈춤에 남겨진 「구운몽」의 자취

(1) 봉산탈춤의 경우

(2) 수영야우의 경우

(3) 통영오광대의 경우

8) 줄타기 재담에 남겨진 「구운몽」의 자취

9) 민화에 남겨진 「구운몽」의 자취

10) 자수병풍에 남겨진 「구운몽」의 자취

11) 지명에 미친 「구운몽」의 영향

2. 20세기 향수론: 「구운몽」의 재창작을 통한 현대적 계승

1) 최인훈 「구운몽」의 사상성

(1) 서사체계의 중층성

(2) 인물 형상화의 측면

2) 한승원 「꿈」의 애욕성과 반주제화

(1) 원초적 생명력의 역동성과 깨달음

(2) 애욕적 사랑과 반주제화

3) 김숙자의 무용 「팔선녀」

4) 마당극 「구운몽」의 풍자성

Ⅶ. 맺음말

필자는 『구운몽의 통시적 연구』의 맺음말에서 다음과 같이 서술하였다.

한국 고전소설의 주제에 관한 논의 가운데 「구운몽」 만큼 치열한 논쟁을 거쳤던 것도 없다. 특히, 「구운몽」의 주제는 어느 부분에 주목하느냐에 따라 서로 다른 견해를 주장할만한 조건을 구비하고 있다. 그래서 그동안 학

계에서는 「구운몽」을 두고 유교 · 불교 · 도교의 삼교화합 사상에서 주제를 찾거나, 유교 사상에서 주제를 모색하거나, 혹은 불교 사상, 더 구체적으로는 공사상에서 주제를 찾아왔다. 그러나 이러한 성과에도 불구하고 일련의 견해들은 모두 일면적 의의를 가진 것일 뿐, 「구운몽」의 주제를 완전히 파악하였다고는 할 수 없다. 그것은 「구운몽」이 지니고 있는 구조적 독특성 때문이다.

「구운몽」은 한 인물의 두 인생을 보여준다. 성진의 현실과 양소유의 현실은 서로 다른 층위의 현실이기도 하다. 분량 면에서 「구운몽」의 대부분을 이루고 있는 작품 내화인 양소유의 현실이 형상하고 있는 의미나, 분량의 측면에서 그다지 많지는 않으나 작품의 외화로서 중요한 의미를 가지고 있는 성진의 현실이 가진 의미는 작품 이해를 위해 모두 놓쳐서는 안 되는 중요한 부분이다.

「구운몽」 주제 논쟁은 사실 이 두 인생의 관계를 파악하는 방식으로 요약된다. 성진과 양소유는 어느 한 쪽도 경시될 수 없다. 성진만을 강조한 불교적 주제 파악이나, 양소유만을 강조한 유교적 주제 파악을 극복하기 위하여 이 책에서는 「구운몽」의 주제를 다원적이고 통합적으로 해석하는데 기여했다고 생각된다. 「구운몽」을 둘러싼 기존의 논의들은 어쩌면 우리 학계가 반드시 거쳐야 할 필수 과정이었다. 「구운몽」의 주제를 유교로 보든, 불교로 보든, 주제에 관한 논의에서 언제나 사상에 주목해 온 사실만은 변하지 않았다. 엄격한 의미에서 작품 주제와 배경 사상은 동일한 것이 아니다. 그럼에도 불구하고, 여타의 다른 고전 소설들을 다룰 때와는 달리 유독 「구운몽」에 대해서만은 주제 논의에서 사상을 집중적으로 다루어 왔다. 이는 도대체 무슨 까닭일까? 그것은 「구운몽」이 가지고 있는 경전적 성향 때문이다.

「구운몽」은 탁월한 구성력과 필력으로 소설적 재미를 매우 잘 갖추고 있음에도 불구하고, 엄숙한 경전을 닮은 그 무엇이 있다. 바로 이 점 때문에 기존 학계에서는 「구운몽」에서 사상적 색채를 구별해 내려는 노력을 경주하기도 하였다. 경전을 닮은 그 무엇이란 바로 유교 경전이건 불교의 경전이건 책을 읽으며 공통으로 환기되는 성찰과 의식의 고양이다. 「구운몽」 역시 경전이 가지고 있는 반성적 성찰과 의식의 고양을 중요한 속성으로 가지고 있다. 특히, 경전적 성향은 일체의 경전이 독서자에게 요구하는 자기 성찰적 태도와 관련된다. 또한 그 경전이 어느 종교의 경전일지라도 그 성찰의 수준이 어느 것이나 존재론적 문제의식과 닿아있다는 점에서 「구운몽」은 경전과 유사한 성향을 가지고 있다.

「구운몽」에서 주인공은 일생을 살아가면서 인간이 부딪칠 수 있는 두 가지 근원적인 욕망과 불안을 보여준다. 하나는 삶의 질을 규정하는 획득의 욕망이고, 다른 하나는 삶의 유한성이 주는 존재적 불안감이다. 성진은 삶의 유한성이 주는 존재적 불안감을 극복하기 위해서 종교적 깨달음을 추구했으나, 그 과정에서 억누른 욕망이 삶의 질을 황폐하게 했음에 눈뜬다. 한편, 양소유는 성진이 꿈꾸던 획득의 욕망을 최대한도로 실현하지만, 인생의 황혼에서 느끼는 유한한 삶으로서의 존재적 불안감 때문에 획득의 의미를 상실한다.

남성 주인공 성진이 겪는 성진과 양소유로서의 두 인생은 현세적 삶과 종교적 삶에서 근원적으로 제기되는 욕망과 불안을 문제 삼고 있다. 그래서 독자들은 「구운몽」을 읽고 나면, 차분한 반성적 고찰을 통해 욕망과 불안이 서로 맞물려 있는 고리를 발견하게 된다. 현재 자신이 서 있는 곳에서 욕망과 불안이라는 고리의 악순환을 끊을 수 있는 방법은 오직 삶의 원칙을 다시 확인하고 자신의 원칙 안에서 삶의 의미를 수립하는 것뿐이다. 「구운몽」은 이것을 서포 김만중 자신에게, 그의 어머니 윤씨부인에게, 당대 국왕인 숙종에게, 그리고 우리들에게 시사하고 있는 것이다. 「구운몽」은 종교적 이상과 현실적 이상을 완전하게 충족시키는 욕망실현의 극치에 대한 담론이다. 성진이자 양소유인 남성주인공은 성진으로서 종교적 이상을 최고로 실현하고, 또 한편 양소유로서 현세적 이상을 최고로 실현한다. 그러나 이상의 극대화

된 실현을 보여주는 이러한 과정에서도 삶은 갈등적 상황을 마련해 두는 것을 잊지 않았다. 최고의 종교적 깨달음을 얻는 성진은 지옥으로의 추락을 경험해야 했고, 현세적 이상을 실현하는 강직한 성품의 양소유는 감옥에 투옥되는 경험을 피할 수 없었다.

중세 소설의 존재 방식대로 「구운몽」은 이상의 완전성과 현실의 갈등이 공존하는 모순을 전제하고 있다. 그러나 주로 양소유의 삶에서 벌어지는 구체적 갈등 양상들은 이념적 행동들에 의해 「구운몽」 특유의 해소방식인 화합의 방식대로 해소되어 간다. 화를 실현하는 실천이념은 예악사상에 기반하고 있다. 예와 악은 동양의 유구한 사상으로 특히 교육을 통해서 기초를 수립한다. 중세에 지성인을 양성하는 일반방식이었던 유교 교육 방식에서는 국립 및 사립학교에서 예를 통하여 엄격하게 밖을 다스리고, 악을 통하여 온화하게 안을 다스리는 교육을 시행하였다. 그런데 동아시아의 교양교육, 특히 조선에 있어서는 남송의 주자에 이르러 사서오경이라는 교과서에 의해 크게 완비되었다. 그런데 원래 이 교과서들은 대개 천자의 아들을 가르치기 위한 제왕학의 성격을 기본적으로 띠고 있었다. 물론 제후의 아들 및 서사인의 아들 가운데 뛰어난 자들도 교육의 대상에 포함시키지만, 격물, 치지, 성의, 정심, 수신, 제가, 치국, 평천하의 학습 계제는 본디 제왕가의 자녀 교육을 위한 것이었다. 이 점에 대해서는 교육은 권력을 재생산하는 중요한 수단이었던 점을 상기할 필요가 있다.

이런 측면에서 본다면, 「구운몽」은 육관대사와 성진의 도학 전수과정을 가장 큰 사건으로 다루고 있다. 이런 의미에서 김만중의 「구운몽」에서 교육은 매우 중요한 소재의 하나임을 제시한다. 그렇다면, 교육을 강조한 것이 작가에게는 어떤 의미인가? 교육의 강조는 작가가 제시한 소설적 대안이다. 소설적 대안이라는 개념을 이해하기 위해선 먼저 한국고전소설사의 중요 작가들과 비교해 볼 필요가 있다.

3대 주요 고전소설작가라고 할 매월당 김시습, 교산 허균, 서포 김만중을 비교해보면, 소설 창작의 근본 상황인 여세불합의 심정을 공유하고 있으나, 소설적 대안으로 제시하는 방식은 서로 달랐음을 확인할 수 있다. 격동의 정치상황을 겪었던 세 사람은 저마다 계유정란과 광해난정과 환국정치를 경험했던 인물이다. 시대 상황에 갈등하며 상처를 안고 살았던 이들은 각각 자신들의 심정을 소설 창작에 투영한 공통점을 가지고 있다. 그럼에도 불구하고 어린 나이에 탁월한 천재성으로 왕에게 관심을 받았던 매월당 김시습은 그의 꿈이 좌절되자, 그의 소설「금오신화」를 통해 다른 세상의 사람과 사랑을 나누는 은둔자의 모습을 그려낸 반면, 대단한 장서가이자 독서가로서 반역 성향을 지녔던 교산 허균은 현실에서 펼칠 수 없었던 자신의 이상을 자신의 소설「홍길동전」에서 야성적으로 다루었다. 반면에 서포 김만중은 왕을 가르쳤던 특별한 경험을 바탕으로, 교육과 수신의 권고로 국왕의 마음을 바로 잡아 인도하는 가장 완곡한 방식의 개혁을 제시한다. 김만중의 소설적 대안이 교육이라는 것은 바로 이런 의미이다.

서포 김만중은 불교에 대해서 남다른 관심을 보였지만. 주자학만을 정통학문으로 인정했던 학술적 분위기나 대유학자를 두 명[61]이나 배출한 가문에 대한 긍지나, 무엇보다 자신의 저술에 드러나는 도처의 언급에서 볼 때 분명한 정통 유학자이다. 그런데 그는 하필 불교 인물을 주인공으로 등장시켜 현세적 욕망을 극복하고 불교적 진리를 깨우치는 내용의 소설을 집필했을까? 이 점은「구운몽」연구자들 사이에 풀리지 않는 수수께끼로 남아 있다. 내용만으로 보자면, 불교의 진리를 깨달아 가는 종교소설이기 때문에 당대의 완고한 사상적 동향에 비추어 보면, 여간 의문스러운 것이 아니기 때문이다. 그러나 일찍이 김만중은 그의『서포만필』에서 성리학과 불교의 유사성에 대해서 자주 언급을 해왔다. 형산 연화도량에서 영원한 진리를 깨우치

61) 훗날 당시 국립대학이었던 성균관의 문묘에 모셔져 기림을 받았던 우리나라 유학의 위대한 스승 반열에 오른 사계 김장생과 신독재 김집을 말한다.

기 위해서 불교 공부를 하던 성진이 세속적인 가치에 눈을 돌리고, 그 결과 60년의 화려한 관료 생활을 겪어 보지만, 그 잠깐의 화려함이 나름대로 의미 있음에도 불구하고 유한한 생이 지닌 존재의 불안을 극복하고자 다시 종교에 귀의하고자 한다. 이러한 「구운몽」의 설정은 고스란히 성리학을 연구하며 고결한 은자의 삶을 보내야 했다는 후회 어린 유학자의 삶으로 대체될 수 있다.

서포 김만중은 한양 연화방에서 어머니를 극진히 모시고 살면서 정치와 학술의 요직 물망에 두루 올랐던 인물이었다. 도를 펼 수 있으면 세상에 나아가 정치에 종사해야 한다는 유교의 현실 참여적 처세관과, 전쟁으로 기울어진 가세를 일으켜 어머니께 보답해야 한다는 소망으로 정계에 발을 들여놓은 그는 17세기 조선 숙종이 시행한 환국 정치의 서슬과 숙종이 장희빈에 침혹했던 사건의 와중에서, 모든 것을 박탈당한 채 멀리 유배 가는 정치적 시련을 겪었다. 유배지에서 노년의 김만중은 스스로 자신을 돌아보았을 것이다. 위대한 학자였던 사계 김장생, 신독재 김집, 허주 김반으로 이어져 오는 가학을 이어 산림이 된 것도 아니고, 벼슬로 출세하여 안정된 지위를 누리고 있는 것도 아니며, 효성 깊었던 그가 어머니마저 곁에서 봉양하지 못하면서 어머니의 가슴에 깊은 근심을 끼쳤으니 그의 심정은 말로 하기 힘든 것이었을 것이다.

이러한 배경과 의도로 17세기에 창작된 「구운몽」은 18세기, 19세기를 거치면서 소설에서는 물론 시가나 여러 민속놀이 부분에까지 그 영향력을 미치게 된 대중적인 작품이 되었다. 이러한 「구운몽」의 향수 상태를 분석하는 것은 「구운몽」이 대제학 출신 작가의 작품이지만, 상층의 유학자만이 아니라 일반 서민들에게도 힘을 미칠 수 있는 국민적 고전이었다는 사실을 확인시켜 준다.[62]

62) 설성경, 『구운몽의 통시적 연구』, 새문사, 2007, 381~386쪽.

(라) 4단계, 2012년 『구운몽의 비밀』, 서울대학교출판부

필자는 「구운몽」 연구의 4단계를 2012년에 『구운몽의 비밀』로 서울대학교출판부에서 출간하였다.

『구운몽의 비밀』의 목차는 다음과 같다.

『구운몽의 비밀』의 표지

제1장 들머리
  1-1. 「구운몽」 주제의 비밀은?
  1-2. 비밀의 문을 열며
제2장 「구운몽」 연구사로 본 주제 탐색의 큰 방향
  2-1. 「구운몽」 주제에 대한 여러 견해들
    (1) 부귀공명 일장춘몽설
    (2) 『금강경』의 공사상설
    (3) 사대부의 이념과 욕망 실현설 등
  2-2. 필자가 제안하는 숙종의 각성 염원설
제3장 「구운몽」의 창작 동기와 선몽구조의 세 가지 소재 원천
  3-1. 창작 동기에 관한 여러 견해들
    (1) 파한 효심설
    (2) 중국 사행 창작설
  3-2. 필자가 제안하는 효심과 충렬의식을 담은 세계적 명작 지향설
    (1) 작가의 거대 효심을 투사시킨 사친형 소설
    (2) 삼교사상을 융합시킨 조선형 세계 명작 지향
  3-3. 주제망을 구축하는 선몽구조의 세 가지 소재 원천
    (1) 『금강경』의 비무상론에 근거한 다중적 시공간 세계
    (2) 『태평광기』 수록 여옹 고사와 능파 고사

(2) 제3 층위의 주역 백능파가 양원수와의 백용담 결연에서 보여 준 심정 토로

(3) 은유적 주제는 선천에서 유배 중인 충렬 신하에 대한 숙종의 각성 염원

제7장 마무리

필자는 『구운몽의 비밀』의 맺음말을 다음과 같이 서술하였다.

서포 김만중은 학문적 · 정치적인 경륜을 가진 충신이지만, 젊은 숙종이 일시적으로 비빈 관리의 혼미에서 시작된 국정의 혼란상에 따른 거리의 풍문을 직간하고, 그 언근을 밝히라는 숙종의 명을 거부한 죄로 유배의 형을 받았다. 그는 평안도 선천 유배지에서 창작한 「구운몽」에서, 양소유와 백능파를 내세워 부귀와 공명을 누리는 효자요, 충신의 인간상을 부각시켜 자신이 품고 있던 굴원과 같은 충신의 순수 심정을 형상해 내었다. 이러한 「구운몽」의 은유적이고 본질적인 주제는 그간 「구운몽」 연구사에서는 주목하지 못한 것으로, 이 저술에서 비로소 밝히게 된 것이다. 이러한 주제는 지금까지 선학이나 동학들이 내세운 「구운몽」의 주제인 부귀공명 일장춘몽설이나, 『금강경』의 공사상설, 또는 사대부의 이념과 욕망 실현설 등과는 판이한 것이다. 그러나 필자의 새로운 주제 제시는 19세기의 단편적 비평에서 거론했던 「구운몽」에 굴원의 「이소」가 남긴 뜻이 있다는 해석과는 맥락을 같이하는 주제론이다.

이런 해석을 할 수 있는 근거를 제시한 본론의 핵심은 다음과 같이 요약된다.

첫째, 표제의 근원과 의미 탐색에서는 '구운몽'이란 말은 중국이나 조선에서 한시의 시어로 사용되고 있었으며, 그 일반적인 의미로서는 도선적인 경향의 이상향을 뜻하였다. 소설 「구운몽」에서는 이러한 시어의 의미를 1차적

인 소재로 삼으면서도, 그런 의미 위에 『금강경』의 비무상에 근거한 선몽구조 위에서 전개되는 불가적 차원과 유가적 차원에서의 최고 이상을 형상하는 2차적 의미를 뜻하는 말로 재형상되었음을 밝혔다.

둘째, 창작 동기와 소재의 탐색에서는 작가가 모친을 위로하기 위하여 창작하였다는 파한 효심설, 중국에 갔다 오는 도중에 창작하였다는 중국 사행 창작설과는 달리, 유복자인 서포 김만중이 유배지에서 대부인 윤씨에 대한 거대한 효심의 실현과 충군의 심정을 형상한 것임을 밝혔다. 이와 더불어, 서포 김만중은 이 작품을 통하여 조선인이 중국의 고전을 넘어서는 불가의 공관과 성리학의 심성철학이 기저에 깔린 세계 최초의 재도적인 충효소설이라 일컬어질 수 있는 삼교사상을 융합시킨 조선형 세계적 명작 지향을 지향하면서 이 작품을 창작하였음을 밝혔다.

셋째, 주제망을 구축하는 선몽구조의 세 가지 소재 원천의 탐구에서는 『금강경』의 비무상론에 근거한 다중적 시공간 세계는 『금강경』의 공관인 비무상론으로 선몽구조를 구축하여 3층위의 세계를 설정하였다. 이는 『태평광기』에 수록된 「여옹고사」와 「능파고사」를 접목시킨 것으로, 제3 층위에서 양소유가 백능파를 핍박하는 부정적인 인물인 남해태자를 징벌하게 하였다. 그리고 꿈을 통한 세계이동에서는 「사미인곡」, 「속미인곡」, 「관동별곡」에서 꿈을 통한 천상계와 지상계의 이동을 실현하는 방식을 차용하여 보다 발전적인 기법으로 승화시켰다. 이를 근거로 필자는 이 세 가지 핵심적인 소재가 조화를 이루면서 주제망을 구축하는 선몽구조로 자리하고 있음을 밝혔다.

넷째, 『금강경』의 공관론과 선몽구조 속에 내포된 양소유의 유가적 세계에서는 『금강경』의 공관론의 비무상론에 근거해서 구축한 선몽구조의 그 2층위에서는 양소유가 보여준 유씨부인에 대한 지극한 효의 실현, 양소유가 보여준 황제에 대한 지극한 충의 실현과 혼사 갈등이 일어난다. 그리고 3층위의 시공간 세계인 양소유의 선적인 몽유 속에서 일어나는 수난에서는 절개를 지키며 살아온 백능파와의 결연과, 양원수가 백능파를 괴롭히는 남해태자를 굴복시킨다. 그 이후에는 양씨 일가는 물론 당나라 조정은 유가적 행복과 평화를 이루어 중국은 천하의 이상사회를 만드는 중심이 된다. 양소유와 8처첩의 화합에서는 황태후의 공주인 이소화가 겸양의 미덕을 발휘하여 제2 부인으로 설정되고, 가춘은 상전인 정경패와의 관계에서 시종 주종의 관계를 넘보거나 질투를 하지 않는다. 양소유의 8처첩이 이러한 모범적인 윤리 도덕을 실현하는 것은 그들이 천상 또는 전생에 형산에서 함께 위부인 휘하에서 수련을 하였다는 점이 복선으로 자리하고 있다.

다섯째, 선몽의 서사체계와 동정용궁 회사 화두로 본 표면적인 서사와 은유적 주제의 탐색에서는, 육관대사가 제자 성진에게 부여한 변용된 화두인 '동정용궁' 회사는 성진이 1차 동정용궁 회사는 평면적인 것이었고, 제2차 동정용궁 회사는 성진이 참선 속에서 실상으로서 행하는 입체적인 것이다. 그 의미는 불가적인 것보다는 유가적인 주제의 비밀을 담고 있는 것이다. 그래서 성진이 양소유로 환생하고, 그 양소유가 양원수가 되어 꿈 속에 동정용왕의 사위가 되어 환대를 받았을 때에는 그것이 무슨 의미가 있는 사건인지를 인식하지 못한다. 그러나 양소유가 성진으로 환원된 다음에, 『금강경』 설법을 다시 들을 때에는 자신이 양소유가 되고. 꿈에 백능파와 결연하고 남해용자를 징벌하여 동정용왕의 안타까움을 씻어주는 사위가 되어 동정용왕을 방문하고 환대를 받는 것이, 제2차의 참선을 통한 '동정용궁'회사임을 인식하고. 동시에 『금강경』에 의한 불가적인 대각도 하게 된다.

여섯째, 「구운몽」의 주제에서는, 「구운몽」의 주제가 지닌 특징은 이중적인 것으로 복합적인 주제망으로 구축되어 있다. 그 표면적인 주제는 성진의 대각을 주축으로 전개되는 불교적인 것이다. 표면적인 서사에서 구현되는 불가적인 주제는 육관대사가 유일하게 지니고 있는 『금강경』에서 제시하는 공관에 따라서 현상적인 유의법의 세상은 모두 몽환과 같은 것임을 깨달아서 무명으로 인한 욕망 추구의 집착을 벗어난 성진이 대각하는 것으로 나타났다. 이는 성진의 참선과 '동정용궁 회사'라는 변용된 화두에 따라 전개되었다. 이 화두의 참구를 통한 대각의 완성으로 수행승인 성진은 불가의 깨달음을 얻는 주제로 귀결된다. 그러나 표면적 서사에서 형상되는 불교적인 주제의 내면에는 은유적 기법에 의하여 형상화되는 심층적이고 본질적인 주제가 있다. 성진의 대각이라는 표면적인 주제 뒤에 숨겨진 은유적인 주제는 작가 서포의 우국 충절에서 우러난 숙종의 깨달음에 대한 염원이 담겨 있다. 이는 서포에 비유되는 육관대사의 설법을 듣고 숙종에 비유되는 성진이 대각성하는 것으로 의미의 전환을 이루어 구현된다.

필자는 작가 서포가 의도한 8선녀로 인해 혼미해진 성진의 각성은 숙종이 일시적인 혼미로 인하여 일으킨 군신간의 소통 문제나 비빈간의 질서 문제에 대한 대각성의 필요성과, 그 각성으로 가는 큰 길을 소설 형식에 담아 제시한 것임을 밝혔다. 이렇게 검증된 여섯 가지의 사실들을 종합해 보면, 「구운몽」의 작가는 통속적 차원의 현상적인 주제를 넘어서는 은유적인 기법으로 형상된 본질적이고 심층적인 주제를 설정하였다. 그렇게 하여 그는 숙종을 중심으로 일어난 당대의 정치 및 비빈의 갈등의 원인과 해소 방식을 고급 독자들에게 은유적으로 제공하였다.

주제론을 총괄해 보면, 「구운몽」의 주제는 선몽구조가 구축하는 다층적이고 복합적인 주제망에 위에서 표면적인 서사를 통하여 제시되는 불가적인 주제와 심층적인 서사를 통하여 제시되는 중국 배경의 유가적인 주제가 있다. 그리고 중국 배경의 보편적인 유가적인 주제를 근거로 구현되는 서사적 의미의 기저에서 은유적인 기법에 의하여 생성되는 본질적인 주제로서 자리하고 있다. 그렇지만 이러한 은유적인 주제는 작가가 작가 당대의 군주 숙종의 각성만을 겨냥한 것이 아니다. 옳고 의로운 길을 추구하는데, 이를 방해하는 세력들의 각성은 어느 시대에나 필요한 것이기에, 이런 정치 상황에서 돌파하는 지혜로서의 깨달음은 현재에나 미래에 두루 통할 수 있는 주제이다. 그러므로 「구운몽」은 이런 시대가 사라지지 않는 한에 있어서는, 초시대적 공감을 얻을 수 있는 개방형 고전이라는 점에서 여타의 평면적인 서사구조나 단순형의 주제만을 가진 소설과 구분되는 세계적 명작이다.[63]

---

63) 설성경, 『구운몽의 비밀』, 서울대학교 출판문화원, 2012, 334~338쪽.

3

김만중의 삶과 「구운몽」 창작 동기와 목적

3-1. 김만중이 「구운몽」의 작가임을 전하는 문헌 기록

「구운몽」은 17세기의 세계문학사에서, 소설 분야에서는 동양을 대표하는 고전작품으로 평가받을 있는 충분한 조건들을 구비하고 있다. 이러한 논리를 인문학적으로 입증해내기 위해서는 먼저 「구운몽」의 작가가 서포 김만중이라는 사실에서부터 시작해야 한다. 이를 의해서. 『서포년보』를 통해서 살펴보면, 「구운몽」을 창작하였다는 기록은 없지만, 「구운몽」으로 판단되는 작품인 「몽환」을 평안도 선천 유배지에서 지어서 한양에 계신 모부인 윤씨에게 보냈다는 기록이 있다.

> 또 책을 엮어 부쳐 보내셨다. 이는 읽는 이로 하여금 근심을 녹이고 시름을 쫓는 바탕이 되게 하신 것이었다. 그 뜻은 일체의 부귀함과 번화함이 모두 꿈이나 환상과 같다는 것이니, 또한 그 뜻을 넓히고, 그 슬픔을 위로하신 것이다. 귀양가 계신 곳을 말미암아 스스로 '서포'라고 이름하셨다.[64]

위의 『서포년보』에 실린 기록에서 확인되듯이, 김만중은 「몽환」이라는 표제의 작품을 은 모부인 윤씨에게 보낸 것이 분명하고, 이 「몽환」이 「구운몽」을 지칭하고 있다는 점은 일본 천리대학 도서관에서 『서포년보』를 발굴하여 국내 학계에 최초로 소개한 김병국에 의해서 제기되었다. 물론, 이 기록은 「구운몽」의 주제가 갖추고 있는 고도의 지성성을 지적하기 보다 부귀공명은 모두 꿈이나 환상과 같은 것이라는 「구운몽」을 명확하게 제시하지 못했을 뿐만 아니라, 주제 파악에 있어서도 통속적인 방향성으로 편향된 제시하고 있다는 한계도 보인다. 또. 「몽환」으로 제목을 바꾸어 전하는 것은 서포 김만중

---

64) 又著書寄送 俾作消遣之資 其旨 以爲一切富貴繁華 都是夢幻 亦所以廣其意 以慰其悲也 因謫寓之地 自號西浦.

이「구운몽」을 창작하였다는 것이 당시로서는 정치적인 반대 세력에 의해서 비판의 대상이 될 수도 있었기 때문에, 그의 조카인 김진규가 편찬한 것으로 알려진『서포년보』에서는 보다 설화적 성향의 제2의 제목인「몽환」이라는 별명으로 기록해 놓았을 수 있다.

이러한 측면과 같은 의도에서 집안에 그 원류가 있는 것으로 판단되는「구운몽」 중국 사행 도중에 창작된 것이라는 일화가 있다. 즉, 서포는 중국에 사행을 갈 때, 모친의 부탁으로 중국소설을 구득해오기로 되었지만 이를 망각하고 귀국 길에 일야에 지었다는 것이다.

이재는『삼관기』에서, 서포 김만중이「구운몽」을 창작하였다는 구체적인 언급을 최초로 다음과 같이 전하고 있다.

> 처음에 공이 유배지에 가게 되었는데, 대부인께서 태연하게 말씀하시기를, 영해 땅으로 유배가는 것은 선현들도 면하지 못하셨다. 가거라. 스스로를 아끼고 나 때문에 염려하지는 말아라. 하니 듣는 사람에 눈물을 흘리지 않는 자가 없었다. 패사 중에 구운몽이라는 것이 있다.[65)]
>
> 패사 중에 구운몽이라는 것은 서포가 지은 바이다. 공명부귀를 일장춘몽으로 돌리는 것을 큰 뜻으로 삼았는데, 대부인의 근심을 위로하여 풀어드리는 것으로 요약된다.[66)]

이처럼 이재의『삼관기』에서는「구운몽」의 작가를 김만중으로 소개할 뿐만 아니라, 이 작품의 요지를『서포년보』의 기록과 마찬가지로 부귀공명은 일장춘몽이라고 언급하였다.

---

65) 始公赴謫也 夫人怡然日 嶺海之行 前修不免 行矣自愛 勿以我爲念 聞者莫不流涕 稗史有九雲夢.

66) 稗史有九雲夢者 卽西浦所作 大旨以功名富貴 歸之於一場春夢 要以慰釋大夫人憂思.

송천 심재의 『송천필담』에도 이재의 언급처럼 「구운몽」에 관하여 다음과 같이 기록하고 있다.

> 패사 중에 구운몽이라는 것은 서포가 지은 바이다. 공명부귀를 일장춘몽으로 돌리는 것을 큰 뜻으로 삼았는데, 대부인의 근심을 위로하여 풀어드리는 것으로 요약된다.[67]

이러한 『송천필담』의 기록은 『삼관기』에 기록된 이재의 「구운몽」의 대체적인 뜻을 공명부귀가 일장춘몽이라고 언급을 거의 그대로 재인용한 것임을 알 수 있다. 또, 이규경의 『오주연문장전산고』[68]에도 「구운몽」에 관한 언급이 있다.

> 우리나라 사람은 국량이 얕고 재주가 짧아 또한 다스리기 어렵다. 여항 간에 성행하는 것으로 다만 구운몽이 있는데 서포 김만중이 지은 바로 조금은 의의가 있다. 세상에서 전하기로는 서포가 유배되었을때 대부인의 심심파적을 위하여 하룻밤에 지었다고 한다.[69]

『오주연문장전산고』에서는 「구운몽」의 창작이 하룻밤 사이에 이루어졌다고 하여 다소 과장되게 표현하였다. 이는 소설 자체는 높게 평가하면서도 창작행위를 상대적으로 경시하고, 작가의 위상을 높이려는 의도와 관련이 있는 것으로 생각된다. 하룻밤에 제작했다는 사실을 더 부가하고 있다. 그의

---

67) 三官記, 松泉筆談, 券三, 稗史有九雲夢者 卽西浦作 大旨以功名富貴 歸之一場春夢 要以慰釋大夫人憂思.

68) 五洲衍文長箋散稿.

69) 五洲衍文長箋散藁 券七, 小說辨證說.

이러한 평을 문맥 그대로 믿을 수는 없다. 왜냐하면, 「구운몽」의 길이로 보아 있을 수 없는 말이지만, 붕당의 피해자로서, 숙종에 대한 면대 직언의 피해자로서, 자신과 당대 사회회의 갈등을 풀 수도 있고, 문학 자체로서의 흥미성과 감동성을 지닌 선적인 몽환, 선적인 몽유 이야기를 창작하겠다는 기발한 구상을 단시일 내에 모두 하였거나, 작가의 집중력과 창의력이 대단하다는 것을 이렇게 전하게 되었는지도 모른다.

또, 이우준은 『몽유야담』에서 소설이란 항목에서 성진과 팔선녀가 서로 희롱한 일, 인간세계에 유배를 와서 양씨 집안에 환생한 일, 양소유가 출세한 일, 팔여인과 인연을 맺는 일, 불문에 되돌아온 일 등을 차례로 요약하고 있다. 그는 「구운몽」의 주제에 대해 부귀공명을 한바탕 꿈으로 돌리는 제행무상적 이해를 보이고, 한편, 「구운몽」이 불교 이야기의 형식을 빌어 초사 『이소경』의 남은 뜻을 실었다고도 보았다.

서포 김만중은 국문으로 소설을 많이 지었는데, 남정기로 말하면 사정옥이 어진 덕과 착한 행실을 가지고도 간교한 첩에게 투기 받는 바가 되어 내침을 당해 쫓겨나 곤궁한 재앙의 일에 걸린다. 그 표현이 격렬하고 절실하고 슬프고 측은하여 충분히 사람의 마음을 감동시킬 만하고 (중략) 또 이른바 구운몽은 공이 유배 당시에 지은 바인데, 육관대사의 제자 성진이 남악 팔선녀와 더불어 서로 희롱한 죄로 인간 세상에 유배 와서 양씨 집안에 환생한 이야기이다. 양소유는 문장과 공훈이 한 세상의 으뜸이었는데, 나가서는 장수가 되고 들어와서는 재상이 되어 한 몸에 부귀를 다한다. 이로 인하여 팔선녀와 더불어 서로 만나 한 평생의 인연을 맺는다. 기쁨을 누리는 것이 끝나고 만족함도 한계가 있자 불교로 다시 돌아온다. 그 뜻은 대개 부귀공명을 한바탕 꿈으로 돌린 것이다. 석가의 우언으로써 초사 이소경의 남은 뜻을 체득하였다. 상하 두 권으로 되었다. 중국의 문인이 보고는 이 이야기의 줄거리를 매우 좋아하였는데, 이 이야기를 능히 펴서 부풀리지 못함을 한스러워하다가, 이 이야기를 가지고 많은 분량의 책으로 만들었다고 한다.

위의 인용에서 주목할 것은 불가적인 깨달음과 유가적인 충절의식을 모두 「구운몽」의 주제로 파악하고 있다는 것이다. 즉, 「구운몽」의 두 가지 우의성을 간파하고 있다. 이러한 주제 파악을 통해, 「구운몽」이 지향하는 바가 국왕을 포함하여 현세적인 욕망에 사로잡힌 사람들에게 현세적인 욕망 성취의 덧없음을 좇지 말고 불후의 공력을 세우라는 유배간 자의 체험적 충고임을 알 수 있다. 이러한 반성적 고찰의 충언은 멀리 굴원의 「초사」로부터 가깝게 송강의 「사미인곡」에 이르는 정신적 지향에 기초하고 있다. 「구운몽」은 이러한 정신적 지향을 계승하여 유가적 주제라는 「구운몽」의 한 축을 구성하고 있다.

한편, 중국의 문인이 「구운몽」의 작품 줄거리가 너무 좋아서, 확대 개작하여 자국의 국민에게도 읽히지 못함을 안타까워하다가 마침내 대장편으로 확대했다는 기록은 「구운기」 창작의 배경을 보여줄 뿐만 아니라 「구운몽」이 「구운기」류로 개작되어 중국인 독자에게까지 독자층을 확대시키고 있음을 보여준다.[70)]

또, 서포의 종손인 북헌 김춘택은 『북헌집』과 이규경의 『오주연문장전산고』에서 다음과 같은 기록을 남겼다.

① 서포는 자못 많이 한글로 소설을 지었다.

② 선생이 (남정기를) 국문으로 지으셨다. 이는 여항부녀들로 하여금 모두 외우고 느끼며 볼 수 있게 하고자 함이니, 진실로 또한 우연한 것은 아니다.

③ 이른바 남정기라는 것은 등한한 무리가 아니므로, 내 일부러 한문으로 번

70) 이런 의미에서 이 기록은 「구운기」류가 지닌 국적문제에 관한 오해를 불식시킬 수 있는 중요한 자료적 가치를 지녔다.

역하였다.[71]

④ 남정기는 북헌 김춘택이 지은 바이다. (중략) 북헌은 숙종이 인현왕후 민씨를 내쫓자 임금의 마음을 깨닫게 하고자 만들었다고 한다.[72]

서포 김만중 소설의 초기 비평에서 중요한 역할을 하고 있는 김춘택은 김만중의 소설을 한문으로 번역하고, 나아가 중요한 정치적 도구로까지 사용하려고 하였다. 이런 의미에서 가장 열렬한 독자이자 개작자로서의 역할을 주요한 의의를 가진다.

한편, 조재삼은 「송남잡지」에서 「구운몽」이나 「사씨남정기」 같은 소설이 궁중으로 들어보내어 궁녀들에게 그것을 읽게 하여 임금을 감오하게 했다고 기록하고 있다.

> 세상에 전하기를 김북헌이 구운몽과 남정기 등 소설을 지어 궁녀들로 하여금 아침저녁으로 외우게 하여 임금의 총명을 깨우쳐 중전 민씨를 돌아오도록 기약했다 한다.[73][74]

이 기록은 작가를 잘못 기록하고 있고, 사실의 여부를 확인하기에 곤란한 사실을 기록하고 있다. 그러나 궁중의 궁녀들이 「구운몽」의 독자가 되었을 뿐만 아니라, 궁녀들을 매개로 왕도 「구운몽」을 읽었을 수 있다는 가능성을 열어 놓고 있다. 물론 이 기록은 「남정기」에 비중을 더 두고 있지만, 「구운몽」도 궁중으로 들어갔고, 궁녀들의 독송을 통해 숙종까지 내용을 알게 되고 그

71) 김춘택, 『北軒集』,卷十六 囚海錄.

72) 이규경, 『五洲衍文長箋散稿』, 卷七 小說辨證說.

73) 世傳 金北軒著 九雲夢及南記等小說 使宮女朝夕諷誦 欲感悟聖聰 期返閔殿也.

74) 趙在三, 「松南雜識, 南征記條.

결과 축출했던 왕비를 왕비로 복귀시키는 실질적인 교화 기능까지 감당하는 데에 기여했을 수도 있음을 전하고 있다.

3-2. 서포 김만중의 선대와 김만중의 충효의 삶

(1) 사계의 증손자, 충정공 김익겸의 유복자 김만중의 충심

서포 김만중의 선대는 조선 예학의 태두인 사계의 성리학을 계승한 학자 가문이다. 서포의 조부 허주 김반은 사계 김장생[75)]의 3자로 서울 정릉동에서 태어났고, 신독재 김집의 아우가 된다. 김반은 처음에 안동 김씨 첨지중추부사 김진려의 딸을 맞아 학주 김익렬과 3녀를 얻었으나 사별한 뒤에, 연산 서씨를 계배로 맞았다. 연산 서씨는 임진왜란 때 군공으로 원종공신에 녹권되었고, 인조 때에는 병조참판에 증직된 서주와 광주이씨 사이에서 태어났다. 서씨부인은 이조판서, 양관대제학을 거쳐 영의정에 증직된 창주 김익희와, 병자호란 때 강화도에서 절사하고, 영의정에 증직된 충정공 김익겸, 형조참판을 거쳐 이조판서에 증직된 충헌공 김익훈, 승문원 정자를 거쳐 이조참판에 증직된 정자공 김익후, 그리고 사헌부 대사헌을 지낸 도헌공 김익경 등 다섯 형제와 3녀를 낳아 길렀다.

허주 김반은 1605년에 사마시에 급제하고 성균관에 들어가서 수학하였다. 그 후 1613년에 일어난 계축옥사에 삼촌이 연루된 관계로 부형을 따라 낙향

75) 사계 김장생은 율곡으로부터 20세 때에 직접 사사받은 학자로, 스승 율곡의 이기일원론을 변화하는 현실에 맞게 발전시키기보다는 구봉의 예학 사상을 전승하기 위해 노력했다.

하여 충청도 연산에서 10년을 보냈고, 1623년 인조반정이 있은 후에는 빙고 별제에 제수되었으나 나아가지 않았다. 이듬해 이괄의 난으로 인조가 피신해 내려오자 왕을 호종하여 공주로 들어갔데, 이때 공주에서 실시된 정시 문과에 급제하여 성균관 전적으로 출사하였다. 1627년 정묘호란 중에는 임금을 호종하여 체찰사의 종사관으로서 충청도와 전라도의 군정을 순찰하였고, 1631년에는 부친 김장생의 상을 당하여, 여막을 짓고 3년상을 보내면서 예제를 다하였다. 이후 여러 벼슬을 거쳐 통정대부에 올랐고, 연이어서 대사간 부제학에 제수되었다.

서포 김만중의 부친은 충정공 김익겸이며, 우암 송시열의 문인이며, 1652년에는 생원시에 장원으로 합격하고 1665년에는 정시 문과에 갑과 1인으로 장원급제하여 성균관 전적, 예조좌랑에 임명되어 이듬해 사간원 정언에 임명되자 사임하고 곧 시강원 사서에 임명되었다. 1667년에 사헌부 지평, 홍문관 수찬이 되었고 병조좌랑으로 전보되었으며, 교리, 헌납을 거쳐 함경도 병마평사로 임명되었으나 노모 곁을 떠날 수 없다고 사양하니 교리에 제수되었다. 1670년에는 이조정랑에 지제교를 겸했고 이듬해 암행어사로 경기도 일원을 순찰하였다. 집권파인 허적을 논박하다가 도리어 임금의 미움을 받아 국문을 받고 금성으로 귀양 갔다. 1674년에는 석방되어 교리 겸 사서에 임명되었고 이듬해 헌납, 이조정랑을 제수받았으나 부임치 않았다. 곧 응교로 승진, 사간으로 옮겼다가 호조참의에 승진되었으나 나가지 않았다. 그 후 병조참의가 되고 예조참의, 대사간, 대사성으로 승문원 부제조를 겸했다. 홍문관 제학, 동지경연사, 대사헌을 거쳐 교서관 제조와 예문관 제학을 겸했다. 1681년에는 예조참판, 병조참판을 거쳐 대사성, 공조참판, 도승지, 호조참판이 되었다. 공조판서, 양관대제학, 좌 · 우참찬에 도총관을 겸했고, 1685년에는 지중추, 지돈녕, 예조판서를 지냈다. 이듬해 1686년에는 장희빈에게 은총을 줌이 잘못이라고 간하다가 왕의 노여움을 받아 선천으로 유배되었다가 석방되었으며, 1689년에는 다시 남해에 위리안치되었다.

서포 김만중의 모친 윤씨부인은 해남부원군 윤두수의 4대손으로, 영의정을 지낸 문익공 윤방의 증손녀다. 윤씨부인은 선조의 따님 정혜옹주에게 장가들어 해숭위가 된 윤신지의 손녀이며, 이조참판 윤지의 따님이다.

윤씨부인은 부친인 참판공 윤지가 세상을 떠난 후, 김만기가 13세가 된 이후에는 외증조부 윤신지, 백부 김익희에게 글공부를 시켜서 학문에 크게 진취하게 하였다. 윤씨부인은 시부인 허주 김반이 병으로 고생할 때, 옆에서 돌볼만한 자손이 없으므로 직접 간호하면서 약물을 맛보아 밤을 새우면서도 비복에게 대신시키지 아니하였고, 이따금 시서와 이문을 읽어드리면서 고통을 덜어드렸다. 또, 허주 김반을 모시고 있을 때에, 시부가 시험하여 시사문제를 물으면 윤씨부인은 다 이치에 합당하게 대답하였으며, 평소에는 늘 깊이 침묵하여 조금도 바깥말은 하지 않았다.

김만중은 형의 스승을 따라 윤씨부인과 김반의 작은 아버지 등에게 배우다가 그 다음에는 우암 송시열의 문인이 되게 하였다. 1643년에는 김만중이 7세의 어린 나이인데도 이미 문장의 재주를 드러내기 시작하였다. 윤씨부인은 자식들이 연이어 조부 김반과 외조부 윤지의 상을 당하게 되자, 윤씨부인이 직접 두 아들에게『소학』·『십팔사략』·『당시』등을 가르쳤다.[76)]

윤씨부인은 고금에 드문 현모로서, 후일의 대학자 서포를 손수 가르치고 길러낸 엄한 부친 못지않은 교육자였다. 서포 자신이 쓴 윤씨의 행장에 보면, "그녀는 참판공 윤지의 무남독녀일 뿐만 아니라, 정혜옹주에 하나밖에 없는 손녀로서 옹주의 특별한 사랑을 받으면서 자랐다고 한다. 그녀는 처음에 할머니 되는 옹주에게「소학」을 배웠는데, 워낙 머리가 총명하여 한번만 가르치면 금방 외니, 옹주는 기쁨을 참지 못하여 '아깝다 이 아이, 딸로 태어났음이여!' 라고 탄식하였다 한다. 그녀는 14세에 김익겸에게 시집왔는데, 인조 15년 부군이 세상을 떠나자 다섯 살 된 만기를 데리고 임신하여 불편한

76) 김만중,「선비정경부인행장」,『서포집』권10.

몸을 이끌고 간신히 화를 피하였다가, 유복자 만중을 낳은 후 어린 두 아들을 데리고 친정으로 가서, 어머니 홍씨부인을 도와 가사를 보살피고 아버지 참판공 윤지를 봉양하며 아들들을 양육하는 한편 틈틈이 옛날 효자들의 행록을 읽으며 스스로 즐겼다. 윤씨는 바느질 품으로 간신히 조석을 잇는 형편 속에서도 자식들의 공부에 방해가 될 것을 염려하여 얼굴에 걱정스러운 빛을 보이지 않았으며, 직접 『소학』, 『사략』, 『당시』 등을 가르쳤다. 그리고 그렇게 궁핍한 속에서도 자식들에게 필요한 책이 눈에 띄면, 책값의 고하를 묻지 않고 짜던 베를 잘라서라도 구해 주었다. 때로는 이웃의 홍문관 서리를 통해 홍문관에 있는 사서, 『시경언해』 등을 빌려 손수 베껴 주는 극진함을 보이며 자식들의 글공부를 뒷받침해 주었다.[77]

김만중의 형 서석 김만기는 효종 3년인 1652년에 사마시를 거쳐 이듬해 별시 문과에 을과로 급제해 승문원에 등용되었다. 이어 주서 · 설서, 예조와 병조의 낭관, 지평 · 문학을 거쳐, 수찬 · 정언 · 교리 등을 역임하였다. 1657년 교리로서 글을 올려 『오례의』의 복상제 등 잘못된 부분의 개정을 청하였다. 1659년 5월 효종이 죽고 자의대비의 복상 문제로 논란이 일자, 기년설을 주장해 3년설을 주장하는 남인 윤선도를 공격하였다. 그는 1670년 7월 24일에는 부제학이 되었다. 이때, 그를 비롯한 몇 사람은 차자를 올려 아뢰기를 "기근과 여역이 없는 해가 없다가 금년의 가뭄과 물난리의 재앙에 이르러 극도에 달하였습니다. 모르겠습니다만, 국가에 도를 잃은 일이 무엇이 있기에 하늘이 재해를 내리는 것이 이 지경이 되었단 말입니까. 지금은 마땅히 임금과 신하들이 모두 안일하게 지낼 겨를이 없이 하늘의 꾸지람에 답하고 백성들의 목숨을 살리는 방도를 강구해야 하는데도, 묘당은 느긋하게 평소와 다름이 없고 전하께서도 여러 재신들을 자주 만나 분명하게 전교를 내리시어 그들의 투박하고 나태한 습속을 경계하지 않으십니다. 인견하는 일이 매우

---

77) 정병욱 · 이승욱, 『구운몽』, 민중서관, 1972, 9~11쪽.

드물고 임금 앞에서 묻고 아뢰는 것이 병정을 보충하는 일이거나, 기계를 수선하는 일에 불과하며, 군자가 지닌 덕의 궐실과 백성들의 고통에 대해서는 임금 곁에서 경계시키는 자가 없으니, 본말 경중의 차서가 이와 같이 어그러져서는 안 됩니다." 하였는데, 상이 답하기를, "진계한 말이, 뜻이 매우 절실하니 묘당으로 하여금 조용히 의논하여 처리하게 하겠다."[78]고 하였다.

김만기는 1671년 딸을 세자빈으로 들여보내었다.

그는 1673년 영릉을 옮길 때에 산릉도감의 당상관이 되었다. 1674년 7월 병조판서로서 다시 자의대비의 복제에 대해 소를 올려 3년상을 주장하였다. 그 해 숙종이 즉위하자 국구로서 영돈녕부사에 승진되고 광성부원군에 봉해졌다. 총융사를 겸관해 병권을 장악했고 김수항의 천거로 대제학이 되었다. 숙종 6년 1680년 경신환국 때 훈련대장으로서 끝까지 굽히지 않고 남인과 맞섰다. 그리고 강만철 등이 허적의 서자 허견과 종실인 복창군 · 복선군 · 복평군 등이 역모를 꾀한다고 고발하자 이를 다스려 보사공신 1등에 책록되었다. 노론의 과격파로서 1689년 기사환국으로 남인이 정권을 잡자 삭직되었다가 뒤에 복직되었다. 현종의 묘정에 배향되었다.

이러한 가족 관계를 가진 서포 김만중은 자신이 처한 군주 숙종과의 갈등을 소재로 삼아서, 그 갈등을 성리학 이념으로 승화하여, 소설로 전환시켜 숙종을 깨우치고자 하는 거대한 목적을 가지고 「구운몽」을 창작하였다. 창작의 직접 동기는 경연관으로서 희정당 경연 때에 숙종 앞에서 장희빈과 조사석 문제에 대한 풍문을 직간 하였다가, 숙종의 분노를 서서 유배를 당하여

78) 사가는 "김만기 등이 진언한 것은 모두가 당시의 폐단 가운데 큰 것들이었고 별대의 일을 논계한 것은 더욱 절실한 것이었다. 그러나 그 자신이 대장(大將)이 됨에 미쳐서는 도리어 붙들어 세우고 두루 비호하여, 비록 쓸데없는 군대를 줄이고 별대를 혁파하자고 청하기를 차자의 뜻과 같이 하는 자가 있어도 여러 방면으로 거절하고 남의 말을 받아들이기를 좋아하지 않았으니, 어찌 그의 소견이 앞뒤로 다른가. 옛말에 이른바 '시대를 경영하는 것이 시대를 말하는 것과 같지 않다.'고 한 것이 어찌 맞는 말이 아닌가."라 하였다.

모친 윤씨를 멀리 두고 있었기 때문이었다.

(2) 모친 정경부인 해평윤씨에 대한 김만중의 특출한 효심

서포 김만중이 엮어간 삶의 궤적을『서포년보』를 통하여 정리해 보면 다음과 같다.

> 서포 김만중은 1637년 2월 10일 태어났다. 병자년 십이월 建州衛의 오랑캐가 갑자기 쳐들어오매, 祖考 參判公과 仲父 滄洲公이 임금님을 따라 남한산성으로 들어가시고 皇考 生員公은 祖 徐夫人을 모시고 江都로 들어가셔서 성 가운데 계셨다. 어머니 尹夫人이 막 부군을 임신하시매, 어머니의 조고 海嵩公이 사시는 외촌에 계셨다. 이듬해 정월 오랑캐 장수가 강을 넘자, 생원공이 士友를 모아 관군을 도와 목숨을 걸고 지킬 계책을 삼다가 22일 성이 함락될 즈음에 仙源 金相公을 따라 스스로 남문 누각에서 몸을 불사르매 다음날 서부인도 또한 머무르던 곳에서 목숨을 끊었다. 윤부인은 외촌에 있으므로, 소식을 듣지 못하다가 양반집 부녀자가 군사를 피하여 도망치는 사람이 많음을 보고, 마니산에 올라가 갯가에서 배를 얻으면 살고, 얻지 못하면 마땅히 물에 몸을 던지는 것이 옳으리라 생각하였으나 적을 보지 못하였다. 백씨 瑞石公은 바야흐로 5세였는데, 또한 어머니를 따라 포구에 이르르매 마침 영남의 싸움 배로 물러나 돌아오는 배를 만나 몸을 부쳐 실으니, 대개 江都의 수령 金慶徵 등이 오랑캐들은 걱정할 것이 없다고 하여 삼남의 수군으로 와서 돕게 한 것은 갑곶나루를 방비하지 않았기 때문이다. 2월에 부군께서 배 위에서 나셨으니 어릴 적의 이름은 船生이었다. 부군이 스스로 난리를 당한 때에 땅에 태어났으므로 나면서부터 아버지의 얼굴을 보지 못한 것을 종신토록 지극한 아픔으로 여겼다.

이처럼 서포 김만중은 인조 15년인 1637년, 병자호란 때 나라와 역사를 위해 화친의 굴욕보다는 충절을 지키려고 강화도에서 자결한 김익겸의 유복자로 태어났다. 그의 출생은 어떤 작가의 경우보다도 더욱 역사적인 사건 속에서의 출생이었다. 그는 난리 중에, 그것도 후퇴하는 전선의 뱃전에서 부친이 장렬하게 죽은 직후에 태어났기에, 비운의 출생 상황 자체가 이미 엄청난 역사적 비극성을 함축하고 있다. 그의 탄생은 그의 장래가 엄청난 시련을 맞을 수밖에 없는 정황을 예고하지만, 실은 그의 시련 뒤에는 화려한 영광도 뒤따랐다. 그의 모친 윤씨는 부친을 대신하여 헌신적으로 기르고 가르쳐 주었다. 그런 모친의 노력은 형인 서석 김만기와 서포를 모두 대학자로 성장시켰을 뿐만 아니라, 장남 김만기의 딸이 숙종의 첫 왕비 인경왕후가 되는 경사를 맞이하게 하기도 하였다. 그렇게 서포는 자신의 능력에 광성 부원군의 계씨라는 위치가 덧보태짐으로써 영달과 책무 또한 증가 될 수밖에 없었다.[79)]

> 교동으로 옮겼다가 또 대부도로 옮겼다. 난리가 그침에 참판공과 창주공이 남한산성으로부터 강화도로 달려와 곡하고, 서부인과 생원공의 주검을 거두어 임시로 교하 청라촌에 묻었다. 윤부인을 따라 서울에 돌아와서 외가에서 자랐다.

윤씨부인은 정축호란 때에 난리가 안정되자, 두 아들을 데리고 친정에서 돌아와서, 모친 홍부인을 도와 가사를 보살피면서도 부친을 옛 효자와 같이 봉양하였고, 한가할 때면 서책을 읽는 것으로 낙을 삼으니 학식과 조예가 더욱 깊어졌다. 이를 지켜본 부친은 아들이 없는 슬픔을 잊을 수 있었고, 조부는 "손녀와 더불어 말하면 가슴이 활짝 열리는 것 같으니, 네가 만일 남자라면 어찌 우리 가문에서 난 한 사람의 대제학이 아니리오" 하였다. 윤씨부인

---

79) 설성경, 「서포소설의 선과 관음」, 장경각, 1999, 17쪽.

은 큰아들 만기가 젖먹이 때부터 글을 가르쳤는데, 작은아들 만중 또한 워낙 총명하여서 곁에서 형이 읽는 것을 듣고도 대강의 뜻을 통했다. 그래서 주변 사람들은 윤씨 부인의 재주를 물려받아 자식들이 그렇게 기특하다고 탄복하였다.[80] 그 때는 정축호란을 지난 직후였기에, 서적을 구하기가 참으로 어려웠다. 그런 중에도 윤씨부인은 『맹자』, 『중용』과 같은 귀한 책들을 곡식으로 값을 치르고 구입해 주었다. 한번은 좌전을 팔고자 하는 자가 있었는데, 아들 만기가 사고 싶었지만, 그 권수가 많아 값을 감히 묻지를 못하자, 윤씨부인은 베틀에서 짜던 명주를 다 베어서 그 값을 갚고 사주는 정성을 보였다. 그 뿐만이 아니라. 윤씨부인은 이웃에 거주하는 옥당의 아전에게 부탁하여 홍문관의 사서와 『시경언해』를 빌려서 손수 등초하여 자식들에게 제공하기도 하였는데, 그 자획이 정교하고 섬세함이 구슬을 끼운 것과 같았고, 한 구절도 틀린 곳이 없었다. 두 아들이 글씨를 익힘에 있어서도 윤씨부인이 친히 자획을 가르쳤다. 그래서 윤씨부인이 만년에 손자들에게 "네 아비가 글씨를 여자에게 배웠는데도 필법이 능히 저와 같다."고 하였다.[81]

윤씨부인은 홀로 살림을 꾸려나가야 했기 때문에 아들 김만기가 벼슬길에 나가기 이전에는 집안이 매우 가난할 수밖에 없었다. 그래서 한번은 집안의 집기를 팔아서 제사를 지내게 되었는데, 날은 춥고 마땅히 땔 나무도 없었다. 그때 족자 하나가 있어서 그것을 팔아서 불을 피우게 되었지만, 조금도 근심하는 빛을 드러내지 않았다. 이런 어려운 생활 속에서도 윤씨부인은 다만 두 아들이 학업에만 열중하여 그 진취함이 남다름을 보면서 기뻐하였다.

또, 윤씨부인은 자식이 글공부를 할 때에 사촌이 방문하면, 공부를 쉬지 말라고 권하면서 자신이 음식을 대접함을 게으르게 하지 않았기에 집안 살림이 그렇게 어렵다는 사실을 느끼지 못하였다. 그런 처지에 놓여 있었지만,

---

80) 김진규, 『문효공 휘 만중행장』.

81) 김진규, 『대부인행장습유록』.

곡식과 베를 바꾸어 사고 팔 때에는, 그 값의 고하를 가지고 문제삼아 다투는 적이 없었다.[82]

윤씨부인은 두 아들에게 허물이 있으면 손수 매를 잡고 울면서 "너희 부친이 너의 형제를 나에게 부탁하고 세상을 떠났는데 너희들이 이같이 한다면 내가 무슨 면목으로 너의 부친을 지하에서 보겠는가? 학문을 하지 않고 살려면 당장 죽는 것만 같지 못하다."고 하면서 타일렀다. 윤씨부인은 두 아들을 학문으로 대성시키겠다는 큰 뜻을 세웠지만, 자식들에게 제대로 스승을 모시게 해 줄 경제적 형편이 되지 않았기에, 자신이 직접 3세의 만중을 옆에 두고, 8세가 된 만기에게 글공부를 가르쳤다. 이렇게 진행한 어린 두 아들의 공부가 어느 정도의 기초를 터득한 다음에는 시부인 참판공 허주 김반과 친정 부친 하빈공 윤지에게 외손자들의 스승이 되어 달라고 간곡히 부탁하였다. 그렇게 한지 얼마 되지 않아서 참판공 허주 김반이 세상을 떠났고, 이어서 하늘같이 믿고 따르던 부친 하빈공 윤지마저 세상을 떠났다, 그러나 윤씨부인은 좌절하지 않고 다시 직접 두 아들의 스승 노릇을 하게 되었다. 이렇게 학문의 기초 위에 김만기는 15세에 이미 경서를 두루 읽게 되었고, 시문도 성숙한 경지에 이르렀다. 이때에 김만중도 형을 따라서 시 짓기를 배워서[83] 12세가 되었을 때는 이미 과거문장을 지을 수 있을 정도로 문장 실력이 늘었다. 그 후에는 다시 김만기를 백부인 창주 김익희와 우암 송시열에게 경서와 역사를 배울 수 있도록 적극적으로 주선하였다.

한번은 당대의 대문장가인 택당 이식이 참판공 허주 김반을 만나보려고 집으로 찾아왔다. 이때 마침 김만기가 『맹자』를 읽는 소리가 사랑방에까지 들려왔다. 택당 이식은 김만기의 글읽는 소리를 듣고서는 크게 칭찬하기를 "이 아이가 글을 읽으매 능히 그 뜻을 이해하니, 후일에 반드시 문장에 능할

82) 김진규, 『대부인행장 습유록』.

83) 김진규, 『문효공 휘만중행장』.

것이다." 하였다. 이렇듯이, 학문의 성취가 나날이 성숙해지자 주변 사람들은 그들에 대해 대제학의 재목으로 기대하였다.[84)]

이처럼 윤씨부인은 집안을 이끌어가는 기둥으로서, 시댁의 예학가의 정신, 특히 아들과 함께 절의를 지켜 정경부인에 증직된 시모와 남편이 보여준 순국의 절의와 모범적인 열행을 지켜나갈 며느리로서, 안내자로서의 길을 유지하며 살았다. 그녀는 이 길이야말로 다른 가문과는 다른 집안의 전통이기에, 그 뜻을 평생 숙명적 교훈으로 지켜나갈 정신적 자세로 판단하였다. 특히 시모인 서씨부인의 절행은 일반 부녀자들과는 차원이 다른 절행이었다. 시모인 서씨부인과 남편이 의리와 절행을 지키는 충렬을 지키는 모범적인 삶을 보여주었기에, 윤씨부인 또한 가정적 차원과 국가적 차원이라는 두 가지 차원의 절행의 실천적 의미 속에서 살아남은 자로서의 책임의식을 절감하게 된 것이다. 이처럼, 윤씨부인이 보여준 두 아들에 대한 자애의 실천과, 적극적인 인품 및 지혜교육은 끝내 두 아들이 조정에 나가서 충효를 실현하고, 손녀를 왕비로까지 만들어내는 쾌거를 올리는 초석이 되었다.[85)]

> 윤씨부인이 어린 두 아들을 데리고 친정살이를 시작하였다. '왼 손엔 미음 그릇 오른 손엔 회초리'를 들고 아직 젖먹이인 만중에게 글을 가르치고 있었을 때, 그 때는 난리가 막 끝난 때라서 주위가 모두 곤핍했다. 게다가 만중이 네 살 때 부친까지 타계하고서부터는 더욱 집안이 곤궁해졌다. 그러나 겉으로 항상 태연하여 두 아들이 집안의 세세한 일에 신경 쓰지 않고, 학업에 열중하도록 하였다. 그리고 외부로부터 스승을 구할 수 없어서 몸소 『소학』·『사략』·『당시』 등은 직접 가르쳤다.

---

84) 김진규, 『문충공 휘만기가장』.

85) 설성경, 『윤씨부인의 삶과 그 정신』, 지식과 교양, 2011, 69쪽.

서포 김만중은 당시의 정치적 중추세력이었던 서인의 노론 가문에서 유복자라는 기구한 운명으로 태어났다. 김만중의 파란만장한 전 생애를 통해 언제나 그의 내면생활을 지배하던 것은 그의 어머니의 존재였다. 어머니를 향한 김만중의 효심은 한줄기 빛과 같아서 그의 무의식의 심연에 신비스러운 모성상을 형성하였다.[86)]

윤씨부인은 큰 아들 김만기를 외증조부 윤신지와 백부 창주공에게 경서와 역사를 배우게 하였다. 1646년에 김만기가 겨우 15세가 되었는데도 두루 경사를 읽고, 시문을 짓자 모두 칭찬하여 대제학 감의 재목으로 기대했다.[87)] 이때 김만중도 김만기를 따라 시 짓기를 배웠다. 1648년에 김만중은 12세가 되었을 때 이미 과거에 나갈 수 있을 정도로 시 짓기 능력이 있었다. 김만중은 장성하자 재주가 더욱 초월하여 옛 작가의 궤범을 따르고 공부에 진력하였으나 과거문장 학습은 염두에 두지 않았다.[88)]

윤씨부인은 천성이 글을 좋아하여서 늙어서도 글 읽기를 폐지하지 아니하였고, 더욱 더 역대의 치란과 명신의 언행을 읽기를 즐겨하여서 그 읽은 것을 새겨두었다가 이따금 자손에게 가르쳐주었고 음영에는 마음을 두지 않았다.[89)] 그녀는 비록 큰 뜻을 세웠지만, 현실적으로는 당장 자식들에게 제대로 밖에서 스승을 모시게 해 줄 경제적 형편이 되지 않았기 때문에 어쩔 수 없이 자신이 8세의 큰 아들 김만기와 3세의 김만중에게 직접 글공부를 시켰다.[90)]

어린 두 아들이 글공부의 기초를 터득하자 윤씨부인은 친정 부친인 하빈

---

86) 김병국, 『서포 김만중의 생애와 문학』, 서울대학교출판부, 2001.

87) 김진규, 「문충공휘만기가장」.

88) 김진규, 「문효공휘만중행장」.

89) 김만중, 「선비정경부인행장」, 『서포집』 권10.

90) 김만중, 「선비정경부인행장」, 『서포집』 권10.

공 윤지에게 외손자들의 스승이 되어달라고 부탁하여 두 아들의 유아기 교육이 성공적으로 진행되게 하였다.[91] 부친이 세상을 떠난 후에는 두 아들을 위해 두 아들을 직접 가르치게 되었다. 그런 처지에서도 윤씨부인은 지극 정성으로 가르치면서 모친으로서의 처지, 스승으로서의 처지의 조화를 유지하면서 어려운 학업 과정을 독촉하지는 않았다.[92]

윤씨부인은 김만중이 14세 때에는 총각으로 처음으로 공식적인 학교 시험인 상시를 볼 때, 몸소 상투를 매어주고 시험장에 들여보내 놓고 온종일 가마에 앉아서 눈물을 흘리며 기다렸다. 이 날 향시에서 김만중은 남보다 뛰어난 문장 실력으로 합격하였다.[93] 또, 김만중이 젖을 먹을 때 어머니가 입으로 글을 가르쳐 주었고, 김만중 또한 어릴 때부터 총명하여 곁에서 만기의 글 읽는 것을 듣고, 문득 대체의 뜻을 통했고, 7~8세부터 문재가 이미 발월하니, 사람들은 윤씨부인이 뜻을 가다듬어 고아를 기르고, 만중 형제의 재질이 기특함을 탄복했다.[94]

윤씨부인은 스스로 미망인이라 일컬으며, 종신토록 몸에 빛난 의복을 가까이 아니하였고, 연회에 참여하지 아니하며 음악도 듣지 않았다. 한번은 큰 아들 만기가 영귀하게 되어 수연을 베풀 것을 간청하였으나, 끝내 허락하지 않았다. 오직 자손이 과거에 급제한 경사에서만 잔치와 음악을 허락하면서 말하기를, "이는 진실로 문호의 경사요, 내 한 몸의 사사로운 기쁨이 아니다." 하였다.[95]

---

91) 김만중, 「선비정경부인행장」, 『서포집』 권10.

92) 김만중, 「선비정경부인행장」, 『서포집』 권10.

93) 김만중, 「선비정경부인행장」, 『서포집』 권10.

94) 김진규, 「문효공휘만중행장」.

95) 앞의 책.

김만중이 지은 어머니의 일대기 「선비정경부인행장」에 다음과 같은 일화가 있다.

> 참판공은 다른 자녀가 없었고, 정혜옹주도 다른 손자가 없이 오직 우리 어머니 한 분뿐이었다. 그래서 옹주께서 몸소 어머니를 안고 길러 주셨다. 입으로 『소학』의 글을 가르쳐 주셨는데, 어머니는 어려서부터 지혜가 있고 총명하셔서 한번 가르쳐주면 바로 입으로 따라 하셨다. 옹주께서 항상 말하기를 "아깝다. 그 여자로 태어난 것이다"[96)]

그녀는 나이 겨우 열네 살에 김만중의 아버지 김익겸에게 시집왔다. 익겸은 사계 김장생의 손자이다. 그녀가 시집갈 때 정혜옹주가 특별히 경계하였다.

> "너희 시집은 예법하는 집안이라 행여 부도를 어김으로써 나를 부끄럽게 하지 말라."고 하셨으니, 그 훈회함이 이와 같았다.[97)]

열네 살에 시집와서 열일곱 살에 맏아들 만기를 낳았다. 병자호란이 일어난 이듬해 1637년 정축년 1월 22일에, 강화성이 함락되고 강화성을 지키던 남편 김익겸이 순절하였다. 이런 난리 중에 시어머니 서부인도 또한 거처에서 자결하였다. 윤씨부인은 이때 스물한 살이었고 만중을 잉태한 만삭의 몸으로 죽기를 각오하고 바다에 뛰어들어갔으나, 비복들의 만류로 살아나게

96) 김만중, 『선비정경부인행장』, 『서포집』 권10 參判公無他子女 貞惠翁主無他孫 唯大夫人一人 故主親抱養之 口授小學書 大夫人聰明夙慧 一教輒上口 主常日 惜哉其爲女子也.

97) 김만중, 『선비정경부인행장』, 『서포집』 권10 歸我先府君 誡之曰 爾家禮法家 無或違婦道以羞吾 其訓誨如此.

되자 천명으로 여기고 주어진 운명으로 받아들였다. 이처럼 어머니 윤씨부인을 향한 서포 김만중의 효와, 그의 효행문학은 밀접한 관계가 있다. 특히 유배 중에 창작한 소설에는 효의 문제가 특별히 부각 되고 있다. 이러한 문제의 본질에 접근하기 위해서는 먼저 서포 김만중의 효행에 대한 주변 사람들의 평가를 그에 대한 총체적인 인물평 속에 차지하는 비중을 통해서 확인해볼 필요가 있다.

서포 김만중은 고매한 인격과 다양하고 정치한 학문을 가진 것만이 아니라, 예학 가문의 후손답게 특출한 효심을 실현했던 인물이라는 점을 그의 인물에 대한 총체적인 평가에서도 강조하고 있을 정도로 남다른 효행의 실현자였다. 그래서 서포 김만중에 대하여 당색에 따라서 그의 인간성을 긍정적인 쪽과 부정적인 쪽으로 상반되게 평가하는 중에도, 그의 효행심만은 다음의 인용과 같이 견해가 일치하고 있는 사실로 볼 때, 그의 효심에 대한 칭송은 당대에 공인받은 객관적인 것임을 입증해주고 있다.

> 전 판서 김만중이 남해의 적소에서 사망했는데, 나이는 56세이었다. 김만중의 자는 중숙이고 김만기의 아우이다. 사람됨이 청렴하게 행동하고 마음이 온화했으며 효성과 우애가 매우 돈독했다. 벼슬을 하면서도 언론이 강직하여 선이 위축되고 악이 신장하게 될 때마다 더욱 정직이 드러나 청렴함이 다른 사람들보다 뛰어났고, 벼슬이 높은 품계에 이르렀지만, 가난하고 검소함이 유생과 같았다. 왕비의 근친이었기 때문에 더욱 스스로 겸손하고 경계하여 권세 있는 요로를 피하여 멀리했고, 양전과 문형을 극력 사양하고 제수 받지 않으므로, 세상에서 이를 대단하게 여겼었다. 글솜씨가 기발하고 시는 더욱 고아하여 근세의 조잡한 어구를 쓰지 않았으며, 또한 재주를 감추고 나타내지 않았는데, 사람들이 그의 천품이 도에 가까우면서도 공력을 들이지 못한 것을 한스럽게 여겼었다. 적소에 있으면서 어머니의 상사를 만나 분상할 수 없으므로, 애통해 하며 울부짖다가 병이 되어 사망하게 되었으므로, 한때

슬퍼하며 상심하지 않는 사람이 없었다.[98)]

위와 같은 『조선왕조실록』에서는 그의 성품을 긍정적으로 서술하였다. 그러나 이와 달리, 『조선왕조실록 숙보』에서는 그의 성품을 아주 비판적으로 서술하고 있다.

> 전 판서 김만중이 남해의 적소에서 사망하였다. 김만중은 문사에 능하였고 효성과 우애가 돈독하여 어미를 잘 섬긴다고 소문이 났었다. 그러나 식견이 없어 폐부에 있을 적에 지론이 지극히 준엄했고, 훈척에게 붙어 청의를 매우 힘써 공격했으며, 이사명의 종용을 받아 그가 도리어 어긋나게 속이는 말을 가지고 경솔하게 계문하여 사류들에게 화를 끼치려는 계획을 하다가, 부자가 형벌을 받았었다. 해도로 귀양가서 어미의 상사를 만났지만 분상하게 되지 못했는데, 이때에 이르러 졸한 것이다. 2대를 지나서는 또한 흉악한 역적이 생겨나 온 가문이 살육을 당하였으므로, 세상 사람들이 "김만중의 헌악하게 편당하던 의논이 앙갚음을 받게 된 것이다."라고들 하였다.[99)]

이러한 차이는 전자의 『조선왕조실록』과 『조선왕조실록 숙보』의 사관들의 당파성에 따라서 달리 평가되었기 때문이다. 즉, 『조선왕조실록』은 노론이 권력을 잡았을 때의 우호적인 측면에서 평가한 것이고, 후자의 『조선왕조실록 숙보』는 남인이 권력을 잡았을 때의 수정 보완한 적대적인 측면에서 평가한 것이다. 동일한 인물을 대상으로 4월 30일자의 서포 졸기에 대한 정사 기록도 이를 평가 기술하는 실록 편찬 사관들의 관점에 따라 이토록 달랐다. 그런 와중에도 전자에서는 서포의 효심을 "사람됨이 청렴하게 행동하고 마

---

98) 『조선왕조실록』, 숙종 18년(1692) 4월 30일.

99) 『조선왕조실록숙보』, 숙종 18년(1692) 4월 30일.

음이 온화했으며 효성과 우애가 매우 돈독했다.", "적소에 있으면서 어머니의 상사를 만나 분상할 수 없으므로, 애통해 하며 울부짖다가 병이 되어 사망하였다."고 하였고, 후자에서는 "문사에 능하였고 효성과 우애가 돈독하여 어미를 잘 섬긴다고 소문이 났었다." "해도로 귀양 가서 어미의 상사를 만났지만 분상하게 되지 못했다."고 하였다. 이러한 사실은 그가 평소 모친 윤씨 부인에 대한 지극한 효성을 보인 것을 공통적으로 인식하고 있지만, 그런 효심이 있음에도 불구하고 유배지에 있었기 때문에 임종과 분상을 하지 못했다는 이유를 각각 당파적인 관점에서 서술한 것이다. 그러므로 서포의 효심에 대해서는 당대의 역사 기술을 맡은 사관들까지도 의견이 일치하는 초당파적 평가로서의 서포 효심인 것을 확인할 수 있다.

이외에도 『서포년보』를 비롯한 여러 문헌에서 그의 효심에 대한 기록들이 등장한다.

> 영의정 김수흥이 또 차자를 올려 남구만을 석방할 것을 청하고 인하여 김만중은 집에 노모가 있으므로 인정과 도리상 불쌍히 여길 만한 정상을 말하니, 임금이 답하기를 "차자의 사연이 이에 이르니, 남구만은 특별히 삭출하여 방송하고 여성제는 삭직하며, 김만중은 죄를 짓고 법을 범한 것이 밉기는 하나 편배된 지 한 해가 지났고, 모자의 정리가 다른 사람과는 다름이 있으니, 특별히 석방하라." 하였다.[100)]

여기에서는 영의정 김수흥이 서포의 유배를 풀어주자는 차자를 올리면서 "집에 노모가 있다."는 표현 속에 효심이 특출한 서포 김만중임을 부각시켰고, 이에 답하는 국왕 숙종도 서포의 효심을 인정하여 직접적인 언술로 "모자의 정리가 다른 사람과는 다름이 있으니"라는 평가를 하면서 석방을 허락

100) 『조선왕조실록』, 숙종 13년(1687) 11월 16일.

하게 되었다.

국왕 숙종이 서포의 효심에 남다른 관심을 보인 것은 그가 조정 중신 내지 측근으로서 국정을 보좌할 때에도 숙종이 남다른 예우를 하는 다음과 같은 대목에서도 나타난다.

> 호조참판 김만중이 부친의 묘를 살펴보기를 청하니 특명으로 타고 갈 말을 주고 제물로 올릴 물품을 주었다. 또 도승지 홍만용의 성묘에도 이러한 명이 있었다. 사간원에서 논계하기를 "재신들의 사적인 행차에 갑자기 규정 밖의 은전을 베풀 수는 없습니다. 아울러 모두 도로 거두어들이기를 청합니다." 하였으나 윤허하지 않았다.[101]

위의 인용은 호조참판으로 있는 서포 김만중이 부친 충정공 김익겸의 산소가 있는 현재의 대전 유성구의 전민동에 성묘를 하려는 상황에서, 공무 집행 중에도 성묘를 허락하는 것만이 아니라 말과 제수까지 마련해주는 특별한 배려를 하고 있음을 보여준다. 숙종은 서포의 성묘는 단순한 효자의 행동 수준에서 하는 것이 아니라, 국가를 위해 순국한 충신에 대한 호조참판의 성묘라는 의미를 부여한 배려인 것이다. 숙종은 이런 판단을 하였기 때문에, 사간원에서 사적인 행차이기에 규정 밖의 은전이라는 견해를 꺾고, 자신의 태도를 관철시켰다.

도암 이재는 자신의 문집 『삼관기』에서 그의 효심을 다음과 같이 전하고 있다.

> 김만중 공은 성품이 지극히 효도스럽고 유복자로서 부공의 얼굴을 보지 못함을 평생의 아픔으로 생각하였다. 거기서 모부인 섬기기를 심히 사랑으로

101) 『조선왕조실록』, 숙종 9년(1683) 2월 29일.

> 한 나머지 모부인의 뜻을 즐겁게 하는 것이 있으면 옛날의 효자 노래자가 하던 병아리 울음소리와 어린이 울음소리까지 연출하였고, 모부인이 즐겨하신 옛 역사와 신기한 책으로부터 패관잡기에 이르기까지 이들을 모아 밤낮으로 모부인의 좌우에서 읽혀드려 웃음꺼리로 삼았고, 젊어서부터 늙을 때까지 공사가 아니고서는 모부인 곁을 떠난 적이 없었으며, 매일 아침저녁의 신성을 한번도 차질이 없었음을 이웃 사람들이 모두 알았다. 김공의 지성스런 효도가 이와 같았다.[102]

여기서는 서포가 평소에 행한 효성의 구체적인 언행들을 제시한다. 즉, 서포는 유복자로 태어났기 때문에 부친 김익겸의 얼굴을 보지 못함을 평생의 아픔으로 생각하였다는 사실과, 그런 사연 때문에 자신을 홀로 키운 모친 윤씨부인에 대한 효심이 남다르기에, 삼강행실의 사례를 들 때 효행의 모범으로 거론되는 노래자처럼, 모친을 즐겁게 하려고 '병아리 울음소리와 어린이 울음소리까지 연출'하기도 하고, '옛 역사와 신기한 책으로부터 패관잡기'를 밤낮으로 옆에서 읽어드려 웃음꺼리로 삼게 하였으며, 매일 '아침저녁의 신성에 한 번도 차질이 없었음'을 강조하고 있다.

서포의 효심에 대한 높은 평가는 현대에 와서도 그의 인품을 대표하는 표현으로 나타나고 있음을 다음의 글에서 확인할 수 있다.

> 서포선생은 인조 15년 호란 때 유복자로 태어나 어머니의 엄격한 교육을 받아 효심과 충성이 지극하였다. 선생은 조선조 중기에 남인과 서인 노론과 소론 사이의 치열한 당쟁 속에서 한결같은 정의감으로 임금께 충직한 상소를 올려 여러 차례 귀양살이를 하였다. (중략) 선생의 효성은 하늘이 내리신 바라 선친께 하지 못한 효행을 모친께 아울러 쏟으니 이는 천지에 가득하고 나

102) 이재, 『삼관기』.

라와 인간에 비쳐서 흔연히 빛났다. 선생은 평생 유고하지 않으면 모친 곁을 잠시도 떠나지 않으면서 순하고 기쁜 낯빛으로 자안을 받들고 마음을 즐겁게 하기를 자못 옛 사람과 같이 하니 글을 좋아하시는 모친께 사기나 패관소설을 읽고 이야기 해드리며 어쩌다 슬하를 떠날 때는 그 간절한 생각으로 뭇사람을 감동하게 하였다.

몇 차례의 유배에서도 모친의 강령을 빌고 멀리서 시문을 지어 효성을 표하며 복받치는 사모지정을 억누르지 못하였으니 남해 고도에 위리안치 되었을 때 모친의 부음을 듣고 천만리 먼 곳에서 죄인의 몸으로 분상조차 못하는 통한을 품어 몸부림쳤다. 겨우 정신을 수습하여 사모의 혈정을 그 정명한 행장으로 지어 바치고 삼 년동안 설워하며 피눈물로 호곡하다가 통고 · 발병하여 세상을 떠났으니 가위 효행에 목숨을 바친 출천대효라 하겠다.

이에 자손들은 행장을 짓고 영정을 그려 앙모 감읍하고 나라에서는 효자정려를 내리어 현창하니 그 효행은 만고에 길이 유전될 것이다. 이제 후손들은 삼강의 본산 선영 아래에 선생의 효자문을 세워 효령을 머물게 하고 그 영정을 제작해 모시어 생전의 모습을 엄연하게 하는 마당에 선생의 성효 행적을 돌에 새겨 세우고자 그 비문을 청하니 또한 그 효성에 감복하고 선을 숭모하는 뜻에서 굳이 사양치 못한 채 비문임을 무릅쓰고 그 문효의 행적을 감히 술하여 후세의 영원한 귀감으로 삼으려 한다.[103]

이 밖에도 서포 김만중으로부터 직접 강학을 받은 그의 종손 김춘택은 그의 효심에 대하여 『북헌집』[104]에서 전하는 등, 윤씨부인에 대한 그의 뛰어난 효심은 두루 알려진 사실이다.[105] 이러한 여러 문헌들의 기록으로 확인되는

103) 사재동, 「문효공서포선생 휘만중 효행숭덕 비문」, 1999.

104) 김춘택, 「서포유사별록」『북헌집』 권 16.

105) 정규복, 「1월의 문화인물」, 『김만중』, 1999, 12~13쪽.

효자로서의 서포 김만중에 대한 당대의 인식은 숙종 32년에는 효행에 관한 정표로 그에게 문효공이라는 시호가 내려진 것으로 확인이 된다. 이는 그가 문학을 통한 효심을 발휘한 작가라는 것을 공인받았음을 입증해주는 것이다.[106)]

서포 김만중은 모친을 떠나 있을 때 모친의 생일이 되면 평소에 즐겁게 해드리던 위로를 해드리지 못하게 된 신세와 불효의 고통을 다음과 같이 표현하였다.

每歲慈親初度日　해마다 어머님 생신 날이면
弟兄相對舞衣斑　형제 서로 마주하여 춤추며 즐겨 했네.
弟今奉使違親膝　내가 지금 사명 받들어 어머님 곁을 떠나니
多恐親心未盡歡　생신 날 어머님 마음 즐겁지 못하실가 두렵네.[107)]

또, 서포 김만중은 솟구치는 효심에 의하여, 유배지에서 모친을 그리워하는 심정을 다음과 같이 사친 효행시로 창작하였다.

去年今日侍萱堂　지난해 오늘은 어머니 모시고
兄弟聯翩捧壽觴　형제가 나란히 장수하시라 잔을 올렸네.
一落塞垣音信斷　한번 적소에 떨어지니 소식은 끊기고
蘆山新塚已秋霜　노산의 새 무덤엔 어느덧 가을 서리 내리네.

人間倚伏莽難推　인간 화복의 인연 아득해 헤아리기 어려우니
歌哭悲歡只一朞　노래와 울음 슬픔과 기쁨 단 한 해에 일어나네.

106) 사재동, 「문효공 서포선생 휘만중 효행숭덕 비문」, 1999.
107) 김만중, 『서포집』.

遙想北堂思子淚　멀리서 어머니가 자식 생각하며 흘릴 눈물 생각하니
半緣死別半生離　반은 사별 때문이요 반은 생이별 탓일세.

塞門殘月半窓明　변방 성문에 지는 달은 반나마 창에 밝은데
萬事關心睡不成　온갖 일 관심사에 잠 못 이루네.
夜夜林鳥聽未了　밤마다 수풀 속 까마귀 소리 끝없이 들리고
更堪雲外斷鴻聲　다시금 구름 밖 애끊는 기러기 소리 이겨내야 하리.[108)]

여기서 보면, 서포 김만중은 선천에서 유배 생활을 시작한 1687년 9월 27일에 모친의 생일을 맞았다. 작년 1686년의 9월의 모친 생신에는 형도 살아있었고, 서포 자신도 순탄한 벼슬길에서 활동하고 있었다. 그러나 이 해 3월에는 형 서석이 세상을 떠났고, 자신마저 9월 14일에 원찬을 당하게 되어 며칠 전부터 선천에서 유배생활을 시작하면서 모친의 생신을 맞게 된 처지에서 모친 윤씨부인이 겪고 있을 안타까운 심정을 읊었다.

지난 해 어머님 생신에는 어머님에게 연이어 술잔을 올리면서 만수무강을 축원했지만, 자신은 적거로 인해 소식조차 전하지 못하는 처지가 되었고, 형님은 세상을 떠나 무덤에 묻혀 있다는 현실에 슬퍼 통곡하고 있다. 선천에서 지내는 유배 상황을 원망하지 말자고 자위해 보지만, 사별한 형님 생각과 유배지 선천에서 있는 자신을 그리며 눈물 흘리고 계실 모친을 생각하니 그 비통함을 달랠 길이 없다. 그러니 대오를 벗어나서 홀로 떨어져 날아가는 기러기에 자신의 신세를 견주며 다시금 슬픔에 잠긴다.[109)]

---

108) 김만중, 『서포집』, 九月二十五日謫中作 "去年今日侍萱堂 兄弟聯翩奉壽觴 一落塞垣音信斷 蘆山新塚已秋霜 人間倚伏莽難推 歌哭悲歡只一朞 遙想北堂思子淚 半緣死別半生離 塞門殘月半窓明 萬事關心睡不成 夜夜林鳥聽未了 更堪雲外斷鴻聲".

109) 손찬식, 「김만중의 유배시에 표상된 정서」, 『서포 문학의 새로운 탐구』, 2000, 106쪽.

또, 서포는 선천 유배지에서의 고통을, 고향과 오가는 서신들로 달래면서, 까마귀와 구름을 감상하는 낭만적 애상으로 표현하기도 하였다.

「근득」[110]이라는 한시에서는 다음과 같이 그 심경을 토로하였다.

近得慈親信　요사이 어머니 서신 받아서 보니
衰年疾病嬰　노쇠한 나이에 질병에 걸리셨네.
極知難送我　나를 보내 주기 어려울 걸 아노니
何以慰傷情　무엇으로 상한 마음 위로해 드리리.
日暮城鴉亂　날 저무니 성에는 까마귀 어지럽고
天寒櫪馬鳴　날씨 차가우니 마구간의 말이 우네.
浮雲無意緒　떠도는 구름은 아무 생각도 없이
杳杳只東征　아득히 동쪽으로 흘러만 가네.[111]

서포 김만중은 이 한시에서, 점차 싸늘해 가는 늦가을의 해 저무는 시각에 깃들 곳을 찾아 성으로 날아드는 까마귀와 마굿간에서 울어대는 말과, 떠다니는 구름으로 자신의 심경과 모습을 은유하였다. 까마귀로 반포,보은의 효심을 드러내면서 유배지에 생활하는 자기 자신도 마굿간에 갇힌 말의 자유롭지 못한 처지로 비유하여, 한양의 노모가 병고에 시달리고 있는데도 자기 자신이 옆에서 보살피지 못하는 처지를 슬퍼하였다.[112]

또, 변방 요새지인 선천 유배지에서 밤에 고향을 그리워하는 외로운 심정을 표현하기도 하였다.

---

110) 「近得」, 『서포집』.

111) 김병국, 같은 책, 162쪽.

112) 손찬식, 같은 책, 105쪽.

邊城夜擊柝　변방의 성엔 밤에 딱따기 치니
驚鳥不安栖　놀란 새들 깃들이기 편치 않네.
驛路淸江北　역로는 청강 북쪽으로 뻗어 있고
胡山落月西　호산은 지는 달 서쪽에 있네.
家書數紙盡　집에 부칠 편지 여러 장 다 쓰고
歸夢五更迷　귀가의 꿈은 오경에서 헤매네.
謾擬詩消遣　시로나 흉내내며 소일하려 하나
詩今亦懶題　시도 이제 또한 짓기가 싫어졌네.[113)]

여기서는, 유배지 선천은 중국 국경과 가까운 곳이라서 야경꾼들의 딱따기 소리가 밤의 적막을 깨뜨리며, 새들은 그 소리에 놀라 편안히 잠들지 못하듯이 자신도 고향 생각으로 밤을 외로이 지내는 불안한 심경을 표현하고 있다. 역로는 청강을 건너 북쪽으로 뻗어 있고, 호산 서쪽에는 지고 있는 달이 걸려 있는 잠 못 이루는 유배지의 밤 풍경과 모친을 비롯한 가족들에게 보낼 편지를 쓰고는 새벽잠 속에서 고향의 꿈을 헤매는 마음도 묘사하고 있다.[114)]

서포 김만중은 일찍이 강원도 금성 유배지에 있을 때나 아니면 선천 유배시기에, 서울에 귀환하여 가족과 즐기는 꿈을 한시로 지으며 유배지의 외로움을 달랬다.

(3) 현종 때 예송 문제에 얽혀 강원도 고성에 유배

선조 때에는 척신정치의 처리 문제를 두고 동인이 먼저 주도하여 사림이

---

113) 김병국, 같은 책, 161쪽. 『서포집』, 「새읍」의 「기 이」.

114) 김병국, 『서포 김만중의 생애와 문학』, 서울대학교출판부, 2001, 161쪽.

동인과 서인으로 나뉘게 되었고, 1589년의 기축옥사로 불리는 정여립 모반 사건과 1591년의 건저의 사건으로 동인이 온건파인 남인인 이황, 유성룡 등과 급진파인 북인의 이산해, 정인홍 등으로 갈라지고, 남인이 주도권을 장악하였다.

현종 때에는 남인과 서인의 대립이 심해졌다. 1659년의 1차 예송 논쟁인 기해예송은 효종이 장자가 아님을 두고 상을 몇 년으로 할지를 두고 대립이 일어났다. 즉, 효종의 상을 당하자, 인조의 계비인 자의대비의 상복 기간을 두고, 서인은 원칙적으로 누구든지 예는 같아야 함을 전제로 하여, 천하동례를 내세워 신권을 강화하는 1년으로, 남인은 임금의 예는 변칙적으로 적용이 가능해야함을 전제로 왕자례 부동사서를 내세워 왕권을 강화하는 3년으로 맞서서, 서인이 승리하였다.

또, 1674년의 2차 예송 논쟁인 갑인예송은 효종 비의 상을 당하자, 인조의 계비인 자의대비 상복 기간을 두고 서인은 9개월, 남인은 1년으로 맞서서, 남인이 승리하였다. 이런 예송의 사례에서 보듯이, 붕당 정치는 긍정적 측면으로는 붕당간의 견제와 협력을 바탕으로 하는 정치 전개로, 3사 언관과 이조 전랑의 정치적 비중 확대와 산림의 우대를 들 수 있지만, 붕당 정치의 공론은 백성의 의견이 아닌 지배층 의견 수렴에 그치면서, 서서히 학문과 이념보다 자기 당파의 이익을 앞세우는 것으로 변질 되었다.

서인세력과 남인세력의 대립이 격화되던 소용돌이 속에서, 서포 김만중은 2차 예송인 갑인예송 때인 1673년 천릉의 일과 상례문제 등을 논하다가, 1674년 1월에 강원도 금성으로 유배되었다. 즉, 1674년 3월에 현종의 엄마요 효종의 왕비인 인선왕후의 죽음을 당했을 때의 일이다. 이때는 현종이 세상을 떠나기 6개월 전으로, 장례식 때의 자의대비의 복식 문제에서 남인세력인 허적 중심과 서인세력인 송시열 중심 세력이 상복기간 논쟁에서 현종이 남인세력의 손을 들어주었기에, 남인 세력인 허목과 현종 어머니 세력인 한당세력과 합세하여 정권을 장악하게 되었다.

현종 14년인 1673년 9월 14일에는 〈정언 성호징이 김만중을 신구하였으나, 불허하다〉에서 다음과 같이 기록하고 있다.

정언 성호징(成虎徵)이 아뢰기를, "전 수찬 김만중은 직책이 논사(論思)하는 자리에 있으므로 일에 따라 말씀드린 것이니 그 본심을 캐보면 나라를 근심하고 임금을 사랑하는 것에 불과합니다. 그런데 말 한 마디 겨우 꺼냈다가 갑자기 감옥에 갇히게 되었으니 이 어찌 위대한 성인의 포용하는 도리이겠습니까. 만중이 경연에 출입한 지 근 10년이 되어갑니다. 전하께서도 일찍이 그의 사람됨을 익히 알고 계실 것입니다만 이 사람이 어찌 남의 사주를 받을 자이겠습니까. 그런 말을 들으니 놀랍고 두려우며 뭇 사람들도 의심하고 두려워하고 있습니다. 김만중을 잡아다가 심문하라는 명을 도로 거두소서."

하니, 상이 따르지 않았다. 옥당 또한 상차하여 논집(論執)하였으나, 상이 받아들이지 않았다.

현종 14년인 1673년 9월 14일에는 〈김만중을 정배하고, 이숙을 삭탈 관작하다〉에서 다음 같이 기록하고 있다.

상이 우의정 김수흥을 불러 이르기를, "김만중의 일은 극히 근거가 없다. 붙잡아 심문하라고 한 것은 사주한 사람을 잡고자 한 것이었다. 그런데 다시 생각해 보니, 만약 밝혀내지 못한다면 도리어 사체를 손상시킨다. 김만중을 먼 곳으로 귀양보내도록 하라. 그리고 이 논의는 필시 이숙에게서 나왔을 것이니 이숙도 먼 곳으로 귀양보내도록 하라." 하였다. 또 하교하기를, "말이 선릉(先陵)에 관계되었으니 사체가 지극히 중하다. 그런데 이선(李選)의 소에 '광중(壙中)에 물이 있고 재궁(梓宮)에 틈이 생기기를 밤낮으로 빌며 바랬다.'는 등의 말이 있었는데, 장응일(張應一)이 올린 소에 노한 나머지 차마 말할 수 없는 말을 잔인하게 말하였으니, 어찌 이럴 수가 있겠는가. 이선을 삭탈 관작하라.

민정중(閔鼎重)은 대대로 국록을 받은 신하이므로 산림에서 은거하는 선비와 같지 않은데도, 이때를 당하여 감히 먼 외지에 물러 앉아 누차 소를 올려 사직을 청하더니 지금 또 교외(郊外)에 와 있으면서 소를 올려 면직을 청하고 있으니, 송 판부사(宋判府事)가 한 일을 본받으려고 하는 것인가? 판부사는 정승의 직을 사면하고 물러갔기 때문에 이런 일이 있었으나, 민정중은 누차 온당치 않다는 분부를 내린 연후에야 비로소 올라왔는데 이르는 곳마다 소를 올렸으니 교만하고 방자함이 심하다. 관작을 삭탈해야 할 것이다.

나는 당초 이선의 소가 들어왔을 때에 중한 율을 베풀려고 했으나, 장응일을 먼 곳으로 귀양보내자는 계사를 따르지 않은 것에 대해 필시 장응일을 보호한다고 생각할 것이기 때문에 실행하지 않았던 것이다. 그런데 지금은 이선을 이미 논죄하였고, 장응일도 거짓되고 부정하니 먼 곳으로 귀양보내라." 하였다. 수흥이 아뢰기를, "만중이 대신을 논핵하여 체직시키려 한 것은 과연 잘못이지만 먼 곳으로 귀양보내는 율을 적용하는 것은 너무 무겁습니다. 이숙의 경우에 있어서는 어떻게 억측으로 죄를 줄 수 있단 말입니까. 성상께서는 마음을 평온히 갖고 죄의 경중을 따져 처리하소서." 하고, 이어 두세 번 굳이 청하니, 상이 이르기를, "우상의 말이 이와 같으니 김만중은 정배(定配)하고 이숙은 삭탈 관작하여 도성문 밖으로 내쫓으라. 장응일은 혼자만 먼 곳으로 귀양보낼 수 없으니 벌을 감하여 정배하라." 하였다. 수흥이 물러나 상차하여 여러 신하를 구하여 풀려나게 하지 못했다는 이유로 면직을 청하니, 상이 비답을 내려 위로하고 타일렀다.

현종 14년인 1673년 9월 15일의 〈장령 유연이 민정중 등을 신구하였으나, 불허하다〉에서는 다음과 같이 기술하였다.

장령 유연이 아뢰기를, "전 수찬 김만중이 면대를 청하여 아뢴 것은 임금을 섬길 때 숨김이 없어야 한다는 충성심에서 나온 것입니다. 그런데 말 한마디가 맞지 않는다고 하여, 갑자기 뜻밖의 분부를 내려 이미 정위(廷尉)로 하여금 심문하게 하고 또 유배보내도록 명하였으니, 위대한 성인의 포용하는 도리상 아마도 이와 같이 해서는 안 될 것입니다. '붕당(朋黨)' 두 자는 비록 임금께서 듣기 싫어하는 말이더라도 먼저 의심의 단서를 잡아서 그 기를 꺾어버려서는 안 됩니다.

전 부호군 이숙은 일찍이 언책(言責)을 맡아 일에 따라 논열하였으니, 진실로 관작을 아끼고 관리의 사악함을 바로잡고 탄핵하려는 데서 나왔을 뿐입니다. 그런데 전하께서는 조금도 천천히 살펴보지 않으신 채 처음에 이미 특명으로 체직시키도록 해 놓고 이어 삭탈 관작하여 내쫓으라 하시니 듣는 자들이 깜짝 놀라지 않는 이가 없습니다. 언로가 막히는 것은 진실로 작은 일이 아닙니다.

장응일의 상소한 내용은 음침하고 흉악하여 임금의 마음을 떠보는 데 뜻이 있었습니다. 응교 이선이 충분(忠憤)함에 격동되어 강개하게 진언하였으니, 그 숨은 근심과 지나치게 염려하는 말은 비록 꼭 맞지 않는 부분이 있더라도 전하께서 간하는 말을 받아 들이는 도리에 있어서는 진실로 도탑게 용납하시고 관대히 용서할 뿐입니다. 어찌 문자(文字)에서 흠을 잡아내어 억지로 죄안(罪案)을 만들어서야 되겠습니까. 더구나 이제와서 소급해 죄를 주어 마치 불끈하여 노여움을 전가하는 것처럼 하시니 아마도 마음을 평안하게 하여 순응하는 도리가 아닌 듯합니다.

전 대사헌 민정중은 양조(兩朝)의 알아주심을 받아 육경(六卿)의 지위에까지 이르렀습니다. 시골에서 병이 중하여 조정에 돌아오지 못하고 있다가 면례가 점차 가까와지자 병을 무릅쓰고 길에 올라 소를 올려 스스로를 논열(論列)하였으나, 병 때문에 지체되어 감히 스스로 편안치 못하다는 뜻으로 아뢴 것에 불과합니다. 이게 어찌 거드름을 피우고 교만 방자한 것이겠습니까. 그런데 전하께서는 실정을 구명하지 않고 억지로 견책을 가했으니 진실로 성스러운 조정에서 신하를 예의로써 부리는 도리가 아닙니다. 김만중을 정배하고 이숙을 삭탈 관작하여 내쫓고 이선을 삭탈 관작하고 민정중을 삭직하라는 명을 도로 거두소서." 하니, 상이 따르지 않았다.

현종 15년인 1674년 1월 23일의 〈헌부에서 김만중 등의 신구를 정지하다〉에서 다음과 같이 기록하고 있다.

헌부가 김만중은 귀양보내고, 이숙은 관작을 삭탈하여 내쫓고, 이선(李選)은 관작을 삭탈하고, 민정중(閔鼎重)은 직책을 삭탈하고, 성호징(成虎徵)은 멀리 귀양보내라고 한 명을 도로 거두라는 일로 한 달 동안이나 논계하였는데 끝내 윤허하지 않자, 이때에 이르러 중지하였다.

현종 15년인 1674년 4월 1일의 〈김만중을 석방하라고 명하다〉에서는 다음고 같이 기록하고 있다.

대사헌 강백년이 입시한 김에 아뢰기를, "헌부의 추고 공사 가운데 김만중(金萬重)을 당초에 특별히 추고한 것에 대해 아직도 대조하여 살피지 않았는데, 이미 귀양보낸 뒤에 뒤따라 법에 의거해 죄를 결정한다는 것은 거북스러운 점이 있기에 감히 여쭙니다." 하니, 상이 이르기를, "이게 특별히 추고한 것이니 그대로 법에 의거해 죄를 정해야 할 것이다." 하자, 도제조 허적이 아뢰기를, "김만중의 일에 대해 신이 일찍이 말씀드리려다가 못했습니다만, 강백년이 이왕 말을 끄집어냈으니 신 또한 소회를 말씀드리겠습니다. 김만중이 신을 꾸짖은 말이 신에게 들어맞는지는 모르겠습니다만, 채용할 만한 말이 아닐 경우 버리면 되는데 귀양보내기까지 하시니, 어찌 성스런 덕에 누가 되지 않겠습니까. 그리고 김만중은 그의 어미와 떨어져 있으니 정리상 측은합니다." 하니, 상이 이르기를, "김만중의 말이 너무나 이상하였기 때문에 처음에는 멀리 귀양보내려고 하였으나, 그때 대신들의 아룀으로 인해 가까운 곳에다 귀양보냈던 것이다." 하였다. 허적이 아뢰기를, "신이 비록 못났습니다만, 또한 하나의 늙은 신하입니다. 어떻게 감히 마음에 없는 헛된 일로 아뢸 수 있겠습니까. 이는 사실 진심에서 한 말입니다. 만일 은혜를 입어 석방된다면 성스러운 상의 덕이 머지않아 회복될 것이며 개인적인 신의 마음도 조금은 편해질 것입니다." 하니, 상이 이르기를, "경이 이처럼 누누이 말하니, 경의 뜻을 편히 해 주기 위해 석방하겠다." 하였다. 강백년이 아뢰기를, "김만중이 석방되었으니 추고 공사를 어떻게 할 것입니까?" 하니, 허적이 아뢰기를, "본죄를 이미 용서해 주었으니, 추고에 대해서 거론하지 않아야 할 듯합니다." 하니, 상이 이르기를, "그렇다면 법에 의거해 죄를 정하지 말라." 하였다.

서인 세력인 송시열의 패배로 마감되면서 서인에 속한 서포는 강원도 금성으로 1차 유배를 가게 되었다.

서포 김만중은 1672년 동부승지가 되었으나 자의대비의 복상문제로 강원도 금성으로 유배를 갔다가, 숙종 5년인 1679년에 예조참의로 다시 등용되면서 관직이 점차 올랐다.

3-3. 성리소설 「구운몽」의 창작 배경과 핵심 동기

(1) 『서포일기』를 쓴 의도와 김만중과 조사석과의 심리적 대립

김만중은 형인 서석 김만기의 딸로 숙종의 왕비였던 인경왕후가 1680년 10월 26일에 천연두로 세상을 떠났다. 그 직후인 11월 24일에 서포는 부제학이 되고, 12월 6일에는 다시 대사헌에 올랐으나, 그는 옥당 관원들의 비판을 받기 시작하였다.

1680년 12월 7일부터 8일, 9일, 10일, 11일, (결), 13일,14일, 15일, 16일, 17일, 18일, 19일, 20일까지 14일 사이의 일기로, 18일의 일기는 부분 소실되었다. 12일의 일기는 원래 기록되지 않았는지, 아니면 원래의 기록이 후일에 삭제됐는지 짐작하기 어렵다. 형식은 나날이 쓰는 일기체이지만, 경연을 중심으로, 조정에서 일어난 주요 사건을 『조선왕조실록』에서 다루는 형식으로 기술하고 있다. 일반적인 경연에 대한 일기는 장소, 참여자, 경연 교재, 토론 내용을 다루는 것과는 달리, 여기서는 경연이라는 표시만 하고 있다. 조정 회의와 상소 등의 내용과 비답 내용을 기록한 『조선왕조실록』의 서술 방식을 따르고 있다. 가끔은 자신이 관련된 기술에서는 자신을 김만중이라는 표현으로 객관성을 보여주고 있다. 또, 일부 본문 중에는 교정과 윤문의 주기가 있고, 중간에 여백으로 남겨진 곳도 있어 미완으로 끝났음을 보여준다.

『서포일기』의 주요 내용은 경연에서 숙종과 경영관 사이에 오고간 대화, 조정에서의 상소와 비답 등을 요약하고 있으며, 일기에 등장하는 주요 인물로는 숙종을 중심으로, 영중추부사 송시열, 영의정 김수항, 대사헌 이단하, 좌윤 김익훈, 청성부원군 김석주, 판서 조사석 등의 고관대작들과 서포와 정치적 갈등의 위치에 있던 인물들이 포함되어 있다.

12월 8일 일기에는 승정원에서, 영중추부사 송시열이 객사에 오래 있기 때문에 병이 즉시 회복되지 못하는데, 지금 전에 있던 고향으로 나아가서 병을 조리하게 했으면 좋겠다고 계달하니, 임금이 즉시 승지를 보내어 유시하기를, "경은 두 임금이 특별하게 후대하는 은총을 받았고 당대의 사림의 중망을 짊어지고 있으니, 이는 옛 사람이 '선제의 특별한 은혜를 되새겨 폐하에게 보답하고자 합니다.'라 한 것이 그대를 두고 한 말과 같아야 하리라. 더구나 나라의 근본이 위태롭게 되어 형편이 매우 어려운 이때 함께 구제할 생각은 하지 않고 떠나기로 결심하는 것은 국가의 불행이다. 금년 겨울의 추위는 평소보다 배나 더 심하지만, 비록 한때 감기로 상했더라도 신명이 보살펴 주기 때문에 반드시 약을 쓰지 않고도 나을 수 있을 것이다. 고향으로 돌아갈 생각을 하지 말고 나의 소망에 부응해 주기 바란다."고 하였다. 그리고 명하기를 "송 영부사의 집이 성 밖에 있다고 하는데 성 안에 편리하고 가까운 곳에 있는 집을 속히 물색하여 편안하게 지낼 수 있도록 하라."고 하였다.

12월 8일의 내용의 일부를 살펴보면, 〈송시열이 여사에서 병을 얻으니 승지를 보내어 유시하다〉라는 표제에 이어서 다음과 같이 기록하고 있다.

승정원에서, 영중추부사 송시열이 여사에 오래 있기 때문에 병이 즉시 회복되지 못하는데, 지금 전에 있던 향사로 나아가서 병을 조리하게 했으면 좋겠다고 계달하니, 임금이 즉시 승지를 보내어 유시하기를, "경은 양조의 특별하게 후대하는 은총을 받았고 당대의 사림의 중망을 짊어지고 있으니, 이는 바로 옛사람이 '선제의 특별한 은혜를 되새겨 폐하에게 보답하고자 합니다.'라고 한 것으로 바로 오늘날 그대 같은 이를 두고 한 말이다. 더구나 나라의 근본이 위태롭게 되어 형편이 매우 어려운 이때 함께 구제할 생각은 하지 않고 떠나기도 결심하니, 국가의 불행이다. 금년 겨울의 추위는 평소보다 배나 더 심하다. 그러나 비록 한때 감기로 상했더라도 신명이 보살펴주기 때문에 반드시 약을 쓰지 않고도 나을 수 있을 것이다. 경은 떠날 마음을 속히 돌이켜서 나의 부족한 점을 도우라." 하고, 또다시 호조에 명하여 물품을 넉넉히 보내주게 하였다.

송시열이 차자를 올려 병의 증상을 말하고 조상의 분묘를 귀성하게 해달라고 하였으나, 임금이 위로만 해주고 윤허하지 아니하였다. 승지 윤지선이 송시열을 위로하고 돌아왔는데, 임금이 다시 보내어 유시하기를, "오늘날 국사의 위태로움을 어찌 이루다 말할 수 있겠는가? 난역이 측근에서 생겨나 처벌하여 제거하기도 많이 했으나 천재가 겹쳐 이르러 무지개와 혜성의 출몰이 더욱 참담했으며 게다가 천만 뜻밖에 중궁의 상사까지 당하여 바로 혹심한 겨울에 장례를 치르다보니 백성들이 고생을 하게 되어 유언 비어가 나도는 등, 위태롭고 혼란한 조짐을 이루 다 꼽을 수 없다. 하찮은 나 한 사람이 두려움과 근심으로 마치 깊은 골짜기에 임한 듯해여 진실로 어떻게 수습해야 할 줄을 모르겠다. 지난번에 경이 올라왔던 것은 지문을 짓기 위한 것이었는데, 이렇게 근심스러운 때를 당하여 내가 경에게 기대하는 것이 어찌 다만 문자에 대한 일일 뿐이겠는가? 이때를 당하여 경과 같이 덕망이 높은 원로로서 경과 같이 의지가 강하고 확고한 이로서 고향으로 돌아갈 생각을 하지 말고 머물러 있으면서 나의 소망에 부응해 주기 바란다." 하고, 또 하교하기를, "지금 들으니, 송 영부사의 집이 성 밖에 있다고 하는데 성 안에 편리하고 가까운 곳에 있는 집을 속히 물색하여 편안하게 지낼 수 있도록 하라."

이런 배경에는 이 일기를 시작하기 얼마 전부터 서포가 실록청의 직책을 맡고 있었기 때문에, 그만큼 다양한 자료를 확보할 수 있었기 때문이다. 서포의 생각은, 이 일기 쓰기 시작한 이 시기가 남인들이 서인에게 몰려난 이른바 경신대출척 직후에 해당되므로, 자신, 자기의 가문 및 당파의 청치적 상황에 대응하기 위한 역사적 근거로 삼고자 한 것이다.

주요 내용은 서포가 창경궁의 경연에서 숙종과 경영관 사이에 오고간 대화를 요약하고 있다.

12월 7일은 (1) 상지육년 경신 청 강희십구년 십이월 초칠일 임진 청

12월 8일은 (2) 상지육년 경신 청 강희십구년 십이월 초팔일 계사 청

여기에는 우암이 찬한 인경왕후 〈묘지문〉의 전체가 수록되어 있다. 본 일기의 체제는 먼저 숙종의 재위연도와 간지를 기록하고 계속하여 청나라 강희연도와 월일 및 날씨를 기록하였다. 게다가 1680년 12월 13일에는 자신의 라이벌인 조사석이 호조 판서를 제수받는 등의 앞을 예측할 수 없는 상황이 벌어지고 있을 때였다.

『조선왕조실록』에서는 12월 13일에, 전라도 구례 · 곡성 등의 고을에 지진이 있었는데, 도신이 장계로 알렸다는 기록이 있다. 12월 20일에는 유성이 천중에서 나와 북쪽으로 들어갔고, 천시성 밖으로 나와 심성(心星)으로 들어갔다는 기록이 있다.

일기에 수록된 내용은 당시 행대사간의 직책에 있던 서포가 창경궁의 경연에서 숙종과 경연관들 사이에 오고간 대화를 요약한 것이다. 일기의 각 날짜별 머리에 "상지육년경신"으로 시작한 기록을 통해서 볼 때, 서포 자신이 직접 쓴 친필 초고본이다. 본문 중에는 교정과 윤문의 주기가 있고 중간에 여백으로 남겨진 곳이 있는 것으로 보아 미완으로 끝난 것이다.

주요 인물로는 숙종을 중심으로, 영중추부사 송시열, 영의정 김수항 대사헌 이단하, 병조판서 정재숭, 좌윤 김익훈, 청성부원군 김석주, 평안병사 이세화, 승지 최석정, 대사헌 신익상, 판서 조사석, 교리 이사명, 부수찬 박태보 등 당시의 고관대작과 서포와 정치적 우군과 대립의 위치에 있던 인물들이 등장한다.

서포 김만중이 자신에게 닥칠 당파 사이의 정치적 갈등 상황에 대응하기 위해 미리 자신의 궁중 경연에서의 활동 기록를 일기 형식으로 남겼듯이 그가 남긴 1680년의 12월의 일기[115]인 『서포일기』에는 훗날 당색에 따라 생겨나는 정치적 견해의 차이로 생겨나는 갈등과, 국정의 혼미 속에서 자신에게 가해지는 핍박을 「구운몽」의 원천 소재로 활용되었다. 「구운몽」에서는 자신와 정치적인 맞수가 된 조사석과이 숙종을 중심으로 간접적인 경쟁 관계가 된 일들로 생긴 갈등의 원인과 그런 갈등을 해소하게 되는 도심을 담은 서사적인 자아 성진과 양소유 등의 이야기를 다룬 내용을 담아내었다. 자기을 비롯한 자신위 부모 이야기를 작품에 투사시킨 양처사 가문과 상대역인 조사석

---

115) 1680년 12월 7일부터 일기를 쓰기 시작하였다. 이 일기는 그때로부터 14일 간의 일기를 『서포일기』라는 이름으로 현재까지 남아 있다.

과 조대비. 숙종 등을 황태후 가문으로 투사시킨 이야기를 「구운몽」으로 다루게 되는 것이다. 즉, 서포 김만중은 1680년에 『서포일기』를 쓴 이후 몇 년간은 승진을 거듭하며, 숙종 11년인 1685년에는 홍문관 대제학에까지 이르게 되지만 2년 후인 1687년에는 경연에서 직간하였다가 숙종의 분노를 사서 평안도 선천으로 유배를 가게 되고, 이런 내용을 성리소설로 다룬 「구운몽」을 짓게 된 것이다.

서포 김만중은 숙종 10년인 1684년 8월 28일 우참찬이 되었다. 9월 3일에 〈청성 부원군 김석주에게 병조 판서를 겸하게 하다〉에서는 다음과 같이 기술하고 있다.

> 특별히 명하여 청성 부원군(淸城府院君) 김석주(金錫胄)에게 겸 병조 판서(兼兵曹判書)로 하였다. 임금이 비국(備局)의 여러 신하를 인견(引見)하고, 영의정 김수항(金壽恒) · 우의정 남구만(南九萬)에게 이르기를, "금위영(禁衛營)은 이미 본병(本兵)으로 하여금 겸하여 살피게 하였으니, 사체가 전에 비하여 이미 중하다. 또 조종조(祖宗朝)의 고사(故事)를 보더라도 대신(大臣)으로서 양전(兩銓)을 겸임한 자가 많이 있었으므로, 이제 이를 모방하여 행하려고 한다." 하자, 김수항이 말하기를, "선묘조(宣廟朝)에 선정신(先正臣) 이이(李珥)가 병판(兵判)이 되었는데, 고(故) 상신(相臣) 박순(朴淳)을 특별히 명하여 판병조(判兵曹)를 겸하게 하였었습니다. 비록 대신이라 하더라도 반드시 명망과 실행이 함께 높은 자로써 이를 겸하게 하였으니, 또한 사람마다 할 수는 없습니다." 하고, 남구만은 말하기를, "인조조(仁祖朝)에 심열(沈悅)도 호판(戶判)을 겸하였었으니 구례(舊例)에 의거할 만한 바가 없지 아니합니다." 하였다. 임금이 말하기를, "내 생각은 청성 부원군 김석주(金錫胄)로 하여금 본병(本兵)을 겸관(兼管)하게 하려고 한다." 하자, 김수항이 말하기를, "김석주가 여러번 융정(戎政)을 맡아서 군무(軍務)에 익숙할 것이니, 만약 겸관하

게 하면 반드시 실효(實效)가 있을 것입니다." 하니, 임금이 특별히 김석주를 겸 병조 판서로 하고, 인하여 사관(史官)을 보내어 유시(諭示)하게 하였으며, 또 해조(該曹)로 하여금 겸판서(兼判書)가 정사(政事)에 참여하는 예(例)를 상고해 내게 하였다. 뒤에 김석주가 여러 번 상소하여 힘써 사양하였으나, 임금이 우악(優渥)한 비답(批答)을 내리고 허락하지 아니하였다. 강화 유수(江華留守) 윤계(尹堦)가 말하기를, "강도 읍성(江都邑城)을 쌓지 못하였으니 이것이 가장 급무(急務)입니다. 연해(沿海)에 토성(土城)을 쌓는 것도 그만둘 수 없으며, 외창(外倉) 다섯 군데에도 성(城)이 없을 수 없으나, 흉년이 들어 아울러 거행하기는 어려울 것입니다." 하자, 김수항이 말하기를, "윤계의 말을 듣건대, 모름지기 만여 석(石)을 가져야 완성할 수 있다고 하는데, 만여 석의 군량(軍糧)은 진실로 연출(捐出)하기 어려우니, 아직 때를 기다리는 것이 마땅합니다. 외창(外倉)에 성을 쌓는 것이 가장 긴급하고, 공역(功役)도 매우 크지는 아니하니, 먼저 시작해 쌓는 것이 마땅합니다." 하니, 임금이 이를 옳게 여겼다. 이때 대제학(大提學) 이민서(李敏敍)가 이정명(李鼎命)의 등과(登科)한 일로써 탄핵을 입은 뒤에 인혐(引嫌)하여 나오지 아니하였는데, 이조 참판(吏曹參判) 이선(李選)이 아뢰기를, "이민서의 심사(心事)가 오히려 드러난 바가 없는 것은 대개 대신(大臣)들이 모두 혼인 관계로 혐의로움이 있기 때문입니다. 그러나 이제 만약 하문하시면 어찌 감히 사사로움을 용납하겠습니까? 또 이정명이 수석을 차지한 것은 두 제학(提學)의 주장한 바에서 나온 것이라고 하는데, 신정(申晸)은 그 때의 제학으로서 바야흐로 입시하였으니, 또한 하문하시는 것이 마땅합니다." 하였는데, 신정이 말하기를, "고시(考試)할 때에 이민서가 처음 1편(篇)을 골라 장원을 삼으려고 하였습니다. 신과 김만중(金萬重)이 또 한 편을 골라서 수석으로 삼으려 하자, 이민서가 처음에는 기꺼이 굽히려고 하지 아니하다가, 신 등이 힘써 다투니 비로소 허락하였으나, 이름을 열어본 뒤에는 이민서가 삭연(索然)히 말도 없이 기색이 참담(慘憺)하였습니다. 자제(子弟)가 과거에 합격하면 사람들이 모두 그 부형에게 칭찬하여 하례하지만, 신 등은 그 기색이 삭연한 것을 보고는 마침내 감히 축하하는 말을 하지 못하였습니다. 이민서가 논박을 받은 것은 신 등의 잘못입니다." 하고, 김수항도 잇따라 진달하니, 임금이 말하기를, "조정에서 이미 그 실상을 알았는데 매양 인혐(引嫌)하는 것은 더욱 마땅하지 못하다. 빨리 출사(出仕)하게 하는 것이 가하다." 하였다. 또 형조 판서 박신규(朴信圭)의 진달로 인하여, 공·사천(公私賤)으로서 누적(漏籍)된 자는 한 차례 엄한 형벌을 더한 뒤에 연한을 정하지 아니한 채 서북(西北)의 먼 변방에 정배(定配)하고, 통호(統戶)와 가장(家長) 이하도 차례로 논죄(論罪)하는 일을 대신(大臣)에게 물은 뒤에 법식을 정하게 하였다. 정언(正言) 최석항(崔錫恒)이 아뢰기를, "광주 유수(廣州留守) 이숙(李翻)이 성기 별장(城機別將)을 논상(論賞)하는 일로써 진달하였다가 윤허를 얻지 못한 뒤에도 오히려 다시 힘써 청하였으니, 이미 실체(失體)한 것입니다. 경력(經歷)의 아사(衙舍)의 영조(營造)에 이르러서는 이것이 어찌 조정에서 아는 바라 하여 감관(監官)의 상전(賞典)을 청하겠습니까? 사체가 온당하지 못하니, 청컨대, 추고(推考)하소서." 하였으나, 따르지 아니하였다.

김만중은 1685년 5월 2일에, 김만중을 예조 판서가 되었다. 11일 후인 5월 13일에는 조정에서 일어난 일은 다음과 같이 기록되었다.

대신과 비국(備局)의 여러 신하들을 인견(引見)하였다. 당시에 대간(臺諫)들이 외방(外方)에서 음악을 쓰는 것이 잘못임을 논하니, 평안도 관찰사(平安道觀察使) 유상운(柳尙運)이 사실을 자백하고서 《예기(禮記)》의 '아버지가 복중(服中)일 때는 궁(宮) 안의 아들은 음악에 참여하지 아니한다'는 조문(條文)에 '다른 궁(宮)은 그렇지 않다'는 글을 인용하였다. 이에 이르러 우의정(右議政) 남구만(南九萬)이 임금께 아뢰기를,

"《예기》에 말한 것은 경복(輕服)인 자를 말한 것입니다. 만일 중복(重服)이

면 곧 아들도 복(服)을 입어야 하니 어떻게 음악에 참여하겠습니까? 대개 아비에게 삼년상(三年喪)이 있으면 그의 아들은 비록 기년(朞年)을 지났어도 아직도 호관(縞冠)과 현무(玄武)를 착용합니다. 이로써 보면 '다른 궁(宮)은 그렇지 않다'고 한 것은 아비에게 중복이 있을 때에 의논할 수는 없습니다. 유상운이 이것을 가지고 말한 것은 경(經)의 뜻을 자세히 알지 못한 데서 이루어진 것이라 하겠습니다. 또 《오례의(五禮儀)》에는 이미 삼년상에는 음악을 정지한다는 글이 있었는데 예조(禮曹)에서 반포하여 내린 《오례의》의 주(註)에는 이 귀절이 빠져 있습니다. 그래서 외방(外方)에 있는 신하와 백성들로 하여금 국휼(國恤)을 잘못 범하게 하였습니다. 그때의 예조의 당상(堂上)을 추고(推考)하기를 청합니다." 하니, 임금이 윤허하고, 이어서 유상운을 함께 추고하기를 명하였다. 임금이 병조 판서(兵曹判書) 조사석(趙師錫)에게 묻기를, "강도(江都)에 성(城) 쌓는 일을 영상(領相)과 더불어 서로 의논하였는가?" 하니, 조사석이 말하기를, "영상에게 의논한즉 그도 '읍(邑)에 성이 있는 것은 울타리가 있는 것과 같아서 쌓지 아니할 수 없다' 합니다. 금위영(禁衛營)으로 하여금 먼저 한 면을 쌓게 하면 다른 군문(軍門)에서도 헤아려서 계속 쌓을 것이니 세월(歲月)이 가면 저절로 성취될 것입니다. 문수 산성(文殊山城)에 이르러서는 여러 사람의 의논이 또한 '쌓지 않아서는 아니된다' 합니다. 그러니 강도의 성을 다 쌓은 뒤에 다시 재력(材力)을 비축(備蓄)하여 쌓는 것이 좋을 듯합니다." 하였다.

임금이 말하기를, "강도의 성과 문수산의 성은 같이 쌓도록 하라. 그리고 세 군문(軍門)【훈련원(訓鍊院)과 어영청(御營廳)과 금위영(禁衛營)을 말한다.】에서 힘을 합하여 하는 것이 좋겠다." 하였다.

임금이 《주역(周易)》을 강(講)하는 차제(次第)를 여러 신하들에게 물으니, 남구만이 말하기를, "먼저 육십사괘(六十四卦)를 강하고, 다음에 《역학계몽(易學啓蒙)》을 강해야 합니다." 하고, 좌참찬(左參贊) 신정(申晸)이 말하기를, "먼저 《정전(程傳)》을 강해야 합니다." 하고, 예조 판서(禮曹判書) 김만중(金

萬重)이 말하기를, "먼저 《본의(本義)》를 강해야 합니다." 하니, 임금이 남구만의 말을 따르고 이어서 대제학(大提學) 이민서로 하여금 현토(懸吐)한 뒤에 봉조하(奉朝賀:송시열)에게 묻게 하였다.

임금이 승지(承旨)에게 이르기를, "환시(宦侍)가 비록 낮고 미천(微賤)하다 하지마는 이미 액정(掖庭:궁중)에 소속되어 있으니, 천례(賤隷)로 대우해서는 아니되는데 지금 들으니, 헌부(憲府)에서 사체(事體)를 돌아보지 않고 바로 추고(推考)하여 다스린다고 한다. 지금부터 신칙(申飭)하여 이러한 폐단이 없게 하라." 하니, 지평(持平) 최규서(崔奎瑞)가 말하기를, "헌부(憲府)의 구례(舊例)에는 비록 사족(士族)이라도 직명(職名)이 없을 것 같으면 붙잡아다가 다스릴 수 있었습니다. 이제 천례가 액서(掖署)에 이름이 소속되었다 하여, 일개 환시(宦侍)에게 법을 시행하지 못하게 할 것 같으면 이는 곧 궁중(宮中)과 부중(府中)이 일체(一體)라는 뜻에 어떻게 되겠습니까?" 하고 인피하고 물러가 기다렸다. 정언(正言) 이두악(李斗岳)이 출사(出仕)할 것을 청하니, 그대로 따랐다.

『조선왕조실록』의 숙종 11년인 1685년 7월 6일에 〈친히 기우제 지낼 것을 명하다〉에서는 다음과 같이 기술하였다.

가뭄이 아직도 그치지 않으니 임금이 좋은 날을 가리지 않고서 친히 남교(南郊)에서 비오기를 비는 제사를 지내겠다고 명하였다. 이때 임금이 대단치 않은 병이 있었으므로 승정원(承政院)에서는 그 명을 도로 중지하기를 계청하였으나, 윤허하지 않았다. 약방 제조(藥房提調) 김수흥(金壽興)과 김만중(金萬重) 등이 청대(請對)하여 중지하기를 힘써 청하였으나 임금이 또 윤허하지 않았다. 김수흥 등이 되풀이하여 아뢰어 청하니, 임금이 이에 중신(重臣)을 보내어 자기에게 허물을 돌리게 한다는 말을 제문(祭文) 가운데에 첨가(添加)하여 넣기를 명하였다.

『조선왕조실록』의 같은 해 8월 19일에 〈이동명 · 송창 · 이세익 · 이징명 · 김만중 · 조사석 등에게 관직을 제수하다〉에서 다음과 같이 기록하고 있다.

> 이동명(李東溟) · 송창(宋昌) · 이세익(李世翊)을 승지(承旨)로, 이징명(李徵明)을 정언(正言)으로, 김만중(金萬重)을 병조 판서(兵曹判書)로, 조사석(趙師錫)을 예조 판서(禮曹判書)로 삼았다.

이러한 일련의 상황을 두고 보면, 서포 김만중은 숙종이 이 날에, 예조판서인 김만중을 병조판서로 삼고, 이와 반하여 병조판서인 조사석에게 예조판서를 명하여, 두 사람의 직책을 맞바꾸는 것에 크게 충격을 받았다. 그래서 김만중은 자신에게 주어진 병조판서 직책을 받아들이지 않고, 즉각 사직 상소를 올리게 되었다. 병조판서를 제수했다는 8월 18일에 기록이 있는 지 3일 후의 『조선왕조실록』의 8월 21일의 체직을 청하는 김만중의 상소 기록은 다음과 같다.

> 병조판서 김만중이 상소를 하였는데 대개 다음과 같았다. 두려워하는 성심으로 왕명으로 이룬 일을 거두어 주길 바란다고 감히 진달한 것이다. 입계하였다. 다음과 같이 비답하였다. 상소를 읽어보니 경의 간곡한 뜻이 모두 갖추어 있도다. 그러나 지금의 명령은 우연한 것이 아니다. 능행이 박두하였으니 책응할 일도 많을 것이다. 이러한 때에 병조의 임무는 더욱 잠시라도 비울 수 없다. 경은 안심하고 사양치 말고, 명령을 좇아 공무를 집행하라.

이 이후에도 서포 김만중의 병조판서 사직을 청하는 상소는 여러 차례 지속적으로 있었다.

1차 상소문은 다음과 같다.

엎드려 아뢰니다. 어제 병조판서에 제수하신 어명은 갑작스럽게 신(臣)에게 내려진 것이라

신(臣)은 정말로 놀랍고 당황스러웠습니다. 두렵고 떨리는 마음에 그저 땅을 파고 숨고 싶었으나 그렇게도 할 수 없었습니다. 잘하는 것도 있고 못하는 것도 있는 신(臣)과 같은 인물됨을 가진 자가, 조정에 서게 된 이후 관직을 맡아 오게 된 정상은, 일월같이 밝게 통촉하셔서 남김없이 알고 계실 터임은 말할 것도 없고, 저와 같은 반열의 조신(朝臣)들 또한 어찌 저를 알지 못함이 있겠습니까? 그런데도 지금 조정의 거조가 이에 이르렀습니다. 어찌 진실로 신(臣)이 이러한 직임에 터럭만치라도 가깝겠습니까? 또 생각해 보건대 산릉에 전알(展謁)하는 행사가 임박해서 본조(本曹)에서는 시급히 책응 (策應)할 일이 많고, 비망에 오른 여러 신하들 모두 급한 업무에 매달려 있어 직임을 바꾸기가 여간 어렵지 않습니다. 신(臣)은 오히려 그저 하루 동안 누려보는 직분이면 만족하겠다고 생각했습니다. 만일 신(臣)이 하루 동안 한번 누려보는 직분이라면 은혜로우신 어명에 그저 사은숙배하고 인원을 채워 두루 옹위나 해보게 하고 이후에 조용히 병조판서의 직책을 면하게 되길 빌기나 하는 것이 좋은 계책이라 할 만하겠습니다만, 신(臣)의 용렬하고 잔약함은 애초 천성으로서 남보다 심합니다. 지금 만약 병부에 앉아 병사들을 줄지어 세우고, 이졸(吏卒)들을 대하게 한다면 필시 장차 목과 얼굴이 벌겋게 달아 체모를 어그러뜨리게 될 터이니 크게는 조정의 수치가 될 만합니다. 그러니 이 어찌 억지로 하는 것이 아니겠으며, 또한 이 일이 어찌 시험 삼아 해보았다가 그만둘 경우이겠습니까? 만약 무지함을 무릅쓰고 승당(承當)한다면 마침내 업무를 비우고 나랏일을 망치게 될 것입니다.

신이 잠시 염려해본 바가 아직 이 지경에까지 미치지는 않았으니 지금 이 순간이 따져보고 할 겨를이 없습니다. 신이 외람되이 스스로 걱정해본 것입니다. 신이 비록 미욱하지만 자기 자신을 아는데 있어서 완전히 무지하지는 않습니다. 명행적치(冥行擿埴)하면서도 도리어 혼미하여 그칠 줄을 모르는

자는, 임금님의 밝은 덕이 신하를 알아주시는 것이 마치 부모가 자신의 자식을 받아주는 것 과 같다는 것을 제멋대로 믿는 것입니다. 또한 같은 반열의 조신들이 서로를 위하여 단점을 보호해주기를 기대하는 것과 같습니다. 강하지 못한 사람이 잘 하지 못하는 바의 일로 용산(冗散)의 처지에 처하게 됩니다. 만약 그 사람으로 하여금 죄려(罪戾)에서 면하게 해주려 한다면 또한 그 성품과 분수에 비슷한 일에 종사하게 하여 구구한 효과를 거두게 하는 것이 가장 바람직합니다. 몇 년이래로 자급이 갑작스레 올라가고 직책이 점점 무거워져서 전후의 이력 가운데 신(臣)에게 합당하지 않은 것이 많았습니다. 그런데도 인순(因循)하여 지금에까지 이르렀으니 이 모든 것이 신(臣)이 자초한 일입니다. 그러니 무슨 말을 더 할 수 있겠습니까? 지금 신(臣)이 비록 자세히 나열해 올리지 않는다 해도 마땅히 공의(公議)가 있을 것으로 압니다. 그러나 감히 입을 다물고 기다릴 수만은 없어, 황급하게 이러한 번독한 글을 올리나니 신의 죄는 만번 죽어 마땅합니다. 엎드려 바라건대 성명께서는 하루바삐 성명을 거두시어 명기(名器)를 중하게 하시옵고 저 같은 미분(微分)을 편안하게 해주신다면, 크게 다행함을 이기지 못하겠나이다. 신(臣)은 못내 매우 간절하게 소망하여 죽을 것만 같사옵니다.[116]

---

116) 伏以昨者本兵除授之命 不意遽及於臣身臣誠驚惶震惕 直欲鑽地而不可得也 臣之爲人長短及出身以後居官任職之狀 無論日月之明洞燭無餘 同朝諸臣亦安有不審而今者朝廷擧措乃至於此豈眞以臣爲一毫近似 於是任武 意者以山陵展謁迫近 本曺多有副急策應而備望 諸臣擧在劇務難於遷動 謂臣猶可以供一日職事耳 苟使臣有可以供一日之職 則肅謝恩命 備員環衛然後 從容祈免 可謂得計 而臣之闇劣孱拙 出於天性者異甚 今若使之坐府中陳兵衛臨吏卒 則必將項面發赤虧失體貌 大爲朝廷羞恥 此豈可以勉强而爲之 亦豈試可乃已者哉若其冒昧承當 而終至於曠職務 僨國事 臣姑慮未及此 今有所不暇論者矣

臣之竊自傷者 臣雖無狀 不至全昧於自知 而猶且冥行擿埴迷 不知止者 妄恃聖明之知臣猶父母之知子 亦望同朝之臣 相與爲之 護短不强人之所不能爲者 而處之冗散之地 俾免乎罪戾 則亦庶幾隨其性分之所近得效其區區矣 自數年以來資級驟高而職責漸重 前後遷歷 多非臣所當得者 而因循積漸至有今日 皆臣自取尙復何言哉 今臣雖不自列 固知當有公議 而

『조선왕조실록』의 숙종 11년인 1685년 10월 9일에 〈병조 판서 김만중이 사직하자 체차를 윤허하다〉에서는 음과 같이 기술하였다.

병조 판서(兵曹判書) 김만중(金萬重)이 여러 차례 사퇴(辭退)하고 나오지 않았다. 임금이 이를 묘당(廟堂)에 묻고서 그의 체차(遞差)를 윤허하였다. 김만중(金萬重)은 문아(文雅)로 칭송(稱頌)을 받았고 재간(才幹)과 국량(局量)으로 자임(自任)하지 않았다. 그러기에 조정에 나선 뒤로 일찍이 사무(事務)가 있는 직책(職責)을 맡은 적이 없었다. 그런데 문득 중한 임무를 위임받게 된 것을 혐오(嫌惡)한 것이다. 또 문호(門戶)가 융성(隆盛)해짐을 보고서 깊이 스스로 겸손[挹損]한 것이다. 또한 일찍이 '김좌명(金佐明)이 외척(外戚)으로서 병권(兵權)을 맡는 것이 옳지 못하다'고 논하기도 하였으므로 힘써 사퇴(辭退)하여 임명되지 않았다.

또, 김만중이 병조판서를 사직하고자 한 2차 상소문은 다음과 같다.

엎드려 생각하건대 신은 죽음을 무릅쓰고 주상전하께 호소하옵니다. 분수에 넘치는 책임을 면하고자 하였으나 제 성의가 너무 천박하여 아직 주상전하의 허락을 받지 못하고 있습니다. 해와 달과 같이 밝으신 덕으로도 통촉해 주지 않으신 바를 두신 것은, 아마도 신(臣)을 다듬고 장려해 주면, 명령을 받들 수 있으리라 여기신 까닭이라 생각됩니다만, 신(臣)은 바로 이 점 때문에 더욱 고민하고 있습니다. 무릇 사람이면 스스로 힘써야 할 것에는, 몸가짐을 청렴하고 소박하게 하여, 직분을 잘 받들고 삼가는 등의 일이 있습니다. 만약 이런 일에 대해서조차 '나는 못하겠습니다'라고 말한다면 이는 진실로 잘못된

亦不敢悶嘿等待遽自此 瀆擾臣罪 萬死伏乞 聖明亟收成命 以重名器 以安微分 不勝大幸 臣無任祈懇隕越之至).

말입니다. 그러나 재능에 관해서라면 타고난 것에 관계된 것이라 억지로 할 수 없는 바가 있습니다. 이를테면, 박혁(博奕)과 같은 것은 보잘것없는 기술인데도 종신토록 이에 관해 매달려 보아도 해득하지 못하는 바가 있습니다. 신(臣)과 같이 우둔한 자는 본디 잘 해득하고 있는 것이 하나도 없는데, 더구나 심지어 병무에 관계된 일 같은 것이라면 도무지 모르겠는 것이 더욱 심합니다. 그러니 비록 십년을 들여 배운다 하더라도 끝내 해득할 수 없을진대 갑작스레 그것을 감당하려면 가능이나 하겠습니까? 금 시대엔 인재가 비록 눈에 잘 뜨지 않는다고는 하지만 그래도 번거로운 일을 책임지고 병무의 일을 감독할 책임은 반드시 한 시대의 뛰어난 중신(重臣)에게 맡기었으니, 지금까지 이 일을 맡게 된 이들 가운데 그렇지 않은 사람이 없습니다.

신(臣)과 같이 지극히 어리석고 비루하여, 만사(萬事)가 모두 남만 같지 못하면서도, 그렇게 중요한 자리에 끼어들 수 있었던 경우는 없었습니다. 그래서 신(臣)이 외람되이 이렇게 개탄하는 것입니다. 옛날의 임금들은 사람을 들여 쓸 때 혹은 소원한 자들 가운데에서 발탁하여 중임을 맡기는 경우가 있었습니다만, 이와 같은 경우엔 비록 현명함을 두루 다했다고는 할 수는 없어도, 사람을 알아보는 현명함이나 사람을 쓰는 방법에 있어 크게 실수는 없었습니다. 이제 신(臣)이 경연자리를 모신 지가 오래되었으니, 그 우활(迂闊)하고 둔열(鈍劣)하여 어리석게도 일을 밝게 알지 못하는 신(臣)의 정상이야 주상 전하의 깊으신 감식안에서 어찌 피할 수 있었겠습니까? 그런데도 이번 거조가 있었으니 조정 신하의 능력여부와 같은 것에 있어서 주상께서 그다지 주목을 하지 않으신 듯싶어 신(臣)의 낭패감은 진실로 말할 수도 없습니다. 이것이 어찌 평일에 우리 주상께 기대하던 바이겠습니까? 엎드려 바라옵건대, 성명하신 주상께옵서 장신에게 병부의 책임을 맡겨 주시고, 하루바삐 벼슬을 옮기게 해주시옵소서. 그리하여 국사가 낭패를 보지 않도록 하여 미신(微臣)으로 하여금 죄를 면할 수 있게 해 주소서. 그렇게 해 주신다면 공적으로나 사적으로나 모두 다행이겠습니다. 신(臣)은 못내 두려워 떨며 매우 간절

히 간청하나이다.[117)]

김만중이 병조판서를 사직하고자 한 3차 상소문은 다음과 같다.

엎드려 살펴보건대 신(臣)이 받아서는 안 될 주상전하의 은혜를 탐내었나이다. 본의 아니게 주상전하께서 능행하시는 때를 당하여, 몸소 주상전하의 주변을 호위한 것은 대오를 이탈하는 벌을 감히 범하지 못한다고 생각해서였습니다. 그래서 부지런히 나가 주상전하의 명령을 받들었던 것이지 신(臣)이 오히려 하루라도 감당할 만한 일이라고 여긴 것은 아니었습니다. 그러나 제가 명기(名器)를 더럽히고 욕보여 국체를 손상시킨 것은 사실이니, 제 죄는 이미 용서받지 못할 바이라, 신(臣)은 그저 면목이 없을 따름입니다. 터럭만큼이라도 도움 되어 드릴 것이 없기에, 구구하게 스스로 힘쓰는 것은 오직 제 역량을 자세히 살펴 감히 나랏일을 병들게나 하지 말자는 것입니다. 신(臣)이 일찍이 시종신이 된 것은 집안이 가난하고 어머니가 늙으셨기 때문이었습니다. 그래서 제 뜻은 본디 작은 읍의 읍재나 되어 어머님 봉양할 계책을 수월하게 하자는 것이었습니다. 그러나 끝내 실행에 옮기지는 않았으니 그것은

117) 伏以臣冒死呼籲。蘄免蚊負。誠意淺薄。未蒙准許。日月之明。猶有所未燭。意若謂臣猶可以拂拭奬勵。以備使令者然。臣之悶蹙。於玆益甚。凡人之可以自勉者。如持身廉簡。奉職敬愼之類。於此而曰我不能。此固非矣。至於才能則出於稟賦。而有不可強。博弈小技也。有終身周旋其間。而不能解者。如臣昏愚。本無一解。而至於吏事戎務。又其偏塞之甚者。雖假十年而學之。終無解蒙之理。其可以猝然當之乎。卽今人材雖曰眇然。剸煩之任。董戎之責。必委之一世剛明勤幹之臣。前後所任。莫不皆然。未有如臣至愚極陋。萬不如人。而得廁其間者也。且臣竊有所慨然者。古昔人君之用人。或有擢於疏遠而付之重任。若此者所任雖未能盡賢。其於知人之明。用人之方。未爲大失也。今臣之昵侍經幄。亦久矣。其於迂緩鈍劣。矇不曉事之狀。何所逃於淵鑑。而今玆擧措。乃若於廷臣之能否。未嘗留神焉者。臣之狼狽窮蹙。固不足論。而亦豈平日所望於吾君者哉。伏乞聖明將臣新授本兵之任。亟許遞改。使國事不至於僨敗。微臣得免乎罪戾。公私萬幸。臣無任戰灼祈懇之至。

관리 사무에 어두워 필시 백성들을 병들게 하리라는 것을 스스로 잘 알았기 때문이었습니다.

신(臣)이 관찰사 당상관이 된 이래로 제가 관찰사로 천거됨에 응하여 갑병과 전곡과 사송을 일을 주관하는 처지에 의망된 적이 있었던가요? 목전의 조정에는 번거롭지 않게 군중을 다루는 재주를 가진 사람이 없지 않으니, 어찌 말(斗)로 되어 계산할 뿐이겠습니까? 그럼에도 지금 절대로 합당하지 않은 것을 잘 알면서도 신하들은 이것을 의망하고, 주상께서는 그 의망을 받아들이시니 어리석은 신(臣)은 이 무슨 거조이신지를 잘 모르겠나이다. 사람의 庸下는 천성에서 나오는 것이라 율문(律文)에 비유하자면 공죄(公罪)와 같은 것입니다. 만약 무릅쓰고 차지한다면 자기가 있어야 할 곳을 모른다 할 수 있습니다. 끝내 국가의 큰일을 그르치게 한다면 그 죄를 마땅히 어찌할 수 있겠습니까?

지금 신이 직명이 바뀌는 것이 하루가 더 지체되면 조정의 치욕이 하루 더 모욕을 당하는 셈인데도, 피로 쓴 상소가 주상전하께 통하지 못하여 이에 召命臨門하였으니 이는 대개 신이 겸임하고 있는 바로써 성균관의 과차에 응참(應參)하여야 했던 것으로 신은 뜻이 막히고 형세가 위축되어 나갈 바를 몰라 허둥지둥하다가 마침내 회피하고 게으른 죄에 빠지게 되었습니다. 신의 죄가 이런 지경에 이르렀으니 만번 죽어도 용서받기 어렵사옵니다. 엎드려 바라옵건대 성명(聖明)께서는 빨리 신의 본직을 깍아 버리시어 위로는 조정의 명기를 무겁게 하시고 아래로는 내외의 놀람과 의혹을 풀어 주소서. 그러신 연후에 담당자에게 명하시어 신이 군명을 어긴 죄를 다스려 주시면 천만다행함을 이기지 못할 것이옵니다. 신은 못내 두려워 떨며 숨죽일 뿐이옵니다.[118]

118) 伏以臣之忝叨誤恩。適當車駕拜陵之時。自惟身備環衛。不敢犯失伍之律。黽勉出而拜命。非謂臣猶可以供一日之仕也。然其玷辱名器。傷損國體。則罪已不貲矣。顧臣無狀。無可以裨補毫末。區區所自勉。唯欲審於自量。不敢爲病國之事而已。臣之曾爲侍從。家貧親老。其意

『조선왕조실록』의 숙종 11년인 1685년 9월 5일의 김만중의 제3차 상소에 대한 반응은 다음과 같다.

병조판서 김만중이 상소하였는데, 대개 다음과 같다. 전에 올린 사직상소가 각하됨에 따라 저의 심정과 상황이 매우 답답하옵니다. 어제 성균관의 시험 때에 명령을 어기는 죄를 이미 범하였고, 이어서 경연자리에서는 어서 빨리 관직에 나아오라는 전교를 듣기까지 하였음에도 또한 감히 명령을 받들지 못하였습니다. 신의 죄가 여기에 이르렀으니 더욱 도망갈 곳이 없습니다. 바라옵건대 우선 관직에서 이름을 깍아버리시고 이어서 전후의 죄를 다스려주소서 하였다. 입계하였다.

병조판서 김만중의 사직상소에 다음과 같이 비답하셨다. 상소를 살펴보니 경의 간절한 뜻이 모두 실려 있었다. 지금 이 새로운 명령은 실로 조정의 공의를 따른 것이고, 하물며 병조의 책임자가 지는 중임(重任)이야 무엇과 견줄 수 있겠는가. 제배한 지 아직 스무날도 안 되는 사이에 문득 또한 끌어다가 글을 연달아 면할 것을 고하니 이처럼 너무 지나칠 수 있는가? 결단코 체직을 허락할 이유가 없으니 마음을 편케 하고 사양치 말라. 속히 나아가 공무를

非不欲乞小邑。爲便養計。而終不果焉者。自知闇於吏事。必至於病民也。及臣爲堂上官以來。何嘗有以臣應藩臬之薦。而議擬於甲兵錢穀詞訟之地者耶。目今朝廷之上。剸煩馭衆之才。不無其人。縱不及古全盛時。勝臣十倍者。何啻斗量。而今也明知其萬萬不合。而下以之擬望。上因而授之。臣愚不識此何擧措也。人之庸下出於天性。譬之律文。猶是公罪。若復冒據。不知自處。終至於誤國家大事。則其罪當如何哉。今臣職名一日之未遞。爲朝廷一日之羞辱。而瀝血之章。未能遽徹天聽。乃於此際。召命臨門。蓋以臣所帶兼任。應參泮製科次。而臣情窮勢蹙。罔知所出。徊違趑趄。竟至自陷於逋慢之科。臣罪至此。萬殞難贖。伏乞聖明亟鐫臣本職。上以重朝廷名器。下以解中外駭惑。然後仍命攸司。治臣違命之罪。不勝萬幸。臣無任戰灼屛營之至。

행하라.

『조선왕조실록』의 숙종 11년인 1685년 9월 5일에, 이숙 등을 다시 패초하기를 청하는 승정원의 계는 다음과 같다.

승정원에서 다음과 같이 계달하였다. 금일 정사를 위하여 명령을 하달하였음에도 이조판서 이숙, 이조참의 윤경교, 병조판서 김만중 등이 모두 패초하였음에도 나아오지 않았기에 정무를 열 수 없사옵니다. 이에 다시금 패초하셔야 한다는 뜻을 감히 계달하옵니다.

『조선왕조실록』의 숙종 11년인 1685년 9월 17일에 김만중을 패초했으나 나오지 않은 것에 대해 내린 전교는 다음과 같다.

병조판서 김만중이 국왕의 패초에도 불구하고 정무에 참여하지 않자 다음과 같이 전교하셨다. "나의 뜻을 이미 유시하였고, 또 한결같이 조정으로 불러들이는데도 경이 공무를 집행할 뜻이 없으니 일의 체모에 있어서 자못 미안한 바가 있다. 다시금 패초를 하노니 임무를 살피라."

김만중이 병조판서를 사직하고자 한 제4 상소문은 다음과 같다.

엎드려 생각하건대, 신(臣)이 피를 토하며 간절하게 진달하고자 다시금 주상전하의 존엄을 더럽혔사오나 제 구구한 정성이 아직 주상전하께 전달되지 못하여 은혜로운 유시(諭示)만이 되돌아 왔습니다. 더구나 빌려주시고 장려하시는 방법이 전에 비하여 더한 바가 있어, 계속하여 조정에 나오라고 부르시는 명령이 있었습니다. 신(臣)은 근심되고 황공하던 것이 이러한 지경에 이르러 더욱 심하여졌습니다. 지금 신(臣)은 자질은 지극히 어리석은데 책임은 막중한 자리에 놓여 있습니다. 주상전하의 현명하심은 밝히시지 못함이 없으시면서도 오히려 이와 같이 하시니 아마도 지금 사방 안에 일이 없으니 비록 병부(本兵)와 금위(禁衛)의 업무가 중요하긴 하지만 신(臣)과 같은 자가 그 사이에 끼어 서류나 주고받으며 무릇 관례대로 시행하는 것도 무방하다고 여기시는 듯합니다.

신(臣)이 오래 종사하게 되면 혹 병무능력이 점점 나아지리라 생각하시는지요? 사람이 일에 있어서 배운 이후에 능한 정도만 되어도 또한 그는 중등 이상의 자질입니다. 그런데 어떻게라도 변화시킬 수 없는 하등의 어리석음이나 앞뒤 꽉 막힌 성품의 사람이라면 비록 보잘 것 없는 박혁(博奕)같은 것도 죽도록 익혀 보았자 할 수 없습니다. 지금의 병무를 문사(文事)에 견주어 보겠습니다. 옛 사람의 이른바 "매달린 조롱박을 보고 그럴듯하게 본떠 그렸다"註)는 말이 있으니 이는 그 지극히 무난함을 비유한 말입니다.비록 그러하다고 해도 세상에 낫놓고 기역자도 모르는 자가 어느날 갑자기 장고(掌誥)의 일을 맡아보고 의양으로서 책무(依樣)를 삼게 된다면 그 가능한 말이겠습니까? 지금 신(臣)의 재분(才分)에 있어 억지로 하기 곤란한 점이 이와 무엇이 다르겠습니까? 외람되이 전대의 훌륭한 군주들을 보건대 비록 승평한 시절에도 장수가 될만한 신하를 신중하게 고르지 않음이 없었습니다. 오직 말세의 군주만이 항상 경홀함이 많아, 혹은 가문 때문에, 혹은 사사로운 은혜로 말미암아, 사람을 제대로 골라 관리를 삼아본 적이 없었습니다. 그래서 기강은 쇠락한 채 무너져 장교들의 마음을 묶어둘 수가 없었고, 일처리가 공정하지도 넓지도 않아 항상 안팎의 기대를 적실(積失)하게 되었던 것입니다.그로인해 관방은 날로 무너지고 그로 인해 조정은 날로 경솔하여졌습니다.그러니 침략군의 경고를 기다릴 것도 없이 나라가 이미 병들고 전쟁에서 군률의 기강을 잃어버릴 것까지도 필요없이 나랏일을 망쳐먹었던 것입니다. 신하가 직책을 옮길 때들 관례상 사직상소을 내기에, 누차 올린 사직서가 허락받지 못하는데, 힘써서 자신의 책임을 살피는 자는 그 사람이 비록 능히 자신(自

信)을 못하기에 오히려 스스로 힘쓸 수 있는 자라 할 수 있겠습니다. 그러나 지금 신(臣)의 경우는 이러한 사례로 논할 수 있는 경우가 아닙니다. 제 문자가 단삽(短澁)하여 우러러 제 속마음을 다 표현할 수 없습니다. 성명(聖明)의 처분하심이 또한 예의상 사양하는 자를 대하듯 하시는 것 같아 신(臣)은 외람되이 속이 상합니다.

신이 면목없게도 거듭 받아서는 안 될 은혜를 받아, 분수에 이미 넘치고 사리가 어긋나게 되었으니 지금 이 의외의 때가 진실로 신(臣)이 죄를 짓는 때입니다. 밤낮으로 근심하며 속을 끓이다 침식까지 제대로 이루지 못하고 이 때문에 숙환인 천식이 갑자기 도져 때때로 현기증으로 정신을 잃을 때도 있습니다.

신(臣)의 정세가 궁박하고 질병이 또한 이와 같아 하루에 두 번씩이나 부르시는 명령을 어겼습니다. 신(臣)의 죄가 이에 이르렀으니 만 번 죽임을 당하여도 오히려 가볍겠습니다. 엎드려 바라나이다. 성명께서는 저에게 내리신 장신(將臣)의 직명을 어서 바삐 고쳐 주시어 신(臣)의 포만(逋慢)한 죄를 다스려 주신다면 더할 나위 없이 다행이겠나이다. 신은 못내 간절히 바라며 지극히 두려워 할 뿐이옵니다.

『조선왕조실록』의 숙종 11년인 1685년 9월 17일에 〈정세와 병세 때문에 하루에 두 번이나 엄명을 어겼으므로 벌을 청하는 김만중의 상소〉는 다음과 같다.

병조판서 김만중이 상소하였다. 그 대개는 다음과 같다. 신의 심정과 형편이 답답한 것은 논할 것도 없고 담화(痰火:담으로 말미암아 가슴이 번거롭고 답답하여지는 병)의 증세가 날이 갈수록 심해져서 국왕께서 부르시는 패가 문에 도착하였음에도 이로 말미암아 나아가지 못했습니다. 하루 사이에 두 번이나 엄한 명령을 어겼사오니, 바라옵건대 유사에게 명하여 신이 전후에 범한 죄를 따지시어, 신하된 자들이 경계로 삼을 만한 일이 되게 하소서 하였다.

입계하였다.

『조선왕조실록』의 숙종 11년인 1685년 9월 18일에 〈사직하지 말라고 김만중의 상소에 대해 내린 비답〉은 다음과 같다.

병조판서 김만중의 상소에 대하여 다음과 같이 비답하였다. "상소를 살펴보니 경의 간절함을 잘 갖추어져 있었다. 어제 경연 중에서 나의 뜻을 모두 밝혔는데도 경은 어째서 살피지 않고서 줄곧 거절만 하는 것을 이처럼 지나치게 하는가? 상소 가운데 한 대목은 더욱 이해가 되지 않는다. 내가 조종조의 고사를 살펴보니 혹은 아우와 형, 아저씨와 조카가 모두 장병이 되었을 경우에, 어찌 부형이 이미 장수의 직임을 맡아봤다고 해서 그때마다 스스로 겸손하여 읍양하며 사퇴하였다던가? 이제 새롭게 명을 내리는 것은 진실로 그냥 하는 것이 아니다. 내 뜻 또한 이미 굳게 정했으니 결코 하고자 하는 바대로 윤허해 줄 이치는 없느니라. 안심하고 사양하지 말라. 무익한 상소의 글은 빨리 그만 두고 명을 따라 속히 나와 직무를 수행하여, 병무를 비워두지 말라."

서포 김만중의 병조판서를 사직하고자 하는 제6차의 상소문은 다음과 같다.

엎드려 생각하건대, 신(臣)의 뜻은 막히고 병세는 심해져,주상전하의 부르심을 자주 어겼습니다.

제 방에 짚자리를 깔고 전하의 명령만을 공순히 기다리고 있사옵니다.전하께서 경연자리에서 하교하신 바를 가지고 승정원에서 와서 신에게 속히 나와 출사하라는 명령을 유시(諭示)하였습니다. 이어 패초(牌招)의 명령이 계속되기에 이르게 되니 신(臣)의 황송함과 위축됨은 전일보다 만 배나 더 하옵니다. 지금 구구하고 사사로운 신(臣)의 간청이 이미 두 번이나 주상전하께 올라갔기에 의당 감히 다시금 자세히 일삼을 수 없습니다만, 엎드려 들으니 주상전하께서 하교하시기를, 신(臣)이 정세(情勢)상 편안키 어렵다는 이유를 들어 사양하며, 오래토록 행공(行公)할 의사를 보이지 않음은 잘못이며, 또한 병조판서의 직임은 문관이 맡는 법이거늘 누가 연습을 해본 뒤에 맡는단 말인가 하셨다고 하기에 신은 외람되이 신(臣)의 전후 상소가 올릴 말씀을 제대로 펴지 못하여 성명(聖明)께서 오히려 통촉하지 못하시는 있는가 보다 여겼습니다.

신(臣)이 비록 지극히 어리석으나 병조가 본디 문관이 차임하는 자리임을 어찌 모르겠습니까? 그러나 또한 신(臣)이 말에 올라탈 줄 모른다든가 화살로 종이 한 장 뚫지 못한 말 주)이 어찌 겸사이겠습니까? 목전의 병조판서 자리가 굳이 그 적임자를 꼭 찾아야만 하는 건 아닙니다. 요점은 업무를 염려하고 이해한 연 후에 가히 감당할 수 있는 법이기에 혹시 백성들을 다스리는 일과 번극(煩劇)한 곳을 결단하는데 시험해 보아야 합니다. 소장논주(疏章論奏)에서 유리하느니 손해나느니 하는 말을 늘어놓은 것을 살펴보시면 비록 병무에 대하여 일찍이 아직 연습하지 않았다 하더라도 저것으로 이것을 미루어 보면 그렇게 거리가 먼 것은 아닙니다. 진실로 어지럽게 구별 없는 경우는 아직 없었습니다. 그런데도 갑작스레 주시며 담당할 것을 책망하시길 지금과 같이 하십니다.

성상께서 요근래 황장경차관(黃腸敬差官)의 추천이 있었을 때는 추천받은 자가 실정을 모르고 경험이 없다는 이유로 추천을 바꾸게 하신 바 있으신데, 이를 보면 주상전하의 현명하심이 비춰주지 않음이 없고, 생각하심이 두루하지 않음이 없으신 것을 알 수 있습니다. 그런데 신(臣)의 실정 모름과 경험 없음은 경차관(敬差官에 의망(擬望)된 사람보다 심하고, 직책의 경중(輕重)은 현격하게 차이가 납니다. 그런즉 성명께옵서는 어찌 먼 데는 자세히 살피시면서 가까운 데는 빠뜨리시며, 자잘한 일에는 자세하게 살피시면서 큰 일에는 소략하게 처리하시는지요? 이를테면 신(臣)의 정세(情勢)가 편안키 어렵다는 사정은 진실로 그런 일이 있거니와, 앞의 상소에서는 감히 모조리 언급하지는 못했던 것뿐입니다. 국가의 도성 안에 군사를 관장하는 직임은 오직 삼군문(三軍門) 주) 뿐입니다. 신이 일찍이 이 가운데 둘을 역임했습니다.

이제 신(臣)이 외람되이 이러한 직임을 차지하면 한 집안에서 두고두고 차지하는 양 보입니다. 이것이 어찌 성세(聖世)에 사람쓰는 방도이겠으며, 미천한 신하의 사사로운 분수에 감히 편안히 여길 바이겠습니까? 하물며 신의 처지가 다른 신하의 처지와 다른데도, 일찌감치 스스로 능히 물러나지 않음을 두고 근래 사람들이 지목하여 말하고 있습니다. 지금 생각해 보아도 심골이 서늘해집니다. 신(臣)이 비록 어리석다 해도 그래도 조금의 지식은 있습니다. 어찌 권세있는 중요한 자리를 탐내어 스스로를 구덩이로 몰아넣겠습니까? 신(臣)의 사정이 이토록 걱정스럽고 다급하였으나 신(臣)이 앞의 상소에서는 감히 언급할 수 없었습니다. 또한 비록 이러한 사정이 없다할 지라도, 진실로 어리석고 용렬한 신(臣)이 감히 나아가 찰임(察任)할 이치도 없을 따름입니다.

신(臣)이 크게 두려워하는 바는 오직 나랏일 그르쳐 성덕(聖德)에 누를 끼칠까 하는 염려뿐이요, 터럭만치라도 감히 스스로 편하자는 계책을 도모함이 아닙니다. 신(臣)이 외람된 직책에 있게 된 이래로 밤낮으로 속을 졸이다가 숙환인 담화(痰火)의 증세가 날로 점점 위독해져 지금은 억지로 일어나 공무를 보려 해도 그 형세가 불가합니다. 그래서 하루 사이에 두 번이나 출두명령을 어겨 임금의 명령을 업수이 여겼으니 신하된 자로서 큰 죄를 저지른 것입니다. 신(臣)이 앞뒤로 저지른 짓이 마침내 이런 지경에 이르렀으니두렵고 떨려 차리리 딱 죽었으면 좋겠습니다.

엎드려 바라옵건대 성명(聖明)께옵선 어서 바삐 담당자에게 명령을 내리시어 신(臣)의 죄명을 정하게 하사 남의 신하된 자들이 경계를 삼도록 하시면 크게 다행함을 이기지 못하겠나이다. 신(臣)은 못내 지극히 떨며 정죄를 기다리옵니다.

서포 김만중의 병조판서를 사직하고자 하는 제7차의 상소문은 다음과 같다.

"엎드려 생각하건대, 신은 누차 엄명을 어겼기에 그 죄가 용서받지 못할 바인데도 성주(聖主)께서 너그러이 대하시며 형륙(刑戮)을 가하시지 않으시고, 위로하고 장려하심이 심상한 바를 넘으셨기에, 신은 너무 황송하여 죽을 것 같아 어찌할 바를 모르겠습니다. 지금 신이 죽기를 무릅쓰고 힘써 사양하며 죄를 달게 받고자 하는 것이 어찌 다른 이유 때문이겠습니까? 신의 재주와 분수로 본다면, 신에게 맡겨진 직책은 마치도 산을 짊어진 모기에 견줄만 하기 때문이며, 이치상 요행수란 있을 수 없고, 형세상 필시 조정을 욕보이고 나랏일을 망치기나 할 것이 분명하기 때문입니다. 저번 상소에 진달한 바 있는 사사로운 간청은 애초에 신이 주장의 요지는 아닙니다. 구구하게 비루한 정성으로 감히 다하지 아니할 수 없었던 것뿐입니다. 최근 성명(聖明)께서 조종조(祖宗朝)의 옛 고사를 과도하게 인용하여 하교하시니, 더욱더 신과 같이 용렬한 자가 감당할 수 있는 바가 아니옵니다. 본조(本朝)의 고사에 대해서 신(臣)이 들은 바에 따르면 정사(靖社)의 여러 신하들주)에는 외척으로서 대대로 무신이었던 신하가 많았으니, 이는 마치 광무제의 탕목읍주)인 남양(南陽)땅이나 한고조의 탕목읍인 풍패(豐沛)땅에 (왕업을 수호하려는) 왕성한 기운이 유독 모여 있던 것과도 같습니다. 그러나 성조(聖祖)의 인재등용은 오직 그 사람을 본 것이지, 그 가문만을 고려한 것은 아니었습니다. 그렇지 않다면 김(金), 장(張), 허(許), 사(史)주)와 같은 무리들이 어찌하여 옛 역사책에서 기롱을 받았던 것이겠습니까? 하물며 물정 모르고 용렬한 신(臣)이 결코 남만 같지 못함에도 불구하고, 그 부형 덕분에 억지로 훌륭한 선배들에 견주어진다면, 이는 마치 옛사람들의 이른바 "경솔하고 앞뒤 못 가리는 융적이라면 가히 북쪽 문을 허물고 나갈 만하겠다는 경우에 해당된다 하겠습니다. 만약 성명(聖明)께서 신(臣)을 임용하신 일이 한 때의 우연에서 나온 것이라면 그 착오됨이 그리 심각하다고 할 수는 없겠사오나, 진실로 주상전하의 비답에서 말씀하신 것과 과연 같다면, 어찌 내외의 웃음거리가 되고, 장사(將士)들의 기강을 심각하게 해체시키지 아니하겠습니까? 지금 신(臣)의 사정은 궁박하고 형세는 오그라들어 외롭게 사사로운 은혜에 의지하여 짚자리를 깔고 죄를 기다릴 뿐입니다.

그러니 의당 감히 다시는 성심을 번거롭게 더럽힐 수 없는데도 오히려 머리를 쳐들고 호소하기를 마지 않는 이유는 진실로 이 일이 국체와 조정에 관한 일이어서 관계되는 바가 작은 일이 아니기 때문이요, 비단 신의 구구한 사정 때문만은 아닙니다. 또 신의 담화(痰火) 증세는 날이 갈수록 더해져서, 온몸의 진기가 다 녹아 없어져 이미 치유하기 어려운 지경입니다. 이러한 때에 조정에 나오라는 패초(牌招)의 명령이 또 내려왔으나 현기증으로 쓰러져 마침내 달려가지 못하였으니 신하된 자로서 군명(君命)을 어긴 것이 이 지경에까지 이르렀습니다. 어서 죽기만 바랄 뿐입니다. 엎드려 비옵건대, 성명(聖明)께옵서 하루속히 처분을 내리시어 신의 직명을 깍아내 버리시고 전후(前後)에 군명을 어기고 방자하게 굴었던 죄를 다스려주신다면 이루 다행함이 없겠습니다. 신은 못내 두려워 떨며 숨죽일 뿐이옵니다.

『조선왕조실록』의 숙종 11년인 1685년 10월 1일에 〈병조판서를 사직하는 김만중의 상소〉 대목의 기록은 다음과 같다.

병조판서 김만중이 사직하며 상소를 올렸다. 입계하였다. 비답하여 말하였다. "상소를 살펴보니 (그대의 뜻이) 자세히 갖추어 있었다. 내 뜻은 이미

다 하였는데, 경의 사양함이 이에 이르니 그 또한 심하지 아니한가? 의당 앞에 내리 교지를 따르고, 안심하고 사양하지 말고, 명을 따라 속히 공무를 수행하라."

『조선왕조실록』의 숙종 11년인 1685년 10월 3일에, 〈김만중을 대신하여 차관에게 동삼삭 녹료를 대행하게 할 것을 청하는 승정원의 계〉는 다음과 같다.

승정원에서 입계하였다. "도목정사에 따라 봉록을 지급하는 것은 기일보다 앞서서 융통성을 발휘하는 것이 관례입니다. 겨울철 석달 동안의 봉록의 경우는 병조판서 김만중 때문에 시행되고 있지 못합니다. 예전에 이와 같은 경우에는 간혹 버금가는 관직의 관원이 대행하기도 하였습니다. 지금 또한 이에 의거하여 시행하는 것이 어떻겠습니까? 감히 아룁니다." "알았다"고 전교하셨다.

『조선왕조실록』의 숙종 11년인 1685년 10월 8일에 〈군호 계하받은 뒤 성기를 올리지 않고 입직도 하지 않은 병조참판 등의 추고를 청하는 승정원 계〉 대목의 기록은 다음과 같다.

지난 밤 승정원에서 계를 올렸다. "군호가 계하된 직후에는 곧바로 생기(省記)를 올리게 되어 있는 것이 규례입니다. 오늘 병조의 생기가 때가 지나도록 올라오지 않아서 몇 차례나 재촉을 하니 그제야 하급 관원이 와서 말하길 '입직당상께서 승지로 이배되신 후 참판과 참의께서 서로 미루셔서, 입직하여 생기를 작성할 수 없었습니다.'라고 말하였습니다. 궁중을 수호하는 직무는 중요한 임무여서 잠시도 비워둘 수가 없는 것입니다. 대궐문은 이미 닫혔는데도 병조당상을 끝내 체직하지 않았으니 일이 아주 해괴하게 되었습니다.

해당 병조당상을 추고하시고 패초하여 입직하게 하는 것이 어떻겠습니까?"

전교에 이르기를, "오후에 정사를 파하도록 서로 미루면서 오히려 입직하지 않다니 이는 기강이 해이해서 생긴 일이 아닌 것이 없다. 일이 매우 해괴하니 병조참판과 병조참의를 함께 우선 파직시키고, 뒤에 추고하라." 또 승정원에서 계하기를, "병조참판과 병조참의를 우선 파직시키고 나중에 그 일을 추고하도록 명을 내렸습니다. 다른 입직신하가 없으니 판서 김만중에게 패초를 보내 입직시킬까요? 이전에 이와 같은 경우에는 간혹 입직장교를 불러다 참지를 대신하여 차출하여 입직을 대신하기도 하였다 하는데, 어떻게 하올런지요? 감히 품의하옵니다."

『조선왕조실록』의 숙종 11년인 1685년 10월 9일에, 〈병조판서 김만중이 사직하자 체차를 윤허하다〉는 대목의 기록은 다음과 같다.

병조 판서(兵曹判書) 김만중(金萬重)이 여러 차례 사퇴(辭退)하고 나오지 않았다. 임금이 이를 묘당(廟堂)에 묻고서 그의 체차(遞差)를 윤허하였다. 김만중(金萬重)은 문아(文雅)로 칭송(稱頌)을 받았고 재간(才幹)과 국량(局量)으로 자임(自任)하지 않았다. 그러기에 조정에 나선 뒤로 일찍이 사무(事務)가 있는 직책(職責)을 맡은 적이 없었다. 그런데 문득 중한 임무를 위임받게 된 것을 혐오(嫌惡)한 것이다. 또 문호(門戶)가 융성(隆盛)해짐을 보고서 깊이 스스로 겸손[?損]한 것이다. 또한 일찍이 '김좌명(金佐明)이 외척(外戚)으로서 병권(兵權)을 맡는 것이 옳지 못하다'고 논하기도 하였으므로 힘써 사퇴(辭退)하여 임명되지 않았다.

마침내 숙종은 1685년 10월 9일에 병조판서 김만중이 사직하자 체차를 윤허하였다. 숙종과 서포가 병조판서 제수와 그에 대한 사직 문제를 가지고 오랜 논의를 하게 된 배경에는 병조판서는 정2품으로, 예조판서의 아래인 제4

서열의 순위에 있는데, 숙종이 조사석과 김만중을 자리를 바꿔치기한 것에 대한 김만중의 불만과 저항이 담긴 것이다. 이런 군신 사이의 갈등 뒤에는 당시의 당피성과 조대비와 후궁 장숙의가 힘을 써고 있었기 때문이었다.

(2) 1687년 9월 11일의 희정당 경연과 군신의 갈등

(가) 『주역』 경연이 진행되는 일반적인 사례

숙종 11년인 1685년 10월 10일에 〈김만중의 개차를 청하는 비변사의 계〉 대목의 기록은 다음과 같다.

> 비변사에서 장계하였다. "병조판서 김만중의 건을 묘당으로 하여금 처리하게 하도록 명을 내렸습니다. 병조판서의 본직을 제수한 지 이미 석달이 되었는데, 편안치 못한 혐의가 별로 없었는데도 기어이 사직하려는 뜻을 보였습니다. 지난번 능행 때 배종하여 갔다 온 이후로 곧 인견하여 연달아 상소를 올려 굳이 사직하려하며 누차 부르는 명령을 어기고 공무를 수행할 뜻을 보이지 않았습니다. 이에 병조의 업무가 적체되고, 금군의 도성 내의 군사시험 이때를 넘기게 되었으니 매우 염려스러워 불가불 속히 변통을 하지 않으면 안되니 김만중을 체차하심이 어떠하실런지요?" 하였다. 이에 "알았다"고 전교하셨다.[119)]

서포 김만중은 숙종 11년인 1685년 12월 11일에 의정부에 속한 정이품 문관 벼슬. 삼정승을 보좌하면서 국정에 참여하는 직책인 좌참찬이 되었다. 그

119) 10월 10일의 『승정원 일기』에 기록된 위의 내용은 그 전날인 10월 9일에 보고된 내용이다. 이는 실록에서 김만중의 체차를 허락한 날짜가 10월 9일임을 보아도 알 수 있다. 10월 9일의 비변사 보고가 10월 10일자 『승정원 일기』에 수록된 것이다.

리고 1686년 4월 16일에는 의금부의 으뜸 벼슬로 품계는 종1품인 판의금부사가 되었다. 그리고 다시 5월 18일에는 판의금부사의 명을 받았다. 그리고 4개월 후인 9월 17일에는 홍문관과 예문관에 둔 정2품 벼슬인 대제학이 되었다. 그 10일 후인 9월 27일에는 〈홍우원의 상소에 대해 대신들이 말하다〉에서 다음과 같이 기술하였다.

> 임금이 선정전(宣政殿)에 나아가 상참례(常參禮)를 행하였다. 영의정 김수항(金壽恒)이 아뢰기를, "대제학(大提學) 김만중(金萬重)이 두 번이나 패초(牌招)의 부름을 어긴 것은 의금부(義禁府)와 경연관(經筵官)의 두 직임을 겸하고 있는 것을 미안하게 여겨서 그런 것이 아니고, 대개 문형(文衡) 직을 고사(固辭)하기 위한 것이었습니다. 지난날 문형을 담당했던 자는 비록 수망(首望)이 아니더라도 수점(受點)하여 행공(行公)한 것이 한두 번이 아니었습니다. 문형의 책임은 매우 중하기 때문에 권점(圈點)을 할 적에 비록 점수의 많고 적은 차이는 있다고 하더라도 모두가 본래부터 문망(文望)이 드러난 자였습니다. 그래서 일찍이 부망(副望)으로 수점하였다고 행공 할 수가 없었던 적은 있지 아니하였습니다. 그 당시 대간(臺諫)들이 일의 체모를 깨닫지 못하고서 거론한 일이 있기는 하였으나 이제 와서 그 문제를 끌어들인다는 것은 진실로 너무 지나친 것이니, 결코 체임(遞任)을 허락할 수가 없습니다." 하였는데, 임금이 말하기를, "그전부터 문형을 담당한 자가 수망이 아니라 하더라도 수점하여 행공한 자가 많이 있었다. 그의 고사(固辭)로 인하여 즉시 체임을 윤허하기는 하였으나 지금은 이미 수망으로 제수되었으니, 공의(公義)가 어디에 있는지를 알 수가 있으므로, 더욱 사양할 의리가 없는 것이다. 한 차례 그 문제를 끌어들인 것이 매우 지나친 것이니 종중 추고(從重推考)하고, 빨리 임무를 살피게 하라." 하였다. 응교(應敎) 이이명(李頤命)이 농사가 흉년이 든 점을 먼저 아뢰고 분재(分災)하여 주기를 청하였으며, 또 아뢰기를, "이렇게 큰 흉년을 당하여 깨우칠 만한 비상 대책을 실시하지 않을 수가 없습

니다. 위로 종묘(宗廟)와 백관(百官)의 경비라든지 승여(乘輿)와 복식(服飾)의 비용과 기타 긴요치 아니한 물목(物目)들은 정밀하게 필요한 것만을 선택하고, 나머지는 우선 절감해야 실질적인 혜택이 백성에게 돌아갈 것입니다." 하였다.

임금이 말하기를, "아뢴 것이 진실로 옳다. 해청(該廳)으로 하여금 절감할 수 있는 물목을 서로 의논하여 뽑아 올리게 하겠다." 하였다. 이이명이 또 아뢰기를, "신이 일찍이 민희(閔熙) 등을 중도(中道)에 부처(付處)하는 것이 마땅치 않다고 아뢰어서 마침내 다시 유배시키라는 명을 내리셨습니다. 그런데 삼가 듣건대, 원임 대신(原任大臣)은 민희와 홍우원(洪宇遠)이 범한 죄가 분명치가 않다고 하여 심지어 경연(經筵)에서 석방하기를 청하기까지 하였다고 합니다. 신은 거기에 대해서 입을 다물고 있을 수가 없습니다. 민희의 '복선군이 있다.'라는 말은 여러 역적들이 이미 처벌을 받은 뒤에 나온 것이라 질문할 데가 없었으므로 우선 차율(次律)을 적용했던 것인데, 이제 와서 범한 죄가 분명치 않다고 하겠습니까? 홍우원의 패악(悖惡)스러운 죄는 지금 다시 번거롭게 말씀 드릴 필요가 없겠아오나, 그 당시 청풍 부원군(淸風府院君)은 장차 예측할 수 없는 화를 당하게 되었었으므로, 자성(慈聖)께서 취하신 처분은 사실 순(舜)임금이 남몰래 업고 도망가는 도리에서 나온 것으로, 당시 신하들로 하여금 손쓸 곳을 없게 하려고 함이었습니다. 홍우원의 상소는 이미 가인괘(家人卦)와 물이과(勿貳過)의 말로써 제창하였고, 박헌(朴瀗)과 조사기(趙嗣基) 등은 서로 잇달아 상소하면서 더욱 흉악스러운 말을 하였습니다. 당초에 귀양으로 끝난 것도 이미 잘못된 너그러운 법이었는데, 성모(聖母)의 3년 상(喪)을 겨우 마치자 마침내 이렇게 거리낌 없이 석방을 청하는 말을 하고 있으니, 신은 마음속으로 분통스럽게 여깁니다." 하니, 임금이 말하기를, "대신이 아뢴 것은 참으로 잘못된 것이다. 그래서 옥당(玉堂)의 차자에 비답(批答)할 적에 이미 나의 마음이 흔들리지 않을 뜻으로 보여 주었던 것이다." 하였다. 이이명이 또 아뢰기를, "지난날에 한두 소신(小臣)들이 이러한 일을 가지고 자기 당(黨)을 비호하는 것이라고 말했다가 모두 죄를 받았었는데, 지금은 대신의 말이 이와 같으니, 어찌 원로 대신이라고 하여 용서할 수 있겠습니까? 대간(臺諫)들 또한 입을 다물고 있지 않을 것입니다." 하였다.

김수항(金壽恒)이 아뢰기를, "홍우원(洪宇遠)이 상소한 뒤에 맨 먼저 배척을 당한 자는 신이었습니다. 그 상소 중에서 인용한 가인괘(家人卦)는 진실로 이미 실상이 없는 것이고, 현재 '물이과(勿貳過)'라는 말을 가지고 논한다면, 신하가 군주에게 진언(進言)함에 있어 그 과실을 곧바로 지적하는 것이 불가한 것만은 아닙니다. 설령 모후(母后)께 고할 적에도 조정에 임하여 정치에 관여하셨을 적에 곧바로 그 과실을 지적하여 말했다고 하더라도 불가할 것이 없습니다. 그런데 지금 홍우원은 자성(慈聖)의 일로써 전하(殿下)께 말씀드리면서 이에 '물이과'라고 하였습니다. 보통 사람들은 동등한 처지 이하의 경우라고 하더라도 오히려 감히 그 부모의 허물을 바로 지적할 수가 없는 법인데, 더구나 지존(至尊)에 대해서이겠습니까? 이정(李楨)과 이남(李柟) 등의 음란(淫亂)한 죄는 비록 알 수가 없아오나 홍우원은 과연 억울하다고 여기면서 그 상소에서 말하기를, '정과 남이 과연 죄를 범한 것이 있다면 삼사(三司)에서는 마땅히 죄를 청하기에 여가가 없었을 것입니다.' 하였다.

그는 그때 부제학(副提學)으로 있으면서 마침내 한 마디의 말도 죄를 청하는 것이 없었습니다. 그러므로 자성께서 친히 나서서 하교(下敎)하신 것은 만부득이(萬不得已)한 데서 나온 것입니다. 당시에 만약 이러한 결정이 없었다면 신은 그 일이 장차 어느 지경에 이르게 되었을지를 알 수가 없습니다. 지금 만약 홍우원(洪宇遠)의 죄를 가지고 분명하지 않다고 한다면 윤휴(尹鑴)의 조관(照管)이란 말 또한 깊이 처벌할 수가 없는 것입니까?" 하니, 임금이 말하기를, "이 일은 내가 이미 자세히 알고 있는데 이번에 대신이 아뢴 것이 더욱 명백하다. 이상진(李尙眞)은 그 상소를 보지 못하였으므로, 그렇게 말한 것이다. 그러나 매우 미안스러운 일이다."

숙종 13년인 1687년 1월 21일에, 김만중을 판의금부사로 삼았다. 또, 5월 19일에는 김만중을 좌참찬으로 옮기게 하였다. 그리고 6월 5일에는 김만중을 장악원제조를 겸하게 하였다. 그리고 7월 23일에는 김만중은 우참찬이 되었고, 8월에는 판의금부사가 되었고, 9월에는 우참찬과 장악원제조로 있으면서 판의금부사까지 겸하게 되었다. 이러한 1686년까지의 누적된 숙종과 김만중 사이의 관계는 숙종이 1687년 5월 1일에 관례를 크게 깨뜨리고 다음과 같이 이조판서 조사석을 우의정으로 임명하였다.

> 임상원(任相元)을 대사간(大司諫)으로, 이홍적(李弘迪)을 사간(司諫)으로, 김우항(金宇杭)을 정언(正言)으로, 윤성준(尹星駿)을 검열(檢閱)로, 김구(金構)를 부교리(副校理)로, 이조 판서(吏曹判書) 조사석(趙師錫)을 우의정(右議政)으로, 여성제(呂聖齊)를 이조 판서로 삼았다. 이날 영의정(領議政) 김수항(金壽恒) · 좌의정(左議政) 이단하(李端夏)를 명초(命招)하여 복상(卜相)하도록 했는데, 처음에 앞서의 복상 단자(單子)를 봉하여 들이니, 더 의망(擬望)하도록 명하여 이숙을 추천하였다. 또 더 의망하도록 명하여 이민서(李敏敍)를 추천하니, 또 더 의망하도록 명하여 신정(申晸) · 여성제(呂聖齊)를 추천하였는데, 또 더 의망하도록 명하자 그제야 김수항과 이단하가 입대(入對)를 청했다. 임금이 이르기를, "이조 판서 조사석(趙師錫)이 국가 일에 마음을 다했음은 내가 알고 있는 일이다. 모두의 의견은 어떤가?" 하였다.
>
> 김수항과 이단하가 아뢰기를, "선조(宣祖) 경자년에 복상(卜相)하였을 때 심희수(沈喜壽) · 한응인(韓應寅) · 윤승훈(尹承勳) · 김명원(金命元)이 모두가 추천받았었지만, 김명원이 성상의 분부에 따라 먼저 정승으로 들어갔었으니, 오늘의 일이 대략 서로 유사합니다. 이는 이미 그렇게 되어진 일인데 신들이 어찌 다른 의논을 주장할 수 있겠습니까?" 하고, 물러나서 조사석을 추천했다.
>
> 조사석은 평소에 인망(人望)이 모자랐고 또한 지난해에는 탑전(榻前)에서

엄한 책망을 받기도 하여, 임금의 돌봄이 또한 융성하거나 진지하지 않았는데 갑자기 심상치 않은 명이 내린 것이다. 이 때문에 거리에서나 항간(巷間)에서나 한때 말과 의논이 시끄러워져 김만중(金萬重)이 경연(經筵)에서 망발하게 되고 마침내 화(禍)의 씨앗을 빚어내게 되었었다.

서포 김만중은 조사석이 정승으로 임명된 다음 날인 5월 2일에 김만중을 판의금부사에 예문제학을 겸하게 하였다.[120)]

숙종 13년인 1687년 8월 28일에 김만중을 판의금부사로 삼았다. 그 14일 후인 9월 11일에 의금부에 하옥되는 충격적인 사건이 일어났다.

숙종 13년인 1687년 9월 11일에 〈귀인 장씨가 동평군 이항과 결탁하여 조대비를 아첨하다〉에서 다음과 같이 기술하였다.

지경연사(知經筵事) 김만중(金萬重)을 의금부(義禁府)에 하옥(下獄)했다. 이때 귀인(貴人) 장씨(張氏)가 후궁(後宮) 중에 가장 총애받았었는데, 동평군(東平君) 이항(李杭)이 장씨와 결탁하여 때없이 드나들면서 비할 데 없는 은총을 받았고, 장씨와 함께 조대비(趙大妃)를 아첨하여 섬기므로 사정(私情)을 쓰는 길이 크게 열려 외부의 말이 모두 들어가게 되었다. 조사석(趙師錫)은 곧 대비의 재종(再從) 아우이고, 동평군 항과 장씨의 어미는 또한 조사석과 연관이 있었다.【내용이 모두 위에 나와 있다.】

조사석은 평소에 명성이 그다지 표나게 나타나지 않았었고 총애도 또한 특이하지 않았었는데, 정승을 다섯 차례나 더 선택하도록 하다가 마침내 조사석에게 돌아가고 말아, 은수(恩數)가 갑자기 융숭해짐이 근고(近古)에 없던 일이었다. 이 때문에 사람들이 모두 후궁의 원조가 있은 것으로 여겨, 길

120) 김병국 외 역, 『서포년보』, 서울대학교출판부, 1992, 198쪽.

거리에서의 말과 항간(巷間)에서의 평론이 갈수록 더욱 떠들썩하면서도 감히 말을 하는 사람이 없었다. 또 영돈녕부사(領敦寧府事) 김수항(金壽恒)이 죄를 입게 된 것이 비록 정승을 정할 때의 일 때문이기는 했지만, 혹자는 그의 아들 김창협(金昌協)이 일찍이 한 차례 상소를 올려 후궁(後宮)을 지적하여 배척하면서 말을 매우 절박하게 했었기에, 임금의 마음에 불평스러워 그의 아비에게 화풀이하게 된 것이라면서 또한 몰래 논의하는 자가 많았었다.

이때에 이르러 김만중이 연중(筵中)에서 아뢰기를, "요사이 전하께서 김수항(金壽恒)과 이단하(李端夏)에 대한 대우가 그전보다 크게 달라지셨는데, 김수항에 대해서는 외부(外部) 사람들 모두의 말이 '김창협의 상소 때문이다.'라고 합니다. 어찌 전하께서 그의 아들이 한 일 때문에 그의 아비에게 화풀이를 하시겠습니까? 이는 김수항의 죄명(罪名)이 분명하지 않기 때문에 이런 의심을 가지는 말이 외간(外間)에 마구 퍼지게 되는 것이 아닐 수 없습니다. 지금 전하께서도 신료(臣僚)들에게 마치 의심이 쌓여 풀리지 않으시는 것 같은데, 그렇다면 아래에서도 성상께 의심이 없을 수 없게 되는 것은 또한 당연한 일입니다. 대사헌(大司憲) 이익(李翊)의 상소 내용에 이른바 '의아스러운 마음이 날로 생겨나고 있습니다.'라고 한 것이나, '조사석이 불안해진 것은 민진주(閔鎭周) 때문이 아닙니다.'라고 이수언(李秀彦)의 상소에서 말하게 된 것도 또한 이런 때문입니다. 지난번 한성우(韓聖佑)의 상소는 한 말이 매우 광망(狂妄)하여 진실로 성상의 마음을 개오(開悟)하기에 부족한 것이기는 했습니다마는, 비답(批答)하신 말씀이 매우 엄격하였고 신자(臣子)로서는 차마 들을 수 없는 말씀이 있기도 했기에, 항간(巷間)에서는 더러 송인종(宋仁宗) 때 온 성(溫成)의 일과 같은 것이라 하고 있습니다. 유언(流言)은 옛적부터 대내(大內)에서 총애받는 궁녀가 있을 적에 생기는 수가 많았습니다. 만일 관저장(關雎章) 같은 시가 생긴 문왕(文王) 때라면 그런 말들이 어디에서 생겨나게 되겠습니까? 바라건대, 전하께서는 반성하시면서 더욱 수신(修身)하고 제가(齊家)하는 도리를 닦으소서." 하였다. 임금이 이르기를, "조사석이 불안하게 된 것은 과연 무슨 일 때문이겠는가?" 하니, 김만중이 아뢰기를, "후궁 장씨(張氏)의 어미가 평소에 조사석의 집과 친밀했었습니다. 대배(大拜)가 이 길에 연줄을 댄 것이라고 온나라 사람들이 모두 말하고 있습니다마는, 유독 전하께서만 듣지 못하신 것입니다. 임금과 신하의 사이는 마땅히 환하게 트이어 조금도 간격이 없어야 하는 것인 데다가 전하께서 물으시는데 신(臣)이 어찌 감히 숨기겠습니까?" 하였다.

임금이 크게 화를 내며 이르기를, "나와 같이 재주도 없고 덕도 박한 사람이 임금의 자리에 있으면서 이러한 말을 듣게 되니 진실로 군신(群臣)들을 대할 면목이 없다. 김창협이 한 일은 비록 해괴하기는 했지만 어찌 죄를 그의 아비에게 옮길 리가 있겠는가? 이단하(李端夏)는 정승의 직책에 합당하지 못함을 내가 본래 알고 있었거니와, 속담(俗談)에 '차례로 하는 대간(臺諫)이다.'라는 말이 있듯이, 또한 어찌 차례로 하는 대신인들 없겠느냐? 조사석을 이미 연줄을 대어 정승이 되었다고 했으니, 광해군(光海君) 때에 값을 바치고 벼슬을 얻게 된 일과 같은 것인데, 금을 받은 것이라 여기느냐, 은을 받은 것이라 여기느냐? 분명히 말의 근거를 대라. 결코 그만두지 않겠다." 하였다. 김만중이 아뢰기를, "전하께서 이미 신으로 하여금 말을 하도록 해놓고 또한 한 말의 근거를 물으십니다마는, 신이 비록 불초하기는 하지만 어찌 말의 근거를 들어 말씀드릴 수 있겠습니까? 비록 주륙(誅戮)을 받게 되더라도 신이 진실로 달게 여기겠습니다마는, 이는 전하께서 바로 신(臣)을 형륙(刑戮)에 빠뜨리시려는 것입니다." 하며, 말씨가 흔들리지 않았다. 임금이 더욱 화를 내어 음성과 안색이 모두 엄해지며 다그쳐 묻기를 그만두지 않으니, 김만중이 아뢰기를, "신이 감히 여기에 있을 수 없습니다. 바로 달려나가 의금부에서 대명(待命)하겠습니다." 하였다.

승지(承旨) 임홍망(任弘望) · 교리(校理) 황흠(黃欽) · 수찬(修撰) 홍수헌(洪受瀗) · 지평(持平) 이정익(李禎翊) 등이 다같이 따져 묻도록 한 명을 도로 거두도록 청하다가 모두들 엄한 꾸지람을 받고 물러갔다. 이날 승정원에 전교하기를, "김만중을 잡아다가 문초하라는 전지(傳旨)를 즉시 써서 입계(入啓)하고, 의금부로 하여금 따져서 물어보고 아뢰게 하라." 하니, 승정원에서는 연중(筵中)에서 대간(臺諫)이 이미 도로 거두도록 논계(論啓)한 것을 들어 전지를 봉입(捧入)할 수 없다는 뜻을 여러 차례 아뢰었으나, 마침내 들어주지 않고서, "단지 대각(臺閣)이 있는 것만 알고 군부(君父)가 있음은 알지 못한다." 하는 등의 분부를 내리기까지 했다. 승지 신양(申懷)은 세 차례 아뢴 뒤에 말하기를, "이만했으면 또한 족하게 되었는데, 어찌 다시 논쟁할 수 있겠는가?" 하며, 동료(同僚)들과 연명(聯名)하지 않아 나타나게 책임만 면하려는 뜻이 있었다. 대개 신양은 평소에 조사석과 친후했기 때문에 비록 일의 대체에 따라 당초에는 복역(覆逆)하지 않을 수 없었지만 그의 본뜻은 아니었기 때문인 것이다.

임금이 또 비망기(備忘記)를 내리며 지난 겨울의 이인정(李仁徵)의 일을 끌어대어 말하기를, "군신(群臣)들이 군부(君父) 보기를 일개 시종(侍從)하는 신하만도 못하게 여기었다."했다. 특별히 승선(承宣) 이인징이 김몽신(金夢臣)을 모함한 것을 추국(推鞫)할 적에 승정원에서 말의 근거를 캐물어 중벌(重罰)에 따라 죄를 과하기를 청하여, 드디어 형벌을 받고 멀리 귀향가게 되었었기 때문이다. 임금이 승정원에서 마침내 전지(傳旨)를 봉입(捧入)하지 않으므로, 탑전(榻前)에서 강박하여 써 오게 하고자 하여, 입직(入直)한 승지들에게 인견(引見)을 명했었다. 이에 옥당(玉堂)과 사헌부(司憲府)에서도 또한 청대(請對)하여 함께 들어가니, 임금이 이르기를, "승정원에서는 어찌하여 이제까지 전지를 봉입하지 않느냐? 김만중이 비록 그 자신이 지어낸 것은 아니지만 반드시 들은 데가 있을 것이기 때문에 내가 따져서 물어보고 처리하려 하는 것이다. 이를 그대로 둔다면 다만 대신이 불안하게 될 뿐만 아니라, 장차는 반드시 일마다 의심하게 되어 임금이 수족(手足)을 놀릴 데가 없어지고 단지 헛된 자리만 끼고 있게 될 것이다." 하고, 이어 승지에게 시급히 전지를 쓰도록 명하였다. 여러 신하들이 모두 아뢰기를, "김만중이 진달한 말은 뜬소문에서 나온 것인데, 어찌 근거를 찾을 수 있겠습니까? 하물며 대관(臺官)의 논계(論啓)가 나온 다음에는, 무릇 일을 그대로 거행하지 못하는 것이 본래부터 조종조(祖宗朝)의 옛 준례이므로, 결코 오늘날부터 무너뜨릴 수 없습니다." 하였다.

교리(校理) 남치훈(南致熏)은 아뢰기를, "요사이는 당론(黨論)이 지극히 해괴하고 놀랍습니다. 김만중의 그 말도 당론에서 나온 것입니다." 하므로, 여러 신하들이 밤이 깊도록 논쟁했었다. 임금이 꾸짖다가 타이르다가 하면서 전지를 봉입하라고 재촉하니, 승지 유명일(兪命一)이 할수 없이 붓을 가져다 장차 쓰려고 할 적에, 가주서(假注書) 최중태(崔重泰)가 유명일을 돌아보며 말하기를, "생각하고 있는 바를 다시 전달해야 합니다." 하였다. 임금이 화를 내어 이르기를, "주서가 어찌 감히 승지를 지휘하느냐? 즉각 파직을 명한다." 하니, 최중태가 추창(趨蹌)하여 나갔다. 유명일이 붓이 없다는 핑계로 말을 하였다.

임금이 사관(史官)에게 붓을 주도록 명하자, 사관 송상기(宋相琦)는 아뢰기를, "사필(史筆)은 줄 수 없습니다." 하였으나, 사관 윤성준(尹星駿)이 아뢰기를, "사필은 진실로 중요한 것이기는 하지만 성상의 분부가 이러하신데 어찌 감히 주지 않겠습니까?" 하였다. 유명일이 드디어 전지를 써내려가 임금이 구두로 부르는 대로 쓰기를 끝내어, 즉시 김만중을 의금부에 하옥하게 된 것이다. 이때 천위(天威)의 진동이 겹치게 되므로 사람들이 대부분 황송하고 두려워하여 어찌하지를 못하였다. 유명일은 해방(該房) 승지로서 마침내 승순(承順)하는 것을 면하지 못하였고, 윤성준은 사관(史官)으로서 다른 사람에게 붓을 주어 버렸는데, 물의(物議)가 모두 그들이 직분을 잃은 것을 허물했었다. 삼가 살펴보건대, 임금의 직책은 정승을 논정(論定)하는 것보다 큰 일이 없는 법이다. 만일 임금이 이단하(李端夏)가 합당하지 않음을 알았다면, 비록 아래에서 추천하더라도 오직 마땅히 쓰지 않으면 될 뿐이지 어찌 억지로 제배(除拜)할 필요가 있겠는가? 이미 제배한 뒤에는 비록 더러 직무에 알

맞지 않더라도 또한 마땅히 예(禮)를 차려 퇴진(退陣)시켜야 할 것인데, 이번에 김만중의 말에 격분하여 모욕하고 업신여기는 말을 하여서 노예(奴隷) 보듯이 하였으니, 어떠하겠는가? '번갈아 하는 대관[輪回臺官]'이란 말은 진실로 야비한 상말 중에도 심한 말이다. 임금이 대신에게 대해서 체모가 어떠한 것이라고 이런 말을 할 수 있겠는가? 참으로 '한 마디 말이 나라를 잃게 되는 것이다. [一言喪邦]'한 것과 같은 일이라 하겠다. 당론(黨論)의 폐단은 진실로 남치훈의 말과 같은 수가 있기는 했지만, 조사석의 일이 이미 의심스러운 자취가 많았고, 김만중이 논계(論啓)한 말이 반드시 사심(私心)에서 나온 것이 아니고 보면, 어찌 당론으로 돌릴 수 있는 것이겠는가? 기회를 틈타 발동하여서 모함할 계책을 부리려 한 것이 가릴 수 없게 되어 있다.

여기서 보면, 〈관저장〉은 『시경』의 맨 첫 장의 시로서, 부부의 도가 잘 행해져 가정이 평화로움을 뜻하는 것으로 군주와 왕비 후궁 사이의 관계가 문제가 있음을 지적한 것이다.

조선조 17세기 조정의 경연이 어떻게 진행되는지, 특히 『주역』의 강의는 어떻게 진행되었는지를 살펴볼 수 있는 기록으로 선조 때인 1603년 8월 30일에 『주역』을 강독하고 국방 · 녹훈 등의 일에 대해 의논하는 기록은 주역을 교재로 한 경연의 구체적인 사례에서 제대로 보여준다.

묘시에 상이 별전에 나아가 《주역》을 강독하였는데, 영사 이덕형(李德馨), 특진관 김수(金晬), 동지사 이호민(李好閔), 특진관 홍가신(洪可臣), 참찬관 유몽인(柳夢寅), 집의 윤수민(尹壽民), 시독관 이덕형(李德泂), 헌납 신율(申慄), 검토관 강주(姜籒), 가주서 성시헌(成時憲), 기사관 황경중(黃敬中) · 권흔(權昕)이 입시하였다. 상이 전에 수강한 《주역》 가인괘(家人卦)의 '육사는 집을 가멸케 함이니[六四富家]'부터 '경외하면 승복할 것이다.[畏服之矣]'까지를 음으로 한 번 읽고, 이덕형(李德泂)이 규괘(睽卦)의 서괘(序卦)부터 '체에 합하되 성은 같지 않다.[合體而性不同]'까지를 음으로 두 번, 새김으로 한 번 진강하고, 상이 새로 수강한 것을 음과 새김으로 각각 한 번씩 읽었다. 덕형(德泂)이 아뢰기를, "한 괘의 상(象)으로 말하면 위는 화(火)이고 아래는 택(澤)이므로 서로 어긋나는 듯하기는 하나, 괘재(卦才)로 보면 바야흐로 어긋날 때에 육오(六五)가 유(柔)로서 존위(尊位)에 있어, 유순하고 밝은 상이 있으므로 천하의 큰일을 성취하지는 못하더라도 작은 일에는 길한 것입니다." 하니, 상이 이르기를, "비는 천지이고 규는 수화(水火)인데, 어긋나는 것은 같습니다." 하니, 상이 이르기를, "그렇겠다." 하였다.

덕형이 아뢰기를, "규괘는 육삼(六三)이 음(陰)이고 구이(九二)가 강(剛)이므로 유암(柔暗)한 임금으로서도 강명(剛明)한 보좌가 있으니, 성취하지는 못하더라도 작은 일은 길합니다. 대개 두 여자가 같이 살되 그 뜻은 같지 않으므로 서로 어긋나지만 그 괘재(卦才)는 본디 선(善)하므로 작은 일은 이 때문에 길한데, 작은 일은 공씨(孔氏)가 이른바 의복 · 음식 같은 것이고 큰일은 군사를 일으키고 무리를 움직이는 따위이니, 과연 성취하기 어렵습니다. 그러나 천하의 일은 오직 군신 상하(君臣上下)가 정성을 다하고 힘을 합하는 데에 달려 있을 뿐이니, 어찌 성취하지 못한다고 근심할 수 있겠습니까." 하였다.

상이 이르기를, "규는 서로 어긋나는 뜻으로서 사람의 한 몸으로 말할 때 위는 화이고 아래는 택이 되어 서로 돕지 못하면 병이 생길 것이니, 서로 어긋나면 과연 좋지 않을 것이다." 하니, 덕형이 아뢰기를, "수화(水火)가 서로 등져 함께 있어도 마음을 달리하는 것이 규입니다. 임금이 규에 처하는 도리를 모르고 변통하는 의리를 생각하지 않으면 천지 만물이 마침내 어긋나게 되니, 이 때문에 성군(聖君) · 명주(明主)는 반드시 어긋나는 것을 합하는 도리를 알아 변통할 수 있어야 합니다." 하고, 호민은 아뢰기를, "역도(易道)는 이합(離合)하고 변통하는 것입니다. 그러므로 인사(人事)가 지극히 합하는 것이 가인(家人)이고, 합하는 것이 극진하면 반드시 떠나므로 이 규괘가 가인괘 다음에 있는 것입니다. 대개 가도(家道)는 궁(窮)하면 반드시 합하고 합하면 반드시 궁해집니다." 하였다. 상이 이르기를, "궁은 극(極)이다. 천지의 도리가 극진하면 반드시 떠나니, 가도가 극진히 합하면 반드시 수가 있을 것이다. 또 괘를 배치한 차례는 성인(聖人)이 자연히 그렇게 하게 된 것인가, 그 사이에 뜻이 있는 것인가? 육십사괘(六十四卦)가 서로 전수된 것과 그 효사(爻辭)는 반드시 그렇게 하려고 하지 않았는데도 저절로 그렇게 된 것인가, 아니면 소견이 있어서 그렇게 한 것인가?" 하니, 호민이 아뢰기를, "음양이 소장(消長)에는 절로 그 도리가 있으니, 현묘하여 알기 어려운 가운데에 자연히 밝게 드러나는 것이 성인의 묘한 경지입니다." 하였다.

덕형은 아뢰기를, "음양이 소장하는 도리로 보면 성인의 괘를 나눈 것은 저절로 그렇게 된 듯하기는 하나, 반드시 깊은 뜻이 있을 것입니다." 하였다. 상이 이르기를, "규(睽)의 근본이 같다는 것은 무슨 뜻인가?" 하니, 덕형이 아뢰기를, "규는 같으면서 서로 어긋나는 것이니, 근본이 같다고 말한 것입니다." 하고, 상이 이르기를, "그렇다면 규는 본디 같다가 뒤에 어긋나는 것이다. 처음부터 서로 어긋나면 규가 아니다." 하니, 덕형이 아뢰기를, "중녀(中女) · 소녀(少女)가 처음에는 같이 있으나 자라면 각각 제 갈 데로 가므로 서로 어긋나는 것인데, 대개 부인이 시집가는 것을 귀(歸)라고 하니, 이것이 어긋나게 되는 까닭입니다." 하고, 이덕형(李德馨)은 아뢰기를, "화(火) · 택(澤)의 성질은 서로 이길 수 없으므로 두 여자가 같이 살면 처음에는 서로 화평한 뜻이 있으나 어긋나 나뉜 뒤에는 서로 배반하는 뜻이 없을 수 없는데, 성인이라야 처음에도 같지 않음이 없고 어긋난 후에도 합쳐지지 않음이 없다는 것을 압니다. 사람의 몸으로 말하면 그 바른 도리를 따라야 강유(剛柔)가 중도에 맞아서 이 때문에 몸이 편안하고 일이 성취되는 것입니다. 이것이 성인의 화동(和同)하는 도리인데, 제(齊)나라의 신하 안자(晏子)도 이것을 상세히 논하였습니다. 그러나 군자의 도리는 구차하게 같이할 수 없는 것이므로 반드시 그 구차하게 같이할 수 없는 도리를 구한 후라야 극진해집니다." 하고, 호민은 아뢰기를, "구차하게 같이하면 굳은 뜻이 없으므로 마침내 반드시 떠납니다. 대체로 천하의 선(善)은 한가지이니 도리를 따르면 같지 않을 리가 없을 것입니다." 하였다.

상이 이르기를, "이 말은 옳다. 소견이 밝지 않으면 다른 것을 같다 하고 같은 것을 다르다 할 것이다. 반드시 식견이 있고서야 이런 어긋남이 없을 수 있으니, 옛사람은 식견을 먼저 힘썼다." 하였다. 상이 이르기를, "영상(領相)이 사람의 몸에 비유한 수화(水火)의 설은 좋다. 옛사람이 수양하는 도리를 논한 데에 음기(陰氣)를 죄다 사라지게 하여 순양(純陽)을 양성한다는 설이 있는데, 이것은 무슨 뜻인가?" 하였다.

이덕형(李德馨)이 아뢰기를, "옛 수양의 논설은 《참동계(參同契)》에서 많이 나왔습니다. 대체로 음기가 죄다 없어지면 순양이 주가 되는 것은 도가(道家)의 수양하는 방법으로 신이 감히 알 수 있는 것이 아닙니다. 혹 알더라도 이 말은 실용(實用)에 보탤 것이 없습니다." 하자, 상이 이르기를, "그렇다면 주자(朱子)가 어찌하여 《참동계》를 주(註)하였는가? 왕양명(王陽明)도 비난하였다." 하니, 이덕형이 아뢰기를, "마음이 늘 멈추어 있는 물처럼 고요히 안정하여 있다가 반드시 사물을 만난 뒤에야 응한다면 화(火)가 움직이지 않아 마음이 수고롭지 않을 것입니다. 만약 수양하기 위하여 마음 쓰는 것이 적막하고 일을 귀찮아 하여 지나치게 담박하게 하면, 이것은 선벽(禪僻)의 방도일 것입니다. 마음은 불에 속하고 불의 성질은 타오르는 것이므로 그렇게 하면 온갖 병이 나기 쉬워 조리하기가 참으로 어려울 것이니, 오직 마음을 맑게 하여 욕심을 적게 하는 것이 참된 양생(養生)의 요법(要法)입니다." 하고, 호민은 아뢰기를, "주자가 《참동계》를 드러내어 밝힌 것은 다른 뜻이 있는 것이 아니라 다만 그 글을 좋아하였기 때문입니다." 하였다.

홍가신은 아뢰기를, "주자가 《참동계》를 주한 것은 그 글이 고아(古雅)한 것을 좋아해서일 뿐이 아니라, 그 가운데에 깊이 느낀 뜻이 있어서입니다. 채

계통(蔡季通)이 유배되었을 때에도 시사(時事)에 상심한 뜻이 있었고, 굴원(屈原)이 원유편(遠遊篇)을 지을 때에도 장생(長生)하는 방도를 말하였으니 광탄(狂誕)하다는 것을 모른 것이 아니고 또한 반드시 상심하여 지었을 것입니다. 한 문공(韓文公)의 문집도 착실한 편이니 원도(原道) 한 편은 참으로 도체(道體)에서 벗어나지 않은 것으로 한만(閑漫)한 글이 아닙니다." 하였다.

상이 이르기를, "한퇴지의 글은 범연한 말이 아니니, 정 · 주(程朱) 이후로 이만한 사람이 없다." 하였다. 상이 이르기를, "도술이 매우 높으면 한낮에 날개가 난다는 것은 무슨 말인가?" 하였다. 가신이 아뢰기를, "한낮에 날아오른다는 것은 참으로 그럴 리가 없습니다." 하고, 상이 이르기를, "수양하여 나이를 늘린 자는 있으나 신선이 된다는 것은 반드시 그럴 리가 없을 것이다. 예전에 혜강(嵇康)이 신선을 좋아하기는 하였으나, 《문선(文選)》에도 신선이 없다고 말하였다. 한낮에 날개가 난다는 것은 어찌 그럴 리가 있겠는가." 하니, 가신이 아뢰기를, "신선이 있고 없는 것은 강론하는 사이에서 말할 것 없습니다. 오직 마음을 맑게 하고 욕심을 적게 하여 지기(志氣)가 밝고 깨끗해지면 곧 양생하는 방법입니다." 하였다. 호민은 아뢰기를, "신이 듣건대, 《참동계》의 선천(先天)은 화를 낮추는 방도를 말하고 후천(後天)은 위(胃)를 밝게 하는 방도를 말하였다 하는데, 이것도 양생하는 방법입니다." 하였다.

이덕형(李德馨)은 아뢰기를, "사람의 한 몸은 하나의 태극(太極)이니, 음양의 소장과 이십사기(二十四氣)가 다 자신에게 갖추어져 있습니다. 사람의 일용하는 사이에 반드시 이를 의식하고 살펴서, 본체(本體)가 담박하여 사물을 만나 응접할 때에 자연의 도리가 있고 끌려갈 걱정이 없게 한다면, 나의 태극이 이미 가슴속에 안정되어 물과 불의 서로 도와 희노(喜怒)에 차이가 없고 질병이 절로 없어질 것이니, 양생의 방도로는 이보다 큰 것이 없습니다." 하였다. 강독이 끝나자 윤수민(尹壽民)이 아뢰기를, "호종 공신(扈從功臣)의 일은 상께서 환난 중에 상종한 것을 잊지 않아 줄곧 굳이 거절하시나, 천례(賤隷) · 잡류(雜類)에게 이미 중한 벼슬을 주었으나 국가가 공로를 갚은 것이 이토록 지극하였는데, 어찌하여 반드시 정훈(正勳)에 이름을 적어 성명(聖明)의 큰 조처에 누를 끼쳐야 하겠습니까. 쾌히 공론을 따르소서." 하고, 신율(申慄)은 아뢰기를, "녹훈(錄勳)의 일은 양사가 논열한 지 이미 오래 되었으나 아직 윤허하지 않으시므로 뭇사람들의 울분이 갈수록 더욱 격렬해지니, 빨리 살펴서 고치게 하소서." 하니, 상이 이르기를, "고칠 수 없다." 하였다.

이런 원론적인 차원에서의 논의는 후반에 가서는 당시의 시사 문제로 그 의미의 해석과 현실의 제반 문제를 해소하는 데 필요한 사례로 적용으로까지 나아간다. 이러한 사실은 이어지는 다음의 인용에서 확인할 수 있다.

이덕형(李德馨)이 아뢰기를, "시사(時事)가 극도로 어렵고 위태롭습니다. 남방의 염려가 그치기 전에 북방의 변란이 또 일어났는데 우리에게 믿을 만한 것이 하나도 없으니, 참으로 한심스럽습니다. 대개 어유간(魚游澗) · 주을온(朱乙溫)에서 도발한 자들은 인삼을 캐는 무리에 지나지 않으나 종성(鍾城)의 적은 우리의 허실을 엿보고 또 병사(兵使)가 구원하러 갈 길을 끊으려는 것이니, 이것은 필시 노토(老土)의 일일 것이고 그 뜻이 작은 데에 있지 않을 것입니다. 당초에 오랑캐를 대우하는 도리가 하나하나 잘못되었고, 온성(穩城) 싸움에서 투항한 무리를 대우하는 데에 그 도리를 잃고 처치하는 데에 주밀하지 않았으므로 마침내 오랑캐들로 하여금 우리 나라의 허실을 환히 알게 하였습니다. 이번에 심처(深處)의 적이 꺼리는 것이 없이 약탈과 살상을 마음대로 한 것은 대개 만도리(萬道里)의 복수를 위하여 나온 것이라 하는데, 전의 만도리 · 이탕개(離湯介)와는 경중(輕重)이 아주 다릅니다. 뭇 오랑캐와 결합하여 점점 치성하여지면 우리의 형세는 더욱 외로워질 것이니, 어떻게 막겠습니까. 요즈음 들으니, 북방의 형세는 백성이 굶주리고 군사가 약하여 조치할 만한 것이 하나도 없으므로 소소한 적을 만나더라도 당할 수 없다 합니다. 노토는 자손이 강성하고 무리가 매우 많으니 반드시 이 오랑캐를 먼저 없애어 그 화근을 끊어야 북방이 무사할 수 있을 것입니다." 하였다.

상이 이르기를, "이는 매우 근심되는 일인데 변방의 신보(申報)는 어찌하여 아직도 오지 않는지, 매우 괴이하다. 어유간에서 인삼을 캐던 오랑캐는 영상(領相)이 말한 것이 옳다. 종성에서는 성을 에워싼 일이 없었는데, 성을 에워쌌다[圍城]는 두 자가 어디에서 나왔는가?" 하자, 김수(金晬)가 아뢰기를, "이제 사관(史官)에게 들으니 서목(書目) 가운데에서 나왔다 합니다." 하였다. 상이 이르기를, "그렇다면 내가 무슨 까닭으로 알겠는가. 이는 우리 나라의 인심이 경박하기 때문에 그런 것이다. 장계(狀啓) 가운데에는 그러한 말들이 보이지 않았는데 해사(該司)의 계사(啓辭)에는 성을 에워쌌다는 말이 있으므로 내가 보고서 괴이하게 여겼다. 또 봉수(烽燧)는 철수하도록 하라. 우리나라의 봉화는 매우 우습다." 하니, 이덕형이 아뢰기를, "계미년의 북변(北變) 때에 봉수의 일을 조정이 신칙(申勅)하였는데도 남산에서는 계속 평안하다는 봉화를 올렸습니다." 하였다.

상이 이르기를, "그때뿐이 아니라 조종(祖宗) 때에도 잘하지 못하였다." 하였다. 이덕형이 아뢰기를, "북도(北道)는 거리가 멀므로 적을 막는 조치와 계획은 오로지 일을 맡은 자가 잘 처치하기에 달려 있을 뿐인데 반드시 조정의 지휘를 기다려서 군사를 뽑아 방어에 보태기로 한다면 일은 이미 결정나서 미칠 수 없었습니다. 본도(本道)에서 포수(砲手)를 훈련시켜 방어하도록 할 수 있으나 양식이 떨어지면 날라 옮기기가 또한 어려우니, 이것이 매우 근심스럽습니다." 하자, 상이 이르기를, "노을가적(老乙加赤)은 강적으로 가까운 지경에 서로 마주하여 엿본 지 오래인데 하루아침에 도발한다면 근심되는 것이 작지 않을 것이니, 평안도의 포수는 북방으로 들여보낼 수 없다." 하자, 이덕형이 아뢰기를, "바깥의 의논도 그러하므로 평안도의 포수는 30명을 줄여 보냈습니다." 하니, 상이 이르기를, "이미 지난 일은 말하여도 소용이 없다. 오늘날 힘쓸 것은 오직 변장(邊將)을 가려서 변방 고을을 충실하게 하는 데에 있을 뿐이니, 대신(大臣)도 해조를 계칙(戒飭)하여 용렬한 자를 차출하지 말게 해야 할 것이다. 변장이 마땅한 사람이라면 변방을 충실하게 하는 일은 근심할 것이 없을 것이다." 하였다.

이덕형이 아뢰기를, "저번에 북우후(北虞候)를 차출할 때에 잘 가리려 하였으나 마땅한 사람을 얻지 못하였습니다. 송안정(宋安庭)은 전에 북변(北變) 때에 공이 있었다고 하므로 지금 들여보내라고 하나 호서(湖西)의 주사(舟師)에 가 있다고 합니다. 이괄(李适)은 전에 명천 현감(明川縣監)으로 있었으므로 오랑캐의 정세를 잘 아는데, 이미 대정(大靜)에 제수되었으나 아직 부임하지 않았으니 바꾸어 보낼 수 있습니다. 변장에 마땅한 사람을 얻어 군사를 어루만져 돌보면 적을 막기가 어렵지 않을 것입니다." 하니, 상이 이르기를, "이괄은 어떠한 사람인지 모르겠으나 제주(濟州)도 중요한 곳인데 어찌하여 반드시 갈아야 하겠는가. 북방의 일을 반드시 이괄이라야 하겠는가. 까닭 없이 문득 당상(堂上)에 올릴 수 없다." 하자, 이덕형이 아뢰기를, "이 사람은 이력이 많지 않고 밖의 의논도 그러합니다." 하였다.

상이 이르기를, "북병사(北兵使)는 어떠한 사람인가? 감당할 수 있겠는가?" 하니, 이덕형이 아뢰기를, "신도 어떠한 사람인지 모르겠습니다마는 그 사람은 병가(兵家)에 유념하고 맡은 일을 게을리하지 않는다 하는데, 임기 응변을 잘할지는 알 수 없습니다. 또 변방을 충실하게 하는 것이 오늘날의 급한 일인데, 백성에게 항산(恒産)이 없어 날로 점점 흩어집니다. 그 괴로움을 덜고 살길을 후하게 하여야 본디 살던 자가 흩어지지 않고 쇄환(刷還)한 자가 안정하여 살 수 있을 것이니, 반드시 특별히 유념하여 줄일 만한 공물(貢物)과 요역(徭役)을 줄이고 덜 만한 것을 덜어 주어 조정의 덕의(德意)를 알게 해야 합니다." 하였다. 상이 이르기를, "육진(六鎭)이 근심스러운 것은 참으로 경의 말과 같고 서방의 노을가적(老乙加赤)도 작은 근심거리가 아니다. 관서(關西)의 형세를 나도 보았는데, 물은 깊지 않고 산은 높지 않으며 길은 평탄하여 믿을 만한 험조(險阻)가 없는데다 열읍(列邑)의 성지(城池)는 더욱 웃음거리가 될 만하였다. 중국 장수가 이를 보고 웃으며 말하기를 '옛글에 성이 작아도 튼튼하다고는 하였으나 성이 크되 낮다고는 하지 않았다.' 하였으니, 그 말이 어찌 당연하지 않겠는가. 의주(義州)의 성은 더욱더 지혜로운 자가 만든 것이 아니다. 큰 적이 온다면 이 성지로 막을 수 있겠는가. 동정(東征)한 중국군 중에 혹 노적(老賊)에 들어간 자가 있다면 반드시 동국(東國)은 도모하기 쉽다고 말할 것이니, 두렵지 않을 수 있겠는가. 소 잃고 외양간 고치듯 하면 무익할 것이다." 하니, 홍가신이 아뢰기를, "상교(上教)가 마땅하십니다. 그러나 소 잃은 뒤에 곧 외양간을 고친다면 또한 다행이겠는데, 우리 나라는 소를 잃는 데에 그치고 마니 참으로 한심스럽습니다." 하자, 상이 이르기를, "외양간을 고친다면 일을 폐기하지 않았다 할 수 있을 것이다." 하였다.

가신이 아뢰기를, "변장의 직임을 조정이 전혀 가려서 제수하지 않았으므로 변방의 대장들이 거의 마땅한 사람이 아니니, 삼면에서 적이 침입하면 어떻게 막을 수 있겠습니까. 7년 묵은 병에 3년 묵은 쑥을 구하는 것처럼 이제부터 가리더라도 될 수 있을 것입니다. 또 지금의 무사(武士)는 전혀 학식이 없어서 기회에 따라 지혜를 쓰는 것이 더욱 염려스러우니, 젊은 무사를 가려 《진서(陣書)》·《손자(孫子)》·《오자(吳子)》·《좌전(左傳)》·《통감(通鑑)》·《송감(宋鑑)》 등의 글을 강습시켜 고금에 해박하게 해야 하겠습니다. 또 대신을 시켜 쓸 만한 자를 가리되 2품(品) 이상에 한하여 특진관(特進官)으로 차출하여 탑전(榻前)에 입시하여 품은 생각을 죄다 아뢰게 하여 능부(能否)를 시험하는 것이 좋겠습니다. 밭갈이는 노(奴)에게 물어야 하고 길쌈은 비(婢)에게 물어야 하는데, 우리 나라는 무사를 박하게 대우하여 부지런히 힘쓰는 길을 끊었습니다. 옛사람의 인재는 다른 세대에서 빌어 올 수 없다 하였거니와 오직 어떻게 배양(培養)하느냐에 달려 있을 뿐입니다. 어찌 예전에는 인재가 넉넉하였는데 지금은 적겠습니까." 하였다.

상이 이르기를, "평안도의 연병(鍊兵) 등의 일은 이원익(李元翼) 이후에 날로 점점 해이해지니 그 곳의 일은 늘 염려해야 한다." 하니, 이덕형이 아뢰기를, “평안도의 형세는 과연 상교와 같습니다. 지세(地勢)가 산만(散漫)하여 지킬 만한 곳이 없는데, 구성(龜城) · 안주(安州) · 평양(平壤) 세 곳만은 물가에 성을 쌓았으므로 적을 막기에 합당한 듯합니다. 영변성(寧邊城)도 볼 만한 것이 못됩니다.” 하자, 상이 이르기를, “그 성은 지나치게 크다고 한다.” 하였다. 이덕형이 아뢰기를, “노적(老賊)의 군사가 지금 얼마나 되는지 모르겠으나 요동(遼東)에 말썽이 없다면 반드시 여연(閭延) · 무창(茂昌)을 거쳐 장구(長驅)하여 올 것입니다. 전에 듣건대, 강계(江界)의 토병(土兵)이 인삼을 캐러 그곳에 가서 활 쏘는 소리를 들었는데 겨우 2식정(息程) 떨어진 곳이었다 합니다. 반드시 먼저 우리 일을 닦아야 근심이 없을 것입니다.” 하자, 상이 이르기를, “서방에는 토병이 매우 적다 하는데 그러한가?” 하니, 이덕형이 아뢰기를, “토병은 많이 빠지고 남은 자는 다 보병(步兵)인데 강변(江邊)의 토병은 매우 정예하다 합니다.” 하고, 김수(金睟)가 아뢰기를, “어사(御史)가 갈 때에 전마(戰馬)를 나누어 보내어 탈 것이 없는 토병에게 주게 하면 급할 때에 대비할 수 있을 것입니다.” 하였다. 상이 이르기를, “대개 일을 맡은 자가 힘을 다해야 일이 성취될 수 있다. 이 때문에 옛사람은 싸움에 임하면 반드시 그 장수가 어떠한지를 물었다. 북로(北路)는 지형이 막혀 장구해 올 걱정이 없으나 평안도만은 가장 근심스럽다.” 하였다.

김수가 아뢰기를, “호변(胡變)이 깊이 들어오기는 어려울 듯하나 육진이 보전되지 못한다면 그도 알 수 없으니 북적(北賊)도 가벼이 보기 어렵습니다.” 하였다. 상이 이르기를, “계미년에 현성(顯城)이라는 이름이 있었는가?” 하니, 김수가 아뢰기를, “소신이 을유년에 어사가 되었는데, 그때에는 이 성이 있었다는 말을 듣지 못하였고, 수로(水路)를 따라 갔으나 보지 못하였습니다.” 하였다.

상이 이르기를, “터는 찾을 수 있는가?” 하니, 김수가 아뢰기를, “윤관(尹瓘)이 북정(北征)할 때 싸움터였다 합니다.” 하였다. 이덕형(李德馨)이 아뢰기를, “왜정(倭情)에 관한 일은 처치하기가 매우 어렵습니다. 귤지구(橘智久)

가 저렇게 오래 머물러 있으니, 참으로 통분스럽습니다." 하자, 상이 이르기를, "오래 있는 것이 무슨 뜻인가?" 하니, 이덕형이 아뢰기를, "반드시 교체하고 가려는 것일 것입니다." 하였다. 상이 이르기를, "교체하려는 것은 무슨 뜻인가?" 하니, 이덕형이 아뢰기를, "반드시 우리의 허실을 엿보려는 것일 것입니다. 인심은 조금만 움직이면 놀라고 조금만 늦추어지면 게을러지는데, 이제 그 관시(關市)를 허가하여 기미(羈縻)한 채 세월을 보내면 변방의 일을 많이 해이해질 것이니, 이것이 신이 매우 염려하는 까닭입니다. 또 원수(元帥)와 뭇사람의 의논이 다 '한준겸(韓浚謙)은 남쪽 변방의 사정을 익히 알고 재기(才器)가 그 직임을 감당할 만하다.' 하므로 입계(入啓)하여 차출하였으나 신의 생각으로는, 한준겸은 직질(職秩)이 낮아서 절제(節制) · 순찰(巡察)하면 체면에 방해될 듯합니다. 신 같은 자는 재지(才智)가 모자라 참으로 감당할 수는 없으나, 변경에서 달리는 것만은 그래도 할 수 있겠습니다." 하였다.

상이 이르기를, "원수는 서울에 있게 할 것인가, 내려 보낼 것인가? 비국(備局)의 뜻은 어떠한가?" 하니, 이덕형이 아뢰기를, "주사(舟師)가 날로 더욱 허술해지므로 내년 정월 이후에 내려가도록 처리하려 합니다." 하고, 김수가 아뢰기를, "한준겸은 남방에 오래 있어서 변방의 사정을 잘 알고 재기(才氣)도 훌륭하므로 이 직임에 발탁되었으나 충청 감사(忠淸監司) 유근(柳根)은 자급(資級)이 정헌(正憲)이므로 절제하기 어렵습니다. 우리 나라 사람은 중국 사람과 같지 않아 존경하는 도리를 모르므로 직질이 낮으면 호령하는 사이에 일이 제대로 되지 않습니다." 하였다. 이덕형이 아뢰기를, "올해는 흉년인데 영남(嶺南)이 더 심하여 좌도(左道)의 수십여 고을에는 벼가 거의 없으니, 적지 천 리(赤地千里)라 하겠습니다. 내년 봄 농사도 믿을 만한 것이 없으니, 해사를 시켜 종곡(種穀)을 미리 조치하여 농사를 권장할 계책을 삼게 해야 백성이 보존될 수 있을 것입니다." 하고, 김수가 아뢰기를, "육진의 공물(貢物)은 전에 반으로 줄이라는 분부가 계셨으나 수령들은 예전과 같이 전수를 독촉합니다. 사변이 있을 때에는 두세 해 동안 전수를 줄인다면 살아날 수 있을 것입니다. 북도에는 사천(私賤)이 매우 많으나 길이 멀어서 그 주인이 공물을 거두지 못합니다. 그들을 버려두는 것보다는 차라리 속공(屬公)하여 군량을 거두어 국가의 급한 것을 돕는 것이 낫지 않겠습니까. 서울에서 본주(本主)에게 값을 주면 일이 매우 온당할 것입니다." 하였다.

상이 이르기를, "공천과 사천은 법이 이미 다르고 사체로 헤아려도 그렇게 할 수 없다." 하였다. 김수가 아뢰기를, "시어소(時御所)에 양영(兩營)을 새로 두었으나 수직(守直)하는 초관(哨官)을 충정(充定)하지 못하였으니, 대궐 안에 입직(入直)하는 초관이 번갈아 양영에서 나누어 수직하는 것이 온당할 듯합니다." 하니, 상이 이르기를, "훈련 도감의 일이 날로 점점 해이해지니 특별히 신칙해야 하겠다. 예전에 마존량(馬存亮)은 당(唐)나라의 한 환시(宦寺)였으나 능히 군병을 통솔하여 교련(敎鍊)에 부지런하고 갑자기 변란을 만나서는 마침내 진정할 수 있었는데, 이제 도감이 도리어 마존량만 못한가. 도감을 둔 지 이제 몇 해가 되었거니와, 노약(老弱)을 덜고 장정을 뽑아서 군액(軍額)을 충실하게 하고, 초관을 가리고 장사(將士)를 신칙하여 조련(操鍊)을 부지런히 하고, 사환(使喚)을 줄여서 폐단이 불어나게 하지 말고, 상름(賞廩)을 급히 베풀어 원고(怨苦)를 초래하지 말라. 이러한 절목(節目)을 다시 더 힘쓰라." 하자, 김수가 아뢰기를, "상을 주는 것은 호조의 책무이고, 늠료(廩料)를 주는 것은 도감의 일이었으나 이제는 또한 호조로 돌아갔습니다. 다만 해사의 저축이 모자라서 상줄 것이 밀렸고 늠료를 주는 데에는 법으로 정해진 기일이 있으나, 대감(臺監)에 사고가 있으니 물려서 시행해야 할 형세입니다." 하였다.

상이 이르기를, "번번이 양식이 모자라 근심하는데, 어찌하여 둔전(屯田)을 크게 일으켜 내년 봄의 일을 이제부터 미리 조처하지 않는가? 도감의 일은 영상이 제조(提調)로 있을 때에 계획한 것이 많이 있고 크게 힘썼는데 이제는 그렇지 않으니, 매우 한탄스럽다." 하니, 이덕형이 아뢰기를, "일은 성취되는 것이 없고 폐단만 불어나므로 사람들은 반드시 도감에 허물을 돌려 무익하다고 할 것입니다." 하자, 상이 이르기를, "도감이 아니면 서울이 어떻게 보전되었겠는가.” 하니, 이덕형이 아뢰기를, “위에서 도감이 대하여 깊이 유념하셨으므로 겨우 모양을 이루었으니, 누구인들 성상의 뜻을 깊이 본받으려고 하지 않겠습니까마는 10년 동안 시행하다보니 해이해진 것입니다. 둔전의 일은 그렇지 못한 것이 있습니다. 난리를 겪은 처음에는 온 들의 좋은 밭이 다 임자가 없어 둔전을 개간하려 하면 안 될 곳이 없었으나 이제는 백성이 점점 모여서 밭을 널리 개간하여 다들 내가 임자라 하는데다 수령들이 이 일을 괴로워하니 억지로 하기 어려운 형세입니다.” 하였다.

상이 이르기를, “도감의 군사는 봉족(奉足)을 정하여 준 자가 얼마나 되는가?” 하니, 김수가 아뢰기를, “군사는 2천여 명인데 급보(給保)한 자는 겨우 7백 명입니다.” 하자, 상이 이르기를, “이것은 반드시 사정(私情)을 따른 때문일 것이다. 수천 군사의 봉족도 장만하지 못하면 10만 군사의 봉족을 어떻게 뽑아낼 수 있겠는가.” 하니, 김수가 아뢰기를, “인정을 따르지 않았으므로 비방하는 말이 많은데다 군사 가운데에 저번에 죄받은 자가 있는데, 이들이 필시 원망하여 봉족이 정해지더라도 거의 다 병조(兵曹)의 정군(正軍)에 들어갈 것이므로 매우 어려운 형세입니다. 군인을 사환(使喚)으로 삼는 폐단은 지난해에 사단을 일으킨 뒤로 금단이 매우 엄하니, 어찌 전일처럼 거리낌이 없겠습니까. 노약(老弱)을 덜고 장정을 뽑는 것은 참으로 군사를 훈련하기 위하여 급히 힘쓸 일이나, 이 일을 잘 처치하지 않으면 군사를 잃는 걱정거리가 될 것이기 때문에 이렇게 망설이는 것입니다. 전에 중국 장수 이승훈(李承勳)이 왔을 때 아동초(兒童哨)를 뽑았는데 이 때문에 군사를 많이 잃었으니, 신들의 염려는 참으로 여기에서 나온 것입니다.” 하였다.

상이 이르기를, “공사천이 매우 많아 그 수를 알 수 없을 정도인데, 국가에서는 어찌하여 흐릿하게 그들이 있는 곳을 모르는가?” 하니, 김수가 아뢰기를, “서울에 있는 사람은 서리(書吏)에 속한 자가 많습니다.” 하고, 이덕형이 아뢰기를, “포수(砲手)의 봉족은 당초에 반드시 이러한 무리로 충정(充定)하려 하였을 것입니다.” 하니, 상이 이르기를, “도감의 일은 다 내가 일찍이 염려한 것이므로 말하였으니, 말한 모든 일을 특별히 거행해야 한다." 하였다.

이렇게 김만중의 직간 문제로 군신 사이의 갈등이 크게 일어자고, 급기야 의금부 판사인 김만중이 그 날 밤에 의금부에 갇히게 되기까지의 심각한 상황이 벌어졌다.

(나) 경연의 교재 『주역』의 〈함괘〉가 지닌 부부의 도리

김만중이 휘정당 경연에서 교재로 삼은 『주역』과 그 『주역』의 내용 중에서 〈함괘〉가 지닌 주제는 부부의 도리에 관한 것이다. 이런 주제를 전제로 하고 김만중은 당시의 조정과 특히 숙종과 조대비, 그리고 조사석과 후궁 장숙의로 인한 인사 문제까지 영향을 미치는 문제를 숙종 앞에서 제기한 상황을 구체적으로 살펴보자.

서포 김만중이 유배를 가 있는 동안 윤씨부인의 슬픔을 위로할 수 있는 경사로 김만중의 큰 아들인 김진화가 진사에 장원급제를 하는 일이 일어났다. 그러나 윤씨부인은 궁궐을 생각하면, 마음이 아프고 안타까워졌다, 그 까닭은 숙종의 첫 왕비 인경왕후가 승하한 이후, 덕성을 갖춘 인현왕후가 뒤를 이었지만, 출산을 못하였고, 이를 계기로 조대비의 지원하에 궁녀로 들어온 후궁 장씨로 인한 상황이 점차 심각해졌다. 그러자 항간에서는 "조사석이 정승에 임명된 것은 어떠한 인연이 있다."는 소문이 퍼졌다.[121] 숙종은 인경황후의 승하 후 맞아들인 인현왕후 민씨의 양해를 얻어, 궁인 장씨를 후궁에 맞았고, 후궁 장씨는 숙종의 총애를 받아 1686년에는 숙원으로 급속 승급을 하였을 뿐만 아니라, 장숙원은 조대왕대비와 동평군 이항에게 기대면서 지위와 권세를 부리게 되었다. 그러자, 이조판서 민진주는 상소로 해괴한 소문을 거론하니, 숙종은 그에게 엄한 책망을 가했지만, 대사헌 우참찬 이수언은

121) 김진규, 『문효공 휘 만중행장』.

숙종에게 언관의 뜻을 꺾지 않아야 함을 주장하였다. 이런 사태 속에서 김만중이 걱정하는 바를 지켜보던 윤씨부인 또한 자식과 나라의 앞날이 크게 걱정되었을 것으로 판단된다. 특히, 윤씨부인의 효자인 서포 김만중은 믿고 따르던 형을 잃은 참담함, 이로 인해 애통해하는 모친 윤씨부인의 입장에 서서, 점차 혼미해지는 숙종과 나라를 구하기 위한 결단으로 직간에 나서게 되었다.[122)]

1687년 9월 10일에, 서포 김만중은 대제학과 의금부판사의 직위를 가진 채 지경연관으로 희정당에서 하는 경연에 나아갔다. 이 날 경연은 주강으로 정오에 개최되었다. 경연에 참여한 사람은 숙종을 모시고, 8인의 신하들, 즉 지사인 김만중을 중심으로 하여 특진관인 신완, 참찬관인 임홍망, 사독관인 황흠, 검토관인 홍수헌, 지평인 이정익, 무신부호군인 김단하, 주서인 최중태, 기사관인 송상기였다. 강독할 내용은 전부터 계속 강독하고 있던 주역 중에서 함괘 부분이었다. 경연관들은 먼저 주역 함괘를 강론하였다. 이날, 김만중이 경연에서 교재로 다룬 『주역』의 함괘는 그 이전과 이후에도 조정에서는 아주 중요한 『주역』의 대목으로 거론되었던 괘였음은 다음과 같은 국가에서 공인한 역사 기록의 실제에서 확인할 수 있다.

『주역』의 함괘에 대한 해석을 둘러싼 논의는 숙종 이전과 이후에도 중요한 관심이 되는 괘에 속한 것임은 『조선왕조실록』의 사례에서 확인된다. 즉, 태조 7년인 1398년 11월 18일의 〈덕비에게 책문과 인장을 주다〉에서는 책문에, "『주역』에는 함괘와 항괘[123)]를 나타내어 인륜을 바로잡았다"고 하였다.[124)] 선조 35년인 1602년 7월 27일의 『주역』의 함괘를 강하고 서로 그 뜻을 논의

---

122) 설성경, 『윤씨부인의 삶과 그 정신』, 지식과 교양, 2011, 92쪽.

123) 함괘(咸卦)와 항괘(恒卦)는 모두 《역경(易經)》의 괘명(卦名)으로, 부부(夫婦)의 도리를 말한 것임.

124) 『조선왕조실록』, 태조 7년(1398) 11월 18일.

하다〉에서는 "상이 별전에 나아가 『주역』의 함괘를 강하였다. 이심이 아뢰기를, '함서괘'에서부터 '감통지리'[125]까지 읽었는데, 군자의 도는 부부에서 시작된다고 하였는데, 부부의 관계는 지극히 친밀한 것이기 때문에 그 사이에 도를 행하기가 어려운 것입니다. 비록 감응하는 것이 없을 수는 없으나 반드시 그 바름을 잃어서는 안 되는 것입니다." 윗자리에 있는 자 역시 정도로 대하지 못하고 도리어 친근하고 스스럼없는 자의 말을 믿고 쓴다면, 이는 상하가 모두 그 정도를 잃어버리는 것이 되고 맙니다. 그리하여 사정이 횡행하고 공의가 없어져 인재를 등용하고 물리치는 것과 옳고 그름을 가리는 것이 마침내 전도되는 데 이르게 될 것이니, 경계하지 않을 수 있겠습니까. 성인의 경전(에서 교훈을 남긴 의미가 깊으니, 임금은 두려운 마음으로 대처해야 할 것입니다." 하였다.[126]

선조 35년인 1602년 8월 2일의 〈『주역』 함괘를 강하다.〉에서 "함괘를 강하면서, 이심이 아뢰기를 "선유가 말하기를, '함은 무심을 주로 하니 만약 하나의 심자를 붙인다면 집착하는 바가 있게 되어 감응할 수 없다.'고 하였습니다. 어떤 이는 또 '등과 장딴지와 넓적다리는 밖에 있어 드러나 있기 때문에 형상으로 취했지만, 마음은 안에 있어 보이지 않기 때문에 말하지 않은 것이다.'라고 하였습니다. 대개 도는 허공을 귀하게 여기는데 허중의 요체는 공경을 주로함이 아니면 어디에 공력을 들이겠습니까." 하였다.[127] 선조 35년인 1602년 8월 6일의 『주역』의 함괘를 강하고 그 뜻을 논의하다〉에서는 "『주역』은 심오하여 뜻을 깨닫기가 매우 어렵다." 하니, 이덕형이 아뢰기를, "『주역』은 성인이 상수를 취하여 괘를 만들고 이를 근거로 부연하여 유사한 사상을 그 범주에 포함시킨 것으로 천지의 변화와 길흉 소장의 이치가 실려 있지

125) 感通之理.

126) 『조선왕조실록』, 선조 35년(1602) 7월 27일.

127) 『조선왕조실록』, 선조 35년(1602) 8월 2일.

않은 것이 없으나, 실은 음양이라는 도의 본체에서 벗어나지 않습니다." 하였다.[128] 효종 5년인 1654년 11월 2일의 〈『주역』을 법으로 삼아 재앙을 없애라는 부사직 정두경의 상소문〉에서 "언로가 끊기려 하니 어찌 매우 우려할 만한 일이 아닙니까. 진달할 일이 많은 이때에 신이 김홍욱의 일만을 거론하는 것은 한편으로는 의혹을 깨뜨리고 한편으로는 언로를 열고자 하는 것입니다. 『주역』〈함괘〉를 법으로 삼아 허심 탄회한 심정으로 받아들이시고, 『주역』을 법으로 삼으라는 말은 더욱 마음 속에 깊이 새기겠다." 하였다.[129] 영조 31년인 1755년 2월 27일의 〈사노비의 감포 절목[130]을 확정하고 내린 윤음〉에서 임금이 윤음을 내리기를, "아! 국가의 큰 폐단으로는 하나는 양역고 하나는 노비인데, 양역의 폐단은 인근 족속뿐만이 아니고 심지어 백골에게까지 징수하며, 노비의 폐단은 더욱 몹시 잔인하여 남자의 경우는 장가를 들 수 없고 여자의 경우 시집을 갈 수 없으니, 이것이 어찌 『주역』의 〈함괘〉에서 이른바 남녀가 있은 연후에 부부가 있고, 부부가 있은 연후에 부자가 있다는 의미이겠는가? 왕정에서 차마 하지 못할 바일 뿐만 아니라 또한 화기(和氣)를 감응하게 하고 손상시키는 한 단서이다.[131]

이처럼, 『주역』의 〈함괘〉는 구체적으로는 〈함괘〉와 〈항괘〉를 말한 것인데, 함은 서로 화합한 뜻이고, 항은 오래도록 변하지 않고 바른 도리를 지키는 뜻이 핵심이다. 이러한 함괘를 중심으로 김만중 주도로 경연을 한 이후에 이어진 군신 사이의 대화인 김만중의 직간을 큰 문제를 일으키게 되어, 김만중은 이 날, 숙종 앞의 직간으로 일어난 소동 때문에 하룻 저녁에 기막힌 여러 곡절이 있은 후에, 평안도 선천으로 유배를 가게 되었다.

---

128) 『조선왕조실록』, 선조 35년(1602) 8월 6일.

129) 『조선왕조실록』, 효종 5년(1654) 11월 2일.

130) 減布節目.

131) 『조선왕조실록』, 영조 31년(1755) 2월 27일.

이때의 희정당 경연에서 『주역』 〈함괘〉의 강의에 이어서 한석조 부친의 가좌와, 능행 때 마편 제공을 잘못한 관원의 처벌 문제, 그리고 김수항과 이단하 등에 대우가 달라진 것이 김창협의 상소 때문인가의 여부 등에 대하여 논의가 진행되었다.[132] 논의는 더 확대되어 궁인 장씨가 상감의 특별한 은총을 입어서 작위를 받았는데, 이징명과 한성우가 서로 이어 말을 하였고, 김창협도 상감께서 이징명을 견책한 일을 가지고 쟁론하였다. 이윽고 숙종은 김수항과 이단하를 몹시 박대하여 정승에서 물러나게 하였고, 또 엄중한 교지를 내리었다. 여항에서는 조사석이 정승에 제수된 것은 사사로운 지름길로 연줄이 닿아서 그리 됐다는 말이 자자하였으므로 조사석은 감히 직무를 맡지 못하였다. 영의정 남구만은 차자를 올려서 숙종이 두 정승을 염박한 것에 대하여 논하였으며, 이어서 여항의 논의가 비등하여 나라 사람들이 의심스러워하고 있다는 말을 하였다. 대사헌 이익은 또 상소를 올려 조사석이 힘써 사퇴하는 것은 오로지 민진주와 홍수언 때문만은 아니라고 말하였다.

이 날의 상황이 있기 직전에 조정 안팎에서는 조대비, 조사석, 장희빈에 얽힌 소문들이 크게 일어나고 있었던 1687년 9월 19일에 올린 다음과 같은 조사석의 변병성 상소에서 어느 정도 짐작할 수 있다.

> 판돈녕부사 조사석(趙師錫)이 김만중(金萬重)에게 배척받은 것을 가지고 상소하기를,
>
> "신은 보잘 것 없어 평소에 칭찬과 소문이 없었으니, 세상에서 천대(賤待)받게 되는 것은 당연합니다마는, 불행하게도 늙어가는 마당에 갑자기 망측(罔測)한 누명이 가해졌습니다. 비록 조정 안에는 감히 나아가 항언(抗言)하지 못하지만 마음 속에 의심이 쌓여 있지 않을 수 없습니다. 이번에 김만중의 말이 또한 이에 이름으로써 막혀 있다 터지게 되었으니, 어찌 혼자만 통쾌하

132) 『승정원일기』.

겠습니까마는, 생각해 보건대, 신(臣)의 억울하던 심정을 거의 저절로 진달할 수 있게 되었으니, 또한 신의 다행한 일입니다. 진실로 신의 소위가 한결같이 말을 한 사람들 그대로라면 진실로 마땅히 드러나게 죄주고 바른 대로 배척하여 먼 변방에 던져두어야 할 것입니다마는, 만약에 그렇지 않다면 또한 마땅히 분명하게 밝혀서 시원히 씻어버리게 되어야 할 것입니다. 이제 있는 것도 같고 없는 것도 같은 와중에 놓아두고서 장차 믿게도 되고 장차 의심하게도 될 지경으로 몰아넣고 있으므로, 어두컴컴하여 밝힐 수가 없는데 스스로는 변명할 길이 없습니다. 신(臣)의 마음이 통탄스럽고 박절함은 비록 돌보아 줄 것이 없다 하더라도 청명(淸明)한 조정에 누를끼침은 또한 마땅히 어떻게 되겠습니까? 대개 그의 뜻은 말이 궁중(宮中)에 미치게 된다면 이미 외부 사람들은 알 바가 아니게 되고 말이 바람 일어나듯이 하게 된다면, 또한 흔적을 찾을 수 없게 될 것이라 여겨, 온나라 사람들의 귀를 현혹시키려고 도모한 것이니, 뜻이 진실로 깊고 계교가 진실로 치밀하기는 합니다. 그러나 유독 높은 하늘의 해가 깊숙하고 은밀한 곳까지도 널리 비춤은 생각하지 못한 것이 아니겠습니까? 바라건대 신(臣)을 삭직(削職)하여 나라 사람들의 말에 답해 주소서." 하였다.

임금이 답하기를, "연줄을 대어 차지하기를 도모하는 것이 얼마나 어둡고 어지러운 때의 일인데, 감히 망측한 모함과 비방을 제멋대로 군부(君父)에게 덮어 씌우기를 조금도 기탄없이 하고 있다. 우리 국조(國朝)의 3백 년 이래에 임금으로서 신하들의 추한 모욕 받기를 오늘날처럼 당한 적은 없었으니, 이것이 어찌 단지 대신만의 불행이겠는가? 진실로 국가의 큰 변고이다. 이러한 흉적(凶賊)들을 아직도 잡아다가 통쾌하게 국법대로 하지 못하고 있으니, 이 점이 가장 한탄스럽다." 하고, 이어 사관(史官)을 보내어 올라오도록 유시(諭示)했으나, 조사석이 오지 않았다.

(다) 1687년 9월 11일 경연에서 일어난 서포 직간과 언근 문제

1687년 9월 11일에, 숙종이 조사석을 정승으로 임명한 일 때문에 조정 안팎의 어수선한 분위기 속에서 있었던 창덕궁 희정당 경연에서 일어났던 군신 사이의 격렬한 갈등을 대화자 별로 구별하여 살펴보면 다음과 같다.

김만중의 말(1): "금번 능에 행차하셨을 적에 말 채찍의 일로 해서 공조의 관원을 잡아 가두라는 명이 계셨으므로 금부에서는 '장팔십고신'의 형률을 적용하였습니다. 유사가 능히 진어하지 못한 것은 진실로 유죄입니다. 다만 듣자하니 등나무 채찍은 반드시 붉은 점이 있고 또 다섯 마디가 찬 뒤라야 진어하기에 합당한데 공조에서는 이와 같은 물품을 얻지 못해서 죄를 입었다고 합니다. 신이 바야흐로 약방의 직분을 가지고 있으니 청컨대 약재로써 비유해 보겠습니다. 당약 가운데 황련이나 주사 같은 따위는 형태가 매 발톱 같고, 거울 표면 같은 것이면 좋은 약이지만 그렇지 못하면 효험도 떨어집니다. 그러나 근래에 진어하는 약재가 혹은 능히 십분 훌륭하지는 못해서 간간이 버금가는 물품을 써도 성상께서는 일찍이 죄주어 책망하신 적이 없습니다. 이 어찌 당나라 약재가 먼 데서 오므로 용서해 줄 만한 이유가 있기 때문이 아니겠습니까? 이번에 이 등나무 채찍도 또한 우리 나라에서 나는 것이 아니니 최고급품을 얻기 어려운 것 역시 당나라 약재와 마찬가지입니다. 더군다나 이것은 당나라 약재와도 다르니 비록 붉은 점과 다섯 마디가 아니라도 실용에는 해로움이 없습니다. 만일 한결같이 이런 따위의 일에만 유의하신다면 옛 사람들이 경계한 바 '물건을 구경하다가 마음을 잃어버림'에 거의 가깝지 아니하겠습니까?"

숙종의 말(1): "경이 아뢴 바가 대체적인 뜻은 진실로 훌륭하나 나의 본래의 뜻을 알지 못하였다. 내가 말 채찍을 중히 여겨서가 아니다. 공조가 으레 거동할 때엔 말 채찍을 진어하도록 되어 있는데 금번엔 진어하지 아니하였다. 내가 공조의 하급 관리를 추문하였더니 말 채찍을 진어하는 일은 일찍이 이전 예규가 없다고 하였다. 일이 하도 터무니 없었으므로 다시 명하여 이전 예규를 찾아들이라 하였더니 그 뒤에야 구차하게 겉으로만 책임을 얼버무렸다. 일이 몹시도 편안치 못하였으므로 대략 경책을 가하였던 것이니, 내 뜻은 다만 직무상 당연히 진어해야 할 물품을 끝내 진어하지 아니한 것을 언짢아 했을 뿐이다."

김만중의 말(2): "옛 사람의 이른바 '임금의 덕은 이루어냄을 귀하게 여긴다'는 것은 신 같은 연관이 감히 의심할 바 아니지만 이번에 만수전의 화재는 근래에 없던 변고였으며, 요즈음 여항간에는 효잡스러운 말도 많아서 심지어 '상감과 신하들의 마음속에도 의심 때문에 통하지 않는 것이 없지 않다.' 하니 신은 진실로 능히 지나친 염려를 하지 아니할 수 없습니다. 또한 오늘 진강한 글월의 뜻에도 임금과 신하, 위와 아래가 서로 감응해야 한다는 말이 있으니 감히 구구하게 생각한 바를 말씀드리겠습니다. 요즈음 상감의 두 신하에 대한 대접은 즉위하신 이래로 없었던 잘못된 거조이시니 온 나라 사람들이 누가 미안하게 여기지 아니하겠습니까? 지난번 영의정과 대사헌 이익이 모두 이 일을 말할 적에 위와 아래가 마음과 뜻이 통하지 않는다는 것과 여항에 부언이 들끓고 있다는 것을 걱정하였습니다. 요즈음 아랫사람들은 모두 군상께서 신하들을 믿지 않는다고 하지만 실은 신하들도 군상의 뜻을 믿지 않음이 없다고는 할 수 없습니다. 신하로서 군상을 의심하는 것이 진실로 도리나 분의상 감히 있을 수 없는 일이지만 인정에 있어서는 또한 어쩔 수 없는 일이기도 합니다. 비유하건대 아버지가 아들에게 본디 자애로우신 분인데 느닷없이 못마땅한 낯빛을 하실 경우, 온 집안사람이 그 아들의 죄가 무엇인지 영문을 모른다면 어찌 놀라 의혹하는 마음이 없을 수 있으며, 또한 어찌 무심히 앉아 보기만 하고 의혹을 풀어 버릴 길을 모색하지 않을 수 있겠습니까? 이제 신이 감히 이런 따위 억측의 말을 가지고 바로 성상께서 참으로 이런 일을 하셨다고 생각하지는 않습니다. 그러나 신은 신하된 도리로써 마땅히 시원하게 풀어서 위와 아래로 하여금 의혹으로 막힌 곳이 없도록 하고자 하는 것입니다. 신이 사람들과 접촉하는 일이 드문데도 불구하고 신의 귀도 또한 들은 바가 있으니 그런 말이 널리 퍼져 있음을 가히 알 수 있습니다.

전 영상 김수항은 앞 조정의 대신으로서 상감께서 은혜롭게 예우하심이 자별하셨는데 지난번 정원에 내리신 교지는 평소와 크게 달랐습니다. 그래서 바깥 사람들은 그 이유를 헤아릴 수 없었습니다. 지난번 김창협이 소를 올려 궁액의 일을 언급하였는데 자못 조심스러움이 결여되어 있었고, 또 창협이 다른 사람과 달라서 후궁이 그의 일가였으므로, 바깥 논의가 또한 그러한 소는 창협의 손에서 나와서는 아니된다고 하였습니다. 어떤 일들은 의심하기를 상감께서 수항을 못마땅하게 여기시는 것은 실로 이 상소로 말미암아서라고 하였습니다. 수항의 사람된 품이 본디 삼가고 조심성이 있으니 그 당시 만일 그 아들의 상소를 보았다면 반드시 막았겠으나 미처 알지 못한 듯합니다. 그러나 이러한 사정은 다른 사람이 알 수 있는 바가 아니며, 상감께서는 어찌 그 아들의 상소를 가지고 그 아비에게 노여움을 옮기셨습니까? 이 모두 김수항의 죄명이 분명하지 아니하였기 때문에 이러한 의심이 생긴 것입니다. 대신의 차자와 도헌의 상소에 모두 '위와 아래가 의혹으로 막혀 있고, 부언이 들끓고 있다.'는 말이 있고, '조사석이 불편해 하는 것은 실로 민진주와 이수언의 상소에 있지 않다.'고 하는 것도 또한 이 때문입니다."[133)]

이때의 상황을, 『조선왕조실록』에서는 "요사이 전하께서 김수항과 이단하에 대한 대우가 그전보다 크게 달라지셨는데, 김수항에 대해서는 외부 사람들 모두의 말이 '김창협의 상소 때문이다.'라고 합니다. 어찌 전하께서 그의 아들이 한 일 때문에 그의 아비에게 화풀이를 하시겠습니까? 이는 김수항의 죄명이 분명하지 않기 때문에 이런 의심을 가지는 말이 외간에 마구 퍼지게 되는 것이 아닐 수 없습니다. 지금 전하께서도 신료들에게 마치 의심이 쌓여

---

133) 김병국 외(역), 『서포년보』, 서울대학교출판부, 1992, 203쪽.

풀리지 않으시는 것 같은데, 그렇다면 아래에서도 성상께 의심이 없을 수 없게 되는 것은 또한 당연한 일입니다. 대사헌 이익의 상소 내용에 이른바 '의아스러운 마음이 날로 생겨나고 있습니다.'라고 한 것이나, '조사석이 불안해진 것은 민진주 때문이 아닙니다.'라고 이수언의 상소에서 말하게 된 것도 또한 이런 때문입니다. 지난번 한성우의 상소는 한 말이 매우 광망하여 진실로 성상의 마음을 개오하기에 부족한 것이기는 했습니다마는, 비답하신 말씀이 매우 엄격하였고 신자로서는 차마 들을 수 없는 말씀이 있기도 했기에, 항간에서는 더러 송 인종 때 온성의 일과 같은 것이라 하고 있습니다. 유언은 옛적부터 대내에서 총애받는 궁녀가 있을 적에 생기는 수가 많았습니다. 만일 『시경』 맨 첫 장의 시로서, 부부의 도가 잘 행해져 가정이 평화로움을 뜻하는 관저장 같은 시가 생긴 문왕 때라면 그런 말들이 어디에서 생겨나게 되겠습니까? 바라건대, 전하께서는 반성하시면서 더욱 수신하고 제가하는 도리를 닦으소서." 하였다고 기록하고 있다.[134)]

숙종의 말(2): "사석이 불편해 하는 것이 두 신하 때문이 아닌 줄을 어떻게 알 수 있는가?"

이때의 상황을, 『조선왕조실록』에서는, 임금이 이르기를, "조사석이 불안하게 된 것은 과연 무슨 일 때문이겠는가?" 하였다고 기록하고 있다.

김만중의 말(3): "여항간 부언이 지극히 터무니없으니 듣는 이가 뉘 곧이 듣겠습니까마는 그러나 이러한 말이 이리저리 굴러서 널리 퍼진 뒤에는 사석도 역시 스스로 편안할 수 없을 것입니다."[135)]

이때의 상황을, 『조선왕조실록』에서는 김만중이 아뢰기를 "후궁 장씨의 어미가 평소에 조사석의 집과 친밀했었습니다. 대배가 이 길에 연줄을 댄 것이라고 온 나라 사람들이 모두 말하고 있습니다마는, 유독 전하께서만 듣지 못

134) 『조선왕조실록』, 숙종 13년(1687) 9월 11일.

135) 김병국 외(역), 『서포년보』, 서울대학교출판부, 1992, 203쪽.

하신 것입니다. 임금과 신하의 사이는 마땅히 환하게 트이어 조금도 간격이 없어야 하는 것인데다가 전하께서 물으시는데 신이 어찌 감히 숨기겠습니까?" 하였다고 기록하고 있다.[136)]

숙종의 말(3): "이익의 상소에서 이르기를 '사석이 편치 못한 것이 민 · 이 두 신하의 상소 때문이 아님은 온 조정이 다 아는 바입니다.' 하였으나, 나는 그가 편치 못한 까닭을 알 수 없었는데 오늘 연신이 이렇게 말을 꺼냈으니, 그러면 사석이 편치 못한 것은 무슨 일 때문인가? 여항간에 어지럽게 들끓고 있다는 것은 또한 무슨 말인가?"

김만중의 말(4): "여항간 효잡스러운 말이 실로 형체는 없습니다만, 대체로 궁액 가운데의 일을 가지고 이러쿵저러쿵하고 있습니다. 상감께서 후궁을 두신 것이 여색을 위해서가 아닌 줄을 조정의 안팎에서 누가 알지 못하겠습니까? 그러나 효종대왕과 현종대왕 두 조정에서는 후궁을 두지 아니하였으므로 여항 사람들은 처음 보는 일이라고 생각하는 것입니다. 또 지난번에 한성우가 상소를 올려 경계하셔야 할 일을 말씀드렸는데, 그 말이 몹시 미친 듯 망녕되어 진실로 상감의 마음을 깨달으시게 하기에는 부족한 것이 사실이었습니다. 그러나 정도가 지나친 비답을 내리시게 되자 외간에서는 혹 지금의 후궁은 송나라 때 온성과 같은 총애를 받고 있는 게 아닌가 생각하였으며, 지난번 누차 가복한 것이 상례와는 달랐기 때문에 이로 말미암아 효잡스러운 말이 야단스럽게 퍼져 나갔습니다. 신은 진실로 감히 일일이 아뢸 수는 없습니다만 상감께서는 잠잠히 생각하실 수 있을 것입니다. 이런 따위의 말이 사석에게는 어찌 대단히 불편하기까지야 하겠습니까마는 대성인께서 스스로 반성하시는 길로써 말한다면 경계할 만한 것이 없지 않습니다. 예로부터 이런 따위의 부언은 여인들을 총애하는 때에 많이 생겼으니 문왕의 관저

---

136) 『조선왕조실록』, 숙종 13년(1687) 9월 11일.

편과 같은 때라면 어찌 이런 말이 있겠습니까? 그러나 이 모두 떠돌아다니는 근거 없는 말들이니 성조께서 진실로 이 같은 일이 없으시다면 크게 걱정하실 것 없습니다. 다만 몸을 닦고 집안을 가지런히 하는 길에 더욱 힘써 공부하시면 이와 같은 잡된 말들은 저절로 소멸할 것입니다. 이것이 신이 구구하게도 성조께 바라는 것입니다. 신이 들어올때에 마침 헌장의 상소를 보았으므로 감히 생각한 바를 말씀드리는 것입니다."

숙종의 말(4): "사석이 불편해 하는 것은 무슨 일 때문인가? 말을 꺼냈으니 밝혀 말하지 아니하면 아니될 것이다."

김만중의 말(5): "군신은 부자와 같습니다. 그러므로 신이 망측한 부언을 듣고 나서 마음에 참으로 개탄스러워 경솔하게 말씀드렸으니 황송하기 그지없습니다. 또한 이 말이 비록 지극히 터무니없긴 하지만 이제 만일 연중에서 말씀드린다면 사석이 어찌 더욱 불편해하지 아니하겠습니까?"

승지 임홍망의 말(1): "근래에 여러 신하들이 장주에 다만 의혹으로 막혀 있다는 말만 하고 의혹을 풀어 없애는 이는 없었습니다. 그래서 이제 아무개가 그 의혹으로 막혀 있는 것을 푸느라 이렇게 아뢰었습니다만 여항에 떠돌아다니는 말을 신하가 어찌 감히 아뢸 수 있으며 상감께서는 어찌 반드시 물으십니까? 혹 대신에게 불편하게 될까 걱정스러우니 분명하고 자세하게 물으실 필요는 없을 것입니다. 이익의 소에 '제나라 동쪽'이란 말이 있었습니다. 우리나라가 제나라 동쪽에 있어서 습속이 으레 와언이 많으니 와언을 자세히 물어 무엇 하겠습니까?"

숙종의 말(5): "이제 이 말을 들어 보니 비로소 사석이 불편해 하는 것이 민·이 두 신하의 소 때문이 아닌 줄을 알겠거니와 연신이 이미 말을 꺼냈으니 이른바 잡된 말이란 무슨 말인가? 밝혀 아뢰어야 할 것이다."

김만중의 말(6): "이토록 하교하시니 신이 어찌 감히 숨기겠습니까? 신이 이런 따위의 말이 만에 하나라도 믿을 만하다 여기어 군부께 의심을 두고 있는 것은 아닙니다만, 외간에서는 후궁 장씨의 어미가 조사석과 서로 친하게 지냈기 때문에 사석에서 의정 벼슬을 받은 것은 이러한 연줄 때문이라고들 합니다. 이런 따위의 말들이 외간에 퍼져 있으니 사석이 불편해 하는 것은 아마 이 때문일 것입니다. 말세의 인심이 실로 한심하다 하겠습니다."

숙종의 말(6): "나와 같이 엉성한 재주와 엷은 덕으로 임금 자리를 더럽히고 있었더니 이런 말까지 듣게 되었다. 이것은 전고에 없던 변고로서 내가 이런 말을 듣고서는 실로 뭇 신하들을 대할 낯이 없으니 차라리 거꾸러져 버리고 싶다. 혼미한 조정에서는 벼슬을 주고 금을 받는 일이 있다더니 이제 이런 말을 들으니 진실로 지극히 무례하다. 반드시 언근이 나온 곳이 있을 것이다. 이미 말을 꺼냈으니 언근을 밝혀 아뢰어야 할 것이요. 결코 그만두어서는 아니될 것이다. 이렇게 차마 듣지 못할 말을 감히 군부의 앞에서 아뢰고 있으니 이것은 임금을 욕보이자는 것이다. 내가 김수항을 언짢게 여기는 것은 그것대로 이유가 있으니 연신이 아뢴바 김창협의 일에 관계되었다는 것은 전혀 그렇지가 않다. 김창협의 일이 비록 해괴하긴 하지만 어찌 그 죄를 옮기어 그 아비에게까지 미치겠는가? 일이 이 지경에 이르렀으니 내 또한 어찌 밝혀 말하지 아니하겠는가? 경신년 사이에 내가 이단하를 형조판서에 제배하였었다. 그때 김수항은 이단하가 진실로 문아는 있으나 이재는 부족하다고 하더니, 지난 가을에 이르러서는 이단하를 복상하여 들여왔으니, 어찌 형조판서로는 부족한데 도를 논하고 나라를 다스리는 직무에는 합당할 수 있겠는가? 수항의 소행은 참으로 정직하지 못하였다. 이단하가 정성스런 마음으로 나라를 걱정하고 지성으로 임금을 사랑하는 줄을 내가 진실로 알거니와, 다만 그는 귀가 여려서 남의 말을 잘 곧이듣는 병통이 있다. 사람들은 틀림없이 '이미 합당치 아니한 줄을 아셨다면 당초에 어찌하여 낙점을 하셨던가?'할 것이다. 나는 그때 마음속으로 그가 복상 단자에 오랫동안 머물지 아니할 것을 알고 생각하기를 '대간도 또한 윤회대간이 있으니 정승 또한 어찌 윤회정승이 없으랴.' 하여 임시로 이단하를 정승으로 낙점하였으나 김수항에게는 내 마음이 언짢았던 것이다. 올 여름 복상할 때에도 네 차례나 가복하였는데도 단지 몇몇 신하들만을 복상하고 끝내 조사석은 복상하지 아니하였다. 김수항과 이단하가 청대하여, '대신은 이조판서에서 오랫동안 승진하지 못하였다.'는 말을 하였으나 내가 듣기로는 이조판서에서 오랫동안 승진하지 못하였던 것이 아니고 출신에서 오랫동안 승진하지 못하였던 것이다. 『국조방목』 또한 궐내에 있으니 근거가 분명하여 상고할 수가 있다. 내가 이 때문에 더욱 언짢아져서 개탄스럽기 그지없었던 것이다. 그 동안의 곡절이 이와 같을 뿐이었는데 이제 이렇듯 차마 듣지 못할 말을 들으니 어찌 마음 상하지 아니하겠는가? 연줄로 복상하였다고 한다면 혼미한 조정에서 값을 주고 벼슬을 얻을 일과 같다는 것이니 금을 받았다는 말인가 은을 받았다는 말인가? 내 나이 장차 서른인데 아직도 후사가 없으니 후궁을 둔 것은 실로 이 때문이었다. 지난 봄 비망기에서도 이러한 뜻을 말하였으니 한성우가 틀림없이 모르지는 아니할 터인데 감히 여색을 즐긴다는 말을 하고 효종대왕 때의 일을 말함에 이르러서도 터무니없는 말을 하고 있으니 저가 인신으로서 어찌 감히 이와 같은 말을 하는가? 지난번 인견할 때에는 이런 일을 가지고 대신에게 박절하게 간섭하기가 무엇해서 드러내놓고 말하지는 아니하였던 것이다. 내가 이단하로 정승을 삼은 것은 애초에 예우하자는 것이 아니었고 다만 정승을 돌려가며 하자는 것이었는데, 조사석을 연줄로 복상하였다는 오늘의 말들은 생각지도 못한 것을 무욕하여 이에 이르렀으니, 누가 이런 말을 하였는가? 언근을 분명히 아뢰라."[137]

이때의 상황을, 『조선왕조실록』에서는 "임금이 크게 화를 내며 이르기를, "나와 같이 재주도 없고 덕도 박한 사람이 임금의 자리에 있으면서 이러한 말을 듣게 되니 진실로 여러 신하들을 대할 면목이 없다. 김창협이 한 일은 비록 해괴하기는 했지만, 어찌 죄를 그의 아비에게 옮길 리가 있겠는가? 이단하는 정승의 직책에 합당하지 못함을 내가 본래 알고 있었거니와, 속담에

---

137) 김병국 외(역), 『서포년보』, 서울대학교출판부, 1992, 208쪽.

'차례로 하는 대간이다.'라는 말이 있듯이, 또한 어찌 차례로 하는 대신인들 없겠느냐? 조사석을 이미 연줄을 대어 정승이 되었다고 했으니, 광해군 때에 값을 바치고 벼슬을 얻게 된 일과 같은 것인데, 금을 받은 것이라 여기느냐, 은을 받은 것이라 여기느냐? 분명히 말의 근거를 대라. 결코 그만두지 않겠다." 하였다고 기록하였다.[138)]

김만중의 말(7): "신의 죄가 만 번 죽어도 진실로 아까울 것은 없습니다. 신이 비록 못났으나 외람되게도 연석에 있고, 마침 외간에서 들은 바가 있었는데 마음이 몹시 놀라워서 삼가 숨김이 없고자 하였거늘 상감의 하교가 언근을 캠에 이르시니 신이 비록 신하답지 못하다 해도 어찌 언근을 아뢸 수 있겠습니까?"

숙종의 말(7): "비록 말세라고는 하지만 어찌 군상의 처분을 이렇듯 의심하여 이와 같이 차마 듣지 못할 말을 지어 내는가? 이런 말을 지어낸 자를 분명히 아뢰어야 할 것이다."

김만중의 말(8): "군상은 부모와 같습니다. 신이 노모가 있는데 사람들이 만일 신의 어미를 헐뜯어 욕한다면 신이 어찌 그 말을 믿겠습니까? 그러나 신의 어미에게 전하지 아니할 수 없는 것은 차마 그런 말을 듣고도 내버려둘 수 없기 때문이요, 또한 차마 모자간에 숨김이 있을 수 없기 때문입니다. 오늘 아뢴 것은 다만 군상을 어미처럼 여겼기 때문입니다. 그리고 공중에 떠돌아다니는 말이 누구 입에서 나왔는지를 신이 어떻게 알고 말씀드리겠습니까? 또한 이 일을 신이 진실로 감히 말씀드릴 수 없었는데 상감께서 누차 물으시고는 부득이 들은 바를 아뢴 것입니다. 이제 이것을 가지고 신의 죄를 삼으신다면 신은 진실로 형륙을 달게 받겠습니다마는 이것은 곧 상감께서 신을 형륙에 빠트리게 된 것입니다."

숙종의 말(8): "신하가 군상을 의심하는 것이 이에 이르렀는데 나는 알지

138) 『조선왕조실록』, 숙종 13년(1687) 9월 11일.

도 못하였다. 청을 받고 정승을 제배했다는 말은 전고에 듣지 못하였던 바이니 지극히 무례한 말이다. 언근을 분명히 아뢰라. 그만둘 수는 없다.”

옥당 황흠의 말(1): “김아무개가 자못 매우 경솔하긴 하였으나, 근거 없는 말이 외간에 퍼져 다니므로 그도 또한 몹시 놀라서 숨김을 없애려는 정성으로 이렇게 아뢰었는데 상감께서 언근을 캐기까지 하시는 것은 자못 연신을 대접하는 길이 아니니 실로 타당하지 아니합니다.”

숙종의 말(9): “너희들이 부정한 재물을 탐했다는 오명을 얻게 되면 반드시 모두 분함을 이기지 못할 것이다. 무릇 오명은 비록 여항의 범인이라도 반드시 부끄러워하며 죽고 싶어 할 것이다. 값을 받고 관직을 주었다는 것은 심상한 잡언일 뿐만은 아니니 차라리 고꾸라져 죽어버리는 것만 같지 못하다. 아는 것 없는 인주가 내치거나 등용하는 권한을 총람하였다고 이와 같은 욕설을 들었으니, 이 뒤로는 시키는 대로 순종하고 입 다문 뒤에야 겨우 이런 따위의 욕된 이름을 면하겠고 그렇지 아니하면 말세에 이러한 욕을 면키 어렵겠다. 대신이 어떠한 직분이며 인주가 어떤 자리인가? 어찌 다만 여항의 사대부에게 견주겠는가?”

옥당 홍수헌의 말(1): “비록 이런 따위의 가소로운 말이 있더라도 인주는 욕된 일을 견디고 포용하는 도량으로 오직 듣고도 듣지 못한 척 해야 합니다. 어찌 부언의 뿌리를 캘 수가 있겠습니까?”

임홍망의 말(2): “아무개가 아뢴 것은 다만 임금을 부모처럼 여겼기 때문입니다. 그 본의를 캐보면 우직함에서 나온 것이니 결코 그 언근을 물어서는 아니될 것입니다.”

숙종의 말(10): “이제 이러한 말들을 들어보니 대신이 향장에 물러가 칩거한 것이 부득이해서인 줄을 알겠다. 내가 전 영상을 언짢아 한 것은 다만 지난 가을의 일이 이와 같았기 때문이었다. 그래서 올 여름에는 상고하기를 조심스럽게 하였는데 이러한 무함을 듣고 나서 인주는 장차 어떻게 손을 놀리겠는가?”

옥당 황흠의 말(2): "정승을 돌아가며 한다는 하교와 이단하가 정승에 임명되기는 적합하지 않았는데 임시로 낙점하셨다는 하교는 실로 거북합니다. 그 불가한 줄을 알고도 임시로 임용하는 것 또한 정승을 임용하는 도리가 아닙니다. 어찌하여 이러한 하교를 내리셨습니까? 또한 아무개의 말을 어찌 그 근거를 캐십니까? 이런 따위의 부언을 외간에서 듣는 이들은 모두 세도 인심이 글러먹었음을 개탄할 따름입니다. 어찌 한 터럭이라도 곧이듣는 이가 있겠습니까?"

숙종의 말(11): "말세의 부언이 비록 사소하게 효잡스러운 것은 있어도 어찌 이와 같은 것이 있을 수 있는가? 결코 내버려 둘 수 없는 것이라서 부득불 언근을 캐묻는 것이다. 대신을 제배하는 즈음에 값을 받고 관작을 주었다는 말은 사소한 부언에 견줄 바 아니다. '바라보니 인군이 인군답지 못하다.'고 여긴 뒤에야 이런 따위의 말을 하게 되는 법이다. 속담에 '인주의 상태를 보고 나서 그 밥을 움켜 먹는다.'는 것을 이름이니 이런 말을 듣고도 내치거나 등용하며 조화부리는 권세에 간여한다면 실로 수치스러운 일일 것이다."

임홍망의 말(3): '아무개가 아뢴 바 의혹으로 막혀 있다.'는 것은 이러한 말 때문에 의혹으로 막혀 있다는 것이 아닙니다. 이러한 말은 단지 군부께서 이런 무함을 들으시는 것이 마음 아파서 떠도는 소문을 아뢴 것일 뿐입니다. 또한 아무개가 아뢴 것은 궁액에 연줄을 대었다는 것이었고, 청탁을 받았다는 말은 아무개의 입에서 나온 적이 없습니다."

김만중의 말(9): "신이 아뢴 바 의혹으로 막혀 있다는 것은 김창협의 상소로 인하여 외간이 상감을 의심하고 있다는 말입니다."

임홍망의 말(4): "이른바 유언은 예로부터 있었습니다. 주공 때에도 유언이 있었는데 그 때에도 역시 그 뿌리를 캐지 못하였습니다. 지금 이 부언은 유언과 견주어 볼 때 더욱 허루합니다. 유언이란 것은 뿌리가 있어서 전파되는 것을 말하고, 부언이란 것은 뿌리도 없는 것을 말합니다. 오늘날 부언을 사대부라면 누가 곧이 듣겠으며 또한 어찌 지어낸 이가 있겠습니까? 조사석이 향장으로 물러간 것도 또한 어찌 일찍이 반드시 이러한 말 때문이겠습니까?"

숙종의 말(12): "이러한 말이 어찌 하인들과 같은 하천배들에게서 나왔겠는가? 일이 임금과 정승에게 관련되어 있으니 분명히 사대부의 말이다. 사대부에게서 나왔을진데 그 언근을 아뢰는 데 무슨 어려움이 있겠는가?"

임홍망의 말(5): "옛적에도 부언이 많았습니다마는 금세에 효잡스러운 여항간 와언은 어지럽기 짝이 없습니다. 비록 사가로 말하더라도 한 집안에 처첩과 자손과 노복 등 허다한 입들이 있으므로 이간하는 말도 또한 많습니다. 옛 사람이 이르기를 '귀먹지 아니하고 눈멀지 아니하면 가장이 될 수 없다.' 고 하였습니다. 가장도 오히려 그러한데 하물며 군상이시겠습니까? 한 나라에 군림하시어 사방 억조의 무리를 다스리시니 어찌 지나치게 꼼꼼히 살핌으로써 밝음을 삼으실 수 있겠습니까? 언근을 캐어 물으심은 실로 사물을 용납하고 무리를 다스리는 도량이 아닙니다. 이와 같은 말들은 들었어도 듣지 못한 듯이 하여 일소에 붙이심이 옳겠습니다. 무릇 뜻밖의 역경에 융통성 있는 처리가 어려운 법이니 능히 역경을 잘 처리한 뒤에야 바야흐로 성인의 포용하는 도량이 나타날 수 있는 것입니다. 옛 사람이 이르기를 '비방을 그치게 하려면 스스로를 닦는 것만 같은 게 없다.'하였습니다. 이번에 이렇게 언근을 캐시는 것은 결코 비방을 그치게 하고 스스로를 닦는 깃이 아닙니다."

특진관 신완의 말(1): "실상이 없는 말을 신도 또한 어찌 듣지 아니하였겠습니까마는 사대부 사이에 서로 말을 전하지 아니한 것은 실로 이 말이 놀랍긴 하나 입에 담지는 못할 것이라 생각하였기 때문입니다. 이제 아무개가 군부께 아뢴 것은 그 의도가 다만 군신을 부자와 같이 여겼기 때문입니다. 다른 사람이 그 아비를 비방하는 소리를 들으면 그 아들은 반드시 몹시 분이 나서 그 아비에게 아뢸 것입니다. 진실로 군상을 부모처럼 여긴 데서 나온 것이거늘 어찌 그 뿌리를 캐어 물으시기까지 하십니까?"

숙종의 말(13): "이것은 결코 내버려 둘 수 없는 것이니 언근을 바른대로 아뢰라. 그만둘 수가 없다."

황흠의 말(3): "언근을 캐어 물으심은 실로 큰 거조가 아닙니다."

김만중의 말(10): "소신이 황공하여 감히 그대로 있을 수가 없으니 물러나 명을 기다림이 마땅할 듯합니다."[139]

이때의 상황을 『조선왕조실록』에서는 "이 날 승정원에 전교하기를, "김만중을 잡아다가 문초하라는 전지를 즉시 써서 입계하고, 의금부로 하여금 따져서 물어보고 아뢰게 하라." 하니, 승정원에서는 연중에서 대간이 이미 도로 거두도록 논계한 것을 들어 전지를 봉입할 수 없다는 뜻을 여러 차례 아뢰었으나, 마침내 들어주지 않고서 "단지 대간이 있는 것만 알고 군부가 있음은 알지 못한다." 하는 등의 분부를 내리기까지 했다. 승지 신양은 세 차례 아뢴 뒤에 말하기를 "이만했으면 또한 족하게 되었는데, 어찌 다시 논쟁할 수 있겠는가?" 하며, 동료들과 연명하지 않아 생색만 내고 책임만 면하려는 뜻이 있었다. 대개 신양은 평소에 조사석과 친후했기 때문에 비록 일의 대체에 따라 당초에는 복역하지 않을 수 없었지만 그의 본뜻은 아니었기 때문인 것이다. 임금이 또 비망기를 내리며 지난 겨울의 이인정의 일을 끌어대어 말하기를 "여러 신하들이 군부 보기를 일개 시종하는 신하만도 못하게 여기었다."했다. 특별히 승선 이인징이 김몽신을 모함한 것을 추국할 적에 승정원에서 말의 근거를 캐물어 중벌에 따라 죄를 과하기를 청하여, 드디어 형벌을 받고 멀리 귀양가게 되었었기 때문이다. 임금이 승정원에서 마침내 전지를 봉입하지 않으므로, 탑전에서 강박하여 써 오게 하고자 하여, 입직한 승지들에게 인견을 명했었다. 이에 옥당과 사헌부에서도 또한 청대하여 함께 들어가니, 임금이 이르기를 "승정원에서는 어찌하여 이제까지 전지를 봉입하지 않느냐? 김만중이 비록 그 자신이 지어낸 것은 아니지만 반드시 들은 데가

139) 김병국 외 역, 『서포년보』, 서울대학교출판부, 1992, 같은 책, 212쪽.

있을 것이기 때문에 내가 따져서 물어보고 처리하려 하는 것이다. 이를 그대로 둔다면 다만 대신이 불안하게 될 뿐만 아니라, 장차는 반드시 일마다 의심하게 되어 임금이 수족을 놀릴 데가 없어지고 단지 헛된 자리만 끼고 있게 될 것이다." 하고, 이어 승지에게 시급히 전지를 쓰도록 명하였다. 여러 신하들이 모두 아뢰기를 "김만중이 진달한 말은 뜬소문에서 나온 것인데, 어찌 근거를 찾을 수 있겠습니까? 하물며 대관의 논계가 나온 다음에는 무릇 일을 그대로 거행하지 못하는 것이 본래부터 조종조의 옛 준례이므로, 결코 오늘날부터 무너뜨릴 수 없습니다." 하였다. 교리 남치훈이 아뢰기를 "요사이는 당론이 지극히 해괴하고 놀랍습니다. 김만중의 그 말도 당론에서 나온 것입니다." 하므로, 여러 신하들이 밤이 깊도록 논쟁했었다. 임금이 꾸짖다가 타이르다가 하면서 전지를 봉입하라고 재촉하니, 승지 유명일이 할 수 없이 붓을 가져다 장차 쓰려고 할 적에, 가주서 최중태가 유명일을 돌아보며 말하기를 "생각하고 있는 바를 다시 전달해야 합니다." 하였다. 임금이 화를 내어 이르기를 "주서가 어찌 감히 승지를 지휘하느냐? 즉각 파직을 명한다." 하니, 최중태가 추창하여 나갔다. 유명일이 붓이 없다는 핑계로 말을 하니, 임금이 사관에게 붓을 주도록 명하자, 사관 송상기는 아뢰기를 "사필은 줄 수 없습니다." 하였으나, 사관 윤성준이 아뢰기를 "사필은 진실로 중요한 것이기는 하지만 성상의 분부가 이러하신데 어찌 감히 주지 않겠습니까?" 하였다. 유명일이 드디어 전지를 써내려가 임금이 구두로 부르는 대로 쓰기를 끝내어, 즉시 김만중을 의금부에 하옥하게 된 것이다.[140)]

여기에 덧보태어, 『조선왕조실록』에서는 이 사건을 평하기를 "이때 천위의 진동이 겹치게 되므로 사람들이 대부분 황송하고 두려워하여 어찌하지를 못하였다. 유명일은 해방 승지로서 마침내 승순하는 것을 면하지 못하였고, 윤성준은 사관으로서 다른 사람에게 붓을 주었는데, 물의가 모두 그들이 직분

140) 『조선왕조실록』, 숙종 13년(1687) 9월 11일.

을 잃은 것을 허물했었다. 삼가 살펴보건대, 임금의 직책은 정승을 논정하는 것보다 큰 일이 없는 법이다. 만일 임금이 이단하가 합당하지 않음을 알았다면, 비록 아래에서 추천하더라도 오직 마땅히 쓰지 않으면 될 뿐이지 어찌 억지로 제배할 필요가 있겠는가? 이미 제배한 뒤에는 비록 더러 직무에 알맞지 않더라도 또한 마땅히 예를 차려 퇴진시켜야 할 것인데, 이번에 김만중의 말에 격분하여 모욕하고 업신여기는 말을 하여서 노려 보듯이 하였으니, 어떠하겠는가? '번갈아 하는 대관'이란 말은 진실로 야비한 상말 중에도 심한 말이다. 임금이 대신에게 대해서 체모가 어떠한 것이라고 이런 말을 할 수 있겠는가? 참으로 '한 마디 말이 나라를 잃게 되는 것이다.'라고 한 것과 같은 일이라 하겠다. 당론의 폐단은 진실로 남치훈의 말과 같은 수가 있기는 했지만, 조사석의 일이 이미 의심스러운 자취가 많았고, 김만중이 논계한 말이 반드시 사심에서 나온 것이 아니고 보면, 어찌 당론으로 돌릴 수 있는 것이겠는가? 기회를 틈타 발동하여서 모호할 계책을 부리려 한 것이 가릴 수 없게 되어 있다."[141]고 기록하였다.

또, 남인 쪽의 역사 서술자들이 바라본『숙종실록보궐정오』에서는 서포 김만중이 이 날 경연에서 한 발언을 아주 비판적으로 평가하고 있다. 즉 "김만중이 주강 때에 항간에서 조사석의 대배는 후궁에게 연줄을 댄 것으로 의심하고 있다는 뜻으로 진달했다가, 임금이 진노하여 말의 근거를 힐문하게 되었는데도 주대하지 않았기 때문에 하옥하도록 명하게 된 것이다. 신하된 사람이 임금을 섬길 적에는 은휘하지 않기에 주력하는 법이니, 김만중이 아뢴 말은 진실로 우직한 듯 하기는 하나 실지는 그렇지 않은 점이 있다. 대개 이 때에 당인들이 훈척들을 끼고서 오랫동안 국가의 권병을 쥐고 있으며 반석 같은 세력으로 여기고 있었는데, 임금이 갑자기 훈구인 신하들을 싫어하여 박대하게 되고, 조사석이 사류 중의 사람으로서 갑자기 은권을 입어 가복

141)『조선왕조실록』, 숙종 13년(1687) 9월 11일.

하게 하여 정승을 제수하게 되었던 것이다. 대개 임금이 바야흐로 내폐가 있었고, 장차 크게 출척이 있게 되므로 권한을 아랫사람들에게 맡겨 두고 싶지 않았던 것이다. 그래서 구차를 핑계로 이번의 특별한 제배가 있었던 것이고, 조사석에게 사정을 두어서 그런 것이 아니었다. 이에 당인들 가운데 일종의 무뢰한 사람들이 이미 시기하고 미워하는 사심이 있었다. 그런데다가 또한 자신들이 위태해질까 하는 마음을 가지고서 조사석이 국척의 처지에 있으며 폐종과 결탁했다고 그럴듯한 말을 갖다붙이고 흉악한 말로 허풍을 쳐, 사람들의 마음을 현혹시키고 사류들을 더럽히는 술책을 부렸던 것이다. 이는 실로 이사명과 홍치상의 무리 한두 사람의 입에서 나온 말이고 원래 온 나라 대중이 비방하는 것은 아니었는데, 김만중이 이사명의 가까운 인척으로서 그의 속이는 말을 받아들여, 길거리에 떠도는 말이라고 핑계하며 군상에게 진달하게 된 것이다. 자기와 의견이 다른 사람들을 모함하기에만 급급하여 임금을 속이는 것이 됨을 알아차리지 못했으니, 어찌 은휘함이 없는 아주 정직한 선비에게 견줄 수 있겠는가? 형벌과 화를 입어 종사를 망치게 되더라도 불행한 일이 아니다."[142]라고 기록하고 있다.

위에서 인용한 서포가 숙종에게 한 경연에서의 직언 사건의 상황은『서포년보』를 주 텍스트로 하고, 여기에 해당되는『조선왕조실록』을 비교 텍스트로 삼아서 살펴본 것이다. 이러한 경연 현장에서 일어난 사건을 전하는 사료들은 다음과 같은 몇 가지 사실을 주목하게 한다.

첫째는 수백년 전의 상황 치고는 비교가 가능한 현장의 자료가 많이 있다는 점이고, 둘째는 서포의 직간은 과감하고 논리적인 데 비하여, 숙종은 감정적이라는 점이다. 그리고 셋째는 경연에 참가한 여타 인물로, 세 명이 토론에 적극적으로 개입하였다는 점이고, 넷째는 토론은 논쟁화 하면서 장시

142)『숙종실록보궐정오』, 숙종 13년(1687) 9월 10일.

간에 걸쳐서 진행되었다는 점이다. 이러한 점을 주목하면서, 숙종과 서포 김만중을 주축으로 한 경연관들이 주고받은 발언들의 핵심 내용을 중심으로 간추려 보면, 김만중의 말(1)에서는, 서포가 먼저 "등나무 채찍도 또한 우리나라에서 나는 것이 아니니 최고급품을 얻기 어려운 것 역시 당나라 약재와 마찬가지입니다. 더군다나 이것은 당나라 약재와도 다르니 비록 붉은 점과 다섯 마디가 아니라도 실용에는 해로움이 없습니다. 만일 한결같이 이런 따위의 일에만 유의하신다면 옛 사람들이 경계한 바 '물건을 구경하다가 마음을 잃어버림'에 거의 가깝지 아니하겠습니까?"라고 하였다. 여기서는 "물건을 구경하다가 마음을 잃어버림"의 비유를 통하여 숙종이 지엽적인 문제에 집착을 하다가 국왕으로서의 근본 체통을 잃게 됨을 지적하고 있다. 이러한 서포의 지적에 대하여, 숙종의 말(1)에서는, 숙종은 "경이 아뢴 바가 대체적인 뜻은 진실로 훌륭하나 나의 본래의 뜻을 알지 못하였다."고 대응하면서 "내 뜻은 다만 직무상 당연히 진어해야 할 물품을 끝내 진어하지 아니한 것을 언짢아 했을 뿐이다."라고 응수한다. 김만중의 말(2)에서는, "옛 사람의 이른바 '임금의 덕은 이루어냄을 귀하게 여긴다'는 것은 신 같은 연관이 감히 의심할 바 아니지만 이번에 만수전의 화재는 근래에 없던 변고였으며, 요즈음 여항간에는 효잡스러운 말도 많아서 심지어 '상감과 신하들의 마음속에도 의심 때문에 통하지 않는 것이 없지 않다.' 하니 신은 진실로 능히 지나친 염려를 하지 아니할 수 없습니다." 하고 대응한다. 서포는 계속해서 "임금과 신하, 위와 아래가 서로 감응해야 한다는 말이 있으니 감히 구구하게 생각한 바를 말씀을 올리겠다."고 하면서, 위와 아래가 마음과 뜻이 통하지 않는다는 것과 여항에 부언이 들끓고 있지만 이를 임금에게 알려주는 신하가 없다는 현실과, 그러기에 서포 자신이 감히 신하된 도리로써 마땅히 시원하게 풀어서 위와 아래로 하여금 의혹으로 막힌 곳이 없도록 하겠다고 하였다. 그 내용으로는 전번의 영상 김수항은 앞 조정의 대신으로서 상감께서 은혜롭게 예우하심이 자별하셨는데 지난번 정원에 내리신 교지는 평소와 크게 달랐기 때문에 사람들은 그 이유를 김수항의 아들인 김창협이 상소를 올려 궁액의 일을 언급하였기에 그 때문인 것으로 생각한다는 것이다. 그러므로 아들의 상소를 가지고 그 아비에게 노여움을 옮기는 것은 옳지 않으며, 조사석이 불편해 하는 것은 상감이 알기에는 민진주와 이수언의 상소에 있다고 믿지마는 실은 궁액의 일 때문이라는 것이다.

또 숙종의 말(2)에서, 숙종은 "사석이 불편해 하는 것이 두 신하 때문이 아닌 줄을 어떻게 알 수 있는가?"를 캐물었고, 김만중의 말(3)에서, 서포는 여항간 부언이 지극히 터무니없지만, 조사석은 이 부언 때문에 불편해 한다고 거듭 강조하였다. 숙종의 말(3)에서, 상감은 조사석이 불편해 하는 까닭인 '여항간에 어지럽게 들끓고 있다는 것'에 대하여 첫 번째로 물었다. 김만중의 말(4)에서, 서포는 그것은 조정 대신들이야 상감이 후궁을 둔 것이 여색 때문이 아닌 줄 알고 있는 것과는 달리, 궁액 가운데의 일을 가지고 이러쿵저러쿵하고 하는 것이라고 대답하였다. 그리고 지난번 조사석의 정승 임명 때에 상감이 누차 가복한 것과 연결하여 효잡스러운 말이 야단스럽게 퍼져 나갔다고 하였다. 그런데 이런 부언은 여인들을 총애하는 때에 많이 생겼으니, 상감은 몸을 닦고 집안을 가지런히 하는 길에 더욱 힘을 기울여야 할 것이라고 권유하였다. 숙종의 말(4)에서는, 상감이 "조사석이 불편해하는 이유를 구체적으로 밝히라고 두 번째로 명하였다. 김만중의 말(5)에서, 서포는 "말씀드린다면 조사석이 더욱 불편해 할 것이라고 대응하였다.

이때 승지 임홍망의 말(1)에서, 임홍망은 "의혹으로 막혀 있다는 말만 하고 의혹을 풀어 없애는 이는 없었습니다. 그래서 이제 서포가 그 의혹으로 막혀 있는 것을 푸느라 이렇게 아뢰었습니다." 그러나 "대신에게 불편하게 될까 걱정스러우니 분명하고 자세하게 물으실 필요는 없을 것"이라고 하며 서포의 행동을 지지하였다. 숙종의 말(5)에서, 상감은 "이미 말을 꺼냈으니 잡된 말이란 무슨 말인가를 밝히라고 세 번째로 명하였다. 김만중의 말(6)

에서, 서포는 비로소 "외간에서는 후궁 장씨의 어미가 조사석과 서로 친하게 지냈기 때문에 조사석이 의정 벼슬을 받은 것은 이러한 연줄 때문이라고들 합니다. 이런 말들이 외간에 퍼져 있으니 조사석이 불편해 한다."고 하였다. 이것이 언근의 변에 해당하는 핵심 내용이다. 이 말의 내용을 듣고 숙종은 큰 충격을 받았겠지만, 그 반응은 달리하여 나타난다.

숙종의 말(6)에서, 상감은 "나와 같이 엉성한 재주와 엷은 덕으로 임금 자리를 더럽히고 있었더니 이런 말까지 듣게 되었다. 이것은 전고에 없던 변고로서 내가 이런 말을 듣고서는 실로 뭇 신하들을 대할 낯이 없으니 차라리 거꾸러져 버리고 싶다. 혼미한 조정에서는 벼슬을 주고 금을 받는 일이 있다더니 이제 이런 말을 들으니 진실로 지극히 무례하다. 반드시 언근이 나온 곳이 있을 것이다. 이미 말을 꺼냈으니 언근을 밝혀 아뢰어야 할 것이요 결코 그만두어서는 아니 될 것이다"고 자조적인 분노를 하면서, 첫 번째로 언근을 따진다. 그러면서 방향을 바꾸어 "연줄로 복상하였다고 한다면 혼미한 조정에서 값을 주고 벼슬을 얻는 일과 같다는 것이니 금을 받았다는 말인가 은을 받았다는 말인가? 내 나이 장차 서른인데 아직도 후사가 없으니 후궁을 둔 것은 실로 이 때문이었다."라고 항변을 하면서. 두 번째로 언근을 밝히기를 명한다.

김만중의 말(7)에서, 서포는 신이 비록 신하답지 못하다 해도 언근을 밝힐 수 없다고 첫 번째로 거부한다. 숙종의 말(7)에서, 상감은 "말을 지어낸 자를 분명히 아뢰라고, 세 번째로 명한다. 김만중의 말(8)에서, 서포는 '이것을 가지고 신의 죄를 삼으신다면 신은 진실로 형륙을 달게 받겠습니다마는 이것은 곧 상감께서 신을 형륙에 빠트린 것'이라고 두 번째로 거부한다, 숙종의 말(8)에서는, 상감이 '청을 받고 정승을 제배했다는 말은 지극히 무례한 말'이니, 언근을 분명히 아뢰라고 네 번째로 명한다.

이때 옥당 황흠의 말(1)에서, 황흠은 '상감께서 언근을 캐기까지 하시는 것은 연신을 대접하는 길이 아니라'고 하여, 두 번째로 서포의 행동을 지지한다. 숙종의 말(9)에서, 상감은 "값을 받고 관직을 주었다는 것은 심상한 잡언일 뿐만은 아니니 차라리 고꾸라져 죽어버리는 것만 같지 못하다."고 하면서, "대신이 어떠한 직분이며 인주가 어떤 자리인가?"라면서 상감의 권위 문제를 내세운다. 옥당 홍수헌의 말(1)에서, 홍수헌은 "가소로운 말이 있더라도 인주는 욕된 일을 견디고 포용하는 도량으로 오직 듣고도 듣지 못한 척해야 합니다. 어찌 부언의 뿌리를 캘 수가 있겠습니까?" 하면서, 세 번째로 서포의 행동을 지지한다. 임홍망의 말(2)에서, 임홍망은 "본의를 캐보면 우직함에서 나온 것이니 결코 그 언근을 물어서는 아니 될 것입니다."라고 하면서, 네 번째로 서포의 행동을 지지한다. 숙종의 말(10)에서, 상감은 "이러한 무함을 듣고 나서 인주는 장차 어떻게 손을 놀리겠는가?"라고 하면서. 자신의 권위에 대한 문제를 다시 거론한다. 옥당 황흠의 말(2)에서, 황흠은 "부언을 외간에서 듣는 이들은 모두 세도인심이 글러먹었음을 개탄할 따름입니다. 어찌 한 터럭이라도 곧이듣는 이가 있겠습니까?"라고 한다.

숙종의 말(11)에서, 상감은 "결코 내버려 둘 수 없는 것이라서 부득불 언근을 캐묻는 것이다. 대신을 제배하는 즈음에 값을 받고 관작을 주었다는 말은 사소한 부언에 견줄 바 아니다. 바라보니 인군이 인군답지 못하다고 여긴 뒤에야 이런 따위의 말을 하게 되는 법"이라고 하면서, 자신의 권위에 대한 문제를 다시 거론한다. 이때, 임홍망의 말(3)에서, 임홍망은 서포가 아뢴 것은 "궁액에 연줄을 대었다는 것이었고, 청탁을 받았다는 말은 한 적이 없다"고 하여, 상감의 논리적 비약을 지적하였다. 김만중의 말(9)에서, 서포는 "김창협의 상소로 인하여 외간이 상감을 의심하고 있다."는 것이라고 하였다. 이때, 임홍망의 말(4)에서, 임홍망은 "부언을 사대부라면 누가 곧이듣겠으며 또한 어찌 지어낸 이가 있겠습니까? 조사석이 향장으로 물러간 것도 또한 어찌 일찍이 반드시 이러한 말 때문이겠습니까?"라고 하면서, 논의의 방향을 바꾸고자 하였다. 숙종의 말(12)에서, 상감은 "사대부에게서 나왔을진데 그 언근을 아뢰는 데 무슨 어려움이 있겠는가?"라고 하면서, 언근을 아뢰라고 다섯 번째로 명한다. 이때, 임홍망의 말(5)에서, 임홍망은 "언근을 캐어물으심은 실로 사물을 용납하고 무리를 다스리는 도량이 아닙니다. 이와 같은 말들은 들었어도 듣지 못한 듯이 하여 일소에 붙이심이 옳겠습니다. 무릇 뜻밖의 역경에 융통성 있는 처리가 어려운 법이니 능히 역경을 잘 처리한 뒤에야 바야흐로 성인의 포용하는 도량이 나타날 수 있는 것입니다. 옛 사람이 이르기를 '비방을 그치게 하려면 스스로를 닦는 것만 같은 게 없다.' 하였습니다. 이번에 이렇게 언근을 캐시는 것은 결코 비방을 그치게 하고 스스로를 닦는 깃이 아닙니다."라고 하면서, 다섯 번째로 서포의 언행을 지지한다.

이때, 특진관 신완의 말(1)에서, 신완은 "군상을 부모처럼 여긴 데서 나온 것이거늘 어찌 그 뿌리를 캐어물으시기까지 합니까?" 하면서, 여섯 번째로 서포의 언행을 지지한다. 숙종의 말(13)에서, 상감은 "결코 내버려둘 수 없는 것이니 언근을 바른대로 아뢰라. 그만둘 수가 없다."고 하여. 언근을 아뢰라고 여섯 번째로 명한다. 이때 황흠의 말(3)에서, 황흠은 "언근을 캐어물으심은 실로 큰 거조가 아닙니다." 하면서, 일곱 번째로 서포의 언행을 지지한다. 김만중의 말(10)에서, 서포는 "물러나 명을 기다림이 마땅할 듯하다."고 하면서 슬픈 빛을 띄우면서 서둘러 물러난다.

이렇게 진행된 소위 서포의 경연장에서 직간 사건은, 상감의 면전에서 장시간에 걸쳐서 전개된 폐부를 찌르는 비판이었기에 숙종으로서는 이치로는 감당하기 어려우므로 분노 어린 태도로 거듭 거듭 언근을 밝히라고 협박에 가까운 명령을 내리게 된 것이다. 그런데 서포로서는 이러한 면전 직언은 조사석을 정승에 제수할 때 일어났던 의망을 무시한 특명에 대한 비판이면서, 숙종이 총애하는 장숙원의 모친과 조사석과의 연계설에 대한 입체적인 문제의 표출이기도 하였다. 그러기에 이 직간 사건은 강직한 서포가 목숨을 걸고 벌린 군신간의 진검 승부적인 충신의 논리가 정연한 발언이었다. 이는 사적으로 품고 있었던 분개도 발동한 것이다.

이렇게 전개된 희정당의 사건은 군주인 숙종의 권위를 기반한 욕망과 도심에서 우러나는 군자심을 지닌 충신 사이의 군신 갈등으로, 일시적으로 혼미한 군주를 깨우치려는 충신의 물러설 수 없는 호소이며 직간이었다. 의금부판사의 지위를 가진 서포로서는 경연의 지경연사로서 『주역』의 함괘에 대한 강의 끝이기에, 더욱 물러설 수 없는 시간이었다. 즉, 서포는 당시 거리에 떠도는 조사석이 정승이 된 문제에 관련된 풍문을 숙종에게 직간할 수밖에 없었고, 언근을 알고 싶은 숙종으로서도 또한 자존심이 걸린 한판 승부였다.

서포 김만중이 관작을 삭탈당하고 유배를 가게 된 상황을 『조선왕조실록』에서 살펴보면 다음과 같다.

> 상감께서 승지 정석(鄭晳)에게 명하여 전지(傳旨)를 쓰게 하시고 말씀하셨다. "나라를 다스리는 도리는 임금과 신하, 위 아래가 함께 힘쓰고 서로 공경하여 비록 조그만 혐의가 있어도 마음에 두지 말고 함께 나라 일을 돕는 것이 옳거늘, 당론이 선조대왕 초년부터 성해지기 시작해서 효종대왕 시절에 이르러서는 시열과 준길 등이 속이 좁고 잔단 무리로서 자취를 산림에 붙이고서 선비라는 이름을 빌려서는 멀리서 조정의 권세를 움켜쥐고 있어서 무릇 인물을 올리고 물리침과 크고 작은 정사에 반드시 먼저 두 사람으로 의논하여 결정한 뒤에 주달하니 어찌 통탄스럽지 아니한가? 예를 논할 때를 미쳐서는 효종대왕을 깍아 내려서 적통(嫡統)을 서파(庶派)로 논함으로써 마침내 대례(大禮)를 그르쳤고, 지난 해 빈청(賓廳)에서 회의할 적에 이르러서도 선왕께 못하고 한갓 권신(權臣)에게 아부할 마음만 먹고서 진실을 대답하지 아니하니, 선왕께서는 벌컥 진노하셨으나, 다만 재상 김수흥만 죄주시고 우두머리로 잘못을 저지른 자(송시열)의 죄를 바로잡음에는 미치지 못한 채 하늘이 무너지는 슬픔을 만나고 말았다. 내가 어린 나이로 자리를 이었으나 선왕이 남기신 뜻을 따라 귀양보내는 벌을 약간 베풀어서 위로 효종대왕께서 받으신 치욕을 씻어 나라의 높고 무거운 예를 바로 잡을 것이다. 김아무개는 간교하고 바르지 못한 무리로서 일찍이 앞 조정의 허상(許相)을 논척하다가 특별히 너그러

운 은전을 입어 형장(刑章)을 면하고 다만 정배(定配)에 그쳤으니 가히 다행하다 할 것이오 어쩌다 승선(承宣)을 제수받은 것도 또한 과분하다 할텐데 뉘우쳐 고칠 것은 생각지 아니하고 돌아보고 꺼리는 바 없이 미세(微細)한 일을 빌미삼아 장황하게 말을 꾸며서는 두 어진 신하를 모함하는 데 온 힘을 다 기울이니 진실로 지극히 놀랍도다. 파직(罷職)하고 말 수는 없을 것이다. 송창(宋昌)은 평소 물망(物望)도 없었는데 우연히 당돌하게 곧바로 나와서 그 이유를 군부(君父)에게 다그쳐 묻기를 두 번 세 번 하니, 벗들 사이에서 서로 잘못을 나무라는 것 같도다. 그 군상(君上)도 없고 당론(黨論)에만 아부하는 죄를 징계하지 아니할 수가 없다. 아무개는 관작(官爵)을 삭탈(削奪)하고 창(昌)은 잡아다 조사하여 처리하라."

석(晳)이 말했다. "신이 임금을 가까이 모시는 직분에 있으니 감히 아뢰지 아니할 수 없습니다. 아무개 등이 이미 죄를 입었는데 죄를 더하심은 지나친 듯합니다." 상감께서 말씀하셨다. "다만 붓을 잡고 쓰기만 하라"[143]

여기서 도통의식에 기반을 두었다 함은 「구운몽」 속의 실제 시간인 하룻밤을 사이에 두고, 육관대사와 성진 사이의 소리 없는 정신적 대화가 도통을 전수해온 유가의 정신적 계승 관계를 소설적으로 상황화한 것을 지적한 것이다. 또한 미발기발(未發已發)의 사유 방식을 인물화에 적용하였다 함은 「구운몽」의 성진과 양소유의 관계가 둘이면서 하나인 존재인데, 이는 성과 정을 아우르는 심성의 각각 다른 양태를 소설적으로 인물화한 것이라는 점을 지적한 것이다. 성진은 미발 상태의 인물화라면, 양소유는 이발 상태의 인물화이다.

『조선왕조실록』과 『서포년보』를 통해서 살펴보면, 서포의 경연 직간과 그에 대한 숙종의 분노로, 숙종 13년인 1687년 9월 11일 자와 12일 자에 서포가

143) 『조선왕조실록』, 숙종 원년(1675) 윤5월 27일.

하옥되었다고 기록하고 있다.

지경연사 김만중을 의금부에 회부하였다. 김만중이 주강 때에 항간에서 조사석의 대배(大拜)는 후궁에게 연줄을 댄 것으로 의심하고 있다는 뜻으로 진달했다가, 임금이 진노하여 말의 근거를 힐문하게 되었는데도 주대하지 않았기 때문에 하옥하도록 명하게 된 것이다.【앞에 자세히 나와 있다.】신하된 사람이 임금을 섬길 적에는 은휘(隱諱)하지 않기에 주력하는 법이니, 김만중이 아뢴 말은 진실로 우직한 듯하기는 하나 실지는 그렇지 않은 점이 있다. 대개 이 때에 당인(黨人)들이 훈척(勳戚)들을 끼고서 오랫동안 국가의 권병(權柄)을 쥐고 있으며 반석 같은 세력으로 여기고 있었는데, 임금이 갑자기 훈구인 신하들을 싫어하여 박대하게 되고, 조사석이 사류 중의 사람으로서 갑자기 은권을 입어 가복(加卜)하게 하여 정승을 제수하게 되었던 것이다. 대개 임금이 바야흐로 내폐(內嬖)가 있었고, 장차 크게 출척(黜陟)이 있게 되므로 권한을 아랫사람들에게 맡겨 두지 않고 싶었던 것이다. 그래서 구차(久次)를 핑계로 이번의 특별한 제배(除拜)가 있었던 것이고, 조사석에게 사정을 두어서 그런 것이 아니었다. 이에 당인들 가운데 일종의 무뢰한 사람들이 이미 시기하고 미워하는 사심이 있었던 데다가 또한 자신들이 위태해질까 하는 마음을 가지고서 조사석이 국척(國戚)의 처지에 있으며 폐종(嬖宗)과 결탁했다고 그럴듯한 말을 갖다붙이고 흉악한 말로 허풍을 쳐, 사람들의 마음을 현혹시키고 사류들을 더럽히는 술책을 부렸던 것이다. 이는 실로 이사명과 홍치상의 무리 한두 사람의 입에서 나온 말이고 원래 온나라 대중이 비방하는 것은 아니었는데, 김만중이 이사명의 가까운 인척으로서 그의 속이는 말을 받아들여, 길거리에 떠도는 말이라고 핑계하며 군상(君上)에게 진달하게 된 것이다. 자기와 의견이 다른 사람들을 모함하기에만 급급하여 임금을 속이는 것이 됨을 알아차리지 못했으니, 어찌 은휘함이 없는 아주 정직한 선비에게 견줄 수 있겠는가? 형벌과 화를 입어 종사를 망치게 되더라도 불행한 일이

아니다.[144)]

귀인 장씨가 동평군 이항과 결탁하여 조대비를 아첨하다.

지경연사 김만중을 의금부에 하옥했다. 이때 귀인 장가 후궁 중에 가장 총애받았었는데, 동평군 이항이 장씨와 결탁하여 때없이 드나들면서 비할 데 없는 은총을 받았고, 장씨와 함께 조대비를 아첨하여 섬기므로 사정을 쓰는 길이 크게 열려 외부의 말이 모두 들어가게 되었다. 조사석은 곧 대비의 재종(再從) 아우이고, 동평군 항과 장씨의 어미는 또한 조사석과 연관이 있었다. 【내용이 모두 위에 나와 있다.】 조사석은 평소에 명성이 그다지 표나게 나타나지 않았었고 총애도 또한 특이하지 않았었는데, 정승을 다섯 차례나 더 선택하도록 하다가 마침내 조사석에게 돌아가고 말아, 은수(恩數)가 갑자기 융숭해짐이 근고에 없던 일이었다. 이 때문에 사람들이 모두 후궁의 원조가 있은 것으로 여겨, 길거리에서의 말과 항간에서의 평론이 갈수록 더욱 떠들썩하면서도 감히 말을 하는 사람이 없었다. 또 영돈녕부사 김수항이 죄를 입게 된 것이 비록 정승을 정할 때의 일 때문이기는 했지만, 혹자는 그의 아들 김창협이 일찍이 한 차례 상소를 올려 후궁(後宮)을 지적하여 배척하면서 말을 매우 절박하게 했었기에, 임금의 마음에 불평스러워 그의 아비에게 화풀이하게 된 것이라면서 또한 몰래 논의하는 자가 많았었다. 이때에 이르러 김만중이 연중(筵中)에서 아뢰기를, "요사이 전하께서 김수항과 이단하에 대한 대우가 그전보다 크게 달라지셨는데, 김수항에 대해서는 외부(外部) 사람들 모두의 말이 '김창협의 상소 때문이다.'라고 합니다. 어찌 전하께서 그의 아들이 한 일 때문에 그의 아비에게 화풀이를 하시겠습니까? 이는 김수항의 죄명(罪名)이 분명하지 않기 때문에 이런 의심을 가지는 말이 외간(外間)에 마구 퍼지게 되는 것이 아닐 수 없습니다. 지금 전하께서도 신료들에게 마치 의심이 쌓여 풀리지 않으시는 것 같은데, 그렇다면 아래에서도 성상께 의심이 없

144) 『조선왕조실록』, 숙종(보궐정오) 13년(1687) 9월 10일.

을 수 없게 되는 것은 또한 당연한 일입니다. 대사헌 이익의 상소 내용에 이른바 '의아스러운 마음이 날로 생겨나고 있습니다.'라고 한 것이나, '조사석이 불안해진 것은 민진주 때문이 아닙니다.'라고 이수언의 상소에서 말하게 된 것도 또한 이런 때문입니다. 지난번 한성우의 상소는 한 말이 매우 광망(狂妄)하여 진실로 성상의 마음을 개오(開悟)하기에 부족한 것이기는 했습니다마는, 비답(批答)하신 말씀이 매우 엄격하였고 신자(臣子)로서는 차마 들을 수 없는 말씀이 있기도 했기에, 항간에서는 더러 송인종(宋仁宗) 때 온 성(溫成)의 일과 같은 것이라 하고 있습니다. 유언(流言)은 옛적부터 대내(大內)에서 총애받는 궁녀가 있을 적에 생기는 수가 많았습니다. 만일 관저장(關雎章) 같은 시가 생긴 문왕(文王) 때라면 그런 말들이 어디에서 생겨나게 되겠습니까? 바라건대, 전하께서는 반성하시면서 더욱 수신하고 제가하는 도리를 닦으소서." 하였다. 임금이 이르기를, "조사석이 불안하게 된 것은 과연 무슨 일 때문이겠는가?" 하니, 김만중이 아뢰기를, "후궁 장씨의 어미가 평소에 조사석의 집과 친밀했었습니다. 대배(大拜)가 이 길에 연줄을 댄 것이라고 온나라 사람들이 모두 말하고 있습니다마는, 유독 전하께서만 듣지 못하신 것입니다. 임금과 신하의 사이는 마땅히 환하게 트이어 조금도 간격이 없어야 하는 것인데다가 전하께서 물으시는데 신(臣)이 어찌 감히 숨기겠습니까?" 하자, 임금이 크게 화를 내며 이르기를, "나와 같이 재주도 없고 덕도 박한 사람이 임금의 자리에 있으면서 이러한 말을 듣게 되니 진실로 군신들을 대할 면목이 없다. 김창협이 한 일은 비록 해괴하기는 했지만 어찌 죄를 그의 아비에게 옮길 리가 있겠는가? 이단하는 정승의 직책에 합당하지 못함을 내가 본래 알고 있었거니와, 속담에 '차례로 하는 대간이다.'라는 말이 있듯이, 또한 어찌 차례로 하는 대신인들 없겠느냐? 조사석을 이미 연줄을 대어 정승이 되었다고 했으니, 광해군 때에 값을 바치고 벼슬을 얻게 된 일과 같은 것인데, 금을 받은 것이라 여기느냐, 은을 받은 것이라 여기느냐? 분명히 말의 근거를 대라. 결코 그만두지 않겠다." 하였다.

김만중이 아뢰기를, "전하께서 이미 신으로 하여금 말을 하도록 해놓고 또한 한 말의 근거를 물으십니다마는, 신이 비록 불초하기는 하지만 어찌 말의 근거를 들어 말씀드릴 수 있겠습니까? 비록 주륙(誅戮)을 받게 되더라도 신이 진실로 달게 여기겠습니다마는, 이는 전하께서 바로 신을 형륙(刑戮)에 빠뜨리시려는 것입니다." 하며, 말씨가 흔들리지 않았다. 임금이 더욱 화를 내어 음성과 안색이 모두 엄해지며 다그쳐 묻기를 그만두지 않으니, 김만중이 아뢰기를, "신이 감히 여기에 있을 수 없습니다. 바로 달려나가 의금부에서 대명하겠습니다." 하였다.

승지 임홍망 · 교리 황흠 · 수찬 홍수헌 · 지평 이정익 등이 다같이 따져 묻도록 한 명을 도로 거두도록 청하다가 모두들 엄한 꾸지람을 받고 물러갔다. 이날 승정원에 전교하기를, "김만중을 잡아다가 문초하라는 전지를 즉시 써서 입계하고, 의금부로 하여금 따져서 물어보고 아뢰게 하라." 하니, 승정원에서는 연중(筵中)에서 대간이 이미 도로 거두도록 논계한 것을 들어 전지를 봉입할 수 없다는 뜻을 여러 차례 아뢰었으나, 마침내 들어주지 않고서, "단지 대각이 있는 것만 알고 군부(君父)가 있음은 알지 못한다." 하는 등의 분부를 내리기까지 했다. 승지 신양은 세 차례 아뢴 뒤에 말하기를, "이만했으면 또한 족하게 되었는데, 어찌 다시 논쟁할 수 있겠는가?" 하며, 동료들과 연명(聯名)하지 않아 나타나게 책임만 면하려는 뜻이 있었다. 대개 신양은 평소에 조사석과 친후했기 때문에 비록 일의 대체에 따라 당초에는 복역(覆逆)하지 않을 수 없었지만 그의 본뜻은 아니었기 때문인 것이다. 임금이 또 비망기를 내리며 지난 겨울의 이인정의 일을 끌어대어 말하기를, "군신들이 군부(君父) 보기를 일개 시종(侍從)하는 신하만도 못하게 여기었다."했다. 특별히 승선 이인징이 김몽신을 모함한 것을 추국할 적에 승정원에서 말의 근거를 캐물어 중벌에 따라 죄를 과하기를 청하여, 드디어 형벌을 받고 멀리 귀향가게 되었었기 때문이다.

임금이 승정원에서 마침내 전지(傳旨)를 봉입하지 않으므로, 탑전에서 강박하여 써 오게 하고자 하여, 입직한 승지들에게 인견(引見)을 명했었다. 이에 옥당과 사헌부에서도 또한 청대하여 함께 들어가니, 임금이 이르기를, "승정원에서는 어찌하여 이제까지 전지를 봉입하지 않느냐? 김만중이 비록 그 자신이 지어낸 것은 아니지만 반드시 들은 데가 있을 것이기 때문에 내가 따져서 물어보고 처리하려 하는 것이다. 이를 그대로 둔다면 다만 대신이 불안하게 될 뿐만 아니라, 장차는 반드시 일마다 의심하게 되어 임금이 수족(手足)을 놀릴 데가 없어지고 단지 헛된 자리만 끼고 있게 될 것이다." 하고, 이어 승지에게 시급히 전지를 쓰도록 명하였다.

여러 신하들이 모두 아뢰기를, "김만중이 진달한 말은 뜬소문에서 나온 것인데, 어찌 근거를 찾을 수 있겠습니까? 하물며 대관의 논계가 나온 다음에는, 무릇 일을 그대로 거행하지 못하는 것이 본래부터 조종조의 옛 준례이므로, 결코 오늘날부터 무너뜨릴 수 없습니다." 하였다. 교리 남치훈은 아뢰기를, "요사이는 당론이 지극히 해괴하고 놀랍습니다. 김만중의 그 말도 당론에서 나온 것입니다." 하므로, 여러 신하들이 밤이 깊도록 논쟁했었다. 임금이 꾸짖다가 타이르다가 하면서 전지를 봉입하라고 재촉하니, 승지 유명일이 할수 없이 붓을 가져다 장차 쓰려고 할 적에, 가주서 최중태가 유명일을 돌아보며 말하기를, "생각하고 있는 바를 다시 전달해야 합니다." 하였다. 임금이 화를 내어 이르기를, "주서가 어찌 감히 승지를 지휘하느냐? 즉각 파직을 명한다." 하니, 최중태가 추창(趨蹌)하여 나갔다. 유명일이 붓이 없다는 핑계로 말을 하니, 임금이 사관(史官)에게 붓을 주도록 명하자, 사관 송상기는 아뢰기를, "사필(史筆)은 줄 수 없습니다." 하였으나, 사관 윤성준이 아뢰기를, "사필은 진실로 중요한 것이기는 하지만 성상의 분부가 이러하신데 어찌 감히 주지 않겠습니까?" 하였다. 유명일이 드디어 전지를 써내려가 임금이 구두로 부르는 대로 쓰기를 끝내어, 즉시 김만중을 의금부에 하옥하게 된 것이다.

이때 천위(天威)의 진동이 겹치게 되므로 사람들이 대부분 황송하고 두려워하여 어찌하지를 못하였다. 유명일은 해방(該房) 승지로서 마침내 승순(承順)하는 것을 면하지 못하였고, 윤성준은 사관(史官)으로서 다른 사람에게 붓을 주어 버렸는데, 물의(物議)가 모두 그들이 직분을 잃은 것을 허물했었다. 삼가 살펴보건대, 임금의 직책은 정승을 논정(論定)하는 것보다 큰 일이 없는 법이다. 만일 임금이 이단하가 합당하지 않음을 알았다면, 비록 아래에서 추천하더라도 오직 마땅히 쓰지 않으면 될 뿐이지 어찌 억지로 제배(除拜)할 필요가 있겠는가? 이미 제배한 뒤에는 비록 더러 직무에 알맞지 않더라도 또한 마땅히 예를 차려 퇴진시켜야 할 것인데, 이번에 김만중의 말에 격분하여 모욕하고 업신여기는 말을 하여서 노예(奴隷) 보듯이 하였으니, 어떠하겠는가? '번갈아 하는 대관[輪回臺官]'이란 말은 진실로 야비한 상말 중에도 심한 말이다. 임금이 대신에게 대해서 체모가 어떠한 것이라고 이런 말을 할 수 있겠는가? 참으로 '한 마디 말이 나라를 잃게 되는 것이다. [一言喪邦]'한 것과 같은 일이라 하겠다. 당론의 폐단은 진실로 남치훈의 말과 같은 수가 있기는 했지만, 조사석의 일이 이미 의심스러운 자취가 많았고, 김만중이 논계한 말이 반드시 사심에서 나온 것이 아니고 보면, 어찌 당론으로 돌릴 수 있는 것이겠는가? 기회를 틈타 발동하여서 모함할 계책을 부리려 한 것이 가릴 수 없게 되어 있다.

"임금이 이미 김만중을 하옥했고, 또한 승정원에 하교하기를, "이번의 망측한 말은 반드시 서울의 사대부(士大夫)들이 만들어낸 말일 것이다. 만일에 오늘날 조금이라도 기강이 있다면 어찌 감히 심상하게 놓아 두고서 자수(自首)하지 않을 수 있겠느냐?" 하고, 이어 승정원으로 나아와 자수하게 하라고 명하였다. 대개 조사석이 관직을 해면(解免)하고 시골로 내려가 버린 것을 임금이 본래 사람들의 말이 있어서인 것으로 여겼다가, 김만중의 말을 듣게 되자, 이를 계기로 엄중하게 따져서 감히 다시는 말을 하지 못하게 하려 하므로, 사람들이 모두 두려워하며 위태롭게 여겼다."[145]고 하였다, 이어서 다시 "김만중을 선천으로 귀양보냈다. 김만중을 구금한 지 여러 날이 되었고 여러 처례 엄한 국문을 받아도 마침내 증거대는 말을 하지 않으므로, 드디어 이러한 명이 있었던 것이다. 김만중은 일찍이 현종조에 허적이 정승에 적합하지 않음을 말하다가 귀양갔었고, 이번에 또 조사석의 일 때문에 귀양가게 되었으니, 세상에서 모두 그의 과감하게 직언한 것을 칭찬했다. 승정원과 옥당에서 청대하여 구원하다가, 임금이 진노하여 물리치므로, 여러 신하들이 두려워하여 감히 말을 다하는 사람이 없었다."[146]고 하였다.

서포 김만중이 일을 말하다 죄를 당했을 때 사람들은 간혹 말하기를 "늙은 어버이가 있으니 마땅히 할 말을 다 할 수 없다."했다.[147] 윤부인은 만중을 성밖에까지 전송하며 이르기를 "영해로 유배되는 일은 선현으로서도 면치 못한 것이니, 그곳에 가거든 자신을 소중히 하고, 나를 염려하지 말라"했다.[148]이 말은 윤씨부인이 자식에게 공적인 의리와 자애가 엄격하였음을 보여준다.[149] 윤씨부인은 아들 서포를 선천 유배지로 떠나보내면서, 여장부다운 소신으로 "영해로 유배되는 일은 선현으로서도 면치 못한 것이니, 그곳에 가거든 자신을 소중히 하고, 나를 염려하지 말라."고 당부하였던 것이다. 여군자답게 자식에게 성현들도 의리를 지키려다가 어려움을 당했듯이, 아들 서포가 당하는 유배 또한 의인이 걷는 고난의 길임을 격려해주는 자애로운 엄마로서의 당당한 지지와 성원임을 보여준다.[150]

---

145) 『조선왕조실록』, 숙종 13년(1687) 9월 12일.

146) 『조선왕조실록』, 숙종 13년(1687) 9월 12일.

147) 김진규, 문효공 휘 만중행장, (88).

148) 김진규, 문효공 휘 만중행장. (88-2).

149) 정규복, 「김만중, 1월의 문화인물, 9쪽.

150) 정규복, 「1월의 문화인물」, 『김만중』, 1999, 9쪽.

김만중은 의금부에서 나와, 선천 배소로 가면서 지은 한시[151]에 유배를 떠날 때의 심정을 다음과 같이 나타내었다.

情知又妄發 참으로 또 망말한 줄 알겠노라.
何足報深仁 어찌 이오서 임금의 깊은 은혜 갚을손가.
尙有區區意 오히려 조그마한 마음의 간직 있었는데
從玆恐莫伸 이뒤에 펴지 못할까 두렵네.[152]

啣悲別慈母 슬픔 머금은 채 어머니 이별하고
揮手謝諸親 손을 흔들어 친척들과 헤어졌네.
秋日西城道 가을날 서성으로 가는 길은
關河獨去人 산 넘고 물 건너 홀로 가는 사람일세.
情知又妄發 또 망발인 줄을 분명히 알거늘
何足報深仁 깊으신 사랑에 어찌하면 보답할까.
尙有區區意 아직도 남아 있는 구구한 뜻을
從玆恐莫伸 이로부터 펴지 못할까 걱정이 되네.[153]

서포는 한양 의금부에서 나와 선천 배소를 향해 가면서 느낀 불효에 대한 회한의 심경이 늘 근원에 자리하고 있었다. 즉, 그는 유배를 가게 됨으로써 모친과 헤어져야 하는 이루 형용할 수 없는 참혹함과 부당하게 유배되어 모친 곁을 떠나게 된 안타까움을 토로하였다.

1687년 9월 14일에, 윤씨부인은 아들이 분노한 숙종이 내린 추상같은 원

151) 九月十三日出禁府赴宣川配所.

152) 김진규, 『문효공 휘 만중행장』.

153) 『서포집』, 「九月十三日 出禁府宣川配所」.

찬의 명을 받고, 선천 유배지로 떠날 때, 한양성 밖에까지 전송하면서 다음과 같은 고별의 말을 하였다.

> 영해로 유배되는 일은 선현으로서도 면치 못한 것이니, 그곳에 가거든 자신을 소중히 하고, 나를 염려하지 말라[154]

하늘이 무너지는 듯한 충격 속에서 밤을 지새운 윤씨부인은 50년 전, 적군을 만나면 자결하기를 각오하고 어린 아들 만기를 데리고, 강화 앞바다로 나가던 그 날의 비장함을 다시 되새기면서, 그날 만삭인 자신의 자궁 속에서, 생사의 갈림길을 헤매다가 천운을 받아 유복자로 태어난 아들 서포를 머릿속에 분명 떠올렸을 것이다. 이제 그 아들이 성장하여, 만 50세가 되었고, 그때 나라를 위해, 선비의 절의를 보여주고자 타오르는 장작더미에 폭약을 넣고 자폭하였던, 만중의 부친이요, 자신의 남편인 충정공 김익겸의 비장한 모습도 함께 떠올랐을 것이다. 다시 십여 년 전인 1674년에 만중이 금성으로 유배를 떠날 때의 모습과 해배되어 귀향하여, 기뻐하던 모습도 함께 떠올랐을 것이다. 이런 만감이 교차되는 중에도 윤씨부인은 정경부인으로, 여장부다운 소신으로 "영해로 유배되는 일은 선현으로서도 면치 못한 것이니, 그곳에 가거든 자신을 소중히 하고, 나를 염려하지 말라."고 하였던 것이다. 여군자답게 자식에게 성현들도 의리를 지키려다가 어려움을 당했듯이, 아들 서포가 당하는 유배 또한 의인이 걷는 고난의 길임을 격려해주는 자애로운 엄마로서의 당당한 지지와 성원을 보여준다.[155]

한편, 한양에서는 서포 김만중이 국왕에게 직간한 유언의 언근을 밝히지 않는다는 죄명으로 유배를 가게 된 사태에 대하여, 뜻있는 사람들은 "늙은

154) 김진규, 『문효공 휘 만중행장』.

155) 정규복, 「1월의 문화인물」, 『김만중』, 1999, 9쪽.

모친 윤씨부인이 있으니 마땅히 할 말을 다 할 수 없다."고 하였다.[156] 그리고 우암 송시열은 평소에도 윤씨부인에 대해서 칭찬하기를 "부인께서 말씀을 하지 않으시나 말씀하시면 남들이 하기 어려운 말씀을 하십니다." 하였듯이, 이런 형편을 당하자. 윤씨 부인과 서포 모자를 위하여 상소를 올려 임금의 분노가 너무 지나친 것임을 경계하였다. 그리고 우암 송시열은 김만중의 조카들에게도 편지를 보내어 위로하기를 "어머니의 시봉은 조카들이 여럿이 있어서 충분하다. 하늘이 숙부를 훌륭한 사람이 되게 하려는 것은 실상 우연치 않은 일이다. 그대들 숙부의 일은 송나라 시대의 당자방과 흡사하다."[157] 고 하였다. 즉, 전중 시어사 장요좌, 재상 문언박, 간관 오규를 탄핵하였고, 희령 초년에 참지정사에 임명되어 누차 왕안석과 더불어 쟁론하였던 일과 흡사하다는 것이다.[158]

> 우암은 만중의 유배됨을 듣고 편지를 보내어 이르기를 "어머니의 시봉은 守甫 諸人으로서 충분하다. 하늘이 그대를 훌륭한 사람이 되게 하려는 것은 실상 우연치 않은 일이다." 하였으니, 守甫는 곧 先兄[(죽천의) 죽은 형]의 자이다. 또한 小子 등에게 편지로 말하기를 "尊叔父의 일은 당나라 子方과 흡사하다" 하고, 또한 손님을 대하여 일컫기를 "이 사람이 말을 않을지언정 말한다면 반드시 남으로서 말하기를 어려운 일을 말한다." 하였으니, 어머니의 교훈과 대현의 깊은 칭허가 이와 같았다.[159]

서포 김만중은 희정당 경연에서의 이 날과 같은 사태가 일어날 수도 있음

---

156) 김진규, 『문효공 휘 만중행장』.

157) 김병국 외(역), 『서포년보』, 서울대출판부, 1992, 227쪽.

158) 설성경, 『윤씨부인의 삶과 그 정신세계』, 지식과 교양, 122쪽.

159) 김진규, 『문효공 휘 만중행장』(89)

을 예측하고, 8년 전부터 조대비 가문과 자신의 모친 윤씨 가문의 갈등을 경연에서 일어난 일을 기록한 일기로 기록하였다. 그 중에서 1680년 12월의 『서포일기』[160)]에서는 군신 사이의 문제를 야기 시키게 되는 조사석과 서포 자신의 관계를 기록하였고, 그 기록은 지금까지 남아 있다.

서포가 한 면전 직언이 숙종에게 엄청난 충격을 주었고, 숙종은 "나와같이 엉성한 재주와 엷은 재주로 임금 자리를 더럽히고 있었더니 이런 말까지 듣게 되었다. 이것은 전고에 없던 변고로서 내가 이런 말을 듣고서는 실로 뭇 신하들을 대할 낯이 없으니 차라리 거꾸러져 버리고 싶다. 혼미한 조정에서는 벼슬을 주고 금을 받는 일이 있다더니 이제 이런 말을 들으니 진실로 지극히 무례하다. 반드시 언근이 나온 곳이 있을 것이다. 이미 말을 꺼냈으니 언근을 밝혀 아뢰어야 할 것이요 결코 그만 두어서는 아니 될 것이다. 이렇게 차마 듣지 못할 말을 감히 군부 앞에서 아뢰고 있으니, 이것은 임금을 욕보이자는 것이다."[161)]는 숙종의 분노를 가져왔다.

---

160) 현재 남아있는『서포일기』로 보면, 서포는 1680년의 이 일기에 기록된 사건들을 통하여, 당색에 따라 생겨나는 정치적 견해 차이로 생겨나는 갈등과, 그로 인한 국정의 혼미 속에서 전개되는 조정의 정치 상황을 역사에 남기고자 한 의도가 강하게 풍기고 있다. 자기 가문과 자신에 부닥치는 바람을 어떻게 성리학에서 강조하는 의미로 맞서고 있었는가를 역사에 그대로 전하고자, 군주를 대상으로 한 경연장에서 일어나고 있는 사실들을 자세히 남겨 전하고 있다. 일기를 쓴 이후, 몇 년간은 승진을 거듭하며, 숙종 11년(1685)에는 홍문관 대제학에까지 이르게 된다.

161) 上曰 如予才疎德薄 添在君位 至聞此言 此則 前古所無之變也 予聞此言 實無顔面對羣臣 寧欲溘然也 昏朝有納官得金之事 今聞此言 誠極無狀 必有言根所出處 旣已發言 則明告言根 決不可已也 以此不忍聞之說 敢達於君父之前 此辱君也.

(3) 창작의 직접 동기가 된 선천 유배 중의 꿈과 한시 「기몽」

서포 김만중은 평안도 선천에서 1687년부터 1688년에 사이에 유배생활을 할 때, 항상 문을 닫고, 단정히 앉으니, 무변으로서 이웃 수령이 된 자가 다 만중의 풍절을 두려워 해서 스스로 단속하고, 변방 풍속이 문자를 알지 못했었는데, 만중의 지도를 힘입어 인사들이 비로소 글을 배우고, 문장을 짓게 되었다. 그 후 만중이 돌아가자 서로 사우를 건립하여 제향을 올렸다.[162)]

모친을 그리워하며 지은 한시인 사친시로 모부인 윤씨에 대한 애절한 효심이 잘 나타나 있다. 이런 시의 한 절정을 이루는 것이 노모를 멀리 한양에 두고 평안도 선천 유배지에서 사모하는 사친의 심정을 담아 지은 것이 「기몽(1)」이다.[163)]

夢履星辰行	꿈에 별들을 밟으며 길을 가니
言造紫皇所	자황이 계신 곳에 이르렀다 말하네.
紅雲蔽九重	붉은 구름은 선궁을 덮었는데
玉女煙中語	옥녀들은 안개 속에서 말을 나누네.
群仙手捧蕊珠經	신선들은 손으로 예주경을 받들었고
星冠月佩不計數	성관과 월패를 두른 사람 수없이 많네.
徘徊不敢進	주변을 빙빙 돌며 감히 나아가지 못하는데
悵望日欲暮	시름에 겨워 저물려는 해를 바라보네.
日色蒼凉閶闔深	햇살은 쓸쓸하고 창합은 깊은데
相將携手散如雨	손을 서로 마주잡고 비처럼 흩어지네.
明月出五城	밝은 달이 오성에 떠오르니

162) 김진규, 『문효공 휘 만중행장』, 90.

163) 설성경, 『구운몽의 통시적 연구』, 새문사, 2007, 74쪽.

淸光溢玉京	맑은 빛이 옥경에 흘러넘치네.
眞珠之簾珊瑚鉤	진주로 엮은 발에 고리는 산호로 만들었고
玳瑁之筵紫鸞笙	대모로 엮은 돗자리에 자란 모양의 피리로다.
玉女投壺帝左右	옥녀는 천제 곁에서 투호를 즐기는데
金囊玉矢中樅樅鳴	금낭에선 옥으로 만든 화살이 가지런히 소리내네.
纖纖素腕嬌無力	가냘픈 하얀 팔은 고웁지만 힘이 없어
矢躍壺中接不得	화살은 항아리를 치지만 맞추지는 못하네.
落來猶成百丈蜺	떨어진 화살은 곧장 백 길 무지개가 되어
朝朝掛在扶桑西	아침마다 부상의 서편에 걸려 있네.

이러한 「기몽」(1)은 「구운몽」을 창작하게 하는 이 시는 꿈에 겪는 모친 윤씨부인을 향한 그리움을 표현한 장편의 한시다.[164)]

그는 꿈에 겪는 모친 윤씨부인을 향한 그리움을 「기몽」[165)](2)이라는 장편의 한시를 통해서 다음과 같이 표현했다.

夜闌羣動息	밤이 깊어 만물은 잠들고
一燈伴孤客	등잔 하나 외로운 손을 짝해주누나
纔化夢裡蝶	이제 막 꿈속의 나비가 되니
似遻 雲間鵲	구름 속의 까치도 만난 듯하네
俯視丘陵出	굽어보니 구릉들이 둘쭉날쭉한데
去與風霆逐	바람천둥 더불어 빨리 달려보았네
上堂拜慈親	당에 올라 어머니께 재배올리니

164) 「記夢」, 『西浦集』.

165) 〈記夢〉, 『西浦集』,

執手淚雙滴	어머님은 손 쥐시며 두 줄기 눈물을 떨구시네
俄然一笑粲	이윽고 한바탕 활짝들 웃고 나니
已失離懷慼	가슴에 품은 슬픔 어느덧 사라지고
長公色敷愉	서석 형님도 기쁜 빛을 띠시며
喜我歸來速	내가 빨리 돌아온 걸 기뻐하시네
子女與衆姪	우리집 아이들과 조카 애들이
競來環我側	앞다퉈 내게 달려와 사방 둘러 앉고
細君素抱恙	아내는 평소에도 병을 안고 살더니
別來淸羸劇	못 본 사이 핏기없이 더욱 파리해졌네
中廚促午膳	부엌에선 점심준비 부산스럽더니
飯漿間肴蔌	밥상 위에 고기 나물 가지가지네
京洛氣候早	한양의 기후는 이르기도 해서
春色紛盈矚	어지러운 봄빛이 시선에 가득하네
小杏方綴紅	어린 살구나무는 막 꽃망울들 터뜨리고
新篁亦抽綠	새로 솟은 대나무도 푸른 물이 올랐네
時物感余懷	계절의 풍물들이 나의 감회를 자아내고
坐久成悽惻	오래 앉았노라니 서글픔만 더하네
羈魂易振蕩	나그네의 넋은 곧잘 뒤숭숭하고
幻境漸變易	덧없는 이 세상은 점점 변해 가누나
俯仰曾未改	천지간 일찍이 바뀌어진 적 없으니
夢寤鄕相續	꿈이나 꾸다 깨다를 계속할 밖에

有如池中星　　마치 연못에 비치는 별들마냥
躔次初歷歷　　별자리처럼 처음엔 역력도 하더니만
風來水生鱗　　바람 불어 비늘처럼 잔물결이 일어서
破碎失舊迹　　자취마저 간 곳 없이 없애 버렸네
又如晨後月　　또 마치 새벽 지난 달빛마냥
宛轉雙影落　　천천히 두 그림자 스러져가니
東隅旣陽光　　동우엔 이미 양광이 비치는데
西汜遂斂魄　　서사엔 마침내 혼백을 거두네

起坐久惝怳　　일어나 앉아 오랫동안 낙담하다가
垂首勞抽繹　　고개를 떨구고 꿈자리를 곱씹어 보네
亦知是妄想　　이 또한 망상인 줄 알기에
有淚滋枕席　　눈물로 침석을 적실 뿐이네

念昔登仕途　　돌아보니 지난날 벼슬길에 오를 적에
擬躡前修躅　　선철의 옛 자취를 본떠 밟아서
平生百鍊鐵　　평생도록 철을 담금질하듯이
磨礪亦云熟　　숫돌에 갈듯 익숙하고자 했었지

意欲窺衡湘　　형산과 상수를 엿보고자 마음먹었는데
一發氣抑塞　　대번에 기색하여 버렸으니
日月曾幾何　　흘려 보낸 세월이 그 얼마인고
遽爾就銷鑠　　순식간에 이 내 몸은 야위어져 버렸네

伊洛有微言　　정주의 학에는 은미한 대의가 있느니
夢寐卜所學　　꿈에서라도 배울 바를 가려 잡노라

題詩志吾陋	시를 지어 허황되었던 과오를 적어두어서
聊用替鞭策	자성의 채찍으로 대신 쓰리라[166]

이 한시 「기몽(2)」에서 보면, 꿈속으로 들어갈 때의 상황에서 시작하여, 꿈속에서 찾아간 고향 집의 모친을 비롯한 가족들과 만나는 기쁨을 묘사하고 있다.[167] 세상이 고요히 잠든 밤, 가물대는 등불 아래서 상념에 잠겨 있다가 문득 꿈 속에서 나비가 되어 바람과 천둥에 휩쓸려 고향으로 돌아가니 모친은 손을 잡으시고 눈물을 흘리시고 반가워하고, 아내는 전보다 훨씬 여윈 모습으로 점심 상을 내온다. 이러한 상황에서 오랫동안 앉아 있으니 구슬픈 생각이 일어난다. 동녘에 햇빛이 떠올라 꿈에서 깨어 일어나 앉으니 한동안 경황이 없다. 머리를 수그리고 애써 실마리를 찾아보지만, 꿈속의 일이라 망상임을 깨닫고, 베갯머리를 눈물로 적시며 지난 날 벼슬길에 오르던 시절의 기개와 포부를 떠 올리면서 현재의 자신을 채찍질 한다.[168]

여기서는 각몽 후의 모습이 특별히 인상적으로 묘사되었다. 즉, 꿈을 깨고 한참동안 허망함을 이기지 못하고 앉았다가 눈물을 흘리는 모습이 부각되었다. 그 옛날 서포가 처음 벼슬길에 올랐을 때를 회상하고 있다. 특히, "형산과 상수를 엿보고자 마음먹었는데 대번에 기색하여 버렸으니 흘려 보낸 세월이 그 얼마인고 순식간에 이 내 몸은 야위어져 버렸으니"의 구절에서는 관인으로서의 웅대한 포부와 사림으로서의 고매한 은거를 대비시켰다. 그러나 직간을 했다는 이유로 갑자기 유배를 떠나는 몸이 되는 바람에, 배우고 익힌 바대로 펼쳐보리라는 포부도 좌절되고, 그렇다고 홀로 자신을 다스리는 선비로서의 은거도 하지 못하는 죄인의 신세가 되어버려, 지기와 지우는 물론

166) 김만중, 『서포집』.

167) 설성경, 『구운몽의 통시적인 연구』, 새문사, 2007, 74~75쪽.

168) 사재동, 『서포문학의 새로운 탐구』, 중앙인문사, 2000, 101쪽.

이고 가족들과 어머니마저 봉양치 못하는 몰락을 맛보았다. 그래서 주제적 양상이 응결되는 부분으로서 처지에 구애받지 말고 정주학으로 돌아가 잠심하겠다고 하였다. 그리고 시를 지어 나의 허물을 기록해두어 애오라지 자성의 채찍으로 대신 쓰겠다고 다짐 하였다.[169)]

이 시의 주제를 단순히 '가족 재회의 기쁨'이라고 파악할 수도, '제행무상의 불교적 깨달음'을 '유배지에서 꾼 꿈의 허망함'만으로 해석할 수도 없다. 이 시는 '가족 재회의 기쁨'을 소망하는 것과 '유배지에서 꾼 꿈의 허망함'에 가슴 아파하는 것 이상의 상위 주제를 지니고 있다. 즉, 유배지에서 겪는 모든 고통의 원인을 반성하고, "군자는 자신에게서 구하고 소인은 남에게서 구한다."는 자세의 기본으로 돌아가야 할 것을 유배지까지 와서야 뼈아프게 확인하게 된다는 뜻이 내포되어 있다. 그래서 "정자 · 주자 학문에는 은미한 큰 뜻이 있으니, 꿈에서라도 배울 바를 가려잡노라."라고 하였다.[170)]

서포 김만중은 한시로 「기몽(1)」과 「기몽(2)」를 지은 이후, 숙종 14년 1688년 11월에 배소에서 풀려 나오기 직전에 성리소설 「구운몽『을 지었다. 즉, 작가 자신이 1687년 9월 13일에 희정당의 경연 끝에 일어난, 여항에 떠돌고 있다는 조사석의 정승 제배에 얽힌 말을 고하다가 발생했던, 소위 언변의 사건인 군신 갈등 사건의 현장 상황을 결정적인 소재로 삼아, 중국 남악 형산에서 육관대사가 성진에게『금강경』을 가르치는 일, 육관대사가 제자 성진이 석교 수작에 대한 죄를 물어 죽음으로 몰아내는 윤회 환생의 사건으로 소설화한 것이다. 이러한 사실은 서포 김만중의 모친에 대한 효성이 지극함은 그의 정치적 반대파들도 인정하는 사실이었다. 모친에 대한 그의 효성은 여러 일화와 한시 작품에서도 확인되며,『서포년보』의 기록을 보면 창작 상황에 대한 보다 구체적인 기록이 발견된다.

---

169) 설성경,『구운몽의 통시적인 연구』, 새문사, 2007, 78쪽.

170) 설성경, 같은 책, 79쪽.

또 책을 엮어 부쳐 보내셨다. 이는 읽는 이로 하여금 근심을 녹이고 시름을 좇는 바탕이 되게 하신 것이었다. 그 뜻은 일체의 부귀함과 번화함이 모두 꿈이나 환상과 같다는 것이니, 또한 그 뜻을 넓히고, 그 슬픔을 위로하신 것이다. 귀양 가 계신 곳을 말미암아 스스로 '서포'라고 이름하셨다.[171]

서포 김만중은 1687년 9월 10일에 일어난 경연장[172]에서의 사건을 핵심 소재로 하여 성리이념과 융해하여 소설로 투사시킨 「구운몽」에서 주요 사건으로 전환시켜 표면서사로 다루었다. 즉, 이 날에 일어난 경연장에서 군신간의 직간 사건을 전고형의 현실 소재에서는 중국의 형산애 위치한 육관대사의 사찰에서의 육관대사와 그 제자 성진으로 전환하여 전개하였다. 서포는 「구운몽」을 창작하면서 혼미한 숙종을 깨우치고자 하는 목적 이외에도, 모친을 생각하면서 모친 윤씨부인이 자신이 창작한 「구운몽」 속의 경전인 『금강경』을 보급 유통의 공덕으로 『금강경』에서 세존이 거듭 강조하는 무한한 공덕으로 불생불멸로 통하는 구원의 은덕을 얻기를 축원하였을 것으로 판단된다.

서포 김만중은 유배지 선천에서 1688년 3~4월 전후에 「구운몽」 창작하여 「몽환」이라는 이름으로 한양에 있는 모친 윤씨부인에게 부쳐 보냈다. 1688년 장희빈이 왕자를 낳자, 11월에 선천에서 해배 되어 한양으로 귀환하여, 일시적으로나마 「기몽」에서 염원하던 모자의 상봉은 현실이 되었다.[173]

---

171) 又著書寄送 俾作消遣之資 其旨 以爲一切富貴繁華 都是夢幻 亦所以廣其意 以慰其悲也 因謫寓之地 自號西浦.

172) 경연장에는 지경연사 김만중, 숙종, 그리고 7인의 경연 참여관이 있었다.

173) 서포는 숙종 20년인 1694년에 복관되어 은전을 받았으며 시호는 문효공으로 효자의 정려를 내렸으며, 고종 때(?)에는 종묘의 숙종 묘정(廟庭)에 배향되었다.

(4) 희정당 경연장을 소재로 한 형산 연화봉 배경의 제왕학 소설

(가) 서포의 희정당 경연을 육관대사의 형산 『금강경』 설법으로 우의화

서포 김만중은 1687년의 희정당에서 주역을 텍스트로 진행한 경연을 주도하였다. 이 날 경연관이 되어 진행한 경연의 교재는 『주역』 하권의 인사를 다룬 첫 괘인 〈함괘〉에 대한 해석이었다. 주자학의 경서 중에서 『주역』은 공자가 극히 진중하게 여겨 받들었고, 주희가 『역경』이라 이름하여 숭상한 이래로 오경의 으뜸으로 손꼽히었다.[174] 주희는 "교역 · 변역의 뜻이 있으므로 역이라 이른다"고 하였다. 변역이란 천지간의 현상, 인간 사회의 모든 일들은 끊임없이 변화한다는 뜻이고, 불역이란 그런 중에도 결코 변하지 않는 줄기가 있어, 하늘은 높고 땅은 낮으며 해와 달이 갈마들어 밝히고, 부모는 자애를 베풀고, 자식은 그를 받들어 모시는 것과 같다는 것이다. 주자는 교역이란 천지와 상하 사방이 대대[175]함을 이르는 것이고, 변역은 음양과 주야의 흐름을 뜻하는 것이라 하였다. 또, 천변만화하는 자연 · 인사의 모양을 뜻하는 것으로, 처음 점서를 위해 만들어진 역이 후대에는 고도의 철학적 사색과 심오한 사상적 의미가 부여되어 인간학의 핵심 경전이 되었다.

---

174) 역의 작자에 대해서는 『주역』 계사전에 몇 군데 암시가 있다. 그 중 뚜렷한 것은 "옛날 포희씨(包犧氏)가 천하를 다스릴 때에 위로 상(象)을 하늘에서 우러르고 아래로 법을 땅에서 살폈으며 새와 짐승의 모양, 초목의 상태를 관찰해 가까이는 몸에서 취하고 멀리는 사물에서 취해, 이로써 비로소 팔괘(八卦)를 만들어 신명(神明)의 덕에 통하고 만물의 정에 비기었다"고 하였다. 이로 미루어 복희씨가 팔괘를 만들고 신농씨(神農氏, 혹은 伏羲氏, 夏禹氏, 文王)가 64괘로 나누었으며, 문왕이 괘에 사(辭)를 붙여 《주역》이 이루어진 뒤에 그 아들 주공(周公)이 효사(爻辭)를 지어 완성되었고 이에 공자가 십익을 붙였다는 것이 통설이다.

175) 여기서 대대(對待)의 의미는 『역경』에서 뜻대로, 상대적인 대립의 관계가 아닌 음양의 상보 관계이다.

서포가 숙종 앞에서 행한 희정당 경연은 1687년 9월 13일에 일어난 숙종과 서포의 『주역』의 함괘를 논한 후에, 시사 문제를 다루다가 서포는 조사석과 후궁 장희빈의 문제를 직간하였다가, 이튿날 숙종에 의해 평안도 선천으로 유배를 가게 된 사건에서 출발한다. 경연에서 텍스트로 삼은 것은 『주역』의 31번째의 괘인 택산함[176]괘사와 괘상에 대한 해석이었다. 『주역』 상권의 30편이 끝나고, 하권의 34편이 시작되는 31번째 택산함괘는 주역 64괘 중에서 괘 중에서 가장 에로틱한 괘로 사랑하고 화합하고 결합하란다. 1번 괘인 건괘가 천지창조를 의미한다면, 31번 괘인 함괘는 창조된 세상에서 인간 남녀가 만나 인간의 역사를 창조하는 것을 상징한다.남녀가 만나 창조의 작업을 하는 것이다. 이 괘는 위에는 연못이요 아래는 산이니, 산 위에 연못이 있는 형태로 마치 백두산을 연상케 하는 모습이다.[177]

『주역』 64괘 중에서 〈함괘〉[178]에서는 함은 형통하니 곧아야 이롭고 여자를 취하면 길하다."[179] 하였다. 다만 공자의 「서괘전」에는 〈함괘〉를 리괘에 연계시키지 않았고,〈계사전〉에 이르기를 "두 편의 책수"라고 하였으니, 이는 곧 64괘를 예전에도 상경과 하경으로 나누어서 〈건괘〉와 〈곤괘〉로 하늘과 땅을 모습하고 〈함괘〉와 〈항괘〉로 부부를 밝힌 것이다. 건곤은 바로 창조하여 달라짐의 근본이고, 부부는 실제로 인륜의 근원이니, 말미암아서 비교한 것이 어찌 불가하겠는가? 하늘과 땅이 각각의 괘이고 부부가 한 괘인 것은, 주

---

176) 澤山咸.

177) 불함(不咸)은 밝음(白)을 뜻하는 말로, 최남선은 불함산(不咸山)을 백두산으로 해석하여, 조선혼을 불함문화론을 전개하였다.

178) 함괘(咸卦) 卦象: 택산함.

179) [孔穎達 疏] 「咸亨」至 「取女吉」. 「咸」 感也。此卦明人倫之始, 夫婦之義, 必須男女共相感應, 方成夫婦。既相感應, 乃得亨通。若以邪道相通, 則凶害斯及, 故利在貞正。既感通以正, 即是婚媾之善, 故云 「咸亨利貞取女吉」 也【孔穎達 疏)】.

씨[180]가 이르기를 "천지의 도를 높여서 인사를 소략히 하였으니, 마치 세 가지 재질에 하늘과 땅은 둘이 되고 사람은 다만 하나가 되는 것과 같다."라고 하였는데, 이는 반드시 그렇지는 않다. 생각건대, 〈건괘〉와 〈곤괘〉는 하늘과 땅이 처음 개벽함을 밝혔고, 〈준괘〉에 이르러 비로소 굳셈과 부드러움이 사귀기 시작했다. 그러므로 순양으로써 하늘을 모습하고 순음은 땅을 모습화하였으니, 즉 〈함괘〉로써 인사를 밝힌 것이다.

사람과 사물이 이미 생겨나면 서로 한가지로 감응하는데, 만약 두 기운이 사귀지 않으면 서로 감응함을 이루지 못해서 하늘과 땅이 스스로 그러하여 각각 하나이고 부부가 한 괘이다. 이는 말하지 않아도 다 알 수 있는데, 어찌 마땅함을 망령되이 다른 단서로 삼겠는가. "함(咸)은 형통하니 곧아야 이롭고 여자를 취하면 길하다."라는 것의, '함'은 느낌이다. 이 괘는 인륜의 시작과 부부의 뜻을 밝혔으며, 반드시 결국 남자와 여자가 한가지로 서로 느껴서 응해야 바야흐로 부부를 이루며, 이미 서로 느껴서 응했으니 비로소 형통하여 통함을 얻었다. 만약 간사한 도(道)로써 서로 통하면 흉한 해침이 이에 미치기 때문에 이로움이 곧고 바름에 있다. 이미 느끼기를 바름으로써 통하면 즉시 혼인을 화친함의 좋음이기 때문에 이르기를 "함은 형통하니 곧아야 이롭고 여자를 취하면 길함"[181]이라 한 것이다.

왕필의 주에서는 "여자를 취하면 길함이다.[182]하였고, 공영달의 소에서는 바른 뜻인 정의를 말한다고 하였다. 이는 두 괘의 모습을 말미암아서 "여자를 취함이 길하다"는 뜻을 해석한 것이다. 〈간괘〉는 소남이 되면서 아래에 처하고 〈태괘〉는 소녀가 되면서 위에 처하니, 이는 남자가 여자에게 낮추는 것이다. 혼인의 뜻은, 남자가 먼저 여자를 구하는 친영의 예에, 수레를 막고

---

180) 周氏(周宏正).

181) 咸 亨 利貞 取女吉

182) 取女吉也。

바퀴를 세 번 도는데, 모두 남자가 먼저 여자에게 낮춘 연후에 여자가 남자에게 응하며, 여자를 취함이 길함을 얻는 까닭이다.[183)]하였다. 이로써 형통하니 곧아야 이롭고 여자를 취하면 길하다. 하늘과 땅이 느껴서 만물이 달라져 생겨난다.[184)]

또, "천지 만물의 실정은 느끼는 곳에서 보는데, 대체로 느낌이 도가 됨을 무리가 아닌 것은 잘 감동시키지 못한다, 그러므로 여자를 취함을 인용하여 같은 부류의 뜻을 밝힌 것이다. 같은 부류이면서 서로 느껴서 응하지 않음은 그로써 각각 처한 바를 높이기 때문이다. 그러므로 여자가 비록 남자에 응하는 사람이지만, 반드시 아래로 낮춘 뒤에 여자를 취해야 비로소 길함이다."라 하였고, 공영달의 소에서는 "성인이 사람의 마음을 감동시켜서 천하가 고르게 어울리니 성인이 가르침을 베풀어 사람의 마음을 감동시키고 악함이 변하여 선함을 따르도록 하며, 그러한 뒤에 천하가 화평한 것이다. "그 느끼는 바를 보면 천지 만물의 실정을 볼 수 있다 "라는 것은, 〈함괘〉의 도가 넓고 크면 천지를 포괄하고 작으면 만물에 다함을 감탄하여 맺음이다. 사람과 사물이 느껴서 움직임을 일컬어서 정이라 한다. 천지의 만물이 모두 기운으로써 부류가 서로 느껴서 응하기 때문에 '그 느끼는 바를 보면 천지 만물의 실정을 볼 수 있다'[185)]고 하였다. 또, 『상전』에서는 "산 위에 못이 있음이 함괘이니, 군자가 그로써 비우고 낮추어 남을 받아 들임이다."[186)]라 한다고 하였다.

---

183) 孔穎達 疏]正義曰: 此因二卦之象釋「取女吉」之義。艮為少男而居於下, 兌為少女而處於上, 是男下於女也。婚姻之義, 男先求女, 親迎之禮, 禦輪三周, 皆男先下於女, 然後女應於男, 所以取女得吉者也。

184) 是以亨利貞, 取女吉也。天地感而萬物化生。

185) "聖人 至 可見矣』。聖人感人心而天下和平"라는 것은, "觀其所感 而天地萬物之情可見矣", 觀其所感 而天地萬物之情可見矣。

186) 象》曰: 山上有澤, 咸, 君子以虛受人。

이런 전고로 해석을 한다면, 작가 서포 김만중은 이런 의미를 성리소설의 한 축으로 삼아서 「구운몽」에서 형산 위에 해당하는 북쪽에 동정호와 소상강이 위치함을 부각시킨 것은 희정당에서 경연한 이 〈함괘〉가 "산 위에 못이 있음이 〈함괘〉이니, 군자가 그로써 비우고 낮춤의 의미를 근거로 제2 층에서는 이소화가, 제3 층위에서는 동정용왕의 딸인 백능파가 이런 겸양 사양의 심성을 가장 현실에서 보여주는 인간상으로 설정하고, 작품 밖에서의 현실을 은유한 인물로는 작가 서포자신을 그 인물로 삼아, 자기 자신이 진정한 충신이며 효자임을 자천한 것이다. 즉, 작품 안에서, 성진과 8선녀가 활동하는 서사로 재현한 것으로도 해석할 수 있고, 또, "여자가 비록 남자에 응하는 사람 사물이지만 반드시 아래로 낮춘 뒤에 여자를 취해야 비로소 길함이다." 이라는 것도, 양소유가 늘 8선녀, 8처첩 앞에서 군림하지 않는 행동을 하는 것과 상통한다. 「구운몽」에서는 남자가 군주라면, 여성들이 신하나 비빈들이기 때문에, 양소유가 늘 신하나 비빈에게 낮춤으로써 가장과 국가의 화합과 태평을 이루는 것과 상통한다.

이런 점은 희정당에서의 그 하루에 있었던 경연에서 『주역』 〈함괘〉의 해설이, 2부 시사 토론에서 서포가 숙종과 장희빈, 조사석의 정승 제배에 대한 시정의 여론을 직간 한 것이, 작품 「구운몽」에서 전환되어 서사화 되었다.

작가 김만중은 경연 날의 사건은 소설 「구운몽」의 내용에서는 사건 현장에 대한 투사가 소설로의 전환하면서, 일부 달라진다. 즉, 「구운몽」에서는 궁궐 희정당의 경연장이 남악 형산의 설법장으로, 숙종과 경연관 서포는 육관대사와 사미승 성진으로, 경연의 날은 성진의 산문 밖으로 외출한 날이 되며, 군신 간 직언과 질책은 사제간의 질책과 반론으로, 서포의 의금부행은 성진의 참회와 참선으로, 다음 날의 서포의 유배행은, 다음 날의 성진의 적강 윤회로 표면서사화하였다.

작품 밖의 현실인 작가 김만중이 유배지인 평안도 선천에서 만난 승려들과의 교류로 깊은 관심을 가지게 된 『금강경』에 대한 높은 수준의 불교인 심성론의 지혜를 소설화하면서, 희정당에서 이루지 못한, 군신 사이의 〈함괘〉의 소통 주제를 불교의 『금강경』 설법을 전하는 서사로 전환을 시켜서, 지성적인 성리소설로 창작하며 자신보다 먼저 큰 아들을 이 세상에서 작별한 슬픔까지 씻어낼 수 있는 가족사를 「구운몽」이라는 작품 속에 다루고자 하였다.

작가로서의 서포 김만중은 모친 윤씨부인의 깊은 한을 제대로 해소해드리기로 작정하고 「구운몽」을 창작한 것으로 판단된다. 『서포년보』에는 「구운몽」의 주제는 단순한 '소일거리로서의 이야기'로 본 것과는 차원을 달리하는 것이었다. 대제학 출신이요 지경연사였던 서포 김만중이 대작가로서 제시하는 대주제는 성리소설답게 철학적 사유로서의 깨달음의 세계를 기본으로 삼으면서, 혼미한 숙종을 깨닫게 하고, 조정의 중심들과 비빈들, 일반 백성들에게도 성리 본원심을 회복하게 하여 모두가 인간답게 살아가는 이념적인 인간들의 화평한 세상살이를 제시하고 있다. 그 지름길은 왕은 왕답게, 신하는 신하답게 살아가는 길이다. 스승은 스승답게 제자는 제자답게 살아가는 것이다.[187)]

(나) 주자가 황제에게 올린 상소문처럼 숙종을 위한 성리소설을 창작

서포는 희정당 경연의 실패로 평안도 선천에 유배당해 있으면서도, 신하로서의 성리 본원심을 살려서, 송나라 때 주자가 황제에게 올린 〈주자봉사〉를 올리는 심정으로, 혼미한 숙종을 깨우쳐서 국정을 올바르게 다스려서 현군이 되게 하려는 스승의 위치인 경연관의 정체성을 확보하는 우회적 방법으로, 송강이 『사미인곡』, 『속미인곡』과 같은 가사를 사용한 것과는 달리, 소설 양식을 통하여 군주의 혼미에서 생겨나는 충신이 느끼는 우국의 심정과, 혼미를 벗어나 깨달음을 얻게 하는 방식으로 성리이념을 도심과 인심에 비

187) 설성경, 『구운몽 연구』, 국학자료원, 1999, 71쪽.

유 내지 투사시킨 성리소설을 기획하였다.

작가 서포는 성리소설 「구운몽」을 통하여, 현실 정치에서는 숙종을 비롯한 조정의 대신, 비빈과의 관계가 당파성이나 도심이 아닌 인심이라는 욕망 때문에 갈등의 상황에 놓여 있지만, 작품에서는 성리본심인 도심을 가진 주인공을 통하여, 도심이 주도하는 가정, 사회, 특히 조정의 군신과 비빈의 질서 있는 관계를 표면서사로 삼고자 하였다. 그래서 「구운몽」에서는 당대와 후대의 군신은 물론 일반 평서민들도 성리 본원심으로 무장한 도심의 성진과 8선녀가 당나라에 윤회 환생하여, 각자의 위치에서 가정과 나라를 위해서 어떻게 도심을 발휘하며, 화평의 대가정을 이루고 양소유를 중심으로 8처첩이, 한 형제같은 우애를 누리며 행복한 일생을 살아가는가를 소설이라는 흥미롭고 이해하기 쉬운 이야기 소설형식으로 성리소설 「구운몽」을 창작하게 되었다. 이것이 진정한 〈함괘〉의 확장된 의미망이다.

이런 목표를 성공적으로 달성하기 위하여 작가 서포 김만중은 그때까지 조선에는 물론, 중국에서도 찾아 볼 수 없는, 17세기에 「홍길동전」에서 본격적으로 시작된 성리소설로 「구운몽」을 창작하여, 표면서사에서는 통속적인 소설같이 보이지만, 대제학이 서포가 유배지에서 창작한 작품이라는 작가의 측면을 조금만 주목해보면, 이 작품이 가진 깊이와 넓이, 그리고 입체적인 구조를 이해하며 향수 할 수 있는 길을 열어 놓았다.

이러한 성리소설로 창작된 「구운몽」의 표면서사의 대체적인 흐름은, 「구운몽」은 가족의 이야기며, 특히 양소유를 중심으로 8처첩이 형성되는 집단적인 혼사이야기에 속한다. 그런데 여기서 노출된 가족이야기는 우의적 상징적인 차원에서의 집단적 혼사에 의한 대가족의 성립과 전개 이야기다. 그 기본은 유가 윤리에서의 가족관을 기반으로 하고 있다. 즉, 유교에서 개인은 국가와 직접 연결되지 않고, 가족이라는 중간 단위를 통해서 국가와 관련을 맺는다. 가족은 개인을 그 속에 포함하면서 동시에 향당과 국가로 연장된다. 그러므로 가족을 떠난 개인은 존재할 수 없으며, 가족을 떠난 국가도 존재하지 않는다. 공자가 생장했던 춘추시대는 씨족인 가정을 중심으로 하는 봉건제적 사회였다. 그는 이러한 시대에 있어서는 가족과 가족 간의 평화로운 질서와 가족 내의 화평한 질서를 유지하는 것이 정치상 가장 중요한 문제이며, 이 두 가지 문제 중에서 가족 내의 화평을 유지하는 것이 선결문제[188]라고 하였다. 가족간의 화평질서의 중요성은 오륜에서도 강조되고 있으며, 자애 효심 우애등의 가족윤리는 도덕적 의미로서 강조되었다. 그 중에서도 특히 부모에 대한 효심은 도덕의 절대적인 근본으로 간주 되었다. 이러한 가족 안에의 화평질서는 가족 간 또는 대외 관계에 있어서도 우월한 지위에 있다. 아버지가 죄를 지어도 아들이 그를 숨기는 것이 공자에게는 올바른 행위로 생각되었다.[189]

『논어』에서는 군주 보필하는 자로서 신하가 행해야 할 윤리인 충성으로 대표된다.[190] 충성은 군신간에 신하가 군주를 위하여 목숨을 다하는 것이다. 신하가 임금을 섬김에 있어서 예의를 다하는 것이며,[191] 신하는 임금을 속이지 말고 얼굴을 맞대고 간언해야 한다는 것이다.[192] 그러나 신하는 자기의 간언이 받아들여지지 않으면 그 자리를 물러나면 그만이었다.[193] 왜냐하면, 군신관계는 상호 자유의지에 의하여 맺어진 관계이기 때문이다. 신하가 왕권에 도전할 수 있는 경우는 왕이 인의를 해치고 포악한 정치를 했을 경우이다. 신하가 왕권에 도전하는 극단적인 형식은 역성혁명이다. "맹자는 주나라 무왕이 은나라 주왕을 죽인 데 대해서, '인을 헤치는 자를 적이라 하고, 의를

---

188) 이상은, 유학과 동양문화, 범학도서, 1976, 14쪽.

189) 정찬수, 유교 정치윤리가 조선조 당쟁에 끼친 영향, 한국외국어대학교 대학원, 1983, 9~13쪽.

190) "臣使君以忠"論語, 八佾, 十九.

191) 『논어』 八佾편 18의 '事君盡禮'.

192) 『논어』 憲問편 23, '勿欺也 而犯之'.

193) 『논어』 선진 23, '所謂大臣者, 以道事君, 不可則止'.

해치는 자를 잔이라 하며, 잔천지인[194]은 이것을 일부[195]라 하는데, 일부인 주왕을 죽였다는 말은 들었어도, 아직 임금을 죽였다는 말은 들지 못했다"라고 하여, 무왕은 반역을 정당화하였다.[196]

이러한 논리를 전제로 하면, 서포가 「구운몽」에서 표면서사로 전개하는 양소유와 8처첩의 이야기는 일반 양반가의 영웅적 복록을 가진 한 개인이 여러 첩을 두고 부귀공명을 누린다는 차원의 통속적인 의미를 넘어서, 작가인 대제학 서포가 가장 직접적으로 표현하고자 한 것은 숙종이 조정의 중신들을 다스리는 방법이나 비빈들을 다스리는 이상적인 방법을 차등 속에서도 화목을 유지하는 질서 즉, 인사와 비빈 관리에 있어서 군신 사이와 군주와 비빈 사이의 질서와 윤리를 성리본심에 의한 도심의 수준[197]에서 제시하는 합치의 모형을 성리소설 「구운몽」으로 제시하고 있다.

---

194) 殘賤之人.

195) 一夫.

196) 정찬의, 유교 정치윤리가 조선조 당쟁에 끼친 영향, 한국외국어대학교 대학원, 1983, 20쪽. 참조, 이성무의 『조선시대당쟁사』, 신태화의 『이조당쟁비화』.

197) 율곡적 사유로는, 도심과 인심의 실체가 따로 존재하는 것이 아니다. 七情의 발현 양상이 人欲의 橫生인가 天理의 直出인가에 따라 人心과 道心으로 각각 나누어 설명하는 것이기에.

4

「구운몽」 창작을 위한 김만중의 생각지도와 다양한 소재원

4-1. 「구운몽」 창작을 위한 김만중의 생각지도

(1) 굴원의 「초사」와 송강의 「사미인곡」 등을 계승한 창의적 성리소설

(가) 굴원의 「초사」를 모범으로 한 제왕학으로서의 성리소설

서포 김만중은 당대에 김석주 · 이민서 · 남용익 등과 교류하여 문단에서 서로 영향을 끼치기도 하였다. 그는 시와 시에 대한 평론의 대가였다. 시에서는 복고 경향을 추구하여 형인 김만기와 함께 시선집 『시선』을 남기기도 하였다. 17세기는 당나라 시풍을 추구하여 한나라와 위나라 때의 고시의 풍골을 구현하려는 복고풍 경향이 유행한 시기였으므로, 김만중의 시선집도 이러한 경향을 수용하였다.[198] 게다가 대제학을 지낸 정통의 대학자인 서포가 한시에 비하여, 상대적으로 낮은 품격의 문학으로 취급되던 소설 양식을 자신의 창작 대상으로 삼았다. 그는 모친이 소설 애독자였기에 효자로서의 도리를 다하기 위하여, 외직으로 벼슬길에 나가지 않을 때에는 늘 집, 또는 가까이에 거처를 마련하고, 중국과 조선의 소설 작품을 구독하여 모친 스스로 읽게도 하고, 서포가 옆에서 읽어드리기도 하였다. 짐작컨대,

이를 작품에 대한 감상을 넘어서서 비평의 수준에서 모자가 담론하였을 것이 분명하다.

이런 모자를 중심으로 한, 가족의 문학 향수의 분위기는 자연 그 대상 작품의 품격과 깊이 있는 비평을 가능하게 하면서, 당시 유행하던 중국의 연의류인 「삼국지연의」, 「수호지」, 「서유기」와 같은 연의작품의 수준을 넘어서는 조선의 걸작을 창작하고 싶은 욕구를 증폭시켰고, 그 결과가 불경 취득 작품

198) 최은주, 김만기 · 김만중의 『시선』 편찬에 대하여, 퇴계학과 유교문화, 34권, 경북대학교 퇴계연구소, 2004, 78쪽.

인「서유기」를 능가하는 조선의 불경 전법 작품인「구운몽」을 창작하게 된 것으로 판단된다. 구체적인 작품이 어떤 것인지는 제시할 수 없지만, 서포 김만중이 이미 오랜 기간에 걸쳐서 다수의 작품을 창작한 작가라는 사실은『서포만필』의 서문을 쓴 김창흡이 서포는 파다하게 패설을 창작하였다[199]는 구체적인 서술에서도 확인된다. 한편 서포는 모친 윤씨부인은 평소「사미인곡」,「속미인곡」과 같은 가사를 지어보기를 권유하였다. 이런 모친의 뜻을 받들기 위하여 혁신적인「사미인곡」,「속미인곡」과 같은 작품을 지어서 모친에 헌증하기 위하여, 이들 가사를 한역하여 가슴에 품고 다녔을 정도로, 서포는 세계적인 걸작「구운몽」을 창작하기 위한 상당한 준비 시간을 가졌다고 본다. 이런 결과로 선천 유배 중에 결정적인 대기획하에「구운몽」을 지은 것으로 판단된다.

서포는「구운몽」을 창작함에 있어, 표제와 서사구조의 다차원화, 인물의 성격과 인물들과의 직위와 상황에 따른 상호 관계와 그에 따른 주제화를 조직적으로 먼저 설계한 창작 지도를 마련한 것으로 보인다. 이런 추정들을 논증해내기 위하여, 우선 대표 소재로 삼은 굴원의『초사』를 살펴보자.

굴원은 초왕에게 창오 지방으로 추방되어 원상, 동정 일대에서 활동하였다. 그 때 들은 고사나 전설을 토대로『초사』와「구가」의 소재로 삼았다.[200] 또, 유향의『열녀전』「유우이비전」[201]에 순임금과 아황 여영의 이야기가 전하고 있고, 이를 윤색한 전설이 군산지역에 이비전설로 전해오고 있다.「구운몽」에서는 현종과 양귀비의 원천적 소재 수용에서, 성진과 8선녀, 양소유와

---

199) 이때의 패설은 중국의 통속 연의류와 같은 작품을 비롯한 단편적인 비평이라는 뜻으로 해석된다.

200) 우쾌재,「이비전설과 고소설의 관계 고찰」,『한국 고전소설과 서사문학』, 1998, 집문당, 549쪽.

201) 제일권 모의전 제일편「有虞二妃傳」.

8처첩의 관계와, 이들의 애욕 충족 문제를 견제하는 굴원 같은 충신의 문제를 접목시킨다. 이는 다른 한편으로는 현종의 양귀비 총애가 야기할 수 있는 문제를 충신 굴원을 통해 지적하고, 장희빈 총애의 결과가 가져올 불행을 충신의 직언이나 행동을 통해 방지하는 쪽으로 성리소설의 특징을 드러낸다.

중국의 역사상 충신을 대표로 한 문학은 굴원의 『초사』[202]다. 굴원은 초나라 사람이다. 초나라 왕실에는 굴 · 소 · 경의 세 성씨가 있었는데, 임금과 동성인 굴원은 삼려대부라는 벼슬을 맡아 세 성씨의 일을 처리했다고 한다. 재주가 뛰어나고 강직했던 굴원은 임금의 두터운 신임을 받았으나, 진나라와 가까웠던 정치적 반대세력에 의해 억울하게 조정에서 쫓겨났다. 진나라의 병탄 야욕에 직면한 초나라의 현실에서 조국의 위기를 직시하고 있던 굴원은, 버림받은 처지였으면서도 뜨거운 애국주의로 자신의 심경을 글로 남기고 스스로 목숨을 끊었다.

굴원이 원통함과 비분한 심정을 사부로 표현한 창작의 태도와는 달리, 선천 유배지의 서포는 담담한 심정에서 가까이는 억울하게 유배를 당한 아들을 생각하면서 나날을 보내실 모친 윤씨부인의 마음을 위로하는 길을 깊이 고민하였을 것이다. 이에 서포는 흥미로운 소설을 지어서 모친의 파한거리를 삼는 차원의 효행이 아닌, 어머니 윤씨부인은 정혜옹주의 사랑받은 손녀로서, 예학의 대가 사계 김장생 집안의 명예도 계승하면서, 정축호란 때에 순국한 남편 충정공 김익겸의 충군 애국의 심정도 담아내고자 했다. 그 뿐만 아니라, 내우외환의 근본이 되고 있는 당파성으로 인하여, 도심을 벗어난 인

202) 주자는〈공중지에게 답하는 편지[答鞏仲至]〉에서 고금의 시의 변화를 세 등급으로 나누고, "율시가 나온 이후로 시의 법이 모두 크게 변하여 옛사람의 시풍으로 돌아갈 수 없게 되었습니다. 그래서 일찍이 망녕되이 경서와 역사서의 여러 책에 실린 운어와 그 이래로 『문선』과 한나라 위나라의 의 고시 및 곽경순과 도연명의 작품에 이르기까지 망라하여 뽑아서, 스스로 한 편을 만들어 『시경』과 『초사』의 뒤에 붙여서 시의 근본 준칙으로 삼았다."고 하였다.

심으로 파당을 일으킴과, 혼미한 군주 숙종의 각성을 위한 소망을 담아내기 위하여, 굴원의『초사』를 계승한「구운몽」을 창작하게 된 것으로 판단된다.

(나) 모친 윤씨부인이 권유한 송강의「사미인곡」같은 소설 창작

서포 김만중의 선대인 사계 김장생 집안과 송강 정철 집안은 사돈 관계를 맺고 있었다. 사계 김장생의 여동생이 송강 정철 집안으로 출가하여 송강의 며느리가 되었다. 그러니 송강의 아들 정기명은 서포의 조부인 김반의 고모부다. 윤씨부인은 작품 내용에서도「사미인곡」을 좋아하였지만, 시가의 집안과 인척 관계에 놓여있기에 더욱 남달리 좋아하였다.

한편, 송강 정철의 부친 정유침은 마흔이 되도록 벼슬 없이 지내다가 1533년 중종 28년에 큰딸이 훗날 인종이 되는 세자의 양제로 피선됨에 따라, 음보로 돈녕부판관이 되었다. 정철은 그 3년 뒤 1536년에 대궐 근처 장의동에서 4남 3녀 가운데 늦둥이 막내로 태어났다. 그는 특히 세자의 양제이던 훗날 인종의 귀인이 된 누이를 보러 동궁에 자유로이 출입을 하면서, 두 살 위인 후에 명종이 되는 경원대군과 친구를 맺기도 하였으며, 유복한 어린 시절을 보냈다.

『선조수정실록』의 1594년 5월 1일에는, 권유가 최영경의 죽음을 정철 탓으로 돌리니, 정종명이 아비의 무고함을 아뢰는 상소를 다음과 같이 올렸다는 기사가 있다.

> 영남 사람 권유(權愉)가 상소하여 고상(故相) 정철(鄭澈)이 최영경(崔永慶)을 억울하게 얽어넣어 죽였다고 하니, 정철의 아들 정종명(鄭宗溟)이 상소하여 신리(伸理)하였는데, 그 대략에, "삼가 생각건대, 신의 아비는 지난해에 명을 받아 중국에 갔다가 돌아온 뒤, 병부(兵部)의 제본(題本)이 크게 사실과 달랐기 때문에 즉시 상소하여 스스로 진술하였습니다만 잇따라 대간의 탄핵

을 입고 기현(畿縣)에서 대죄(待罪)했었습니다. 그러던 중 삼가 은유(恩宥)를 입어 단지 추고(推考)만 하도록 명하셨습니다. 이에 신의 아비는 다시 함답(緘答)을 기초(起草)하여 부경(赴京)한 후 병부에 정문(呈文)해서 왜적이 아직도 우리 국토를 점거하고 있음과 입비(立碑)하여 경계(境界)를 정한 일은 애당초 있지도 않았다는 점 등을 변정(辨正)한 일에 대해 한두 가지 곡절을 차례로 진술했으나 함사(緘辭)에 채 대답하기 전에 병을 얻어 죽었으므로 마침내 임금에게 알리지 못했었습니다. 그런데 이번에 또 듣건대, 전(前) 현감(縣監) 권유가 상소하여 '산림(山林)의 선비가 옥중에서 억울하게 죽었으니, 이는 간신(姦臣)이 감정을 품고 기회를 이용해서 모함에 빠뜨렸기 때문이다.'고 하자, 상께서 권유에게 하문하시니 최영경(崔永慶)의 죽음은 신의 아비로부터 나왔다는 말로 대답했다고 합니다. 신은 놀랍고 두려워 넋이 다 빠져나가며 억장이 무너지는 듯합니다."

지난 을유년 간에 역적 정여립(鄭汝立)이 연중(筵中)에서 신의 아비를 배척하여 신의 아비가 이로 인해 관직을 떠나게 되었는데, 여립의 당인(黨人)들은 모함하고 배격하고 비방하는 논의를 마구 일으켰습니다. 신의 아비는 그때 기외(畿外)로 내쫓기어 초야에 엎드려 있게 되었었습니다. 그로부터 5년이 지난 후, 여립이 복주(伏誅)되고 잔당이 체포되자 신의 아비가 명을 받고 옥사를 다스리게 되었는데, 이른바 당시의 명류(名流)로서 여립과 더불어 교유한 사람 중에 적당(賊黨)의 초사(招辭)에 이름이 나와 죄를 입게 된 자들이 상당히 많았습니다. 이 때문에 원망이 모두 신의 아비에게 쏠려 중상할 것을 생각하여 못하는 짓이 없었습니다.

신묘년에 이르러 화(禍)가 일어나자 삼사(三司)가 잇따라 탄핵을 하면서 인신(人臣)으로서 저지를 수 없는 극악한 죄와 차마 입에 담을 수 없는 일을 장황하게 꾸며내고 온갖 방법으로 교묘하게 짜맞췄는데, 마침내 영경의 죽음도 신의 아비한테서 나왔다고 하며 기어이 죽이고야 그만두려 했습니다. 그러나 다행히 성덕(聖德)이 위에서 덮어주심을 힘입어 목숨을 보전하게 되었으며, 그로부터 채 1년이 되지 않아 은지(恩旨)로서 사환(賜還)하셨으니, 천지(天地)처럼 망극한 은혜에 대해 피눈물만 흘릴 뿐 어찌 말로 표현할 수 있겠습니까. 영경의 일에 관하여 말씀드리자면, 신의 아비는 안옥(按獄)할 적에 연중(筵中)에서 근거없는 얘기라서 끝내 상고할 만한 단서가 없다고 두 번 아뢰었으며, 상께서 영경이 어떤 사람인지를 물으시자 신의 아비는 영남의 유명한 사류(士類)라고 우러러 진달하였으며, 상께서도 신의 아비에게 '내가 그의 형제간의 서찰을 보건대 효우(孝友)하는 것이 있었다.'고 말씀하셨습니다. 이로써 보면 임금의 마음에 주살(誅殺)하려는 뜻이 없었던 것인데, 신의 아비 또한 그 사이에 어찌 일찍이 함해(陷害)한 적이 있었겠습니까. 영경의 가중(家中) 문서(文書)에 사운시(四韻詩)가 있었는데, 성교(聖教)가 '이것은 필시 영경의 시(詩)일 것이다.' 하고 드디어 끝까지 추국할 것을 명했었습니다. 그러나 영경은 대답할 바를 모르고 다만 '나는 시를 지을 줄 모른다. 이것은 필시 나의 벗인 모인(某人)이 지은 것일 것이다.'고 하였는데, 신의 아비가 회계하기를 '이 시는 갑신년 간에 익명서로 서울 안에 전파되어 신도 과거에 들은 적이 있으니, 결코 영경의 시가 아니다.'고 했습니다. 이는 영경이 대답하지 못하자 신의 아비가 말해 주었던 것이니, 이로써 살펴보면 신의 아비는 영경에 대해서 죽이려는 마음이 없었을 뿐만이 아니라 구해주려는 마음이 있었다 하겠습니다. 상란(喪亂)이 일어나기 이전의 추안이 신의 아비에게 갖추어 있으니 실로 만약 일언(一言)・일사(一事)라도 해가 영경에게 미쳤다면, 그때의 삼사(三司)가 반드시 그 일을 가지고서 신의 아비를 논죄하였을 것입니다. 어찌 말할 수 있는데도 말하지 않고서 신의 아비를 두둔해 줄 리가 있었겠습니까. 이미 그런 일이 없는데도 기필코 무함하려고 '영경이 재차 수금(囚禁)된 일은 모(某)가 사주해서 그렇게 되었다.'고 하니 어찌 너무도 원통한 일이 아니겠습니까. 아, 서로 두 마음을 품고 정의(情意)가 어긋난 나머지 사람을 의심하여 하지 않은 일을 덮어씌워 무함하고 죄를 준다면, 천지간에 가득한 원통함을 품고도 스스로 밝힐 길이 없으니 어찌 원통하지 않겠습니까.

신은 듣건대 기축년 10월 정국(庭鞫)할 적에 역적 정집(鄭緝)의 초사(招辭)에 '길삼봉(吉三峯)이 아니고 바로 최삼봉(崔三峯)이다.'고 하였고, 또 한 사람의 초사에 '지리산(智異山) 아래에 살면서 여립과 더불어 산 지름길로 왕래한다.'고 하였으며, 또 한 사람의 초사에 '삼봉(三峯)은 언제나 여립의 상석(上席)에 앉았다.'고 했는데, 세 사람의 말이 합하여 하나가 되었다고 합니다. 그리하여 서울에 유언 비어가 크게 떠돌아 사람마다 모두 영경이 삼봉이라고 의심하였는데, 얼마 후에 전라 감사 홍여순(洪汝諄)이 서장을 올려 '영경이 삼봉임은 의심할 것이 없다.'고 한 말이 중외(中外)에 유포되었으므로 마침내 다시 옥사를 그만둘 수가 없게 되었던 것입니다. 그렇다면 역적의 초사나 세간에 떠들썩하게 전해졌던 얘기들이지 신의 아비에게서 나오지 않았다는 것 또한 누구나 알 수 있는 일입니다.

또 영경의 초사에 스스로 '적과 더불어 한 통의 편지도 주고 받지 않았다.'고 하였는데, 그 편지 가운데 역적이 영경에게 두류산(頭流山)에서 만나자고 약속하는 내용으로 보낸 편지가 하나 있었습니다. 이 때문에 군정(群情)이 크게 의심하고 국언(國言)이 갈수록 심해지니 상께서 '천망(天網)이 크고 넓으나 죄는 감출 수 없다.'고 전교하셨습니다. 신의 아비가 만약 이런 때에 영경의 가죄(加罪)를 계청했더라면 영경은 뇌정(雷霆)의 위엄 아래에서 반드시 가루가 되었을 것인데 신의 아비가 이때에도 그런 말을 하지 않은 것을 보면 신의 아비가 영경을 죽일 마음이 없었음을 더욱 잘 알 수 있습니다. 영경이 이미 풀려난 후 대간(臺諫)이 그 일을 근거로 논박하자 상께서 말의 출처를 하문하셨습니다. 이에 간원(諫院)에서는 '경상 도사(慶尙都事) 허흔(許昕)에게서 들었는데, 허흔은 감사(監司) 김수(金睟)에게 들었고, 김수는 밀양 교수(密陽敎授) 강경희(康景禧)에게 들었으며, 강경희는 진주 판관(晋州判官) 홍정서(洪廷瑞)에게 들었고, 홍정서는 진주의 품관(品官)인 모인(某人)에게 들었다.'고 대답했으니, 대개 그 말은 영경이 살던 고을에서부터 발설된 것이었습니다. 설사 신의 아비가 권유가 말한 것처럼 근거없는 말을 인하여 기필코 죽이려 했더라도, 김수를 포함한 여러 사람들이 어찌 신의 아비의 명을 들어 남에게 헤아리지 못할 죄를 가하려 했겠습니까. 더구나 온 도내(道內)의 인심이 신의 아비를 허여하지 않았던 상황에서 신의 아비의 구함(構陷)하려는 밀계(密計)를 듣고 그러한 설을 유행시켜 평소 경복하던 현사(賢士)를 죽이려고 했겠습니까. 결코 그럴 수는 없을 것입니다.

무진년 간에 신의 아비가 영경을 만나고 싶어하였는데 영경이 허락하지 않자 마음속에 유감을 품었다고 권유는 얘기했는데, 이는 더욱 사리에 가깝지 않은 말입니다. 동서(東西)의 설(說)이 한번 일어나고부터 영남 사람들은 모두가 신의 아비를 허여하지 않았으니, 신의 아비를 미워했던 자가 영경뿐만이 아니었을 것입니다. 또 신의 아비가 서울에 있으면서 청관(淸官)이 되었을 무렵에는 영경은 명망이 아직 드러나지 않아 사람들이 이름도 몰랐는데 신의 아비가 영경에게 무엇을 흠모하여 만나려고 했겠습니까. 그리고 영경의 명성이 갑자기 드러나게 되었을 적에는 취향과 논의(論議)가 이미 배치되어 만날 수가 없었습니다. 신의 아비가 영경에 대해서 이미 교제를 원하는 마음이 없었고 또 한 번도 면식이 없는데 평소 은원(恩怨) 관계라고 할 만한 것이 뭐가 있겠습니까. 그러므로 영경이 국문을 받으며 동서(東西)의 일을 많이 끌어다 댔으나 신의 아비와 감정이 있었다는 말은 한 마디도 상문(上聞)한 적이 없었고, 삼사(三司)가 신의 아비를 청죄(請罪)할 적에도 그런 말은 언급하지 않았습니다. 그런데 권유가 비로소 그런 말을 하여 영경에게 가탁함으로써 그 말이 사실인 것처럼 하니 어찌 무함하는 것이 아니겠습니까. 설사 신의 아비에게 조그만 원한도 기필코 보복할 마음이 있었다 하더라도, 신의 아비는 풍도가 준절하였던 까닭에 남과 어울리는 점이 적어 동서의 당화(黨禍) 때에 더욱 뭇사람의 공격을 당해 일찍이 조정에서 하루도 편안한 적이 없었습니다. 따라서 이런 일로 원한을 품었다면 어깨를 견주었던 고관들은 누구라서 보복할 혐의가 없는 자가 어디 있었겠습니까. 바야흐로 위관(委官)이 되었을 적에 그런 마음으로 옥사를 다스리려고 했다면 무서운 형벌 아래 어찌 사사로운 원한을 갚을 데가 없었겠습니까. 이를테면 정언지(鄭彦智) · 이발(李潑) · 백유양(白惟讓)의 옥사 때 신의 아비가 한 번도 모함하는 말을 한 적이 없었다는 것은 성상께서도 잘 알고 계시는 바입니다. 신의 아비는 옥사를 다스릴 적에 평서(平恕)한 자세로 정성을 다하여, 면류(冕旒)의 아래에 알려 품재(稟梓)한 뒤라야 행하였으며, 성은(聖恩)이 백성을 불쌍히 여겨 억울한 죄를 풀어준 경우 또한 많았습니다. 그런데 권유가 '원망을 국가에 돌렸다.'고 하니, 도대체 무슨 심사인지 모르겠습니다.

신은 삼가 생각건대 왕옥(王獄)은 사체가 지극히 중하므로 어떤 평범한 죄인도 반드시 형추(刑推)를 계청(啓請)하는 것이 구례(舊禮)로 되어 있습니다. 신의 아비가 정말 죽이려 했다면 영경이 어떤 죄목인데 어찌하여 전례에 따라 엄형을 청하여 마음에 달갑게 보복하지 않고 도리어 신리(伸理)하려고 사설(辭說)을 허다히 소비했으며, 또 이미 방사(放赦)된 후에도 다시 대간(臺諫)에 부탁하여 남의 힘을 빌어서 했겠습니까. 언자(言者) 중에 그때의 일은 모두 신의 아비에게서 나왔다고 말하는 자가 있는데, 이 또한 그렇지 않습니다. 김천일(金千鎰)은 신의 아비와 친구 사이이고, 신의 아우는 또 그의 사위가 됩니다. 천일이 학행으로 세상에 알려져 수원(水原)에 수령으로 나갔다가 탐오(貪汚)하다는 대론(臺論)을 입고서 파직되어 돌아왔는데, 신의 아비는 구할 만한 처지에 있었으면서도 천일을 구하지 못했습니다. 더구나 대간을 사주하여 성사하기 어려운 일을 지어 낼 수 있었겠습니까.

그 당시 양사(兩司)가 논한 것은 단지 소문을 근거로 말한 것에 불과합니다. 그러므로 신묘년에 대간을 추후로 논핵하여 그들의 직책을 삭탈하자고 청하니, 성교(聖敎)에 '언관(言官)으로서 이미 이런 말이 있음을 들었다면 논하지 않을 수 없었을 것이다.'고 하셨습니다. 이는 또한 성상께서 이미 통촉하고 계신 일이니, 신이 어찌 감히 군더더기 말을 붙이겠습니까. 만약 신의 아비가 영경에게 원한을 품어 기필코 보복하고자 했다면 발언하고 행사하는 동안에 정적(情迹)을 감추기 어려웠을 것이니, 함께 추국했던 관원들이 어찌 모를 리가 있겠습니까. 신이 아무리 아비를 위해 숨기고 상을 속이려 해도 될 수 없는 일입니다. 신의 아비는 본디 행적이 외롭고 위태로운데 성명(聖明)을 만나 뭇사람에게 버림을 받은 상황에서 발탁되어 삼사(三事)의 중책에 임명되었으므로 평생토록 그 은혜 갚기를 도모하여 혈성(血誠)만을 지니고 있었습니다. 그러다가 명을 받아 옥사를 다스리면서 시의(時議)에 크게 거슬리어 하마터면 죽음을 면하지 못할 뻔했습니다. 그리고 신의 아비가 양호(兩湖)를 체찰(體察)할 당시에 권유의 무례한 죄를 다스렸었는데, 신의 아비가 이미 죽고 난 뒤에 와서 추후로 거리낌없이 무망(誣罔)하는 짓을 하여 작은 원한 때문에 큰 죄를 얽어내려 한단 말입니까. 천일(天日)이 위에 계시니 처음부터 헤아릴 수 없는 그들의 마음을 어찌 아실 수 있겠습니까.

신이 초토(草土)의 미천한 몸으로 어찌 감히 우러러 천청(天聽)을 번독케 하겠습니까마는 단지 신의 아비의 원통함이 아직 밝혀지지 않았으므로 하는 수 없이 본말과 시종을 갖추어 말씀드립니다." 하였다. 소장이 올라오니 아직 판하하지 않고 상이 정원에 전교하기를, "최삼봉(崔三峯)이라는 말이 그 당시 역적의 초사(招辭)에 나왔던 것 같다. 그러나 정집(鄭緝)은 내가 직접 국문하였는데 이런 말이 없었던 듯하다. 승지만 알고 있으라." 하였다. 이에 대사헌 김우옹(金宇顒), 장령 심원하(沈源河) · 기자헌(奇自獻), 지평 박승종(朴承宗), 대사간 이개(李槪), 사간 이상의(李尙毅), 헌납 최관(崔瓘) 등이 드디어 정철을 추가로 죄주어야 한다는 의논을 일으켰다. 정언 박동열(朴東說)만은 혼자서 피혐(避嫌)하여 아뢰기를, "정철이 최영경을 신구(伸救)했다는 말이 모두 근거할 만한 데가 있으니 핍박하여 정죄(定罪)하는 것은 마땅하지 않습니다." 하였는데, 이개 · 김우옹 등도 피혐하여 아뢰기를, "정철은 영경에 대해 실로 겉으로는 도와주는 체하고 속으로는 억제했습니다." 하였다. 동열은 체직되었고 양사(兩司)가 철의 관작을 추후로 삭탈할 것을 청하니, 상이 이르기를, "이런 때에 이러한 논의를 하는 것은 소요스럽다. 윤허하지 않는다." 하였다. 여러 차례 아뢰다가 잠시 정지하였다.[203)]

서포 김만중의 조부인 김반의 딸과 정철의 아들 정종명이 혼사를 이루어, 김반과 정철은 사돈 사이가 되었다. 『조선왕조실록』 광해군 1년인 1609년 12월 23일의 〈정철의 아들 정종명의 상소에 대한 답〉을 보면 다음과 같이 기록하고 있다.

정종명의【정철의 아들이다.】상소에 답하기를, "그대의 상소 내용을 살피건대 부자의 정리로 어찌 이와 같이 하지 않을 수 있겠는가마는, 사건이 선조(先朝)에 있었고, 국가에 공의(公議)가 있으니, 내가 감히 알지 못하겠다. 지금으로서는 조처하기가 어렵다." 하고, 인하여 전교하기를, "자기와 관계되는 신원의 일은 상언하는 것이 마땅하며 상소하는 것은 적당하지 않으니, 규례가 어떠한가를 모르겠다. 정원은 살피도록 하라." 하였다.

전 좌랑 정종명 등이 상소하였는데, 그 대략에, "지난 기축년 겨울에 역적의 변고가 진신(搢紳) 사이에서 나왔을 때 상하가 진실로 몹시 의혹을 가졌는데, 역도(逆徒) 이광수 등을 신문하였을 때에 '정팔룡 · 길삼봉을 대장으로 삼았다.'는 말이 그의 입에서 나왔으며, 또 박연령 · 박익을 신문하니 '길삼봉이 아니고 바로 최삼봉이다.'라고 하였고, 또 한 사람은 '삼봉은 지리산 밑에 살면서 산길을 내어 역적들과 왕래하였다.'고 공초하였습니다. 얼마 있다가 전라 감사 홍여순의 서장에 최영경을 삼봉이라고 하였으므로, 잡아들이라는 명

203) 『조선왕조실록』, 선조(수정실록) 27년(1594) 5월 1일.

이 처음으로 내렸습니다. 그러자 신의 아비가 즉시 아뢰기를 '양남의 감사에게 명을 내려 그가 삼봉으로 호를 삼았는지의 여부를 상세하게 조사한 연후에 거기에 따라 추궁하소서.' 하였으며, 또 탑전에서 그 옥사는 묘연하게 단서가 없고 또 그가 효도하고 우애하는 명망이 있어 영남의 선비들도 서로 인정하는 자들이 많으니 필시 역모에 참여했을 리가 없을 것이라고 진달하니, 선왕은 온화한 낯빛으로 응답하기를 '내가 그의 형제간에 주고받은 편지를 보니 효도하고 우애하는 마음이 정말 있었다.'고 하셨습니다. 그러다가 그를 대질 신문함에 미쳐 최영경이 스스로 역적들과는 한 장의 편지도 주고받지 않았다고 말했는데 역적이 최영경에게 준 편지 한 장이 그의 집 서적 가운데서 나왔으므로, 선왕이 그로 말미암아 하늘의 그물은 넓고 넓으나 악인을 놓치지 않는다는 하교를 내리셨습니다. 그리고 또 최영경의 집안에 '우계 어느 날 밤 호랑이를 따라 바람이 이니 오얏나무 뿌리채 흔드는 머리 기른 중이었지' 라는 사운시가 있었으므로 선왕이 하교하기를 '이것은 틀림없이 최영경의 시이며 극도로 흉악하니 이것을 가지고 우선 추문하도록 하라.' 하셨는데, 최영경이 대답할 바를 모르고 단지 '신은 본래 시를 잘 모릅니다. 이것은 신의 친구 이노(李魯)가 쓴 것인 듯합니다.'하였습니다. 그러나 신의 아비가 회계하기를 '이 시는 갑신년 사이에 이름을 숨긴 자의 시로 서울에 전파되었던 것이며 결단코 최영경의 시가 아닙니다.'고 하였으므로, 이 때문에 영경은 형신(刑訊)을 면할 수 있었고 얼마 되지 않아 은명(恩命)이 마침내 내려져 석방되었습니다. 신의 아비가 실제로 음험하게 중상하려는 계략이 있었다면 무엇 때문에 연중(筵中)에서 매우 간절하게 풀어주도록 구원하였겠으며, 최영경이 대답할 수 없었던 것까지 아울러 반복해가면서 분간해 주기를 이와 같이 하였겠습니까. 그리고 말하는 자들은 또 재차 국문해야 한다는 논의가 신의 아비가 사주(使嗾)한 데서 나왔다고들 하는데, 재차 국문해야 한다는 논의는 당초 간원에서 나왔으며 헌부는 멀리 귀양보내야 한다고 논계했었습니다. 그 당시 고 정승 윤두수가 이어서 헌장(憲長)이 되었는데, 신의 아비가 즉시 편지를 보내어 논계하는 것이 부당하다는 것을 말하자, 윤두수가 그 논의는 자기에게서 나오지 않았다는 것으로 답을 하였습니다.

『선조수정실록』의 인성부원군 정철의 졸기를 보면, “정철은 김인후 · 기대승에게 종학하였는데, 기대승은 자주 그의 결백한 지조를 칭찬하였다. 그의 누나는 인종의 귀인이 되고, 누이동생은 계림군의 아내가 되었다. 어린아이 때 동궁을 드나들었는데, 명종이 대군으로 있을 때 정철과 유희하면서 매우 가깝게 지냈다. 정철이 장원에 등제한 방목을 보고는 매우 기뻐하여 액문 안에서 특별히 주찬을 내리라고 명하니, 정철이 사양하기를, “이미 출신한 이상 남의 신하된 입장에서 감히 이런 사례를 받을 수 없습니다.” 하였다. 이에 명종이 주찬을 내릴 것을 중지시키고 신무문을 통해 나가도록 명한 뒤 누대 위에서 그가 가는 것을 바라보았으니, 은권이 특별하였다.

얼마 후에 정언에 임명되었는데, 이때 대중에서는 바야흐로 경양군이 처가의 재산을 빼앗으려고 서얼 처남을 꾀어 죽인 사건을 논하면서 법대로 처벌할 것을 청하고 있었다. 명종이 친속으로 하여금 정철을 설득시켜 논박을 정지하도록 하였는데, 정철은 감히 그렇게 하지 못하였다. 이로부터 정철은 파면되어 광주에 돌아가 있게 되었는데, 여러 번 청망에 주의되었으나 3년 동안 낙점을 받지 못하였다. 선조 초년에 전랑으로 기용되었는데, 오로지 격탁양청[204]만을 힘썼으므로 명망은 높았으나 그를 좋아하지 않는 자들이 많았다. 당론이 갈라지자 그는 한쪽만을 극력 주장하다가 시론에 원수시 되었는데, 상의 권애를 힙입어 구제된 것이 여러 번이었다.

신묘년에 이르러서는 상의 권애도 식어서 거의 죽음을 당할 뻔했는데 이덕형이 구제해 준 덕분에 조금 완화되었다. 그 뒤 변란을 인하여 폐고 중에서 기용되었으나 또한 조정에 용납되지 못하였다. 그는 처신을 너무나도 모

204) 激濁揚淸.

가 나게 하였으므로 유성룡이 평소에 그를 미워하였다. 정유년에 유성룡이 탄핵을 받았는데, 논자들이 뇌물을 탐했다고 무고하면서 미오에 비유하자, 유성룡이 탄식하기를, "지난 번에 논자들이 계함을 가차없이 공격하면서도 탐비로는 지목하지 않았는데, 어찌 나의 처신이 저 계함에 미치지 못했단 말인가." 하였다. 언젠가 정철이 최영경을 죽인 일에 대해 말하자 종사관 서성이 그렇지 않다고 극력 변론하니, 유성룡이 말하기를, "계함이 항상 떳떳하게 스스로 이 일을 해명하였으나, 나는 최영경의 죽음이 정철 때문이었다고 마음속으로 여겨왔기 때문에 귀로 그 말을 듣고도 답하지 않았었다. 그런데 지금 와서 생각해 보건대, 그 사람은 입이 곧아 자기가 한 일은 반드시 숨기지 않았을 인물이다. 그러니 그대의 말이 옳지 않겠는가." 하였다. 신흠은 논하기를, "정철은 평소 지닌 풍조가 쇄락하고 자성이 청량하며, 집에 있을 때에는 효제하고 조정에 벼슬할 때에는 결백하였으니, 마땅히 옛사람에게서나 찾을 수 있는 인물이었다." 하였다.

한때 정철을 논한 자가 간적으로 칭하자, 풍문이 퍼져 모든 사람이 뇌동하여 정철을 정말 소인으로 여겼다. 그리하여 평소 정철을 아는 자들도 여론에 현혹되어 그가 정말 소인인가 하고 의심하는 자까지 있었다. 그러나 자고로 소인이라 칭할 때에는 세 가지 경우가 있으니, 첫째는 고총이요, 둘째는 첨미요, 셋째는 부회인 것이다. 정철이 적소로부터 소환되어 언젠가 빈청에 앉아 있을 때 참판 구사맹과 지중추 신잡이 동좌했었는데, 별감 한 사람이 안에서 주찬을 가지고 나와 말을 꾸며 이야기하기를, "안에서 모든 재상들이 함께 먹으라고 하신 것이다." 하였다. 그러나 기실은 구사맹과 신잡이 모두 궁금과 인척관계에 있기 때문에 귀인이 다른 손님은 없을 것이라 생각하고 사사로이 보내온 것이었다. 이성중이 그 자리에 있다가 소반과 젓가락을 가져와 음식을 정승 앞에 나눠 드리도록 하자, 정철이 말하기를, "이 음식은 구참판과 신 지사가 먹어야 마땅하니, 대신이 참여해선 안 된다." 하고는 곧 일어나 나가버렸다. 그 말이 대내에 들리자 정철이 그 이튿날 체찰사로 나가게 되었으니, 이는 그가 첨미 · 고총을 하지 않았다는 밝은 증거라 하겠다. 소인이 과연 그와 같이 할 수 있겠는가. 이발과 이산해는 한때 권세를 장악했던 자들로서 정철은 그들의 친구였으니, 정철의 재주로서 조금만 비위를 맞추었더라면 어찌 낭패를 당하여 곤고하게 되어 종신토록 굶주린 신세가 되기까지야 했겠는가. 그런데도 그는 한 번도 기꺼이 굽히려 하지 않았다. 이는 바로 그가 부회하지 않았다는 명백한 증거인 것이다. 소인이 과연 그와 같이 할 수 있겠는가. 그는 단지 결백성이 지나쳐 의심이 많고 용서하는 마음이 적어 일을 처리해 나가는 지혜가 없었으니, 이것이 그의 평생 단점이었다. 만일 그를 강호 산림의 사이에 두었더라면 잘 처신했을 것인데, 지위가 삼사의 끝까지 오르고 몸이 장상을 겸하였으니, 그에 맞는 벼슬이 아니었다. 정철은 중년 이후로 주색에 병들어 자신을 충분히 단속하지 못한 데다가 탐사한 사람을 미워하여 술이 취하면 곧 면전에서 꾸짖으면서 권귀를 가리지 않았다. 편벽된 의논을 극력 고집하면서 믿는 것은 척리의 진부한 사람이었고, 왕명을 받아 역옥을 다스릴 때 당색의 원수를 많이 체포하였으니, 그가 한세상의 공격 대상이 된 것은 족히 괴이할 게 없다. 그의 처신은 정말 지혜롭지 못했다 하겠다. 그러나 권간과 적신으로 지목하는 것은 문제가 있다. 정철은 조정에서 앉은 자리가 미처 따스해질 겨를도 없이 정승이 된 지는 겨우 1년 남짓하였다. 밝은 임금이 스스로 팔병을 행사하고 있었고 이산해 · 유성룡과 세 사람이 아울러 정승을 하고 있는 상황에서 이산해가 특히 임금의 은총을 입고 있었으니, 정철이 어떻게 권세를 부릴 여지가 있었겠는가. 이것은 변론할 것도 없이 자명한 사실이다."[205] 하였다.

또, 송강 정철의 집안은 대대로 벼슬을 지낸 가문으로 왕실과도 인연이 있었기 때문에, 송강은 어릴 때부터 자유롭게 궁중을 드나들면서 훗날 명종이 된 세자와 친구로 지낼 수 있었다. 그는 선조 8년인 1575년에 벼슬길에 나아

205) 『조선왕조실록』, 선조(수정실록) 26년(1593) 12월 1일.

가 내자시정, 사인으로부터 홍문관 직제학, 성균관 사성, 사간 등을 역임할 무렵 당쟁의 소용돌이가 본격화되자 서인의 주요 인사로서 동인과 대립하다가 마침내 율곡에게 조정의 화합을 맡기고 담양 창평으로 첫 번째 낙향을 하여 약 2년 간 그곳에서 생활하였다. 1579년에 5월에 형조참의, 6월에 우부승지, 8월에 동부승지에 제수되지만 역시 나아가지 않았다. 당쟁의 소용돌이가 빚어낸 일련의 사건을 지켜보면서 정치 현실에 깊은 환멸을 느끼고, 머물러 있던 서울 및 고양군 음죽을 떠나 다시 창평으로 두 번째 낙향을 하였다. 그가 두 번째 낙향하여 고향 창평 성산에 우거하고 있었던 1580년 1월에 그의 심정을 헤아린 선조가 반대파의 모함에도 불구하고 그를 강원도관찰사에 임명하였다. 풍류시인인 정철은 관동의 아름다움을 벗하여 마음껏 시와 술을 즐길 수 있는 풍류로 생각하며 그 직을 나아갔다. 부임 후 도내를 순시하고 특히 금강 영산과 관동의 팔경을 답사하여 기봉 백광홍의 「관서별곡」을 본 따 후세에 그보다 더 유명해진 가사 「관동별곡」을 지었다.

송강 정철은 선조의 남다른 사랑과 은덕을 입고 강원도 관찰사가 된 무량한 감개로부터 시작되는 「관동별곡」의 결사 “소나무 뿌리를 베고 누워 풋잠을 어렴풋이 드니 꿈에 한 사람이 나에게 하는 말이 그대를 내 모르랴, 상계의 진선이라 『황정경』 한 자를 어찌 잘못 읽어 두고 인간세계에 내려와서 우리를 따르는 것인가, 잠시만 가지 말고 이 술 한잔 먹어보오. 북두성을 기울여 창해수를 부어내어 저도 먹고 나도 먹이거늘 서너 잔을 기울이니 화풍이 솔솔 불어와 양 겨드랑이 치켜드니 구만리 장공에 저만쯤이면 날 듯도 하구나. 이 술 가져다가 사해에 고루 나누어 억만 창생을 다 취하게 만든 후에 그때에 다시 만나 또 한 잔 하자꾸나. 말을 마치자 학을 타고 구공에 올라가니, 공중에서 들려오는 옥소 소리는 어제던가 그제던가. 나도 잠을 깨어 바다를 굽어보니 깊이를 모르는데, 그 가인들 어찌 알겠는가. 명월이 천산만촌에 아니 비친 데 없구나.”라 하여, 자신의 자긍심과 목민관으로서의 책임을 다할 수 있기를 약속하였다. 즉, 그는 관찰사 임무를 수행하면서 도내 여러 폐단들을 시정하고, 개혁하였고, 영월 땅에 표석도 없이 버려진 단종의 묘를 수축하여 제사를 드리게 하였으며, 지방관들을 독려하기 위해 〈고을의 관리들을 깨우쳐 인도하는 글〉을 짓기도 하는 등의 선정을 베풀어 강원도 내 민풍을 크게 진작시켰다.

송강 정철은 1581년, 관찰사의 외직에서 돌아와 2월에 참지, 4월에 대사성에 제수되었고, 6월에는 임금의 명을 받들어 정승 노수신의 사직을 윤허하지 않는다는 내용의 비답을 지었으나, 그 내용이 합당치 않다는 사헌부의 탄핵과 동인들의 맹렬한 공격을 받고 다시 창평으로 세 번째 낙향을 하였다. 그러나 12월에 특명으로 전라도 관찰사로 임명되어, 도내의 세액과 부역의 실상을 조사하고 개혁하여 백성들에게 크게 칭송을 받았다.

1585년 3월에는 판돈령으로 직책이 바뀌었고, 4월에는 동인세력의 인물들로부터 논핵을 입었으나, 임금이 비호 하였다. 8월에는 동인들로부터 파당을 만들어 나랏일을 그르치려는 무리의 우두머리로 지목되어 논핵을 입고, 벼슬에서 물러났다. 경기도 고양을 중심으로 한 근기 지방에서 생활을 하고자 하다가 결국 창평으로 네 번째의 낙향을 하여 4년여 동안 창평에서 지내면서 주옥같은 작품들을 창작하였다. 1587년 3월 이후에서 다음 해 사이에 「사미인곡」과 「속미인곡」을 창작하였다. 1591년 2월에는 세자 책봉 문제를 건의하다가 선조의 노여움을 사서 3월에 용산으로 물러나 윤 3월에 양사의 논핵을 입고 파직되었다. 6월에는 명천으로 정배되었다가, 다시 북녘땅 강계로 유배되어 가시 울타리까지 쳐지는 혹독한 귀양살이를 하면서 독서와 사색으로 보냈다. 1592년 4월에 임진왜란이 일어나고 5월 초에 유배에서 풀려나 평양에서 임금을 모셨고, 9월에는 충청, 호남 양도의 체찰사로 임명되어 남쪽으로 내려갔다.

1593년 1월에는 체찰의 임무를 소홀히 한다는 모함을 받고 조정으로 돌아왔다. 5월에 사은사로 명나라에 가게 되었는데, 출발에 임하여 임금께 글을 올려 국난에 임한 충정을 간절히 드러냈으며, 귀국 후 명나라 조정에서 군사를 출동할 뜻이 없는 것 같이, 송강의 일행으로부터 나온 거짓 보고 때문에 엉뚱한 모함을 입었다. 곧 사면을 청하고 강화도 송정촌으로 물러났지만, 생계조차 꾸리기 어려운 상황 속에서 지내다가 12월에 강화 송정촌에서 세상을 떠났다. 즉, 송강 정철은 선조와 임란을 전후한 시기에 살면서, 서인의 우두머리로 동인 세력과의 갈등을 겪으면서 몇 차례의 낙향과 유배 등으로 각지에서 생활하다가, 결국에는 강화도에서 어렵게 살다가 생을 마쳤다.

송강 정철은 선조가 즉위한 후에, 당파 간의 논쟁이 격화되는 중에 출세가도를 달렸지만, 한편으로는 그 갈등의 한복판에서 동인과 서인의 싸움에 휘말려 여러 차례 벼슬을 내놓고 낙향과 유배가 거듭되는 억울한 소외 시절에도 좌절하지 않고, 군주 선조를 사모하는 연군의 정과 변함없는 충성심을 임과 생이별한 여인의 애절한 목소리와 여인이 남편을 잃고 연모하는 마음에 비겨서 노래하였다. 즉 연가 형식을 빌어 표현한 작품들에서 다양한 기법과 절묘한 언어를 구사하며, 비유법, 변화법을 비롯하여 연정을 심화시키는 점층적 표현을 구사하기도 하였다. 또 시상을 급격하게 발전시키면서, 자연의 변화에 맞추어 정서의 흐름을 표현하면서도 뛰어난 우리말 구사와 세련된 표현으로 창작한 가사 문학이 당대까지 조선조 최대 걸작, 충신연주의 대표 문학으로 꼽히고 있다.

그런데, 송강 정철에 대한 역사 평가를 살펴보면, 『선조수정실록』에는 송강 정철을 청렴하고 강직한 선비로, 또 『선조실록』에서는 사독한 천고의 간흉으로 서술되었듯이, 송강 정철은 사관들의 입장에 따라 아주 달리 기록되는 극심한 당쟁 시기에 살았다. 그는 특히, 수많은 선비들이 죽게 되었던 기축옥사인 정여립의 역모 사건의 중심에 있었다. 즉 정여립을 체포하기 위해 의금부 도사들이 군사들을 거느리고 금구로 달려갔으나 이미 그는 그곳을 떠나 피신하였다. 그의 심복인 변승복이 역모가 탄로된 것을 알아채고 정여립에게 달려가서 알리자 그는 변승복과 죽도로 달아났다. 진현 현감이 관군들을 이끌고 정여립의 뒤를 쫓았다. 관군의 추격을 받던 그는 변승복과 자신의 아들을 죽이고 스스로 목숨을 끊었다. 이에 조정에서는 조사관으로 서인의 정철을 임명하였다. 역모사건을 조사하는 과정에서 동인의 사람들이 많이 제거되었고, 혹독한 고문으로 3년여 동안 목숨을 잃은 사람이 많았다. 피해를 입은 동인 측의 사람으로는 이발, 이길, 정언식, 백유양, 최영경, 정개청 등이었다. 이 기축옥사로 서인이 조정의 권력을 차지했으나, 1591년 정철이 세자 책봉 문제로 물러나자 다시 동인이 득세하였다. 즉, 선조의 후비 의인왕후는 불행하게도 아이를 낳지 못했다. 그렇기 때문에 후궁에서 태어난 왕자들 중에서 세자를 책봉해야만 했는데, 그때 좌의정인 정철은 이 문제를 왕에게 건의하려 하였다. 그는 영의정인 이산해와 상의하고 최종적으로 결정하기 위하여 함께 선조에게 건의하기로 굳게 약속했으나, 이산해는 두 번씩이나 약속을 어겼다. 이때 이산해는 이 문제를 교묘하게 이용하여 정철을 없애려고 음모를 꾸몄다. 이산해는 선조의 후궁 인빈 김씨의 오빠인 김공량과 결탁하였다. 그것은 선조가 인빈 김씨가 낳은 신성군을 몹시 총애하였기 때문에, 김공량에게 정철이 광해군을 세자로 삼고 인빈 김씨 모자를 죽이려 한다고 무고하였다. 인빈 김씨가 이러한 사실을 선조에게 알리자 선조는 몹시 화가 나 있었는데, 이러한 상황을 알지 못하고 있던 송강 정철은 경연장에서 선조에게 세자의 문제를 거론하다가 삭탈관직 되었다.[206)]

서포 김만중은 자신이 호란으로 강화도 앞바다에서 태어난 것을 송강과의 숨겨진 인연이라고 믿었다. 두 사람 사이에 놓인 이런 숙명적인 연결 고리 때문에, 자신의 모자가 송강의 가사를 평소에 그토록 좋아했고, 자신 또한 그의 가사를 번역하여 품에 지니고 다녔고, 모친 또한 그의 가사와 같은 작품을 창작해보라고 권하였다.

서포는 송강 정철에 대한 평가[207)]가 상반되었던 당시의 정치 상황과 가사

206) 유종문 역, 『이야기로 풀어 쓴 조선왕조실록』, 아이템북스, 2008, 263~264쪽.

207) 서석 김만기 또한 수많은 선비들이 죽게 되었던 삼복의 변의 중심에 있었고, 서포는 소

작품의 관계를 인지하면서 「사미인곡」의 서사에서 임을 이별한 이후의 그리움을 표현한 "이 몸이 태어날 때에 임을 따라 태어나니, 한평생 함께 살아갈 인연이며 이 또한 하늘이 어찌 모를 일이던가? 나는 오직 젊어 있고, 임은 오직 나를 사랑하시니, 이 마음과 이 사랑을 비교할 곳이 다시 없다."를 더욱 실감 있게 향수할 수 있었다.

송강 정철은 「사미인곡」의 임과의 인연을 다룬 대목에서, "평생에 원하되 임과 함께 살아가려 하였더니, 늙어서야 무슨 일로 외따로 두고 그리워하는고? 엊그제에는 임을 모시고 광한전에 올라 있었더니, 그 동안에 어찌하여 속세에 내려 왔느냐? 내려올 때에 빗은 머리가 헝클어진 지 3년일세. 연지와 분이 있지마는 누구를 위하여 곱게 단장할까? 마음에 맺힌 근심이 겹겹으로 쌓여 있어서 짓는 것이 한숨이요, 흐르는 것이 눈물이라. 인생은 한정이 있는데 근심은 한이 없다."로 표현하였다. 또 이별 후의 그리움을 다룬 대목에서는 "무심한 세월은 물 흐르듯 하는구나. 더웠다 서늘해졌다 하는 계절의 바뀜이 때를 알아 지나갔다가 이내 다시 돌아오니, 듣거니 보거니 하는 가운데 느낄 일이 많기도 하구나."로 표현하였다. 또, 본사에서는 임을 그리는 마음을 계절에 맞추어 표현하였다.

봄의 원망에서는 매화를 꺾어 임에게 보내 드리고 싶은 심경을 "봄바람이 문득 불어 쌓인 눈을 헤쳐 내니, 창밖에 심은 매화가 두세 가지 피었구나. 가뜩이나 쌀쌀하고 담담한데, 그윽히 풍겨오는 향기는 무슨 일인가? 황혼에 달이 따라와 베갯머리에 비치니, 느껴 우는 듯 반가워하는 듯하니, 임이신가 아니신가 저 매화를 꺾어 내어 임 계신 곳에 보내고 싶다. 그러면 임이 너를 보고 어떻게 생각하실까?"로 표현하였다. 여름의 원망에서는 임에 대한 알뜰한 정성을 "꽃잎이 지고 새 잎 나니 녹음이 우거져 나무 그늘이 깔렸는데

위 장희빈 사건에 대한 직간을 했지만, 그로 인하여 선비들이 죽게 되는 불상사는 없었다. 이런 점에서 송강과 서포는 관인으로서 많은 차이가 있다.

비단 포장은 쓸쓸히 걸렸고, 수놓은 장막만이 드리워져 텅 비어 있다. 연꽃 무늬가 있는 방장을 걷어 놓고, 공작 병풍을 둘러 두니, 가뜩이나 근심 걱정이 많은데, 날은 어찌 길던고? 원앙새 무늬가 있는 비단을 베어 놓고 오색실을 풀어내어 금으로 만든 자로 재어서 임의 옷을 만들어 내니, 솜씨는 말할 것도 없거니와 격식도 갖추었구나. 산호수로 만든 지게 위에 백옥으로 만든 함에 담아 앉혀 두고, 임에게 보내려고 임 계신 곳을 바라보니, 산인지 구름인지 험하기도 험하구나. 천리 만리나 되는 머나먼 길을 누가 찾아갈까? 가거든 열어 두고 나를 보신 듯이 반가워하실까?"로 표현하였다. 가을의 원망에서는 자신이 선정을 하고자 갈망하는 마음을 "하룻밤 사이의 서리 내릴 무렵에 기러기 울며 날아갈 때, 높다란 누각에 혼자 올라서 수정으로 만든 발을 걷으니, 동산에 달이 떠오르고 북극성이 보이므로, 임이신가 하여 반가워하니 눈물이 저절로 난다. 저 맑은 달빛을 일으켜 내어 임이 계신 궁궐에 부쳐 보내고 싶다. 누각 위에 걸어 두고 온 세상을 비추어, 깊은 산골짜기에도 대낮같이 환하게 만드소서."로 표현하였다.

겨울의 원망에서는 임에 대한 걱정을 "천지가 겨울의 추위에 얼어 생기가 막혀, 흰 눈이 일색으로 덮여 있을 때에, 사람은 말할 것도 없고 날짐승의 날아감도 끊어져 있다. 소상강 남쪽 언덕도 추위가 이와 같은데 북쪽 임 계신 곳이야 더욱 말해 무엇하랴? 따뜻한 봄기운을 부치어 임 계신 곳에 쐬게 하고 싶다. 초가집 처마에 비친 따뜻한 햇볕을 임 계신 궁궐에 올리고 싶다. 붉은 치마를 여미어 입고 푸른 소매를 반쯤 걷어 올리어 해는 저물었는데 밋밋하고 길게 자란 대나무에 기대어서 이것저것 생각함이 많기도 많구나. 짧은 겨울 해가 이내 넘어가고 긴 밤을 꼿꼿이 앉아, 청사초롱을 걸어둔 옆에 자개로 수 놓은 공후라는 악기를 놓아두고, 꿈에서나 임을 보려고 턱을 받치고 기대어 있으니, 원앙이불이 차기도 차구나. 이 밤이 언제나 샐까?"로 표현하였다. 그리고, 결사에서는 임에 대한 변함없는 충성심을 "하루도 열두 때, 한 달도 서른 날, 잠시라도 임 생각을 말고 이 걱정을 잊으려 하여도 마음속에

맺혀 있어 뼛속까지 사무쳤으니, 편작과 같은 명의가 열 명이 오더라도 이 병을 어떻게 하랴. 아, 내 병이야 임의 탓이로다. 차라리 죽어서 범나비가 되리라. 꽃나무 가지마다 간 데 족족 앉고 다니다가 향기가 묻은 날개로 임의 옷에 옮으리라. 임께서야 나인 줄 모르셔도 나는 임을 따르려 하노라."로 표현하였다.

서포 김만중은 이러한 구성과 표현 중에서도 특히, 조정에 있다가 창평으로 낙향한 송강 자신의 현실을 가사에서는 광한전에서 하계로 내려온 것으로 묘사한 점을 주목하였다. 이와 더불어, 전체 구성을 여인의 독백으로 처리하고 있는 점과, 춘하추동 각 계절에 느끼는 사모의 정을 봄에는 매화의 절개로 임과 함께 보내고 싶은 충정으로, 여름에는 사무치는 외로움과 옷을 지어 임에게 보내는 알뜰한 정으로, 가을에는 밤하늘을 바라보며 임을 그리워함으로 선정에 대한 갈망으로, 겨울에는 추위로 임에 대한 걱정과 사무치는 그리움으로, 그리고 결사에서는 변함없는 애정으로 군주에 대한 충성심으로 표현하고 있는 은유 기법을 주목하였다.[208)]

이처럼, 서포는 송강의 삶과 작품의 세계를 연관시켜서, 관료로서의 정치적인 삶의 실상과, 「관동별곡」, 「사미인곡」, 「속미인곡」 같은 작품이 역사 속에 넘겨지는 가치를 깨달았다. 그런 가치를 모친인 윤씨부인이 인식하고 자신에게도 그런 가치를 후세에 전할 수 있는 작품을 창작해보라고 권한 것으로 받아들였다. 이런 태도가 비평으로 나타난 것이 송강가사를 굴원의 『이소』와 비교하여서 극찬한 것이다. 즉, "송강의 「관동별곡」, 전후사미인곡은

---

208) 이런 인연으로 인하여, 사계 김장생도 자신의 행록에서 정철에 대해서 평가하기를 "공은 가슴 속에 품고 있는 생각이 소탈 상쾌하며, 언어가 호방하여 사람을 감동시키는 점이 많지만, 또한 결점으로는 대신으로서 널리 관용을 베풀어 용납하는 도량이 적고, 또 때로는 주색에 초연하지 못한 것이 흠이었다."라고 지적하기도 하였다. 즉, 예학의 최고봉을 이룬 사계는 송강의 성격과 생애에서 보여준 결점을 관용을 베풀어 용납하는 도량이 적다고 한 것은 정여립 사건의 처리와 관련된 평가라고 할 수 있을 것이다.

우리나라의 『이소』이지만, 한자로서는 쓸 수가 없기 때문에 오직 악사들이 입으로 전하여 서로 이어받아 전해지거나 혹은 글자로 써서 전해질 뿐이다. 이 세 편의 별곡은 천기의 자발함이 있고 이속의 비리도 없으니, 예부터 우리나라의 참 문장은 이 세 편뿐이다. 그러나 세 편을 가지고 논한다면, 「후미인곡」이 가장 높고, 「관동별곡」과 「전미인곡」은 오히려 한자어를 빌어 꾸몄을 뿐이다."라고 하였다.[209)]

이런 서포 김만중의 태도는 그를 따르면서 학문을 배우기도 한 종손 김춘택이 "여러 가사 중에서도 정송강의 전후 사미인사는 가장 뛰어나다. 일찍이 들으니, 김청음이 이 가사 듣기를 대단히 좋아하여 집안의 비복으로 하여금 모두 외우게 하였다. 이 사는 속언으로 지었는데, 정송강이 유배가 울울할 새, 군신의 이합을 남녀의 애증에 비유한 것이다. 그 심지는 충결하며 그 절개는 곧고, 그 말은 청아하고 곡진하며, 그 곡조는 슬프되 단정하여, 거의 굴원의 『이소』에 짝할 만하다."고 하면서, 서포도 일찍이 이 가사를 한 책에 베껴 써두고 서명을 언소라 하였다고 평하게 된 것이다.

그 뿐만이 이나라, 서포 김만중의 조카인 죽천 김진규는 윤씨부인이 서포에게 송강의 「사미인곡」과 같은 소설을 창작해보라고 권하면서 "「사미인곡」을 읽고 나니 그 뜻이 극진하여, 읽는 사람으로 하여금 통분함을 금치 못하게 하니 이것이 글의 힘이 아니겠느냐? 너는 이런 글을 한번 써볼 의향이 없느냐? 만일 의향이 있다면 우리나라 글로 쓰되 이야기체로 써 보아라. 내 생각 같아서는 아녀자들의 섧은 사정을 설원하는 것이 되었으면 좋겠구나."[210)] 라고 하였다고 전한다.

이처럼 서포 가문에서는 송강가사를 적극적으로 향수하였고, 특히 윤씨부인이 직접 서포에게 송강가사류의 창작을 권유한 사실을 고려한다면, 서

---

209) 김만중, 『서포만필』, 하.

210) 김진규, 『죽헌집』.

포가 유배지에서 모친을 위한 소설을 창작하면서 모친이 권유한 송강가사의 특질을 적극적으로 고려했을 것으로 판단된다.[211]

그 하나의 사례가, 초나라 충신 굴원의 『이소』와 이에 영향을 받아 창작된 송강의 「사미인곡」과 「속미인곡」의 작품성과 작가의식을 받아들이는 수준이 「관동별곡」을 칠언의 한시로 번역[212]하여 지니고 다니며 즐길 정도의 적극적인 향수자[213]였다는 것이다. 이 외에도 김만중은 「관동별곡」의 소재인 『황정경』 소재를 자신이 창작한 한시 「무제」에서도 활용하였다. 즉, 그는 이 작품에서 "천상의 성신은 하계에 얽혀 있고 요희는 무슨 일로 협강 가에 있는가. 한 글자 『황정경』을 잘못 읽어서가 아니라 오히려 하루 세 때 번개 웃음 새로움을 생각했기 때문일세. 깊숙이 빈 산에서 한갓 스스로 어여쁘나 아침 구름, 저녁 비도 마침내 참이 아니로다. 봉함 편지 보내 함께 있던 궁녀에게 묻기를 벽해의 반도는 또 몇 봄이나 맞았는고."[214]라고 하여, 『황정경』 한 글자의 어구를 사용할 정도로 송강가사의 시어를 즐겨하였다.[215]

---

211) 『조선왕조실록』, 『선조(수정실록)』 26년(1593) 12월 1일.

212) 『松江別集追錄遺詞』, "江湖多病故人疎 竹林閑臥幽懷寂 關東忽承汝往命 千古名區杖玉節 君恩朝謝延秋門 薄暮秣馬平邱驛 … 松根一枕俗緣疎 夢裏何人慰宿昔 道我前身上界仙 黃庭誤讀人間謫 淸海輕塵弱水邊 瑤臺雪(雲?)樹今三摘 殷勤勸我一盃酒 北斗滿酌滄海緣 春風習習腋生翰 九萬長空如咫尺 安得歸去分四方 坐令天下皆仙骨.

213) 關東別曲 則淸陰西浦 及李進士楊烈 各以文字飜之 將進酒辭 北軒金公亦爲之飜 星山別曲 思美人曲續思美人曲 只以俗諺流傳(松江別集 追錄遺詞,(이재수, 한국소설연구, 선명문화사, 219쪽.) 번역 원문은 필사본은 경대대학원에서 영인본으로 출간하여, [松江別集 追錄遺詞]에 수록하였다.

214) 김만중, 『서포집, 〈무제〉.

215) 이 한시에서. "한 글자 황정경을 잘못 읽어서가 아니라" 등은 요희의 적강은 천제에 대한 지극한 연모로 말미암은 것이며, 그리하여 지금도 "벽해의 반도" 소식을 물을 만큼 천상을 그리워하고 있는 것이다. 비록 유배를 당한 처지이지만 임금에 대한 연모라는 근원적인 인륜은 저버리지 않음으로써 신하로서의 정당성을 확보하고 있는 것이다. 아래 오언율시의 작품들 역시 임금에 대한 연모가 주조를 이루고 있다는 뜻이다.(김병국, 『김

> “여러 사(詞) 중에서도 정송강의 전후 사미인사는 가장 뛰어나다. 일찍이 들으니, 김청음이 이 사 듣기를 대단히 좋아하여 집안의 비복으로 하여금 모두 외우게 하였다. (중략) 이 사는 속언으로 지었는데, 정송강이 유배가 울울하므로, 군신의 이합을 남녀의 애증에 비유한 것이다. 그 심지(心志)는 충결(忠潔)하며 그 절개는 곧고, 그 말은 정아(正雅)하고, 곡진하며, 그 곡조는 슬프되 단정하여, 거의 굴원의 이소에 짝할 만하다. 우리 집안의 서포옹께서 일찍이 이 사를 한 책에 베껴 써두고 서명을 언소(諺騷)라 하였다[216]

위의 인용문처럼, 서포 김만중을 종조로 모시고 따르면서 학문을 배우기도 한 북헌의 종손인 김춘택은 “여러 사 중에서도 정송강의 전후 사미인사는 가장 뛰어나다. 일찍이 들으니, 김청음이 이 사 듣기를 대단히 좋아하여 집안의 비복으로 하여금 모두 외우게 하였다. 이 사는 속언으로 지었는데, 정송강이 유배가 울울할 새, 군신의 이합을 남녀의 애증에 비유한 것이다. 그 심지는 충결하며 그 절개는 곧고, 그 말은 정아하고 곡진하며, 그 곡조는 슬프되 단정하여, 거의 굴원의 「이소」에 짝할 만하다”고 하면서, 서포 김만중도 일찍이 이 사를 한 책에 베껴 써두고 서명을 언소라 하였다.

이러한 사실들로 보면, 「사미인곡」, 「속미인곡」, 「관동별곡」을 본격적으로 향수하면서, 서정적인 자아인 송강이 군주를 은유한 미인에 대한 변함없는

만중의 생애와 문학』 107쪽.).

216) 『北獻集』 권 16, “諸詞中如鄭松江前後思美人詞 又其最勝者 嘗聞金淸陰 劇好聽此詞 家內婢使皆令誦習(중략)松江前後思美人詞者 以俗諺爲之 而因其放逐鬱悒 以君臣離合之際 取譬於男女愛憎之間 其心忠 其志潔 其節貞 其辭雅而曲 其調悲而正 庶幾追配屈平之離騷 而吾家西浦翁 嘗手寫兩詞於一册 書其目曰 諺騷 “關東別曲 則淸陰 西浦及李進士楊烈 各以文字飜之 將進酒辭北軒金公亦爲之 飜星山別曲 思美人曲 續美人曲 只以俗諺流傳於世 (중략) 昔西浦翁 手寫前後美人詞於一册 書其目曰 諺騷 蓋其意比 諸屈左徒之離騷 忠可爭於日月之光”.

애정을 보여줌에서 감동을 자아내는 방식을 서포는 「구운몽」이라는 장편서사의 전체 구도로 삼아, 유배지에서 부모를 위한 효자의 태도, 군주를 위한 충신의 자세를 모친이 권유한 송강가사의 특성[217]인 천상계와 지상계라는 이원세계, 그리고 꿈을 통하여 이러한 이원세계 사이에 소통이 이루어진다는 원리를 「구운몽」의 창작에서 적극 활용하였다.[218]

「구운몽」 창작의 설계도를 위한 서포 김만중의 생각지도는 「구운몽」의 구체적인 창작 과정을 두 가지 길로 제시한다. 하나는 불제자인 성진이 꿈을 통해 세속적인 삶을 살면서. 입신 양명이라는 유가적 가치를 실현하는 것이다. 그리고 다시 깨달음을 얻고 성진으로 돌아간다. 육관대사는 성진에게 양소유와 성진이 결국 각각의 다른 인물이 아니라는 깨우침을 준다. 결국 두 세계 중 어느 것이 더 참되고, 참되지 않고를 논할 수는 없지만, 육관대사가 인용했던 장자의 호접몽 또한 불교의 공사상과 크게 다르지 않음을 알 수 있다. 사람들은 출세하고 싶고, 부귀공명을 누리고 싶은 욕망을 갖고는 있지만, 모든 욕망이 현실이 될 수는 없다. 성진의 깨달음은 결국 김만중의 깨달음이며, 작가는 독자들에게 깨달음에 대한 메시지를 성리소설 「구운몽」으로 전하고자 한 것이다.

1674년에 일어난 2차 예송은 장렬왕후가 며느리 되는 인선왕후에 대해 상복을 몇 년 입어야 하느냐로 벌인 논쟁이었다. 왕조국가의 특성상 국왕의 정통성과 직결된 문제였기 때문에 현실 정치와 크게 엮인 중대한 논란으로, 단순한 예법 논란이 아니었다. 이 논쟁은 예를 중시했던 사회 · 문화적 맥락이 반영된 사안이자, 성리학을 기반으로 한 전제왕조 국가 조선에서 왕의 정통성이 걸린 논쟁이었다.

처음에 서인은 왕후니까 기년복으로 얘기해놓고 왕의 결재를 받았는데,

---

217) 설성경, 『윤씨부인의 삶과 그 정신세계』, 지식과 교양, 2011, 156쪽.

218) 설성경, 『구운몽의 비밀』, 서울대학교출판문화원, 2001, 177쪽.

송시열은 9개월이 맞다고 지적하였고, 결국 왕에게 '대공복이 맞는 것 같다'고 올렸다. 이에 현종은 몹시 화를 내어 예조의 담당자들을 모조리 파직해버렸다. 대구의 유생 도신징이 상소를 올려 기년설을 주장하여 2차 예송이 일어났다.

송시열은 효종이 장자가 아니니 인선왕후도 맏며느리가 아니라는 명분으로 9개월만 입어도 된다고 주장했고, 서인들은『주례』·『의례』에 맏며느리를 위해 9개월 동안 상복을 입게 했음을 근거로 들어 대공복을 주장하였다. 그런데 현종은 '전에는 지금의 법 즉, 아들에 대해서 기년복이라는『국조오례의』을 썼는데 이제는 옛 법, 즉 맏며느리에 대해서 대공복이라는『주례』·『의례』를 쓰라니 일관성이 없지 않냐'는 논리로 서인의 주장을 반대하였다. 이렇게 되니 대비는 '아들에게도 1년 상복을, 며느리에게도 1년 상복을 입는' 또 다른 의미의 예법 붕괴가 일어났다. 이런 현종의 태도에 대해 사실상 자신보다 권위가 높은 송시열과 그의 문하들로 장악된 조정에 압박을 느낀 현종이 자신의 왕권 강화를 위해 송시열과 서인을 약화시키는 전략을 구사하였다.

군신공치 이념에 따르면 군주와 사대부의 예는 동일하다고 하지만 송시열 등 서인의 주장은 국왕 입장에서는 자신과 자기 아버지의 정통성을 약화시키는 주장이라 국왕인 현종 입장에게는 거부감이 들었다.

1674년 7월에 신속하게 마무리되었다. 현종은 송시열에게 싸늘하기 그지없는 비망기를 내려 송시열을 질책했고 송시열과 서인들은 최대의 정치적 위기에 몰렸다. 하지만 그로 인해 남인이 득세하는 것도 바라지 않았던 현종은 송시열의 제자이자 서인 출신인 김수흥을 영의정에서 파직하고 남인인 허적을 영의정으로 삼는 대신 김수흥의 동생 김수항을 좌의정으로 삼아 조정의 균형을 맞추었고 남인이 자신에게 가세하기 전에 일을 마무리지었다. 그리고 두 달도 채 지나지 않은 8월 18일에 현종이 숨을 거두었다.

현종을 이어 왕에 즉위한 숙종은 이 예송을 근거로 송시열이 예송을 잘못

이끈 죄를 물어 서인들을 내쫓았다.

예송논쟁은 정치적, 철학적, 윤리적 상징성이 엄청났던 사건이었다. 표면적인 이유는 단순한 복식 정도였지만, 배경적으로는 서인과 남인 시절부터 있었던 이기일원론과 이기이원론의 문제, 더 나아가서는 조선 초기부터 존재하였던 조선의 통치 체제 문제까지 걸려 있던 일대 격전이었다. 여기에 효종의 정통성과 맞물려 대폭이 된 것이다. 정통성 논쟁은 말을 꺼낸 순간부터 역모로 처벌될 수 있는 중대한 문제이기 때문에 곁다리로 낀 상복으로 논쟁을 벌인 것이다.

예송논쟁은 단순히 입어야 하는 상복 종류와 입어야 하는 기간을 결정하는 사소한 것으로 싸운 논쟁이 절대 아니다. 이는 전대 왕인 효종과 그의 죽은 형 소현세자의 정통성을 두고 벌어진 초대형 정쟁으로, 자칫하면 반란이나 내전의 명분이 될 수도 있었던 대사건이다. 서인과 남인들이 각자 명운을 걸고 치열한 논리로 대립하느라 조선의 정신적, 철학적 사고의 정점을 보여준 정치 행사였으며, 조선 후기 정치와 사회 경향의 분수령이 된 전환점이었다. 양란과 당쟁으로 인한 사회 질서 붕괴와 지배층과 피지배층 사이의 혼란이 가중되어가는 시대를 맞아 유학자들이 조선 질서 회복을 위해 종법과 예법을 더욱 강하게 매듭지으려는 강경파와 종법보다는 실리를 중시했던 실리파, 이렇게 두 유학 사회의 견해가 엇갈린 사건으로, 양란 이후 가장 중요한 사건 중 하나라고 볼 수 있다.

「구운몽」의 주요 사건으로 혼사문제가 있다. 이는 혼례는 1차적인 소재이고, 그 뒤에는 정치현실에서 문제시되었던 상례를 드러내는 방식을 택한 결과이다. 물론 소설에는 애정갈등이 중심 되니, 혼사갈등이 쟁점이 되긴 하지만, 「구운몽」의 경우에는 기본 의도가 일반 군담계 영웅소설과는 그 혼사갈등의 의도가 다르게 나타난다. 양소유의 혼인은 궁중의 늑혼이란 미묘한 문제를 어떻게 풀어나가느냐에 작가의 창의력이 드러나고, 작품 의도도 드러나게 된다.

상례나 혼례를 둘러싼 예송의 정치적인 상처를 더 이상 반복해서는 안되고, 이를 둘러싼 당쟁의 근원문제를 노출시키고, 나아가서는 이러한 갈등을 탕평의 차원에서 극복해보자는 애민, 애족적 행위가 소설창작의 실현으로 나타났다.

(2) 백낙천의 「장한가」의 비극성을 넘어선 깨달음을 제시하는 「장흥가」

당나라의 천재 시인 백낙천의 「장한가」는 양귀비와 현종의 사랑 이야기를 주제로 쓴 칠언 고시로써, 120구에 달하는 대서사시다. 「장한가」는 천하절색 양귀비와 현종황제 사이의 애정의 실화일 뿐만 아니라, 묘사가 그림같이 세밀하고 절묘하다. 양귀비와 사랑에 빠진 당 현종은 정치를 전혀 돌보지 않다가 결국은 변방 수비를 맡고 있던 장수인 안록산이 난을 일으키게 된다. 나라는 풍비박산이 나고 현종은 몇 명되지 않는 초라한 군대의 호위를 받으며 중국 서남쪽에 자리한 오지인 촉으로 피난을 간다. 황제의 행렬이 마외라는 곳에 이르렀을 때 호위하던 병사들이 갑자기 행군을 멈추더니만 황제에게 대들며, 요망한 계집 양귀비 때문에 나라가 이 모양이 되었으니 당장 양귀비를 죽이라고 한다. 이미 권위를 잃은 현종은 자신이 사랑하는 여인 하나도 지킬 힘이 없었다. 결국 양귀비는 병사들에게 끌려가 비참한 죽음을 당했다. 양귀비는 그렇게 죽고 안록산의 난은 평정되었다. 피난을 갔던 현종도 다시 장안의 황궁으로 들어왔다. 그러나 현종은 삶에 뜻을 둘 수가 없었다. 그에게 양귀비가 없다는 것은 죽음을 의미하는 것이었다. 그는 날마다 울면서 양귀비를 데려오라 몸부림을 쳤다. 현종과 양귀비에 얽힌 비극을 소재로 한 백낙천의 「장한가」에서 백낙천은 죽은 양귀비를 그리워하는 당 현종의 모습을 “봄바람에 복숭아꽃과 오얏꽃이 피는 날에도, 가을에 오동잎이 지는 때에도

눈물로 보낸다."[219]고 묘사하였듯이 구구절절이 가슴을 저리게 한다.[220]

김만중은 「구운몽」에서 양소유에 대한 서술을 하면서 양귀비 소재를 부분적으로 직접 차용하고 있다. 성진의 다른 모습인 양소유를 등장시켜, 여성과 남성의 상대적인 대대의 역할을 하게 하는 방법을 구사한다. 즉, 양소유는 남성이지만, 여성적 미모를 갖춘 것으로 형상화시켰다. 그래서 양소유는 여자 복식을 하여 변장을 하고, 배필로 삼고자 하는 여성 정경패의 규방에 들어가 그 모녀 앞에서 거문고를 연주한다. 이때 연주한 곡이 예상우의곡이다. 양소유가 이 곡을 연주하자, 정경패는 다음과 같이 음악에 대한 평[221]을 한다. 이러한 평은 백낙천의 「장한가」의 "어양의 북소리 땅을 진동하며 몰려오니 놀라 「예상우의곡」을 파하였네."[222]를 그대로 따온 것이다. 또, 「장한가」에서 천상에서의 양귀비의 모습을 표현할 때, "구름 같은 머리 반쯤 흐트러진 채 이제 막 깨어난 모습으로 머리장식 매만지지도 않고 당에서 내려오네. 바람 부는 대로 옷 소맷자락을 나부끼니 그 옛날 「예상우의무」[223]를 추던 그녀를 보는 듯 하고, 아름다운 얼굴에 슬픔이 가득하여 눈물을 주르르 흘리니 배꽃 한 가지가 마치 봄비에 젖은 듯 하네."라는 대목과도 상통한다.

또, 「구운몽」에서 양승상이 만년에 취미궁에서 무상감에 젖어 있을 때 "동으로 바라보니 분칠한 성이 청산을 둘렀고, 붉은 박공이 반공에 숨었는데, 명월은 오락가락하되 옥난간을 의지할 사람이 없으니, 이는 현종황제가 태

---

219) 春風挑李花開日 秋雨梧桐葉落時.

220) 在天願作比翼鳥 재천원작비익조 하늘을 나는 새가 되면 비익조가 되고 /在地願爲連理枝 재지원위연리지 땅에 나무로 나면 연리지가 되자고 /天長地久有時盡 천장지구유시진 천지 영원하다 해도 다할 때가 있겠지만 /此恨綿綿無絕期 차한면면무절기 이 슬픈 사랑의 한 끊일 때가 없으리.

221) "此非所謂漁陽鼙鼓動地來 驚罷霓裳羽衣曲者乎 階亂之淫樂 不足聽也".

222) "陽鼙鼓動地來 驚罷霓裳羽衣曲".

223) 「霓裳羽衣舞」.

진비로 더불어 노시던 화청궁이라" 하며, 이 세상의 호화부귀가 덧없음을 한탄하는 대목에서도 현종 황제와 양귀비를 거론하였다.

(3) 숙종을 사이에 둔 윤씨부인과 조대비의 위상과 기여도

인조를 중심으로 예론상의 친인척 관계를 보면, 서포의 모친 윤씨부인은 인조의 고모였고, 대왕대비인 장렬왕후는 인조의 계비였기에, 윤씨부인의 위상이 인척의 서열상으로는 더 높은 위치에 있었다. 장렬왕후는 한원부원군 조창원의 따님으로 1638년 왕비에 책봉되었으며, 1659년 봉림대군이 왕위에 오르자 대비가 되어 현종, 숙종 대까지 3대에 걸쳐 왕실의 어른으로 2차례 예송논쟁의 주인공으로 아들과 며느리 효종과 인선왕후의 국상 때 장렬왕후가 상복을 얼마 동안 입어야 하는지를 두고 서인들의 효종 때 1년, 인선왕후 때 9개월 주장과 남인들의 효종때 3년, 인선왕후 때 1년 주장의 대립이 있었는데 서인의 주장인 효종 때 1년과 남인의 주장인 인선왕후 때 1년상을 입었다. 장렬왕후는 인조의 서거 이후, 효종과 현종을 거쳐서 숙종에 이르러서는 궁궐에서 가장 어른이 되었다. 이런 와중에 숙종이 총애하는 후궁 장희빈을 둘러싸고 대왕대비의 지위에 있는 장렬왕후의 지지를 받는 장희빈과 조사석, 그리고 남인 세력들은 윤씨부인의 아들 서포 김만중을 지지하는 서인 세력들과 심각한 대립 관계를 보이는 중에 조사석이 정승에 임명되는 사건이 일어나면서, 조정 안팎에서는 조대왕대비와 장희빈의 지원으로 조사석이 우의정이라는 정승의 자리에 무리하게 오른 것이라는 풍문이 돌았다.

한편 조사석과 맞서게 된 서포 김만중의 모친인 해평 윤씨는 1617년 문목공 윤신지의 손녀요, 이조참판 윤지의 딸로 한양에서 태어났다. 그녀의 고조부 문정공 윤두수는 1555년에 생원시험에 장원급제하였고, 다시 1558년에는 식년문과에 을과로 급제한 후 승문원에 들어간 뒤 정자 · 저작 등을 지내는 것으로 출사의 길을 걸었다. 그는 1563년 이조정랑으로 있을 때, 명종의 왕비 인순왕후의 외삼촌으로 권세를 누리던 이조판서 이량이 아들 이정빈을 이조좌랑에 천거하자, 이에 반대하다가 대사헌 이감의 탄핵을 받고 파직당하기도 하였지만, 곧 무죄임이 밝혀져 수찬으로 서용된 뒤, 이조참의 · 장령 · 사복시정 · 부응교 · 우승지 등을 지냈고, 1576년에는 대사간이 되었다. 그는 또, 1577년 사은사로 명나라에 다녀왔으며, 이듬해 도승지로 있다가 이종동생 이수로부터 뇌물을 받았다는 양사의 탄핵을 받고 파직되었으나, 다시 1579년에는 연안부사로 복직되었다. 이어 한성부좌윤 · 형조참판을 거쳐 1587년에는 전라도관찰사, 1589년에는 평안감사를 지냈다. 그 뒤, 대사헌 · 호조판서를 지냈으며, 1591년에는 서인의 영수 정철이 광해군의 세자 책봉을 건의하다가 유배를 당할 때 연루되어 회령 · 홍원 등지에서 유배생활을 하다가 선조의 특명으로 낙향하여 살았다. 임진왜란을 당해서는 선조를 호종한 후, 우의정, 좌의정, 판중추부사를 거쳐서 1599년에는 영의정에까지 이르렀다. 이런 중신으로 활동한 윤두수는 온화한 성품을 지닌 재상으로서, 직언도 서슴지 않았던 충신으로서 시대적 사명을 다하였던 인물이었다.

윤씨부인의 증조부 문익공 윤방은 율곡 이이의 문인이었다. 그는 1588년 식년문과에 급제 후 승문원 정자 등을 지냈다. 이어 예문관검열 겸 춘추관기사관, 예조좌랑 · 정언 등을 거쳤다. 1591년에는 부친 윤두수가 광해군의 세자 책봉 문제를 둘러싸고 정철과 함께 파직되어 유배당하자 병을 이유로 사직했다. 그는 임진왜란 때에는 부친과 함께 왕을 호종하면서 정언 · 지평 · 이조좌랑 · 전적 · 응교 · 사예 · 군기시첨정 등을 지냈다. 그 뒤에 경상도 순안어사 · 군기감정 · 평산부사를 거쳤으며, 1597년 정유재란 때에는 순안독찰로서 군량운반을 맡았으며, 이어 철원부사로 옮겼다가 동부승지가 되었다. 이 해에 둘째 아들 윤신지가 선조의 부마가 되어 해숭위가 된 후에는, 병조참판 겸 동지춘추관사에 임명되었고, 도승지 · 한성판윤을 지냈다. 광해군이 즉위한 뒤에는 형조판서, 경상도감사를 지내면서 지춘추관사로 『선조실록』의 편찬에 참여했다. 1618년에는 인목대비 폐모론에 반대하다가 병을 구실로 정청에 불참하여 탄핵을 받고 벼슬에서 물러났으나, 인조반정 이후에는 다시 기용되어 예조판서 · 우참찬 · 우의정 · 좌의정을 거쳐서 1627년에는 마침내 영의정에까지 올랐다. 정묘호란이 일어나자 강화로 피할 것을 주장하여 인조를 호종하였고, 1631년 다시 영의정에 올랐다.

윤씨부인의 조부는 윤신지요, 조모는 선조의 따님인 정혜옹주이다. 해숭위가 된 윤신지는 총명하였으므로 선조로부터 사랑을 많이 받았기에, 선조는 때때로 그에게 시를 지어 바치게 하였다. 인조 때에는 군주의 덕을 극론하는 데 서슴지 않았지만, 인조는 이것을 잘 받아들였다. 인조는 능묘의 대사가 있을 때마다 그에게 감독하게 하여 마침내 정1품에 올라 지위가 재상과 같았다. 그는 병자호란 때에는 왕명을 받아 부친 윤방과 함께 강화에 피신하였다. 그때 묘사를 지키고 있던 부친 윤방이 그를 소모대장으로 삼아 죽진에 있게 하였다. 그때 적군이 강화부에 접근해오자 그는 군사를 지휘하여 성을 나와 죽기를 결심하고 자결하려 하였으나 구조되었다.

한편, 윤씨부인의 조모인 정혜옹주는 1590년경에 선조와 인빈 김씨[224] 사이에서 옹주로 출생하였다. 선조의 총애를 받았던 인빈 김씨는 왕자로는 의안군 이성, 신성군 이후, 후에 원종이 된 정원군을 낳았고, 옹주로는 정신옹주, 정혜옹주, 정숙옹주, 정안옹주, 정휘옹주를 낳았다.[225] 그런데 인빈 김씨

224) 선조와 정빈 민씨에서 출생한 정인옹주(남편은 홍우경, 부친은 홍식), 정선옹주(남편은 권대임, 부친은 권신중), 정근옹주(남편은 김극진), 정빈 홍씨에서 출생한 정정옹주(남편은 유적, 부친은 유시행)이 있다. 온빈 한씨에서 출생한 정화옹주가 있다.

225) 혼란한 정국 속에서도 후에 인조가 된 능양군 집안은 조모인 인빈 김씨가 생존해 있는 동안은 인빈 김씨가 선조의 총애를 받으면서 광해군을 보호하였기 때문에 무사하였다. 그러나 정혜옹주의 모친은 능양군이 19세 때인 광해군 5년 1613년 10월 29일에 세상을 떠났다.

와 아들 정원군이 죽은 후에 인빈 김씨의 손자 능양군 광이 1623년에 인조로 왕위[226]에 올랐기 때문에, 정혜옹주는 인조의 고모로 그 위치가 올라가게 되었다.[227] 그때, 정혜옹주는 30대 중반이었고, 해평 윤씨는 6세밖에 되지 않은 어린 손녀였기에 정혜옹주는 인조의 고모요, 윤신지의 아내요, 그 아들 윤지의 총명하고도 단 하나뿐인 어린 손녀 해평 윤씨를 금쪽같이 생각하면서 양육하는 데에 정성을 다하였다.

이러한 배경을 가진 윤씨부인의 아들 서포 김만중은 조사석이 정승이 된 것은 조대비와 왕후궁의 지원이라는 풍문을 경연 끝에 숙종 앞에서 풍문임을 전제로 직간을 하였다가 숙종의 분노와 질책을 받고 평안도 선천으로 유배를 당하게 되었다. 서포 김만중은 선천 유배지에서 숙종을 사이에 두고, 모친 윤씨부인과 조대왕대비의 위상과 기여도를 소설 「구운몽」 속에 투사시켰다. 즉, 작가로서의 서포는 「구운몽」에서 작품 밖의 현실에서의 모친 윤씨부인은 작품 안에서 제1 층위에서는 위부인으로, 제2 층위에서는 유씨부인과 최씨부인 등으로 설정하고, 현실에서의 대왕대비인 장렬왕후는 황태후로 설정하여, 두 사람의 상대적 위상을 작품 안에서는 윤씨부인을 장렬왕후보다 더 높여놓았다.

(4) 김창흡의 『서포집』 〈서문〉으로 본 서포의 문학세계

김창흡은 『서포집』 〈서문〉에서 서포 김만중의 삶과 문학세계에 대하여 다음과 같이 서술하였다.

---

226) 지두환, 『인조대왕과 친인척』, 역사문화, 2000, 42쪽.

227) 인빈 김씨의 소생인 오빠 정원군의 아들 능양군이 인조가 됨으로서, 정혜옹주의 위치는 그 위상이 군왕 인조의 고모로 높아지게 되었다.

서포는 富貴에 처해있으면서도 부귀에 얽매이지 않고, 患難을 겪으면서도 환난의 질곡에 빠지지 아니하여 텅비어 마치 동이에 물이 차지 않은 듯하고, 유유히 세월과 함께 흘러가 이렇듯이 인생을 마치고 얽매이지 않은 사람이 있다면 어찌 天地의 맑고 通暢한 기운을 얻은 사람이 아니겠는가? 그와 같은 사람이라면 그 性靈에 간직된 것이 반드시 영롱하여 穿穴할 것이고, 사물과 더불어 아무런 간격이 없으리니 성령이 발휘되어 文辭를 짓게 되면 이 또한 하늘의 진솔함[天眞]을 움직이고 흔들어 공교롭게 하려 의도하지 않아도 절로 공교롭게 될 것이다. 대저 공교롭게 하려 의도하지 않아도 절로 공교롭게 되는 것은 맑고 통창한 기운이 오묘함을 발한 것인데 文章에서 특별히 귀중하게 여기는 것이요 이것이 바로 서포 김공의 문집을 지칭하는 것이다.

창흡이 아무 하는 일 없이 궁벽지게 살면서 남몰래 일찍이 世道와 人物에 대해 생각하였는데 山林의 高尙한 사람의 발자취에 대해서도 오히려 마음에 불만이 있었다. 그리하여 세상을 나서 조정 중에서 풍채를 살펴보니 모두가 勢利를 쫓아다니는 무리들 뿐이라, 이에 더욱더 생각나는 사람은 저 고귀한 구슬을 차고 있으면서도 마음은 말라버린 고목과 같고 곤경을 당해서도 편안히 물 위에서 흘러가는 것처럼 여기는 사람이었다. 그러나 누가 이러한 사람이라 할 수 있을지는 알지 못했다. 슬프다! 지하에 있는 분을 일으켜 세울 수만 있다면 우리 서포 김공이 그런 분이 아니겠는가?

공은 詩禮忠烈의 餘光을 받아서 태어났으니 그 기운이 참으로 純淑하여 아무 찌꺼기가 없는데 양육하기를 또 勢利에 물들지 않은채 담박하고 소탈하였으니 깎고 닦는 노력을 기울이지 않아도 神明이 통달하였을 것이다. 그 門地, 명망의 맑고 높음과 가지고 있는 文學, 才識, 風猷, 言議는 생각컨대 어느 하나 남에게 질 것이 없다. 이 때문에 그 형세가 교만하고자 하지 않더라도 교만하게 되기가 매우 쉽다. 높은 벼슬을 두루 역임하고 빛나는 자리를 번듯하게 하여 한편으로는 文衡을 맡고 한편으로는 兵權을 잡기에 이르니 이것은 이른바 작위와 봉록이 함께 다가와 無受人益이 어려운 것인데 그러나 공은 그런 상황에 처신하기를, 손쉽게 할 수 있는 일을 하지 않고 물러나서 처녀가 사람을 두려워하듯 하였고, 난관을 극복함에는 용맹하게 孟賁(중국 고대의 용사)의 뜻을 빼앗지 못하는 듯하였다. 이것이 바로 뭇사람이 놀라고 감복하는 바로써 모두가 미칠 수 없는 바라 하였다. 공은 또 할 수 있고 없고와 어렵고 쉬운 일의 저편에서 초연하게 있어 별다른 일오 여기지 않았으니 그 분이 간직하고 있는 것이 텅빈 것이기 때문이요, 거울삼고 있는 것이 깨끗한 것이 때문이요, 당초부터 남과 나의 경계, 자신과 세상의 걸림돌을 보지 않았기 때문이었다.

이러한 까닭에 그 용모를 살펴보면, 다만 氷玉 한조각일 뿐 자색 비단옷을 입고 조정의 반열에 놓더라도 갑자기 마주치면 그 분이 고귀한 귀인이라는 사실을 모르게 된다. 만약 그분과 더불어 산을 오르고 강을 구경하게 되면 名途와 黨目의 가운데서 소요하여 시비를 따지는 일이 없었다. 비록 원수진 집안의 흉악한 사람이라 하더라도 처음에는 감히 그 분을 놀라게 할 수 없었으나 문앞에 있는 지초와 난초[향초의 이름으로 김만중을 상징]는 뽑아버리지 않을 수 없는지라 그 때문에 옥살이와 귀양살이가 계속 이어져 마침내 풍토가 나쁘고 도깨비 날뛰는 귀양지에서 돌아가시게 되었다. 이것이 나라 사람들이 함께 슬퍼하는 바로써 멱라강에 빠져 죽은 屈原보다 심한 것일 것이다. 그런데 공이 일찍이 스스로 소견하면서 보낸 바는 우울하고 분통 터지는 심정과는 달랐다.어찌 할 수 없는 것은 저 넓은 하늘에 밭겨버리고 열심히 하지 않을 수 없는 것을 죽을 때까지 하기로 기약하였으니 朱子書를 편찬하여 家學을 잇는 것이었으니 이는 斯文을 걱정하는 뜻을 담은 것이었다. 오호라 너무나 유원하구나!

공이 安身立命한 바는 근본에서 말엽에 이르기까지 오직 한가지 맑고 통창한[淸通] 한 것일 뿐이었다. 고로 부귀에 있을 때나 환난에 있을 때나 부귀나 환난을 스스로 바꾸었지 그 부귀와 환난에 굴림을 당하는 일이 없었다. 인생의 큰 일에서 이와 같았다면 비록 나머지 일이나 보잘것없는 기예는 이러

한 가슴속에서 유출되어 나오지 않은 것이 없을 것이다.(중략)

공의 맏아들 鎭華 山甫씨가 義城의 수령이 되어 유고 약간 권을 상재하니 이른바 〈서포집〉이 이로부터 세상에 크게 유포될 것이다. 공의 평소 뜻으로 보면, '이런 일이 어찌 後生에게 달려 있으랴 참으로 그렇지 않을 수 없구나.' 라 하지 않으셨겠는가? 창흡에게 서문을 지으라 말하니 이 또한 그만둘 수 없는 일이 아닌가? 벌써 사양하였지마는 끝내 한 마디 말이 없을 수가 없었다. 그러나 평일에 귀중하게 여기던 바에 대해서 오히려 감히 마음껏 찬양하지 못하니 또한 공의 겸손함이 이에 대하여 특히 심하였기 때문이다. 숭정 기원후 임오 안동 김창흡은 서하노라.[228)]

서포가 생존해 있을 당시에 영의정을 지냈던 김수항의 아들 삼연 김창흡이 내린 서포에 이러한 평가는 아주 객관적으로 보여주는 서포의 폭넓은 학문 대상을 보여준다. 서포와 가까이 있으면서도 서포에 대한 총체적인 평가는 그의 문집에 실린 서포의 문학세계와 소설 「구운몽」이 펼치는 다중적인 서사구조와 사상 및 주제를 밝히는 데에도 하나의 이정표가 되었다.

(5) 『금강경』의 복덕론에 따른 『금강경』 전법 소설 유포의 공덕

대승불교 경전인 『금강경』에서는 세존이 불법의 유포의 공덕을 강조하면서 『금강경』 중에 단지 네 구절로 된 게송만이라도 지니고 읽거나, 남을 위해 설법해주게 되면 그 공덕은 참으로 무한한 것이라는 것을 거듭 거듭 강조하고 있다. 예를 들면, 본문 중에서 복덕론에 직접 관련된 서술이므로 전체 내용의 20%에 해당하고 있다.

228) 김창흡, 『서포집』의 서문.

구체적인 본문을 통하여 살펴보면, 제8회의 의법출생분에서는 "수보리여! 어떻게 생각하느냐? 만약 사람이 삼천대천세계에 칠보를 가득히 하여 보시하면 이 사람의 얻은 복덕이 많겠느냐? 수보리가 아뢰었다. 매우 많습니다. 세존이시여! 왜냐하면 이 복덕이 곧 복덕의 본성이 아니므로 여래께서는 복덕이 많다고 말씀하시나이다. 만약 또 어떤 사람이 이 경가운 데에서 사구게 등을 받아지녀 남을 위하여 말한다면 그 복이 앞의 복덕보다 수승하니라. 어째서인가? 수보리여! 일체 모든 부처님과 모든 부처님의 아뇩다라삼먁삼보리 법이 다 이 경에서 나오기 때문이니라. 수보리야, 수보리야, 이른바 불법이라는 것도 곧 불법이 이니니라."[229]라고 하였다.

제11회의 무위복승분에서는 "수보리여! 항하 가운데 있는 모래수 만큼이나 이러한 항하의 많은 모래들을 어떻게 생각하느냐? 이 모든 항하의 모래가 많겠느냐? 수보리가 아뢰었다. 매우 많습니다. 세존이시여! 단지 모든 항하가 많아 그 수를 헤아릴 수 없거늘 하물며 그 모래이겠나이까. 수보리여! 내 이제 진실한 말로 너에게 말하노니, 만약 선남자 선여인이 칠보로써 이런 항하의 모래수만큼 삼천대천세계에 채워 보시하면 복을 얻음이 많겠느냐? 수보리가 아뢰었다. 매우 많습니다. 세존이시여! 부처님께서 수보리에게 말씀하셨다. 만약 선남자 선여인이 이 경 가운데에서 사구게 등을 받아지녀 다른 사람을 위하여 말해 준다면 이 복덕은 앞의 복덕보다 수승하니라."[230]라

229) 須菩提於意云何若人滿三千大千世界七寶以用布施 是人所得福德 寧爲多不 須菩提言甚多世尊 何以故是福德卽非福德性是故如來說福德多若復有人於此經中受持乃至四句偈等爲他人說其福勝彼 何以故須菩提一切諸佛及諸佛阿褥多羅三藐三菩提法皆從此經出須菩提所謂佛法者卽非佛法.

230) 須菩提如恒河中所有沙數如是沙等恒河於意云何是諸恒河沙寧爲多不須菩提言甚多世尊但諸恒河尙多無數何況其沙須菩提我今實言告汝若有善男子善女人以七寶滿爾所恒河沙數三千大千世界以用布施得福多不須菩提言甚多世尊佛告須菩提若善男子善女人於此經中乃至受持四句偈等爲他人說而此福德勝前福德.

고 하였다.

제13회의 여법수지분에서는 "수보리야, 만일 어떤 선남자 선여인이 항하의 모래와 같이 많은 목숨을 보시하였더라도, 또 어떤 사람이 이 경 가운데서 네 글귀로 된 한 게송만이라도 받아 지녀 다른 사람을 위하여 일러 준다면 이 복이 앞의 복보다 매우 많으리라."[231]라고 하였다.

제14회의 이상적멸분에서는 "수보리야, 미래 세상에 만약 어떤 선남자 선여인이 능히 이 경을 받아 지니고 읽고 외우면 곧 여래께서 부처님의 지혜로써 이 사람을 다 알고 다 보나니 한량없고 가이 없는 공덕을 모두 다 성취하게 되느니라.[232]라고 하였다.

제15회의 지경공덕분에서는 "수보리여! 만약 어떤 선남자선여인이 아침나절에 항하의 모래수와 같은 몸으로 보시하고 점심때에 또 항하의 모래수와 같은 몸으로 보시하며 저녁때에 또 항하의 모래수와 같은 몸으로 보시하며 이와 같이 헤아릴 수 없는 백천만 억겁 동안에 몸으로 보시하여도 만약 어떤 사람이 이 경전을 듣고 신심이 거슬리지 않으면 그 복이 앞사람의 복보다 수승하니라. 하물며 이 경을 베껴쓰고 받아지니고 읽고 외워 다른 사람을 위하여 해설하여 줌에야 말할 것이 있겠느냐? 수보리여! 요약하여 말하건대 이 경은 가히 생각할 수 없고, 가히 헤아릴 수 없으며 끝이 없는 공덕이 있으니, 여래는 대승에 발심한 자를 위하여 이 경을 말하고, 최상승에 발심하는 자를 위하여 말하느니라. 만약 어떤 사람이 능히 받아지니고 읽고 외워 널리 다른 사람을 위하여 말한다면 여래는 이 사람을 다 알고 이 사람을 다 보나니, 이 사람은 헤아릴 수 없고 잴 수 없고 끝이 없는 생각할 수도 없는 공덕을 성취

---

231) 須菩提若有善男子善女人以恒河沙等身命布施若復有人於此經中乃至受持四句偈等爲他人說其福甚多).

232) 須菩提當來之世若有善男子善女人能於此經受持讀誦卽爲如來以佛智慧悉知是人悉見是人皆得成就無量無邊功德.

하게 되느니라."[233]라고 하였다.

제16회의 능정업장분에서는 "또 수보리야, 만약 선남자 선여인이 이 경을 받아지녀 읽고 외우는 데도 다른 사람에게 가벼이 업신여김을 받게 된다면 이 사람은 선세의 죄업으로 마땅히 악도에 떨어질 것이지만, 금세에 다른 사람에게 가벼이 업신여김을 받는 까닭으로 선세의 죄업이 곧 소멸되고 마땅히 아뇩다라삼먁삼보리를 얻을 것이니라."[234]라고 하였다.

제16회의 능정업장분에서는 "만일 또 어떤 사람이 이 다음 말세에, 능히 이 경을 받아 지니고 읽고 외운다면 그 공덕은 내가 모든 부처님께 공양한 공덕으로는 백분의 일에도 미치지 못하고, 천만억분 내지 어떤 수의 비유로도 능히 미치지 못하느니라."[235]라고 하였다.

제19회의 법계통화분에서는 "수보리야, 어떻게 생각하느냐? 만일 어떤 사람이 삼천대천세계를 칠보로 가득 채워서 보시한다면, 이 사람은 이 인연으로 받는 복이 많지 않겠느냐? 그러하옵니다 세존이시여. 이 사람은 이 인연으로 받는 복이 대단히 많겠습니다. 수보리야, 만일 참으로 복덕이 있는 것이라면 여래께서 복덕이 많다고 말하지 않으시겠지만 복덕이 없는 것이므로

---

233) 須菩提若有善男子善女人初日分以恒河沙等身布施中日分復以恒河沙等身布施後日分亦以恒河沙等身布施如是無量百千萬億劫以身布施若復有人聞此經典信心不逆其福勝彼何況書寫受持讀誦爲人解說須菩提以要言之是經有不可思議不可稱量無邊功德. 如來爲發大乘者說爲發最上乘者說若有人能受持讀誦廣爲人說如來悉知是人悉見是人皆得成就不可量不可稱無有邊不可思議功德如是人等卽爲荷擔如來阿耨多羅三藐三菩提何以故須菩提若樂小法者着我見人見衆生見壽者見卽於此經不能聽受讀誦爲人解說須菩提在在處處若有此經一切世間 天人阿修羅所應供養當知此處卽爲是塔皆應恭敬作禮圍繞以諸華香而散其處復.

234) 次須菩提善男子善女人受持讀誦此經若爲人輕賤是人先世罪業應墮惡道以今世人輕賤故先世罪業卽爲消滅當得阿耨多羅三藐三菩提.

235) 若復有人於後末世能受持讀誦此經所得功德於我所供養諸佛功德百分不及一千萬億分乃至算數譬喩所不能及須菩提若善男子善女人於後末世有受持讀誦此經所得功德我若具說者或有人聞心卽狂亂狐疑不信須菩提當知是經義不可思議果報亦不可思議.

여래께서 복덕이 많다고 말씀하시느니라."[236]라고 하였다.

제24회의 복지무비분에서는 "수보리야 만약 어떤 사람이 삼천대천세계 가운데 모든 수미산왕들 만한 칠보 덩어리로 보시하도라도 만약 다른 사람이 이 반야바라밀다경에서 네 글귀로 된 한 게송만이라도 받아지니고 읽고 외우며 다른 사람을 위하여 일러 준다면 앞의 복덕으로는 백분의 일에도 미치지 못하며 백천만억분의 일에도 미치지 못하며 온갖 산수나 비유로도 능히 다 미칠 수 없느니라."[237]라고 하였다.

제32회의 응화비진분에서는 "수보리야 만일 어떤 사람이 한량없는 아승지세계에 칠보로 가득히 채워서 보시한다고 하더라도, 만일 어떤 선남자 선여인이 보살심을 낸 이가 있어 이 경을 지니되 네 글귀로 된 한 게송만이라도 받아지녀 읽고 외우며 다른 사람을 위하여 잘 일러주면 그 복은 저 복보다 더 스승하리라."[238]라고 하였다.

이처럼. 모두 32회분 중에서 9회에 걸쳐서 10번에 걸쳐서 "이 경을 지니되 네 글귀로 된 한 게송만이라도 받아지녀 읽고 외우며 다른 사람을 위하여 잘 일러주면 그 복은 한량없는 아승지세계에 칠보로 가득히 채워서 보시하는 것보다 많다"는 것을 거듭 거듭 강조하였다. 물론, 이 경에서 제시하는 진리, 즉 공론에 입각하여 본다면, 이러한 복덕 또한 무위법의 차원에서 인식하면 복덕이 아닌 것이기에 "복덕이 있는 것이라면 복덕이 많다고 말하지 않겠지만 복덕이 없는 것이므로 복덕이 많다고 한다."는 것이다. 이런 두 가지 측면을 고려해서 보면, 최소한 유위법의 차원에서 본다면, 그 복덕은 "한량없는

236) 須菩提於意云何若有人滿三千大千世界七寶以用布施是人以是因緣得福多不如是世尊此人以是因緣得福甚多須菩提若福德有實如來不說得福德多以福德無故如來說得福德多.

237) 須菩提若三千大千世界中所有諸須彌山王如是等七寶聚有人持用布施 若人以此般若波羅蜜經乃至四句偈等受持讀誦爲他人說於前福德百分不及一百千萬億分乃至算數譬喻所不能及.

238) 須菩提若有人以滿無量阿僧祇世界七寶持用布施若有善男子 善女人發菩薩心者持於此經乃至四句偈等受持讀誦爲人演說其福勝彼.

아승지세계에 칠보로 가득히 채워서 보시하는 것보다 많다"는 것으로, 이런 복덕으로 바라밀의 세계에 도달하게 되고, 거기에 도달하게 된 것을 그 바탕인 보살이 다다른 반야 지혜로 인식하면, 복이라 할 게 없는 공의 세계인 것이다.

송나라 때 이방 등이 편찬한 『태평광기』는 대형의 유서로서, 한 대부터 송초까지의 야사소설을 전문적으로 수집한 책으로 『태평어람』과 동시에 편찬되었기 때문에 『태평광기』라 한다. 이 책에는 한나라 시대로부터 북송 초기에 이르는 소설 필기 야사 등의 전적에 수록되어 있는 고사들을 광범위하게 채록한 총 500권이다. 92대류로 나누고, 150여 소류로 세분했으며 총 7,000여 조에 이르는 신선귀괴와 인과응보 중심의 고사로 되어 있다.[239] 불경 신앙에 대한 보응을 다룬 일화들로 제102권 노경유 일화로부터 시작하여 제108권의 판해객 일화까지가 총 103 일화가 『금강경』에 대한 보응 일화로, 불경에 대한 보응 일화 중에서 『금강경』에 관한 보응 일화가 거의 60%에 해당한다. 가장 중심에 놓이고 일화는 사자가 저승에 갔다가 『금강경』 공덕으로 소생하는 저승 내왕담이다,

이런 『태평광기』에는 불경 신앙에 대한 보응을 다룬 일화와 『금강경』에서 석가 세존이 거듭 강조하는 복덕론에 근거하여 김만중은 모친을 위한 효행과 군주를 위한 충성심, 그리고 이 작품을 향수랄 독자들을 위하여 유위법 차원에서의 복덕을 생각하면서 「구운몽」을 창작하였을 것이다. 특히, 「구운몽」 속의 사구게를 인용한 육관대사의 설법을 통한 복덕은 물론이고, 「구운몽」을 읽고, 듣고, 필사하고, 판각하고, 인쇄한 이들의 복덕, 「구운몽」을 연구하고, 비평하고, 강연하거나, 국내외에서 번역하고 재창조한 이들의 복덕도 대단한 것이다. 이런 갖가지 인연으로 얻을 수 있는 복덕 중에서도 가장 대표적인 복덕은 효심 많은 서포가 「구운몽」을 헌증한 대상 인물이요, 작품 속

239) 김장환, 『태평광기』 번역, 학고제, 2000, 13쪽.

에 이상적인 삶으로 투사된 위부인과 유씨부인의 모델인 현실의 윤씨부인에게 돌아가는 공덕론이요, 복덕론이다.

4-2. 김만중이 활용한 「구운몽」의 인물 소재

(1) 『금강경』에 근거한 「구운몽」 서사 전개의 세 층위

(가) 『금강경』의 비무상론에 따른 지속적 이중부정의 서사

「구운몽」의 작가 서포는 가르치는 스승과 배우는 제자의 이야기를 작품의 가장 상부 구조에 배치했다. 이는 유배 오기 직전, 자신이 창덕궁 희정당에서 숙종의 경연관으로 『주역』의 〈함괘〉를 경연하면서, 군주의 교육을 성공적으로 이루지 못한 것을 염두에 두고, 숙종이 처한 혼미한 현실을 성리이념으로 연결시켜서, 『태극도설』과 『금강경』의 융합서사로 제왕학 수준의 조선 군주에 대한 정치 혼란 문제 해결을 창작의 동기로 삼았다.

『금강경』의 원래 명칭은 『금강반야바라밀경』으로 반야는 지혜로 깨달음에 이른다는 뜻이다. 반야는 어리석은 마음이 일어나지 아니하는 것을 뜻하고, 혜는 방편과 작용을 뜻하고, 바라밀은 생멸과 윤회에서 벗어나는 길을 제시하는 책이라 뜻이다.[240] 구체적인 내용은 사고의 바탕을 분석하는 것으로서, 번뇌의 근원은 아집인데, 그 아집의 주체인 욕망은 현상의 이분화에서 나왔고, 그 이분화는 실재하는 것이 아니라, 인간들의 인위적 조작에 따른 것임을 대각하게 하는 공의 지혜를 일깨워 주는 것을 핵심으로 하고 있다.[241] 현

240) 「豫章沙門宗鏡提頌剛要序」, 乘龍寺, 金剛經五家解講釋, 1996, 33~38쪽.

241) 한태동, 「金剛經과 心經에 나타난 釋伽의 思想」, 『연세춘추』, 1982년 5월 24일.

상에 대한 집착은 대상을 바로 의식하는 데 장애가 되므로, 상에 대한 집착을 부정해야 한다는 것이다. 그러나 상을 부정해도 비상[242]의 상태에 머물게 되는데, 이 비상에 대한 집착도 또한 집착에 해당되므로 그 비상의 상태마저 부정하게 되는 비비상, 비무상[243]의 경지에까지 이르러야 한다는 것이다. 그래서 비비상의 경지에 이르러서 공의 지혜를 터득한 보살은 아상, 인상, 중생상[244]에서 벗어난 존재가 된다는 것이다.[245]

『금강경』에서는 제자 수보리가 스승인 세존에게 무상의 정등한 정각의 마음을 어떻게 받아들여 정착시키느냐는 질문[246]에 대하여 세존이 참 지혜의 마음은 공의 본질을 이해함에서 얻게 다는 것을 다음과 같은 논리로 설법하는 것으로 제시된다. 『금강경』의 핵심 논리인 상과 비상의 두 층위, 나아가서는 상과 비상과 비무상의 세 층위에 이르는 상의 세 위상을 비교하고 통합한다. 이 세 층위의 각 상은 결국 서로 상이하다는 시각에서 보면 상이한 것이고 동일하다는 시각에서 보면 동일하다는 '상이하면서도 동일함'을 지속적 부정[247]의 논리를 따라, 세 층위의 상의 인식 방법은 『금강경』에서 세존이 제시하는 원론적 교리이다. 이들 상이한 위치에서 인식되는 세 층위의 상을 하나의 총괄적인 위치에서 인식하기 위해서는 현상으로서의 상, 그 자체의 위상을 인식해야 한다.

이러한 설명은 다음과 같은 해설에서 보다 쉽게 표현되고 있다.

---

242) 非相.

243) 非無相, 非非相.

244) 我相, 人相, 衆生相.

245) 曹溪 六祖禪師의 序.

246) 『금강경』 한역본에서는 제2회에서, '바른 큰 깨달음에 대한 제자의 질문'이 시작되고, 17회에 다시 반복된다.

247) '若無想 若非有想 若非無想', '無法相이요 亦無非法相', '非法이요 非非法'등으로 설명되는 논리.

이 경을 설함에 있어, 상(相)을 취하지 않고 '여여부동(如如不動)'하는가? 일체의 유의(有爲)와 화연(化演)의 법이 만일 법계(法界)를 여의면 자체상(自體相)이 없는 것이 육유(六喩)가 다 구경(究竟)이 아님과 같다. 그 때문에 마땅히 이같이 보아 상(相)을 취하지 않은 것이다. 상(相)을 취하지 않는 것은 삼상(三相)을 취하지 않는 것으로 말하는 자는 진여(眞如) 자성(自性)은 유성(有性)이 아니며 무상(無相)이 아니며 유상(有相)과 무상(無相)이 아님도 아닌 것이다. 상견(常見)을 깨트려 없애기 위하여 일체 공(空)을 설하고, 단견(斷見)을 파하기 위하여 일체 유(有)를 설정하고 이변(二邊)에 떨어질까 두려워하여 하공(不空)과 하유(不有)를 설한 것이다. 이것은 다 연(緣)을 대하여 시설한 것이요, 구경(究竟)을 삼은 것이 아니다. 때문에 삼상(三相)을 취하여 저 여여(如如)한 묘경(妙境)을 어김은 온당치 않는 것이다. 이는 곧 한갓 화연(化演)을 잡아 설한 것이지만, 이에는 세(世)와 출세법(出世法)을 다 잡아서 삼관(三觀)이 일심(一心)이며 일심(一心)이 삼관(三觀)인 뜻을 밝힌 것이다.(중략) 생(生)이나 곧 무생(無生)이요. 감(滅)이나 곧 무멸(無滅)이다. 생멸(生滅)이나 이미 허(虛)한 것이다. 그래서 모든 법(法)이 실상(實相)이 아님이 없다. 때문에 말하기를, '인연(因緣)으로 생긴 법(法)은 내가 설하면 이미 공(空)이며 이 이름이 가명(假名)이며 또한 이름이 중도(中道)의 뜻'이라 한다. 이러하면 삼상(三相)이 일경(一境)을 여의지 않으며 일경이 삼상을 뚜렷이 含한다. 삼상이라 말하고자 하나 완연이 이 일경이요, 일경이라 말하고자 하나 완연히 이 삼상이라. [248]

이처럼, 상이나 상에 대한 집착은 대상을 바로 의식하는데 장애가 되므로, 상이지만 상을 부정해야 한다는 것이다. 그러나, 상을 부정해도 비상이 나오고 비상에 대한 집착도 또한 집착이므로 그 비상마저 부정하면 비비상의 경

248) 金剛般若婆羅密多經, 涵虛의 해설.

지가 된다. 이렇게 하여 상과 비상의 경계마저 부정하여야 비비상의 큰 이치를 인식하는 공의 지혜를 얻는 경지에 이르게 된다는 것이다.[249)]

서포 김만중은『금강경』이 담고 있는 심성론을 소설의 서사적인 전개에 효율적으로 실현하기 위하여,『금강경』에서 먼저 깨달은 스승 세존이 제자 수보리를 깨닫게 했던 방식을 분석하여, 이를 작품 내에서는 제자인 성진, 작품 밖에서는 군주인 혼미한 숙종이 인심에 빠져 있는 현실을 도심으로 환원시킬 수 있는 서사의 방식을 창안해내기 위하여, 소설의 통속적 이치인 단순서사나 이중서사를 넘어서는 3중서사의 시간구조와 공간구조가 통합되는 다중적 복합 서사구조를『금강경』의 논리를 활용하여 창안하였다. 이렇게 창안된「구운몽」의 특수한 서사구조는『금강경』의 비무상론에 따른 상과 비상과 비무상의 관계에서 성립되는 지속적 이중부정의 심성 인식 철학으로, 작가 서포가 창안한 현실과 꿈, 그리고 꿈 속 현실에서 꾸는 꿈, 소위 꿈의 꿈으로 서사를 전환 설정하여 놓고, 이런 다중 서사의 시간과 공간구조에서 생성되는 특수심성의 장면 위에서 도심의 주인공과 그에 못미치는 인심의 악역인 반주인공을 서사의 삼각구도나 군담적인 장면을 통해서 도심의 주인공이 승리하는 것으로 설정하였다. 이는 통속소설의 천상계와 지상계의 이원구조 위에서 군담적 영웅이 악인형 간신 등과 승부를 벌이는 것과 전혀 다른 수준에서의 심성 문제를 근거로 한 승부란 점에서 차원이 다른 것이다.

「구운몽」의 서사는 세 층위의 시간과 공간세계 위에서 전개된다. 제1 층위의 서사는 남악 형산과 그 부근의 동정호에 머무르고 있는 성스러운 존재로서의 세 주역들인 선가의 위부인과 불가의 육관대사와 유가의 동정용왕이다, 이들은 모두 불가와 도가와 유가의 성스런 존재이다. 여기에 비하여 위부인의 시녀인 8선녀와 육관대사의 수제자 성진은 아직 성스런 존재에 이르지 못한 수행자들로서, 예비적으로 성스런 존재에 있다가 성인으로 나아가

249) 설성경,『윤씨부인의 삶과 그 정신세계』, 책과 세상, 2011, 123쪽.

는 존재, 즉 수행자의 수행을 마무리하고 성스런 존재로 전환되는 본질적인 성숙을 마감하는 날의 이야기를 서사화한 작품이다. 이런 위부인의 8시녀와 육관대사의 사미승인 성진, 즉 그들 9인이 환생을 할 때, 동정용왕의 딸로 환생을 하는 백능파만은 8시녀 중에 가장 특출하고 유일한 존재로 배치 시킨다. 이러한 사실은 8선녀 중에서 백능파만이 비상과 무상의 상징세계인 양소유의 현실세계에 환생하지 않고, 양소유가 꿈 속에서만 도착할 수 있는, 비비상 내지 비무상의 세계를 상징하는 시공간에 출생을 한다.

이 점은 작가가 위부인의 8시녀 중에서 백능파로 환생을 하게 될 한 존재, 그는 동정용왕의 딸이고, 이미 성스런 존재이지만, 7선녀는 그가 특별한 존재로서의 선녀라는 실상과, 동정용왕의 딸이라는 실상을 인식하지 못하고 있다는 사실을 통하여, 작가 서포가 본원심에서 의도한 것은 8선녀가 조정의 신하들을 상징 비유한다고 했을 때, 백능파로 환생한 한 시녀같은 신하인 서포 자신이야말로, 조정의 신하들 중에서 가장 진정한 충신임을 확인시키고 각인시키려는 본원심의 의도를 작품의 가장 깊숙한 곳에 내장시키고 있음을 의미한다. 이러한 사실은 작가가 본원심의 수준에서는, 위부인을 자신의 모친 윤씨부인의 모델로 형상화 시켰고, 동정용왕을 자신의 부친 충정공 김익겸의 모델로 형상화 시켰음을 알 수 있다. 그러면서도 육관대사의 경우는 특별히 이중의 모델을 형상화 시켜서, 한편으로는 작가 서포 자신을, 다른 한편으로는 숙종을 모델로 형상화시키는 특별한 설정을 하여, 『금강경』의 비상과 비무상, 아상과 인상의 구분이 있지 않아야 한다는 공관철학[250]을 근거로 한 역사적 현실 인물과 작중 인물의 대대적인 상관성을 서사의 기본 이치로 설정하고 있음을 보여준다.

---

250) 『금강경』의 비무상과 비비상의 공관철학을 한태동교수의 시간성 이중부정으로 해석한 이치로 보면 「구운몽」의 시공간 세계는 다음과 같은 심성의 활동세계로 설정.

(나) 지속적 이중부정의 서사전개로 본「구운몽」서사공간의 세 층위

서포 김만중의「구운몽」에는 일반 통속소설과는 다른 성리소설이면서도 대승불교의 경전을 대표하는『금강경』의 공사상을 전문적으로 이해하고,『금강경』이 뜻하는 중생들이 살아가는 이 세속 세계에서 반야 진리를 깨닫고, 성공적으로 열반의 세계인 저승으로 들어가는 보살의 길을 구체적인 서사 위에서 9인의 남녀 주인공들을 통하여 제시하고 있다. 다시 말하면, 소위 선가에서 문자로서는 표현할 수 없는 일반 논리 이상의 형이상학의 종교 철학을 기반으로 창의적인 방법으로 표면적 서사와 함께 특수한 논리에 따른 이면적 서사를 함께 활용하여 다중적인 서사 층위 위에서 주제를 제시하고 있다.[251]

작가 김만중은 이런 창의성을 실현하기 위하여 성진의 현실과 선적인 꿈, 그리고 다시 선적인 꿈 속의 현실에서 꾸는 꿈을 활용하여 다원적인 서사로 구성되어 있다.

제1부 현실의 전반

1 천하 서경

2 위부인 형산에 진산

3 육관대사가 연화봉에 법우를 열음

4 동정용왕이 대사의 설법을 들음

5 성진이 용궁에 가서 회사함

6 위부인의 명을 받고 팔선녀가 대사를 문안함

7 성진이 용왕의 환대를 받고, 음주를 경계함

8 성진이 귀로에 석교상에서 팔선녀와 만나 수작함

---

251) 성행한 심성계 소설인「천군전」,「천군연의」등에서 구사하였던 가전체의 서사 방식을 조선형으로 개발한 심성소설을 더욱 발전시켜 그 절정을 보여줌.

9 성진이 선방에 돌아와 진세를 흠모하고 독백함
10 선방에 돌아와 팔선녀 생각하다 깨우치고 참선함

제2부 꿈의 전반(선몽의 현실)
11 육관대사가 성진의 독백을 알고 지옥에 내침
12 성진과 팔선녀 모두 인간계에 하강함
13 성진이 양처사 집에 양소유로 환생함
14 양처사는 소유가 성장함에 선계로 돌아감
15 양생이 과거를 보러 서울로 떠남
16 화음현에서 채봉을 만나 양류사로 화답함
17 양생은 구사랑의 난리로 진소저와 이별함
18 양생이 도사를 만나 음률을 배움
19 도사가 이별하고 화음현으로 돌아감
20 양생은 익년 다시 과거를 보러 상경함
21 양생은 천진교 주루의 시회에 참석함
22 양생은 시회에서 장원하여 계섬월과 인연을 맺음
23 양생이 모친의 부탁으로 자청관에서 수도자 두련사 찾음
24 양생은 정부에서 두련사의 소개로 정소저와 음률을 화답함
25 양생은 정경패와 음률 문답 중 '육기칠금' 설화를 함
26 정경패는 음률을 논한 자리에서 양생의 여장을 눈치채고 퇴장함
27 양생이 과거에 장원 급제함
28 정사도가 양한림을 사위로 삼음
29 가춘운은 정소저와 함께 양생을 따르기로 함
30 정소저가 계교로 양생에 복수
31 정십삼랑의 안내로 양생이 자각봉에 유람
32 양생이 가선녀 춘운과 자각봉에서 즐김

33 두진인이 무격적인 관상을 봄

34 유령으로 가장한 춘운과 재향락

35 양생이 충의심을 나타내어 서북삼진을 정벌

36 양한림이 연나라에 다녀오다가 적랑을 만남

37 양상서가 옥통소로 난양공주와 화답함

38 궁전에서 진채봉을 다시 만남

39 정사도집 빙폐를 어명으로 물리친것에 대한 양생의 상소

40 토번이 중원을 침범하므로 양생이 대원수로 출전

41 진중에서 심소저를 만남

제3부 꿈속의 꿈(선몽 속의 꿈)

42 백용담에서 꿈 속에 백능파를 만남

43 양원수가 남해태자로부터 백능파를 구하고 용왕의 환대를 받음

44 형산의 호승 만나 불전에 배향

제4부 꿈의 후반(선몽의 현실)

45 양원수가 대첩하매 난양공주와의 혼사를 의논

46 난양공주가 정소저를 방문함

47 정경패는 이소화와 함께 궁중에 들어감

48 황태후는 정경패를 영양공주로 삼음

49 황태후의 명으로 춘운이 입궁하여 시를 지음

50 양소유와 진채봉이 궁중에서 상봉

51 양원수가 승전하여 대승상 겸 위국공이 되어 입신양명

52 양승상이 두 공주와 결혼하여 부마가 됨

53 양승상과 두 공주와 가춘운, 진채봉이 함께 계교를 부려 즐김

54 양승상이 상소하여 모부인을 서울로 모심

55 계섬월, 적경홍을 도중에 만나 함께 상경함
56 양승상이 모부인과 8처첩의 처소를 정함
57 월왕의 청을 받고 양생이 낙유원에서 놀이함
58 낙유원의 기예경연때 심요연과 백능파가 출연
59 양승상이 육첩을 둠으로 금술잔으로 벌주를 마심
60 두 부인과 육첩이 불전에서 형제 결의함
61 양승상이 사직상소를 내니 황제가 취미궁을 하사함
62 양승상이 취미궁 고대에서 인생무상을 느낌
63 양승상 팔처첩과 함께 취미궁에서 마음껏 취함

제5부 현실의 후반

64 육관대사가 성진과 8선녀를 깨닫게 하고 서역으로 돌아감.
65 성진과 팔선녀는 보살도를 깨닫고 극락세계로 감

위에서 제시한 중층적인 서사구조로 보면, 「구운몽」은 외화인 제1 층위의 서사에서는 위부인의 시녀 8선녀와 육관대사의 제자 성진이 하룻밤 참선을 통해 3차원에 걸친 시공간을 내왕하는 심성 세계로의 여행을 하게 된다. 제2층위는 성진이 양소유로 환생하여 8선녀가 환생한 여성들과 처첩의 관계로서, 집단적인 9인이 부부가 되는 대가정을 이루며 살아간다. 제3층위의 사건인 양소유와 백능파의 결연 사건은, 양소유의 꿈속에서 전개된다. 제3층위에 처음으로 등장하는 백능파와 양소유의 결연 사건은 제2 층위상에서 일어난 양소유와 정경패와 이소화의 혼사 문제의 갈등을 해소하는 사건이다. 제2층위상에서는 양소유가 혼사 갈등의 중심에 있었다면, 제3 층위상에서는 백능파가 혼사 갈등의 중심에 있을 뿐만 아니라, 무리하게 결연을 시키려는 혼사 갈등의 원인은 제2 층위상에서는 황태후이고, 제3 층위상에서는 남해태자라는 공통점이 있다. 황태후는 양소유를 옥에 가두어 두고 싶었지만, 토번의 침공 때문에 양소유를 석방시켰고, 그 양소유는 다시 남해용자에게 핍박받는 백능파 때문에, 토번군과의 전투에서 위기를 승리로 반전시키게 된다는 의미가 서사의 주제에 해당된다.

제3 층위에서 일어나는 양원수와 백능파의 사건은 성진의 선적인 꿈 속의 꿈, 즉 꿈 속의 꿈이기 때문에 「구운몽」에서 가장 깊은 심성의 세계를 의미한다. 이 층위의 시공간 세계[252]에서 일어나는 사건의 핵심은 백능파와 양원수가 결연하는 사건과, 양원수가 불가에 귀의하고자 하는 사건이 연쇄적으로 진행된다.

비무상의 이치를 반영한 제3 층위의 세계에서는 성진과 8여승이 대대적인 음양의 관계로 환원되지만, 한편으로는 그 표상인 『금강경』에서의 상[253]의 이치를 반영한 제1 층위의 세계의 관점에서는 동등한 8인 팀의 한 개체이지만, 다른 한편으로는 백능파는 위기 상황에서 결정적인 역할을 감당하는 대표로서의 특별한 기여를 하는 존재로 인식되는 것이다. 이러한 백능파는 8인의 구성원 중에서 소위 숨은 일꾼에 해당하는 역할을 하면서도 자신을 드러내지 않는 헌신적인 대표, 겸손한 지도자, 참다운 직간의 충신이지만, 현재는 죄인의 이름으로 축출당해 유배지에서 살아가면서, 충군 효행을 지속하고 있는 작가로서 당당한 서포의 자세임을 입증해주고 있다. 작가가 성진의 1차, 2차의 동정 용궁 방문을 강조한 것은 불가적으로는 선정에서의 청정심 상의 사건이요, 유가적으로는 폭력에 저항하는 의리를 지키는 대혼사 사건임을 부각시키기 위한 결과이다. 그러므로 성진이 1차, 2차의 용궁 방문 중에서, 제 2차의 동정용궁 방문의 깊은 의미는 「구운몽」 전체를 관류하는 기본구조의 핵심 위치에 놓인 사건으로써, 그 주제는 유불의 원융, 회통 차원

---

252) 성진의 윤회상의 존재인 양소유가 꾸는 꿈 속의 사건이며, 서사의 종결의 형태로는 성진의 선유상의 존재인 양소유의 꿈 속에 자리하고 있음.

253) 『금강경』의 서사적 전개로 보면, 성진의 현실 공간은 상(相)에서 전개되는 서사공간임.

에서 구현되는 「구운몽」의 가장 핵심적 대주제를 담고 있는 것이다. 즉, 순수한 마음에서 제시하는 백능파와의 혼사담을 보여준다.

이런 다층위의 서사구조로 설정된 시공간의 세계에서 서사를 전개 시키는 작가의 의도는 성리소설로서, 차원을 달리하여 심성의 순수성을 제시하는데 있다. 즉, 세 층위 위에 도심을 지닌 주인공들인 성진과 8선녀는 그들이 집단으로 황제가 다스리는 세속의 세계에 환생하여, 각각의 상황에서 도심을 발휘하는 것을 보여준다. 즉, 양소유의 8처첩은 도심으로 각각의 처지에서 가족의 화평을 이루어가는 구성원들이 되는 것을 보여준다. 이를 거시적 서사구조로 보면, 현실의 제1 층위에서 성진이 석교 위의 8선녀에게, 꽃이 변화한 8개의 구슬을 던져 8선녀가 각각 1개씩 품에 품고 하늘로 날아 올라갔던 인연의 실현이다. 구슬은 같았지만, 8선녀는 제2 층위에서는 각각의 인연과 처지에 따라 빈부와 귀천, 그리고 중앙과 변경에 태어나서 양소유의 처첩으로 하나 하나 만나서 한 가족을 꾸미게 된다. 그들 양소유의 8처첩은 전생인 신성세계에서는 8선녀로 있었지만, 세속 세계에서는 신분과 가문이 다른 존재들이다. 정경패를 중심으로 형제결의하여 갈등이 없이 예교의 질서를 지키면서 양소유를 도심으로 모시는 화목한 가정을 꾸미고 60평생을 해로한다.

이런 서사의 전개에는 성진과 8선녀가 애초에 석교에서 만나서 수작할 때, 성진이 던져준 한 나무 가지에서 핀 꽃이 8개의 구슬로 화하였듯이, 세속세계의 8처첩은 겹겹의 전생에서 쌓은 업과 그 인연에 의해 정경패와 이소화는 부인이 되고, 그 외는 첩이 되어도 시기와 질투 같은 인심에 휘둘리지 않고 초지일관 도심을 실현하며, 양소유를 중심으로 8처첩이 되어 대가족의 모습을 제시하고 있다.

(2) 「태극도설」에 의거한 양소유와 8처첩의 인물 배치의 상징성

중국의 소강절은 봄, 여름, 가을, 겨울이 생성 · 변화되는 이치를 통해 천지운행의 원회운세를 최초로 밝혔다. 소강절의 역철학 중 가장 절정은 원회운세로서, 천지개벽의 틀이요, 천지 일원 수인 129,600년의 이수를 밝힌 것이다. 만상을 포괄하여 꿰뚫어버리는, 즉 전체를 하나의 원리로 관통하고 하나를 곧 전체로 일관하는 동양철학의 정수를 보여준다. 소강절은 『주역』에 간단히 언급되어 있는 천지만물의 생성원리를 수를 통해 소상히 밝혔다. 즉 자연계의 생성과 순환의 원리를 꿰뚫는데 이는 자연과학과 하등 배치되지 않는다. 이는 동양철학의 장점이며 핵심이며 정수이다. 곧 하나로써 전체를 파악하고, 전체를 하나로 꿰뚫는 논리다. 그가 주목한 수인 4는 천지 생성의 원리이며 음양에 따른 변화의 모습의 틀이다. 그것은 바로 천지자연 변화모습의 골격인 봄, 여름, 가을, 겨울이며, 생, 장, 염, 장[254]의 순환원리이다. 1년의 변화는 춘하추동에 있다. 1년의 변화는 1달에 들어있고, 다시 1일의 변화에 그대로 투영되고 있다. 봄이 오면 가을이 있는 것을 알게 되고, 여름이 있으므로 겨울이 되는 것을 짐작하여 알게 된다.[255]

또, 북송의 유학자 주돈이는 「테극도설」에서, 우주의 생성, 인륜의 근원을 논한 249글자의 짧은 글을 지었다.

주렴계의 「태극도설」에서는 다음과 같이 설명하고 있다.

> 無極而太極 – 무극이면서 태극이니, 太極動而生陽 – 태극이 움직여서 양을 생성하고,動極而靜 – 움직이는 것이 지극해서 고요하며, 靜而生陰 – 고요해서 음을 낳고,靜極復動 – 고요함이 지극하면 다시 움직이나니, 一動一

254) 生, 長, 斂, 藏.

255) 소강절, 『皇極經世書』의 「纂圖指要」.

靜 互爲其根 – 한번 움직이고 한번 고요한 것이 서로 그 뿌리가 되며, 分陰分陽 兩儀立焉 – 음으로 나뉘고 양으로 나뉘어 두 가지 모양이 세워지도다. 陽變陰合 – 양이 변하면서 음을 합하여, 而生水火木金土 – 수, 화, 목, 금, 토의 오행이 생성되며, 五氣順布 – 다섯 가지의 기운이 골고루 펼쳐져 四時行焉 – 춘하추동 사시의 계절이 운행 되도다. 五行一陰陽也 – 오행은 하나의 음양이요,陰陽一太極也 – 음양은 바로 하나의 태극이니, 太極本無極也 – 태극은 본래 무극이도다. 五行之生也,– 오행의 생성이, 各一其性 – 저마다 하나의 성품을 갖추며, 無極之眞二五之精 – 무극의 진리와 음양 오행의 정수가 妙合而凝 – 묘하게 합하여서 응결되나니, 乾道成男坤道成女 – 하늘의 도로서 남성을 이루고, 땅의 도로서 여성을 이루어, 二氣交感 化生萬物 – 두 기운이 서로 느껴져서 만물을 변화, 생성시키나니, 萬物生生 – 만물이 태어나고 태어나서, 而變化無窮焉 – 그 변화가 무궁하도다. 惟人也得其秀而最靈 –오직 사람만이 그 빼어남을 얻어서 만물의 영장이니, 形旣生矣神發知矣 – 형체가 이미 생성되어 정신이 앎을 드러내는도다.

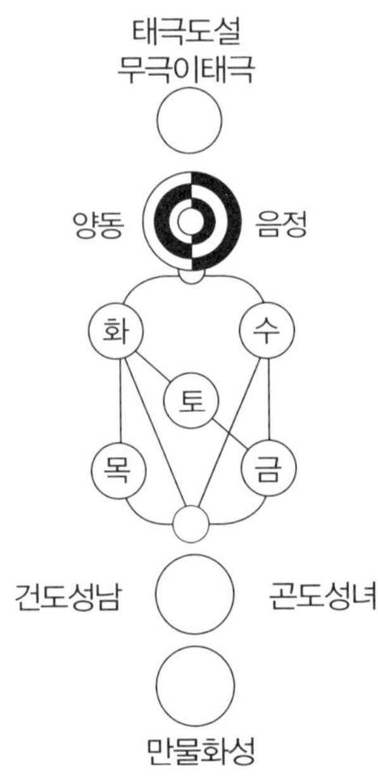

五性感動而善惡分 – 인, 의, 예, 지, 신의 다섯 가지 성품이 느끼고 움직여져서 선과 악이 구분되고, 萬事出矣 – 만가지 일을 드러내도다. 聖人定之以中正仁義 – 성인이 중정과 仁義를 바르게 정하여, 而主靜立人極焉 – 고요함을 주로 해서 사람으로서의 지극함 즉, 사람의 태극을 세우셨도다. 故聖人與天地合其德 – 그러므로 성인은 천지와 더불어 그 덕을 합하셨고, 日月合其明 – 해와 달과 더불어 그 밝음을 합하셨고, 四時合其序 – 사계절과 더불어 그 차례를 합하셨고, 鬼神合其吉凶 – 귀신과 더불어 그 길흉을 합하셨으니, 君子修之

吉小人悖之凶 – 군자는 그것을 닦으니 길하고, 소인은 거스르니 흉하도다. 故日立天之道日陰與陽 – 그러므로 "하늘의 도를 세우는 것을 음과 양이라 하고, 立地之道日柔與剛 – 땅의 도를 세우는 것을 유와 강이라 하고, 立人之道日仁與義 – 사람의 도를 세우는 것을 인과 의" 라고 말하도다. 又日原始反終 – 또 말하기를 또 이르되 "시작에 근원하여 끝으로 돌아간다. 故知死生之說 – 그러므로 삶과 죽음의 이야기를 안다"고 하였으니, 大哉易也 – 위대하도다 역의 이치여!, 斯其至矣 – 이것이 그토록 지극하도다.

이 글은 우주의 생성, 인륜의 근원을 논한 짧은 글이지만, 그 뒤 주자가 그의 精장치한 해석을 통하여 자신의 철학을 서술하였으므로, 성리학의 성전으로 평가받았다.

이 도설은 주자가 정치한 해석을 통하여 자신의 철학으로 서술하였다. 주자학의 성전으로 여겨지는 이 도해는 〈태극도〉의 해설로서, 5위의 순서에 따라 무극이태극 · 음정양동[256] · 5행 · 건곤남녀 · 만물화생의 전개를 나타낸다. 즉, 무극의 진과 이기오행의 정[257]과의 묘합으로 건남곤녀를 낳고, 만물이 화생하나 만물은 결국 하나의 음양으로, 그리고 음양은 하나의 태극으로 돌아간다. 인간은 음양 5행의 빼어남을 얻은 만물 중에서 가장 영특하고 오묘한 존재이다. 그리하여 성인은 인의중정을 정하여 정[258]을 주로 하는 인륜의 규범을 세운 것이라고 하였다. 이러한 일원, 무극이태극에 관하여 도가연원설을 취하는 학자는 무극에서 태극이 일어난다고 보는 기일원론을 제창하지만, 주자는 무극이므로 태극일 수 있다는 이기이원론을 제창하여 송학을 형성하는 근거로 삼았다.

256) 無極而太極, 陰靜陽動.

257) 無極의 眞, 二氣五行의 精.

258) 仁義中正, 靜.

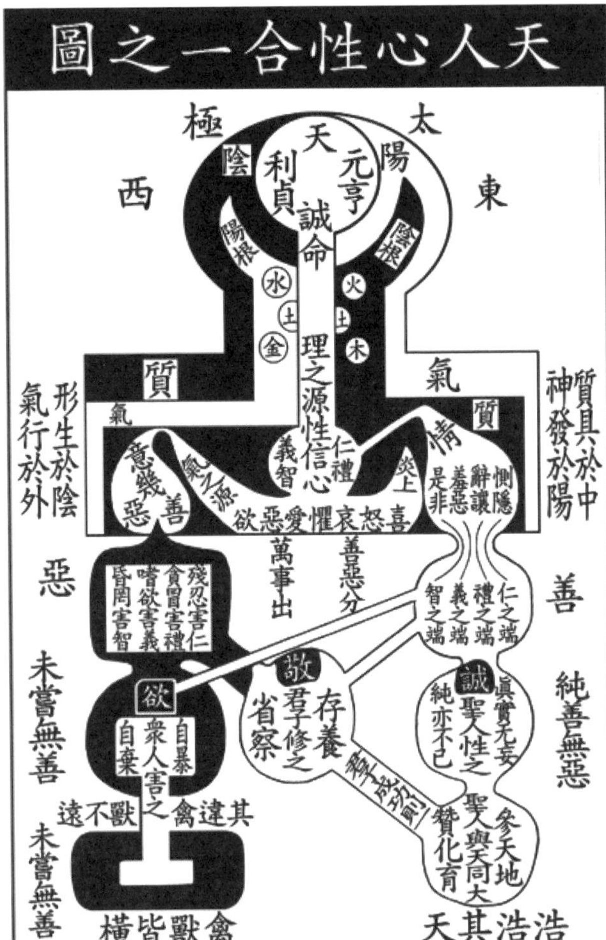

(권근의 천인심성합일지도(天人心性合一之圖)

태조 6년인 1397년에 권근이 간행한 삽화를 수록한 교과서가 「입학도설」이다. 이 책은 고려 공양왕 2년인 1390년에 유배형을 받아 익산에서 귀양살이를 하며 처음 저술을 시작하여 조선의 개국공신이 되고 태조 6년인 1397년에 경상도 진양에서 성리학 교과서 「입학도설」을 벌간하였다. 어린아이나 성리학 초심자들을 위해 성리학의 기초지식을 쉽게 풀이한 초급 책으로, 초심자들을 위해 천인심성합일지도(天人心性合一之圖)·천인심성분석도(天人心性分釋圖)·대학지장지도(大學指掌之圖)·중용수장분석도(中庸首章分釋圖)·제후소목오묘도궁지도(諸侯昭穆五廟都宮之圖)·십이월괘지도(十二月卦之圖)·주천삼신지도설(周天三辰之圖說)·일기생윤지도설(日期生閏之圖說) 등 삽화를 담고 있다.

「입학도설」은 후락들에게 꾸준히 계승되어 조선 후기 성리학의 이론적 심화에 크게 기여하였다.

「천인심성합일지도」에는 자연론, 인간심성론, 수행론이 있다. 자연론은 태극에서 음양이 나오고 양은 원, 형이고 음은 이, 정이다. 그리고 봄, 여름, 가을, 겨울의 진행은 하늘이 만물을 살리기 위해서 순환시키는 것이다. 봄은 목 기운, 여름은 화 기운, 가을은 금 기운, 겨울은 수 기운으로 봄, 여름, 가을, 겨울의 순환이 쉼이 없이 이루어지는 것을 정성이라 하고 정성은 토 기운이다. 하늘마음이 본성이고 본성을 줄여서 성으로 표시했다. 하늘마음인 성은 사람 마음에서는 인, 의, 예, 지, 신으로 구현되어 있다. 그래서 가슴 부분은 사람의 마음을 의미해서 마음 심 자를 그림으로 그렸다. 그리고 하늘마음과 사람마음이 하나이므로 위의 하늘마음과 아래의 사람 마음 사이에 칸막이가 없이 하나로 연결되게 그렸다. 맹자는 양심을 사단으로 이야기했다. 사단은 인의예지가 변질되지 않고 그대로 드러난 모습으로 타인의 불행을 아파하는 마음인 측은지심, 부끄럽게 여기고 수치스럽게 여기는 마음인 수오지심, 타인에게 양보하는 마음인 사양지심, 선악 시비를 판별하는 마음인 시비지심[259]의 네 가지 마음으로서 각각 인·의·예·지에서 발현되는 마음이라 하였다. 오른쪽 흰 부분의 성인의 길을 정성이라는 글자로 표시했다. 정성을 실천하여 성인이 되면 성인은 하늘이 만물을 낳고 기르는 일을 도와주므로 도가 하늘과 같아진다. 그러므로 성인은 하늘과 같은 큰 존재가

259) 惻隱之心, 羞惡之心, 辭讓之心, 是非之心.

된다.

서포 김만중의 「구운몽」은 그 선행 작품인 동인계 퇴계와 남명 계통의 「신명사도」 소재의 김우옹의 「천군전」, 임제의 「수성지」, 정태제의 「천군연의」 등으로 지칭되는 심성소설의 전통을 발전적으로 계승하고 있다.[260] 임제의 「수성지」는 심성을 의인화한 한문본 의인소설로 『백호집』에 실려 전하고 있다. 창작의 동기는 북평사에서 서평사로 옮길 때 일부러 어사의 전도를 범함으로써 탄핵을 입어 「수성지」를 지었다.[261] 당시 사회에 대한 불만을 작품에다 풍자의 수법으로 비유하여 표현하였는데 이것은 단순한 현실도피에 그쳤다기보다는 현실풍자의 수법으로 자신의 인생관의 일단면을 나타낸 것이다. 「수성지」의 사건전개도 충신형과 간신형 인물의 대립과 갈등으로 이루어지는데, 주인공 천군은 심의 의인으로 즉위한 후 근심 성곽의 서쪽 문에 모여든 원정들과 생이별한 인사들로 인해 수심을 이겨내지 못하고 역경에 처했다가 국양장군[262]에 의해 구제되어 천군의 지위를 회복하는 지상계의 인물이다. 이는 무능한 군주를 괴롭혔던 당시의 문란한 사회상을 작가가 작품을 통해 폭로하고 있는 것이다. 주인공은 바로 작중의 주인옹에 비정할 수 있다.[263] 주인옹은 외물의 수용과, 감정의 발현에 대해 주체적으로 대응하려는 의지를 상징한다. 그렇다면 경, 의와 같은 성리학적 개념도 포함되어 있다. 현실에서는 경과 의[264]로 해결되지 않는 갈등이 있고 그 갈등까지도 해결하고자 하는 의지가 주인옹의 전체적인 모습이다. 주인옹은 다름 아닌 생의[265]

260) 조수학, 「조선전기의 假文」, 『고소설사의 제문제』, 집문당, 1993, 536쪽.

261) 이식, 『택당속집』, 1권, 28쪽.

262) 麴讓將軍.

263) 흔히 天君을 허구화된 서사체의 주인공으로 생각하기 쉽다. 그러나 일상적인 의미까지 생각한다면, 天君은 다만 여러 심성작용의 결과를 상징할 뿐이다.

264) 敬, 義.

265) 生意.

의 개념에 대한 의인화로, 심성가전체, 몽유록, 사물가전의 형태가 혼합되어 있다.[266)]

또, 김우옹은 27세인 1566년에 군자의 마음의 구조도인 남명 조식의 「신명사도」[267)]를 보고, 스승 조식의 뜻을 따라서 「천군전」을 지었다. 「천군전」은 심, 즉 천군이 주요 인물로 등장하여, 그 아래에 많은 신하들인 사단칠정을 거느리고 온몸인 백체에서 일어나는 심통성정의 사건들을 다루고 있는 것으로, 사건의 배경도 천군의 나라이며, 소재도 대부분 천군과 관계되는 것이고, 주제도 천군과 관계되는 심법의 논리를 다루고 있다."[268)] 인과 의를 주역으로 삼고 많은 조역들이 등장하며, 게으름이란 적대역이 나타나서 일대 위기가 조성되고, 많은 장수가 동원되어 몇 차례의 접전 끝에 겨우 이를 진압하게 된다」[269)]

「천군전」에서의 주인공 천군은 곧 심성의 의인인데, 심성은 곧 형체를 지배하는 군주요 육신이 존재하는 기본이며 정신이 작용하는 주체인 것으로 성과 정을 통섭하는 상위 개념으로 설정되어 있다. 등장인물 중 천군 이외의 인물은 충신형과 간신형이 있다. 천군의 나라에 충신형과 간신형 인물의 대립과 갈등에서 충신형 인물의 승리로 종결되는데, 다만 도입부가 너무 길고 갈등부분이 짧은 결합 때문에 소설이 주는 흥미가 감소되고 있다. 이러한 충신형과 간신형 인물의 대립,갈등의 구조는 권선징악을 주제로 한 일반적인 고소설의 구조와 일치하는데, 충신의 말을 들으면 나라가 평안하지만 간신의 말을 들으면 곤경에 처하게 된다는 교훈도 은연중 비치고 있다. 이는 곧 마음을 다스리는 이야기가 국가를 다스리는 이야기로, 치국의 방법이 치심

266) 윤주필, 「수성지의 3단 구성과 그 의미」, 『한국한문학 연구』, 13집, 1990, 88쪽.

267) 「神明舍圖」.

268) 김광순, 천군소설연구, 계명대박사학위논문, 1980, 10쪽.

269) 조수학, 「조선전기의 假文」, 『고소설사의 제문제』, 집문당, 1993, 536쪽.

의 방법과 동일하다는 것을 말해 준다.[270)]

이 작품의 뒤에 정태제의 장회체 한문소설로 「천군연의」가 창작되었다. 정태제는 22세 때인 1633년에 사마시에 합격하였고, 24세 때에는 알성문과에 오른 뒤 1644년에는 정조사로 연경에 다녀왔다. 그러나 병술옥사에 연좌되어 서새에 유배되었고, 그곳에서 창작하였다. 「천군연의」의 주인공도 심성의 의인인 천군이며, 충신형의 인물은 심성론에서, 간신형의 인물로 고사에서 인용하여 비유, 명명하였다. 천군이 월백에게 유혹되고 게다가 환백의 공격까지 받아 사경을 헤매다가 충신형 인물들인 성성옹, 주인옹, 성의백 등에게 구제되어 왕위를 되찾게 되는 플롯은 군자의 올바른 마음가짐을 보인 것으로, 군자는 오로지 주색을 멀리해야 된다는 교훈성을 보여준다.[271)]

이러한 한문 심성소설의 전통을 계승하여 같은 서세인 평안도 선천에서 「구운몽」을 창작한 서포 김만중은 『서포만필』에서 진경론을 펼치면서 계곡 장유를 높이 평가하였다. 장유는 심성의 의인소설인 「빙호선생전」을 창작하였다. 이 작품에서는 "맑고 밝은 빙호선생, 즉 얼음과 같이 맑은 병, 즉 아주 맑고 밝은 심경의 의인화에서, 부귀한 사람과 뜻이 맞지 않아 쫓겨나 있던 중 역산, 즉 검소하고 화평한 심성의 의인화를 만난다. 역간이 자신을 알아주어 임금에게 아뢰자, 빙호선생이란 호를 받게 되고 세상에 널리 알려져 역사에도 나타나게 된다. 그러나 너무 맑았던 까닭에 그의 명성이 오래 가지 못하고 곧 없어져 버렸다는 이야기다."[272)]

서포 김만중은 이런 임제의 심성의인 한문소설인 「수성지」에 이미 굴원이 주요 인물로 등장하였듯이, 앞에서 거론한 심성의인계 한문소설을 더욱 창의적으로 발전시켜서 다중 서사구조를 지닌 「구운몽」을 창작하게 되었다.

---

270) 김광순, 『천군소설연구』, 형설출판사, 1980, 104~119쪽.

271) 김광순, 『천군소설연구』, 형설출판사, 1980, 129~142쪽.

272) 김광순, 『천군소설연구』, 계명대학교 박사학위논문, 1980, 10쪽.

「구운몽」에서는 성진과 8선녀, 다시 이들을 선몽 속에서 윤회 환생시킨 양소유와 8처첩, 다시 양소유외 꿈 속이면서 백능파의 현실인 백용담에서의 결연을 통하여, 「태극도설」에 따른 인심에 대응하는 도심에 해당하는 인물들을 각사 포진시켜서 서사를 전개하였다. 특히, 영웅적 활동을 전개하는 양소유는 백능파와의 결연 이전에는 8처첩과의 맘남이 헤어짐으로,그리고 배능파와의 결연 이후에는 양소유와 황태후와의 갈등을 해소하며 함께 9인이 화목한 가족을 이루는 서사로 전환이 된다.

이런 양소유와 8처첩의 대가족을 이루는 기본적인 원리에는 「태극도설」의 원리가 적용되고 있다는 점이 「구운몽」의 성리소설로서의 특징이다. 이러한 이유 때문에 양소유의 처첩이 되는 8인의 여성들은 각각의 개성을 지니면서 능력에 따라, 처지에 따라 다른 처지에 있으면서도 결국은 전생의 8선녀의 인연으로 양소유라는 한 남성을 8인의 여성들이 동시에 사랑할 수 있는 인간상으로 등장하게 된다.

이는 우의적으로는 사미인계 은유의 문학에서 미인을 신하로 표상하던 관습으로 보면, 정치적인 색갈에 따른 당쟁의 풍자요, 팔도 출신자들의 지역적 갈등에 대한 풍자요, 대안의 제시이다. 인의 여인들, 인의 신하, 인 백성들처럼, 의의 여인들인 의의 신하, 의의 백성들, 예의 여인들, 예의 신하, 예의 백성들, 지의 여인들, 지의 신하들, 지의 백성들 등을 지향한다. 특히, 두 공주는 인의를 구현하는 대표 인물이다. 난양공주 이소화는 인을 구현하고, 태후를 설득시키고 화목에 의한 해결 방안을 선도하며. 겸양을 미덕으로 삼는다. 이에 대응하여 백능파는 의를 구현하는 대표 인물이다. 동정용왕의 공주인 백능파는 끈질진 남해용자의 늑혼 강요를 양원수를 꿈 속에 초대하여 자신과 천정한 배필임을 인지시키고 남해용자를 격퇴시킨다.

(3) 「구운몽」 서사전개의 세 층위에 따른 각각의 인물 소재

(가) 제1 층위 인물들은 작가와 가족을 모델로 투사시킨 단일형 소재

(ㄱ) 작가의 모친인 윤씨부인을 모델로 투영시킨 위부인

「구운몽」의 작가 서포 김만중은 출생 때의 상황이 아주 특수한 조건에 놓여 있었다. 패전하여 후퇴하는 전선에서 유복자로 태어났다. 이 와중에 부친 김익겸이 그의 모친서씨와 함께 순절하였으니, 그의 탄생은 비극성의 절정이라 아니할 수 없다. 그러나 서포가 출생할 당시의 모친 윤씨부인의 친가와 시집의 인물들은 막강한 위치에 있었다. 이런 양면성의 환경 속에서 태어나 성장한 작가 서포 김만중은 자신이 성장하여 출세할 동안에 가정의 중심에 있었던 어머니 윤씨 부인을 소설「구운몽」에서 아주 특별한 인물로 설정하여 등장시켰다.

서포의 모친에 대한 존경심은, 불효를 조금이나마 씻을 수 있는 방편으로 한양으로부터 멀리 떨어진 유배지인 평안도 선천에서 모친이 일찍이 충신연주의 내용을 담은「사미인곡」형의 작품을 창작해 볼 것을 권유한 바를 가슴에 새겨두었다가『구운몽』을 창작하여 헌증한 것에서 단적으로 나타난다. 서포는 부친이 세상을 떠난 이후에 더욱 분발하여, 가장의 내조자의 위치에서 가장과 내조자의 몫을 통합적으로 해내는 데 성공한 모친 윤씨부인을『구운몽』속의 주요 인물로 형상화 하였다. 즉, 서포는 아들을 먼 유배지에 보내놓고 홀로 가슴 아파하는 노모의 안타까운 마음을 위로하며, 유복자로 낳고 키워준 모친에 대한 존경과 감사의 마음을『구운몽』속에 새겨넣었다. 때로는 표면적인 이야기에 자연스럽게, 때로는 고도의 상징성을 통하여 모자간에만 소통할 수 있을 정도의 방식으로 비단 위에 수를 놓듯이 모친의 이미지를 한땀 한땀 새겨넣었다.

그 대표적인 이미지가 모친 윤씨부인을 『구운몽』에 가장 먼저 등장하는 존재로서 천상에서 내려와 형산 동쪽에 좌정하고 있는 여선관인 위부인으로 형상하였다. 형산 서쪽 연화봉에는 성진을 가르치는 육관대사로 자신을 형상하였다. 그래서 천하의 명산 오악 중에도 가장 성스러운 남악 형산을 모친 윤씨와 자신이 선가와 불가의 스승으로 각각 자리 잡게 한 것이다. 윤씨부인을 모델로 한 위부인은 8선녀를 비롯한 선녀들에게 『황정경』을 가르치고, 자신을 모델로 한 육관대사는 성진을 비롯한 5~6백 명의 사미승들에게 『금강경』을 가르치는 것으로 설정하였다. 즉, 서포는 유복자로 태어난 자신과 형을 대학자로, 관직에서는 두 아들을 대제학까지 키워낸 장한 모친에 대한 존경심이 위부인 못지 않게 고귀한 존재로 인식되었기에, 거의 신격화에까지 나아갈 수 있었던 것이다. 특히, 이런 마음속에 그려내는 모친의 이미지를 통하여 유배 생활 중에도 효친의 심정과 충신의 마음으로 혼미한 군주 숙종을 깨우치기 위한 염원을 주제로 담아낸 작품 속에서 대표적인 신격으로 모친 윤씨 부인을 형상하였다.

서포 김만중은 『구운몽』 속에서 어머니 형상을 입체적 구조 위에서 두 가지 다른 인물로 투사시켰다. 즉, 서포는 모친 윤씨부인을 모델로 하여 성진의 현실 층위에서는 위부인으로 형상하였고, 성진의 1차 꿈의 층위인 양소유의 현실에서는 양소유의 모친인 유씨부인으로 형상하였다. 그리고 윤씨부인에게 가장의 역할을 넘겨주고 호국의 절사요, 열사로 먼저 세상을 떠난 부친을 동정용왕의 모델로 설정하여, 부모를 형산과 동정호의 주역의 이미지로 설정하였다. 이렇게 자신의 부모를 모델로 하여 작중 대표 인물을 설정한 위에서, 자신을 모델로 한 육관대사라는 늙은 승려를 등장시켰다. 이런 설정은 형산과 동정호라는 성스러운 공간에 서역 천축국에서 육관대사가 늦게 찾아오듯이, 서포 자신이 이런 부모 밑에서 출생한 것으로 묘사하며, 자신과 부모를 모델로 형산 권역의 주역들인 위부인, 동정용왕, 육관대사를 등장시켰다. 이런 구도를 제2 층위에 다시 반복하여 양처사와 유씨부인, 그리고 그들

양친의 자식으로 양소유가 출생 하는 것으로 설정하였다.

서포 김만중이 모친 윤씨를 모델로 한 위부인의 부친은 중국신화나 역사상의 인물인 위서이다. 윤씨부인의 부친 윤지는 외조부인 선조의 사랑을 받았기에, 주변 사람들에게 외조부로부터 특별한 사랑을 받았던 윤지는 위서에 비유되기도 하였다. 그 예로, 대문장가 택당 이식은, 윤지에 대한 만사에서 "귀척 중에 그 누군들 선비가 아니리요마는 맑은 그 이름은 공으로부터 비롯됐네. 선왕에게 택상의 기대 한 몸에 받고, 원보로 우뚝 서서 가풍을 수립하였도다."라고 하였는데, 여기서 택상은 진나라 『위서전』에 위서가 외가인 영씨 집안에서 성장하였는데, 그 집의 운세를 점치는 자가 "귀한 외손자가 나올 것이다."고 말하자, 외조모가 더욱 더 위서에게 관심을 기울이며 애정을 쏟았다는 고사[273)]에 근거한 서술이다. 그러므로 이 말은 선조의 사위인 해숭위 윤신지와 정혜옹주 부부의 아들인 윤지에 대한 선조의 기대를 위서에 빗대어 기술한 것이다. 이처럼, 윤지는 선조로부터도 사랑을 듬뿍 받으면서 성장하였기에, 곧장 중국 진나라 위서에 비유되었던 것이다. 윤지의 따님인 윤씨부인은 역사와 패설 등 문학에 대한 애호가요 총명하였기에, 위서의 딸이 위부인, 즉 위화존임을 고사를 통해 익히 알고 있었을 것이다.

서포 김만중이 모친 윤씨부인을 투사시킨 위부인은『구운몽』에서 얼마나 고고하고 신성스럽게 형상하였는가를 살펴보면 서두에서 유가적 성군인 우임금 다음으로, 천상에서 지상으로 내려온 위부인을 소개한다. 이때, "진나라 때에 위부인이 도를 얻고 상제의 명을 받아 선동과 옥녀를 거느리고 이산에 와 지키니 이른 바 남악 위부인"이라 하여, 위부인에 대한 신기한 사건들을 이루 다 표현할 수가 없을 정도로 많다는 진술을 하고 있다. 서두에서 제시되는 서사 주역들의 소개에서도, 지상의 인간인 유가계의 우임금과, 불가계의 육관대사 사이에 천상 존재인 위부인을 등장시켜, 위부인의 위상을

273) 『진서』 41권, 「위서전」.

극도로 높여, 작가 서포는 모친 윤씨부인에 대한 존경심의 수준을 최상위에 놓았다. 그뿐만 아니라, 남악 형산이라는 천하에서 가장 신비스럽고 아름다운 풍광 속에서 도가와 불가의 수련 내지 수행 공간인 형산의 좌우에 머무르고 있는 두 인물로 위부인과 육관대사를 설정하였다. 구체적인 사건의 전개는 위부인 쪽은 생략한 채, 상대역인 육관대사를 중심으로 서사를 전개시켰다. 즉, 사건의 서술에서 천상의 존재인 옥황상제와 석가세존은 구체적인 서술 대상으로 삼지 않은 채, 신비적인 분위기만 자아내게 하였다.

윤씨부인의 부친 윤지는 광해군 때 사직하였다가 인조반정 후 여러 관직을 두루 지내고, 훗날 예조참판과 전라도 관찰사, 경기감사 등을 지냈다. 또 글씨를 매우 잘 썼다고 한다. 윤지의 외동딸인 윤씨부인은 1617년에 태어났다. 남편은 충정공 김익겸이었고, 두 아들은 김만기와 김만중이다. 손녀는 김만기의 딸로 숙종의 초비인 인경왕후 김씨다. 윤씨부인은 14세 때에 광산 김씨 가문의 촉망받는 김익겸을 남편으로 맞이하였다.[274)]

윤씨부인이 어렸을 때부터 이미 총명과 문장으로 높이 평가받고 있었던 것은 다음의 일화에서 그 원천을 발견할 수 있다.

> 윤씨부인은 난리가 안정되자 두 고아를 이끌고 친정 부모의 슬하에 의탁하여, 안으로 엄마 홍부인을 도와 가사를 보살피시고, 밖으로 부친인 윤지를 봉양하는데 능히 뜻을 기르기를 옛 효자와 같이하시고, 한가하면 문득 서사를 펴 보아 스스로 즐기니 날로 조예가 깊어졌다. 이리하여 윤지는 거의 아들이 없는 슬픔을 잊었고, 조부 윤신지는 탄식하면서 말하기를 "우리 손녀와 더불어 말하면 가슴이 활짝 열리는 것 같으니, 네가 만일 남자라면 어찌 우리 가문에 하나의 대제학이 아니리오" 하였다.[275)]

---

274) 김진규, 『문효공 휘 만중행장』.

275) 김만중, 『정경부인 윤씨행장』.

위의 인용처럼, 남자라면 대제학 재목이라는 칭찬을 받았던 윤씨부인은 남성 중심의 유교사회에서 살아가는 자신이 이룰 수 없는 꿈을 자식을 통하여 성취시키고자 결심한 것으로 판단된다. 인자한 모친의 면과 엄하면서도 해박한 지식을 갖춘 스승의 면을 통하여 자식을 키웠다.[276)]

또, 『태평광기』의 〈위부인〉에서는 그녀는 어려서부터 도를 좋아했고, 성격이 조용하고 공손했다. 『노자』와 『장자』를 즐겨 읽었으며 삼전 · 오경 · 제자백가의 저작 등도 두루 읽지 않은 것이 없었다. 또한 신선을 앙모하고, 참되고 현묘한 도를 탐닉하면서 날아오르기를 구했다. 자주 참깨가루와 복령환을 복용하고, 토납을 행하며 섭생을 하고 마음을 평온하게 다스렸다. 친척들이 왕래하여도 전혀 나와 보지 않았으며, 늘 따로 한적한 곳에서 지내려고 했으나 부모님이 허락하지 않으셨다. 스물 네 살이 되던 해, 위부인은 유문에게 억지로 시집을 가게 되었다. 위부인은 아들을 두 명 낳았는데 장남을 유유박, 차남은 유유하였다. 유유언은 후에 수무현령이 되었다. 그러나 위부인은 여전히 속으로 조용하게 정신을 수련하기를 원했으며, 그 정성이 더욱 두터워졌다. 두 아들이 막 설 수 있게 되자 위부인은 방을 격리시키고 따로 지내면서 재계했다. (중략) 그리고는 경림진인이 또 위부인에게 『황정내경경』을 주며 밤낮으로 외우라고 했다. 그것을 만 번 읽고 나면 귀신을 통찰할 수 있게 되며 육부를 편안하게 움직이게 되고 삼혼과 오장이 조화를 얻고 아름다운 용모를 잃지 않은 채 어린아이 때로 돌아갈 것이니, 이것이 바로 불사의 도인 것이다.[277)]

---

276) 윤씨부인의 두 아들, 그리고 손자, 증손자까지 형제 대제학, 3대 대제학이라는 조선 유일의 집중적 대제학 집안이라는 희귀한 결실을 현실에서 만들어내었다.

277) 『집선록』 · 『본전』 태평광기 위부인.

또, 〈석양정[278] 「묵죽가」를 해숭위의 운에 차하여 위천자에게 주다〉[279]란 제목의 한시, "인간 목숨 잠깐 사이 그 안에 백년이라 한 번의 꿈이런가 만사 이제 아득하네. 이윽고 푸른 대나무 붓끝에서 생기는데 골법이 절묘하여 신령을 통했도다. 좋은 솜씨 전해와 택상에게 있거니 지궁했다 하더라도 불 꺼졌다 말을 마소. 현주라 노인께서 그 일을 기록했으니 좋은 사적 진정으로 후인에게 자랑할 만"[280]에서도 윤씨부인의 부친 윤지를 택상, 즉 위서에 비유하였다.[281]

서포 김만중은 선천 유배지에서 「구운몽」을 창작하면서, 이 작품에 등장하는 최고의 존재로 모친 윤씨부인을 투사시킨 위부인을 가장 높은 곳에 세웠다. 이런 모델을 염두에 두고, 서포 김만중은 작품 속에서 서두를 다음과 같이 서술하였다.

> 옛날 우왕이 홍수를 다스리고 이 산에 올라 비를 세워서 공덕을 기록하니, 하늘 글과 구름같은 전자가 아직 있다. 진나라 때에 위부인이 도를 얻고 상제의 명을 받아 선동과 옥녀를 거느리고 이 산에와 지키니, 이른 바 남악 위부인이라. 예로부터 그 신령한 자취와 기이한 일은 이루다 기록하지 못할러라.

서포의 모친 윤씨부인은 1617년에 태어나 14세 때에 광산 김씨 가문의 촉망받는 김익겸과 혼인을 하였다. 그녀의 시댁인 광산 김씨 가문은 당시의 대표적인 명문가였다. 이 가문은 신라 말엽에 왕자 김흥광이 전라도 광주에 은

---

278) 석양정은 세종의 현손이자 윤산군 이탁의 서자인 이정의 봉호. 그는 묵죽을 잘 그리는 것으로 유명하였다.

279) 해숭위 윤신지는 시 · 서 · 화에 능하였다. 그가 지은 석양정 묵죽가의 운자에 맞추어 역시 같은 제목으로 지어서 준다는 것이다.

280) 권상하, 『한수재집』.

281) 설성경, 『윤씨부인의 삶과 그 정신세계』, 지식과 교양, 2011, 26쪽.

거한 이후에 크게 현달하여서, 잇달아 여덟 명이 평장사의 자리에 올랐고, 조선왕조에 들어와서도 대사헌 황강 김계휘는 김익겸의 증조부로서 총명과 박람으로써 일대의 추숭을 받았던 인물이었다.[282]

윤씨부인의 남편인 충정공 김익겸은, 허주 김반[283]의 둘째 아들로서, 광해군 6년인 1614에 태어나 인조 14년인 1637년에 세상을 떠났다. 그는 창주 김익희와 함께 부친 허주 김반에게 수학했고, 결혼한 몇 해 후인 1635년 9월 27에 증광 별시에서 생원과 진사를 각각 1백 인씩 선발하는 가운데, 생원시의 장원으로 뽑혔다. 그는 또, 1636년 후금의 태종이 국호를 청으로 고쳤을 때 경축사절로 간 이확 등이 조선을 속국으로 취급한 국서를 가지고 청의 사신 용골대와 함께 귀국했을 때, 성균관 유생들과 함께 이들을 처형할 것을 주장한 절의파였다.

이처럼, 이들 가문이 보여준 선대로부터의 덕망과 절의는 대대로 벼슬과 덕행으로 계승되었기 때문에 이 집안은 삼한 갑족 예문 종가로 일컬어졌다.[284]

윤씨부인이 허주 김반의 며느리로서, 두 아들 서석 김만기와 서포 김만중을 키우는 과정에서 보여준 언행에 관한 기록은 아주 단편적인 일화 형태로 남아 있다. 그 대표적인 기록으로는 서포 김만중이 지은『선비정경부인 해평윤씨행장』과 손자 죽천 김진규가 지은『대부인행장습유록』이 있다.이들 행장은 간략한 전기에 속하기 때문에 사건의 연계성이 미흡하고, 행적에 관한 몇몇 기록들은 과장이 없이 있는 그대로의 모습을 전하고 있다. 이러한 윤씨

282) 김진규,『문효공휘만중행장』.

283) 허주 김반의 큰 아들인 김익희에게는 아들 김만균, 김만증, 김만준이 있고, 둘째 아들인 김익겸에게는 아들 김만기, 김만중이 있고, 셋째 아들 김익훈에게는 아들로 김만채, 김만선이 있고, 넷째 아들인 김익후에게는 아들 김만길, 다섯째 아들 김익경에게는 아들 김만규, 김만견, 김만지, 김만근이 있었다.

284) 김진규,『문효공휘만중행장』.

행장의 취지를 최대한 살리면서 윤씨부인이 두 아들과 손자 며느리들에게 베푼 교육과 덕행에 관한 일화들을 제시해보면 다음과 같다.

(1) 윤씨부인은 정축호란을 만나서, 강화도에서 순국한 남편과 사별하고 모친 홍부인을 따라 강화도를 출발하여 대부도를 거쳐서 한양 소공주동에 있는 친정으로 돌아왔다. 그녀는 이곳에서 친정 부모를 모시고, 어린 만기와 만중 두 형제를 키웠다.[285)]

(2) 친정은 물론 시집의 전통을 이어야 할 처지가 된 윤씨부인은 죽지 않고 살아남은 자신에게 부여된 소명은 어떤 어려움이 있더라도 양가의 아름다운 가통을 앞장서서 이어가야 하는 것임을 가슴 속에 깊이 새기게 되었다. 이렇게 마음을 다잡은 윤씨부인은 자신이 조모 정혜옹주 등으로부터 물려받은 훈도로 자신의 인격을 실천적으로 길러가면서 그 생생한 모습으로 두 자식을 키워내는 것이라고 믿었다.[286)]

(3) 윤씨부인은 비록 그러한 큰 뜻을 세웠지만, 현실적으로는 당장 자식들에게 제대로 밖에서 스승을 모시게 해 줄 경제적 형편이 되지 않았기 때문에 어쩔 수 없이 자신이 8세의 큰 아들 만기와 3세의 만중을 위해서 직접 글공부를 시키게 되었다.

(4) 얼마 뒤에 어린 두 아들이 글공부의 기초를 터득하자 윤씨부인은 친정 부친인 하빈공 윤지에게 외손자들의 스승을 맡아달라고 부탁하였다. 이렇게 하여 두 아들의 유아기 교육이 성공적으로 진행되었다.

(5) 한번은 당대의 대문장가인 택당 이식이 참판공 허주 김반을 만나보려고 집으로 찾아왔다. 이때 마침 큰 아들 만기가 『맹자』를 읽는 소리가 사랑방에까지 들려왔다. 택당 이식은 만기의 글 읽는 소리를 듣고서는 크게 칭찬하

285) 김진규, 『문효공휘만중행장』.

286) 김만중, 『정경부인 윤씨행장』.

여 말하기를, "이 아이가 글을 읽으매 능히 그 뜻을 이해하니. 후일에 반드시 문장에 능할 것이다." 하였다. 그러나 윤씨부인은 부친과 자식들로 이루어진 사제의 관계와, 이들 사이에서 일어나는 두 아들의 일취월장하는 학문의 앞길에 서광이 비치는 것을 보며 느끼는 기쁨도 잠시뿐이었다.[287)]

(6) 1640년 4월에 접어들자 만기가 9세, 김만중이 4세가 되었을 때에 윤씨부인에게 감당하기 어려운 또 한번의 큰 시련이 닥쳐왔다. 윤씨부인은 4월 초에 시부인 참판공 김반을 저세상으로 떠나보내었고, 이어서 같은 달에 윤씨부인은 함께 지내며 하늘같이 믿고 따르던 친정 부친인 하빈공 윤지마저 세상을 떠나보내어야 하는 고통을 겪게 되었다.

(7) 윤씨부인은 겹상중의 몸이지만, 마음을 더욱 다잡아서 어린 두 아들의 스승의 자리로 나아갈 수밖에 없었다. 이제 윤씨부인은 다시 부친의 자리를 이어 지난번보다는 훨씬 성숙한 글솜씨를 지닌 두 아들을 직접 가르치게 되었다. 이렇게 하여 윤씨부인은 혼신의 힘으로 가르치면서 어려운 여건 속에서도 두 아들의 학문이 진취할 수 있도록 뒷바라지를 하게 되었다. 모친의 이런 배려를 익히 알고 있는 두 아들은 모친의 지극 정성 속에서 자라며, 날과 달로 학업이 진취하였다. 그러나 윤씨부인은 모친으로서의 처지, 스승으로서의 처지 간의 조화를 유지하면서 어린 두 아들에게 그 어려운 학업 과정을 결코 독촉하지는 않았다.

(9) 서포 김만중은 어릴 때의 별명인 선생이란 말을 가끔 씩 들을 때마다 자신이 난리 때에 태어나서 아버지 얼굴을 알지 못함을 평생토록 지극한 아픔으로 여겼다.[288)]

(10) 윤씨부인은 길가에서 거주했는데, 어느 때는 청나라 사신이 당도하여 채색의 사다리가 문 앞을 지나게 되자 많은 사람들이 구경을 하였다. 김만기

287) 김진규, 『문효공휘만중행장』.

288) 김병국 등, 『서포년보』, 서울대학교출판부, 1992, 28쪽.

는 홀로 문을 닫고, 보지 않으면서 말하기를 "이는 원수 오랑캐를 위하여 베푼 것인데 내가 어찌 보겠는가!" 하였다.[289]

(11) 윤씨부인은 조정에서 생원공 김익겸이 순절한 일로 특별히 통선랑 사헌부 지평을 추증하였기에, 이에 자극을 받아 두 아들에 대한 교육에 더욱 정성을 기울였다.

(12) 윤씨부인은 부친인 참판 윤지가 세상을 떠나자 김만기가 13세가 된 이후에는 외증조부 윤신지, 백부 김익희에게 글공부를 시켜서 학문에 크게 진취하게 하였다. 김만중은 형의 스승을 따라 배우게 하다가 그 다음에는 우암 송시열의 문인이 되게 하였다.

(13) 1643년에는 김만중이 7세의 어린 나이인데도 이미 문장의 재주를 드러내기 시작하였다. 윤씨부인은 자식들이 연이어 조부 김반과 외조부 윤지의 상을 당하게 되자, 윤씨부인 자신도 서포에게 『소학』·『십팔사략』·『당시』 등을 직접 가학으로 가정에서 가르쳤다.

(14) 윤씨부인은 김만기를 외증조부 윤신지와 백부 창주공에게 경서와 역사를 배우게 주선하였다. 1646년에 김만기가 겨우 15세가 되었는데도 두루 경사를 읽고, 시문을 지으매 아담하고 유창하니 모두 칭찬하여 장차 대제학감의 재목으로 기대했다.[290]

(15) 이때 김만중도 김만기를 따라 시 짓기를 배웠다.[291] 1648년에 김만중은 12세가 되었을 때 이미 과거문장에 나갈 수 있을 정도로 시 짓기 능력이 성숙되었다. 김만중은 장성하매 재주가 더욱 초월하여 옛 작가의 궤범을 따르고 공부에 진력하였으나 과거문장에는 염두를 두지 않았다.

(16) 윤씨부인은 김만중이 14세 때에는 총각으로 처음으로 공식적인 학교

289) 김진규, 『문충공휘만기가장』.

290) 김진규, 『문충공휘만기가장』.

291) 김진규, 『문효공휘만중행장』.

시험인 상시를 볼 때, 몸소 상투를 매어주고 시험장에 들여보내 놓고 온종일 가마에 앉아서 눈물을 흘리며 기다렸다. 이 날 향시에서 김만중은 남보다 뛰어난 문장 실력으로 합격하였다.

(17) 김만기가 광주부윤으로 부임할 때, 김만중은 전송하는 시로서 어릴 때의 모친에게 글을 배우던 어린 형제간의 추억을 이렇게 썼다. "큰 아이는 낭랑하게 시와 예를 외우고 작은 아이는 글을 배우면서 젖을 떠나지 않았네. 좌측엔 죽을 가지고, 우측엔 매를 잡았네. 가르침으로서 사랑을 삼는 어머니 마음, 마냥 괴로웠겠지."

(18) 윤씨부인의 부친 윤지는 다른 자녀가 없었고, 정혜옹주도 다른 손자가 없었기에 윤씨부인은 조모 정혜옹주가 친히 안아 길렀다. 정혜옹주는 손녀 윤씨부인에게 직접 『소학』을 외워 가르쳤는데, 워낙 총명하여 한번 가르쳐주면 바로 깨달으니 항상 말하기를 "아깝다. 여자됨이여!" 하였다. 정혜옹주는 윤씨부인이 성장할 때 가르치기를, "의복과 음식을 풍족하고 사치스럽게 낭비하지 말 것이며, 후일에 빈한한 선비의 아내가 된다면 어찌 이와 같이 아니할 수 있겠는가?" 하였다.

(19) 윤씨부인이 젊어서 조부 윤신지와 부친 윤지를 모시고 앉아서 혹 시험삼아 시사 문제를 물으면 다 이치에 합당하게 답하였고, 예측하는 것들도 대부분 어긋나지 아니하므로 두 분이 늘 그 명달하여 사리가 밝음을 칭찬하였다.[292] 이렇게 자란 윤씨부인은 성품이 인자하고 용서함이 많아서 자손을 어루만지고 비복을 부림에 항상 은혜와 사랑으로 대하였다. 그리고 태도는 단아하고 방정하여 깨끗하고, 명랑하면서도 준엄한 열장부의 풍도가 있었다.

(20) 혼인을 할 때에 정혜옹주는 윤씨부인이 김익겸에게 출가하자, 경계하여 이르기를, "너의 시댁은 예법의 가문이니 부인의 법도에 어긋나서 나에게

---

292) 김진규, 『대부인행장습유록』.

수치스런 일을 끼침이 없게 하라" 하였다. 그 훈계함이 이와 같으므로 윤씨부인이 출가할 때 나이 14세인데도 시댁 가족에게 칭찬을 얻었다.

(21) 윤씨부인의 시어머니인 서부인은 단장 정숙하여 규문의 궤범을 모두 겸비했다.[293] 윤씨부인이 며느리로 시집살이를 할 때, 집에 동서와 시누이가 많았지만 마땅하게 아니 여기는 이 없었다. 한번은 사계 김장생이 향리에 계시다가 들으시고 기뻐하여 말하기를, "내 들으니 신부 심히 어질다 하니 무릇 자식이 어미를 닮는 이 많은지라. 이 반드시 현자를 낳을지라. 내 비록 즉시 보지 못하나 실로 집이 흥할까 한다." 하니 그 후 삼년에 큰 아들 김만기가 출생하였다.[294]

(22) 1637년 정축호란 때에 김익겸이 강화도에서 순절하였는데, 이때 윤씨부인은 바야흐로 잉태하여 달이 찼었다. 윤씨부인은 모친인 홍부인이 머무르고 있던 강화 포구에서 배를 얻어 화를 면하니, 이때 큰 아들 김만기는 겨우 다섯 살이요, 둘째 아들 김만중은 모태에서 나오지도 않았었다.

(23) 김익겸이 순절할 때 윤씨부인은 바야흐로 만중을 임신 중이었고, 친정 어머니가 외촌에서 머무르고 있었으므로 소식을 서로 듣지 못한 채, 뱃길에서 난리를 피하고, 1637년 2월 10일에 만중을 전선 속에서 낳으니, 이때 만기의 나이는 겨우 다섯 살이었다. 윤씨부인은 비보를 듣고, 기절하였다가 다시 소생되어 말하기를 "내가 따라서 죽는 것이 지아비에 대한 도리이긴 하나, 고아로 하여금 성립하지 못하게 한다면 장래에 어떻게 남편을 지하에서 보겠는가" 하고, 아픔을 참고, 기르는데 사랑으로써 가르침을 풀지 않았다. 서부인도 병자호란에 순절함으로써 정려문이 세워졌다.

(24) 김만중이 젖을 먹을 때 어머니가 입으로 글을 가르쳐 주었고, 만중 또한 어릴 때부터 총명하여 곁에서 만기의 글 읽는 것을 듣고, 문득 대체의 뜻

293) 김진규, 『문충공휘만기가장』.

294) 김진규, 『대부인행장습유록』.

을 통했고, 7~8세부터 문재가 이미 발월하니, 사람들은 윤부인이 뜻을 가다듬어 고아를 기르고, 만중 형제의 재질이 기특함을 탄복하였다.

(25) 윤씨부인이 며느리로 일상에 자손들에게 일러 말하기를, "세간 부녀 능히 부모 사랑으로써 시부모에게 옮기지 못함을 한했으나, 나는 젊었을 때 맹세하여 그 말을 다하고자 하였다. 그러나 다 일찍 세상을 떠났기에 마음을 다하고자 하여도 할 수 없었음을 늙도록 통심한다." 하였다. 그러나 윤씨부인은 그 일상에 깊이 침묵하시어 조금도 바깥 말을 아니하고, 아들 김만기, 김만중을 종사하기에 이르되, 또한 조정 정사를 묻지 않고, 집의 기별과 정사가 있으되 가다가 보지 않았다.[295]

(26) 윤씨부인은 일찍 남편을 잃고 홀로 지냈기에 큰 아들 만기가 귀하게 되지 못했을 때까지는 집안이 심히 가난하였다. 그래서 집의 세간을 팔아서 철철이 제사를 지낼 적에 날이 춥고 나무가 없었는데, 다만 족자 하나가 있어서 이것을 팔아서 비로소 불을 사르고 조석 자리에 다 칭대하여 지냈지만, 일찍 근심하시는 빛을 드러냄이 없이, 오직 아들 만기의 학업이 진취됨을 즐겨하였다.

또 윤씨부인은 아들 만기가 글공부를 하는 데에 사촌이 방문하면, "공부를 쉬지 말라." 하시며, 스스로 음식 대접함을 게으르게 하지 아니하였기에 가난하지 아니한 집 같이 느끼게 되었다. 먹을 것이 없을 때에도 베를 짠 옷감과 몇 말의 곡식으로 사고 팔 때, 즉시 부르는 값을 주시고, 만약 그 값이 뜻에 마땅치 않으면 사례하여 보내고, 이로 인하야 더불어 값이 싸고 비싼 것을 다투지 아니하였다.

(27) 윤씨부인은 난리가 난 지 얼마 되지 아니한 때여서 책을 구하기가 어려웠다. 『맹자』, 『중용』 같은 모든 책을 모친 윤씨부인은 곡식으로 구입하였고 『좌전』을 팔고자 하는 자가 있어서 만기가 사고 싶은 마음이 간절하였으

295) 김진규, 『대부인행장습유록』.

나, 수가 많으므로 값을 감히 묻지 못했다. 그러자 윤씨부인이 곧 베틀에 있는 명주를 다 베어 그 값을 치르니 그 이후로는 아무런 저축이 없었다. 또, 윤씨부인은 이웃 사람 중에 옥당의 아전이 된 자에게 부탁하여 홍문관 내의 사서와 『시경언해』를 빌려 모두 손수 등초하였는데 자획이 정교하고 섬세함이 구슬을 끼운 것과 같았고, 한 구절도 구차함이 없었다.

(28) 윤씨부인은 이런 가정 형편 속에서 두 아들 만기와 만중이 어렸을 때 밖에서 따로 스승을 모실 수 없었기 때문에 직접 『소학』, 『사략』, 『당시』 등을 가르쳤는데, 장애는 많았지만, 공부의 과정은 지극히 엄격하게 했다. 그래서 항상 말하기를, "너희들은 다른 사람과는 같지 않으니 남보다 한층 더 공부해야 겨우 남들과 같은 공부 수준에 들리라." 하고, "사람들은 행실이 없는 자를 꾸짖으며 말하기를 반드시 과부의 자식이라 하니 이 말을 너희들은 마땅히 뼈에 새기듯이 깊이 명심하라." 하였다.

(29) 윤씨부인은 두 아들 만기, 만중이 허물이 있으면 반드시 손수 매를 잡고 우시면서 말하기를, "너희 아버지가 너의 형제를 나에게 부탁하고 세상을 떠나셨으니, 너희들이 만약 이와 같이 한다면 내가 무슨 면목으로 너의 아버지를 지하에서 보겠는가? 학문을 아니 하고 살려면 빨리 죽는 것만 같지 못하다." 하였다. 그 말씀의 애통 박절하심이 이와 같으시므로 만기의 문장이 비록 천품적이긴 하지만 그 공부가 일찍 성취된 것은 모친 윤씨부인의 격려한 힘이 많았고, 만중은 어둡고 미련하여 스스로 포기할 정도였지만, 모친의 가르침이 지극하였기 때문에 성취한 것이다.

(40) 윤씨부인은 큰 아들 만기가 일찌기 모친을 위하여 털옷을 지어 드려 추위를 막게 하니, 윤씨부인이 드물게 입을 열어 말하기를, "너의 정성으로 주는 것이기에 받아서 억지로 잠깐 입었으나, 내 성품이 이런 귀한 의복을 즐기지 아니한다." 하였다.[296)]

---

296) 김진규, 『대부인행장습유록』.

(41) 윤씨부인은 이미 궁궐에 손녀를 왕비로 두었을 때, 일로 인하여 궁중에서 담비 털옷을 내려주었으나, 아껴서 감추어두고 입지 아니하기에 손자들이 그 옷을 입으라고 권하자, 윤씨부인이 말하기를, "은혜로이 내리신 것을 마땅히 귀히 여겨서 공경해야 할 것이니, 어찌 감히 선불리 입겠는가?" 하였다.

(42) 윤씨부인은 평소에 음식과 의복을 다 고풍에 준하여 입고, 당시의 유행을 따르지 않았다. 그런데, 궁궐과 인연을 맺고부터는 더욱 순순히 집안 식구들에게 경계하여 책망하기를, "이상한 음식은 먹지 말고, 기묘하고 정밀하지 않은 것은 취하지 말아라." 하였다. 이렇게 말한 것은 대개 왕가 인척들이 숭상하는 바를 따르다보면 사람들이 장차 사가보다 사치한다고 지적할 것이므로, '마땅히 더욱 검약으로 해야 한다'고 주의시킨 것이다.[297]

(43) 윤씨부인은 일상생활에서 검소해야 한다고 자손들을 권하였는데, 손자 진규가 일찍이 옷이 뚫어져서 기워달라 하였으나 부인이 궁색하게 보인다고 입지 말라고 권하자, 마침 옆에 있던 윤씨부인이 말하기를, "부인은 당연히 검약으로써 장부를 도와야 할 것이므로 세상사람들이 따르는 화려하고 사치한 것을 즐기는 태도를 본받지 말아라. 알지 못해서 그러는지 몰라도 비록 장부가 옷을 기워서 입었다고 사람들이 조롱하며 웃을지라도 어찌 부끄럽다고 생각해야하겠는가? 마땅히 즉시 기워서 내 손자에게 입혀라." 하였다. 부인이 이에 명령을 따르니, 윤씨부인이 손자인 진규에게 말하기를, "네가 벼슬길에 나선 이후에 입게 되는 의복을 그 전에 입던 베옷보다 화려하지 않게 하여 입어라." 하였다.

(44) 또 윤씨부인은 여러 손자들에게 말하기를, "너희들은 오직 학문에 힘쓰되 빈곤을 근심하여 이익을 얻고자 하는 것에는 마음에 두지 말아라. 사람

---

297) 김진규, 『대부인행장습유록』.

이 비록 가난해질 수는 있지만 굶어죽는 사람은 적으니라." 하였다. 또, 자손들에게 말하기를, "내 성정이 오활하여서 비록 부녀가 되었지만 가산을 중히 여기지 아니하고 오직 학문을 귀히 여기니 전생에는 몸이 응당 남자였을 것이다." 하였다.

(45) 윤씨부인은 부친 참판공 윤지가 말년에 서자를 두었기에, 부친이 세상을 버린 후에 종질을 계모 어머니처럼 섬겨서, 늙기에 이르도록 사람들은 적자와 서자 출신의 차별을 한다는 말이 없었다. 윤씨부인은 그들과 살림을 나눌 때에도, 밭은 천박한 것을, 노비는 늙고 가난한 자를 선택하여 말하기를, "내가 청렴하다는 이름을 얻기 위한 게 아니라, 이렇게 선택하는 것이 내가 하고자 하는 것이기 때문이다." 하였다.

(46) 윤씨부인은 이복동생이 세상을 떠나자, 그의 고아를 데려다가 자기 손자와 더불어 같이 배우게 하였고, 이때 윤씨부인은 이미 나이가 들어서 56세가 되었지만, 손자를 여러 명이나 직접 가르쳤는데, 이것은 즐거워서 하는 일이었기 때문에 피로하다는 생각을 하지 않았다.

(47) 윤씨부인은 스스로 미망인이라 일컬으며, 종신토록 몸에 빛난 의복을 가까이 아니하였고, 연회에 참여하지 아니하며 음악도 듣지 않았다. 한번은 큰 아들 만기가 영귀하게 되어 수연을 베풀 것을 간청하였으나 끝내 허락하지 않았다. 오직 자손이 과거에 급제한 경사에서만 잔치와 음악을 허락하면서 말하기를, "이는 진실로 문호의 경사요, 내 한 몸의 사사로운 기쁨이 아니다." 하였다.

(48) 윤씨부인은 둘째 아들 만중이 일찍이 병조판서를 제수 받고는 사직하기를 굳게 하면서 병권을 잡는 것을 즐거워 아니하시고 즉시 바꾸지 못함을 깊이 근심하다가 드디어 숙종의 윤허를 받다 사직을 하게 되니, 흔연히 손자 김진규에게 말하기를, "너의 숙부가 거듭하여 상소하여 병조판서를 거두어 주시기를 간청함을 보니, 내 마음이 안타깝더니 이제야 임금께서 청원을 들

어주시니 내 마음이 심히 상쾌하다." 하였다.[298)]

(49) 윤씨부인이 뒤에 인경왕후가 된 손녀가 어릴 때에는 직접 품에서 키우셨는데, 반드시 바름으로써 가르쳤기에, 어린 나이 11세로 세자빈 간택에 응하게 되었을 때, 주선에 응답하면서 말하기를 성인과 같이하니 궁중 사람들 모두가 기뻐하고 탄복하였다.

(50) 윤씨부인은 이따금 인경왕후를 보게 되면 문득 경계하여, 옛 어진 왕비의 일을 일컬으며 조금도 사적인 혜택에 대한 언급은 하지 않았으므로, 효종의 왕비인 인선왕후 장씨, 현종의 왕비인 명성왕후 김씨인 두 국모는 정경부인 윤씨부인을 공경하고 존중하였다.

(51) 1680년에 인경왕후가 승하하자 자식이 없었기 때문에 평소에 사용하시던 의복과 기물을 왕자와 공주에게 넘겨줄 곳이 없었다. 그래서 선왕 현종의 왕비 명성왕후가 궁인에게 말하기를, "내가 차마 물건을 보지 못하겠다. 이제 이 물건들을 인경왕후의 본가에 주고자 하니 나의 뜻 전달하라." 하니, 이 말을 전해들은 윤씨부인이 답하기를, "인경왕비께서 비록 불행하시여 아들이 없으셨으나, 훗날에 국가에서 자손의 경사가 있으시면 이 또한 인경왕후의 자손이시니 저장하여 기다림이 옳을 뿐만 아니라, 궁중에서 사용하시던 좋은 물건을 어찌 감히 사가에 둘 수 있겠습니까?" 하니, 궁인이 복명하자 명성왕후는 크게 칭찬하면서 말하기를 "내가 진실로 본가의 훌륭함이 이렇게 처리할 줄 짐작했다." 하였다. 숙종께서 이 말을 들으시고, 또한 말씀하기를 "이는 사군자의 행실이로다." 하셨다.

(52) 윤씨부인은 큰 아들 만기가 일찍이 경기도 고을의 원이 되어 녹봉이 적어 봉양이 부족함으로써 한탄하니, 윤씨부인이 말하기를, "다행히 국은을 입어 따뜻한 온돌방에서 배불리 먹는데 이것이 부족하다면 어디서 만족을 취하겠는가. 네가 능히 직책에 마음을 다한다면 이 봉양이 이보다 더 두텁겠

---

298) 김진규, 『대부인행장습유록』.

느냐?" 하였다.

(53) 윤씨부인의 나이가 많아지자 김만기가 미리 모친의 수의를 마련하고자 했는데, 이 사실을 아시고 말하기를, "1637년 정축년 호란 때 너의 아버지 김익겸의 상사를 당하여서, 재물이 없어서 장례의 예절을 제대로 갖추지도 못한 점이 많은데, 이제 나에게 그 보다 더 잘할 수 있겠는가?" 하였다. 이에 김만기가 대답하기를, "전후의 가정 형편이 같지가 않습니다?" 하니, 윤씨부인이 말하기를, "내 또한 그것을 어찌 모르겠는가? 다만 같은 무덤에 장사를 지내면서 후하고 박함이 서로 다르다면 내 마음이 어찌 편안하겠느냐." 하였다.

(54) 1687년 봄에, 큰 아들 김만기가 윤씨부인의 슬하를 영원히 떠나게 되었는데, 그때 윤씨부인 나이는 칠십이 넘었다. 자손들은 차마 최복을 드리지 못했다. 그러자, 윤씨부인이 묻기를, "어찌해서 상복을 만들지 아니 하느냐?" 하였다. 자식들이 대답하기를 "우리나라 풍속에 부녀자들은 오직 3년상에 최복을 갖추고, 기년복 이하는 다만 의대로써 성복하는데, 이번 일은 기년복에 해당되므로 최복을 만들지 않았습니다."했다. 윤씨부인이 말하기를, "장자의 복을 어찌 다른 기년복에 비하겠는가?" 하시고, 드디어 예문과 같이 성복하셨다.

이때 둘째 아들 김만중은 윤씨부인이 상을 당해 애달픔 속에 있으면서 모친이 조석으로 슬퍼 눈물을 흘리며 병환이 될까봐 염려하여 자기집으로 모시고자 하였다. 그러자 윤씨부인이 울면서 말하기를, "내 비록 늙고 병들어 제사에 참여하지 못하지만, 조석으로 곡소리를 들으면 내가 참제함과 같은 생각이 드는데, 만약 너의 집에 간다면 어떻게 마음을 진정하겠는가? 또한 여러 손자를 보면 그 아비를 보는 것과 같은데, 만일 너희 집에 가 있으면 저 손자들이 어떻게 나를 자주 와서 보겠는가?" 하시고, 여러번 간청해도 따르지 않았다. 이처럼 비록 비애 중에 있으면서도 예문을 돈독함이 이와 같았다.

(55) 윤씨부인은 젊어서는 병환이 들어서도 탕약을 들지 않았는데, 중년 이후로는 비록 자손을 위하여 억지로라도 먹었지만 비싼 약과 인삼같은 것을 더욱 즐겨하지 아니하였다. 그런데 1687년 가을에는 큰 아들은 죽고, 둘째 아들은 유배중인 상황에서 병환이 생겨 아주 위중하게 되어 의원이 말하기를 "마땅히 인삼을 많이 써야 합니다." 하되, 잘 잡숫지 아니하여서 손자인 진규가 심히 염려하여 감히, "인삼탕으로 달임이라," 말하니, 병환이 혼침하여 능히 살피지 못하고 먹었으나, 병에서 회복된 다음에 탄식하여 말하기를, "너희가 나를 속여서 또 구차히 목숨을 건지게 되었다." 하였다. 또, 타락죽을 달인 약이 제호탕이다. 사람들이 늙은 때의 보양으로 먹는 것인데, 윤씨부인은 잡숫지 않는 것은 홀로 검약을 하고자 하는 것이 아니라, 그 뜻이 대개 정축호란 이후에는 잔치에 참례하지 아니하고 음악도 듣지 않는 것과 같은 뜻이었다.[299)]

(56) 1687년 가을에 둘째 아들 김만중이 국사를 쟁론하고 직언하다가 서새인 평안도 선천으로 귀양을 가게 되었다. 이때 윤씨부인은 성 밖에서 아들을 전송하시면서 말하기를, "나의 염려는 하지 말아라." 하였다.

(57) 1688년에 나라에서는 숙종이 왕자를 얻은 큰 경사가 있어, 둘째 아들 만중이 유배에서 석방되는 은혜를 입고 집으로 돌아와서 윤씨부인을 모시게 되었다. 그러나 몇 달이 채 되지도 않아서 다시 기사사화가 일어났다. 그러자 윤씨부인은 곧 둘째 아들 김만중이 다시 국문을 당하고 사형에서 겨우 감면되어 남해로 위리안치 되었고, 이어서 두 명의 손자도 잇달아 남쪽의 절도인 제주도와 거제도로 귀양을 가게 되는 슬픔을 맞게 되었다.

(58) 윤씨부인은 천성이 글을 좋아하여서 늙어서도 글 읽기를 폐지하지 아니하였고, 더욱 더 역대의 치란과 명신의 언행을 읽기를 즐겨하여서 그 읽은 것을 새겨두었다가 이따금 자손에게 가르쳐주었고 음영에는 마음을 두지 않

---

299) 김진규, 『대부인행장습유록』.

았다.

(59) 윤씨부인은 부녀를 가르칠 때에는 길삼, 음식, 차사, 향사에 넘지 않았고, 일에 임해서는 더욱 경건하여 이미 집안일을 며느리에게 인계하였음에도, 몸소 그릇도 씻고 반찬을 만들었기 때문에 특별히 심한 질병과 피곤함이 아니면 남에게 대리로 시키지 않았다.

(60) 윤씨부인이 이미 나이가 많이 들었으나 오히려 손수 바느질을 하면서, 자손들이 그렇게 수고롭게 하지 말기를 청하면 대답하기를, "남자가 독서를 하고, 여자가 바느질을 함은 직분임이니, 내가 비록 늙었으나 어찌 편안하게만 있겠는가? 내 본디 성품이 바느질하기를 좋아하기에 괴로움이 없다." 하였다.[300)]

(61) 윤씨부인이 여러 번이나 상을 당하는 아픔을 맞아서 상을 치르면 몸에 병이 많이 생겼지만, 그 정력이 남보다 뛰어나고 총명이 늙어서도 조금도 줄어들지 않아 눈빛이 늘 맑고 밝아 소년같이 능히 등불 아래에서도 작은 글자를 볼 수 있었고, 어렸을 때 배운 구두점을 다 기억하였다. 윤씨부인의 유액하심이 이와 같으므로 모든 손자들이 두려워하면서도 귀엽게 대하여 스스로 오고, 줄 지어서 옆에서 모시되, 감히 태만치 못하였다.

또, 윤씨부인의 여러 손자들이 곁에서 함께 글을 읽을 때, '이오'하는 소리가 잡되므로, 혹 노모가 병환 중에 고요히 요양하는데 해로울 것을 염려하여 여쭈니, 윤씨부인이 말하기를, "내가 이 소리를 좋아하니, 비록 소리가 크게 나더라도 나에게는 시끄럽게 들리지 않는다." 하였다.

(62) 윤씨부인은 충서하고 인후하여 조금도 시기하는 마음이 없어 매양 큰 며느리에게 말하기를, "내 평소에 며느리들이 친정의 편을 드는 야박한 습속을 싫어하였는데, 어찌 우리 며느리는 전혀 나만을 받드는가? 이제 친가의 모친이 늙었고, 자녀 중에는 오직 네가 귀히 되었으니 마땅히 시집과 친정의

---

300) 김진규, 『대부인행장습유록』.

두 집 노모를 고루 봉양하며, 한 가지 맛있는 음식이라도 있으면 반드시 나누어 누리게 해야 할 테니, 나에게만 잘 대하지는 말아라.” 하였다.

(63) 윤씨부인은 큰 아들 김만기가 세상을 떠난 이후로는 공양의 풍성함이 이전보다 못하였으나, 염연히 하여 평안히 여기었다. 또, 평소에 검약한 것은 대개 천성으로 타고난 것이었다. 그래서 세속의 부인들이 혹시 늙은이 봉양이 풍성하거나, 박약함으로써 기뻐하고 기뻐하지 않음이 많다고 생각할 수가 있다 하겠지만, 윤씨부인은 좋은 음식이 많이 있음을 보시면 탄식하고 불편하게 생각하였다. 또, 탄식하며 말하기를, “우리 할아버지께서 귀한 궁궐의 음식을 대하고서도 스스로 심히 검박하게 행동하였고, 일찍 소의 간을 먹으려고 하였다가 값이 너무 비싸므로 잡숫지 아니 하였는데, 이제 내가 지금 누리는 바를 보니, 마음에 심히 불안하다.” 하였다.[301)]

(64) 윤씨부인은 손자 김진규가 감사가 되었을 때, 관할 내의 수령이 윤씨부인의 생일을 맞아서 옛 규례에 의거하여 폐백을 보내왔는데, 사람은 진실로 통가의 자제였다. 모든 사람들이 의리상 가히 사양할 수 없다고 하였으나, 윤씨부인은 끝내 받지 아니하였다. 그 까닭은 말세에 교묘한 사기로 아전과 시정배들이 청탁을 일삼고, 임관한 존속의 부녀들이 뇌물을 보내는 행위가 있었기 때문이다.

(65) 윤씨부인은 1689년에 바야흐로 아들과 손자들에게 이런 엄청난 우환이 생기자, 날로 글을 보면서 갑자기 세상을 떠나기 전까지는 손자들에게 몸소 글을 가르치고 재봉을 일삼았다.

(66) 윤씨부인은 세상을 떠나기 며칠 전까지만 해도 순순하게 근검으로써 며느리와 손자 며느리를 경계하고, 이 밖에는 오직 아들 만중과 세 손자가 귀양 가 고생하고 있는 것만을 말하면서, 다른 자손에 대해서는 염려하는 것이 없었다.

---

301) 김진규, 『대부인행장습유록』.

(67) 윤씨부인은 평소에 기침 병환이 있어서, 추운 계절을 당하면 재발하였었다. 그러던 중에 큰 아들 김만기의 상을 당한 이후에도 연이어 둘째 아들과 여러 손자가 유배를 가는 근심과 충격적인 슬픔을 당하자 병이 더욱 심하여져서, 1689년 겨울에는 병환이 위독한 중에도 오히려 손자들과 증손자들에게 훈계하기를 "가정의 환란으로써 위축되지 말고, 당장 쓸데없다고 하여 학업을 폐하지 말아라." 하였다. 이런 중에도 조석 상에 조금만 색다른 만찬이 있으면 기뻐하지 않으며 말하기를 "우리집 음식이 본래 이와 같지 않았다."고 하였다.

(68) 윤씨부인이 손자 진규 등을 교훈할 때에는 비록 엄하게 하면서도, 간간이 독서 여가에 더불어 동자에 희롱하되, 그 희롱이 모두 글과 사기에 있는 일을 가지고서 손자들로 하여금 놀고 쉴 때에도 글붙이에서 떠나지 않게 하니, 이로써 윤씨 할머니에게 배우는 손자들은 싫게 여기거나 게으르게 되지 아니하였다.

(69) 윤씨부인이 여러 손자 진규 등에게 말하기를, "과거급제를 하고 못하는 것은 운명에 달린 것이니, 선비 되는 자는 마땅히 자신에게 있는 것을 다할 따름이다. 비록 과거급제를 못 하였을지라도 진실로 글을 잘 못하면 부끄러움이 이보다 심함이 없다." 하였다.[302)]

(70) 윤씨부인이 글로써 자손을 경계하되, 혹 방탕한 자를 보시면 꾸짖고 겸하여 말하기를, "행실이 없으면 글을 무엇에 쓰리오. 이 아이를 마땅히 『소학』을 가르쳐라." 하였다.[303)]

(71) 윤씨부인이 모든 손자 김진규 등에게 부정한 여색을 금하되 이웃집에 부녀가 투기하는 말을 들으면 심히 못 마땅히 여겨서 말하기를, "남자는 마땅히 예로써 몸을 다스리며 부인은 마땅히 투기를 아니하기로 덕을 삼아야

---

302) 김진규, 『대부인행장습유록』.

303) 김진규, 『대부인행장습유록』.

한다." 하였다.[304)]

(72) 윤씨부인이 모든 손녀들에게 옛사람의 훈계를 알게 하려하니, 손자 진규가 일찍 반소의 여계를 언해하니, 윤씨부인이 보시고 심히 기뻐하여 손수 한 통을 써 내시어 증손자를 주어 말하기를, "너희는 마땅히 이것을 알아야 할 것이라." 하니, 그때에 윤씨부인의 나이는 칠순이 넘었으나 가르침을 베풀기를 게으르지 아니하였다.

(73) 윤씨부인은 성정이 인자하여서 일찍 죽은 병아리를 보고 불쌍히 여겨서 이로 인하여 평생토록 닭고기를 잡숫지 아니하였고, 비록 꽃나무 같은 식물이라도 봄을 맞아서 피어나면 아이들이 꺾는 것을 금하였다.[305)]

(74) 윤씨부인은 오랜 기간 길가 집에서 거주하고 있었다. 그 때 시절이 흉년이 들어서 아표가 들에 깔렸고, 거지들의 처량한 구걸소리가 늘 문밖에 이르렀다. 윤씨부인은 이를 불쌍히 여기어 비록 집에 있는 양식이 없지만 그냥 보내지 아니하고, 밥을 나누어 먹었다.

(75) 윤씨부인이 말하기를, "우리 조부인 문목공 윤신지가 옛날에 나에게 이르기를 '너는 마땅히 두 아들의 영화를 두루 보려니와 수한을 오십이 지나지 못하리라'하시더니, 어찌 박한 목숨이 이제까지도 죽지 않을 줄을 알았겠는가? 조부께서 살 나이를 짐작하는 것이 오히려 이 같으시니 사람의 점을 치는 것을 믿지 못할 것이라." 하였다. 이는 대개 문목공 윤신지가 오행서를 깊이 알아서 사람의 수요와 귀천을 추산하면 맞지 않음이 적으므로, 할머니가 총명하시기 때문에 그 비법을 전하고자 하므로, 윤씨부인이 사양하였는데, 만년에 여러 가지 책을 두루 읽다가 여가에 마침 자미수를 보시고, 혹 자손 친족의 명수를 희롱하여 수를 놓아 소일하시면서도, 스스로 믿지 않으시더니, 1689년 봄에 둘째 아들 만중에게 말하기를, "내 목숨이 금년에 다하게

304) 김진규, 『대부인행장습유록』.

305) 김진규, 『대부인행장습유록』.

된다." 하였는데, 그것이 과연 맞게 되었다. 그러나 윤씨부인은 평일에 스스로 자손들에게 수명을 계산해 두는 것을 보지 못한 것은 이것을 술수로 이르심이 아니라, 그 천품이 고명하시어 스스로 기력을 헤아리시고 가운을 참간하여 미리 알고자 한 것이다.[306]

(76) 1689년에 윤씨부인의 손자며느리가 외약하여 감히 본가에 평안히 있지 못하고 이사하여 거처를 정하지 못하니, 며느리가 윤씨부인을 그 집에 모셨다. 겨울에 이르러 병환이 날로 위태하여 본가인 큰 아들의 집으로 도로 오고자 하니, 모시는 자가 병환 때문에 옮기기가 어렵게 여기므로 윤씨부인이 말하기를, "내 병이 들었는데, 여기도 또한 자식의 집이지만 마땅히 큰 아들의 집에 돌아가서 죽겠다." 하고, 거듭 거듭 말을 심히 엄하게 하니, 자손이 감히 어기지 못하여 붙들어 교자에 뉘어 돌아오니 안색에 심히 기뻐하는 모습이 역력하였다. 그리고 나서 오래지 않아 갑자기 세상을 떠나니, 비록 병환으로 정신이 혼미할 때라도 능히 예의를 갖추고 세상을 떠났으니 가히 역책하는 의리에 가깝다고 하겠다.

(77) 1689년 숙종께서 존후하실 때에, 궁중 잔치에 윤씨부인의 며느리가 승명하여 들어가 참예하니 맏며느리 정경부인 이씨와 계녀 이주신의 처가 좇아 들어와 임금의 뜻을 받들어 영소전에 내알할 때, 상감이 감실 안의 주렴을 걷으시고 옛 일을 생각하면서 눈물을 머금으니 부부인이 복지하여 눈물을 흘리기를 마지 아니하니, 상감이 명하셔, "전에 올라 봉심하라." 하시니, 이때 제이 손자 사복판사 보택은 옥책을 읽고, 제삼 손자 운택은 옥책을 받드니, 인경왕후 지친으로서 집사에 막혀 시중 받아 한가지로 입시하니 일문이 다 영감해 하였다.[307]

(78) 윤씨부인의 며느리가 옛일을 생각하기를 반드시 도탑게 하였다. 문충

---

306) 김진규, 『대부인행장습유록』.

307) 김양택, 『서원부부인행록』.

공 김만기가 윤씨부인을 따라 조부 해숭위 윤신지 댁에서 생양 권비함을 받음이 심히 중하였는데, 매양 해숭위 윤신지 댁에서 제사를 지내면 윤씨 집의 여러 자손들이 즉시 가지 아니하면 엄히 책망하여 용납하지 못하게 하니, 자기 집안 제사와 같이 참예하였다.

(79) 김만기와 김만중은 벼슬길에 나간 이후로 간단한 편지도 어머니 윤씨부인의 앞으로 온 일이 없었으니, 이로써 가히 다른 것을 알 수 있다. 사람이 화를 당하거나 곤궁에 처해도 민망하게 여기지 않고, 영귀에 임해서도 교만하지 않으셨으며, 참혹한 화를 만나면 사람으로 감내하지 못할 일이지만, 의리와 운명에 조금도 흔들리지 않고 위축되지 않았으니, 이는 남보다 뛰어난 천성만이 아니라 서책을 널리 읽고 옛일을 살핀 힘에 있었다. 그러하기에 친척과 이웃에서 보기를, 엄한 스승과 같이 여겨 모두 모범으로 삼게 되었다. 그의 발언과 처사가 의리에 합하여 궁중의 풍화를 돕고 영광스럽게 임금의 표창을 받았으니, 이는 또한 근대의 규문에서 듣기 드문 일이다. 옛날에 이른바 '여자로서 선비의 행실을 지녔다.'는 말처럼, 윤씨부인은 진실로 부끄러움이 없이 살았다. 옛글에 이르되 '선을 쌓은 집은 반드시 남은 경사가 있다'고 하였고, 『서전』에 이르기를 '가득하면 해로움을 부르고, 겸손하면 유익함을 받는다'고 하였듯이, 윤씨부인 같은 분은 선을 쌓고 보탬을 받는 도에 적합하지 않음이 없었는데, 1637년에 남편상을 당하였기에 많은 어려움을 겪었으나, 이로 인한 근심은 얼마 안 되어 인경왕후가 승하하여 더욱 슬픔을 느꼈다. 게다가 큰 아들 김만기가 효성을 다하여 봉양함을 마치지 못하고 먼저 세상을 떠났고, 그 후에도 유배로 자식과 손자가 나뉘고 흩어져서 세상에서 슬피 여기는 바가 되셨다. 이것은 사람에게 보답하는 하늘의 이치가 의심스럽게 하는 일이다. 비록 그러하지만 세상에서 선과 복을 향유하여 한 평생을 부귀로 즐겁게 지내면서도 죽는 날에는 남들로 하여금 칭찬할 만한 사실이 없다면 이는 진실로 윤씨부인에게 부끄럽게 여길 것이다.

(80) 윤씨부인은 친정집에서 생장하고 있었지만, 살림이 궁핍해져서 집안이 심히 좁고 퇴락하였다. 조금도 젊었을 때 좋은 집에 살던 생각을 마음에 두지 아니하고, 서고를 나누어 준 새로운 집을 얻어서 부모를 모시고 이사를 할 때에도, 의색이 없고 오직 고명함으로서 경계하였다. 또 손자인 김진서가 그 처가에서 준 헌집을 얻어 잠깐 보수하니, 윤씨부인이 듣고는 말하기를 "일은 일이라 할 것이 없지만, 그러나 그 집이 나에게 과분한데 어찌 꼭 수리를 해야 하겠는가?" 하였다.

(81) 윤씨부인이 큰 아들 김만기의 봉녹이 후하게 된 이후부터 대접하는 음식 등이 그 이전보다 풍부하게 되었지만, 간혹 파는 떡과 엿을 달게 먹으면서 "맛 좋은 음식이 이보다 좋음이 없다." 하였다.[308)]

이러한 윤씨부인에 대한 일화들을 종합해보면, 윤씨부인은 문자 그대로 여중군자요, 열장부와 같은 풍도와 의연한 자세를 지니고 살았던 여성이며, 강인함 속에도 자애가 넘치는 선비같은 의지의 여인이기도 하였다.[309)] 이런 호평을 받을 조건을 구비한 윤씨부인은 타고난 품성에다가, 어릴 때부터 받은 엄격한 교육, 그리고 서책을 박람하여 얻는 지식의 영향으로 곤궁에 처해도 민망하게 여기지 않았고, 영귀에 임해도 교만하지 않았으며, 참혹한 화를 만나도 인내하면서 운명에 흔들리지 않는 기개를 보여주었다. 이러한 윤씨부인의 격조 높은 삶은 두 아들이 조정에 나가서 충효를 실현하고, 손녀를 왕비로까지 만들어내는 원동력이 되었다.[310)]

윤씨부인의 이러한 덕행과 교육관에서 나타난 특징은 첫째, 윤씨부인은 자녀 교육에 철저하였다. 윤씨부인은 총명한 머리를 타고난 데에다 조모 정

308) 김진규, 『대부인행장습유록』.

309) 이명구, 「서포와 정경부인 윤씨행장」, 『김만중연구』, 새문사, 1983, 2~35쪽.

310) 설성경, 『윤씨부인의 삶과 그 정신세계』, 지식과 교양, 2011, 75쪽.

혜옹주[311]로부터 궁중에서 자라며 배운 학문을 직접 전수받았기 때문에 어릴 때부터 총명과 문장을 높이 평가받고 있었다. 윤씨부인은 집안 어른들이 남자로 태어났다면 대제학 재목이라는 칭찬[312]을 받으면서 성장하였기 때문에 남성 중심의 유교사회에서 자신이 이룰 수 없는 꿈을 자식을 통하여 성취시키고자 하였던 것으로 판단된다. 이러한 추측은 평소에 윤씨부인은 난리 중에 남편을 따라 죽지 못하고 살아남은 자신의 소명은 어떤 시련이 닥치더라도 두 아들을 제대로 교육시켜 국가의 대들보로 만드는 것이 바른 길임을 가슴 속에 새기게 되었으며,[313] 그래서 그녀는 솔선하여 글 읽는 모습을 보여주었다는 점에서 가능한 것이다.

윤씨부인은 두 자식에게 인자한 모친이라는 측면과 더불어, 엄하면서도 해박한 지식을 갖춘 스승이라는 면을 함께 보여주게 되었다. 윤씨부인은 폭넓은 독서와 총명함을 함께 구비하고 있었기에, 자신의 뜻을 성실히 따르면서 기대 이상의 성과를 내는 자식들에 대한 강한 자부심을 가지고 있었다. 평소에 중국 문장가인 구양수의 모친이 예절을 지키면서 아들을 가르친 것과, 소동파 형제가 빼어남을 연계시키면서 자신의 두 아들도 그들과 같이 되기를 원한다고 하였다.[314] 그녀의 자식에 대한 이런 믿음과 자부심에 근거한 엄한 지도와 자애, 그리고 자식들의 치열한 노력은 조화를 이루어 두 아들의 과거길과 벼슬길이 남다른 성과를 낼 수 있었다. 윤씨부인이 자녀 교육에 쏟은 공력은 창주공 김익희가 거둬서 가르치게 하는 것으로도 나타났다, 그 뿐만이 아니라, 두 아들이 당대 최고의 학자이던 우암 송시열의 문하에서 학

311) 선조와 인빈 김씨(1555~1613)의 소생으로는 의안군, 신성군, 복성군, 정원군, 의창군이 있고, 정신옹주, 정혜옹주, 정숙옹주, 정안옹주, 정휘옹주가 있다.

312) 김만중, 『선비정경부인 해평윤씨행장』.

313) 김만중, 『선비정경부인 해평윤씨행장』.

314) 김진규, 『대부인행장습유록』.

문과 의리 정신을 물려받도록 한 것 또한 그녀가 보여준 자녀 교육의 철저함에서 비롯된 것이라 할 수 있다. 이러한 윤씨부인의 교육열은 결국 큰 아들 김만기는 물론, 둘째 아들 김만중, 그리고 손자 김진규, 증손자 김양택까지 3대에 걸쳐서 4명의 대제학을 배출시키는 원동력이 되었다.

둘째, 윤씨부인은 부덕의 실천에 솔선하였다. 윤씨부인은 어릴 때부터 물려받은 궁중 예법과 천부적으로 타고난 덕성에 덧보태어진 함양은 비록 일찍 미망인이 된 처지 속에서도 좌절함이 없이 두 아들의 모친으로서의 역할과 더불어 가문의 대표 며느리로서 역할을 특별한 자애와 부덕으로 실천하였다. 윤씨부인은 신부의 주요 조건인 덕을 갖춘 위에다가, 학문과 여공을 함께 구비한 전형적이고 이상적인 현부인이었다. 그리고 인자하고 용서함이 많으며, 자손을 대함에 늘 어른으로서 어루만져 주는 대부인다운 모습을 지니고 있었다. 그래서 그녀는 수많은 역경을 빼어난 덕성으로 극복하면서 시대가 요구하던 이상적인 여인상을 실천하였다. 인자하고 자상한 태도와 법도로 규범에 조금도 어긋나지 않는 생활을 하였기에, 시가의 모든 사람들이 인정하는 어진 며느리 였다. 윤씨부인은 가장이었던 부친이 세상을 떠난 이후에 더욱 분발하여, 항상 곁에서 지켜보면서 가장의 역할을 하는 정신적이고 이념적인 지도자의 역할과, 현실적이고 동반자적인 지도자의 역할을 하면서 두 사람의 몫을 함께 실현하였다.

셋째, 윤씨부인은 양가 부모에 대해 효양의 길을 실천하였다. 유교사상의 핵심이요, 모든 행실의 근본이 되는 효도는 자신의 마음과 정성을 다하여 부모를 섬기는 것으로 나타난다. 그 세부적인 행동으로는 노후봉양, 치병구약, 사후시묘, 입신행도 등을 들 수 있지만, 윤씨부인의 효행은 친정부모와 시부모에 대하여 생전에는 물론 사후의 봉제사에 있어서도 그 예를 지키고 마음을 다하는 것을 극진히 하였다는 점이 특징이다. 윤씨부인은 정축호란 후에는 친정으로 돌아와 부모 슬하에서 생활하였다. 안으로는 어머니를 도와 집안을 다스렸고, 밖으로는 아버지를 봉양함으로써 옛 효자와 같이 하였다. 그

뿐만이 아니라, 친정과 시집의 부모에 대한 봉양을 더불어 하였다. 자신의 이런 경험 때문에 윤씨부인은 세속의 박한 관습을 따르지 않고 며느리들에게 자신만을 봉양하지 말고, 친정의 부모도 함께 봉양하는 효심을 보여 양가의 부모에게 두루 효를 행하게 권하였다.[315] 윤씨부인은 부친인 참판공 윤지가 세상을 떠났을 때, 자식은 윤씨부인 혼자뿐이었다. 따라서 집안에 가사를 감독할 이가 없었다. 비록 측실의 동생이 있고, 종질로 후사를 삼기는 하였지만, 모두 어린 상태였다. 그리하여 윤씨부인이 홀로 시비를 거느리고 상제에 필요한 제수를 모두 장만하였는데, 의복, 관곽, 제전 등은 모두 정결하여 보는 이들이 기이하게 여길 정도로 하나도 흐트러짐이 없이 예에 맞았다.[316]

넷째, 윤씨부인은 청빈하고 검박한 생활을 하였다. 당시의 일반적 부인은 현철함과 덕성스러움으로 집안을 잘 다스리면서 남편을 내조하면 목표가 달성되는 셈이었다. 그러나 윤씨부인의 일생은 상황이 달랐다. 하지만 윤씨부인은 사대부의 칭찬을 받을 만큼 빼어난 부덕을 가지고 있었으며, 학식이나 문재, 필법도 뛰어났다. 그 결과, 덕이 있으면서도 학문과 문재가 있는 현숙한 여성이라는 이상적인 여인으로 성장하여 세속적인 물욕을 벗어나 학문을 즐기면서 청빈하고 검소한 생활을 실천하였다. 게다가 관료 집안의 기둥으로서, 검약한 생활을 끝까지 지켜나갔다. 윤씨부인은 성품이 천성적으로 검소하여, 시장에서 흔하게 구할 수 있는 음식이라도 좋은 음식으로 여기고 기뻐하였으며, 세속 부녀자들이 봉양의 후박으로서 기뻐함을 구별하는 것과는 다른 길을 걸었다. 검소한 생활은 거처하는 장소에서도 나타났다. 그녀는 어려서부터 정혜옹주의 집에서 성장하였다. 그러나 시집을 온 이후에는 의식주 모든 면에서 사치함을 멀리하고 검소한 생활을 하였다.

다섯째, 윤씨부인은 생열녀라 일컬을만한 철저한 절행을 하였다. 윤씨부

---

315) 박순애, 같은 논문, 31쪽.

316) 논어, 팔일편, "禮與其奢冶 寧儉, 喪與其易也 寧戚".

인은 나라와 집안에 어려운 상황이 닥칠 때마다 자식들이 조금도 흔들림이 없이 의인의 편에 서서 활동하기를 기대하였기에, 자식들 또한 그의 뜻에 어긋나지 않는 행동으로 일관할 수 있었다. 윤씨부인은 집안을 이끌어가는 기둥으로서, 시집의 예학가의 정신, 특히 아들과 함께 절의를 지켜 정경부인에 증직된 시모와 남편이 보여준 순국의 절의와 모범적인 열행을 지켜나갈 며느리로서, 아내로서의 길을 유지하며 살았다. 그녀는 이 길이야말로 다른 가문과는 다른 집안의 전통이기에 그 뜻을 평생 숙명적 교훈으로 지켜나갈 정신적 자세로 판단하였다. 특히 시모인 서씨부인의 절행은 일반 부녀자들과는 차원이 다른 절행이었다. 시모인 서씨부인과 남편이 의리와 절행을 지키는 충렬의 모범적인 삶을 보여주었기에 윤씨부인 또한 가정적 차원과 국가적 차원이라는 두 가지 차원의 절행을 실천적 의미 속에서 살아온 자로서의 책임의식을 절감하게 된 것이다.

이처럼 윤씨부인이 자손이나 며느리에게 끼친 부덕의 영향에다가 며느리의 타고난 천성의 어짊이 어우러진 결과라고 할 수 있다. 이처럼, 윤씨부인이 아들에게 보여준 자녀 교육과 덕행의 실현은 손자와 손녀 및 손자며느리에게로 이어져서, 그녀가 한 명문 집안의 총부로서의 모습을 단적으로 보여준다. 아울러, 며느리들에게 끼친 윤씨부인의 영향은 며느리들 또한 현부인으로서의 역할을 성공적으로 해 낼 수 있었던 초석이 되었으며, 그 결과는 단적으로 손녀가 숙종의 초비인 인경왕후가 되고, 손자 죽천 김진규가 대제학이 되는 결실[317]은 윤씨부인이 두 아들에 대한 자애의 실천과, 적극적인 지혜교육에 다른 결과로 끝내 두 아들이 충효를 실현하고, 손녀를 왕비의 자리까지 오르게 하는 결과로 이어진 것이다.

317) 설성경, 『윤씨부인의 삶과 그 정신세계』, 지식과 교양, 2011, 269쪽.

(ㄴ) 작가의 부친인 김익겸을 모델로 투영시킨 동정용왕

작가 서포의 증조부는 김장생, 조부는 김반, 부친은 김익겸이다. 서포의 조부인 허주 김반은 처음에 안동김씨 첨지중추부사 김진려의 딸을 맞아 학주 김익렬과 3녀를 얻었으나 사별한 뒤에, 연산 서씨를 계배로 맞았다. 연산 서씨는 임진왜란 때 군공으로 원종공신에 녹권되었고 인조 때에는 병조참판에 증직된 서주와 광주이씨 사이에서 태어났다. 서씨부인은 이조판서, 양관제학을 거쳐 영의정에 증직된 창주 김익희와, 병자호란 때 강화도에서 절사하고 영의정에 증직된 충정공 김익겸, 형조참판을 거쳐 이조판서에 증직된 충헌공 김익훈, 승문원 정자를 거쳐 이조참판에 증직된 정자공 김익후, 그리고 사헌부 대사헌을 지낸 도헌공 김익경 등 다섯 형제와 3녀를 낳아 길렀다. 서씨부인은 타고난 원만한 품성에다가 가정에서 훌륭한 부덕과 예절교육을 닦으면서 자랐으며, 출가한 뒤로는 대대로 이어오는 가풍을 충실히 지키면서 위로는 시댁의 어른을 공경하고, 아래로는 자녀를 의롭게 가르쳤다. 서씨부인의 인품에 대하여 아들 김익희는 "어려서부터 성품이 효도하고, 심히 부덕이 있어서 출가 후에는 삼가며 어질고, 용서하며 집을 다스리는 데에 법도가 있어서 엄하지 않아도 정돈되었고, 여러 아들을 가르치는 데 있어서는 의리로써 하며, 내외 친속을 접대함에 있어서는 곡진한 은의가 있었다"[318]고 하였고, 청음 김상헌이 지은 〈신도비명〉에도 "서씨부인은 부녀의 덕이 있어 늙어도 서로 공경하니 내외 친척들이 그 예경을 칭찬하였다."[319]고 기술하고 있다.

충정공 김익겸은 허주 김반[320]의 둘째 아들로서, 광해군 6년인 1614에 태

---

318) 김익희, 『가장,광산김씨문헌록』, 보전출판사, 1983. 157쪽.

319) 김상헌, 참판 허주공 휘반 신도비명 병서, 『광산김씨허주공 파보』, 수권, 165쪽.

320) 허주 김반의 큰 아들인 김익희에게는 아들 김만균, 김만증, 김만준이 있고, 둘째 아들인 김익겸에게는 아들 김만기, 김만중이 있고, 셋째 아들 김익훈에게는 아들로 김만채, 김

어나 인조 14년인 1637년에 세상을 떠났다. 그는 창주 김익희와 함께 부친 허주 김반에게 수학했고, 결혼한 몇 해 후인 1635년 9월 27에 증광 별시에서, 생원과 진사를 각각 1백 사람씩 선발하는 가운데, 생원시의 장원으로 뽑혔다. 그는 또, 1636년 후금의 태종이 국호를 청으로 고쳤을 때 경축사절로 간 이확 등이 조선을 속국으로 취급한 국서를 가지고 청의 사신 용골대와 함께 귀국했을 때, 성균관 유생들과 함께 이들을 처형할 것을 주장한 절의파였다. 그의 특별한 충절의식은 사후에 광원부원군에 영의정으로 추증되는 영광을 얻었다.[321] 이처럼, 이들 가문이 보여준 선대로부터의 덕망과 절렬은 대대로 벼슬과 덕행으로 계승되었기 때문에 이 집안은 삼한의 갑족으로 일컬어졌다.[322]

김익겸은 정축호란 때 모친 서부인을 모시고 강화도로 들어가 성중에 거처하고 있었다.

> 성이 바야흐로 함락되려 하니, 상용이 이미 일이 틀린 것을 알고 드디어 집안 사람과 작별하고 입었던 옷을 벗어 하인에게 부탁하고 이르기를 "네가 만일 살거든 이 옷을 내 아이들에게 전하여 뒷날 허장(虛葬)하는 제구(祭具)로 쓰도록 하라." 하고, 곧 남문으로 가서 화약궤에 걸터앉았다. (중략) 상용이 그를 모시던 사람에게 가슴이 답답하여 담배가 피우고 싶으니 불을 가져오라 했다. 시중드는 사람이 공(公) 일찍이 담배를 피우지 않았으므로 불을 가져오지 않았다. 상용이 재촉한 후 이내 손을 내저으며 곁에 있는 다른 사람들을 멀리 물러가게 했다. 권순장과 김익겸은 "상공(相公)은 혼자 좋은 일을

만埴, 김만선이 있고, 넷째 아들인 김익후에게는 아들 김만길, 다섯째 아들 김익경에게는 아들 김만규, 김만견, 김만지, 김만근이 있었다.

321) 김진규, 『문효공 휘 만중행장』.

322) 설성경, 『윤씨부인의 삶과 그 정신』, 지식과 교양, 2011, 27쪽.

하려 하십니까?" 하면서 끝끝내 가지 않았다. 상용은 드디어 화약궤 속에 불을 던지니 사람들과 문루(門樓)가 모두 바람에 날려 흩어져서 보이는 것이 없었다. 상용의 손자 수전(壽全)의 나이가 13세였다. 그때 곁에 있었는데, 종에게 안고 가라고 명했으나 아이는 옷을 잡아당기고 울면서 "할아버지를 따라 죽겠습니다." 하고 가지 않았다. 종도 또한 가지 않고 모두 함께 죽었다.[323)]

정월에 오랑캐가 강을 건너려 함에 생원공이 사우(士友)를 규합하고 관군을 도와서 죽음으로 지킬 계책을 꾀했다가, 22일에 성이 함락되려 하자 선원 김상공을 좇아 남문루에서 분신자결하고, 이튿날 서부인도 또한 거처에서 자결하였다. 윤부인은 바깥마을에 있었으므로 소식을 듣지 못하고, 군사를 피한 사녀(士女)들이 달아나서 많이들 마니산으로 올라감을 보고 생각하기를 "나는 갯가로 가서 배를 얻으면 살 것이요, 얻지 못하면 마땅히 물에 몸을 던져 적에게 욕을 보지 아니함이 옳으리라 ' 했다. 백씨인 서석공(瑞石公)은 바야흐로 다섯 살이었는데 또한 부인을 따라갔다. 포구에 다다르자 마침 물러나 돌아가는 영남전선(嶺南戰船)이 있어 얻어 탔다. 그런데 이렇게 된 것은 강화도 수신(守臣) 김경징 등이 '오랑캐쯤은 걱정할 게 못된다.'하고 구원하러 온 삼남수군(三南水軍)으로 하여금 갑곶진을 방비하지 말하고 했기 때문이었다.

2월에 부군(府君)이 배 위에서 태어나니 어릴 적 이름을 '선생(船生)'이라 했다. 부군은 자신이 난리 때에 태어나서 나면서부터 아버지 얼굴을 알지 못함을 종신토록 지극한 아픔으로 여겼다.[324)]

이때의 상황을 죽천 김진규의 『조비행장습유록』에서는 김익겸의 죽음에 대한 사실을 다음과 같이 적고 있다.

323) 이긍익, 『국역연려실기술』 5권, 1967, 민문고, 240~241쪽.

324) 김병욱 등, 『서포년보』, 서울대학교출판부, 1992, 28쪽.

정축 화란에 강화성이 함락될 때에 내 천행으로 죽지 않고 포구에 있었거니와 성중을 돌아보니 연기와 화염이 하늘에 가득 차고 살성이 네 녘으로 들려오니, 살 뜻이 전혀 없어 장차 바다에 빠져 죽기를 결단하고 갯가로 달려가 물 속으로 들어가니 물 깊이가 허리에 올라오더니라. 마침 비복이 지나가는 배를 불러 얻어매 모친이 붙들어 배에 오르니 이때 잉태하여 달이 찼는지라 온몸이 얼고 젖어 이슥토록 생기가 없다가 우연히 깨어났으니, 이는 하늘이 슬피 여기시어 끼친 자식을 보존하려 하심이라. 내 이렇게 해서 다행히 살았도다. 무릇 난리통에 여자된 사람이 능히 정절을 온전히 하여 살아나는 것은 다 천행이니라, 천행을 어이 바라리요, 오직 죽기를 결단할 것이니라.[325)]

위의 인용은 죽천 김진규의 할머니요, 김만중의 모친인 윤씨부인이 직접 자식과 손자들에게 해주던 사연을 듣고 적은 것이다.[326)] 윤씨부인에게는 그 날이 너무나 비극적 기억이 생생한 날이다. 특히, 남편, 시모는 물론, 김상용과 그의 손자 등 순국 열사들이 생긴 날이요, 성 밖에서는 즉각 알지는 못했지만 윤씨부인 자신도 그곳 강화도 성밖 마을에 있으면서, 다른 부녀자들과 달리 포구로 나가 강화도를 벗어나 배를 찾아 나선 날이었기 때문이다. 이곳에는 서포 모친인 윤부인의 친정 집안 사람으로도 몇 달 전까지 영의정을 지냈던 고조부 윤방, 조부 윤신지는 이 성 밖 동네에 거처하고 있었다.

김익겸은 정축호란 때에 강화도에서 절사하여 충정공으로 휘호를 받고 후에 영의정으로 추증되었다.[327)]

---

325) 김진규, 『죽천집』.

326) 김병국, 『서포 김만중의 생애와 문학』, 서울대학교출판부, 2001, 6쪽.

327) 강화도에서 선원 김상용은 병자년에 77세의 나이로 절의로 순사하였다. 김상용은 일찍이 신유년에 나서 임오년에 사마시에 합격하였고, 그 뒤 음사로 참봉이 되었다. 경인년에는 문과에 올라 한림이 되었으며, 후에 영의정에 추증되었다.

한편, 순천 조계산에 위치한 선암사에는 김익겸이 썼다는 〈육조고사〉라는 현판이 강당에 걸려 있다. 이 현판이 여기 있게 된 사연은 전하지 않지만, 추정하건대 명문 윤씨 부인의 부모들이 딸이 출가할 나이가 되자, 그 배필로 명문 광산 김씨 가문의 김익겸이 촉망받는 총각이므로, 그의 인품을 검증해 보고자 선암사에 시주할 현판 글씨는 비록 유가 집안이지만, 김익겸의 글을 받고 싶다고 요청했거나, 아니면 김익겸과 윤씨부인의 혼사가 이루어진 이후에, 선암사로부터 명문가의 젊은 선비인 김익겸으로부터 강당의 글을 요청받자, 젊은 김익겸은 부인과 처가의 권위를 올려주기 위하여, 아내 윤씨부인의 별명이 위서의 딸인 위부인 인것을 염두에 두고, 위진 남북조 시대부터 있던 역사가 오래된 선가의 사찰임을 보여주는 글로서 〈육조고사〉[328]라 지었을 수도 있다. 또, 김익겸은 "중국에서 위진 남북조 시대에 나왔다는『황정경』을 염두에 두고, 순천 선암사 사찰의 강당 현판의 이름을 대형의 글로 쓰게 되었을 때에, 위진 남북조 시대를 지칭하는 〈육조고사〉라는 이름으로 쓰면서, 아내인 윤씨부인의 별명이 되는 위부인을 염두에 둔 것으로 추정이 된다.[329]

어떤 인연으로 김익겸의 글이 선암사에 걸리게 되었는지는 분명하지는 않지만, 김만중은 여기에 관련된 사연을 모친 윤씨부인에게 전해들었기 때문에 부친의 모습을 보지 못한 것을 한으로 여기던 김만중은 모친 윤씨 부인이 가슴 깊숙이 담아놓았던 〈육조고사〉 일화를「구운몽」창작에서 투사시켰

---

328) 선원사 만세루라는 강단의 현판인 〈육조고사(六朝古寺)〉를 썼다.

329)『역세진선체도통감』후집 권2. 또 〈枕中記〉에는 위부인이 두 아들이 出仕한 후에 16년간을 수행한 후 成仙했다고 하였다. 즉, 윤씨부인의 부친이 친구들 사이에 〈위서〉로 불리니, 〈위서의 딸인 위부인은 곧 윤씨부인 자신이 되는 셈이다. 이런 중국 도가의 역사 및 신화와 관련이 깊은 윤씨부인은 자신을 위서의 딸인 위부인으로 생각하면서,(晋의 葛洪이 지은 기록되어 있다.최창록,『황정경연구』, 태학사, 1998, 13쪽. 晋나라의 갈홍이 지은 〈枕中記〉에 기록되어 있다.

던 것으로 판단된다. 「구운몽」에서는 양소유가 황태후의 딸인 이소화가 정사도의 규수인 정경패를 궁궐로 불러낼 때, 〈육조고사〉 일화를 변용시킨 관음보살 삽화를 설정하였다. 이소화는 정경패의 글씨를 받는 것을 핑계로 황궁으로 불러들일 때, 관음보살상의 족자가 너무 크기 때문에 직접 집으로 와서 써달라고 한다. 이 외에도 순천 선암사는 『금강경』으로 대각한 혜능선사를 중국 선종의 초조인 달마대사와 함께 모시는 조사당이 있으므로, 이런 것이 소재원천이 되어 「구운몽」에서는 육관대사가 천축국에서 중국에 들어올 때에 『금강경』 한 권만 지니고 오며, 수제자 및 위부인의 시녀 8선녀를 함께 대각시킬 때에도 『금강경』의 설법으로 깨닫게 하는 서사를 설정한 것으로 판단할 수 있다. 이런 점들이 서포가 「구운몽」에서 불경, 그 중에서도 『금강경』을 핵심 소재로 삼게 된 근거가 된다.[330)]

중국 육조시대의 인도의 승려인 달마는 불교 선종의 창시자다. 선불교가 중심이 되는 북방 불교계에서는 그를 선종의 초조로서 고승으로 추존하고 있으나, 정작 달마대사에 대한 갖가지 기록들은 신화적인 허구성이 짙고 불확실한 게 많다. 흔히 불교계에서는 선불교의 유래로 〈대범천왕문불결의경〉[331)] 에 실린 염화시중의 기록을 근거로 들지만, 이것은 위경이다.

학계에서 선불교는 중국에 불교가 전래되면서 도가철학과 결합되어 형성된 불교적 사상의 한 갈래로 여기고 있다. 이러한 사상적 운동의 일부에 원효의 저술과 사상이 영향을 끼쳤다.

달마에 관한 최초의 문헌 〈낙양가람기〉에는 달마에 대해 "서역에서 온 보리달마라는 사문이 있다. 페르시아 태생의 호인이다. 멀리 변경지역에서 중

---

330) 작가 서포는 「구운몽」에 이어서 남해에서 창작한 「사씨남정기」에서는 남성 주인공 유연수를 명나라 순천부의 인물로 설정하여, 〈육조고사〉가 있는 전라도 순천의 선암사와 자기 부친의 인연을 작품에 등장시켰다.

331) 大梵天王問弗決疑經.

국에 막 도착하여, 탑의 금반이 햇빛을 받아 빛나고, 광명이 구름을 뚫고 쏟아지며, 보탁이 바람에 울려 허공에 메아리치는 것을 보며 그는 성가를 읊조려 찬탄하고 분명한 신의 조화라고 말하며 그 덕을 칭송했다. 그는 나이가 150세로 많은 나라를 돌아다녀 가보지 않은 곳이 없었지만, 이토록 훌륭한 절은 이 지상에 존재하지 않으며, 부처의 나라를 찾아도 이만한 곳은 아닐것이다라고 말하며 '나무 나무'[332]를 읊조리며 며칠이나 합장을 계속했다."라고 하였다.

달마대사가 9년간 면벽좌선했다는 소림사는 달마가 중국에 머무르던 당시에 그러한 절은 존재하지 않았다는 연구 결과가 중국에서 발표되었다. 최소한 우리가 아는 달마는 뒷날에 많이 윤색되는 과정을 거쳐 형성되었다. 보리달마에 대한 많은 기록은 없지만, 행적을 추정하는 대립되는 두가지 설은, 실크로드를 통해 왔다는 설과 남인도로부터 바닷길을 통해 왔다는 설이 있다. 최초의 관련 문헌인 「낙양가람기」에 따르면 보리달마는 실크로드를 통해 중국으로 향했다. 반면 〈이입사행론〉에 의하면 보리달마는 서쪽의 남인도 사람으로, 왕의 셋째 아들이다.

역사적으로는 520년 경에 중국으로 건너온 달마는 중국 선종사에 큰 부분을 차지하였다. 달마가 양나라 무제가 만난 대화, 소림사에서 9년간 면벽한 일화, 2조 혜가가 달마 앞에서 단비[333]한 일화, 관 속에 한 짝의 신발만 남겨둔 채 갈대 잎을 타고 양자강을 건너 인도로 돌아갔다는 일화 등은 대부분 중국인들이 시대적인 요청에 의해 새로운 달마를 만들어낸 모습이었다.

중국 선사상에서 큰 영향을 끼쳤던 달마가 중국에 오기 이전에도 중원에 선자들이 있었다. 596년에서 667년까지 생존하였던 도선은 『속고승전』에서 "보리달마의 선법은 반야공관을 특색으로 한다"고 하였다. 달마 이전 중국의

---

332) 歸依.

333) 斷臂.

수행자들 중에는 백골관이나 부정관 등의 소승선정을 닦았다. 도선은 달마 이전 수행자들에 비해 달마의 선을 극찬하며 '대승벽관 공업최고'[334]라며 달마를 중국 선종의 초조로 받들었다.

또, 「조사서래의」[335] 공안에 등장하는 달마가 전하고자 한 뜻은 조사는 달을 가리키는데 '달마가 서쪽으로부터 중국에 온 이유가 무엇이냐는 뜻이었다. 단순한 어구적인 해석을 나타낸 것이 아니라, 선의 본질인 수행하는 마음의 본질이란 무엇인가를 물었던것이다. 달마의 선법인 '이입사행'은 도에 들어가는 수행 방법을 이입과 행입[336]의 두가지이다. 여기서 '이'는 지관과 관심의 이론으로부터 시작해 깨달아 있는 본래 성품이므로 이는 부처와 동일한 성품이라는 돈오를 말한다. '행'에는 네 가지 실천법이 있다. 첫째, 살면서 수많은 고통이 있는데 힘들 때에 의기소침하지 말고 과거 생에 지은 업보로 받아들이고, 더 열심히 정진하라. 둘째, 수행 도중 어떤 경계가 찾아오든 동요하지 말고 인연에 따른 것이라고 받아들여라. 셋째, 마음을 무위에 두어 가치를 밖에서 구하지 말라. 넷째, 반야공관에 입각해 육도를 실천하라. 이 행입은 훗날 선이 발달하는 참선을 하는 방법의 기본이 되었다.

(ㄷ) 작가인 서포 김만중 자신을 모델로 투영시킨 육관대사

「구운몽」의 대표 인물인 육관대사는 인도에서 중국에 전법차 『금강경』을 지니고 형산 연화봉으로온 인물이다. 육관대사의 모델로 삼은 것은 작가인 서포 자신이다. 더 확장하면 자신의 증조부인 사계와 신독재, 또 서포의 스승인 우암과 주자로까지 확장시킨 융합 모델로 추정할 수 있다.

작가 서포 김만중의 역사 현실이 소재가 된 사건은 두 번의 유배에 얽힌

---

334) 大乘壁觀 功業最高.

335) 祖師西來意.

336) 理入 行入.

것이다. 첫 번째는 현종 때에 조대비의 복제 문제와 관련되어 고성으로 유배를 간 것이고, 두 번째는 숙종 13년에, 숙종 앞에서의 경연에서 조대비와 장희빈에 얽힌 풍문을 직간하였다가 선천으로 유배를 간 것이다. 즉, 특히 두 번째의 사건은 희정당에서 경연을 하고 난 후에 시사 토론을 하던 현실 소재를 「구운몽」에서는 제1 층위에서 일어난 형산 연화봉의 육관대사 밑에서 10년 수행 끝에 깨닫게 되는 성진의 어느 하루의 사건으로 투시시켰다. 구체적으로는 육관대사 밑에서 성진이 『금강경』을 배우다가, 어느 봄날 육관대사의 심부름으로 동정용궁을 다녀오다 석교상에서 8선녀를 만나 수작을 벌이는 내용으로 표면서사로 구성한 것이다. 이는 제1회의 장회명에서 〈노존사남악강묘법〉 〈소사미석교봉선녀〉의 내용처럼, 경연에서 서포는 공들여 『주역』을 강의하고 시사토론으로 숙종과 장희빈, 조사석, 조대비의 현실 문제를 직간하지만, 숙종과 장희빈, 조사석 조대비는 이런 상황은 아랑곳 하지 않고, 인심에 치우쳐서 충신이요 대제학이요 경연관인 늙은 서포 김만중의 충언을 외면하고, 자신들의 주장만과 옳다고 내세우는 상황을 작품에 풍자적으로 표면서사에 연관된 이면서사와 장회명으로 전개시킨다.

소재의 원천을 더 확장하여 중국의 인물로 보면, 달마와 여동빈을 주목할 수 있다. 동정용왕이 백의노인으로 화하여 육관대사의 설법을 경청하였다. 이는 도사적인 환술에 해당한다. 여동빈이 봉황을 타고 하늘로 승천했다는 일화가 있는 황악루의 한 현판에는 〈탄토운몽〉[337]이라는 글귀가 있다. 종리권의 제자가 될 때 종리권이 여의침을 베고 자게하고, 여옹의 꿈 속 내용을 알고 있다. 「황량몽」을 통하여 유가적인 출세, 특히 출세를 하는 정점에서 정치적인 참소로 고통을 당한다.

한편, 한양에서는 서포 김만중이 국왕에게 직간한 유언의 언근을 밝히지 않는다는 죄명으로 유배를 가게 된 사태에 대하여, 뜻있는 사람들은 "늙은

---

337) 呑吐雲夢.

모친 윤씨부인이 있으니 마땅히 할 말을 다 할 수 없다."고 하였다.[338] 그리고 우암 송시열은 평소에도 윤씨부인에 대해서 칭찬하기를 "부인께서 말씀을 하지 않으시나 말씀하시면 남들이 하기 어려운 말씀을 하십니다." 하였듯이, 이런 형편을 당하자. 윤씨부인과 서포 모자를 위하여 상소를 올려 임금의 분노가 너무 지나친 것임을 경계하였다.

우암 송시열은 김만중의 조카들에게도 편지를 보내어 위로하기를 "어머니의 시봉은 조카들이 여럿이 있어서 충분하다. 하늘이 숙부를 훌륭한 사람이 되게 하려는 것은 실상 우연치 않은 일이다. 그대들 숙부의 일은 송나라 시대의 당자방과 흡사하다."[339]고 하였다. 즉, 전중 시어사 장요좌, 재상 문언박, 간관 오규를 탄핵하였고, 희령 초년에 참지정사에 임명되어 누차 왕안석과 더불어 쟁론하였던 일과 흡사하다는 것이다. 이는 서포가 유배로 인하여 모친 앞에서 직접 혼정신성하는 효심은 실현하지는 못하지만 생각이 여군자요, 여장부인 윤씨부인에게 대효를 하는 길은 옛날 문왕이 감금이 되자『주역』을 집필하였고, 정이천도 유배되어『역전』을 저술하였듯이 서포가 유배지에서 근면하여 역사적인 집필 작업에 힘을 기울일 것[340]임을 예감하는 표현이기도 하였다.

(ㄹ) 혼미한 군주 숙종을 모델로 투영시킨 성진

현종의 외동아들로 명성왕후 김씨의 소생인 숙종은 효종, 현종을 이은 왕손으로 적자 정통성을 확보하며, 1661년 8월 15일 경덕궁 회상전에서 태어났다. 1667년 7세의 나이로 왕세자에 책봉되었고, 13살인 1674년에 왕위에 등극하여 1720년까지 46년 동안 재위하였다. 숙종은 어린 나이로 왕위에 올랐

338) 김진규,『문효공휘만중행장』.

339) 김병국 외(역),『서포년보』, 서울대출판부, 1992, 227쪽.

340) 김진규,『문효공휘만중행장』.

지만, 어머니 명성왕후의 섭정을 거치지 않고 바로 친정을 하게 되었다.

숙종은 초기에는 비상한 정치 능력을 발휘하여 왕권을 회복하고 사회를 안정시켰다. 하지만 중전과 후궁들에 대한 비빈의 문제를 제대로 다스리지 못해 숱한 옥사를 유발하여 치세에 흠을 남기기도 했다. 숙종 시대는 조선 왕조를 통틀어 당파간의 정쟁이 가장 심했던 기간이다. 서인은 숙종 대에 이르러 다시 둘로 갈라서고 말았는데, 이것이 노론과 소론이다.

숙종은 현종 때에 이어서 예론 정쟁이 발발하자, 즉각적으로 부왕의 의견에 따라 남인의 장자부 기년설을 지지하면서 송시열을 유배시켜버렸다. 그것을 기화로 서인의 세력이 약해지고 남인이 대거 등용되어 조정은 남인에 의해 장악된다. 그러나 기호세력의 유생들이 집결하고 있던 성균관을 중심으로 송시열 구명 운동이 활발하게 전개되었고, 한편에서는 영남 유생들의 반격이 일어났다. 이 때문에 선비 사회는 여전히 예론 시비에서 헤어나지 못했지만, 재야 선비 사회의 이같은 현상과는 별도로 조정은 남인 중심으로 흘러가고 있었다. 남인이 정권을 주도하게 되자 숙종은 모후인 명성왕후 김씨의 사촌동생 김석주를 기용해 남인 세력을 견제하였다. 김석주는 원래 서인이었지만, 송시열을 제거하고 서인 정권의 주도권을 잡기 위해 제2차 예송 때 남인 쪽을 응수한 인물이었다. 하지만 막상 송시열을 제거하자 많은 서인들이 함께 제거되었고, 그 때문에 서인 세력은 극도로 약화되고 말았다. 급기야는 서인 세력의 발언권이 정계에서 완전히 상실될 지경에 이르자 김석주는 송시열 세력과 다시 손을 잡고 남인을 몰아내려 했다.

1674년의 2차 예송 논쟁인 갑인예송은 효종 비의 상을 당하자, 인조의 계비인 자의대비 상복 기간을 두고 서인은 9개월, 남인은 1년으로 맞서서, 남인이 승리하였다. 이런 예송의 사례에서 보듯이, 붕당 정치는 긍정적 측면으로는 붕당간의 견제와 협력을 바탕으로 하는 정치 전개, 3사 언관과 이조정랑의 정치적 비중 확대와 산림의 우대를 들 수 있지만, 붕당 정치의 공론은 백성의 의견이 아닌 지배층 의견 수렴에 그치면서 서서히 학문과 이념보다 자기 당파의 이익을 앞세우는 것으로 변질되었다. 이런 와중에 현종이 급서하고, 숙종이 즉위했지만, 남인에게 정권을 넘기려던 현종의 의지는 숙종에 의해 계승되었다. 인조반정에 대한 조야의 싸늘한 반응에 놀란 서인들의 회유로 야당으로 참여했던 남인들이 예송논쟁을 계기로 정권을 장악한 것이다. 정권을 장악한 남인들은 대 서인정책을 둘러싸고 청남과 탁남의 둘로 갈렸다. 청남은 서인들을 조정에서 완전히 몰아내자는, 서인에 대한 강경파였고, 탁남은 서인들에 대한 온건론을 주장하는 온건파였다. 윤휴, 허목, 오정창, 조사기, 권대재 등이 청남이었고, 허적, 민희, 목래선, 유명천 등이 탁남이었다.

숙종 6년인 1680년에 일어난 경신환국은 남인 일파가 정치적으로 대거 축출된 사건이다. 남인은 1674년의 제2차 예송 논쟁에서 승리하여 정권을 잡았으나, 그해 즉위한 숙종은 모후인 명성왕후 김씨의 추천에 따라 그녀의 종질 김석주를 요직에 기용하여 남인을 견제하였다. 하지만 김석주의 세력은 남인을 견제할만큼 강성하지 못했다. 따라서 숙종 초기는 남인의 세상이라고 할 수 있다. 그 때문에 숙종은 남인의 지나친 성장을 경계하고 있었는데 그런 내면적인 경계심은 허적의 유악 남용사건으로 폭발하게 된다. 1680년 3월, 남인의 영수 허적은 조부 허잠의 시호를 맞이하는 잔치를 벌이게 되는데, 이날 공교롭게도 비가 내렸다. 그래서 숙종은 허적에게 비가 새지 않도록 기름을 바른 천막을 내어주라고 명한다. 하지만 이미 유악은 허적이 빌려간 상태였다. 이 사실을 알게 된 숙종은 심하게 분노하여 나라에 급한 일이 있을 때 국왕이 신하를 불러들이는 것으로 군권 책임자를 모두 불러들였다. 사실 유악은 군사 물자였기 때문에 개인이 사사롭게 사용할 수 없게 되어 있었다. 그래서 혹 유악이 필요할 때에는 왕이 선처하여 빌려주는 형태를 취했는데, 당시 군권과 조정을 거의 장악하고 있던 남인은 허적의 권세를 믿고 왕에게 보고도 하지 않고 마음대로 유악을 빌려주었던 것이다.

숙종은 이 일을 남인이 권세를 믿고 왕을 업신여긴 행동이라고 단정하면서 남인이 거의 차지하고 있던 군권을 서인에게 넘겨버린다. 훈련대장직은 남인계의 유혁연에서 서인계의 김만기로 바꾸고, 총융사에는 서인 김철을, 수어사에는 서인 김익훈을 임명한다. 그러나 어영대장은 당시 서인 김석주가 맡고 있었으므로 보직을 유임시켰는데, 이로써 서인이 군권을 완전히 장악하게 되었다. 그런데 남인은 설상가상으로 '삼복의 변'에 직면하게 되었다. 김석주의 사주를 받은 정원로가 허적의 서자 허견이 인조의 손자이며, 인평대군의 세 아들인 복창군, 복선군, 복평군 등 삼복과 함께 역모를 도모했다는 고변을 했던 것이다.

숙종은 몸이 병약했던 14세의 어린 나이에 즉위하였다. 당시 조선은 15세가 되면 성년으로 보았다. 왕족이면 보다 빨리 후사를 보길 바라는 마음에 일찍 조혼을 시켰지만, 후손이 급하지 않은 일반 양가집이면 15세 정도에 결혼을 시켰고, 과거에 응시해 과거에 합격하면 관직에 나갈 수 있었다. 20세가 되면 이제 완전한 성년으로 보아 아버지도 20살이 된 아들의 집안일에 관여하면 큰 실례로 여겼다. 숙종은 14세여서 조선의 기준으로도 아직은 성인이 되기 전이었다. 당시 모후인 명성왕후와 증조모인 장렬왕후가 살아 있었기 때문에 수렴청정이 가능했지만, 숙종은 즉위하자마자 어머니의 수렴청정을 건너뛰고 곧바로 권력을 장악하여 친정을 했다. 이는 조선 왕조에서 매우 특이한 경우에 해당한다.

서포 김만중과 군주 숙종 사이의 소통의 부재의 근본 원인은, 희정당 경연에서 제기한 서포의 직언에 대해, 군주인 숙종의 언행이 순수 심성에서 나오는 것이 아니라, 범부 속인의 수준에서, 군주의 권세를 앞세워 속마음과 다른 거짓 핑계 또는 무지에서 서포의 직간에 대해 언근을 파헤치는 쪽으로만 치달았던 것이다. 또한 숙종에 아유하는 남인계 신하들 또한 언근 문제로 거듭 서포를 옥죄는 상황이었다. 서포 김만중은 당시의 현실을 담아서 성리 소설「구운몽」을 창작하면서, 심성을 다룬『금강경』또는 성리학의 심성과 수양법에 따른 도심과 인심, 성과 이의 본질론 등을 중심으로 한 이론에 근거하였다. 그는 「구운몽」의 표면서사에서 성진을 형산에서 축출시켜서 윤회 환생하여 양소유로 살게 하는 것으로 서사를 전개하였다. 물론 양소유가 양처사와 유씨부인의 아들로 태어난 것은 서포 김만중을 모델로 투사시킨 것이지만, 양소유가 진채봉, 정경패, 이소화 등과의 혼사와 8처첩을 데리고 살아가는 데에는 작가 김만중과 숙종을 모델로 작품 속에 투사시킨 숙종의 모습도 많이 등장하게 서술하였다. 이런 논리, 즉 양소유에게 작가 김만중과 숙종을 함께 녹여낸 복합 소재화에는 『금강경』에서 상과 비상을 구분하지 말고, 나아가 비상과 비무상도 구분하지 말고, 아상과 인상도 구분해서는 보살의 경지에 나아갈 수 없다는 공사상에 의거해서, 신하로서의 작가 김만중과 군주로서의 숙종을 두 존재로 구별하지 않는 성진의 선몽 속의 존재라는 이치, 『태극도설』에서 태극이 음양과 오행으로 분화되면서, 천지만물이 화생하므로, 음양과 팔괘에서는 서로 상이한 존재이지만, 분화하기 이전의 존재로 환원하면, 태극이라는 하나의 존재일 뿐이라는 이치도 포함된 것이다.

(나) 제2 층위 인물들은 작가와 작가 주변의 융합형 소재원

(ㄱ) 작가의 부친인 김익겸을 모델로 투영시킨 양처사

윤씨부인 가문계의 인물들은 제2 층위에서 형산과 동정호를 벗어나서 중국 전역을 배경으로 활동하도록 설정하여 배치하였다. 즉, 윤씨부인 계통의 대표인 부친 김익겸은 양처사로, 모친 윤씨부인은 유씨부인으로, 서포는 윤씨부인 계통의 중심 모델인 서포로 설정하였다.

김익겸은 1635년 생원 · 진사 양시에 합격하였는데, 각각 1등과 3등으로 합격하였다. 1636년 후금의 태종이 국호를 청으로 고치자 이를 축하하기 위하여 춘신사로 파견된 나덕헌 · 이확 등이 청나라 사신 용골대와 함께 귀국하자, 성균관 유생들과 함께 청나라의 경축행사에 참가한 사신과 용골대의 주살을 주장하였다. 이 말을 들은 청나라의 사신이 급히 서둘러 돌아갔다는 일화가 있다.

김익겸은 병자호란이 일어나자 강화로 가서 섬을 사수하며 항전을 계속하였다. 그러나 전황이 불리해지고 고전을 하는 중에 강화 유도대장인 김상용이 남문에 화약궤를 가져다 놓고 그 위에 걸터앉아 스스로 목숨을 끊으려 할 때, 영의정을 지냈던 윤방이 달려와서 애써 만류하였으나, 김익겸은 김상용 · 권순장과 함께 끝내 불 속에 몸을 던져 목숨을 끊었다. 이때 함께 순절한 사람은 30명이 넘었다. 이런 사실을 근거로, 나라에서는 김익겸을 영의정으로 추증하고, 시호를 충정공으로 내림과 함께, 광원부원군에 추봉하며 강화 충렬사에 제향을 하게 되었다. 작가 김만중은 이렇게 충절의 삶을 살다간 자신의 부친을 모델로 삼아, 작품 안에서는 양소유의 부친인 양처사로 설정하였다.

제1회장인 〈늙은 존경받는 스승은 남악에서 묘법을 강의하고, 젊은 사미승은 석교에서 선녀를 만나다〉에서는 양처사에 관한 내용이 이렇게 서술된다.

> "이 땅은 곧 대당국 희남도 수주현이요, 이곳은 양처사 집이니 처사는 너의 부친이요, 그 부인 유씨는 너의 모친이라. 네가 전생 인연으로 이 집 아들이 되니 너는 속히 들어가 좋은 때를 잃지 말라." 하니, 성진이 즉시 들어가 보니 처사 갈건 야복으로 대청에 앉아 화로에 약을 다리니, 향내가 옷에 젖고 방안에는 부인의 신음하는 소리 은은한지라. (중략)
>
> 이때 처사가 부인을 위하여 약을 다리다가 문득 아이 소리남을 듣고, 또 놀랍기도 하고 기쁘기도 하여 바삐 들어가니, 부인이 벌써 순산 득남하였는지라. 기쁨을 이기지 못하여 향탕에 아이를 씻겨 눕히고 부인을 위로하더라. (중략)
>
> 처사 유씨에게 말하되, "내가 본래 세속 사람이 아니요, 부인과 더불어 인간 인연이 있기에 오래 티끌 속에 머물렀더니, 봉래산 신선 친구가 편지하여

부른 지 이미 오래지만 부인의 고단함을 염려하여 가지 못하였더니, 이제 하늘이 도우사 영민한 아들을 얻어 총명이 남보다 빼어나니 부인이 의탁할 곳을 얻고 늙어서 필연 영화를 보고 부귀를 누릴 것이니, 나의 가고 없는 것을 괘념하지 말라." 하는 말을 마치자 공중을 향하여 손짓하여 백학을 타고 표연히 가거늘, 부인이 미처 한 마디 말도 묻지 못하여 간 곳이 없는지라. 그 후로 간혹 공중으로 편지나 부칠 뿐이요, 종적이 집에 이르지 아니하더라.

이러한 표면서사에서 전개되는 사건을, 윤씨부인 그룹과 조대비 그룹의 선의의 경쟁과 승부로 판단해보면, 그 승부는 서포를 은유한 양소유가 과거에 급제하고, 중앙 관직에 오르면서 고관의 집안과 혼사가 본격화되는 혼인 예송으로 서사를 풀어 전개했다.

초기 예송인 예부상서 양소유의 혼사 갈등은 1차에는 남인계를 지지하는 조대비 그룹의 대표인 황태후가 노론계의 윤씨부인 그룹의 대표인 작가 서포를 은유한 양소유를 투옥시켜서 우세를 보이지만, 토번의 침공으로 노론계의 윤씨부인 그룹의 대표인 작가 서포를 은유한 양소유를 출옥시킨 후 대원수로 봉하여 출정시킨다. 양소유는 국경 부근의 회복에 만족하지 않고, 완전한 항복을 받고자, 반사곡 백용담 부근까지 진출하였다가 적의 포위망에 갇혀서 최대의 위기를 맞게 된다.

(ㄴ) 작가의 모친인 윤씨부인을 모델로 투영시킨 유씨부인

작가 서포 김만중은 자랑스런 어머니 윤씨부인을 「구운몽」 속에서 유가적 현실에서 최고의 행복을 누리는 양처사의 부인이요, 양소유의 모친인 유씨부인의 모습으로 형상화시켜 위로하였다. 또한, 형산 동쪽에 자리한 선계의 위부인으로 설정하였다.

윤씨부인의 선대인 윤두수, 윤방, 윤신지의 삶은 『도곡집』에 수록되어 있는

〈해숭위 문목 윤공 신도비명〉[341)]에서는 다음과 같이 서술하고 있다.

우리 소경대왕(昭敬大王)이 문치(文治)에 힘쓰니 조정에 빈빈(彬彬)하여 볼만한 자가 많았고, 의빈(儀賓)을 뽑을 때에도 이 기준을 적용하였다. 그 가운데 두서너 공이 문학으로 더욱 이름을 드러냈으니 해숭위 윤공이 바로 그 중 한 분이다. 공은 휘가 신지(新之)이고 자는 중우(仲又)로 본관은 해평현이다. 조고는 영의정으로 해원부원군에 봉해진 문정공 휘 두수이고, 선고는 영의정으로 해창군에 봉해진 문익공 휘 방이니 2대가 연달아 재보(宰輔)에 올라 덕업이 크게 드러나 그 문벌이 세상에 널리 알려졌다. 문익공이 청주 한씨 판관 의의 딸을 아내로 맞이하여 만력 임오년(1582, 선조15)에 공을 낳았다. 공은 어려서부터 총명하여 범상치 않았다. 15세에 소경대왕의 딸인 정혜옹주를 아내로 맞이하여 작호를 받고 종2품에 오르니 조고 문정공이 탄식하기를, "우리 집안의 장원랑(壯元郎) 하나를 잃었구나."라고 하였다.

성상은 공이 일찍 성취함을 사랑하여 여러 번 시를 지어 올리도록 명하였고, 또 어제시(御製詩)에 화답하는 시를 짓도록 명하였다. 그리고 하교하기를, "재주가 국가를 빛내기에 충분하니 다시 학문에 전념하고 문예로만 스스로를 국한하지 말라."라고 하고서 많은 상을 하사하고 특별히 장려하였다. 그러나 공이 가진 뛰어난 포부와 식견과 역량은 모두 말세의 하찮은 자가 미칠 수 있는 것이 아니었으며, 문장은 진실로 여사(餘事)이기는 하지만 옛 제도에 구애되어 그 재주의 만분의 일도 다 펴지 못하였으니 군자들이 이를 두고 거듭 한탄하였다.

공은 인조(仁祖) 조에 일찍이 성상의 뜻에 응하여 차자를 올리면서 성조(聖祖)가 경계하신 뜻을 인용하여 군주의 덕을 지극히 논하였는데, 여러신하들 보다 먼저 말씀을 올려서 권면하기를 몹시 간절하게 하였다. 당시 경연에

341) 海嵩尉 文穆尹公 神道碑銘 并序.

참여한 자들 중에 학문이 깊고 문장에 뛰어난 대가(大家)들이 많았으나 부끄러워하고 굴복하며 칭찬하고 탄복하지 않은 이가 없었다.

또 '능침(陵寢)에 세운 상석이 지나치게 사치스러우니 마땅히 선왕의 검소한 덕을 본받아 후손들에게 모범을 보여야 한다'고 하면서 매우 확고하게 의론을 펴니 성상이 가납(嘉納)하였다. 이에 사람들이 말하기를, "화원(華元)과 악거(樂擧)는 공에게 견주면 모두 죄인이 될 것이다."라고 하였다.

공은 풍도(風度)가 의젓하고 원대하여 멀리서 바라보면 드높아서 매우 뛰어나고 다가가서 보면 온화하여 겸손하였다. 조사가 왔을때에 영위사(迎慰使)가 되어 서로로 달려갔으니, 이는 문원(文苑) 중에서 선발된 것이었다. 이때 선고 문익공은 상신(相臣)으로서 조사를 맞이하였고, 중부(仲父)인 도재공과 계부(季父)인 백사공(白沙公)도 모두 중외(中外)의 관직에 있다가 앞서거니 뒤서거니 하면서 나아가 영접하니 모두들 길에서 우러러보며 사모하고 부러워하였다. 그리고 조사 또한 '중국에도 이처럼 성대한 가문이 없다.'라고 하였으니, 문호(門戶)의 융숭하고 혁혁함이 온 세상에 둘도 없다고 할 만하였다. 그러나 공은 더욱 몸을 움츠리고 불안해하면서 오직 내면의 수행에 힘썼고, 비록 아름다운 재주가 남보다 뛰어났으나 일찍이 스스로 자랑하지 않았으며, 교유(交游)를 넓히고 명예에 치달리는 일은 더욱 하고자 하지 않았다.

현강(玄江)가에 터를 정하여 집을 지었는데 규모가 소박하고 누추하여 겨우 무릎 하나 들일 정도였다. 그리고는 자호를 현주산인(玄洲散人)이라고 지었다. 얼마 후 노자(老子)의 "편안하게 거처하며 외물에 초연해한다[燕居超然]"라는 말에 마음이 합하여 또 '연초재(燕超齋)'라고 호를 지었으니 공이 평소 마음에 두고 있던 바를 여기에서 알 수 있다.

인조는 평소에 공을 소중히 여겨서 매번 국가의 능묘에 대한 큰일이 있으면 그때마다 공에게 감독하여 다스리도록 명하였다. 또 특별히 별직을 많이 제수하니, 품계가 쌓여 정1품에 올라 정승과 같은 지위가 되었다. 국가에 큰 조회가 있으면 선고 문익공과 함께 각기 동반(東班)과 서반(西班)을 통솔하였다. 그러나 공은 가문이 너무 번성함을 더욱 두려워하여 병을 핑계대고 참여하지 않는 경우가 많았다.

병자호란에 대가(大駕)가 급하게 남한산성으로 행차하게 되자, 공은 왕명을 받들고 늙고 병든 재신(宰臣)들과 강화도로 들어갔다. 이때 문익공은 종묘와 사직의 신주를 받들고서 강화도 도성 안에 있었다. 분사(分司)에서 공을 소모대장(召募大將)으로 삼자 죽진(竹津)에 주둔하였는데, 갑진 (갑곶진)의 군대가 궤멸되어 적병들이 부성에 임박했다는 소식을 듣고는 장차 군사를 이끌고 달려가 성 아래에서 죽으려 하였다. 그런데 어떤 이가 이를 만류하자 공은 꾸짖어 말하기를, "신하가 국난에 달려가지 않는다면, 신하의 의리가 달리 어디에 있단 말인가. 그대들은 모두 떠나라. 내 마땅히 홀로 달려가겠다." 하고는 마침내 말을 채찍질하여 급히 달려갔다. 도중에서 적을 만나자 스스로 죽으려고 벼랑에 투신하여 몇 되의 피를 토하였으나 오히려 죽지 않으니 한 노복이 업고 강가로 갔다. 그런데 난리가 평정되자 말하기를 좋아하는 자가 '문익공은 오랑캐에게 절했고, 공은 아버지를 버리고 도망갔다'고 무함하였다. 그러나 문익공이 오랑캐의 군영에 갔을 때에 당시 대군으로 있던 효종이 직접 이를 보았기 때문에 절하지 않은 정황을 증언하였고 공과 함께 일한 여러 사람들도 매우 자세히 공을 변호하였다. 이에 사실이 분명하게 밝혀졌다. 공은 집에 있을 적에 효성이 매우 지극하여 항상 어린아이가 사모하는 마음으로 한결같이 게을리 하지 않았고, 해마다 만들고 달마다 만드는 것에 이르기까지 조금도 빠뜨림이 없었는데, 도리어 난리를 당해서 어버이를 버렸다는 무함을 받았으니 공의(公議)가 모두 지극히 원통한 일이라고 말하였다. (중략)

두 아들을 낳으니 지(墀)는 이조 참판이고 구(垢)는 이조 정랑이다. 모두 평소에 명망이 있었으나 일찍 세상을 떠나 자식이 없었으므로 공의 형인 판돈녕부사의 손자 세홍과 세휴를 데려다가 두 형제의 양자로 삼으니 벼슬은 모두 현감이다. 참판의 딸 하나는 생원 김익겸에게 출가하였고, 서자 세번은 진사이다. 세흥의 아들은 부, 호, 필이고, 세휴의 아들은 별검 하명, 생원 언명, 진사 제명, 도명, 현감 상명이다. 김익겸의 아들 만기(萬基)는 영돈녕부사로 우리 인경왕후를 낳았고, 만중(萬重)은 판서이다. 세번의 아들은 진사 인명이다. 내외의 손자, 증손, 현손이 총 약간 명이다.

윤씨부인을 모델로 투영시킨 유씨부인은 「구운몽」에서 현실에서는 위부인이 되어서 8선녀를 대동하고 형산에서 신선의 공간을 거느린다. 또 성진의 참선 내지 몽중 시공간에서는 양소유의 모친으로 설정하여, 8선녀가 환생한 진채봉을 비롯한 양소유의 8처첩의 시어머니로서 최고의 행복을 누린다.

양소유의 삶은 유교적 공명주의를 보여준다. 성진은 남성으로서 태극을 상징한다면, 8선녀는 여성으로서 팔괘를 상징하고, 성진이 양소유로 윤회함에 비교되는 8선녀의 8명의 여인화는 주역의 이치에 따라 태극이 음양으로, 음양이 사상으로, 사상이 팔괘로 변환됨을 상징한다. 또, 여성 주역인 8명의 선녀도 서사적 전개에서는 집단으로서의 8선녀와 개체로서의 8인의 여성으로 등장한다. 8인의 여성은 각각의 개성을 지닌다. 즉, 진채봉은 어사의 딸로서, 양소유가 과거를 보러가다가 시를 지어 서로 화답하여 서로 인연을 맺었다. 계섬월은 낙양의 기녀로 천진교 주루에서 처음 만나고, 후에 양소유가 연왕을 항복시키고 돌아오는 길에 다시 만나 인연을 맺는다. 정경패는 정사도의 딸로서, 거문고가 인연이 되어 만난 후에 황태후의 양녀로 들어가 영양 공주로 불린다. 가춘운은 정경패의 시비이다. 적경홍은 북방 궁벽한 시골의 천한 집의 딸로서, 양소유가 벼슬길에 오른 후 연왕을 항복시키고 돌아오는 길에 만나 인연을 맺는다. 이소화는 난양 공주로, 천자의 친동생이다. 심요연은 변방에서 검술과 칼춤을 배우며 자랐는데, 양소유가 토번과의 전쟁에 참가했을 때, 양소유를 암살하기 위해 잠입했다가 인연을 맺는다. 백능파는 용왕의 딸로서, 토번을 물리치고 돌아오는 길에, 꿈 속에서 처음 만나 인연을 맺는다.

「구운몽」의 제1회장의 〈늙은 존경받는 스승은 남악에서 묘법을 강의하고, 젊은 사미승은 석교에서 선녀를 만나다〉에서는 유씨부인에 관한 내용이 이렇게 서술된다.

이렇듯 두루 생각하매 마음이 처창하더니 이윽고 사자 나와 손짓하여 부르되, "이 땅은 곧 대당국 회남도 수주현이요, 이곳은 양처사 집이니 처사는 너의 부친이요, 그 부인 유씨는 너의 모친이라. 네가 전생 인연으로 이 집 아들이 되니 너는 속히 들어가 좋은 때를 잃지 말라." 하니, 성진이 즉시 들어가 보니 처사 갈건 야복으로 대청에 앉아 화로에 약을 다리니, 향내가 옷에 젖고 방안에는 부인의 신음하는 소리 은은한지라. 사자가 재촉하여, "방안으로 들어가라!" 하거늘, 성진이 의심하여 주저하니 사자 등을 밀치는지라. 성진이 땅에 엎어져 아득하여 천지를 분별하지 못하고 크게 부르짖어, "구아 구아!" 하되, 소리가 목구멍 속에 있어 능히 말을 이루지 못하고 다만 어린 아이의 우는 소리더라.

이때 처사가 부인을 위하여 약을 다리다가 문득 아이 소리남을 듣고, 또 놀랍기도 하고 기쁘기도 하여 바삐 들어가니, 부인이 벌써 순산 득남하였는지라. 기쁨을 이기지 못하여 향탕에 아이를 씻겨 눕히고 부인을 위로하더라. (중략)

처사 유씨에게 말하되, "내가 본래 세속 사람이 아니요, 부인과 더불어 인간 인연이 있기에 오래 티끌 속에 머물렀더니, 봉래산 신선 친구가 편지하여 부른 지 이미 오래지만 부인의 고단함을 염려하여 가지 못하였더니, 이제 하늘이 도우사 영민한 아들을 얻어 총명이 남보다 빼어나니 부인이 의탁할 곳을 얻고 늙어서 필연 영화를 보고 부귀를 누릴 것이니, 나의 가고 없는 것을 괘념하지 말라." 하는 말을 마치자 공중을 향하여 손짓하여 백학을 타고 표연히 가거늘, 부인이 미처 한 마디 말도 묻지 못하여 간 곳이 없는지라. 그 후로 간혹 공중으로 편지나 부칠 뿐이요, 종적이 집에 이르지 아니하더라.

서포 김만중은 모친에게 바친 「구운몽」을 창작하면서 모친을 모델로 하여, 양소유의 모친인 유씨부인을 설정한 사실을 확인할 수 있다.

제2회장의 〈화음현의 규수는 편지를 보내고, 남전산 도인은 거문고를 전한다〉 에서는 유씨부인에 관한 내용이 이렇게 서술된다.

양처사가 신선이 되어 간 후로 모자가 서로 의지하여 보내더라. 양소유의 재주와 총명이 굉장하므로 그 고을 태수가 신동이라 하여 조정에 천거하였으나 소유는 노모를 위하여 사양하고 나가지 아니하더라. 나이 십 사오 세에 이르자 청수한 풍채는 반악 같고 문장은 이백 같고 필법은 왕희지 같고, 겸하여 지략은 손빈 · 오기 같아 천문지리와 육도삼략과 창 쓰고 칼 쓰는 법이 귀신같아서 무불통지하니, 대개 전세에 행실 닦은 사람으로서 심계가 청정하고 흉금이 시원스럽고 이치를 통달함이 일반 사람들에게 비할 바 아니더라.

소유가 하루는 모친께 고하되, "부친이 하늘에 올라가실 때에 문호 영귀함을 소자에게 부탁하신지라. 이제 집안 형편이 빈한하여 노모께서 근로하시니 소자 만일 집을 지키는 개가 되고, 꼬리 끄는 거북이 되어, 세상 공명을 구하지 아니하면 문호를 빛내지 못하고 노모님의 마음을 위로하지 못하겠사오니, 이는 부친의 바라시던 뜻을 어김이로소이다. 이제 듣사오니 시방 나라에서 과거를 베풀어 인재를 빼어 쓴다고 하오니, 소자 잠시 모친 슬하를 떠나 과거를 보러 가고자 하나이다." 하니, 유씨가 그 뜻의 근본이 만만하지 않은 것을 보았으나, 소년에 먼 길을 가는 것이 염려되고 이별이 오래 될 것이 걱정되었으나 이미 그 활발한 기운을 가히 막지 못하더라. 부득이 허락하고 행장을 차려 주며 경계하되, "네 나이가 어려서 경력이 적고 먼 길이 처음이라. 부디 조심하여 행하며 빨리 돌아와 노모의 문을 의지하고 기다리는 마음을 저버리지 말라." 하더라. (중략)

이에 행장을 수습하여 수주로 가더라.

이때 유씨 부인이 서울의 난리 소문을 듣고, 아들이 병화에 죽을까 염려하여 주야로 하늘을 부르고 정성을 들여 축수하여 안색이 초췌하고 몸이 여위어 능히 오래 부지하지 못할 듯하더니, 그 아들이 오는 것을 보고 서로 붙잡고 통곡하여 죽었던 사람이 다시 살아온 듯이 기뻐하더라.

어언간 묵은 해는 지나가고 새 봄이 돌아오니 양생이 또 과거를 보러가려 하는지라. 유씨가 경계하되, "지난해에 네가 서울 가서 위험한 지경을 맞았기에 지금까지 무섭고 놀라운지라. 네 나이 어리고 공명도 늦지 아니하나, 말리지 아니하는 것은 나도 또한 뜻이 있는 까닭이라. 이 수주가 심히 좁고 궁벽하여 문벌이나 재주 · 용모가 네 배필이 될 자 없는지라. 네 나이 열 여섯 살이 되었으니 지금 정혼하지 아니하면 때 넘기기 쉬운지라. 서울 자청관의 두련사는 곧 내 표형인데, 도사가 된 지는 비록 오래나 그 연세를 헤어본즉, 혹 생존하였을 듯하구나. 그가 기상이 비범하고 지식이 남달라 명문거족에 출입하지 않음이 없으니, 필연 너를 친자같이 알고 힘써 주선하여 어진 배필을 구할 터이니 네 이를 유의하라." 하고, 편지를 써 부치더라. 양생이 모친의 말씀을 듣고 비로소 화음현 진씨의 일과 말을 고하고 처량한 빛이 있으니, 유씨 탄식하되, "진녀 비록 아름다우나 이미 연분이 없어서 그러하도다. 또 참화를 입어 몰락한 집 자식이 혹시 죽지 아니하였다 할지라도 만나기 또한 어려우니, 단념하고 다른 곳에 혼취하여 노모의 바라는 마음을 위로하라." 하더라.

여기서 보면, 양처사는 신선이 되어 떠나고, 그 후로는 모자가 서로 의지하며 지낸다. 양소유는 그 재주와 총명으로 태수로부터 신동으로 인정받고 조정에 천거된다. 그러나 양소유는 노모를 위한 효심을 발휘하느라 벼슬길에 나가지 아니하다가 14~5세가 된 후에 더욱 빼어난 풍모를 드러내며 부친의 유지를 따라 세상의 공명을 얻어 문호를 빛내기 위해 과거 길에 나선다.

이 대목에서 양소유는 과거에 급제하여 공명을 이루기 위하여 시중드는 동자와 함께 작은 나귀에 몸을 싣고 집을 떠난다. 이러한 양소유의 모습은 어린 자식에게 과거길의 행장을 꾸려주는 자애로운 모친의 모습과, 늙은 모친을 홀로 두고 떠나는 어린 아들간의 애처러운 모습을 소박하게 묘사하고 있다. 특히, 소년의 몸으로 먼 장안까지 가야 하는 과거길을 염려하면서도 만류하지 못하고, 다만 성공하고 돌아오기를 기다리는 자신의 마음을 잊지 말라고 당부하는 모친의 모습이 부각되고 있다.

제8회장의 〈시첩은 사양하는 주인의 뜻을 따르고, 첩여는 손에 칼을 들고 화촉을 밝힌다〉 에서는 유씨부인에 관한 내용이 이렇게 서술된다.

> 원수 밤에 객사에 들어 회포는 암암하고 긴 밤은 요요하여 능히 잠을 이루지 못하다가, 마음에 스스로 생각하되, '고향을 떠난 지 이미 삼 년이라. 자모의 근력이 전일 같지 아니하시리니 병환 구호는 뉘게 부탁하며, 조석 문안은 어느 때에 하게 될꼬? 난리 평정하여 오늘 뜻을 이루었으나 노친 봉양할 마음은 이때까지 펴지 못하였으니, 인자의 도리 아니로다.

제10회장에서 정경패가 정사도의 규수로 있을 때 불전에서 하는 발원서는 다음과 같다.

> 제자 정경패는 삼가 백배하고 비자 춘운을 목욕재계하여 보내어 제불전에 비나이다. 제자 정경패는 죄악이 심히 중하옵고 업장이 미진하여 세상에 나매 여자의 몸이 되옵고 또 형제의 낙이 없아오며 지난번에 이미 양씨의 납채를 받아 장차 몸을 양문에 맡기고자 하왔삽더니 양랑이 부마 간택에 빼이매 군명이 지엄하시니 제자 양씨로 더불어 어찌하오리까. 다만 하늘 뜻과 사람의 일이 서로 어기심을 한탄하옵고 기박한 몸이 여망이 없아오며 몸은 비록 허락하지 아니하였사오나 맘은 이미 붙었사온즉 아직 부모 슬하에 의지하여 미진한 세월을 보내고저 하오니 이 신세의 기구함을 인하여 다행히 일신의 한가함을 얻은 고로 이에 감히 정성을 불전에 올려 제자의 심정을 표하옵나

> 니 바라옵건대 제불은 통촉하시고 자비지심을 드리우사 제자의 늙은 부모로 하여금 상수를 누리게 하옵시고 제자의 몸으로 하여금 질병 재앙이 없이 부모 앞에서 채색 옷을 입고 새새기를 희롱하는 즐거움을 다하게 하옵소서. 부모 백년 후에 맹세코 부처께 돌아와 세속 연분을 끊고 경계하는 말씀을 복종하여 만에 제계하여 경문을 외우며 몸에 정결히 하여 불전에 예배하와 제불의 후은을 갚사오리이다. 춘운이 본래 경패로 더불어 크게 인연이 있사와 이름은 비록 노주나 정의는 형제라 일찍 주인의 명으로 양씨의 첩이 되었삽더니 일이 맘과 틀려 아름다운 인연을 보존하지 못하옵고 길이 양씨를 하직하고 다시 주인에게 돌아오니 사생 고락을 가히 같이 하올지라. 제불은 제자 두 사람의 심중 일을 굽어 살피사 세세생생에 다시 여자의 몸 되기를 면하여 전생의 죄를 소멸하며 후세의 복을 주사 좋은 땅에 환생하여 쾌활한 낙을 누리게 하옵소서.

여기서 보면, 정경패의 효심은 "제자의 늙은 부모로 하여금 상수를 누리게 하옵시고 제자의 몸으로 하여금 질병 재앙이 없이 부모 앞에서 채색 옷을 입고 새새기를 희롱하는 즐거움을 다하게 하옵소서. 부모 백년 후에 맹세코 부처께 돌아와 세속 연분을 끊고 경계하는 말씀을 복종하여 경문을 외우며 몸에 정결히 하여 불전에 예배하와 제불의 후은을 갚사오리이다."라는 표현에서 구체적으로 드러난다. 부모를 백년 동안 정성으로 모신 다음에 불문에 귀의하겠다는 정경패의 효행 실현의 의지는 결국 그녀를 황태후의 양녀인 영양공주로 위상을 상승시켜서 혼사 갈등의 경쟁자인 난양공주 이소화를 뒤로 하고, 양소유의 제1부인으로 확고한 위치를 차지 하게 하였다. 이런 배후에는 양소유의 모친 유씨부인이 두련사에게 보낸, 중매 요청의 편지, 이 편지를 본 두련사의 신중한 중매, 그리고 황태후의 양소유 부마 간택으로 일어난 위기와 시련을 극복하고, 끝내 국중 혼례의 주인공으로 나서는 효친의 올바른 윤리를 지킨 보상으로 이런 결과를 맞게 된다는 서술자의 관점이 깔려 있는 것이다.

제12회장의 다음과 같은 내용에서도 양소유의 효심을 확인할 수 있다.

> 익일 양승상이 정부에 자진하여 공사를 처리하고 드디어 상소하여 그 모친을 모셔오려 하니, 그 상소에 하였으되, "승상 위국공 부마도위 신 양소유는 돈수 백배하옵고 황상 폐하께 상언하옵나이다. 신은 본디 초 땅의 미천한 백성이라. 노모를 공궤함에 족하지 못하와 두초지재로 외람되어 국록으로써 노모의 감지지양을 받들까 하와 분수를 헤아리지 못하옵고, 향공을 입사와 과거에 뽑히고 조정에 선 지 수년에 조서를 받들어 강적을 치매 절도는 무릎을 굽히옵고, 또 명을 받자와 서으로 치매 흉한 토번이 속수 출항하오니 이 어찌 신의 한 계책이라 하리이까? 이는 다 황상의 위엄의 미친 바요, 모든 장수 죽기로써 싸움이 어늘 폐하 이에 도리어 그 작은 수고를 권장하옵시고 중한 벼슬을 내리시니 신의 마음에 죄송 황감하나이다.
>
> 또 부마 간택에 하교 간절하시고 천은이 깊사오매 신의 미천함으로 능히 도망하지 못하와 승순하오나 또한 황송하오이다. 노모 신에게 바라던 바는 두록에 지나지 아니하옵고 신의 원하던 바도 미관 말직에 지나지 아니하옵더니, 이제 신이 장상 위에 거하옵고 공후의 작에 있사와 국사에 견마의 충을 다하려 하기로 노모 데려올 겨를을 얻지 못하오니, 거처와 음식이 신의 노모와 현수하온지라. 이는 부귀로써 몸을 처하고 빈천으로써 어미를 대접하옴이니 인자의 도에 크게 어기어짐이요, 하물며 신의 노모 연령이 이미 높고 질병이 침중하오나 다른 자녀 없사와 가히 구호하지 못하오며, 산천이 면원하와 또한 자주 통하지 못하옵더니 이제 국가의 무사하여 관부가 한가하오니, 복걸 폐하는 신의 위박한 정세를 살피시고 신의 봉양할 지원을 고념하사 특별히 두어 달 겨를을 허락하사, 돌아가 선영에 성묘하고 노모를 데려와 모자 함께 성덕을 송축하옵고, 반포의 정성을 다하게 하옵시면 신은 마땅히 정성을 다하와 천은을 갚으리라 하오니, 성상은 긍민히 여기사 윤허하옵소서." 하

니, 상이 남필에 탄식하시되 "효재라, 소유여!" 하시고, 특별히 황금 일천 근과 비단 팔백 필을 하사 하여 그 노모에게 헌수하게 하시고, 또 노모를 맞아 속히 돌아오라 하신대, 승상이 예궐 사은하고 태후께 하직하니, 태후 또한 금과 비단을 내리시거늘 승상이 사은하고 물러가 두 공주와 진숙인 가유인으로 더불어 작별하더라.

여기서 보면, 양소유는 승상의 자리에 오른 후, 모친을 모시고 오려는 상소에서 자신은 "노모를 공궤함에 족하지 못하였고, 나랏일로 노모를 데려올 기회를 얻지 못하였고, 모친의 나이가 높고 질병이 침중하고, 다른 자녀가 없어 홀로 지내므로 모친을 봉양할 기회를 얻어 선영에 성묘하고 노모를 데려와 모자 함께 살기를 원한다"고 한다. 이러한 양소유의 상소를 보고 황제는 효자임을 감복하고, 일천 금과 비단 팔백 필을 하사 하여, 그 노모에게 헌수하게 하고, 노모를 모시고 오기를 허락한다.

제12회장[342]의 다음의 인용에서도 양소유의 한결같은 효심을 확인할 수 있다.

진주 땅에 이르니 이미 가을이라, 산천이 황량하고 천지 소슬하며 찬 꽃은 감창함을 빚고 가는 기러기는 슬픔을 불러 사람으로 하여금 객회가 더할러라. 원수 밤에 객사에 들어 회포는 암암하고 긴 밤은 요요하여 능히 잠을 이루지 못하다가, 마음에 스스로 생각하되 고향을 떠난 지 이미 삼 년이라. 자모의 근력이 전일 같지 아니하시리니 병환 구호는 뉘게 부탁하며, 조석 문안은 어느 때에 하게 될꼬? 난리 평정하여 오늘 뜻을 이루었으나 노친 봉양할 마음은 이때까지 펴지 못하였으니, 인자의 도리 아니로다.

342) 장회명은 《楊少游夢遊天門 賈春雲巧傳玉語》이다.

여기서 보면, 양소유는 고향을 떠난 지 3년이 되는 시점에 진주 땅 객사에서 가을밤에는 객회로 잠을 이루지 못한다. 그는 모친의 근력이 어떤지, 병환 구호는 누가 하는지를 걱정하면서 노모를 곁에서 봉양하지 못하는 마음을 가지게 된다. 그래서 자신이 이제 오천 리 땅을 회복하고 백만 명 적군을 평정하였으니, 큰 벼슬을 내리면 그 벼슬을 버리고 정사도의 딸인 경패와 혼인하여 모친을 모실 생각을 하게 된다. 이처럼, 양소유는 지극한 효를 실천하는 인물로 서술되고, 윤씨부인은 아들의 충효로 초년에는 홀로 지내는 외로움이 있기는 하지만, 중년 이후에는 최대한의 행복을 누리는 인물로 서술되고 있다. 특히, 유씨부인의 행복은, 황태후의 행복 이상에 해당되는 것으로, 천하의 여인들 중에서 가장 행복한 여인으로 부각되었다.

제13회장의 〈신방에서는 서로 이름을 숨기고, 회갑연에서는 경홍과 섬월이 함께 나타난다〉에서는 유씨부인에 관한 내용이 이렇게 서술된다.

> 익일 양승상이 정부에 자진하여 공사를 처리하고 드디어 상소하여 그 모친을 모셔오려 하니, 그 상소에 하였으되, (중략) 이제 신이 장상 위에 거하옵고 공후의 작에 있사와 국사에 견마의 충을 다하려 하기로 노모 데려올 겨를을 얻지 못하오니, 거처와 음식이 신의 노모와 현수하온지라. 이는 부귀로써 몸을 처하고 빈천으로써 어미를 대접하옴이니 인자의 도에 크게 어기어짐이요, 하물며 신의 모 연령이 이미 높고 질병이 침중하오나 다른 자녀 없사와 가히 구호하지 못하오며, 산천이 면원하와 또한 자주 통하지 못하옵더니 이제 국가의 무사하여 관부가 한가하오니, 복걸 폐하는 신의 위박한 정세를 살피시고 신의 봉양할 지원을 고념하사 특별히 두어 달 겨를을 허락하사, 돌아가 선영에 성묘하고 노모를 데려와 모자 함께 성덕을 송축하옵고, 반포의 정성을 다하게 하옵시면 신은 마땅히 정성을 다하와 천은을 갚으리라 하오니, 성상은 긍민히 여기사 윤허하옵소서." 하니, 상이 남필에 탄식하시되, "효재라, 소유여!" 하시고, 특별히 황금 일천 근과 비단 팔백 필을 하사 하여 그 노

모에게 헌수하게 하시고, 또 노모를 맞아 속히 돌아오라 하신대, 승상이 예궐 사은하고 태후께 하직하니, 태후 또한 금과 비단을 내리시거늘 승상이 사은하고 물러가 두 공주와 진숙인 가유인으로 더불어 작별하더라. (중략)

승상이 두 사람으로 더불어 밤을 지내고 떠나 고향에 이르니, 처음에 십오세 서생으로서 그 모친을 멀리 갔다가 급기 와서 근친하며 대 승상의 거마를 타고 위국공의 장복을 입고 부마의 귀함을 겸하니, 사년 동안 성취함이 과연 어떠하뇨? 들어가 모부인께 뵈온대 모부인이 그 손을 잡고 그 등을 어루만져 말하되, "네 참 우리 아희 소유뇨? 내 능히 믿지 못하겠도다! 전일에 육감을 외우며 글자 모듬할 때도 어찌 오늘 영광이 있을 줄을 뜻하였으리?" 하고, 기쁨이 극진하여 눈물이 흐르거늘 소유 공명을 이룬 일과 장가 들고 복첩한 일을 다 자세히 고한대, 모부인이 이르되, "너의 부친이 매양 너다려 우리 집을 빛나게 할 자라 하시더니, 이제 너의 부친과 영화를 함께 보지 못함이 한이로다." 하시더라. 승상이 선산에 영분하고 어사하신 금과 비단으로써 대부인을 위하여 설연 헌수하고, 족척과 친구를 청하여 열흘을 잔치하고 대부인을 모시고 길을 떠나니, 연로 백성과 열읍 수령이 분주 호행하니, 광채 한길에 비최이더라.

제14회장의 〈낙유원 사냥 모임에서 춘색을 다투고 화려한 가마를 타고 풍광을 살피다〉에서는 다음과 같은 내용으로 양소유의 효심을 서술하고 있다.

양승상 부중에 각각 거처를 정할 때, 정당은 경복당에는 대부인이 거처하고, 경복당 앞은 연희당이니 좌부인 영양공주 거처하고, 경복당 서편은 봉소궁이니 우부인 난양공주 거처하고, 연희당 앞에 응향각과 청화루는 승상이 거처하여, 시시로 거기서 잔치를 베풀고, 그 앞에 연현당은 승상이 손님을 응접하는 집이요, 봉소궁 남편에 심홍원은 진숙인 채봉의 방이요, 연희당 동편에 영춘각은 가유인 춘운의 방이라. 청화루 동서에다 작은 누각이 있으니 푸른 창과 붉은 난간이 서로 비추이며 행랑이 둘러 청화루를 접하고, 응향각 동편은 상화루요 서편은 망월루니 계섬월과 적경홍이 각각 한 누씩 거하더라. 궁중 기악 팔십인이 다 천하에 자색이 있고 재주가 있는 자이니, 나누어 동서부를 지어 동부 사십인은 계랑이 주장하고, 서부 사십인은 적랑이 맡아 가무를 가르치며 풍악을 공부시키고, 매월 청화루에 모이어 동서 양부의 재주를 비교할 새, 승상이 대부인을 모시고 두 공주를 거느리고 친히 곧 누각에서 상벌하는데 이기는 자는 석 잔 술로써 상주고 머리에 꽃 한 가지를 꽂아서 영광 있게 하고, 지는 자는 한 잔 냉수를 벌로 먹여 먹 붓으로 이마에 한 점을 찍어서 그 마음을 부끄럽게 하는 까닭에 모든 기생의 재주 날로 점점 성숙하니 위공부와 월왕궁의 여악이 천하에 유명하여 비록 이원 악공이라도 이 두 악공을 미치지 못할러라.

하루는 두 공주 모든 낭자로 더불어 대부인께 모셨더니, 승상이 한 봉 글을 가지고 들어와 난양공주를 주고 말하되, "이는 즉 월왕 전하의 편지니이다." 하니, 공주가 펴 보니 하였으되, "춘일이 정히 화창하온대 승상 균체 만복하시나이까? 지난번 국가에 다사하고 공사에 겨를 없어 낙유원 위에 말 머문 사람을 보지 못하고, 곤명지 머리에 다시 배 대는 희롱이 없으니, 드디어 가무하는 땅으로 하여금 문득 잡풀의 마당을 지은지라. 장안의 노인들이 매양 여러 성조의 성덕으로 시절이 번화하던 옛 일을 말하며, 왕왕 눈물 흘리는 자 있으니 자못 태평한 기상이 아니라, 이제 황제의 위덕과 승상의 큰 공을 힘입어 사해가 태형하고 백성이 안락하니, 다시 개원과 천보 때의 즐거운 일을 행하는 것이 곧 이때요, 또 봄 빛이 저물지 아니하고 일기 화창하여 고운 꽃과 연한 버들이 능히 사람의 마음으로 하여금 화평하게 하니, 아름다운 경치와 좋은 구경이 또한 이때에 있는지라. 승상의 마음이 이에 있거든 곧 일자를 정하여 회답하여 과인으로 하여금 따라가게 하시면 다행이로소이다." 하더라.

이때에 유부인이 당상에 촛불을 켜고 승상의 돌아옴을 기다리다가 승상이 대취함을 보고 묻되, "전일은 비록 술은 내리실지라도 취하지 아니하더니 이제는 어찌 과취하였느뇨?" 하시니, 승상이 대답하되, "소자의 죄로소이다." 하고, 인하여 취한 눈으로 공주를 노하여 보다가 오랜 후에 아뢰되, "공주의 형 월왕이 태후께 알소하여 소유의 죄를 억지로 만들어 내매, 소유 비록 말을 잘하여 겨우 탈벌하였으나 월왕이 기어이 죄를 씌우려 하여 태후께 무소하여 독주로 벌을 쓰니, 만일 주량이 없었으면 거의 죽었도소이다. 이는 월왕이 낙유원에서 진 것을 분히 여겨 보복하고자 함이오나, 난양이 내 희첩이 너무 많음을 시기하여 그 형으로 더불어 계교를 내어 나를 괴롭게 함이니, 평일에 인후한 말을 가히 믿지 못하올지라. 바라옵건대 모친은 난양에게 벌주 한 잔을 주사 소자를 위하여 설분하소서." 하니, 유부인이 말하되 "난양의 죄가 분명하지 아니하고, 또 능히 한 잔 술을 마시지 못하니 네 나로 항금 벌을 씌이고자 할진대 차로써 술을 대신함이 옳도다!" 하니, 승상이 아뢰되, "소자 기어이 술로써 벌하려 하나이다." 하더라.

유부인이 웃으며 말하되, "공주 만일 술을 마시지 아니하면 취객의 마음이 풀리지 않으리라." 하고, 시녀를 불러 난양에게 벌주를 보내니, 공주 잔을 마시려 할새 승상이 홀연 의심내어 그 잔을 뺏어 맛보고자 하니, 난양이 급히 자리 위에 던지거늘 승상이 손가락으로 잔 밑에 나머지를 찍어 맛보니 이에 꿀물이라. 하더라. 승상이 말하되, "태후 낭랑이 만일 꿀물로써 소유를 벌하셨으면 모친이 또한 꿀물로 벌하려니와, 소자의 마신 바는 술이어늘 난양이 어찌 홀로 꿀물을 마시리이까?" 하고, 시녀를 불러 술잔을 가져오라 하여 스스로 한 잔을 부어 보내니, 공주 부득이 하여 다 마시거늘, 승상이 또 대부인께 고하되, "태후께 전하여 소자를 벌한 자 비록 난양이오나, 영양공주 정경패 또한 그 꾀에 참여한까닭에 태후의 앞에 앉아 소자의 괴로움 당함을 보고 난양에게 눈짓하며 웃으니, 그 마음을 가히 측량하지 못하올지라. 원하건대 모친은 정씨를 벌하소서." 하니, 부인이 크게 웃고 잔을 보내니 정씨 자리를 옮겨 다 마시거늘, 부인이 말하되, "태후 낭랑이 소유를 벌하심이 그 희첩을 벌함이어늘 이제 두 공주 다 벌주를 마셨으니 희첩등이 어찌 안연하리요?" 하니, 승상이 말하되, "월왕의 낙유원 모임이 대개 미색을 다툼이어늘, 경홍 섬월 요연 능파가 소로써 무리를 맞고 한 싸움에 먼저 승첩을 아뢰매 월왕으로 하여금 분심이 나서 소자로 벌을 받게 하오니, 이 네 사람을 가히 벌할지니이다." 하니, 부인이 말하되, "싸움 이긴 자 또한 벌이 있느뇨? 취객의 말이 가히 우습도다!" 하고, 곧 네 사람을 불러 각각 한 잔씩 주니, 네 사람이 마시기를 마치매 경홍과 섬월 두 사람이 꿇어앉아 부인께 고하되, "태후 낭랑이 승상을 벌하심이 희첩 많은 연고이요, 결코 낙유원에서 이긴 연고 아니어늘, 요연과 능파 두 사람은 오히려 승상의 금침을 받들지 아니하였으되 첩 등과 한 가지로 벌주를 마시니 또한 억울하지 아니하리이까? 가유인은 승상을 모심이 저렇듯 오래며, 승상의 애정을 받음이 저렇듯 편벽되오나, 낙유원 모임에 참여하지 아니하와 홀로 이 벌을 면하오니 하정으로 억월함을 풀 길이 없사옵니다." 하니, 부인이 말하되, "너의 말이 가장 옳도다!" 하고, 큰 잔으로 춘운을 벌하니, 춘운이 웃음을 머금고 마시는지라.

이때 모든 사람이 다 벌주를 마시어 좌중이 다 분운하고 난양공주는 술이 취하여 괴로움을 견디지 못하되 오직 진숙인은 한 모롱에 단정히 앉아 말도 아니하며 웃지도 아니하거늘 승상이 말하되, "진씨 홀로 취하지 아니하여 취객의 미친 모양을 웃으니 또한 벌 아니하지 못하리라." 하고, 한 잔을 가득 부어 전하니 진씨 또한 웃고 마시는지라. 부인이 공주에게 묻되, "본래 마시지 못하던 술을 이제 마신 후 신기가 어떠하뇨?" 하니, 공주가 대답하되, "심히 괴롭도소이다." 하거늘, 부인이 진씨로 하여금 붙들어 침방으로 돌아가게 하고, 춘운으로 하여금 술을 부어 오라 하여 잔을 잡고 말하되, "우리 두 자부는 여중의 성인이라. 내 매양 손복할까 두려워 하더니, 소유 주정이 심하여 공주로 하여금 편하지 못하게 하니 태후 낭랑이 만일 들으시면 과히 염려하실지라. 내 능히 아들을 교훈하지 못하여 이 망거 있게 하였으니 나도 또한 죄 없다 못할지라. 내 이 잔으로써 스스로 벌하노라." 하고, 한번 마셔 다 하거늘 승상이 황송하여 꿇어앉아 고하되, "모친이 아자의 광패함을 인하여 스스로 벌하시니 소자 어찌 달초하는 죄만 당하리이까?" 하고 경홍으로 하여금 술을 큰 잔에 가득 부어 꿇어앉아 말하되, "소자 모친의 교훈을 좇지 아니하여 모친께 근심을 끼치오니, 삼가 벌주를 마시나이다." 하고, 마시매 대취하여 능히 앉았지 못하고 응향각을 손으로 가리키거늘, 부인이 춘운으로 하여금 붙들고 가라 하시니 춘운이 대답하되, "천첩이 감히 모시고 가지 못하겠나이다. 계랑자와 적랑자가 소첩이 사랑을 독차지함을 투기하나이다." 하고, 인하여 섬월과 경홍에게 부탁하여, "두 낭자 뫼시고 가라!" 하니, 섬월이 말하되, "춘운이 내 말로 인하여 가지 아니하니 첩은 더욱 혐의가 있도다!" 하니, 경홍이 웃고 승상을 붙들고 가매 모든 사람이 다 흩어지더라.[343)]

여기서 보면, 양소유는 승상의 자리에 있으면서 모친 유씨를 가장 중심으로 삼는다. 그래서 거처를 정할 때에도 정당인 경복당에는 대부인을 거처하게 하고, 마주 한 데는 양소유가 거처하고, 그리고 경복당 앞에는 좌부인 영양공주, 서편에는 우부인 난양공주를 거처하게 한다. 그 주변에 양소유의 6첩인 진채봉, 가춘운, 계섬월, 적경홍, 심요연, 백능파가 각각 거처한다. 이 중에서 주목을 받는 곳은 유씨부인이 거처하는 경복당이다. 경복당은 인현왕후가 폐비되었다가 복귀한 다음에 거처하는 공간이기도 하지만, 조선의 정궁인 경복궁을 연상하게 한다. 『구운몽』에서는 양소유가 궁궐에 준하는 거대한 거처를 마련하고, 모친을 그 중심에 거처하게 하면서, 그 집을 경복당이라 했지만, 작품 밖의 작가가 처한 현실과 관련시켜 보면, 조선의 당대 현실을 작품과 교묘히 일치시키는 곳으로 경복궁[344)]이 있다.

---

343) 제14회장의 〈낙유원회엽투춘색 유벽거소요고풍광〉.

344) 이 궁은 임진왜란(1592년)의 병화로 전소된 이후 273년 후인 고종 2년(1865)에 착수하

이 경복이라는 명칭은 조성 당시에, 정도전이 『시경』에 나오는 군자의 만년 빛나는 복을 빈다는 뜻이 담긴 경복이라는 시구를 따서 지은 것으로, 이런 사연이 있는 궁궐 수준의 거처를 모친의 비유 인물인 유씨부인의 거처 경복당으로 삼았다. 비록 당나라 황제의 정전 궁궐에는 미치지 못하지만, 조선 역사에 비교해보면, 조선시대 궁궐 중 가장 중심 궁궐인 경복궁을 연상시키는 경복당인 것이다. 이를 『금강경』의 상과 비상의 논리로 보면, 성진의 꿈속이 오히려 실상이 되는 이치다. 그리고 당쟁 등으로 외침을 막지 못하고 7년간 국토가 유린 되고, 군왕이 의주로까지 몽진을 하고, 정전이 불에 탄 비극적인 역사 현실에 대한 우의적인 의미가 스며들어 있는 것이다.

이렇게 양승상이 지극한 효심으로 모시는 대가족의 정점에는 유씨부인이 있다. 이러한 유씨부인 모자를 중심으로 한 천하 각 지역에서 모여든 양소유의 8처첩은 곧 유씨부인의 8인의 며느리가 된다. 이렇게 구성된 10인의 대가족이 누리는 호사스런 생활 속에서 유씨부인은 사철마다 잔치를 베풀 때 잔치의 상석을 차지하는 인물로서, 황태후에 비하여 조금도 손색이 없는 것이다.

제15회장의 〈부마는 금술잔으로 벌주를 마시고, 거룩한 왕은 취미궁을 은혜로이 빌려준다〉에서는 유씨부인에 관한 내용이 이렇게 서술된다.

> 팔인 다 각각 자녀를 낳으매 두 부인과 춘운 섬월 요연 경홍은 남아를 낳고, 채봉 능파는 여아를 낳고, 다 잘 길러 한번도 자녀의 참경을 보지 아니하니 또한 범인과 다르더라.
>
> 이때 천하 태평하여 사방에 일이 없고 백성이 안락하고 곡식이 풍등하여, 승상이 나간즉 천자를 모셔 상림원에 사냥하며, 들어온즉 대부인을 받들어

여 4년 만인 고종 5년(1868)에 창건 당시의 규모로 재건하였다. 임진왜란으로 인해 창덕궁 · 창경궁과 함께 모두 불에 탄 것을 1867년에 흥선대원군이 다시 세웠다.

> 당상에서 잔치하여 가무 속에서 보냈더니 흥진비래는 고금의 상사라. 유부인이 우연히 득병하여 세상을 이별하니 연세 99세더라. 승상이 애통하며 예로써 안장할 새, 양 전궁에서 내시를 보내어 위문하시고 왕후의 예로써 예관을 보내어 장사하시더라. 정사도 내외의 영화봄은 이르지 않고, 상수하고 또한 별세하매 승상의 슬퍼하는 정이 정부인보다 못하지 아니하더라.

여기서 보면, 유씨부인은 아들 양승상의 모친으로서, 양승상의 8처첩의 시모로서, 또 그들 8처첩이 출산한 8명의 손자, 손녀의 조모로서 영화를 누린다. 유씨부인의 가정에만 이런 행복을 누리는 것이 아니라, 아들 양승상이 황제를 모시고 다스리는 당나라 또한 태평하여 사방에 일이 없고 백성이 안락하고 곡식이 풍등한 태평성대를 누린다. 그리고 유씨부인은 천하의 영웅 양승상이요, 지극한 효자인 양승상이 가무로 베푸는 잔치의 주역으로 살다가 99세의 수명을 누리고 세상을 떠난다. 그에 대한 장례 또한 양 전궁에서 내시를 보내어 위문하고 왕후의 예우로써 장사를 지내게 되었다. 양소유의 삶이 지향하던 현실주의적 세계관은 시골 출신으로 서울에 가서 장원급제를 하고, 나가서는 천하의 빼어난 장수가 되고 들어와서는 정승이 되는 이야기로 전개되었지만, 이것을 다른 측면에서 본다면, 가정적으로는 노모를 모시고, 아름다운 미인인 두 처와 여섯 첩을 거느리고, 자손이 번창한 가운데 화목한 가정을 만년까지 유지한 것이 되었다.

이처럼 양소유가 부귀를 획득하고 애정을 성취하고 장수하는 시원스럽고도 광대한 인생의 전개는 유가사상에서 강조된 복, 녹, 수사상이 얽혀진 이상적인 삶의 제시이다. 그러기에, 양소유의 풍류남아로서의 행운아의 모습, 특히 8처첩을 거느리며 천하의 영웅으로서 효와 충을 실현하며 살아간 양소유의 일생은 곧 조선조의 양반들이 무의식 중에 꿈꾸며 갈구하던 삶이었다. 그것은 설령 그러한 상층 신분에 놓여있지 못한 계층의 남녀들에게는 비록 백일몽일지언정, 그들이 추구한 가장 온전한 이상적인 삶이었다고 판단할 수 있다. 또 양소유는 지극한 효를 실천하는 인물로 서술되었다. 즉 양처사의 아내인 유씨부인은 아들 양소유의 지극한 효심으로 양소유가 과거길에 올라서 천하의 영웅으로 부상될 때까지의 초년에는, 집에서 자식의 성공을 기원하면서 홀로 지내는 외로운 생활을 하였지만, 중년 이후에는 성공한 외아들 양소유의 효심 발휘로 최상의 행복을 누리고 세상을 떠나는 인물로 서술되었다. 특히, 유씨부인의 행복은 황태후의 행복 이상으로 천하의 여인들 중에서 가장 행복한 여인으로 부각시켰다. 이러한 내용은 작중 인물인 유씨부인을 통하여, 작가 자신의 모친인 윤씨부인의 행복을 문학을 통하여 대리만족을 시켜드리는 작가 서포의 진심 어린 효심을 투영시킨 결과이다.

그 뿐만이 아니라, 『구운몽』에서는 모친에 대한 효심과 더불어 군주 숙종에 대한 충성심도 더불어 담아내었다. 그것은 작품에서 유씨부인의 아들 양소유가 천하의 영웅으로 활동하면서, 황태후의 두 공주인 영양공주 정경패와 난양공주 이소화를 두 부인으로 맞이하였을 뿐만 아니라, 진채봉 등의 6첩도 함께 거느리며, 토번의 침공과 같은 국가적 위기를 해결하는 문무를 겸비한 충신으로 활동한다. 이는 작품 밖의 작가의 현실 속에서 자신을 비롯한 조정 중신들이 갈등 없이 군주를 잘 받들고자 하는 소망과, 궁중의 비빈들 간의 화목한 생활을 기원 하는 충심을 은유적으로 담아낸 것이라고 판단된다.[345)]

양처사와 유씨부인이 낳고, 유씨가 홀로 기른 양소유의 초영웅적 일대기를 그린 것으로, 그의 참된 효심과 거대한 충성심은, 황태후 가문을 압도한다. 궁중으로 파고든 천심의 여인들인 정경패와 이소화 등의 8인으로 구성된 적강 선녀팀은 숙종이 파당을 비판하는 앞에서도, 당에는 군자당과 소인당이 있음을 절규한, 서포의 직언형의 발언을 중심으로한 궁정 정치사의 은유적인 서사이다. 작가 서포가 염두에 둔 이면서사에 연관된 현실적 의미를 보

---

345) 설성경, 『구운몽의 비밀』, 서울대출판부, 2012, 70쪽.

면, 인조의 계비로서 시작한 자의대비는 권위로 군림하고 있었다면, 윤씨부인은 명문가의 여성 가장으로서 실질적인 역할을 하고 있었다. 실제로 윤씨부인은 인조의 고모인 정혜옹주의 손녀이고, 조대비는 인조의 계비로 숙종 때에는 대왕대비이다. 또 윤씨부인은 충신 김익겸의 부인이요, 두 대제학 김만기와 김만중의 모친이요, 인경왕후의 조모이다.

한편 조대비는 항복으로 끝난 병자호란 직후에 벌어진 치열한 당쟁과 예송으로 이어진 현종과 숙종 시대의 환국 정치의 가장 중심부에 자리하고 있었던 내명부의 대표였다. 같은 시기에 순국한 충신과 열녀의 아내이자, 예학의 종중의 며느리로서의 윤씨부인은 궁궐의 조대비에 비교되는 명문 출신 사가의 대모였고, 조대비는 당쟁의 절정 시기에는 예송의 복제 논의의 직접 대상이며 숙종의 존경을 받는 증조모로서, 그 위상이 왕비, 대비, 대왕대비의 위치로 거듭 승격하였다. 그녀의 후광을 얻은 궁인 장씨는, 소의, 숙의, 희빈, 왕비로 급속 성장하였다. 숙종과 장희빈의 관계는 조대비를 축으로 한 숙종, 조사석, 장희빈, 등과 은밀하고 조직적인 움직임 속에서, 궁녀출신 장희빈은 자신의 꿈인 왕비로까지 나아가는 고속 승진의 길을 달려가는데, 조대비의 후원 내지 지원하에 숙종은 조대비의 조카 조사석을 내세운다. 그러나 조대비는 후사가 없어서, 당대의 권위가 종결되어 차대에 실질적인 계승을 한 것은 없다.

윤씨부인은 병자호란 때에는 시모와 남편의 순국을 겪었고, 두 아들을 키우면서 당쟁의 절정 때에는 직언으로, 숙종의 장희빈의 총애와 예송과 용사출척권으로, 나아가 환국정치로 왕권을 지키려는 군주에 대해 주자 성리학의 도의 정치론으로 조사석, 장희빈, 그 뒤의 조대비의 정신적인 각성으로 이끌며, 자식들을 통해 나라를 바로 세우는 길에 우회적 간접 역할을 감당했다.

(ㄷ) 굴원과 위징, 서포와 숙종을 다중 복합모델로 투영시킨 양소유

서포 김만중은 대제학 출신의 성리소설의 작가로서, 성진이 선몽 중에 환생한 존재인 양소유로 등장하여, 다중적인 복합모델로 활동하는 양소유라는 인간상을 탄생시켰다.

양소유의 모델은 우선 표면서사에 등장하는 중국인으로서의 양소유의 모델과, 그 이면서사에 근거를 둔 조선인으로서의 작가 서포 자신과 그 연관 인물 모델로 구분할 수 있는 다중 모델을 구비하고 있다. 이들 다중 모델을 대표하는 인물은 중국 쪽의 모델로 초나라 때의 충신인 굴원과 당나라 태종 때의 충신 위징을 들 수 있다. 또 조선 쪽의 모델로는 작가 서포 김만중과 숙종을 복합모델로 투사하여 이면서사의 성리이념을 실현시키는 이상적인 인간상인 양소유로으로 형상하였다.

이처럼 굴원과 위징, 김만기와 김만중, 숙종을 다중 복합모델로 투영시킨 양소유의 설정 원리는『금강경』의 논리인 아상과 인상을 구분하는 혼미한 존재, 중국인과 조선인, 김만중, 신하인 김만중과 군주인 숙종을 구분하는「태극도설」에서 음양의 구별론이 아닌, 통합과 융합으로의 이치를 작품 모델이 되는 소재원에서부터 적용한 결과이다.

서포 김만중은「구운몽」을 창작하면서 자신과 숙종의 관계를 당나라 현종 때의 양귀비를 총애한 현종, 초나라 때의 굴원과 회양왕, 당나라 시절의 위징과 태종의 관계를 융합 투영시켜 이념적 인간상인 양소유로 형상화시켰다. 또, 양소유는 성진의 제2 층위의 남성 주역으로 가정에서는 8명의 처첩을 거느리며, 조정에서는 중신으로 활동하고, 외침인 토번의 침공 때에는 장군으로 활약하는 군담적인 영웅이다. 그리고 제3 층위인 꿈 속에서는 백능파를 괴롭히는 남해태자까지 굴복시키고 동정용왕의 공주인 백능파의 천정배필이 되어 혼인을 이룬다. 그런가 하면, 다시 꿈을 깬 양소유는 8처첩 중에서 정경패를 제1 부인으로, 이소화를 제2 부인으로, 진채봉을 잉첩으로 삼고, 나머지 6여인 계섬월, 적경홍, 가춘운, 심요연, 백능파는 첩으로 삼아 행복한 대가정을 이룬다.

이러한 표면서사의 이면에는 작가 서포 김만중이 자신을 제2 층위의 양소유와 제3 층위의 백능파로 투사시켜서, 작가 자신이야 말로 겉으로는 덜 드러났지만, 황태후의 아들이요, 황제의 동생인 월왕으로 투사된 모델인 조사석보다 충신임을 내장된 주제로 구현해낸 결과이다.

양소유의 복합모델의 한 사람인 중국 초나라의 굴원은 왕족으로 태어난 인물이다. 그는 친척인 회왕의 신임을 받아 20대에 벌써 임금을 모시는 시중이라는 중책을 맡았다. 법령을 입안할 때 궁정의 정적인 상관대부와 충돌하여, 그의 중상과 모략으로 면직당하고 국왕 곁에서 멀어지게 되었다. 굴원은 제와 동맹해 강국인 진나라에 대항해야 한다고 주장했으나, 진의 장의와 내통하고 있던 정적과 왕의 애첩 때문에 뜻을 이루지 못했다. 왕은 제와 단교했으나 결국 진에게 기만당하고 진의 포로가 되어 살해당하고 말았다. 회왕이 죽은 뒤 큰아들인 경양왕이 즉위하고, 막내 자란이 재상이 되었다. 굴원은 회왕을 객사하게 한 자란을 백성들과 함께 비난하다가 또 다시 모함을 받아 양쯔강 이남의 소택지로 추방되었다.[346)]

굴원은 회왕에게 내쫓겨 유배되었을 때, 걸작품『이소』를 써서 자신의 결백을 주장했다. 표제인 이소의 의미는 근심을 만난다는 뜻이다. 이 작품은 위로는 당우 3후의 성왕을 법을 들어 말하고, 아래로는 걸 · 주 · 예 · 요의 패망함을 예로 들등며, 마침내 군왕이 깨달아 정도로 되돌아가서 자기를 불러줄 것을 기원한 것이다. 굴원은 애타게 자기의 충정을 노래하다가 한 번 용서받은 바 있었으나, 다시금 참소를 받아 경양왕에 의해 멀리 양자강 남쪽 강남지방으로 내쫓겼다. 굴원은 유배에 대한 절망감으로 강가를 하염없이 거닐며 시를 읊조리다가 〈회사의 부〉를 마지막으로 고결한 성품을 그대로

346) 굴원의「어부사」는 이때에 쓴 작품이다.

간직한 채, 돌을 안고 멱라강에 몸을 던졌다.[347)]

굴원의 충신의 이미지는 「구운몽」에서는 양소유가 초나라 출신이라는 것을 강조하는 데서 분명해진다. 제2회장에서는 "이 땅은 대당국 회남도 수주현[주: 옛 초나라땅]이고, 이곳은 양처사 집이다. 처사는 너의 부친이고, 그 부인 유씨는 너의 모친이다. 네가 전생 인연으로 이 집의 아들이 되니 너는 빨리 들어가 좋은 기회를 잃지 말라" "우리 시골 초나라에도 아름다운 나무들이 있었지만, 여지껏 이같은 버들은 처음 보네." "소저는 진나라 땅 사람이고, 나는 초나라 땅 사람이라 한번 헤어지면 산천이 멀어 소식을 주고받기 어려울 것이오." "그대는 분명 회남 양처사의 아들이로군!"로 나타난다.

그리고 제3회장에서는 "저는 시골 초나라 땅에서 와서 당나라 도시 상국의 글을 볼 기회가 없었는데, 이제 다행히 제형들의 주옥 같은 글을 구경할 수 있어서 속마음이 열리고 안목이 높아진 듯합니다." "초나라 나그네가 서쪽에서 놀다가 진나라로 들어서니", "비유하자면, 대나무를 초나라 땅 근처에서 구하고 옥을 진나라 땅의 남전산에서 캐냄과 같으니, 어찌 기이한 재주와 묘품을 얻는 것을 근심하겠습니까?로 나타난다.

제4회장에서는 "전에 어린 여관이 서울을 구경하고자 초나라 땅에서 와서 아직 여기 머무르고 있습니다." "소승은 본래 초나라 사람으로 종적이 뜬구름 같습니다. 천한 재주로 외람되게 부인 좌석에 참배하오니 너무도 황송합니다."로 나타난다. 제5회장에서는 "소저가 아버지의 말을 듣고 침실로 돌아와 춘운에게 말했다." "일전에 거문고 타던 여관이 초나라 땅 사람이라 하고 나이가 열여섯쯤 되었지. 장원이 회남인이라는데 회남은 초나라 땅이고, 나이가 비슷하니 의심하지 않을 수 없구나. 분명 아버님이 만나보실 것이니 네가 그를 잘 살펴 보아라"로 나타난다.

이처럼 서포 김만중은 「구운몽」에서 사건의 전반부에서, 양소유가 옛 초나

---

347) 굴원, 「가생열전」.

라 땅에서 출생했음을 거듭 강조하며 서술했다. 양소유를 당나라 시대에 출현한 충신 굴원의 정신을 가진 영웅으로 부각시킴으로써, 소위 간신배들의 참소로 축출되어 고통당하는 작가 자신을 투사시키고자 하였다. 그래서 서포는 양소유가 자기의 군주를 만나서, 굴원같은 충신의 모습과 더불어, 자신의 일생은 비운의 굴원과는 달리, 곽분양 이상으로 세상에서 누릴 수 있는 최상의 부귀와 복록을 누리는 이상적인 인물형으로 설정하였다.

양소유의 복합모델의 한 사람인 위징은 당나라 태종 때의 인물로, 워낙 유명한 인재이기 때문에 작가 서포는 이 위징과 같은 인물을 닮고자 하였으나, 숙종이 희정당 경연에서 그의 직언을 받아들이지 못하였다.

위징은 무양군의 군승 원보장의 전서기로 있다가 원보장에게 투항하는 편지를 써줘서 이밀에게 귀순했다. 이밀 휘하에서 문한을 관장했고, 우문화급과 싸운 후에는 장사 정정에게 왕세충은 먹을 것이 부족하니 뒤쫓아서 공격하면 승리할 것이라 했지만, 받아들이지 않았다. 이밀이 왕세충에게 패하자 당나라에 투항했고 위징은 비서승에 임명되어 이세적에게 편지를 보내 당나라에 투항시켰다. 위징은 619년에 원보장을 설득해 당나라에 투항시켰으며, 두건덕이 여양을 공격하자 붙잡히고 두건덕으로부터 기거사인에 임명되었다가 도망갔으며, 622년에 선마를 지냈고 유흑달의 무리들을 붙잡자 그들을 사면하면 유흑달의 무리들이 흩어질 것이라 진언해 그의 말대로 해서 그 말처럼 되었다.

위징은 이건성에게 항상 이세민을 제거하라고 했지만, 이건성이 626년에 현무문의 변으로 살해되고 이세민이 황제에 즉위하면서 형제 사이를 이간질한 것에 대해 묻자 먼저 돌아가신 태자가 자신의 말을 좇았다면 반드시 오늘같은 일은 없었을 것이라 했으며, 위징은 첨사주부에 임명되었다. 위징은 이건성, 이원길의 죽음에 관한 일의 수습을 위해 가을 7월 11일에 산동에 파견되어 위로하고 다녔으며, 이건성, 이원길을 장사지내면서 묘소까지 배웅해 호송했다. 위징은 당태종이 다스리는 도에 대해 찾자, 잘한 것과 잘못한 것에 대해 이야기했고 봉덕이 16살의 장정을 살펴보아 군사로 쓰는 것을 상주하면서 당태종이 이를 좇으려다가, 간의대부를 지내던 위징이 반대하면서 칙령에 서명하지 않게 했다. 627년에는 영남의 추장, 담전 등이 조정에 들어오지 않은 일에 대해 군사를 동원하려는 것을 반대했으며, 믿을만한 신하를 파견해 정성을 보여주면 이들을 복종시킬 것이라 했고 우승을 지내던 위징은 비단 500필을 하사받았다. 위징은 여러 차례로 당태종에게 간언했다.

이에 대한 일화로는 당태종이 좋은 새 한 마리를 얻어 어깨에 올려놓고 멀리서 위징을 보자 품 속에 감췄다가, 위징이 사건을 상주하는 것이 길어져 그치지 않자, 새는 끝내 품속에서 질식사한 일까지 있을 정도였다. 다른 판본에는 위징이 품 속에 새를 감춘 것을 눈치채고 일부러 상주를 길게 했고, 이로 인해 새가 죽자 태종이 화를 낸 것을 장손황후가 조복을 갖추어 절을 하면서, '군주가 밝으면 신하가 곧다'고 해서 축하하였다는 일화가 전해온다.

628년에 방현령과 함께 신례 138편을 제정해 올렸고, 629년에는 상서우승에서 수비서감으로 임명되었으며, 636년에 눈병이 나서 산관이 되기를 청구했다가 특진에 임명되었고, 642년에는 위징이 병에 걸리자, 위징의 집에 마루가 없는 것을 보고 당태종이 이를 짓게 하면서도 궤안, 지팡이 등을 하사했다.

위징은 태자태사에 임명되었고 병이 조금 나아지자 이를 사양했지만, 당태종은 받아들이지 않았으며, 643년 정월 17일에 사망했다. 그가 죽자 당태종이 백관 중에서 9품 이상은 모두 장례에 참석하게 했고, 새의 깃털로 장식한 의장, 의식용 악대 등을 제공하면서, 소릉에 배장했다. 위징은 평소에 당태종의 행실 하나하나까지 지적하며 간언하기를 서슴지 않았기에, 그로 인한 태종의 스트레스는 보통이 아니었다. 이를 잘 보여주는 일화가 위징의 사후에 있었던 사건이었다.

당 태종은 위징이 죽은 후에, 상소문을 미리 사관 저수량에게 보여주었다는 사실을 알게 되었다. 그러자 태종은 그동안 위징이 역사에 명성을 남기기 위해, 자신에게 간언을 하며 자신을 괴롭힌 것이라 생각하고는 큰 배신감을 느끼고 격노하였다. 때문에 당 태종은 위징의 장남인 위숙옥에게 자신의 딸인 신성공주를 시집보내겠다는 약속을 파기했을 뿐 아니라, 위징이 죽은 후에 그를 위해 세운 묘비를 쓰러뜨리기까지 했다. 그러나 당 태종은 후에 위징의 충고를 어기고 고구려 원정에 나섰다가, 안시성 전투에서 참패를 맛보고 씁쓸히 후퇴하면서, "위징이 살아 있었다면 원정을 말렸을 것이라며 후회하였다. 당태종은 위징이 죽었을 때, 통곡을 하면서 "나는 내가 가진 세 개의 거울 중 한개를 잃어버렸다며, 위징은 그릇됨을 비추는 거울이었다."고 했을 정도로 위징은 직간하는 충신이었다.

(ㄹ) 김만기와 인경왕후·인현왕후를 각각 투영시킨 정사도와 정경패

「구운몽」에 등장하는 정사도의 모델로는 작가 김만중의 형인 서석 김만기를 들 수 있다. 이런 추론은 서석 김만기의 딸이 숙종의 첫 번 째 왕비가 된 인경왕후이기 때문이다.

윤씨부인과 큰 아들 김만기의 관련 부분의 일부를 살펴보면, 윤씨부인은 1687년 3월에 천금같이 귀한 큰 아들 김만기와 사별하게 되었다. 이때 윤씨부인이 자신을 두고 먼저 세상을 떠난 아들 만기와 지난 인연을 회고해 보았다면 어땠을까? 남겨진 여러 자료적 상황을 살펴보면, 이런 생각들이 포함되었을 것으로 판단된다. 윤씨부인이 호란을 만나서, 강화도로 피난하였다가 교동도, 대부도를 거쳐서 다시 한양의 회현방 소공주동의 친가로 돌아간 것이 꼭 50년 전이었다. 피난을 끝내고 친정에 돌아가서는 서석 김만기에게 직접 『소학』 등을 가르치기도 하였다. 큰 아들 김만기는 어릴 때 부친을 여의게 된 것을 지극히 원통하게 생각하였기에, 선조를 받드는 데 더욱 정성을 다했다. 만기는 어릴 때부터 다리병이 있었지만, 여기에 구애받지 않고, 삭망의 참배라도 반드시 몸소 행하였다. 그는 제사를 받드는 사람들이 풍성함에만 힘쓰고, 심지어는 시제의 정제까지 철폐하는 것은 잘못된 일이라고 판

단하여 자신은 반드시 사시 제사를 지내는데, 풍성함보다는 정결함에 힘을 쏟아서 후손들이 준행하기를 쉽게 하였다.

또, 서석 김만기는 백부 창주공 김익희를 섬김에 있어서 부친과 스승의 예를 함께 하여서 공경을 다하였다. 그래서 창주공은 자제를 대할 때는 엄하게 하지만, 만기를 대할 때에는 특별히 칭찬을 아끼지 않았다.[348] 김만기는 가정에서는 행실을 잘 닦았고, 조정에 나가서 벼슬을 할 때에는 임금을 섬김에 의리를 주장으로 삼으며 충성을 다하였고, 직무에 있어서는 근면과 정직에 근본을 두었다. 그런데, 현종 때에 들어서는 예송으로 인하여 많은 현인이 물러오자 친구들을 규합하여 군자와 소인의 마음을 분별함에 힘쓰면서 여러 차례 상소를 하여 절실한 심정을 토로하고, 군자를 가까이 하며 소인을 멀리 하였다.[349] 관직에서 직위가 점차 높아지자 은총과 녹봉의 후함으로써, 다행을 삼지 않고 국세의 쇠약함과 민생의 어려움을 근심하며, 백성을 위하는 방안들을 강구하여 임금의 은총에 보답하며 직책의 임무를 감당하는 데에 힘을 기울였고, 요직을 맡았지만, 집안에는 뇌물꾸러미가 없었으며, 비록 명분이 있게 보낸 것이라도 사양하였다.

1674년 이후에 소인들이 국권을 잡고, 자신을 제거하려고 할 때, 김만기는 자기의 몸을 돌아보지 않고 오직 국가를 지키는데 몸을 바쳤다.[350] 젊은 나이로 영귀하고, 또한 임금의 측근에 거하면서 공신 및 국구에게 주는 토지의 봉양을 누렸지만, 벼슬을 하지 않은 일반 선비들과 다름이 없었으며 벼슬길에 오른 이후로는 관복의 띠마저 모두 남에게 빌렸다. 또 어느 때는 떨어진 담비 모자를 산 지가 십여 년이 지난 후에야 갈았고, 경의 직위에서 오른 지도 여러 해를 지났지만 종2품 이상의 관원이 타는 수레를 타지 않았다. 국구

348) 김진규, 『문충공휘만기가장』.

349) 김진규, 『문충공휘만기가장』.

350) 김진규, 『문충공휘만기가장』.

가 된 지가 3년이 지난 다음에 비로소 가마를 탔으며, 외가에서 준 회현방의 집이 비좁은 데도 20년 동안을 옮기지 않았다. 새로운 집을 하사하여도 너무 화려하다고 해서 사양하였다. 궁중 예복인 장복이 아니면 비단을 몸에 착용하지 아니하였고, 저고리와 바지가 때로는 때가 묻고 떨어졌었다. 병환 때에 덮는 이불이 심히 떨어져서 솜이 보이자, 문병하는 사람들이 보고는 칭찬 탄복하였다. 이러한 것들은 모두 가식에서 나온 것이 아니고 본래의 성품이 그러하였기 때문이었다.

서석 김만기는 물욕에 담박하여 평생에 음악을 듣지 않았고, 긍지를 갖지 않아도 자연히 정이천이 주행기를 경계한 말에 부합되었다. 곁에는 잉첩이 없었으며, 나라에서 포상으로 훈신에게 하사한 여종마저 받지를 않았다. 한 필의 말을 13년 동안을 탔기 때문에 말이 늙어서 달리지 못하여도 개의치 않았다. 이조와 병조의 최고직에 있을 때에는 아전을 임명하면서 항상 공의에 따라 하였기 때문에 비록 친구라 하여도 그에 합당한 인재가 아니면 절대로 추천하지 않았고, 조그마한 일도 남에게 청탁을 하지 않았다.

서석 김만기는 크고 작은 일에 반듯하게 법을 지켜 왔고, 법을 굽히면서 자기를 편리하게 하지 않았고, 비록 법에서 금지하는 것이 아닐지라도 혐의가 있을 만한 일에는 간여하지 않았으며 자신을 엄격히 다스렸다. 대사성과 대제학이 되었을 때에도 자손을 경계하면서 전시, 정시 및 성균관의 과거에 나가지 못하게 하였다.[351] 김만기는 평생에 말을 가리지 않았지만, 거칠고 비속한 말은 입에서 내지를 않았다. 몸을 단속하지 않아도 태만한 용모가 나타나지 않았던 것은 자연적으로 도에 가까운 자품이 있었기 때문이었다. 비록 학문으로 자처하지는 않았지만, 평소의 언행이 유가의 궤도에 위배됨이 없었기에, 젊을 때에도 이미 종조 문경공이 학문에 정진할만한 인물이라고 자주 칭찬하였으며, 동춘당 송준길 선생은 김만기가 주량이 크면서도 술 마

351) 김진규, 『문충공휘만기가장』.

시기를 즐겨하지 않음을 보고 칭찬하였다.

이처럼, 서석 김만기의 지극한 성품과 근본에 의한 덕은 "엄연히 동하지 않고, 담연히 욕심이 없다는 말이 거의 근사한 경지에 이르렀다. 그래서 만기는 처음에 문장을 할 때, 일을 의논하기에는 회암 주자를 참고하였고, 일을 서술하기에는 반고를 사모하였으며, 말년에는 구양수를 따르고자 할 정도로 문사와 이치가 겸비하였다.[352]

또, 서석 김만기는 글을 좋아해서 하루도 글이 없이 지내지 않았고, 성리문자와 문장 제가의 말로부터 역대 사기와 국조의 옛 일을 모두 관통 망라하고 별자리, 지리, 노가와 불가, 패관 등 논설에도 또한 널리 통하였다. 한가롭게 거할 때에도 서적을 연구하여 매양 등불에서 글을 보아 밤중에 이르고, 더욱 주자의 글을 좋아하여 항상 자리 옆에 비치하였으며, 문원공 김장생의 유문을 수습하여 읽기를 강구하였다.[353] 그는 1680년 복선군과 탁남의 영수인 허적의 서자 허견 등이 역모했다는 고변이 있자 이를 계기로 남인들을 축출하고 서인들을 등용시켰다. 1680년 삼복의 변이 일어나자, 이 사건의 해결에 깊이 개입하게 되었다. 그 해에 김만기의 따님인 인경왕후가 경덕궁 회상전에서 천연두로 20세의 젊은 나이로 승하하였다.[354]

인경왕후는 1661년 9월 초3일 한양 회현방에서 태어났다. 그 때의 일화로는 아기가 태어났으나 울음소리가 끊어져 희미하므로, 집안사람들이 혹시나 하고 염려하였는데, 의원이 말하기를 "다친 곳은 없고 성질이 그러합니다." 하였다. 말을 배운 다음에도 말을 가볍게 하지 아니하였지만, 말을 하게 되면 반드시 이치가 있었다. 그리고 보행은 더디고 느렸기에 함부로 뜰 계단을 내려가지 아니할 정도로 타고난 존귀함이 있었다. 한번은 같은 또래들과 서

352) 김진규, 『문충공휘만기가장』.

353) 김진규, 『문충공휘만기가장』.

354) 1681년 2월 22일에 고양군 익릉으로 모셨다.

로 놀 때, 곁에 있는 아이들이 병아리를 희롱하거나 공기놀이를 하거나 배와 밤 같은 과일이나 엿과 떡을 가지고 서로 다투거나 하여도 꼼짝도 않은 채 단정히 앉아 보지 않은 것같이 하였으며, 함께 먹을 때에는 반드시 기다렸다가 모두 모인 후에야 먹었다. 또 화려한 물건을 애호하지 아니하였고, 의복이 비록 때가 묻고 해어져도 싫어하는 적이 없었으며, 곱고 아름다운 옷을 입은 자가 있어도 부러워하는 빛이 없었다. 그리고 자기가 가지고 있는 좋은 것을 다른 사람에게 나누어 주려고 하여도 절대로 아까워하는 적이 없었다. 나이 7, 8세가 될 때부터는 집안에 깊숙이 들어앉아 나가지 아니하고 예를 익혔기에 10세가 되어서 이미 남달리 일찍 성장하였다.

10세 때에 선대왕께서 두루 절충하고 응대하는 바가 마땅함을 가상하게 여기셨으며, 여러 여관들도 모두 말하기를 "천제의 누이 동생과 같다."고 하였다. 간택에서 뽑히어서 별궁에 있을 때에는 부친 만기가 때때로 들어가서 『소학』을 가르쳤는데, 단지 한 번 음독만 해주어도 그 뜻을 익숙하게 통하였으며, 한 자도 틀리지 않고 읽으며 암송하였다. 그리고 겸해서 내훈을 한 번 보고는 끝내 잊지 않았고, 고금의 좋은 말들과 선행 듣기를 좋아하여, 아침 일찍부터 밤늦게까지 게을리 하지 아니하였다. 그리고 위로는 삼궁과 임금을 받드는 데에 정성과 공경을 다하였고, 혼정신성에는 감히 몸이 아프다고 해서 폐하는 적이 없었으며, 종일 곁에서 모시면서 공경하고 삼가니, 권애하심이 매우 돈독하였다. 그러나 은혜에 친압하고 사랑을 믿는 뜻은 털끝만큼도 마음속에 가지지 아니하였다. 일찍이 정사 때문에 선대왕께서 종일 별전에 계시니, 왕후께서 고마운 마음을 금하지 못하여 눈물을 흘리기까지 하였다.

이외에도 우암 송시열이 지은 인경왕후 지문 전체를 몇 장에 걸쳐서 소개하고 있다.

삼가 살펴보건대, 김씨(金氏)의 적관(籍貫)은 전라도(全羅道) 광주(光州)인데, 그 원류(源流)가 대개 신라(新羅)의 김성(金姓)에서 나왔다. 왕(王)에게 왕자(王子) 흥광(興光)이 있었는데, 장차 국란(國亂)이 있을 것을 알고 스스로 광주(光州)에 피하였다. 그후 잇달아 8대가 평장사(平章事)가 되자, 사람들이 그 사는 곳을 평장동(平章洞)이라고 불렀다. 본조(本朝)에 와서 휘(諱) 김국광(金國光)은 우리 세조 대왕(世祖大王)을 섬겨 좌의정(左議政)이 되고 광산 부원군(光山府院君)에 봉해졌다. 아들 휘 김극유(金克忸)는 벼슬이 대사간(大司諫)이었고, 그 증손(曾孫) 휘 김계휘(金繼輝)는 벼슬이 대사헌(大司憲)으로서 총명(聰明)하고 박달(博達)하여 선조조(宣祖朝)의 명신(名臣)이 되었다. 그리고 그 아들 휘 김장생(金長生)은 학문(學問)과 도덕(道德)으로써 세상의 유종(儒宗)이 되었고, 벼슬이 참판(參判)이었는데, 영의정(領議政)에 추증(追贈)되고 시호(諡號)는 문원공(文元公)으로, 이분이 왕후(王后)의 고조(高祖)가 되신다. 그 아들 휘 김반(金槃)은 일찍이 대사헌(大司憲)이 되어 간흉(奸凶) 이계(李烓) 등을 논박(論駁)하여 배척(排斥)하고 문정공(文正公) 김상헌(金尙憲)을 구출(救出)한 것으로서 춘추 대의(春秋大義)를 밝혔다. 그리고 그 아들 휘 김익겸(金益謙)은 생원시(生員試)에 장원 급제(壯元及第)하고, 병자년 · 정축년의 변란(變亂) 때 마음속으로 구차하게 모면(謀免)하는 것을 부끄럽게 여겨 강도(江都)에서 입근(立慬) 하였는데, 그 배필(配匹)이 우리 선조(宣祖)의 외증손(外曾孫) 윤성(尹姓)이며, 이분이 김만기(金萬基)를 낳으셨다.

김만기는 일찍이 병조 판서(兵曹判書) · 대제학(大提學)이 되었고, 군수(郡守) 한유량(韓有良)의 딸에게 장가들었다. 참판(參判)과 생원(生員)을 모두 충청도(忠淸道) 회덕현(懷德縣)의 정민리(貞民里)에 장사(葬事)지냈는데, 술인(術人)3050) 이 말하기를, '반드시 덕행(德行)이 있는 임사(任姒) 같은 사람이 태어날 것이다.' 하였는데, 왕후(王后)께서 과연 숭정(崇禎) 기원(紀元) 34년 신축년 9월 초3일 을묘 인시(寅時)에 경사(京師) 회현방(會賢方) 사제(私第)에서 태어나셨다. 그런데 이미 태어났으나, 울음소리가 끊어져 희미하므로, 집안 사람들이 혹시나 하고 염려하였는데, 의원이 말하기를, '다친 곳은 없고 성질(性質)이 그러합니다.' 하였다. 이미 말을 배워서는 말을 가볍게 꺼내지 아니하나, 꺼내면 반드시 이치가 있었다. 그리고 보행은 더디고 느렸으며, 함부로 뜰 계단을 내려가지 아니하였고, 스스로 타고난 존귀(尊貴)함이 있었다. 동배(同輩)와 서로 만났을 때 곁에 있는 자들이 병아리를 희롱하거나 공기놀이를 하거나 배[梨]·밤[栗]을 다투거나 엿과 떡을 갖거나 간에 평소 꼼짝도 않은 채 단정히 앉아 보지 않은 것같이 하였으며, 함께 먹을 때에는 반드시 기다렸다가 모두 모인 후에야 먹었다. 또 화려[芬華]한 물건을 애호(愛好)하지 아니하였고, 의복(衣服)이 비록 때가 묻고 해졌다 하더라도 싫어하는 적이 없었으며, 곱고 아름다운 옷을 입은 자가 있어도 부러워하는 빛이 없었다. 그리고 자기가 가지고 있는 좋은 것을 다른 사람에게 옮겨 주려고 하면, '좋다.' 하면서 절대로 아까와하는 적이 없었다.

나이 7, 8세가 되자, 집안에 깊숙이 들어앉아 나가지 아니하고 예(禮)를 익혀 10세가 되니, 또 조달(早達)하였다. 일찍이 혼인(婚姻)이 있었는데, 마침 노인네[耆艾]들이 모여 구경하고는 또 꽃구경을 하자고 청하는 사람이 있어 말하기를, '저 집은 이웃이고, 친척이다.' 하였으나, 모두 달갑게 여기지 아니하며 말하기를, '혹시라도 외부의 사람이 있을까 두렵다.'고 하였다. 그러자 부모(父母)가 말하기를, '만약 여자가 아니라면, 마땅히 명유(名儒)가 되어 전열(前烈)을 이어받았을 것이다.' 하였는데, 이로부터 덕성(德性)이 날로 진보하여 온공(溫恭)하고 화수(和粹)하며 장중(莊重)하고 공손해서, 사람들은 오만하고 게으른 용모(容貌)와 비속(鄙俗)한 말이 있음을 보지 못하니, 육친(六親)이 모두 기이하게 여겼다.

그리고 얼마 안되어 덕선(德選)을 받들게 되니, 이때 대개 10세였는데, 선대왕(先大王)께서 두루 절충[折中]하고 응대(應對)하는 바가 마땅함을 가상(嘉尙)하게 여기셨으며, 여러 여관(女官)들로 모두 말하기를, '천제(天帝)의 누이동생과 같다.' 하였다. 이미 간선(簡選)되어 별궁(別宮)에 있을 때 부친이 때때로 들어가서 비로소 《소학(小學)》을 가르쳤는데, 단지 한 번 음독(音讀)만 가르쳤으나, 그 뜻을 익숙하게 통하였으며, 한 자도 틀리지 않고 읽었고, 또 문득 암송(暗誦)하였다. 그리고 겸해서 《내훈(內訓)》을 한 번 보고는 끝내 잊지 않았고, 사람들이 말하는 고금(古今)의 가언(嘉言)과 선행(善行) 듣기를 좋아하여, 아침 일찍부터 밤 늦게까지 게을리하지 아니하였다. 이미 위로 삼궁(三宮)과 사성(四聖)을 받드는 데 정성(精誠)과 공경(恭敬)을 다하였고, 혼정신성(昏定晨省)을 감히 몸이 아프다고 해서 혹시라고 폐하는 적이 없었으며, 종일 곁에서 모시면서 공경하고 삼가니, 사성(四聖)께서 권애(眷愛)하심이 매우 돈독하였다. 그러나 은혜에 친압(親狎)하고 사랑을 믿는 뜻은 털끝만큼도 마음속에 가지지 아니하였다. 일찍이 정사(政事) 때문에 선대왕(先大王)께서 종일 별전(別殿)에 계시니, 왕후(王后)께서 유모(孺慕)함을 금하지 못하여 눈물을 흘리기까지 하였다. 갑인년에 거듭 대상(大喪)을 두 번이나 만났는데, 애모(哀慕)함이 예(禮)에 넘치니, 시어(侍御)하던 사람들로서 그 순지(純至)한 성효(誠孝)에 감탄하지 않는 자가 없었다.

이에 중곤(中壼)에 정위(正位)하니, 판서(判書)를 승진시켜 영돈녕부사(領敦寧府事)로 삼고 광성 부원군(光城府院君)에 봉하였으며, 그 어머니 한씨(韓氏)를 서원 부부인(西原府夫人)에 봉하였다. 생원(生員)은 이미 인조조(仁祖朝)에 지평(持平)에 추증(追贈)되었었는데, 이때에 이르러 영의정(領議政)을 가증(加贈)하고, 후에 광성 보사(光城保社)로 훈록(勳錄)하고, 광원 부원군(光源府院君)으로 추봉(追封)하였으며, 부인 윤씨(尹氏)는 부인(夫人)의 고신[眞誥]을 받았다.

왕후(王后)께서 이미 궁내(宮內)의 일을 이어받아 주장해 다스리게 되었는데, 반드시 공경하고 삼가면서 옛날의 성비(聖妃)를 모범삼아 후세(後世)에 사가(私家)의 은택(恩澤)을 구하지 않은 것은 족히 말할 것도 없다. 항상 성덕(聖德)을 보필(輔弼)하는 것으로 마음을 삼아 연사(宴私)의 뜻이 동정(動靜)에 나타나지 아니하였고, 잠경(箴警)이 연거(燕居)에 끊이지 아니하니, 우리 전하께서 일찍이 말씀하시기를, '내가 내조(內助)에 힘입은 바가 진실로 많았다.' 하셨다. 존속(尊屬)을 접대(接待)하는 데 여러 가지로 주장하는 것이 모두 곡진하여 예의로운 마음이 있었고, 내사(內史)를 다스리는 데 은혜와 위의를 아울러 갖추니, 사람들이 모두 사랑하면서도 두려워하였으며, 복어(服御)의 여러 가지 일은 반드시 분수에 넘치게 사치한 것을 경계하였다. 그리고 본가(本家)에 서간(書簡)을 통하면서 안부(安否) 이외의 일에는 언급하지 아니하였고, 묻는 것은 농사[稼穡]가 잘 되었는지 못되었는지, 질역(疾疫)이 치열한지 누그러졌는지 민생(民生)의 질고(疾苦)에 대한 것일 따름이었다. 수재(水災)와 한재(旱災)의 재이(災異)는 위급하고 두려운 데 더욱 진념(軫念)하셔서, 경계하고 두려워하는 뜻이 말씀 가운데 가득했으며, 성심(誠心)으로 가엾게 여겨 슬퍼하시는 바가 하늘을 감동시킬 만하였다. 이에 우리 전하께서 만약 형벌하시고자 하면 풍화(風火)의 조짐을 두려워하셨으니, 우리 성비(聖妃)의 타고나신 자질(資質)의 아름다움과 가법(家法)의 훌륭함은 진실로 속일 수가 없다.

갑인년 이후로 적신(賊臣)이 무함(誣陷)과 패역(悖逆)으로 동요(動搖)시킬 것을 꾀하여, 처음에는 친경(親耕)을, 이어서 친잠(親蠶)을 권하고, 빈어(嬪御)를 갖추게 하였으니, 이것은 대개 장차 요염(妖艶)을 미끼로 하여 진출(進出)해서, 이간(離間)하는 계책을 삼으려고 한 것이었다. 그런데 다행히 바람과 우뢰(雨雷)가 위세를 떨치는 바람에 친경(親耕)이 이미 이루어지지 못하고 간교한 음모가 중도에서 저지(沮止)되니, 어찌 왕후(王后)의 덕성(德性)이 천지(天地)를 두려워하여 음즐(陰騭)을 받은 것이 아니겠는가? 그후 또 예론(禮論)을 청탁하여 장차 한두 신하(臣下)를 도륙(屠戮)하려 하는데, 광성(光城)에 미친 뒤에 따라서 그 이상에까지 미쳤다.

이러한 때를 당하여 왕후(王后)께서는 평안(平安)하고 돈인(敦仁)하셔서 스스로 위태하지 아니하였고, 오로지 종사(宗社)를 걱정하여 옥도(玉度)에 허물이 없었으니, 비록 우리 전하의 신성(神聖)하신 예지(睿智)에 힘입었다 하나, 또한 효성스러운 덕행(德行)이 위로 조종(祖宗)을 감동(感動)시켜 그러한 것이 아니겠는가?

경신년 10월에 두창(痘瘡)에 걸렸는데, 상감을 염려하여 스스로 아픈 것조차 잊었다. 헛소리[夢語]를 하는 데까지 이르러 부원군(府院君)이 여의(女醫)가 진맥(診脈)하는 데 따라 들어가면, 반드시 병을 참고 일어나 앉으면서 몸을 단정히 하여 공경(恭敬)을 다하였는데, 어깨와 등을 곧바로 세우는 것이 병들지 않았을 때와 같았다. 대점(大漸)함에 이르러서 정신(精神)이 조금도 흐려지지 아니하더니, 마침내 26일 신해 해시(亥時)에 경덕궁(慶德宮)의 회상전(會祥殿)에서 승하(昇遐)하셨다. 이때 위로 자전(慈殿)의 뜻을 받들어 전하께서 창경궁(昌慶宮)에 이어(移御)하셨었는데, 부음(訃音)을 듣고 몹시 슬퍼하고 상심해 하시고는 내어(內御)에게 명하여 모든 월제(月制)와 일제(日制)의 일은 모두 궐내(闕內)에서 구비(具備)하도록 하셨으니, 이는 대개 평일(平日)에 인자(仁慈)하고도 검소(儉素)하셨던 마음을 본받아 저자[市律]와 같이 번거롭고 요란하지 않고자 함이었다.

군신(群臣)이 시호(諡號)를 올리기를 인경(仁敬)이라 하였는데, 주(註)를 살펴보건대, 인자함을 베풀고 의(義)를 행한 것을 인(仁)이라 하고, 이른 아침부터 밤 늦게까지 경계(儆戒)한 것을 경(敬)이라 한다. 능호(陵號)를 익릉(翼陵)이라 하고, 전우(殿宇)를 영소전(永昭殿)이라 하였다. 길(吉)한 날을 가려 신유년 2월 22일 병오 묘시(卯時)에 예장(禮葬)하였는데, 흠위(歆衛)와 의물(儀物)은 모두 간략한 것을 따랐다. 능(陵)은 경기도(京畿道) 고양군(高陽郡)에 있는데, 도성(都城)에서 20리가 된다.

근신(近臣)이 가만히 엎드려 생각해 보건대, 한유(韓愈)가 말하기를, '《시경(詩經)》에서는 석인(碩人)을 노래하여 이에 종친(宗親)을 서술하였고, 《예기(禮記)》에서는 아내를 얻는 것을 논하여 반드시 효제(孝悌)를 가려서 대대로 행의(行義)있는 자라야 한다.'고 하였는데, 신이 삼가 우리 성비(聖妃)를 살펴보건대, 그 세족(世族)의 출신을 추구해 보면, 진실로 왕자(王者)의 후예(後裔)로서, 고려(高麗) 5백 년 동안 이어져 오며 찬란하게 빛났고, 본조(本

朝)에 와서는 명경 대유(名卿大儒)가 조손(祖孫)에 서로 잇달아서, 마침내 성녀(聖女)가 태어나 경실(京室)에 와서 내치(內治)를 성취하고 왕화(王化)를 도왔으니, 근원(根源)이 크고 내[川]가 풍성한 것은 마땅히 그러한 것이지만, 만약 신성(神聖)하신 우리 현종(顯宗)이 아니었더라면, 비록 성덕(盛德)이 많다 하더라도 어떻게 간선(簡選)을 받을 수 있었겠는가?

처음에 인선 대비(仁宣大妃)께서 말씀하시기를, '문원(文元) 김 공(金公)은 진실로 우리 선고(先考) 문충공(文忠公)의 스승이었는데, 이제 내가 그 자손(子孫)과 함께 왕가(王家)의 지어미가 되었으니, 또한 한결같이 기이하다.' 하셨다.

아! 우리 성비(聖妃)의 씨족(氏族)의 덕행(德行)과 아름다운 일들이 이와 같이 성대(盛大)하였으니, 마땅히 길이 복록(福祿)을 누리시면서 우리 신민(臣民)으로 하여금 인자하신 은택(恩澤)을 함께 입게 할 것인데, 하늘이 불인(不仁)하셔서 갑자기 하령(遐齡)을 막으시어 우리 삼성(三聖)으로 하여금 위에서 비도(悲悼)하게 하시고, 아래로 신민(臣民)으로 하여금 울부짖게 하시니, 어찌 이른바 신(神)이란 진실로 밝히기 어렵고, 이치란 추고(推考)할 수 없다는 것인가? 비록 그렇다고 하나, 인(仁)이란 선행(善行)의 으뜸이고, 경(敬)이란 덕행(德行)의 기틀이고, 익(翼)이란 사려(思慮)가 깊고 원대한 것으로서, 지금 올린 시호(諡號)는 능호(陵號)와 더불어 실상(實狀)을 잘 나타내었으므로, 하늘 위에서 빛날 것이며, 영문(令聞)이 그쳐지지 않을 것이니, 공성(孔聖)께서 말한 바 대덕(大德)은 반드시 그 이름에서 얻는다는 것이 아니겠는가?

또한 이에 신은 가만히 깊이 느껴 거듭 슬퍼하는 바가 있는데, 기억하건대, 옛날에 일찍이 성조(聖祖)를 모시던 별전(別殿)에서 우리 선대왕(先大王)께서 거처(居處)하시던 동합(東閤)을 가리키면서 성사(聖嗣)의 시기가 늦어짐을 깊이 한탄하셨는데, 하늘의 종방(宗祊)을 도우심에 미쳐서 우리 전하께서 탄생(誕生)하셨지만, 성조(聖祖)께서는 이미 미처 보지 못하셨다. 그래서 우리 성비(聖妃)께서 공손히 종사(宗事)를 반드는 데 미치면, 항상 말씀하시기를, '많은 경사스러운 일이 있으면 하늘에 계신 우리 성조(聖祖)의 영혼을 위로해 드려야 한다.'고 하셨는데, 이제 곤의(坤儀)가 비게 되어 갑관(甲觀)3066) 을 열지 못하게 되었으므로, 성비(聖妃)의 덕행(德行)으로써도 끝내 성조(聖祖)의 유택(遺澤)을 입지 못하게 되었으니, 아! 슬프도다." 하였다.[355)]

숙종은 인경왕후가 승하하자 손수 쓴 편지를 내려 애도와 위로를 하면서 어릴 때의 언행을 기록해 올리라고 명하였다. 분묘를 조성한 후에, 임금은 유시하기를 "경이 발인 때까지 왕이나 왕비의 관을 두던 곳에 출입하는 관계로 보지 못한 지가 여러 달 되었다."고 하니, 김만기는 일어나 절하면서 "신과 같이 어둡고, 완고한 사람으로서 몸은 비록 살아 있으나 훈련대장의 책임은 결정적으로 감당하기 어렵습니다." 하였다. 임금은 "경은 어찌 매양 이런 말을 내는가! 자못 경에게 바란 바가 아니다." 하였다. 김만기가 또 신병을 이유로 들어서 극구 사양하였으나, 임금은 "경의 공로가 이미 나타났고, 좋은 일이나 슬픈 일을 국가와 같이 했으니 번번이 사양하지 말라."고 하였다.[356)]

서석 김만기가 다시 상소를 올려 사양하였으나, 임금은 좋은 비답으로 윤허하지 않았고, 사관을 보내어 뜻을 전하여 비답하기를 "경은 왕비의 친정 가족들로서 공로가 왕실에 준하였는데 왕비의 상을 당한 이후로는 경에게 의지하는 마음이 전보다 배나 되었으니 나의 이러한 마음을 염두에 두어라." 고 하였다. 그래도 김만기가 굳이 사양하였으나 임금은 다시 사관을 보내어 비답을 전하면서 위로와 권면을 더욱 융성하게 하였다. 그러자 김만기는 다시 임금을 입대하고 병상을 진달하였으나 윤허하지 않았다. 그러자 옥당 오

---

355) 영중추부사 송시열이 제술하여 바치었다. 1671 현종 12년.

356) 김진규, 『문충공휘만기가장』.

도일 등이 차자를 올려서 시정을 의논하면서 "국구로서 병권을 잡는 것은 옛일이 아닙니다." 하였고, 김만기는 다시 차자를 올리어 사직하게 되었는데, 마침 임금은 계비를 맞게 되어서 훈련대장이 당연히 배행하게 되었으므로 영의정 김수항이 "사람을 쓰는 도는 때에 따라 다른 것이며 국세가 위태롭고 미약한 때를 당하여 국구로서 임금께 친병을 장악하는 것이 불가할 일이 아니오니, 청컨대 훈련대장을 명령으로 부르소서." 하였다.

김만기는 더 이상 거절할 수가 없어서 명령에 응하고 대례를 지내었다. 그리고 김만기는 다시 면직을 빌었으나, 임금은 비답하기를 "이러한 어려운 때를 당하여 훈련대장의 책임을 경 같은 공훈과 명망이 아니라면 그 누구가 맡겠는가? 연소배의 괴패하고, 과격한 말을 깊이 혐의할 일이 아니다." 하면서 사관을 보내어 유시하였다. 그러자 김만기는 다시 임금을 대하여 힘껏 사양하면서 차자를 올려 다리병을 이유로 들어서 사양하였으나 임금은 윤허하지 않고, 오히려 의원을 보내어 약을 하사하였다. 김만기가 네 번째 상소를 올렸으나 재차 사관을 보내어 비답을 전해 위로하였다.[357]

서석 김만기는 윤씨부인에게 기초 학문을 학습한 뒤에, 백부 창주 김익희의 문하에서 한학을 수학하다가 우암 송시열의 문인이 되었다. 우암 송시열의 문인으로 효종 4년인 1652년에 생원과 진사 양시에 장원으로 급제하였다. 1653년 별시문과에 을과 3인으로 급제하여 승문원에 보임되었다. 그 뒤 장예원의 주서, 승문원의 주서, 시강원의 설서 등을 역임하고 예조, 병조좌랑과 사헌부 지평 등을 지냈다. 사간원의 정언, 홍문관의 부수찬, 부교리에 임명되었다. 1659년 효종이 승하한 후 효종의 계모인 자의대비의 복상문제로 논란이 일자 송시열, 송준길 등의 기년설을 지지하였다. 이후 서인으로 활동하며 3년설을 주장하는 고산 윤선도 등 남인을 공격했다.

또, 현종 4년인 1660년에는 수찬이 되었고, 1661년에는 응교, 사복시정,

357) 김진규, 『문충공휘만기가장』.

성균관 사성, 의정부 사인, 통정대부로 승차하여 승정원 동부승지 등을 맡았다. 그리고 1666년에는 전라도 관찰사로 임명되었으나 편모를 떠나 멀리 갈 수 없다고 사양하여 사간원 대사간에 특별히 제수되었고 곧 승정원 좌승지로 옮겼다. 1667년 예조참의에 승진되었으나 곧 사직하고 그 후 광주부윤에 제수되었다. 1670년 6월 부제학, 9월에 이조참의 1671년에는 딸이 세자빈이 되었고, 이후 가선대부 예조참판으로 승진, 승문원 제조, 도총부 부총관, 관상감 제조를 겸했다가 10월에 병조참판으로 옮겼다. 1672년 성균관 대사성이 되고, 곧 부제학으로 전보되었다가 홍문관과 예문관 양관의 대제학, 지성균관사, 지경연사에 동지의금부사를 겸임했다. 1673년 영릉을 옮길 때 산릉도감의 당상관이 되었다. 12월에 병조판서에 지춘추관사를 겸했고 1674년에는 예조판서로 옮겨 정헌대부로 승진되었다.

숙종 1년인 1675년에는 국구로서 영돈녕부사, 광성부원군에 책봉되었고, 오위도총부 도총관, 호위대장, 전생서 제조를 겸했다. 이후 총융사를 겸하여 병권을 장악하였으며, 이로 인해 남인들의 공격과 비판을 받기도 하였다. 이후 김수항의 천거로 1974년 대제학을 지내면서 문형, 경연 춘추관 주사, 비변사, 진휼청, 선혜청 등의 직임을 겸하기도 하다가 1675년 8월 총유사를 맡았다. 1680년의 경신대출척 때에는 훈련대장으로 끝까지 남인과 맞섰으며, 허적의 서자 견과 종실인 복창군 · 복선군 · 복평군 등의 역모를 막은 공을 세워 보사공신 1등에 책록되었고, 1686년에는 풍정도감 도제조를 지냈다. 이런 중요 직책을 감당하였던 김만기는 숙종의 곁에서 추기에 참여하며, 종사가 편안해지자 장수의 직위를 내놓고 집으로 돌아와 8년 동안을 조용히 살았지만[358] 몸이 점점 허약해지는 것을 막을 수 없었다. 그러더니, 1687년에 1월에 급작한 구토로 병세가 위급하자, 임금은 어의 두 사람을 전후로 보내어 좋은 약을 잇달아 하사하고, 또한 궁인을 자주 보내어 문병하고, 음식도 하

358) 『조선왕조실록』, 숙종 13년(1687년) 3월 15일.

사하였다.

그때 장남 김진규는 충청감사가 되었는데, 임금은 상국 김수항의 차자 진달로 인하여 특명으로 교대를 기다리지 말고, 빨리 귀성하라 하였다. 김만기는 바야흐로 위독하여 일어나지 못할 정도인데도 임금의 이러한 명령을 듣고, 자제로 하여금 부축하여 앉은 채 흐느껴 울면서 말하기를 "임금의 은혜가 망극하다."고 하였다.[359] 조금 있다 속이 더부룩하고 팽창하여 숨 가쁨의 증세가 첨가되었다. 그 후 석달간의 환후 동안에는 임금은 특별히 내시를 보내어 문병하고 더욱 좋은 약을 하사했지만, 모두 효력을 보지 못하고 마침내 3월 15일에 55세로 세상을 떠났다.[360]

숙종은 김만기의 부고가 전해지자 하교하기를 "슬픔과 서러움이 갖가지로 지극하다." 하고 애도하며 교서를 내리기를 "광성부원군이 비록 일시적인 병환이 있다 해도 마음으로 생각하기를 연령이 높지 않고, 정력이 강장하므로 천지신명이 돕는 바에 반드시 쾌유의 기쁨이 있을 것이라 했는데, 어찌 하늘이 동량을 빼앗아서 나이가 육십에도 미치지 못한 채 갑자기 세상을 떠날 줄을 알았으랴. 이를 말하자면 상심한 일을 이루 말할 수 없다." 하였다. 그리고 예관으로 하여금 송종범절을 속히 거행할 것이며, 장례 등 일에 대해서는 해당 되는 관서로부터 거행하고, 초상에 사용되는 모든 필요한 물건은 각 부서의 관원들이 몸소 안배할 것이며, 녹봉도 또한 3년 동안 지급하여 나의 성의를 표시하라고 하며, 임금이 드디어 희정당에서 호곡하고 이틀 동안 조회를 철폐하였다. 세 왕비는 모두 관리들을 보내어 호상하고, 어의와 비단이불을 수의로 하사하며 동원의 관재와 공조의 칠을 사용하고, 비단과 명주는 호조와 상의원에서 판출하게 하니, 모두가 특별한 명령이었다.[361]

359) 김진규, 『문충공휘만기가장』.

360) 김진규, 『문충공휘만기가장』.

361) 김진규, 『문충공휘만기가장』.

나라에서는 또한 베와 쌀을 많이 하사하고, 대왕대비도 또한 의복과 부의를 보내어 성복하게 하고, 궁중의 제찬으로 제수를 하사하며 도승지와 예관을 보내어 상제를 조문하였다. 세 왕비도 또한 내사를 보내어 상제를 조문하며 또 지관을 명령하여 장지를 선택하고, 장사에 임박하여 예관을 보내어 사제하고, 또한 궁중의 제찬으로 내사를 보내어 별도로 치제하였다. 또 예관을 보내어 길에서 치제하며, 또 명령하여 발인 후일의 제사와 장례 때에 모든 제수를 관에서 공급하게 하였다. 또 내수사에서 석물을 제조하며 본도에서 재실을 짓게 명령하니, 애도를 표시하고, 송종을 우대함이 지극하였다.[362] 종전에 임관했던 군문의 장교와 사병 및 모든 부서의 아전들도 다 와서 호곡하면서 전을 올렸다. 교외에서 호송하는 횃불이 십여 리를 비추고, 슬프게 울부짖는 소리가 산야를 진동하며 훈련도감의 사병들이 더욱 추후 생각하여 흐느껴 울고 공의 은혜를 갚을 길이 없다면서 상여를 메고 묘지에 갈 것을 자청하였다.[363]

또, 이소화의 모델은 반장희빈이라는 특징을 가진다. 작가가 체험하고 있는 현실에서는 장희빈이 숙종의 총애를 받아 젊은 숙종이 국정을 제대로 이끌어가지 못하고, 직언한 충신 김만중을 유배 보내고, 여기에는 당나라 현종을 망국으로 이끌었던 양귀비의 이미지가 장희빈에게 있는데 반하여, 성리소설「구운몽」의 모델 설정에서는, 반장희빈으로, 장희빈의 역행 모델로서 가춘운과 이소화를 거론할 수 있다.「구운몽」에서는 군주와 조정의 중신들, 그리고 왕비와 후궁인 비빈들의 관계를 은유하는 등장인물을 양소유의 처첩으로 비유하여 표현하였다. 이런 이유를 근본으로 설정된 양소유와 처첩의 혼사 관계는 철저히 예법에 따른 질서를 보여준다.

외에도 소설이 지닌 작품의 흥미를 동시에 구비할 수 있는 사사적 전개를

362) 김진규,『문충공휘만기가장』.

363) 김진규,『문충공휘만기가장』.

위하여 주인공 양소유는 굴원을 연상할 수 있는 옛 초나라 땅에서 출생하였지만, 막상 양소유가 제1 부인이 되는 정경패를 만나는 대목은 매우 흥미롭게 전개된다. 당시 양소유는 시골에서 상경한 가난한 과거 입시생이었음에도 불구하고, 매우 자신만만하게 도성 안 최고의 신부감으로 칭송받고 있던 정경패를 직접 보고 신부감 여부를 판단하겠다고 한다. 정경패는 교육 장관에 해당하는 사도의 무남독녀 외동딸이었다. 남녀교제가 원천적으로 금지된 중세 동양의 도덕률을 상기한다면, 양소유의 소망은 공상일 뿐이었다. 그러나 삼엄한 경계를 뚫고 정경패를 직접 찾아가 보기로 한 양소유는 여성으로 변장하여 거문고 연주자 행세를 한다. 양소유는 이미 남전산에서 만난 도사에게서 거문고를 배워 놀라운 연주 실력을 가지고 있었기에 가능한 작전이었다.

「구운몽」에서는 혼례를 둘러 싼 예송적 성격의 사건이 양소유의 혼사 장애로 대두된다. 혼례의 기본 절차인 육례, 즉 납채 · 문명 · 납길 · 납징 · 청기 · 친영의 첫 절차인 납채는 청혼에 해당한다.[364)]「구운몽」에서는 다음과 같이 양소유와 정경패의 혼사에 납폐를 마친다. 양소유가 고향을 멀리 떠나와 있는 처지가 고려되어 청기와 친영만 조금 늦춰진 것이다.

364) 문명은 신부감의 이름을 묻는 절차이다. 여성의 이름은 매우 비밀스러운 것이어서 외인이 함부로 알 수 없는 것이었다. 이 절차에서는 신부감의 이름을 묻고 생년월일을 물을 수 있다. 납길은 신부집에서 보내온 이름과 생년월일의 사주(四柱)를 가지고 그 사람을 맞이하는 것이 길한지 여부를 점친다. 점의 결과가 상상길(上上吉) 나오면 신부집에 보내어 기쁜 소식을 통고한다. 이때 신부감이 맘에 들지 않거나 혼담이 오가는 중에 하자가 발견되면, 납길의 내용을 핑계로 혼사를 물릴 수 있다. 납징은 납폐(納幣)라고도 하는데 이 절차에서는 정혼(定婚)이 이루어졌다는 표시로 신부집에 보낸다. 납폐를 하면 혼인은 사실상 이루어진 것으로 되돌릴 수가 없다. 납폐까지 이뤄진 후에 취소된 혼사는 여성인 신부 쪽.에 결정적인 타격을 주기 때문이다. 청기는 혼례 날짜를 정하는 것이고, 친영은 신부를 맞이하는 혼례 당일의 의식을 말한다.

> 정사도가 말하기를, "납폐의 예는 풍속을 따라서 시행하고, 친영은 가을 무렵까지 조금 기다려 대부인을 모셔온 이후에 날짜를 정하지요." 부인이 말하기를, "예가 그러하니 늦고 빠름을 어찌 논하겠습니까" 하고 마침내 길일을 가려 양한림의 폐백을 받들고, 내처 양한림에게 화원 별당에 거처하도록 청하였다. 양한림은 사위의 예로써 정사도 부부를 공경히 섬겼고, 정사도는 양한림을 친자식처럼 사랑했다.[365)]

정경패는 양소유가 의식적으로 노력해서 만날 수 있었던 여인 중에서는 최고 신분의 여인이었다. 양소유는 정경패를 만나기 위해 거문고 여성연주자로 변장하였다. 그리고 양소유가 정사도 집에 들어가 거문고 연주를 했을 때, 정경패는 양소유의 연주에 대해 일일이 작품에 비평을 한다. 양소유가 연주한 제1곡은 당현종의 「예상우의곡」이었다. 양소유가 먼저 「예상우의곡」을 연주하자 정경패는 "아름답구나. 이 노래여! 당현종 시대의 기상이 완연하구나. 이 곡을 사람들이 반드시 다 알 것이나 구비구비 그 묘함에 이른 것은 도인의 솜씨 같은 사람은 아직 없었소. 이것은 이른바 '어양땅에 북소리가 땅을 울리며 다가오니 예상우의곡을 놀라 멈춰버렸네'라는 것이 아니오? 등급을 문란하게 한 노래이니, 족히 들을만하지 못하오".[366)]

제2곡은 진후주의 「옥수후정화」였다. 정경패는 "이 곡은 즐거우면서 음란하고, 슬프면서 촉급한 느낌이니, 곧 진후주의 '옥수후정화'라. 이것은 이른바 '지하에서 진후주를 만나보게 되더라도 어찌 마땅히 후정화를 다시 물어

---

365) 司徒日 納幣之禮 從俗而行之 親迎則稍待秋間 陪來大夫人後 方定日矣 夫人日 禮則然矣 遲速何論 遂擇吉日 捧楊翰林之幣 仍請翰林處於花園別堂 翰林以子婿之禮 敬事司徒夫妻 司徒夫妻愛翰林如親子焉(정규본교수 재구본).

366) 美哉此曲宛然天寶太平之氣像也 此曲人必解之而曲臻其妙 未有如道人之手段者也 此非所謂漁陽鼙鼓動地來 驚罷霓裳羽衣曲者乎 階亂之淫樂也 不足聽也(구운몽, 을사본 상, 장35)

보리'가 아니오? 나라를 망친 번잡한 노래이니 숭상할 바가 못되오."[367]라 한다.

제3곡은 채문희의 「호가십팔곡」이었다. 정경패는 "이 곡은 슬픈 듯 기쁜 듯 감격한 듯 사모하는 듯 하니, 옛날 채문희가 난리를 만나 구속되어 오랑캐 땅에서 두 아이를 낳았다가, 조조가 속환시켜 주자 채문희가 장차 귀국함에 두 아이는 남겨두고 헤어지면서, '호가십팔곡'을 지어 비련의 마음을 붙였으니, 이른바 '오랑캐 눈물 흘려 변방의 풀을 적시고, 한나라 사신 애닯게 돌아갈 길손 마주하네'로다. 그 소리가 비록 들을만하나 절개를 잃은 사람을 어찌 족히 일컬으리오."[368]라 한다.

제4곡은 왕소군의 「출새곡」이었다. 정경패는 "왕소군이 옛 임금에 연연하여 고향 쪽을 멀리서 바라보며, 자신의 신세를 슬퍼하고 화공의 공정치 못함을 원망하여 무한히 편치 않은 마음을 한 곡 안에 붙였으니 이른바 '누가 한 곡을 사랑하여 악부에 전했나 능히 천추토록 미인의 마음을 아프게 하네'로다. 그러나 오랑캐 여인의 곡이요 변방의 소리이니 본디 바른 소리는 아니라."[369]라 하였다.

제5곡은 혜강의 「광릉산」이었다. 정경패는 "내 이 곡을 들어 본지 오래되었다. 도인은 실로 범상한 사람이 아니오. 이는 곧 영웅이 자신의 때를 만나지 못해 마음을 세상 밖에 붙이고, 충의의 기운은 방탕함 속에 가득하니 혜

367) 此曲樂而淫 哀而促 卽陳後主玉樹後庭花也 此非所謂地下若逢陳後主 豈宜重問後庭花者乎 亡國之繁音 不足尚也(구우몽. 을사본 상, 장35).

368) 此曲如悲如喜 如感激者然 如思戀者然 昔蔡文姬遭亂被拘 生二子於胡中矣 及曺操贖還 文姬將歸故國 別兩兒 作胡笳十八曲 以寓悲憐之意 所謂胡人落淚沾邊草 漢使斷腸對歸客者也 其聲雖可聽也 失節之人 曷足稱哉(구운몽, 을사본 상, 장35).

369) 王昭君出塞曲也 昭君眷係舊君 瞻望故鄕 悲此身之失所 怨畵師之不公 以無限不平之心 付之於一曲之中 所謂誰憐一曲傳樂府 能使千秋傷綺羅者也 然胡姬之曲 邊方之聲 本非正音也(을사본 상, 장35).

강의 광릉산이 아닌가? 동쪽 저자에서 죽임을 당할 때 남은 해를 돌아보고 한 곡을 연주하면서 이르길, '원통스럽구나. 광릉산을 배우고 싶어한 사람이 있었거늘 내가 이를 아끼다 전하지 못하였도다. 아아! 광릉산은 이로부터 끊어지는구나.'하였으니 이른바 '외로운 새 동남으로 내려가니 광릉은 어디에 있소'라. 후세에 전하는 자가 없거늘 도인은 필시 혜강의 정령을 만나 이 곡을 배웠구려"[370]라 하였다.

제6곡은 백아의 「수선조」였다. 정경패는 "넉넉하고 알맞도다. 청산은 우뚝하고 녹수는 넘실대는데 신선의 자취가 세속을 벗어났으니 이는 백아의 '수선조'가 아닌가? 이른바 '종자기를 이미 만나, 흐르는 물을 연주했으니' 무엇이 한스러울까? 도인은 천백 년 지난 후에 소리를 알아주는 벗이라. 백아의 영혼도, 알아주는 사람이 있다면 종자기의 죽음을 꼭 한스러워 하지만은 않으리라."[371]라 하였다.

제7곡은 공자의 「의란조」였다. 정경패는 "지극하고 지극하도다. 성인이 난세를 만나 급급히 사해의 백성을 구제할 뜻을 두었으니 공선보가 아니면 누가 능히 이 곡을 짓겠는가? 이 곡은 필시 '의란조'리라. 이른바 '구주를 소요하여 정해진 거처가 없네.'가 그 뜻이 아니겠는가?"[372]라 하였다.

제8곡은 순임금의 「남훈곡」이었다. 정경패는 "높고도 아름답다. '의란조'가 비록 성인이 시대를 근심하고 세상을 건지려는 마음에서 나왔으나 그래

---

370) 吾不聞此聲久矣 道人實非凡人也 此卽英雄不遇其時 宅心於塵世之外 而忠義之氣 壹鬱於放蕩之中 得非嵇叔夜廣陵散乎 及其被戮於東市也 顧日影彈一曲 日怨哉 人有欲學廣陵散者 吾惜之而不傳矣 差呼廣陵散從此絶矣 所謂獨鳥下東南廣陵何處在也 後人無傳之者 道人必遇嵇康之精靈而學此曲也(을사본 상, 장35).

371) 優優哉渢渢哉 青山峨峨 綠水洋洋 神仙之迹 超蛻塵臼之中 此非伯牙水仙操乎 所謂鍾期旣遇奏流水而何慚者也 道人乃千百歲後知音也 伯牙之靈 如有所知 必不恨鍾子期之死也

372) 至矣盡矣聖人遭遇亂世 遑遑四海 有拯濟萬姓之意 非孔宣父 誰能作此曲乎 必猗蘭操也 所謂逍遙九州 無定處者 非其意乎.

도 때를 만나지 못한 한탄이 있는데, 이 곡은 천지만물과 함께 화락하게 봄을 함께 즐기니 높디높고 넓디넓어 능히 이름 붙일 수 없다. 이는 필시 순임금의 남훈곡이 분명하니, 이른바 '남풍의 따뜻함이여 가히 내 백성의 노여움을 풀어 주리로다.'한 것이 그 시가 아니겠는가? 지극히 선하고 지극히 아름답도다. 이보다 나은 것은 없으니 설령 다른 곡이 있더라도 듣기를 원하지 않노라."[373]라 하였다.

이러한 정경패의 곡조들에 대한 비평을 분석해 보면, 제1곡과 제2곡은 각각 「예상우의곡」과 「옥수후정화」로, 군왕이 모두 여색에 미혹하여 나라를 망치거나 잃은 사건과 관련되어 있는 노래로서, 난세를 풍간하는 뜻이 담겨 있다. 특히, 제1곡은 양귀비에 빠져 정치를 그르친 당현종을, 제2곡은 장려화에 빠져 나라를 잃은 진후주를 주인공으로 하고 있다.

제3곡과 제4곡은 「호가십팔곡」과 「출새곡」으로, 모두 자신이 잘못을 저지르지 않았는데도 낯선 땅에 떠나가 고국을 그리워하는 여인의 노래로, 낯선 땅에 버려져 적막한 심경과 그리움이 담겨 있다. 특히, 제3곡은 모자의 이별을, 제4곡은 간교한 인간의 농간을 배경으로 삼고 있다.

제5곡과 제6곡은 「광릉산」과 「수선조」로, 둘 다 자신의 곡조를 전하거나 알아줄 사람이 없어 한탄한 고사를 가지고 있는 노래로, 특히, 제5곡은 광릉산을 남기지 못하여 끝끝내 자신의 진정이 담긴 곡조를 잃어버리게 된 혜강의 안타까움을, 제6곡은 종자기가 죽어서 거문고의 현을 끊어버린 백아의 절망감을 소재로 하고 있다. 제7곡과 제8곡은 「의란조」와 「남훈곡」으로, 세상을 구하려는 성인의 마음을 남은 노래로, 성인이 세상을 구하고자 했던 유가 정치이념의 열망을 다시 한번 재현하고 있다. 특히, 제7곡이 세상을 구하고자

373) 高哉美哉 猗蘭之操 雖出於大聖人 憂時求世之心 而猶有不遇之歎也 此曲與天地萬物 熈熈同春 嵬嵬蕩蕩 無得以名也 是必大舜南薫曲也 所謂南風之薫兮可以解吾民之慍者 非其詩乎 盡善盡美 無過於此者 雖有它曲 不願聞也.

하는 이상과 이의 실현을 가로막는 현실 상황에 대한 공자의 한탄을 담고 있다면, 제8곡은 이상 정치의 환희와 이를 구현한 순임금에 대한 열망이 담겨 있다.

이처럼 양소유가 연주하고 정경패가 비평한 8곡은 모두 사랑을 구하는 주제와는 관련이 없었기 때문에 정경패 모녀는 양소유의 의도를 몰랐다. 양소유는 마지막으로 「봉구황곡」을 연주하였다. 즉, 양소유가 여관의 복색을 하고 정경패 모녀 앞에서 연주한 것은 처음에는 「예상우의곡」을 연주하고, 그 다음엔 여러 곡을 연주하고, 마지막에 순임금의 「남훈곡」을 연주하기에, 하나하나 평을 해주고, 계찰의 말을 따라 그만 멈추기를 청했다. 그런데 그 여관이 한 곡이 더 있다고 말하며 다시 새로운 곡을 연주하니, 그건 바로 사마상여가 탁문군을 꾀어낸 「봉구황곡」이었다.[374] 이 「봉구황곡」은 작품 내적 의미와 외적 의미로 나누어 살펴 볼 수 있다. 우선, 작품 내적인 의미를 따라 분석해 볼 때, 정경패는 낯선 사람이 도발한 구애의 노래로 이 곡을 알아채었고, 양소유는 전설의 새인 봉은, 그 암컷인 황을 만나야 제 짝을 만난 것이라는 의미를 이 곡에 담아, 자신과 정경패가 각각 봉과 황에 비견될 수 있음을 넌지시 보여준 것이다.

이러한 분위기를 파악한 정경패는 "이 사람이 곡을 연주함엔 모두 순서가 있었다. 만약 다른 생각이 없었다면 봉구황곡을 하필 여러 곡의 마지막에 연주하였으리오[375]라고 하였듯이, 아홉 번에 걸친 양소유의 연주는 특별한 주제를 가지고 진행된 것이다. 그것은 여색에 빠져 정치를 그르칠까 하는 충신의 우려를 시작으로, 낯선 땅에 유배와 버려진 적막한 심경과 어머니에 대한

374) 小姐曰 其女冠 始奏霓裳羽衣 次奏諸曲 其終也 奏帝舜南薰曲 我一一評論 遵季札之言 仍請止之 其女冠言有一曲矣 更奏新聲 乃司馬相如挑卓文君之鳳求凰也.

375) 小姐曰 此人奏曲 皆有次第 若使無心 求凰之曲 何必奏之於諸曲之末乎(구운몽 정규복재구본 193쪽.)

그리움을 담아내고, 다시 자신의 결백을 알아줄 사람이 없는 현실의 절망을 딛고, 언젠가는 자신의 뜻을 알아주는 사람이 있으리라는 기대를 보이면서, 마지막으로 공자도 한탄하는 현실과, 그럼에도 접을 수 없는 이상 정치에 대한 열망을 표출하고 마지막으로 사랑의 고백을 한 것이다.

양소유의 요구를 거절할 수 없었던 두련사는 양소유를 거문고 연주하는 여관으로 속여 정경패의 내실로까지 들어가서 연주하게 협조한다. 양소유는 정경패의 모친과 정경패 앞에서 거문고를 여덟 곡을 연주하게 된다. 마침내 아홉 번째의 곡으로 「봉구황곡」을 연주하는데, 악곡의 내용이 심상치 않아 의심을 품고 그만 연주하기를 원하는 정경패의 요구에 연주를 중지한다. 이것이 인연이 되어 양소유는 과거 급제 후에 정경패를 여러 곡절을 겪은 후에 제1 부인으로 맞게 된다. 양소유의 제2 부인이 되는 이소화는 황태후의 딸이며, 황제의 동생이다.

양소유와 정경패의 혼사 갈등을 야기시키는 인물은 황태후의 공주 이소화다. 황태후에 의해 진행된 양소유와 이소화의 혼담은 양소유가 이미 정경패와 혼약을 하고 육례를 진행하는 과정에 시작되었다. 양소유가 고향을 멀리 떠나와 장안에 거처하고 있었기 때문에 청기와 친영이 조금 늦춰지고 있었기에, 황태후가 양소유를 부마로 간택하게 되었다. 그런데, 황태후가 이런 결정을 하게 된 배경에는 다음과 같은 학을 춤추게 한 양소유와 이소화의 천정의 인연이 있었다.

ᄒᆞ로ᄂᆞᆫ 야ᄃᆡ를 파ᄒᆞ고 마을의 도라오니 발근 ᄃᆞᆯ이 금원의 써오ᄅᆞ고 신션의 누국이 졍히 침침ᄒᆞ니 양샹셰 놉흔 누의 올나 난간을 비겨 월ᄉᆡᆨ을 ᄇᆞ러더니 홀연 ᄇᆞ람길희 얼프시 퉁쇼 소래 브터 오거ᄂᆞᆯ 귀를 기우려 드ᄅᆞ니 희미ᄒᆞ야 곡됴를 분변티 못ᄒᆞᆯ너라 샹셰 원니를 블너 술을 부으라 ᄒᆞ고 벽옥 퉁쇼를 내여 두어 곡됴를 농ᄒᆞ니 ᄆᆞᆯ근 쇼래 구쇼의 올나 난봉이 우ᄂᆞᆫ ᄃᆞᆺ ᄒᆞᆫ디라 청학 ᄒᆞᆫ 빵이 금듕으로 조차 ᄂᆞ려와 ᄇᆡ회ᄒᆞ며 춤추니 모든 원니들이 셔로 젼

ᄒᆞ야 닐오ᄃᆡ 왕ᄌᆞ 진이 인간의 ᄂᆞ려왓다 ᄒᆞ더라 원ᄂᆡ 양샹셔의 드른 튱쇼ᄂᆞᆫ 심샹ᄒᆞᆫ 사ᄅᆞᆷ의 곡되 아니라 잇대 황휘 두 아ᄃᆞᆯ과 ᄒᆞᆫ ᄯᆞᆯ을 두어 겨시니 황샹과 월왕과 난양공쥐라

공쥐 탄ᄉᆡᆼᄒᆞᆯ 제 태휘 ᄭᅮᆷ의 신션의 ᄭᅩᆺ과 불근 진쥬ᄅᆞᆯ 보앗더니 밋ᄌᆞ라매 용모 긔질이 완연이 신션ᄀᆞᆺ하야 ᄒᆞᆫ졈 쇽틔되 업고 문쟝과 일마다 사ᄅᆞᆷ의게 디나고 ᄯᅩᄒᆞᆫ 긔이ᄒᆞᆫ 일이 이시니 측텬황후시졀의 셔녁대진국이 빅옥튱쇼ᄅᆞᆯ 공ᄒᆞ니 제되 극히 긔묘ᄒᆞᄃᆡ 아모 드ᄅᆞ리 업더니 공쥐 ᄭᅮᆷ의 션녀ᄅᆞᆯ 만나 곡됴 젼ᄒᆞ니 셰샹사ᄅᆞᆷ은 아ᄂᆞ니 업ᄉᆞ나 공쥐 ᄆᆞ양 퉁쇼ᄅᆞᆯ 블면 모든 학이 ᄂᆞ려와 춤추니 태후와 샹이 긔이히 넉여 진문공의 ᄯᆞᆯ 농옥의 일을 ᄉᆡᆼ각ᄒᆞ여 브대 쇼ᄉᆞᄀᆞᆺᄒᆞᆫ 부마ᄅᆞᆯ 어드려 ᄒᆞ시ᄂᆞᆫ고로 공쥐 임의 당셩ᄒᆞ엿시ᄃᆡ 오히려 하가ᄒᆞᆫ ᄃᆡ 업더니

이ᄂᆞᆯ 위연이 월하의셔 ᄒᆞᆫ 곡됴ᄅᆞᆯ 부러 청학ᄒᆞᆫ ᄡᆞᆼ을 질드리더니 곡되 긋티며 그 학이 노라 옥당으로 가니 권듕 사ᄅᆞᆷ이 셩히 뎐ᄒᆞᄃᆡ 양샹셰 퉁쇼ᄅᆞᆯ 부러 션학을 ᄂᆞ리게 ᄒᆞᆫ다ᄅᆞ니 텬ᄌᆡ 이말을 드ᄅᆞ시고 공쥐의 인연이 이곳의 잇ᄂᆞᆫ 줄 아ᄅᆞ샤 태후긔 됴회ᄒᆞ고 ᄯᅩ 갈오ᄃᆡ 양쇼유의 나히 어ᄆᆡ로 더브러 샹당ᄒᆞ고 문ᄎᆡ 풍뉘됴 신듕 졔일이라 텬하의 ᄀᆞᆯ희여 이도곤 나으리 업ᄉᆞ리이다 태휘 대희ᄒᆞ여 ᄀᆞᆯ오샤ᄃᆡ 소아의 혼ᄉᆡ 뎡ᄒᆞᆫᄃᆡ 업ᄉᆞ니 주야거리ᄭᅵᆫ 가시 잇ᄂᆞᆫ ᄃᆞᆺᄒᆞ더니 이말노 볼작시면 양샹셰 하ᄂᆞᆯ이 뎡ᄒᆞᆫ 빅필이로다 ᄒᆞ시더라.[376)]

이러한 내용처럼, 장원급제한 양소유는 남전산 도인에게서 배운 통소 연

376) 一日罷夜 對歸直廬 宮壺漏滴 禁苑月上 翰林不堪豪興 獨上高樓 憑欄而坐 對月吟詩 忽因風便而聞之 則洞簫一曲 自雲霄蘢之間 漸漸而來矣 (중략) 是夜蘭陽適吹簫於月下 以調鶴舞矣 曲罷靑鶴飛向玉堂而去 舞於翰苑 是後宮人盛傳楊尙書吹玉簫 舞仙鶴 其言流入宮中 天子聞而奇之 以爲公主之緣 必屬於少游 入朝於太后 以此告之曰 楊少游年歲 與御妹相當 其標致才學 於君臣中無二 雖求之天下 不可得也 太后大喜曰 簫和婚事 訖無定處 我心常自料結矣.

주 솜씨를 발휘하여 난양공주와 퉁소로 교감하여 학들을 춤추게 하였다. 이에 궁중 사람들이 이러한 사실을 입소문으로 전하였고, 그 소문을 들은 황태후는 자신의 딸인 난양공주의 짝으로 양소유를 지목함으로써, 양소유와 이소화의 결연은 시작된다. 즉, 난양공주의 옥퉁소를 다루는 재능이 뛰어나니 황태후와 황제가 진나라 농옥과 비교하면서 이는 반드시 소사같은 사람이 있어야 가히 공주를 하가 하려던 평소의 뜻에 부합되었기에, 양소유가 자신의 부마로 간택되는 것은 당연한 것으로 판단하였다[377)]그러므로 황태후가 자신의 공주인 이소화를 양소유의 처로 삼고자 한 것은 황태후 나름대로의 신념이었다. 즉, 외국에서 들어온 백옥 퉁소는 생긴 것도 기이하고 연주법도 어려워 아무도 연주할 줄 몰랐는데, 이소화가 꿈에 연주법을 선녀에게서 배워서 학들을 춤추게 할 정도의 솜씨를 보여주었던 것이다.

황태후는 이런 사연으로 양소유는 이소화의 천정 배필이라는 확신이 생겼기 때문에, 황제를 통하여 양소유가 정경패와의 혼례를 파기하고 공주인 이소화와의 혼인을 받아들이기를 요청한다. 양소유는 예부상서의 위치에서 황태후의 뜻을 받아들일 수 없음을 다음과 같은 상소를 올려 표현한다.

> 양상서는 심란스러워 온갖 생각이 산란스러웠다. 집을 올려다보며 길게 탄식하고 손바닥을 어루만지며 때때로 탄식할 뿐이었다. 다음날 이에 한 장 글월을 올렸는데 말이 매우 격렬하고 절실하였다.
>
> 상소문에 이르기를, 예부상서 신 양소유는 삼가 머리를 조아려 백 번 절하며 황제폐하께 말씀을 올립니다. 엎드려 생각컨대 윤리의 기강은 왕도정치의 '근본'이며, 혼인은 인륜의 '시작'입니다. 한번 '근본'을 잃으면 왕의 교화가 크게 무너져 나라가 어지러워지고, '시작'을 삼가지 않으면 집안 다스리는 도리가 이루어지지 않습니다. 집안이 망하면 국가의 흥망성쇠에도 관계가 되

---

377) 김종군, 같은 책, 83쪽.

니 그 분명하고 드러나는 일이 아니겠습니까? 이런 까닭으로 성스러운 임금과 현명한 신하들이 일찍이 여기에 유의하지 않은 사람이 없어 그 나라를 다스리고자 할진댄 반드시 윤리의 기강을 세우는 것을 중시하고, 그 집안을 다스리고자 할진댄 반드시 혼인을 바로잡는 것을 우선으로 하는 것이니 지금의 거조가 어찌 근본을 바로 하고 다스림을 베푸는 도(道)이겠습니까? 혐의를 분별하고 기미를 밝히는 뜻입니다. 신은 정씨녀에게 이미 납폐하였고, 또 정씨 집안에 이미 거취를 정하였습니다. 그러한즉 신은 이미 아내가 있고, 가정이 있습니다. 생각지도 못한 채 지금에 와서 누이를 시집보내는 성대한 예식이 비슷하지도 않은 (저 같이) 천한 신하에게 갑작스레 미쳤으니 신은 처음엔 의아스럽다가 종국에는 놀랍고 놀라운데다 송구하고 떨리기까지 합니다. 실로 성상의 이러한 거조와 조정의 처분이 과연 능히 예를 다 한 것이고, 마땅함을 얻은 것입니까? 설령 신이 아직 손인 폐백을 들리기 전이고, 사위가 되기 전이라 하더라도, 집안이 미천하고 출신지역이 한미하며, 재주는 얕고 학식은 지리멸렬한 즉 신은 금련(禁臠)의 추려 가리는 것에 합당하지 않은데, 하물며 정씨녀와 이미 부부의 의를 두었고, 그 아버지와 이미 장인과 사위의 구분을 정하였으니, 육례를 아직 행하지 못하였다고 말할 수는 없습니다. 어찌 가이 써 귀하고 착한 존귀한 분을 미천한 필부에게 혼인시키고자 하여 예에 맞는지 아닌지도 묻지 않으시고, 일의 가볍고 무거움도 구분하지 않으신 채 구차하다는 비난을 무릅쓰고 예가 아닌 예를 행하려 하시나이까? 몰래 내리신 태후의 교지는 하여금 이미 행해진 예를 폐지하고 이미 들인 폐백을 물리라 하셨으니 더욱 신이 들어본 바가 아닙니다?

광무제가 송홍을 대하신 관개함을 폐하께서 이루지 못하실까 신은 두렵습니다. 미천한 신의 위급하고 긴박한 정성은 이미 성스럽고 밝은 덕에 관련되어 있고, 정씨녀의 궁하고 막힌 심정은 또한 민간의 일에 관계되어 있습니다. 신은 감히 폐하를 거듭 번거롭게 하려는 것이 아니요 다만 신이 두려운 바는 왕도정치가 신(臣)으로 말미암아 어지러워지고, 인륜이 신(臣)으로 말미암아 폐하여져서 위로는 성스러운 정치에 허물을 끼치고 아래로는 집안을 다스리는 도리를 무너뜨려 마침내 어지럽혀지고 잃음을 구하지 못하는 화가 있을까 하는 것입니다. 엎드려 바라건대 성상께서는 예의의 근본을 중히 하셔서 교화의 시초를 바로 하시어 명령을 빨리 거두어, 미천한 신분을 편안히 여길 수 있도록 해주시면 매우 다행함을 이기지 못하겠습니다.[378)]

양소유는 임금에게 윤리의 기강이 왕도정치의 근본이며, 혼인은 인륜의 시작임을 환기시킨다. 사실 부부에 관한 예의 근본을 잃어버리게 되면, 집안을 다스리는 것은 말할 것도 없고, 나아가 국가를 다스리는 것에도 문제가 된다는 것은 유가 윤리의 기본적인 지식이다. 그럼에도 불구하고, 윤리를 어지럽히는 문제가 발생하였다. 이는 몰라서가 아니라, 실천하지 못하여서 생긴 문제이다. 더구나 이 문제는 동양의 정치윤리상 모든 예법의 모범을 보여야 할 군왕가에서 발생한 문제였다. 그래서 양소유는 상소문에서 임금의 이

378) 尙書五情憒亂 萬慮膠擾 仰屋長吁 撫掌頻唏而已 翌日乃上一疏 言甚激切 其疏曰: 禮部尙書臣楊少游 謹頓首百拜 上言于皇帝陛下 伏以倫紀者 王政之本也 婚姻者 人倫之始也 一失其本則風化大壞 而其國亂 不謹其始 則家道不成 而其家亡 有關於家國之興衰者 不其較著乎 是以聖王哲辟 未嘗不留意於是 欲治其國 必以植倫紀爲重 欲齊其家 必以正婚姻爲先者 何莫非端本出治之道 別嫌明微之意也 臣旣已納幣於鄭女 且已托跡於鄭家 則臣固有妻也 固有室也 不意今者 歸妹之盛禮 遽及於無似之賤臣 臣始疑終惑 震駭悚惕 實不知聖上之擧措 朝家之處分 果能盡其禮 而得其當也 設令臣未行儷之幣 不作甥舘之客 族賤而地微才謭而學蔑 則寔不合於禁臠之抄揀 而況與鄭女 已有伉儷之義 與婦翁 已定舅甥之分 不可謂六禮之未行也 豈可以貴价之尊 下嫁於匹夫之微 而不問禮之可否 不分事之輕重 冒苟且之譏 而行非禮之禮乎 至於密下內旨 使之廢已行之禮儀 退已捧之聘幣 尤非臣攸聞也 臣恐陛下未能效光武待宋弘之寬也 賤臣危迫之忱 已關於聖明之聽 鄭女窮蹙之情 亦係於私家之事 臣固不敢更愬於紸纊之下 而臣之所恐者 王政由臣而亂 人倫因臣而廢 以至於上累聖治 下壞家道 終不救亂亡之禍也 伏乞聖上重禮義之本 正風化之始 亟收詔命 以安賤分 不勝幸甚.

러한 행동과 처분이 과연 예를 다한 것이며, 정당함을 얻은 것이냐고 항변한다. 결국 양소유는 태후의 노여움을 사서 어사옥에 투옥된다. 즉, 양소유는 육례 가운데 납폐까지 들인 것으로, 혼인의 성사를 인정할 수 있느냐 없느냐의 예송문제의 주역으로서, 위력으로 예론을 묵살한 황실의 조치에 대해 거역하게 되었다. 양소유는 예부상서의 위치에서 자신의 혼사문제를 혼례의 원론으로 상소를 한다.[379] 양소유의 부마 거절 상소는, 끝내 황태후의 분노를 자아내게 되어서 예부상서가 자신의 혼사 문제로 어사옥에 갇히는 사건이 일어나게 되었다

양소유의 집안 관리는 제1 부인 정경패의 지위를 확고하게 인정해주면서도, 난양공주는 황태후의 공주이면서 제1 부인의 자리를 스스로 양보하는 겸양의 미덕을 보여준다. 제1 부인의 지위를 넘으려고 하거나, 양소유를 사이에 두고 갈등을 일으키는 행동은 결코 하지 않으며, 화목한 가정을 만들어가는 주요 인물이다.

이러한 갈등은 후반부에 가서 해결이 된다. 양소유와 황태후간의 갈등을 당사자 중의 한 사람인 이소화는 이를 해결을 하기 위해서, 양소유가 대장군이 되어 토번과의 전쟁을 하려고 출정한 사이에 자신과 정경패 중에서 과연 누구가 양소유의 아내로서 적절한가를 탐색하고, 그 결과를 수용함으로써 해결된다.

> 공쥬 대왈 쇼녀 일ᄉᆡ 투긔ᄅᆞᆯ 아디못ᄒᆞ니 어이 뎡녀를 용납디 못ᄒᆞ리잇고 다만 양샹셰 처엄으로 안해ᄅᆞᆯ 빙례ᄒᆞ야다가 후의 쳡을 취ᄒᆞ미 녜예 어긔ᄃᆞᆺ ᄒᆞ고 뎡ᄉᆞ되 여러ᄃᆡ ᄌᆡ샹의 집이라 녀ᄌᆞ로ᄡᅥ 쳡삼으미 원이 아닐ᄃᆞᆺᄒᆞ니 이 일이 맛당치 아닐가 ᄒᆞᄂᆞ이다. 휘 답왈 이도 맛당치 아니면 네 뜻의ᄂᆞᆫ 엇디 코져 ᄒᆞᄂᆞ뇨 공쥬 대왈 넷 제휘 셰 부인이 이시니 양샹셰 공을 세우고 도라

---

379) 설성경, 『구운몽의 통시적 연구』, 새문사. 2007, 220쪽.

오면 크면 왕이 되고 적어도 휘라 냥부인 두미 외람치 아닐ᄃᆞᆺ ᄒᆞ니 일노뼈 뎡녀ᄅᆞᆯ 허ᄒᆞ미 엇더ᄒᆞ니잇고 태휘 왈 이ᄂᆞᆫ 블가ᄒᆞ니 ᄀᆞᆺᄒᆞᆫ인가 녀ᄌᆞᄂᆞᆫ ᄒᆞᆫᄀᆞ디로 부인되미 방해롭디 아니ᄒᆞ거니와 녀ᄋᆞᄂᆞᆫ 이션뎨의 씨치신 몸이라 ᄒᆞ믈며 샹의 ᄉᆞ랑ᄒᆞ시ᄂᆞᆫ 누의오 일신이 경티 아니ᄒᆞ니 엇디 녀염 소소녀ᄌᆞ로 더브러 비견ᄒᆞᆯ니 이시리오 공줴 왈 쇼녜 ᄯᅩᄒᆞᆫ 쇼녀의 몸이 존듕ᄒᆞᆫ 줄 알오ᄃᆡ 녜셩뎨 명왕이 어진 사ᄅᆞᆷ을 공경ᄒᆞ야 텬ᄌᆡ필부로 벗ᄒᆞ니 이시니 쇼녜므ᄅᆞ니 뎡시녀ᄌᆡ 얼골 ᄌᆡ조와 덕이 ᄀᆞᄌᆞ 녜사ᄅᆞᆷ의게 ᄂᆞ리디 아니리라 ᄒᆞ니 진실노 그러ᄒᆞᆯ진ᄃᆡ 졀노 더브로 비견ᄒᆞ미 므ᄉᆞᆷ혐ᄋᆡ 이시리잇고 비록 그러ᄒᆞ나 젼문이 실샹의 디나기 쉬우니 쇼녀의 ᄯᅳᆺ의ᄂᆞᆫ 아모길노나 뎡녀ᄅᆞᆯ 보아 용모 ᄌᆡ덕이 쇼녀의게 디나면 맛당이 몸이 맛도록 우러러 셤기려니와 만일 소견이 소문과 ᄀᆞᆺ디못ᄒᆞ량이면 쳡을 삼으나 죵을 삼으나 낭낭의 임의로 쳐티ᄒᆞ쇼셔[380]

이처럼 장희빈의 역행 모델로 투영된 황태후의 공주인 이소화는 음악 연주에 가장 조예가 깊은 예악정신에 투철한 여인이다. 그래서 그는 예악정신의 실현자로서, 황실 공주의 존귀한 신분을 지니고 또한 예법을 존중하는 공주로서 조정 대신을 대우하여, 스스로 낮춤으로써 화합의 정신을 추구한다. 즉, 이소화가 정경패와 함께 양소유를 섬기겠다는 생각에 대하여 태후는 물론 반대하지만. 이소화는 공주의 신분임에도 재상가의 딸인 정경패와 나란히 한 남자를 섬기겠다고 한다. 이것은 자신의 개인적인 혼사 문제를 해결만이 아니라, 이웃나라의 침공을 막아 나라의 평화를 유지할 충신 영웅에 대한 당연한 보상이며 예의이기에, 이런 점들을 들어 모친인 황태후를 설득하게 되었다.

380) 서울대학교 규장각 소장 「구운몽」.

강원도 고성에 있는 능파대

(다) 제3 층위 인물로 작가의 서사적 자아를 투영시킨 백능파

서포 김만중이 유배되었던 강원도 금성, 즉 지금의 고성군의 죽왕면 문암 2리 해안가에 있는 고성 8경으로 꼽히는 기암괴석이다. 원래는 해안 가까이 위치한 돌섬이었으나 문암천 하구에 쌓인 모래로 육지와 연결되었다. '능파'[381]는 '급류의 물결' 또는 '파도 위를 걷는다'는 뜻으로 미인의 아름다운 걸음걸이를 뜻하기도 하는데, 강원감사로 있던 이모씨가 도내 순시 중 파도가 해안가의 기암괴석에 부딪히는 아름다운 광경을 보고 능파대라 이름지었다고 전해진다. 능파대는 약 1.8억 년 내지 .2억 년 전에 형성된 복운모 화강암으로 이루어져 있는데 이 암석은 반정이 뚜렸한 조립질의 결정질 암석이다. 암석의 반정이 풍화 작용으로인해 제거되거나, 암석의 결인 절리를 따라 들어간 염분, 얼음 결정 등이 성장하면 암석 측면에는 다양한 모양의 구멍들이 발달한 바닷가의 기암들이다.

381) *凌波*.

서포는 현종과 연관된 〈능파고사〉의 부분을 표면서사에 그대로 드러내고 있다. 즉, 양장군이 꿈에 백능파를 만났을 때, 백능파가 보낸 용녀가 백능파를 소개하는 대목이 그 사례이다.[382] 유의고사의 용녀와 전당군을 중심으로 한 일부 내용을 직접 소개하기도 하였다.[383] 이 외에도 「구운몽」은 『태평광기』에 수록된 다음과 같은 〈능파고사〉도 원천 소재로 활용하였다.[384]

> 현종이 동도[385]에 있을 때, 대전에서 낮잠을 자고 있는데, 꿈 속에 용모가 곱고 머리 가운데에 쪽을 진 여인이 큰 어깨걸이와 넓은 치마를 입고 나타나 침상 아래에서 절을 하였다. 현종이 묻기를, "너는 누구인가?" 하니, 여인이 대답하였다. "신첩은 폐하의 능파지(淩波池)에 사는 용녀인데, 궁궐을 호위하고 천자의 거마를 보호했으므로 실로 공이 있습니다. 지금 폐하께서는 천상의 음률에 밝으시니 저에게 곡 하나를 내려주시어 저희 족속을 광명되게 해주십시오."
>
> 현종이 꿈속에서 胡琴을 타며 新舊의 소리를 모아서 「淩波曲」을 지어주자 용녀는 두 번 절하고 떠나갔다. 현종은 잠에서 깨어나서도 모두 기억이 났다. 이에 다른 악기 연주를 멈추게 하고 직접 비파를 들고 반복해서 연습하였다. 현종은 결국 능파궁에서 관리들에게 연회를 베풀고 능파지 가에서 새로운 곡을 연주하였다. 그러자 연못 위의 물결이 솟구쳐 올랐다가 다시 잠잠해 지더니 물결 속에서 神女가 나타났는데, 바로 어젯밤 꿈에 보았던 그 여인이었다. 여인은 한참동안 있다가 사라졌다. 이에 현종은 능파지 위에 사당을 세우고

382) 정규복, 『구운몽 연구』, 고려대학교출판부, 1974, 11쪽.

383) 妾洞庭龍君小女也 父母配嫁涇川次子'을 가져와서 양원수를 모시러온 어린 동자가 자신의 상전인 백능파를 소개하면서, '吾娘子卽洞庭龍君小女也 近日暫離宮中 來寓於此矣'라 함.

384) 설성경, 『구운몽의 비밀』, 서울대학교 출판부, 2012, 139쪽.

385) 동도는 낙양을 뜻함.

매년 제사를 지내게 하였다.[386]

이러한 「능파 고사」는 동정용왕의 공주로 등장한 백능파의 소재로도 활용되었다.

『이문집』을 출전으로 밝힌 「유의 고사」[387]의 제1부는, 서생인 유의가 과거에 떨어져 고향으로 오는 도중에 경하에서 양치는 미녀를 만났다. 그 미녀는 동정호 용왕의 딸로서, 경천왕의 둘째 아들과 강혼하였으나, 남편이 방탕하여 고통을 받고 있었다. 그때 그녀의 편지를 유의가 동정왕에게 전하니, 동정왕의 아우 전당왕이 붉은 용으로 변하여 경천왕에게 쳐들어가서 경천왕을 죽이고, 용녀를 구한다는 이야기로 전개된다.

그 제1부는 다음과 같다.

> 당나라 의봉 년간에 유의라는 유생은 과거에 응시했다가 떨어지자 장차 상강(湘江)[388] 가로 돌아가려던 참이었다. 그는 마침 경양현에서 객지살이를 하고 있는 고향 사람이 있다는 사실을 생각해내고 작별인사를 하고자 그를 찾아갔다. 한 6-7리 쯤 갔을 때, 새들이 푸드득거리며 날아오르고 말이 놀라 길 옆으로 비켜들어 쏜살같이 내달리더니 6-7리를 더 간 뒤에 비로소 멈추었다. 그곳에서 유의는 길 가에서 양을 치고 있는 한 부인을 보게 되었는데, 이상한 생각이 들어서 그녀를 쳐다보았더니 절세미인이었다. 그러나

386) 『태평광기』 권 420, 제4화, 玄宗在東都 晝寢於殿 夢一女子容色穠艶 梳交心髻 大帔廣裳 拜於牀下 上曰 汝是何人 曰 妾是陛下凌波池中龍女 衛宮護駕 妾實有功 令陛下洞曉鈞天之音 乞賜一曲 以光族類 上於夢中爲鼓胡琴 拾新舊之聲爲凌波曲 龍女再拜而去 及覺 盡記之 因命禁樂 自與琴瑟 習而翻之 遂宴從官於凌波宮 臨池奏新曲 池中波濤湧起復定 有神女出於波心 乃昨夜之女子也 良久方沒 因遣置廟於池上 每歲祀之.

387) 李昉 등, 『太平廣記』 419권 제1화.

388) 동정호로 흘러들어가는 호남성 경내에서는 가장 큰 강.

그녀는 아름다운 얼굴을 찌푸리고 있었으며 머리수건과 소맷자락은 모두 낡아 빛이 바래있었다. 그녀는 우두커니 멈춰서서 마치 무엇인가를 바라보는 듯 귀를 기울이고 있었다. 유의가 그녀에게 물었다. “그대는 무슨 괴로운 일이 있기에 이토록 욕된 지경에 이르게 되었소?” 그녀는 처음에는 괴로워하며 대답하기를 거절했으나 끝내 눈물을 흘리며 이렇게 대답하였다. “소첩이 불행하여 오늘 이렇게 어르신께 폐를 끼치게 되었군요. 그러나 한이 뼛속 깊이 사무쳐있으니 어찌 부끄럽다고 대답을 회피할 수 있겠습니까? 제 말씀을 들어주시기 바랍니다. 첩은 동정용군(洞庭龍君)의 딸입니다. 부모님께서 저를 경천(涇川)[389]의 둘째 아들에게 시집보냈으나 남편은 노는 것에만 정신이 팔려있던 데다가 하녀에게 반하여 날마다 저를 미워하며 멀리하였습니다. 사무모님께 하소연해보았으나 시부모님은 당신 아들이 너무나 귀해 어떻게 통제하지 못하였습니다. 제자 너무 자주 간절히 호소한 탓에 결국은 시부모님의 미움을 사게 되었는데, 그분들이 저를 비방하여 쫓어내어 이 지경에 이르게 된 것입니다.”

그녀는 말을 마치더니 눈물을 흘리며 흐느껴 울면서 슬픔을 가누지 못하였다. 그러더니 또 이렇게 말하였다. “여기서 동정까지는 얼마나 많이 떨어져있는지요? 긴 하늘은 멀기만 하고 소식이라고는 전혀 오고갈 수 없으니 애간장도 다 끊어지고 눈도 멀어버려 이젠 슬픔을 알릴 길조차 없습니다. 당신께서 吳 땅으로 돌아가신다고 들었습니다. 동정에 몰래 소식을 전달하고자 하는 마음에 혹 편지 한 장이라도 使者 편에 보내려고 하는데, 괜찮으실지 모르겠습니다.” 유의가 말했다. “나는 의로운 남자요, 그대의 말을 듣고 있자니, 온몸의 혈기가 다 솟구치는 것 같소이다. 내 날개가 없어 떨치고 날아오를 수 없는 것이 한스럽거늘 괜찮고 말고가 다 무슨 소리요? 그러나 동정호가 저리 깊은데, 나처럼 육지를 다니는 사람이 어떻게 그곳으로 가서 당신의 뜻을 전

389) 涇河龍君.

할 수 있단 말이오? 수중과 육지는 길이 달라 서로 통할 수가 없으니 당신의 간곡한 부탁을 받아들인다 해도 그 지극한 바램을 이루어드릴 수 없을까 걱정일 뿐이오, 그대에게 나를 동정호 안으로 인도해 줄 도술이라도 있소?"

여자는 슬피 울면서 감사하며 말했다. "이번에 맡으신 일을 중히 여겨달라는 말씀은 더 이상 드리지 않겠습니다. 만일 회신을 받다오신다면 죽어서라도 그 은혜는 반드시 갚겠습니다. 당신께서 허락하지 않으신다 하여도 제 가 감히 무슨 말응 하겟습니까? 그러나 이미 허락하시고 제제 물어 오시니 말씀드리는 것인데 동정은 도성과 다르다고 여길만한 게 전혀 없습니다." 유의가 자세히 말해 달라고 하자 여자가 말했다. "동정호 남쪽에 커다란 귤나무가 있는데 마을 사람들은 그것을 사귤이라 부릅니다. 당신께서는 이 의대를 푸시고 다른 것으로 묶은 다음 나무를 세 번 두드리십시오. 그러면 대답하는 사람이 나올 터인데 그 사람을 따라가시기만 하면 아무런 장애도 없을 것입니다. 바라옵건대, 당신께서는 이 편지를 전해주는 것 외에도 제가 당신께 부탁을 드린 진심어린 말들을 절대로 잊지 말아주십시오."

유의가 말했다. "삼가 말씀을 따르겠소" 그러자 여자는 저고리 춤에서 편지를 끄러드니 재배한 후 유의에게 바치고는 동쪽을 바라보며 수심에 잠겨 슬픔에 겨운 듯 눈물을 흘렸다. 유의는 그녀를 보고 몹시 가슴아파하며 편지를 보따리 안에 넣었다. 유의가 다시 그녀에게 물었다. "그대는 양을 쳐서 무엇에 쓰려고 하시오? 신들도 도살을 한단 말이요? " 여자가 말했다. "이건 양이 아니라 雨工입니다" [유의가 물었다] "우공이 무엇이오?" 여자가 대답했다. "천둥이나 벼락과 같은 것이지요." 유의는 양들을 여러 번 바라보았는데, 고개를 꼿꼿이 세우고 바라보는 모습과 힘차게 걷는 걸음걸이, 그리고 먹고 마시는 모습이 매우 특이하였으나 몸집의 크기나 털과 뿔의 생김새는 양들과 다르지 않았다." 유의가 또 말했다. "내가 지금 당신의 사자가 되었으니, 언젠가 동정으로 돌아가더라도 나를 피하지 말았으면 하오." 여자가 말했다. "안 피하다 뿐이겠습니까? 친척과 같이 대할 것입니다." 말을 마친 뒤, 유의는 그녀와 작별하고 동쪽으로 떠나갔는데, 수십 걸음도 채 못가서 다시 뒤돌아보니 여자와 양들은 이미 사라지고 보이지 않았다.

여기에 이어진 제2부에는, 유의가 동정용녀를 구출하는 역할을 한 이후에, 장씨녀와 결혼했으나 상처했고, 다시 노씨녀와 결혼을 했는데, 그녀가 곧 동정용녀였다는 이야기로 다음과 같이 전개된다.[390)]

개원 연간 이후로 현종이 신선에 빠져 백방으로 도술을 열심히 구하자 유의는 마음이 편치 못해 결국 아내와 함께 동정호로 돌아갔다. 그 후 10년이 지나도록 그의 자취를 알 수 없었다. 개원년간 말에 유의의 외사촌 동생 설하는 경기현령으로 있다가 동남쪽으로 폄적되어 가는 길에 동정호를 지나게 되었는데, 맑은 대낮에 먼 곳을 바라보고 있자니 멀리 보이는 물결 사이로 언뜻 푸른 산이 나타났다. 뱃사람들은 모두 비스듬히 일어서며 말했다. "여긴 본디 산이 없으니 아마도 물귀신인가 보오." 서로 손으로 가리키며 바라보는 사이에 산은 배에 점점 가까워졌다. 그때 채색한 배 한 척이 산에서부터 내달려와 설하를 맞이해 갔는데, 배 안에 타고 있던 한 사람이 이렇게 소리쳤다. "유공께서 기다리십니다."

설하는 유의를 기억해내고는 급히 산 아래로 가 옷자락을 걷고 서둘러 위로 올라갔다. 산에는 인간 세상의 것과 똑같은 궁궐이 있었는데, 보았더니 유의는 궁실 가운데 서있었고 앞에는 악기가 뒤에는 진주와 비취가 진열되어 있었으며, 그 기물의 성대함은 인간세상의 몇 배나 되었다. 유의는 말의 이치를 더욱 현묘해져 있었고 얼굴은 더욱 젊어져 있었다. 그는 섬돌로 내려와 설하를 맞이하며 설하의 손을 잡고 말했다. "헤어진 지 얼마 안 되는 것 같은데, 머리가 다 쇠었구나." 설하가 웃으며 말했다. "형님께서 신선이 되신 것

390) 설성경, 『구운몽의 비밀』, 서울대학교 출판부, 2012, 135쪽.

도, 또 이 동생이 마른 해골이 된 것도 다 운명이지요."

유의는 환약 50알을 꺼내 설하에게 주며 말했다. "이 약 한 알이면 1년의 수명을 연장할 수 있네. 햇수가 다 차거든 다시 오게. 그런 인간 세상에 오래 머물면서 스스로 고생을 자초하지 말게나." 즐거운 연회가 끝나자 설하는 작별을 고하고 떠나왔는데. 그때 이후로 유의의 소식은 완전히 두절되었다. 설하는 늘 이 일을 사람들에게 말해주곤 했는데, 48년 쯤 뒤에 설하 역시 어디론가 사라졌다. 농서사람 이조위가 이 일을 서술하고 감탄하며 말했다. "오충의 우두머리는 반드시 다른 것들보다 신령한 것이라야 하는데 재례 역본명에 보면 " 우충 중에는 봉황이 우두머리이고 모층 중에는 기린이 우두머리이고, 갑충 중에는 신구가, 인충 중에는 교룡이, 나충 중에는 성인이 우두머리이다" 라고 했다. 그 남다름이 여기서도 보인다. 사람은 벌거벗은 동물이지만 비늘 있는 짐승에게까지 신의를 지켰다. 또한 동정군의 포용력과 정직함, 그리고 전당군의 신속함과 당당함은 마땅히 유래한 바가 있는 것이다, 설하는 유의와 만났던 일을 말로만 했을 뿐 그 일에 대해 기재하고 있지 않고서 혼자만 신선의 경지를 이웃했을 뿐이다. 어리석은 나는 그 일을 의롭다 여겨 이 글을 기록한다.[391)]

「구운몽」에서는 이와같은 「유의 고사」를 차용하여, 유의와 동정용녀, 그리고 전당군을, 양소유 백능파 동정용왕 등의 사건 전개에 삽입시켜 놓았다.[392)] 특히, 「유의 고사」의 동정용녀를 백능파의 백형으로 설정함으로써 「유의 고사」의 단일 구성을 백능파 대목에서는 이중구조[393)]로 전환시켰다, 이렇게 전

391) 『太平廣記』,제419권, 異聞集, 柳毅.

392) 설성경, 『구운몽의 비밀』, 서울대학교출출판부, 2012, 138쪽.

393) 여기에서 정규복(『구운몽 연구』, 고려대학교 출판부, 1974)은 "〈유의전〉의 황당한 지괴설화의 수준의 내용, 특히 도가류로 점철된 용녀와 전당군을 중심으로 한 기담으로 유의

환시킨 것은 「유의 고사」의 황당한 지괴설화의 수준의 내용, 특히 도가류로 점철된 용녀와 전당군을 중심으로 한 기담을 소재로 하면서도, 인지도가 높았던 유의 이야기를 능파 이야기와 연결시키고, 이를 다시 동정호에서 일어나는 혼사 갈등으로까지 끌어올림으로써, 도가적인 용궁설화를 유가적인 혼사 갈등 사건으로, 다시 선몽 속의 혼사 갈등이라는 핵심 주제를 부각시킬 수 있는 입체적 층위상의 유가적 불가적인 이야기의 융합상으로 그 의미를 형상하고자 하는 작가 김만중의 특별한 창작 의도가 반영되었기 때문이다.[394]

이 외에도 소재의 원천으로 보면, 양소유의 군졸이 토번을 치다가 반사곡 백룡담의 물을 마시고 벙어리가 되었으나, 용녀 백능파의 도움으로 다시 물을 마셔 쾌차해졌다는 것은, 「삼국지연의」에서 제갈량의 군졸이 남만을 치다가 반사곡 독수에 이르러 그 물을 마시고 벙어리가 되었으나, 만안은자를 만나 그의 지시로 물을 마셔 쾌차했다는 것과 꼭 일치한다. 「구운몽」에서는 적장 찬보를 당서에서 인용하여 당나라를 시대 배경으로 한 것과 일치시켰다.[395] 특히, 양장군은 반사곡 전투에서 진군 중 토번군의 대장인 찬보에게 포위되어 위기에 빠졌을 때 양소유의 꿈 속에 개입되하 초대하는 백능파의 결정적인 도움을 받는다. 백능파 역시 늑혼의 부당함에 저항하기 위해 청수담으로 피신 중인 동정 용왕의 딸이다. 백능파가 출생했을 때, 장진인은 점을 쳐서 백능파의 운명을 예언한 적이 있었기에 예언에 따라 천정 인연인 양소유를 구출하기 위하여 대기하고 있었던 것으로 표면서사를 전개하였다.

가 동정호에서 歸仙한 것을 흠모하는 작가 이조위가 평이 있듯이, 도가적인 용궁설화를 구운몽에서는 유가적인 혼사 갈등 사건으로 양소유가 동정용왕의 환대를 받고 그를 하직하여 南岳 衡山에서 예불하는 가운데 꿈을 깨게 함으로써 백능파 설화를 종결짓는 것"으로 파악하였다.

394) 설성경, 『구운몽의 비밀』, 서울대학교출출판부, 2012, 139쪽.

395) 정규복, 『구운몽 연구』, 보고사. 390~394쪽.

이런 전개는 작가 서포 김만중이 자신을 작품 속에서 서사적 자아를 백능파로 투영시켜서 자신이 굴원과 같은 충신임을 보여주고자 하는 이면서사와 연계된 대목에 해당한다.

이처럼 작가 김만중은 제2차 유배지 평안도 선천에서 작품 「구운몽」을 창작하면서, 백능파 대목을 서술함에 있어서 『금강경』을 통한 기본 시공간 배경을 상과 비상과 비무상[396]으로 선경에 해당하는 가장 높은 수준의 시공간을 설정하고, 여기에 등장하는 백능파의 이름에는 자신이 예송 문제로 현종 때 유배를 갔던 금성의 해안가에 있는 능파대, 그리고 중국의 『태평광기』에 실린 현종과 「능파곡」, 그리고 「유의 고사」 등을 융합하여 백능파의 혼사 사건을 표면서사로 전개하면서, 그 이면서사에 있어서는 김만중 자신의 서사적인 자아로 동정용왕의 딸에 서사적 자아로서 자신을 투영시킨 것이다. 이는 달리 해석하면, 작가 김만중 자신은 추친 김익겸을 투사시킨 동정용왕의 딸인 백능파요, 모친 윤씨부인을 투사시킨 위부인의 8선녀 중에서 가장 높은 위치에 있는 제자인 백능파임을 은유적으로 제시한 것이다.

396) 相, 非相, 非無相.

5

문학·철학 소재와 참선으로 설정된 제3 층위의 시공간에 의한 깨달음의 세계

5-1. 중국 문학에서 가져온 「황량몽」 설화와 불경 소재원

(1) 『태평광기』의 「황량몽」 설화와 『금강경』 영험 설화

「구운몽」의 작가 김만중은 대표적인 도가의 전법 이야기에서, 운방이 여조에게 도를 전하는 이야기인 여조의 「황량몽」 이야기를 주목하였다. 「황량몽」 이야기는 여조가 제공한 베개를 베고 꿈을 꾼다는 이야기다.

종리권과 헤어진 다음날, 여동빈은 종리권이 준 주소를 들고 장안 근처 여관으로 찾아갔다. 찾아간 때가 정오여서 종리권은 마침 방안에서 작은 화롯불을 피워놓고 부채질을 하면서 노란 조밥을 짓고 있었다. 서로 몇 마디 이야기를 나누고 있는데 여동빈은 갑자기 졸음이 물밀듯이 몰려왔다. 종리권이 보고는 “자네는 이미 피곤에 지쳐 자고 싶다는 생각뿐이니 저기 내 침상에 올라가 조금 자게나. 내게는 작은 베개가 있는데, 이름을 여의의 벼개라는 여의침이라고 하네, 자네는 여의침을 베고 자면서, 여의몽이나 한번 꾸게나.”라고 했다. 여동빈이 여의침을 베고 눕자마자 몽롱해지더니 하염없이 잠속으로 곯아떨어져 꿈을 꾸었다. 여동빈은 젊어서 장안에 가서 진사 시험을 보았다. 과거에서 장원급제하여 한림학사가 되었다. 그 후 권문세가의 여자를 아내로 맞아 장가들고, 자식도 여럿 낳았다. 인간세상의 부귀영화가 한몸에 모이듯이 출세 가도를 달렸다. 평생의 소원을 크게 이루었다고 기뻐하였다. 바야흐로 만사가 순조로워 인생의 최고조를 만난 듯 득의양양할 때, 재앙이 하늘에서 내려오듯이 홀연 다른 당파의 모함에 걸려들었다. 천자의 노여움이 하늘을 찔러, 감찰기관으로 하여금 죄를 다스리게 하여 재산을 전부 몰수하였고, 아내와 자식들도 다 흩어졌으며, 그 자신도 재판을 받아 강제로 멀고 먼 변방으로 쫓겨나게 되었다. 그 자신 혈혈단신, 그 고초는 이루 형언할 수가 없었다. 스스로 인생의 무상함을 크게 탄식하다가 홀연 꿈에서 깨어났다. 여동빈은 잠에서 부시시 깨어나면서 "그 수십년의 인생살이 역정에서 부귀영화가 정녕코 한바탕 꿈에 불과하다는 것인가?"라고 스스로 자문해 보았다. 정신을 차리고 몸을 일으켜 주변을 둘러보니, 낮잠에 들기 전처럼 선인 종리권이 아직까지도 화롯가에 쭈구리고 앉아 노란 조밥을 짓고 있었는데 그 조밥이 아직 익지도 않았다.

종리권은 여동빈이 꿈에서 깨어난 것을 보고는 웃으며 읊조리듯이 말했다. "노란 조밥이 아직 익지도 않았는데 꿈이 끝났다. 너의 오십년 부귀영화도 절정까지 갔다가 이렇게 결말나지 않겠는가?" 여동빈은 본래 도를 향한 마음이 있었는데, 단지 지난 10년 간 어려운 고난이 있었고 그 고난에 대한 소득이 없어서 불만스러운 것도 사실이었다. 그러나 생생하게 꿈속에서 점화되었고, 갑자기 자신을 성찰하고 깨닫게 되자 세상에 미련을 버리고 수도하고자 결심하였다. 그 자리에서 일어나 운방선인 종리권에게 절하고 스승으로 모셨다.

또, 몽유야담에 포함되는 「침중기」에는 노생이 한단에서 여옹의 베개를 베고 80년 간의 꿈을 꾼다는 고사이다. 이 꿈은 여옹이 운방에게 물려받았던 꿈의 비법을 이제 자신의 베개로 노생이 꾸게 하는 이야기로 발전한 경우다. 한국의 조신 꿈에 대한 해설에서 일연 스님은 바로 여조의 「황량몽」 고사를 인용하고 있다. 이와는 달리, 「구운몽」에서는 꿈의 이야기 형식을 빌려오기는 하였지만, 단편적인 몽유설화의 차원을 크게 벗어나면서 불가의 참선 형식과 융합을 시킨 참선 형식의 몽유라는 창의적 서사구조를 갖추고 있다. 이러한 점을 고려한 「구운몽」의 이해는 『금강경』의 해석을 어떤 쪽에서 하느냐에 그 지혜를 수용하는 수준이 달리질 수 있기에, 「구운몽」의 작가인 김만중은 최고 수준의 유가나 성리학 관계 논저들을 두루 설볍한 대제학 출신의 당대 최고 학자요 조정의 중신일 뿐만 아니라, 선천 유배지에서는 불경도 다양하게 읽었을 것으로 추정된다. 또 『금강경』 같은 불경의 해석에서는 여러 주석가들의 해석이 다르기에, 여조가 주석을 한중국의 도가적인 측면에서 해석한 『금강경』[397]도 있다. 만약 김만중이 일반적인 주석서가 아닌 도가의 입장에서 해석한 여조의 『금강경』을 접하였다면, 「구운몽」의 배경이 남악 형산으로 설정되고, 형산의 동쪽과 서쪽에 자리한 천상의 여자 선관인 위부인과 그 시녀들인 8선녀와, 천축에서 중국에 불법을 전하기 위하여 『금강경』한 권을 지니고 들어온 육관대사과 그 수제자인 성진의 이야기가 중심을 이룬 것과 상당히 유사한 부분이 있다.[398]

도사 운방은 「황량몽」을 통해 여조에게 선도에 대한 깊은 관심을 갖게 하고, 그 꿈 이후에 10차에 걸친 시험을 통해 득도를 할 수 있는 수련 방식을 터득하게 하였다. 그 후 운방은 천상의 신선으로 돌아가고 여조는 여러 제자들과 일반 사람들에게 선도로 인도하였다. 이런 「황량몽」 이야기는 도사 운방이 여조의 소망을 실현시켜 주고, 그 꿈을 깬 다음 꿈속의 내용을 가지고 운방과 여조가 도의 논의를 하는 점에서 육관대사가 성진의 꿈 속에 개입하고 이를 근거로 깨우침을 주는 것과 흡사하다. 여동빈은 중국 팔신선의 한 명으로 여조라고도 불린다. 그는 같은 팔신선의 한 명인 종리권으로부터 「황량몽」으로 도가적 깨달음의 길로 접어들었고, 그 후에 여옹 자신도 종리권처럼 노씨에게 〈한단몽〉으로 도가적 영험의 길을 제시해 주었다. 또, 여조의 「황량몽」은 『태평광기』 권82 「여옹」에 실려있는 「침중기」, 즉 노생이 한단에서 여옹의 베개를 베고 80년간의 꿈을 꾼다는 침중기 이야기로 이어진다. 여기서는 여옹이 운방에게 물려받았던 꿈의 비법이 이제 자신의 베개로 노생이

397) 여조 여동빈은 불가의 『금강경』의 주석본을 남겨놓았다. 도사인 여동빈의 인도 세존의 대승불경인 『금강경』 주석은 도가적인 측면에서 해석한 아주 특이한 주석을 하였다.

398) 서포 김만중이 여조가 해설한 『금강경』을 보았다면, 그 연계성이 강화되고, 아니라 하더라도 그런 분위기는 이미 「구운몽」에서 육관대사가 성진의 참선 형식의 몽유를 『장자』 제물론에 등장하는 〈호접몽〉을 통해 비유함에서도 일정 부분 근접하고 있다.

꾸게 하는 이야기로 발전한 경우에 해당한다.[399]

『금강경』 영험 설화는 송나라 때 이방 등이 편찬한 『태평광기』에 많이 수록되어 있다.[400] 『태평광기』에는 특히, 불경 신앙에 대한 보응을 다룬 일화들이 다수 전하고 있다. 권 제102 〈보응 1〉의 노경유 일화로부터 시작하여 권 제108의 〈보응 7〉의 판해객 일화까지가 총 103일화가 『금강경』에 대한 보응 일화이고, 권 제109 〈보응 8〉의 사문정생 일화로부터 석벽사승 일화까지의 총 21일화가 『법화경』에 대한 보응 일화이고, 권 제110의 〈보응 9〉의 두부 일호로부터 권 제111의 〈보응 10〉의 왕기 일화까지의 총 50일화가 『관음경』에 의한 보응 일화로 구성되어 있다. 이로 본다면, 『태평광기』에서 소개하고 있는 총 174개의 불경에 대한 보응 일화 중에서, 『금강경』에 관한 보응 일화가 103일화로, 총 59%에 이르고 있다.

이러한 『태평광기』에서 소개하고 있는 보응 일화는 『금강경』의 공덕으로 소생하는 저승 내왕담이 주축을 이루고 있다.

첫째, 노경유의 『금강경』에 의한 영험 사례로 다음과 같은 것이 있다.

> 후위(後魏)의 노경유는 자가 중유이며 절민제(節閔帝) 초에 국자감 박사가 되었다. 그는 불교를 믿었으며 『주역』과 『논어』에 주를 달아 그 뜻을 풀이했다. 사촌형 노신례가 마을 사람들을 모아 난을 일으키고 노경유를 핍박하여 함께 힘을 합쳐 서위(西魏)에 대응케 하여, 결국 노경유는 진양현의 옥에 갇히는 신세가 되었다. 노경유가 지극한 마음으로 『금강경』을 염송했더니 칼과 쇠사슬이 절로 풀렸다. 노경유는 제나라의 신무(神武)가 승상이 되었을 때 특

---

399) 「구운몽」의 몽유 소재로 자주 거론되는 『삼국유사』 소재의 조신의 꿈에서도 그 해설에 해당하는 게송에서 일연스님은 여조의 「황량몽」 고사를 인용하고 있다. 이러한 사실은 「황량몽」의 한국적 수용에 해당한다.

400) 김장환, 『태평광기』 번역, 학고제, 2000, 13쪽.

별히 용서받았다. 보응기[401]의 실제적인 모습을 여실히 보여준다.

둘째, 모용문책의 『금강경』에 의한 영험 사례로 다음과 같은 것이 있다.

모용문책은 수(隨)나라 사람으로 늘 금강경을 믿고 외우면서 술과 고기를 먹지 않았다. 그는 대업(大業) 7년에 갑자기 죽었다가 삼일만에 다시 살아나 이렇게 말했다. "막 죽어서 보니 귀신 두 명이 문서를 쥐고 어떤 성문까지 나를 잡아갔는데, 성문 주위를 둘러보았더니 매우 엄준했다. 들어가서 4-5리를 걷다보니 궁전과 의장대가 있었다. 염라대왕은 대전에 앉아있고 그 주위로 스님과 도사 등 사방에서 온 사람들이 셀 수 없을 정도로 많이 있었다. 사자가 안으로 들어가 염라대왕을 뵙기에 나는 맨 뒤에 서 있었다. 염라대왕은 한 사람 한 사람에게 무슨 선한 일과 악한 일을 했는지를 물으면서 동서로 나누어 따로 서게 했다, 곧이어 내 이름을 부르며 이렇게 질문하였다.

"어떤 좋은 일을 했는가?" 이에 이렇게 대답했다. "어려서부터 금강경을 믿고 외웠습니다."

염라대왕은 그 말을 듣고서는 두 손을 모아 합장하면서 이렇게 감탄했다. "공덕이 자못 크니 그를 집으로 돌려보내거라." 갑자기 스님 두 명이 불을 들고 나를 인도하는 것이 보였다. 내가 얼른 스님의 가사자락을 붙잡고 어떻게 된 일이냐고 물어보았더니, 스님이 이렇게 말했다. "공이 금강경을 외운 인연으로 이렇게 그대를 보호하러 왔으니, 촛불을 따라 가면 됩니다."성문을 나오자 스님이 이렇게 말했다. "그대는 지옥이 어디인지 말고 있습니까?" 그러더니 어느 큰 성문을 가리키며 말하였다. "바로 이곳입니다." 내가 차마 그 광경을 눈뜨고 볼 수 없어 얼른 가기를 청했더니, 두 스님은 곧 바로 나를 데리고 길에 도착했는데, 가로로 놓인 담이 길을 가로막고 있었다. 스님은 석장

401) 김장환 외 역, 『태평광기』 5권, 학고제, 2001, 63쪽.

으로 담을 두드려 곧바로 길을 열고는 이렇게 말했다. “이곳을 따라 가시면 됩니다.” 그래서 나는 이렇게 다시 살아났다.[402)]

셋째, 위극근의『금강경』에 의한 영험 사례로 다음과 같은 것이 있다.

당(唐)나라 위극근은 젊어서부터 금강경을 외웠고, 중랑장(中郎將)이 되어 군대를 따라 요나라를 정벌하러 갔다가 고려 땅에서 죽었다. 정관(貞觀)년간 태종이 요나라를 정벌 나갔는데 그때 만해도 위극근은 젊고 금강경을 외우고 있을 때라 멀리서 관군을 보고 밤에 성을 나와 관군에게 투항하려고 했다. 날이 어두워 어디가 어딘지 분간할 수 없게 되자 위극근은 지극한 마음으로 금강경을 외우기 시작했다. 그랬더니 별안간 횃불이 앞에 서서 인도하는 것이 보였다. 위극근은 불을 따라 가서 결국 한군(漢軍)의 진영에 이르렀다.[403)]

넷째, 심가회의『금강경』에 의한 영험 사례로 다음과 같은 것이 있다.

당나라 심가회는 정관년간에 교서랑에 임명되었다가 사건에 연루되어 난주에 유배되었다. 심가회는 고향으로 돌아가고 싶은 마음이 간절한 나머지 매일 아침저녁으로 늘 동쪽으로 태산을 향해 살아서 고향으로 돌아갈 수 있게 해달라고 빌었는데, 벌써 200일이 넘었다. 영휘 6년 10월 3일 밤에 빼어난 위용과 의복을 걸친 동자 두 명이 나타나 말했다. “저희들은 태산부군(太山府君)의 아들인데, 부군께서는 공께서 아침저녁으로 예를 갖춰 절하는 것에 미안하여 이렇게 저희들을 보내 공을 영접하라고 하셨습니다.” 이에 심가회가 말했다. “태산은 여기서 삼천리가 넘는데 어떻게 갈 수가 있습니까?”그러자

402) 김장환 역,『태평광기』5권, 학고제, 2001, 74~76쪽.

403) 김장환 역,『태평광기』5권, 학고제, 2001, 83~84쪽.

동자가 말했다. "선생께서는 눈만 감고 계시면 될 뿐 갈 길이 멀다고 걱정 마십시오."

심가회는 그 말대로 했더니 순식간에 그곳에 닿았는데, 궁전이 크고 화려하기 이를 데 없었다. 동자들은 그를 데리고 안으로 들어가 부군을 뵙고 절을 했다. 부군은 곧장 그를 밀실로 데리고 들어가 마주 앉아서 담소를 나누었는데, 모르는 바가 없었다. 부군은 심가회에게 이렇게 말했다.

"사람이 나쁜 짓을 하면 살아서 다른 사람에게 살해당하지 않으면 죽은 뒤에 귀신에게 징벌을 받는데, 요행으로라도 면하는 경우는 없습니다. 날마다 금강경을 한번씩 외운다면 모든 죄가 바로 사라질것이고, 귀관(鬼官)이라 하더라도 그를 잡아갈 수 없습니다."

부군은 이어서 말했다. "전임 부군은 생전에 허물이 있어 천조(天曹)에서 이미 축출되었고, 저는 성이 유씨(劉氏)입니다."심가회 역시 더 이상 다른 것은 묻지 못했다. 한번은 부군이 심가회가 일어나서 보았더니 작은 대청 동쪽에 고장령(姑藏令) 모용인궤(慕容仁軌)가 홀로 잡고 단정하게 앉아있었다. 모용인궤는 심가회에게 이렇게 말했다.

"부군의 문서를 받고 제가 이곳에 온 지 이미 60일이나 되었는데, 아직 아무런 처분도 받지 못했습니다." 심가회가 앉아서 부군에 그 사실을 아뢰었더니, 부군은 곧 바로 모용인궤를 불러들여 그에게 말했다. "공의 현에 아조(阿趙)라는 아녀자가 있는데, 무고하게 현위(縣尉)에게 맞아 죽었소. 아조가 이것을 고소했는데, 잘못하여 공을 잡아 오게 되었소." 뜰 앞에 동이에 담긴 물이 있었는데, 부군은 모용인궤에게 그 물에 세수하게 한 뒤 아이를 시켜 그를 돌려보내게 했다. 심가회도 돌아갈 것을 고하자 다시 두 아이에게 돌려보내게 했다. 심가회는 태산에서 모두 28일을 지냈는데, 집안 사람들은 그저 정신이 혼미하다고만 느낄 뿐이었다. 잠시 후 심가회는 이전처럼 정신이 돌아왔다. 심가회가 사람들에게 모용인궤의 이야기를 말해주었더니, 장사(長史) 조지만(趙持滿)은 사람을 시켜 모용인궤에 관한 일을 알아보았는데, 심가회의 말과 조금도 다른 바가 없었다. 심가회는 그날로부터 늘 금강경을 외웠고, 후에 사면되어 고향으로 돌아왔다.[404)]

다섯째, 노씨의『금강경』에 의한 영험 사례로 다음과 같은 것이 있다.

당나라 개원년간에 노씨라는 사람이 활주에 살고 있었다. 그가 낮에 청사에 한가로이 앉아 있는데 노란 적삼을 입은 두 사람이 문으로 들어오는 것을 보았다. 노씨가 누구냐고 묻자 대답했다. "나는 저승사자요. 첩지를 받들어 공을 데리러 왔소." 노씨는 너무나 놀라 무슨 연유로 데려가는지를 묻고 첩지를 보여달라 부탁했다. 봉투에는 '위현(衛縣)'이라고 써 있었고 열어 보니 글자의 착오가 있었는데, 사람이 쓴 것 같지가 않아서 이상하게 생각하여 따져 물었다. 저승사자는 명을 받들어 데리러 왔을 뿐 무슨 연유에서인지는 모른다고 했다. 얼마 안 되어 계단 아래 말이 이미 준비되어 있는 것이 보이자 노씨는 어쩔 수 없이 말에 올랐다.

노씨는 침상 위에 있는 자신의 시신을 뒤돌아보며 매우 속상해했으나, 허둥대는 바람에 이것이 죽는 것인지도 몰랐다. 그러나 말이 문으로 나가지 않고 모두 담장 위로 가는 것을 보고는 깜짝 놀라 눈물을 흘리며 그제야 비로소 분명 죽었다는 사실을 알았으며, 어머니랑누이들과 작별하지 못한 것을 한스러워했다. 수십 리를 지나 아주 장대하고 아름다운 성에 이르렀다. 노씨가 이 성이 어떤 성이냐고 물으니, 저승사자가 이곳이 왕국이며 당신을 데려 오는 일을 관장하는 곳이라 했다. 성으로 들어간 후 저승사자는 노씨에게 염라대왕을 뵙도록 하라고 했다.

한 정원을 자나면서 노씨가 그것이 무슨 정원인지 물으니 저승사자가 말했다. "이곳은 어사대부의 정원이오."그 정원의 주인인 어사대부의 성명을

404) 김장환 외 역,『태평광기』5권, 학고제,『報應記』, 2001, 84~86쪽.

묻자 말해주었다. “성은 이씨이고, 이름은 아무개요.” 노씨가 놀라면서도 기뻐하며 저승사자에게 아뢰었다. “그대 나의 사촌형입니다.” 노씨가 저승사자에게 명함을 건네게 했더니 얼마 지나지 않아 어사대부가 나왔는데, 서로 만나 몹시 기뻐하며 지난날을 이야기하고 안으로 맞이하여 자리에 앉아 담소했다. 어사대부가 말했다. “아우는 경을 염송하여 공덕이 매우 많네. 진실로『금강경』은 성교(聖教)의 정수로서 불가사의한 공덕이 깊은 것이지,” 노씨가 처음 정원에 들어갔을 때 수십 명의 사람을 보았는데 모두 벼슬아치들이었다.

그 후에 그들 대부분이 그물에 묶였는데, 옷을 입지 않은 사람도 있었고 이마를 드러낸 사람도 있었다. 노씨가 물었다. “이들은 모두 뭐 하는 사람들입니가?” 어사대부가 말했다. “이들은 이승에서 벼슬하던 사람들인데 모두 무거운 죄로 말미암아 그물에 걸려 있는 것인데, 아우가 이들을 위해 설법을 해준다면 그것을 본 자들은 모두 승천할 수 있을 것이네.” 그리고는 고좌(高座)를 가져오라 명하여 노씨에게 자리에 올라『금강반야바미밀경』을 염송하게 했더니, 그물 속에 있던 사람들 중에 이미 머리가 밖으로 나온 사람들도 있었다. 불경을 반쯤 염송한 뒤에는 사람들이 모두 땅으로 나왔는데, 넓은 소매에 품이 넉넉한 옷을 입었거나 수레에 올라 구름을 부리기도 했다. 염송을 마치자 그들은 이승으로 환생하여 모두 사라졌다. 노씨가 들어가 염라대왕을 알현하자, 염라대왕은 그를 법사라 부르며 극진히 경의를 표했다. 염라대왕이 말했다.

“당신은 아주 불가사의하오. 계산해 보니 수명도 다하지 않았으니,『금강경』을 염송한 공덕에 감탄할 뿐이오.” 이윽고 염라대왕은 노씨를 데려왔던 저승사자에게 그를 돌려보내게 했다. 그가 집에 이르자 집안 사람들은 머리를 풀고 곡을 하고 있었고 시신은 땅에 뉘여 있었기에 몹시 마음이 아팠다. 조금 있다가 한 여종이 정원 앞에서 당으로 들어가자 저승사자가 노씨에게 그녀를 따라 계단에 오르라고 했는데, 시신 앞에 다다르자 혼백이 갑자기 그의 몸으

로 들어갔다. 이로 인해 노씨는 마침내 다시 살아나게 되었다.[405)]

여섯째, 전씨의 『금강경』에 의한 영험 사례로 다음과 같은 것이 있다.

역주참군 전씨는 본성이 사냥을 좋아하여 항상 매와 개를 기르는 것을 일삼았다. 당(唐)나라 천보연간 초에 전씨는 역주에서 매를 놓아 사냥하고 있었는데, 우거진 가시나무 숲 위에 한 권의 책이 보였다. 그것을 가져다 보니, 『금강경』이었다. 전씨는 이때부터 마음을 먹고 금강경을 지니고, 수년 동안 2천여 번을 염송했으나, 사냥하는 것은 그만 두지 않고 있었다. 전씨는 후에 우연히 병을 얻었는데 급작스럽게 며칠 만에 죽고 말았다. 그는 지옥으로 쫓겨가 여러 가지 새와 짐승들을 보았는데, 그것들은 둘레가 몇 이랑이나 되는 무리를 짓고 그를 쫓아다니면서 자기들 목숨을 살려달라고 했다.

잠시 후에 전씨는 짐승들을 따라 염라대왕을 만나게 되었다. 염라대왕이 그에게 죄가 얼마나 많은지 물었으나 전씨는 대답하지 못했다. 염라대왕은 담당관리에게 그를 데려가서 심문하게 했다. 그의 무리 10명이 이국(吏局)에 이르자, 관리가 그들에게 입을 벌리게 하여 환약을 한 알 입속에 던졌더니, 곧 세찬 불길이 온몸에 타올랐다. 그러면 그들은 잠시 재가 되어 없어졌다가 금방 다시 사람이 되었는데, 예닐곱 명이 이렇게 되었다. 전씨 차례가 되었는데, 환약을 세 알이나 먹어도 불타오르지 않자 관리는 이것을 괴이하게 여겼다. 관리는 전씨를 다시 끌어다가 염라대왕에게 보이며 모든 사실을 아뢰었다.

염라대왕이 전씨에게 이승에서 무슨 복된 일을 했냐고 묻자, 전씨가 대답했다. "처음에는 사냥하는 것을 일삼았습니다." 염라대왕이 재차 묻자 이렇게 대답했다. "이승에 있을 때 역주의 가시나무 위에서 『금강경』을 얻어 2천

405) 김장환 외 역, 『태평광기』 5권, 학고제, 2001, 134~136쪽.

여 번 염송했습니다."염라대왕이 말했다. "바로 이것이 모든 죄를 없앴도다." 그리고는 신하들에게 명하여 전씨의 선행을 적은 장부를 검사하게 했는데, 신하들이 돌아와 아뢴 말도 그와 같았다, 염라대왕은 친히 전씨에게 『금강경』을 염송하게 했는데, 겨우 세 장을 염송하고 나서 둘러보았더니 뜰에 있던 짐승들이 모두 보이지 않았다. 염송을 마치자 염라대왕은 그를 훌륭하다고 칭찬하며 말했다. "2천여 번을 염송했으니 수명을 15년 더 연장시켜 주겠노라." 그리하여 전씨는 이승으로 돌아오게 되었다.[406)]

일곱째, 위순의 『금강경』에 의한 영험 사례로 다음과 같은 것이 있다.

당나라 때 위순은 좌서자 위상덕의 아들로 『금강경』을 염송했다. 그는 신공년 초에 감문위의 대장군이 되었다. 당시 도성에 채책이라는 사람이 있었는데, 갑자기 죽었다가 며칠만에 소생해서 말했다. "처음 명부(冥府)에 갔을 때, 이상하게도 저승사자가 어떤 사람을 잡으러 갔다가 잡지 못해서 저승관리가 그 사자를 매질하려고 했더니, 저승사자가 '위순 장군은 『금강경』을 외우고 선한 신들이 그를 보호해 주고 있기 때문에 잡아 올 수 없었습니다.'라고 했다. 곧 다른 사자를 보내 다시 잡아오게 했지만, 그도 곧 돌아와서 같은 말을 했다. 그러자 저승관리가 '잡는 것을 그만두어라'고 했다" 위순은 이를 듣고 더욱 수도에 정진했다.[407)]

여덟째, 임자신의 『금강경』에 의한 영험 사례로 다음과 같은 것이 있다.

임자신은 가주 사람이다. 당나라 정원 15년에 호남에 간 적이 있었는데,

---

406) 김장환 외 역, 『태평광기』 5권, 학고제, 2001, 139~141쪽.

407) 김장환 외 역, 『태평광기』 5권, 학고제, 2001, 159쪽.

항상 금강경을 염송했으며, 마음이 깨끗하여 아무런 티가 없었다. 동정호에 있을 때, 구름처럼 생긴 어떤 이상한 물체가 배 위를 덮더니 잠시 후 사라졌는데, 그 사이에 배 안에서 임자신이 사라져 어디에 있는지 알 수 없었다. 한참 뒤에 임자신은 파도를 헤치고 나오더니 이렇게 말했다.

"용궁에 가서 용왕을 알현했는데, 너댓 사람이 나에게 대전으로 올라가 금강경을 염송하라고 하면서 진주 보배 수십 가지를 주었다, 두 스님이 용궁 밖까지 배웅해 주었는데, 그 중 한 스님이 서찰 몇 장을 내 편에 부치면서 형악 관음대의 소진사(紹眞師)에게 전해주고 여화상(汝和尙)이 보낸 것이라고 말하라고 했으며, 아울러 금강경을 전독(轉讀)하라"고 했다.

임자신이 남악에 도착하여 그 스님을 찾아가서 과연 만났더니 그 스님이 하는 말이 여화상은 입적한 지 이미 5~6년이 되었다고 했다.[408]

아홉째, 승려 법정의 『금강경』에 의한 영험 사례로 다음과 같은 것이 있다.

당나라 때, 강릉 개원사 반야원에 법정 스님이 있었는데, 날마다 스믈 한 번이나 『금강경』을 염송했다. 법정 스님은 장경년간에 초에 병을 얻어 죽었다. 저승세계에 가서 염라대왕 같은 분을 만났는데, "선사께서는 평생 어떤 공덕을 쌓으셨습니까?" 하고 묻기에, 법정 스님은 이렇게 대답했다. "늘 『금강경』을 염송했습니다." 법정 스님은 곧 바로 염라대왕께 절을 하고 대전으로 올라가 수좌(綉座)에 앉더니 일곱 차례나 금강경을 염송했다. 그러자 시위들은 두 손을 모으고 합장했으며, 계단 아래에 있던 고문관도 숨죽이고 불경을 경청했다. 염송이 끝나자 염라대왕은 한 관리를 보내어 그를 데려오게 하더니 계단 아래로 내려가 그를 전송하며 말했다. "선사께서는 아직 30년은 인간세상에서 사실 수 있으니, 독경을 폐하지 마십시오."그리하여 법정 스님은

408) 김장환 외 역, 『태평광기』 5권, 학고제, 2001, 176쪽.

관리를 따라 몇 십리 갔더니 커다란 구덩이가 하나가 있었다. 관리는 구덩이 앞에 이르자 직접 뒤에서 법정 스님을 구덩이 안으로 밀어 넣었는데, 마치 허공 속으로 떨어지는 것 같았다. 법정 스님은 죽은 지 이레가 지났는데도 얼굴만은 차갑게 식지 않았다. 형주의 스님 상정(常靖)이 직접 그 일을 보았다.[409]

열 번째, 장정의『금강경』에 의한 영험 사례로 다음과 같은 것이 있다.

장정은 공주 사람이다. 그는 당나라 개성 3년 7월 15일에 갑자기 죽었다. 처음에 네 사람이 그를 잡으러 와서 함께 반나절을 걷다 보니 큰 강에 다다랐는데, 매우 넓고 깊이도 3척이 넘어 보였다. 장정이 자세히 살펴보니 모두 진한 피고름이어서 곧 작은 소리로『금강경』을 염송하자, 사자들의 안색이 변했다. 성에 들어가 키가 8척이 넘는 호승을 보았는데 그가 사자들을 야단쳤다. "어째서 첩지대로 하지 않고 함부로 무고한 사람을 잡아 왔느냐?" 사자들은 모두 놀라며 절을 올렸다. 장정이 끌려가서 염라대왕을 만나자, 스님이 염라대왕과 마주 앉아 말했다. "장정은 저의 본가 제자로서 잘못 끌려왔습니다."

염라대왕이 말했다. "심문의 결과를 기다리시오." 스님이 노기를 띠자 염라대왕은 놓아주라고 판결을 내렸다. 사자 4명을 보니 모두 큰 칼을 쓰고 있었다. 스님이 스스로 장정을 데리고 성을 나왔는데, 이전에 건넜던 강은 보이지 않았다. 스님이 말했다. "나는 네가 신봉하는 종파의 화상인데 너는 나를 알아보겠느냐? 나는 수보리이니라." 이에 장정은 이것이 불경을 염송한 은택임을 알고 거듭 절을 올렸다. 스님이 말했다. "제자는 눈을 감거라." 스님이 지팡이를 한 번 때리자 장정은 자신도 모르게 소리를 지르고 곧 살아났다. 죽은 지 이미 3일이 지났으나 오직 심장만은 따뜻했다.[410]

---

409) 김장환 외 역,『태평광기』5권, 학고재, 2001, 218쪽.

410) 김장환 외 역,『태평광기』5권, 학고재, 2001, 237~238쪽.

이러한 사례처럼 당시의 서민들은 『금강경』이 지닌 상과 비상과 비무상으로 펼치는 공관에 따른 지혜의 이론이 아닌, 『금강경』에서 세존이 강조한 보시 공덕과 그에 연관된 영험담에 관한 무수한 이야기들이 전해지고 있다.

또, 『금강경』에서 석가세존은 이 경의 32회분 중에서 9회분에서 10번에 걸쳐서 "이 경을 지니되 네 글귀로 된 한 게송만이라도 받아 지녀 읽고 외우며 다른 사람을 위하여 잘 일러주면 그 복은 한량없는 아승지 세계에 칠보로 가득히 채워서 보시하는 것보다 많다"는 것을 거듭 거듭 강조하였다. 물론, 이 경에서 제시하는 진리, 즉 공론에 입각하여 본다면, 이러한 복덕 또한 무위법의 차원에서 인식하면 복덕이 아닌 것이기에 "복덕이 있는 것이라면 복덕이 많다고 말하지 않겠지만 복덕이 없는 것이므로 복덕이 많다고 한다."는 것이다. 이런 두 가지 측면을 고려해서 보면, 최소한 유위법의 차원에서 본다면, 그 복덕은 "한량없는 아승지 세계에 칠보로 가득히 채워서 보시하는 것보다 많다"는 것으로, 이런 복덕으로 바라밀인 강 건너 언덕의 세계에 도달하게 되고, 거기에 도달하게 된 것을 그 바탕인 보살이 다다른 지혜로 인식하면, 복이라 할 게 없는 공의 세계인 것이다.

이러한 점들을 고려해보면, 작가 서포 김만중은 『금강경』의 전법 내용을 중심 서사 체계로 전환시켜, 조선의 성리 소설을 창작하면서, 『금강경』의 4구게를 담고 있는 소설 창작의 행위야 말로, 비록 유위법 차원에서의 복일지언정, 그 공덕이 대단함을 인지하면서, 이 소설을 읽거나 또 전사하여 옮겨 쓰는 사람들에게도 복덕이 주어진다는 차원에서, 그 복들이 결국은 위부인과 유씨부인의 모델인 현실의 어머니 윤씨부인에게 돌아가기를 기대하였을 것이다.

(2) 중국의 도가 사상과 연계시켜 여옹이 주석을 단 『금강경』

여옹의 주석으로 본 중국 선가의 『금강경』은 중국 도가의 안목으로 바라본 주석서로써, 중국 선종의 관점으로 『금강경』 풀이한 특징이 있다. 그런데 「구운몽」에서 주인공 육관대사가 천축국에서 출발하여 여러 불경 중에서 단 하나의 『금강경』만을 지니고 중국의 남악 형산에 와서 성진을 비롯한 다수의 제자들에 불법을 전하는 「구운몽」의 가장 외연에 놓인 서사로 보면, 천축국에서 출발한 천축국의 승려가 해설하는 불경을 이라는 점이 부각되지만, 형산의 서사를 천상에서 하강한 도가의 『황정경』 권위자인 위부인이 먼저 형산에 좌정하고 있었다는 사건의 발단으로 보면, 중국의 도사 여옹이 주석한 『금강경』에도 주목하게 한다.

서포 김만중은 위부인이 제자들인 8선녀와 함께 천상에서 내려와 남악 형산을 중심으로 활동을 하는 중에, 옆에 자리한 육관대사의 불문에 인연에 따라 제자인 8선녀를 보내어 불가에 귀의시키고, 성진과 함께 극락왕생하게 한다는 표면서사와 그 이면에 숨겨진 음양의 이면서사를 호응을 이루어 「구운몽」의 서사를 전개하였다. 드러난 이야기인 육관대사의 설법, 특히 성진과 8선녀를 깨우치게 하는 참선은 성진과 8선녀, 즉 9명이 집단으로 꾸는 꿈 이야기라는 몽유 형식을 차용하여 서사를 전개했다.

선가의 여조의 「황량몽」은 작가 서포가 「구운몽」을 창작할 때, 기본 몽환형 서사 소재로 활용하여 성진의 선적인 몽유 형식을 창안한 것으로 추정될 뿐만 아니라, 중국에서 출판된 여조 주석의 『금강경』까지 진일보된 소재로 활용하여, 형산을 배경으로 위부인의 선가 분위기와 인도에서 『금강경』 한 권을 지니고 남악 형산 연화봉을 찾아와 법당을 개설하는 불가의 분위기를 「구운몽」에서 복합소재로 활용하여, 주자가 강설하는 악록서원까지 포괄하는 거대한 성리소설 「구운몽」의 생각지도를 그린다.

「구운몽」은 형산 연화봉의 위부인과 육관대사, 그리고 동정용왕이 주도하는 삼교사상을 융합시킨 핵심 배경과 사상 철학을 응집시켜 「구운몽」 서사 구조의 원형으로 삼은 것으로 판단된다.

이런 복합 소재의 중심에는 여조가 주석한 「금강경」 해설에 중국인들이

『금강경』의 대표적 특징인 참선의 본질에 다가가는 대승 반야 철학의 유심론의 핵심이라 할 교학 못지 않게, 참선적 분위기를 신선으로 추앙받는 여조의 분위기와 상생시키는 기법을 「구운몽」에서 창의적으로 서사화하여 보여준다.

이런 배경에는 도사 운방이 「황량몽」을 통해 여조에게 선도에 대한 깊은 관심을 갖게 하고, 그 꿈 이후에 10차에 걸친 시험을 통해 득도를 할 수 있는 수련 방식을 터득하게 하였다. 그 후 운방은 천상의 신선으로 돌아가고, 여조는 여러 제자들과 사람들을 선도로 인도하였다. 특히, 운방이 여조에게 도를 전하는 이야기는 「황량몽」 이야기는 선도의 전도와 구도 이야기로서, 「구운몽」의 육관대사가 꿈을 통해 성진을 깨우치고, 다시 『금강경』으로 꿈의 의미를 연계시켜 돈오시키는 구도와 상통한다. 「황량몽」 이야기는 도사 운방이 여조의 소망을 실현시켜 주고, 그 꿈을 깬 다음 꿈속의 내용을 가지고 운방과 여조가 도의 논의를 하는 점에서 육관대사가 성진의 꿈속에 개입하고 이를 근거로 깨우침을 주는 신선과 불승을 스승과 제자간에 꿈을 방편으로 사용하고 스승이 유도하는 제자의 꿈에 의하여 각기 도의 수준 높이기로 나아간다는 점은 동일 하거나 흡사하다.

이런 점은 성리학자에 불교철학을 개방적으로 수용한 「구운몽」의 서사전개에서는 얼핏 보기에는 불가의 이야기를 하고 있는 것 같지만, 다른 측면에서 보면 승려인 성진과 8선녀가 참선 내지 몽유 중에, 60년 동안의 일생 중에서 거의 45년 동안은 양소유와 그의 처첩으로 함께 한 가정을 꾸며나가는 이야기를 담고 있다는 점에서, 유가적 이야기를 그 내포된 이야기로 담아내고 있다는 특징을 보인다. 거기에다가 중국을 배경으로 전개되는 표면서사의 일부나, 표면서사에 전고의 형식으로 연계된 이면서사에 조선의 작가 당시의 창경궁 희정당 사건과 자신의 선천 유배를 굴원의 『초사』나 정철의 「사미인곡」과 「속미인곡」 형식을 한 단계 끌어올린 서사 위에 자신의 충성심을 펼칠 수 있게 되었다. 이런 과정과 목표 하에서 「구운몽」은 성진의 선몽의 소재적인 연계성은 중국에서 출판된 『금강경』에는 여조가 풀이한 「금강경」을 통해서 보다 더 그 관련성을 보여준다. 여조는 「금강경」 해설에서 중국인들이 『금강경』이 지니고 있는 선적 분위기를 여조는 자신이 이해한 신선 세계의 분위기로 전환하여 수용하고 있었다. 이러한 데에는 서포가 여조의 『금강경』을 보지 못하였다 하더라도 그런 분위기는 「구운몽」 자체에서도 육관대사가 성진의 선적인 몽유를 장자의 〈호접몽〉을 통해 비유함에서 일정 부분 불교와 노장철학에 대한 인식에서 서포는 원융적인 태도를 취하고 있음이 확인된다."[411]

5-2. 창작의 이론적 바탕이 된 유가·불가 철학의 소재원

(1) 「금강경」의 비무상론과 연기론을 융합 소재화

『금강경』은 스승 석가와 제자 수보리 사이의 대화를 통한 설법을 기술한 대승불교의 경전이다. 설법 내용은 사고의 바탕을 분석하는 것으로서, 번뇌의 근원은 아집인데, 그 아집의 주체인 욕망은 현상의 이분화에서 나왔고, 그 이분화는 실재하는 것이 아니라 인간들의 인위적 조작에 따른 것임을 대각하게 하는 공의 지혜를 일깨워 주는 것을 핵심으로 하고 있다.[412] 이러한 불교철학의 핵심적인 내용인 공의 지혜를, 이 경에서는 다음과 같은 형식 속에서 진행 시키고 있다.

이 경의 서술은, 전체적인 형식으로 보면 전반과 후반이 대응을 보인다. 첫 질문은 제2회분의 '바른 큰 깨달음의 지혜'에 대한 제자의 질문에서부터

411) 설성경, 『구운몽연구』, 국학자료원, 1999. 1446쪽.

412) 한태동, 「금강경과 심경에 나타난 석가의 사상」, 『연세춘추』, 1982년 5월 24일.

시작된다. 여기에 대한 세존의 대답은 자신의 일방적인 설명이 아니라, 자신의 설명과 제자에 대한 질문을 병행하여 제자 스스로 문제의 핵심을 찾고, 또 풀어가는 방법을 택하고 있다. 그렇게 하여 제14회분에서 제자가 그 이치의 오묘함을 깨닫고 감동하자, 제자 스스로 그 이치를 설명하게 한 후, 제16회분에서 세존이 다시 『금강경』의 이치와 그 공덕의 중요함을 설명함으로써, 전반부의 설법을 종결짓는다. 후반의 첫 질문인 제17회분에도, 전반의 제2회분에서와 같은 '바른 큰 깨달음의 지혜'에 대한 제자의 질문이 있다. 여기에 대한 세존의 대답 역시 전반과 같은 방법을 택하고 있다. 제31회분에 가서야 비로소 세존이 전반 시작인, 제2회분과 후반 시작인 제17회분에서 제자가 한 질문인 '바른 큰 깨달음의 지혜'에 대한 응답을 해준다. 그리고 이 불경의 끝 부분인 제32회분에서 다시 『금강경』의 이치를 압축하고 있는 사구게인 게송의 중요성을 설명한다. 그리고 설법 후의 상황이 서술되며, 이 경의 끝이 맺어진다.

『금강경』이 지닌 이러한 목표를 달성하는 과정을, 제자 수보리가 스승인 세존에게 무상의 정등한 정각의 마음을 어떻게 항복 받느냐는 질문에 대하여 세존이 참 지혜의 마음은 공의 본질을 이해함에서 얻게 됨을 다음의 논리로 설법한다.

세존의 사상의 견에 대한 질문에 제자는 불께서 상의 견에 대해 말했다는 사람들은 여래께서 말씀하신 뜻을 알지 못한 사람들이라는 것이라고 답하였다. 즉 불께서 사상의 견을 말씀하시게 됨은, 실에는 사상견이 있거나, 사상견을 일으킴이 아니요 중생에게 사상견이 있으므로 이 사상견이 집착을 버리게 하기 위하여 사상견으로 나누어 설명하신 것에 불과하기 때문이다. 그러므로 이 사상견은 중생의 것이고 세존의 것은 아니다. 그 까닭에 불께서 설법하신 사상견이 곧 사상견이 아니요 그 이름이 사상견일 뿐이라는 것이다. 또 중생의 사상견도 본래 허망한 것으로 사상의 경계를 나눌 수 없는데 중생들이 헛되이 상에 집착하여 사상에 마음을 둠이니 중생이 생각하는 사상견은 실로서의 사상견이 아닌 명으로서의 사상견이라는 것이다.

> 이 모든 중생이 다시 아상, 인상, 중생상, 수자상이 없을 것이며, 법상도 없고, 또 법 아닌 상도 없나니, 무슨 까닭이냐? 이 모든 중생이 만일 마음에 상을 취하면 곧 아상, 인상, 중생상, 수자상에 집착하는 것이 됨이니, 가령 법상을 취하면 곧 아상, 인상, 중생상, 수자상에 집착하는 것이 된다. 그러므로 마땅히 법의 상도 취하지 말아야 할 것이며, 법 아닌 상도 취하지 말아야 할 것이다. 이런 까닭으로 여래가 항상 말하길, "너희 비구들은 나의 법문이 떼 배의 비유와 같은 줄 알아야 하느니라. 법도 오히려 버려야 하거늘, 하물며 법 아닌 것이야."라고 한 것이다.[413)]

상이나 상에 대한 집착은 대상을 바로 의식하는데 장애가 되므로, 상이나 상을 부정해야 한다는 것이다. 그러나 상을 부정해도 비상이 나오고, 비상에 대한 집착도 또한 집착이므로 그 비상마저 부정하면 비비상의 경지가 된다. 이렇게 하여 상과 비상의 경계마저 부정하여야, 비비상의 큰 이치를 인식하는 공의 지혜를 얻는 경지에 이르게 된다는 것이다. 그러므로 이 불경에서는 단순한 불경의 이치만이 아니라, 그 이치를 어떻게 제시하고 그 깨달음을 얻은 후에는 어떻게 대중을 위하여 실천해야 하는가를 강조하고 있다. 즉, 대승적인 입장에서 모든 중생들도 다 깊은 깨달음에 이르도록 끊임없이 정진하는 공덕의 중요함을 다음[414)]과 같이 강조하고 있다.

---

413) 『금강경』 제6 正信希有分. "是諸衆生 無復我相人相衆生相壽者相無法相 亦無非法相 何以故是諸衆生 若心取相 卽爲着我人衆生壽者 何以故 若取非法相 卽着我人衆生壽者 是故不應取法 不應取非法 以是義雇 如來常說 汝等比丘知我說法 如筏喩者 法尙應捨 何況非法.".

414) 『금강경』, 제32, 응화비진분.

> 수보리야, 어떤 사람이 한량없는 아승지 세계에 가득찬 칠보로써 보시하더라도, 다른 선남자 선여인이 보살의 마음을 낸 이가 있어, 이 경을 가지되 四句偈 등만 받아가지고 읽고 외우고 남을 위해 말씀하면, 그 복이 앞의 것보다 나으리니, 어떻게 남을 위하여 연설할 것인가? 相을 취하지 않고 如如하여 움직이지 않느니라.[415)]

이처럼 개인의 자각보다 중생을 통한 깨우침의 실현이 중시되는 이『금강경』은, 「구운몽」에서는 육관대사가 천축국으로부터 중국에까지 와서, 제자 성진에게『금강경』대법을 전하게 되는 것으로 표현된다.

『금강경』에서 세존이 설법하는 세 차원, 즉 상과 비상과 비무상이 머무름이 없는 마음이어야 함을「구운몽」에서는 선몽에 의한 세 차원의 시간 층위의 세계를 통하여 독특한 서사화의 기법으로 활용하고 있다.『금강경』은 단순한 불경의 이치만이 아니라, 그 이치를 어떻게 제시하고 그 깨달음을 얻은 후에는 어떻게 대중을 위해서 실천해야 하는가를 강조하고 있다. 즉, 대승적인 입장에서 모든 중생들도 다 깊은 깨달음에 이르도록 끊임없이 정진하는 공덕의 중요함을 다음과 같이 강조하고 있는 것이다. 세존은 제자 수보리에게 불법 공덕에 있어서『금강경』중에서 사구게 만이라도 수지 독송하고 남을 위해 설법하면 그 이상의 공덕이 없음을 다음과 같이 거듭 강조한다.

『금강경』의 사구게가 어떻게 직접 활용되는가를 본문[416)]을 중심으로 살펴

415) 제32, 응화비진분(應化非眞分) "須菩提 若有人 以滿無量阿僧지世界七寶持用布施 若有善男子善女人 發菩薩心者 持於此經乃至四句偈等 受持讀誦爲人演說 其福勝彼 云何爲人演說 不取於相 如如不動".

416)「구운몽」, 16장회, 양승상등고망원 진상인반본환원.

보면 다음과 같다.

> 다시 들어와 사뢰되, "제자 등이 이미 얼굴을 변하였으니 맹서하여 사부 구명(敎命)을 태만치 아니 하리이다." 대사 가로되, "선재(善哉) 선재(善哉)라. 너희 팔인이 능히 이렇듯하니 진실로 좋은 일이로다." 드디어 법좌에 올라 경문을 강론하니 백호(白毫) 빛이 세계에 쏘이고 하늘 꽃이 비같이 내리더라. 설법을 장차 마치매 네 귀 진언(眞言)을 송하여 왈 "일체유위법(一切有爲法) 여몽환포영(如夢幻泡影) 여역로역여전(如露亦如電) 응작여시관(應作如是觀) " 이리 이르니 성진과 여덟 니고 일시에 깨달아 불생불멸(不生不滅할) 정과(正果)를 얻으니.[417]

이러한 한문체의 '사구지게'는 국문본에는『금강경』의 본문인 '일체유위법 여몽환포영 여역로역여전 응작여시관'[418] 이라는 표현이 그대로 인용[419]되듯이, 작가 서포는『금강경』의 핵심적인 의미를 터득하고, 육관대사가 제자 성진에게『금강경』을 전하는 내용으로 설정하였다. 그리고 표면서사에서는 제자 수보리가 스승인 세존에게 무상의 정등한 정각의 마음을 어떻게 주강하느냐는 질문을 하고, 세존이 참 지혜의 마음은 공의 본질을 이해하는 내용을 성진과 8선녀가 환생하여 애정을 실현하는 집단적 혼사담을 관료들 사이의 당파성을 극복하는 화합의 이면주제를 내포시켰다. 이런 특수한 방법으로 단순한 설화 수준의 몽환형식을 다중적인 서사라는 창의적 선몽형식의 서사

417) 復入告曰 弟子等旣已變形 誓不慢師傅之敎訓矣. 大師曰善哉善哉 汝等八人也 至誠如此 寧不感動 遂引上法座講說經文 白豪光射世界 天花下如亂雨 說法將畢 乃誦四句之偈 性眞及八尼姑 皆頓悟本性 大得寂滅之道.

418) 一切有爲法 如夢幻泡影 如露亦如電 應作如是觀.

419) 한문본에는 없으나, 서울대도서관 소장 한글본에는, '일졀유의법 염모환됴영 여디역여젼 응쟉여시관'으로 되어 있다.

구조를 구축하였다. 이러한 창의적 서사에는 작가 서포의 인문학적 방식에 의한 다중적 서사공간의 확보와 윤회상에 따른 인식의 차원 이동[420]을 가능하는 원리 창출이 보다 성숙한 성리소설이 탄생하는 것이 가능하게 하였다.

(2) 「태극도설」과 성리학의 도심을 실현한 8처첩의 소재화

주렴계의 「태극도설」은 무극이면서 태극이니, 태극이 움직여서 양을 낳고, 움직임이 지극하여서는 고요하나니, 고요하면 음을 낳는다.[421] 고요함이 지극하여서는 다시 움직이나니, 한 번 움직이고 한 번 고요함이 서로 그 뿌리가 된다. 음으로 나누고 양으로 나누어 양의가 성립되나니,[422] 양이 변하고 음이 합하여 수화목금토를 낳는데, 이 오행의 기질이 차례로 분포되어 사시가 운행하니라.[423]

이 오행이 생성함에 각각 그 성을 하나씩 하나니, 무형의 진리와 이기오행의 정기가 묘하게 합쳐 엉켜서 건도는 남을 이루고 곤도는 여를 이루나니, 음양의 두 정기가 사귀어 감응하여 만물을 화생하므로, 만물이 낳고 낳아서

---

420) 『금강경』은 금강반야바라밀(金剛般若波羅密)의 준말로, 범어인 '반야(般若)'는 중국어로는 '지(智)'로서 어리석은 마음이 일어나지 아니하는 것을 뜻한다. '혜(慧)'는 그 방편이요 작용이므로 바탕에 '혜(慧)'가 있다면 '지(智)'를 작용하여 어리석지 아니하게 되나 바탕에 '혜'가 없다면 작용이 어리석어 '지'가 없게 된다. '파라밀(波羅密)은 '도피안(到彼岸)'이는 큰 지혜를 갖추어 모든 법에서 원만히 생멸의 상(相)을 벗어난다면 그것이 곧 '저쪽 언덕에 이르는 일'이다. 바라밀이 있으나 입으로만 말하고 마음으로 행하지 아니한다면 곧 바라밀은 없는 것이다. 〈豫章沙門宗鏡提頌剛要序〉, 乘龍寺. 金剛經五家解講釋. 1996, 33~8쪽.

421) 無極而太極, 太極動而生陽, 動極而靜, 靜而生陰.

422) 靜極復動. 一動一靜, 互爲其根, 分陰分陽, 兩儀立焉.

423) 陽變陰合, 而生水火木金土, 五氣順布, 四時行焉.

변화가 끝이 없다.[424] 오직 사람은 그 빼어난 것을 얻어서 가장 영명하나니, 형체가 이미 탄생함에 정신이 지각을 발휘하고, 인의예지신의 오성이 감동하여 선악이 나뉘며, 만사가 생기는 것이다.[425] 성인이 그것을 중정인의로서 규정하여 정에 주장해서 인극을 확립하였노라. 그러므로 성인은 하늘 땅과 더불어 그 덕을 합하고, 해와 달과 더불어 그 밝음을 합치며, 사시와 더불어 그 차례를 합하고, 귀신과 더불어 그 길흉을 합치나니, 군자는 그것을 닦아 길하고, 소인은 그것을 어그러뜨려 흉하니라.[426] 그러므로 말하기를 "하늘의 도를 규정하여 음과 양이라 하고, 땅의 도를 규정하여 강과 유라고 하며, 사람의 도를 규정하여 인과 의"[427]라고 한다. 또 말하기를 "본시를 규명하면 종말에 돌아가니 그런 까닭에 죽고 사는 이치를 안다"[428]고 하나니, 위대하도다. 『주역』이여! 이것이 그 지극함이로다.[429] 남송의 주자에 이르러 그가 집대성한 성리철학에서는 천지 만물의 본체를 태극으로 보게 되었다.

주렴계의 「태극도설」의 상대적 속성을 설명하는 대대의 원리에 따라서 「구운몽」의 인물을 설정하는 데에는 상대적 상관 관계에 따라서 성진과 양소유, 8선녀와 8처첩은 종횡의 상대적인 음양의 호응 관계를 보인다. 이런 관계 중

---

424) 五行一陰陽也, 陰陽一太極也, 太極 本無極也. 五行之生也, 各一其性, 無極之眞, 二五之精, 妙合而凝, 乾道成男, 坤道成女, 二氣交感, 化生萬物, 萬物生生而變化無窮焉.

425) 惟人也得其秀而最靈, 形既生矣, 神發知矣. 五性感動, 而善惡分, 萬事出矣.

426) 聖人定之以中正仁義而主靜, 立人極焉, 故聖人與天地合其德, 日月合其明, 四時合其序, 鬼神合其吉凶, 君子修之吉, 小人悖之凶.

427) 『주역』〈說卦傳〉, "昔者聖人之作易也, 將以順性命之理. 是以立天之道曰陰與陽, 立地之道曰柔與剛, 立人之道曰仁與義. 兼三才而兩之, 故易六畫而成卦, 分陰分陽, 迭用柔剛, 故易六位而成章.".

428) 『주역』〈繫辭上〉, "易與天地準, 故能彌綸天地之道. 仰以觀於天文, 俯以察於地理, 是故知幽明之故, 原始反終, 故知死生之說".

429) 故曰, 立天之道曰, 陰與陽, 立地之道曰, 柔與剛, 立人之道曰, 仁與義, 又曰, 原始反終. 故知死生之說, 大哉. 易也, 斯其至矣.

에서 형산에 머물고 있는 위부인의 시녀들인 8선녀는 양소유의 짝이 될 때에는 8선녀라는 태극의 상징에서, 때로는 2그룹, 4인 그룹, 8인의 개체인 8괘를 상징하는 정경패 그룹과 백능파의 2인 그룹으로 통합도 되고, 분화도 되는 양상을 보여준다. 그러면서도 8선녀의 환회상에서의 화신인 진채봉 계섬월 정경패 가춘운 적경홍 이소화 심요연 백능파은 8처첩이라는 신분과 출신 지역 등에서 8괘에 해당하는 개체을 가지고 활동한다.

이처럼 성진의 선몽 중의 인물인, 양소유와 짝이 되는 8명의 여성들은 정경패 등 8명의 여성들은 독자적인 역할도 있지만, 둘씩 넷씩 짝을 지워 결국의 한 집단인 8명의 그룹으로 통합되는데, 여기에는 역에서 전하는 태극에서 팔괘로 나아가는 이치와 상당 부분 부합되고 있다.[430] 그래서 이들 8인의 관계는 대립과 갈등의 관계가 아닌 '음과 양'의 대대의 관계로 자리하고 있다.[431]

이소화와 백능파의 음양의 관계는 문제 해결의 대표들이라는 측면에서 상통한다. 이소화는 '소와 화'의 이치로 혼사 갈등을 해소하는 대표 기능을 맡고 있다. 정경패의 혼사 장애 문제의 당사자인 이소화는 자신이 공주이면서도, 자기가 자기 모친인 황태후를 설득하여 혼사의 경쟁자인 정경패를 공주로 맞게 하고, 끝내는 정경패를 제1 부인으로 올리고 자신은 제2 부인으로 낮추는 아량을 보인다. 제2 층위의 이소화와 짝이 되는 제3 층위의 백능파는 전반부와 후반에서 양소유가 위기의 절정에 놓여 있을 때 나타나서 문제를 해결해낸다. 양소유가 적진에 포위되어 있을 때는 그를 꿈속에 초대하여 천정배필인 양원수를 위로하고, 귀신 병사를 모아서 전투에서 승리하도록 하고, 낙유원 경연에서 양소유의 악사들이 월왕의 악사들에 밀릴 때에는, 신비의 음악으로 승리하게 한다. 또, 백능파가 보여준 마음의 상태가 안정되고

---

430) 설성경, 『서포소설의 선과 관음』, 장경각. 1999, 117쪽.

431) 설성경, 『구운몽 연구』, 국학자료원, 1999, 250~251쪽.

분노함에 따라 호수물이 청수담이 되기도 하고 독극물이 되기도 한다.[432)]

8인의 여성을 개성에 따라 1인의 선택과 그 외는 배제하는 것이 아니라, 각자의 개성이 주체가 되어 '부동의 화'로 중심을 잡는, 그래서 조선 8도의 지역적 안배를 통한 전국, 세계의 의와 화평을 기원하는 것이다. 인의 여인과 신하, 그리고 인의 백성처럼, 의의 여인과 신하, 그리고 백성, 예의 여인과 신하, 그리고 백성, 지의 여인과 신하, 그리고 백성', 성의 여인과 신하, 그리고 백성, '신의 여인과 신하, 그리고 백성을 지향한다.

특히, 두 공주는 인과 의를 구현하는 인물로 그 중에서 이소화는 인을 구현한다. 부드러움을 보여주는 난양공주는 도심으로 황태후를 설득시킨다. 그녀는 화목 화합의 해결 방안을 모색하여 모친인 황태후를 설득 이해시킨다. 그녀는 겸양을 미덕으로 삼는 난양공주 이소화는 작품 밖의 작가의 현실에서는, 장희빈의 반면 교사에 해당하는 도심을 실현하는 인물이다. 이소화는 자신의 이름이 소와 화로 악기를 뜻하듯이, 기악 연주에도 탁월하다.

양소유의 삶의 유가적 덕목은 행복한 가정 꾸미기에 초점이 있다. 그래서 양소유와 여덟 처첩의 관계에서의 갈등은 하나의 과정일 뿐이며, 여성들 사이의 조화로 나아가는 길이다. 그래서 양소유와 여덟 여인은 각각 남성의 길과 여성의 길에서 철저한 조화를 지키며 살아간다. 조화로운 부부 관계, 양소유를 중심으로 한 처첩간의 관계는 유가적 위계질서와 인간적 평등이라는 양면을 동시에 드러내면서, 도로서의 음양의 길을 제시하면서 음양의 만남은 팔괘의 조화로 묘합의 길임을 보여준다. 여기에 또 다른 음양의 조화인 내화와 외화를 통하여 성진의 삶과 양소유의 삶을 통하여 이합과 집산을 거치면서, 그 과정을 인식함으로써, 큰 깨달음에 이르게 된다. 외화에서는 불가 쪽에서는 수행의 결과로서의 대각의 이야기로, 내화에서는 유가 이념으

---

432) 설성경, 『구운몽의 통시적 연구』, 새문사, 2007, 193쪽.

로 양소유와 황태후의 갈등을 통해 윤리적 차원의 수양을 통한 깨달음을 성찰의 과정에 대한 결실로 얻게 된다.[433] 이렇듯 내화와 외화가 하나의 원융적 댓구조로 완성된다.

여덟 여인을 축으로 본다면, 외형으로는 단순한 남편 얻기지만, 그들 집단 사이에서 일어나는 질서와 균형은 여덟 여인간의 갈등의 문제를 해결하고, 각자 최상의 위치에서 전반적인 조화를 얻어내는 조화로운 위상 찾기로 나타난다. 이상적이고 행복한 가정을 구축하기 위하여 한 사람의 가장을 중심으로 하여, 여덟 여인이 이합의 반복 속에서, 우주적 질서로서의 도[434]를 실현한다. 이로 보면, 팔선녀의 적강은 단순한 천상 생활에 대한 징벌이 아니라, 천상에서의 꿈을 지상의 현실에서 실현이다. 태극이 분화하여 팔괘를 이루듯이, 하나의 집단이던 여덟 선녀가 사방 · 상하 · 귀천을 달리하는 개체적 인물로 나누어져 활동을 하지만, 끝내는 양소유를 중심으로 하나의 가정으로 귀결하게 된다. 이처럼 그들은 천상적 존재의 하강이라는 설정에 따라, 천상적 미덕을 잃지 아니하고 한 가정에서 처첩간에 조화를 이루고, 특히 결의형제한 우의를 이루며 유가적 윤리의 이상을 실현한다.[435]

---

433) 성진의 삶이라는 축과, 성진의 선적인 몽유 속의 양소유의 삶이라는 차원의 두 축이 총체적인 서사의 관계상을 형성하고 있다. 그로 인하여, 양소유의 일생은 출생은 독자에게 성진의 윤회환생으로 제시되지만, 만년의 종말에서는 실은 그의 존재가 성진의 윤회환생이 아니라, 참선 속의 몽유라는 것을 독자와 작중 인물에게 제공해주는 형식을 취하고 있다.

434) '우주적 도' 라는 표현은 이 소설 속에 구현되고 있는 가정의 화합상이 사회로, 국가로 확산될 수 있다는 유가적 사유에 기초한 것으로서, 그 기초로부터 완성에 이르기까지 하나로 관통하고 있는 것이 당연하고도 떳떳한 인간의 진리로서의 도임을 의미하고 있다. 즉, 국가도, 사회도, 인간도 결국은 그 추구의 궁극이 조화로운 이상으로서의 하늘을 닮는 것임을 말한다.

435) 설성경, 『구운몽연구』, 국학자료원, 1999, 211~212쪽.

(3) 『황정경』과 남악을 다스리는 위부인과 8선녀 소재화

『황정경』은 도가의 경전 가운데 하나로 양생과 수련의 원리를 담은 선도 수련 경전. 인체 곳곳을 지키는 존사와 존신[436] 사상. 몸의 각 기관에 있는 정 · 기 · 신[437]을 잘 닦아, 황정에 응집시키는 양생의 원리를 담고 있다.

위부인은 역사적으로 볼 때는 도교의 선도 수련에서의 최고 도서의 하나인 『황정경』[438]을 전수받은 여선이다. 도교의 사승 계보에서 남악 작산을 주요 공간으로 하여 머무르고 있던 위부인은 왕원, 왕보의 계보를 이어 다시 양희에게 선가의 학맥을 이어주었다.[439] 그녀가 머무르는 공간은 남악이었는데, 이 남악은 「오악진형도」에서 보듯이 도가의 신성공간으로 유명하다.[440]

위부인은 역사적으로 볼 때는 도교의 선도 수련에서의 최고 도서인 『도덕경』, 『참동계』, 『황정경』[441] 중에서 『황정경』을 전수받은 여선이다. 즉, 부상대제군은 양곡신선왕에게 명하여 황정내경을 위부인에게 전하였다.[442] 『황정경』이 비록 위진 사람들의 손에 의해 나왔지만, 위나라, 진나라 및 당나라를 거치면서 더 보태어져 이루어질 수도 있었다. 이는 장도릉의 비밀 책을 위부인이 얻은 바 되고, 다시 위부인의 손을 거쳐 부상대제군의 이름을 가탁하여 전수받으며 유전[443]된 것으로 볼 수 있기 때문이다.

역사상 존재로, 또는 신화적 존재로 기록되기도 한, 위부인의 이름은 화존

436) 存思 存神.

437) 精 · 氣 · 神.

438) 최창록, 『황정경연구』, 태학사, 1998, 15쪽.

439) 小南一郎, 中國の神話と物語り, 1984, 岩波書店, 339쪽.

440) 小南一郎, 위의 책, 333~336쪽.

441) 최창록, 『황정경연구』, 태학사, 1998, 15쪽.

442) 『道藏』「黃庭內經, 外經, 中經, 둔갑연신경」의 梁丘子의 註釋.

443) 周楣聲疏注 『黃庭經醫疏』, 북경, 安徽科學出版社, 7쪽.

이다. 그녀는 임성인으로 진나라 무제의 좌복사인 위서의 딸로서, 뛰어난 재주를 타고 났고, 신선을 좋아하는 성정으로 나이 24세에 부모의 강제로 남양의 유문에게 시집갔다. 그의 아들이 유언으로 수무령이 되어 부임하므로 부인은 따라갔다. 그녀는 한가한 재실의 별실에서 도법을 수련했는데, 입실 백일에 기약한 바의 선령을 조용히 생각하고 감촉하기를 바랐다. 한겨울 야반에 감촉하니, 네 진인이 고요한 방에 내려와 진리의 요체를 전하고, 후에 여러 진인들이 다시 내려와 부인으로 하여금 병에 의탁해서 시해하며 회오리바람에 끌려 왕옥의 청허동천을 방문하게 하여 천제군을 받드니, 옥찰금문을 전하면서 자허원군의 자리에 명했다. 상진인을 거느리고 수명을 담당하고 여러 학문의 길과 생사의 그림책을 주관하고, 삼관을 대신하여 모시고 죄과를 비교하는 일을 맡았다. 또 남악부인이란 직함을 더하여 갈선공과 차례를 견주고 천태산 대곽산 여러 동천을 다스렸다. 그후 성제 함화 4년에는 회오리바람이 승천하는 그녀를 맞이하였다.[444)]

5-3. 참선과 화두를 통한 세 가지 층위의 시공간 내왕에 의한 깨달음의 의미

(1) 변형된 참선과 화두형 제2차 동정용궁 회사를 통한 성진과 대각

성진의 화두인 용궁 회사의 전개는 1차 용궁회사와 2차 용궁회사 로 구분되고, 1차 용궁회사는 낮에, 2차 용궁회사는 선몽구조 위에서 참선 형식으로 밤에 전개된다. 그리고 3차는 용궁회사에 대한 성찰로서 새벽에 전개된다.

444) 『역세진선체도통감』 후집 권2.

특히, 3차에 해당 되는 용궁회사에 대한 성찰은, 성진이 선몽을 마치고 현실로 돌아왔지만, 인식의 수준에서는 여전히 혼미한 상태의 1단계와, 선몽 중의 2단계, 3단계, 4단계, 5단계의 서사 진행에서, 수직적 혹은 수평적인 이동 중에 만난 상대들의 관계상을 성찰하면서, 육관대사가 설법하는 비무상론과 아상, 인상론을 연계시켜 인식하여 대각하는 단계이다. 즉, 이 6단계의 서사는 성진이 1차 용궁 회사의 현실 행동과, 참선 속의 현실과 꿈에서 양소유로 겪은 체험과, 육관대사의 설법 내용인 유위법은 실상이 아님을 강조한 비무상론을 온전하게 인식하여 성진이 대각을 하는 내용이다.

양소유가 늙은 후, 양승상이 되었을 때 취미궁에 나타난 육관대사를 보고, 처음에는 단순한 호승으로 여긴다. 그는 호승과의 대화를 진행하면서 약간의 이상함을 느끼면서, 만나본 듯한 사람도 같고, 더 골돌히 생각해보니 40여년 전에 만난 적이 있는 '예전에 토번을 정벌할 때 꿈속에서 만나서, 불법에 귀의하고자 했던 그 노화상인 것 같은 생각으로, 호승에 대한 인식이 점차로 바뀌고 있는 상황에서, 호승은 자신의 전생 일을 기억할 수 없는 양소유가 자신이 육관대사임을 알지 못하는것을 안다.

제1 층위의 후반부에서 성진이 선적인 몽유를 종결지은 다음에, 처음에는 자신의 체험이 선적인 몽유임을 인식하지 못하고 단순한 꿈을 꾸고 깬 것으로 착각을 하면서 다음과 같은 생각을 하게 된다.

> 처음의 스ᄉᆡᆼ의게 슈칙ᄒᆞ야 풍도로 가고 인셰예 환도ᄒᆞ야 양가의 아ᄃᆞᆯ되여 장원급제 한님혹ᄉᆞ ᄒᆞ고 츌댱입샹ᄒᆞ야 공명신뢰ᄒᆞ고 냥공쥬와 뉵낭ᄌᆞ로 더브러 즐기던 거시 다 ᄒᆞ로밤 ᄭᅮᆷ이라 ᄆᆞᄋᆞᆷ의 이 필연 ᄉᆞ뷔 나의 남녀ᄅᆞᆯ 그릇ᄒᆞ믈 알고 날노 ᄒᆞ여곰 이 ᄭᅮᆷ을 ᄭᆡ어 인간부귀와 남녀정욕다 다 허신 줄 알게 ᄒᆞ미로다.

이처럼 깨우친 성진은 곧 세수를 하고 의관을 가다듬고 육관대사의 처소에 가서 자신의 사유, 또는 꿈의 체험이 스승의 은덕이라고 하니, 육관대사는 네가 흥이 나서 갔다가 흥이 다사라져서 왔다고 한다. 이에 성진은 자신의 시간 의식의 층위가 스승의 층위와 다름을 깨닫고, 『금강경』 큰 법을 깨우쳐 달라고 한다. 육관대사가 『금강경』의 경문을 강론하니, 백호 빛이 세계에 쏘이고 하늘 꽃이 비같이 내렸다. 이때 육관대사가 다시 네 귀의 진언을 외우니, 성진과 육관대사를 찾아온 팔선녀가 크게 깨달아 불생불멸할 정과를 얻게 된다.

선적 제1 층위의 후반부에서 성진과 8선녀가 함께 깨달음에 이르는 과정과 이 깨달음의 사건이 형상하는 주제의 방향성을 살펴보자.

시간과 공간의 축을 염두에 두고, 성진의 대각 장면의 진행을 본문으로 통하여 구체적으로 살펴보면, 육관대사의 마지막 설법에서, 성진의 내세적 희구의 완성은 육관대사의 마지막 설법을 통한 대각에서 이루어진다.

> 졍히 경황ᄒᆞ야 ᄒᆞ더니 그런 놉흔 ᄃᆡ와 만흔 집이 일시의 업셔지고 졔몸이 ᄒᆞᆫ적은 암ᄌᆞ 듕의 ᄒᆞᆫ포단 우희 안쟈시ᄃᆡ 향노의 블이 임의 샤라지고 디난ᄃᆞᆯ이 창의 임의 빗최엿더라 스ᄉᆞ로 제몸을 보니 일ᄇᆡᆨ 여ᄃᆞᆲ낫 염쥬 손목의 걸녓고 머리ᄅᆞᆯ ᄆᆞᆫ디니 갓깍근 마리털이 가츨가츨 ᄒᆞ야시니 완연이 쇼화샹의 몸이오 다시 대승샹의 위의 아니니 졍신이 황홀ᄒᆞ야 오란 후의 비로소 제몸이 연화도댱 셩진힝재인 줄 알고 ᄉᆡᆼ각ᄒᆞ니 처음의 스ᄉᆡᆼ의게 슈칙ᄒᆞ야 풍도로 가고 인셰예 환도ᄒᆞ야 양가의 아ᄃᆞᆯ되여 쟝원급제 한님혹ᄉᆞᄒᆞ고 츌댱입샹ᄒᆞ야 공명신퇴ᄒᆞ고 냥공쥬와 뉵낭ᄌᆞ로 더브러 즐기던 거시 다ᄒᆞ로 밤 ᄭᅮᆷ이라 ᄆᆞᄋᆞᆷ의 이 필연 ᄉᆞ뷔 나의 념녀ᄅᆞᆯ 그릇ᄒᆞᆷ믈 알고 날노ᄒᆞ여곰 이 ᄭᅮᆷ을 ᄭᅮ어 인간부귀와 남녀 졍욕이 다 허ᄉᆡᆫ 줄 알게 ᄒᆞ미로다 급히 세슈ᄒᆞ고 의관을 져에ᄒᆞ며 장방의 나아가니 다른 졔ᄌᆞ들이 임의 다 모다더라[445]

---

445) 大驚大惑 定睛詳視 則層樓複臺 踈簾密箔 都不可見 而自顧其身 則獨在小庵中蒲團上 火

대ᄉᆞ 소ᄅᆡᄒᆞ야 무ᄅᆞᄃᆡ 셩진아 인간부귀를 디내니 과연 엇더ᄒᆞ더뇨 셩진이 고두ᄒᆞ며 눈믈을 흘녀 ᄀᆞᆯ오ᄃᆡ 셩진이 임의 ᄭᆡ다랏ᄂᆞ이다 뎨ᄌᆡ 블효ᄒᆞ야 념녀를 그릇 먹어 죄를 지으니 맛당이 인셰의 뉸회ᄒᆞᆯ거시어ᄂᆞᆯ ᄉᆞ뷔 ᄌᆞ비ᄒᆞ샤 ᄒᆞ로밤 ᄭᅮᆷ으로 뎨ᄌᆞ의 ᄆᆞᄋᆞᆷ ᄭᆡ듯게 ᄒᆞ시니 ᄉᆞ뷔의 은혜를 쳔만겁이라도 갑기 어렵도소이다 대ᄉᆞ ᄀᆞᆯ오ᄃᆡ 네승흥ᄒᆞ야 갓다가 흥진ᄒᆞ야 도라와시니 내 ᄆᆞᄉᆞᆫ 간녜ᄒᆞ미 이시리오 네 ᄯᅩ 니ᄅᆞᄃᆡ 인셰의 뉸회ᄒᆞ거ᄉᆞᆯ ᄭᅮᆷ을 ᄭᅮ다ᄒᆞ니 이ᄂᆞᆫ 인셰의 ᄭᅮᆷ을 다리다ᄒᆞ미니 네 오히려 ᄭᅮᆷ을 ᄎᆡᄭᆡ디 못ᄒᆞ엿도다 댱쥐 ᄭᅮᆷ의 나뷔 되여다가 나뷔 댱쥐되니 어니 거즛거시오 어니 진짓거신 줄 분변티 못ᄒᆞᄂᆞ니 어제 셩진과 쇼유 어니는 진짓 ᄭᅮᆷ이오 업ᄂᆞᆫ ᄭᅮᆷ이 아니뇨 셩진이 ᄀᆞᆯ오ᄃᆡ 뎨ᄌᆡ 아ᄃᆞᆨᄒᆞ야 ᄭᅮᆷ과 진짓거ᄉᆞᆯ 아디 못ᄒᆞ니 ᄉᆞ부ᄂᆞᆫ 셜법ᄒᆞ샤 뎨ᄌᆞ를 위ᄒᆞ야 ᄌᆞ비ᄒᆞ샤 ᄭᆡ듯게 ᄒᆞ쇼셔 대ᄉᆞ ᄀᆞᆯ오ᄃᆡ 이제 금강경 큰법을 닐너 너의 ᄆᆞᄋᆞᆷ을 ᄭᆡ듯게 ᄒᆞ려니와 당당이 새로오ᄂᆞᆫ 뎨ᄌᆡ 이실거시니 잠간 기ᄃᆞ릴거시라 ᄒᆞ더니[446)]

消香爐 月在西峰 自撫其頭 則頭髮新剃 餘根毿毿 一百八顆念珠 已垂項前 眞是小和尙形摸 非復大丞相威儀 神精惚惚 胸膈憧憧矣 旣久忽覺 其身是蓮花道場性眞小和尙也 回念初被師傅戒責 隨力士往禮都幻生人世 爲楊家之子 早捷壯元 爲翰苑之官 出將三軍入摠百揆 上疏乞退 謝事就閑 與兩公主六娘子 對歌舞聽琴瑟 盃酒團欒 晨昏行樂 皆一場春夢中事 乃日 此必師俾知吾一念之差 傅著人間之夢 要令性眞 知富貴繁華男女情慾 皆妄幻也 急向石泉 淨洗其面 着衲整弁 自詣方丈 衆闍梨已齊會矣.

446) 大師高聲問日 性眞人間滋味果如何耶 性眞叩頭流涕日 性眞已大覺矣 弟子無狀 操心不正 自作之孼 誰怨誰咎 宜處缺陷之世界 永受輪回之咎殃 而師傅喚起一夜之夢 能悟性眞之心 師傅大恩雖閱千萬塵 而不可報也 大師日 汝乘興而去 興盡而來 我有何干與之事乎 汝又日 弟子夢人間輪回之事 此汝以夢與人世 分而二之也 汝夢猶未盡覺也 莊周夢爲蝴蝶蝴蝶又變爲莊周 莊周日 莊周之夢 爲蝴蝶耶 蝴蝶之夢 爲莊周耶 終不能卞之 孰知何事之爲夢 何事之爲眞耶 今汝以性眞爲汝身 以夢爲汝身之夢 則汝亦以身與夢 謂非一物也 性眞少游 孰是夢也 孰非夢也 性眞日 弟子蒙暗 不能卞夢非眞也 眞非夢也 望師傅設法 使弟子覺之 大師日 我當說金剛經大法 以悟汝心 而當有新來弟子 汝姑待之.

대사가 이르기를, "네가 흥을 타고 갔다가 흥이 다하여 돌아온 것이니 내가 무슨 간여한 일이 있겠느냐? 또 네가 말하기를 '제가 인간 윤회의 꿈을 꾸었습니다'고 하니, 이는 네가 꿈과 인간세상을 나누어 둘로 여기는 것이라. 너는 아직도 꿈을 깨지 못하였구나. 장주가 꿈에 나비가 되었다가 나비가 다시 변하여 장주가 되었다 하니, 장주가 꿈에 나비가 된 것이냐? 나비가 꿈에 장주가 된 것이냐? 끝내 구별할 수 없으니 어떤 일이 꿈이고, 어떤 일이 진짜인지 누가 알겠느냐. 이제 네가 성진으로써 네 몸이 된 것이냐? 양소유가 된 꿈으로써 네 성진의 몸의 꿈이라고 여기면 너는 역시 지금의 몸과 꿈의 몸을 하나가 아닌 것으로 여긴 것이다. 성진과 소유에서 어느 것이 꿈이며, 어느 것이 진짜이냐?" 성진이 말하기를. "제자가 어리석고 어두워 이해하지 못하지 못하겠습니다. 꿈은 참이 아니고, 참 역시 꿈이 아닙니다. 스승께서는 설법하셔서 제자를 깨닫게 하소서! 대사가 말하기를, 내가 마땅히 금강경의 큰 법을 강설하여 네 마음을 깨닫게 할 것이나"[447]

다차원적인 접근에 의한 「구운몽」 해석은 「구운몽」의 선몽의 구조를 발견하게 하였고, 「구운몽」이 지닌 서사구조의 외화는 육관대사와 성진의 이야기이고, 다시 그 내화는 양소유와 백능파 및 호승과 양소유 이야기다.

성진이 윤회하여 양소유로 활동하던 꿈에서 벗어나서 성진으로 환원되자, 성진은 곧 세수를 하고 의관을 가다듬고 육관대사의 처소에 가서 자신의 참

447) 을사본『구운몽』하, 82장 大師曰 汝乘興而去 興盡而來 我有何間與之事乎 且汝曰 弟子夢人間輪回之事 此汝以夢與人世 分爲二之也 汝夢猶未覺也 莊周夢爲蝴蝶 蝴蝶又變爲莊周 莊周之夢爲蝴蝶也 蝴蝶之夢爲莊周也 終不能卞之 孰知何事之爲夢 何事之爲眞耶 今汝以性眞爲汝身 以夢爲汝身之夢 則汝亦以身與夢爲非一物也 性眞少游孰是夢也 孰非夢也 性眞曰 弟子蒙暗不能卞 夢非眞也 眞非夢也 師傅說法 使弟子覺之 大師曰 我當說金鋼經大法 以悟汝心…中略…遂引上法座講說經文 白毫光射世界 天花下如亂雨 說法將畢 乃誦四句之偈 性眞及八尼姑 皆頓悟本性 大得寂滅之道.

선 속의 꿈의 체험이 스승의 은덕이라고 하니, 육관대사는 네사 흥이 나서 갔다가 흥이 다해 돌아온 지나간 사건 전개를 통하여 성진은 현실과 꿈, 그리고 꿈 속의 꿈의 관계를 자신이 형산 연화봉의 선방에서 전개한 참선의 한 양상이라는 선몽구조를 인식하게 되고, 이런 선몽구조와 간화선에서 화두의 참구가 큰 깨달음으로서 대각에 이르게 된다. 그러므로 제1부에서, 육관대사는 모든 제자들에게 "누가 나를 대신하여 동정용궁에 회사하고 오겠느냐?"라는 변형된 화두를 던진다. 이때 5~6백명이나 되는 많은 제자들 중에서 가장 빼어난 제자인 성진이 자원하고 나섰다. 그러나 그러한 성진조차도 1차 동정용궁 회사에서는 비밀을 풀지 못하였다. 성진은 동정용궁에 회사하고 오는 것이 선가의 깨달음으로 가는 간화선의 화두임을 인식하지 못하고, 동정용궁에 갔다가 귀환하는 도중에 8선녀와 석교상에서 잠시 수작을 한다. 수도승이라는 정체성이 순간에 흔들리며, 성진 사미의 10년 수행의 공력이 무너졌다. 위기일발의 이 순간에 대반전을 시작하는 것이 참회하고 선방에서 참선을 시작함이었다. 성진이 참선을 통하여 낮에 의식적으로 갔다 온 제1차의 동정용궁 회사와는 질적으로 다른 차원에서 밤에서 새벽까지 깊은 선몽 속에서, 제2차의 동정용궁 회사가 비무상의 수준에서 전개된다. 이 경지에서 천정 결연의 백능파와 혼사를 이루고 동정호의 동정용왕을 만나 사위가 되는 체험을 하고 참선을 끝낸다. 이런 성진의 수행에 따른 선경 체험은 육관 대사의 전법 방식으로 보면, 교종의 방식과 선종의 방식을 병행한 교선합일을 통한 대각이다.[448)]

「구운몽」의 표면서사에 내장된 이면서사의 주제는 육관대사의 모델이 되었던 서포 김만중이 성진의 모델이 된 숙종에게 군주를 위한 충신의 제왕학으로서의 희정당 경연에서『주역』의 〈함괘〉와 조사석과 장희빈, 조대비에 얽

448) 이러한 대각은 성진만이 아니라, 성진과 8선녀가 함께 대각하는 역사상 존재한 적이 없는 아주 특별한 대각인 집단적 대각이 장엄하게 이루어진 것이다.

힌 거리의 소문을 어전에서 직간한 것으로 선천으로 유배를 된 것을 성리본원심에서 나온 충신 서포의 도심에 기초한 발언이라는 것과, 이런 사실을 인식한 숙종이 조정의 중신들 중에서 백능파와 같은 존재가 진정한 직간의 충신 서포임을 대각하고, 선천 유배지에서 충신의 연주곡으로 상소하듯이 창작한 성리소설 「구운몽」을 통해 깨달음으로 자신을 해배를 시켜 국정을 보좌하는 위치로 되돌려 놓기를 바라는 마음이다.

(2) 성진의 불가적 대각은 본질적으로는 유가적 의미인 숙종의 큰 깨달음

작가 서포 김만중은 「구운몽」에서의 깨달음을 두 가지로 활용한다. 하나는 『금강경』을 통한 불가적인 깨달음이다. 비유컨대, 날줄에 해당하는 종적인 구조로 상과 비상, 그리고 비무상을 설정한 후, 『금강경』의 논리적 근거에 의하여 시공간적 차원을 성진의 현실인 제1 층위, 성진의 선몽상의 현실인 제2 층위, 성진의 선몽상의 현실 속의 꿈인 제3 층위로 일단 구분하여 서사를 전개한다. 그리고, 성진이 선몽을 끝낸 다음에는 이런 세 층위의 구분은 단순한 심리적 심층화를 위한 이동과 그 위상의 방편이며, 참선의 실상으로는 존재하지 않는 일시적 경계였을 뿐임을 참선 활동의 양상으로 깨닫게 한다. 이런 의식의 이동과 인식이 참선을 통하여 자유 왕래가 되는 무애의 경지에 이르면, 그것이 곧 깨달음으로서의 보살과 부처가 되는 것임을 육관대사는 『금강경』을 매개로 성진과 8선녀에게 불법으로 전하고, 이들 9인은 함께 보살로서의 깨달음을 하룻동안의 사건으로 날줄 형식의 수직적인 구조로서 얻게 된다.

그런데, 작가 김만중이 목표로 하는 것은 이런 불교적인 깨달음만이 아니라, 불교적인 깨달음을 방편으로하여, 성리학적 깨달음을 통해 군주와 중신들의 유가적 성리학적 도심의 깨달음의 과정과 결과를 제시함으로써, 제왕학 내지 제신학의 세계를 소설을 통하여 보여주고자 하는 에 최종 목표가 있다. 이런 유가 성리학적 깨달음은, 성진과 8선녀가 환생한 존재인, 정경패를 비롯한 양소유의 8처첩으로 60년 동안의 삶을 통하여, 씨줄형식의 수평적인 구조로서 얻게 된다. 이런 60년 동안의 9인의 사건 전개는 제3 위에서 양원수가 백능파를 백용담에서 만나 결연을 하고, 함께 동정용왕을 만나 혼인을 승인받게 되는 데, 이것은 제1 층위에서 성진이 육관대사의 뜻에 따라서, 동정용궁에 회사하는 변형된 화두로서는 제1 층위에서의 낮에 동정용왕을 방문하는 것과는 구분되는, 밤의 참선을 통한 제3 층위에서의 동정용왕 방문 및 회사에 해당한다.

양원수는 이때 백능파를 뒤로 하고, 꿈 밖의 병영으로 돌아가기 위하여, 백능파와 이별하고 나오다가 산사의 종소리를 듣고 산 위로 올라가 절간의 노승을 만나, 불가에 귀의하려 할 때, 승려는 아직은 올 때가 아니라고 하여 받아들이지 않고, 양원수는 꿈을 깨어 반사곡 병영의 현실로 복귀한다.

이 장면에서 제1 층위의 육관대사가 성진을 속세로 추방하면서, 추방당하여 윤회 환생하는 것도 성진 자신의 뜻에 따른 것이고, 성진 자신이 돌아오고자 할 때는 다시 불러오겠다는 약속을 한 것과는 상치된다. 이렇게만 된다면, 용궁회사 화두를 통하여 비무상에 위치한 선경에서 동정용왕을 만났기 때문에, 제3 층위에서 성진으로 환원하여 참선의 체험으로『금강경』의 지혜를 체득하고 불교적인 대각을 이루는 결과를 가져올 수는 있겠으나, 작가 김만중은 불가적 대각 이상으로 성진의 유가적 성리학적 대각을 통하여, 이면서사인 숙종의 대각을 목표로 삼았기 때문에, 여기서 유가 성리학적 대각을 이루게 하지 않았다.

양원수는 제3 층위에서 벗어나 아직 제2 층의의 토번과의 전쟁, 이소화와 정경패와의 혼사, 그 외의 5여인과의 재회가 아직 현안으로 남아 있고, 성진이 일시 소망했던 유가적 부귀공명의 삶을 완성하지 못했기 때문에, 형산의 호승이 말한 아직은 불가에 귀의할 때가 아님을 뜻한다.

이런 점이 서포 김만중의 「구운몽」은 『금강경』을 통한 공사상으로 불가적인 깨달음만을 목표로 한 소설이 아니라, 이를 표면서사의 전개나 방편으로 삼고 있는 이면서사와 유가적 성리학적 깨달음을 통한 이야기로, 작품 밖의 혼미한 숙종이나 조정의 재신들, 나아가서는 독자들의 일상적 세속적 삶에서의 도심을 회복하는 깨달음으로, 화서씨의 나라, 행복과 화평의 나라를 구축하자는 유가적 성리소설임을 「구운몽」의 총체적인 서사구조 속에서 보여주고 있다.

제2 층위의 표면서사에서는 양소유가 벼슬살이를 성공적으로 마치고, 행복한 대가족을 이룬 후에, 자손에 대한 서술을 하면서, “정 부인이 낳은 큰아들 대경은 이부상서를 하고, 적씨가 낳은 작은 아들 차경은 경조윤을 하고, 가씨가 낳은 셋째 아들 숙경은 어사중승을 하고, 난양 공주가 낳은 넷째 아들 계경은 병부시랑을 하고, 계씨가 낳은 다섯째 아들 오경은 한림학사를 하고, 심씨가 낳은 여섯째 아들 치경은 나이 열다섯에 힘이 보통 사람보다 뛰어나고 지혜가 귀신 같으므로 황상이 크게 사랑하여 금오상장군으로 삼아 군사 10만 명을 거느려 대궐을 호위하게 했다. 진씨가 낳은 맏딸 부단은 월왕의 아들 낭야왕의 왕비가 되고, 백씨가 낳은 둘째딸 영락은 태자의 첩이 되었다.”

이러한 양소유의 2처와 6첩이 낳은 자식의 성별 배치에는 작가 서포가 창작 당시에서 볼 때, 조선의 조정에서 일어나야 할 이념적인 당위로서의 숙종의 왕비인 인현왕후가 장자를 낳아서 적자로서의 세자가 되기를 소망하는 자세가 반영되고 있다. 당시는 이미 후궁인 장옥정이 총애를 받고 임신까지 한 상태였다. 서포와 숙종의 현실에서는 인경왕후. 인현왕후가 왕자를 낳지 못하는 상황에서 숙종은 후궁 장씨가 왕자를 생산해 줄 것을 기대하는 것이 후궁 장씨에 대한 총애이지, 여색에 의한 것이 아니라는 주장을 한다. 혼미정국의 이념적 해결을 제시하는 「구운몽」에서는 제1 부인인 정경패가 양소유의 장자를 낳아서 가정 내에서의 후사에 대한 갈등 요인을 제거한다. 이것은 인현왕후가 아직 젊으므로 자식을 낳을 수 있다는 노론의 주장과도 상통한다. 이 점이 현실의 혼미를 극복하는 전환 이치의 한 사례가 된다.

6

대표 장면을 통해 본 「구운몽」의 특질

6-1. 감성을 자극하는 대표 장면의 지성적인 미학의 실상

(1) 양소유와 진채봉의 첫 사랑 장면

양소유가 입신출세의 길을 걷게 되는 것은, 모친 유씨를 뒤로하고 과거길에 오르는 것에서 시작하는 전생에서 맺은 인연을 실현하는 8선녀의 환생인 여덟여인을 차례 차례 만나서 우여곡절 끝에 모두 8처첩으로 가족 대가족을 이룬다는 집단적인 혼사와 관계가 깊다.

양소유는 처음 과거를 보러 떠난 길에서 진채봉을 만나게 되지만, 전쟁 때문에 길을 돌이켜 집으로 돌아온다. 다시 양소유는 과거를 보기 위해 떠난 길에서 예비 과거시험에 비유되는 시회에서 인정을 받으면서 동시에 계섬월을 얻는다. 이어 과거 급제 이전에 정경패를 만나보려 하다가 우여곡절을 겪으면서, 가춘운과 맺어지고, 이어 과거의 성취 한 후 정경패를 아내로 맞이한다. 과거에 급제하여 출세길에 오르는 과정이 아내 얻기의 과정과 맞물려 있기에, 다층적 의미를 내포하고 있다. 서사의 전개는 과거를 보러 가다가 되돌아 온 후, 다시 과거를 보러 가는 길을 화창한 봄 길로 묘사했다. 이는 과거 보러 가는 길의 긴장감을 완화시키는 장치로서 기능하도록 하여 독자들이 편안하게 독서 할 수 있도록 배려하였다.

또, 과거를 보러가는 것은, 설화에서 흔히 아내 얻는 과정과 일치된 형태로 나타나, 과거보러 떠난 선비가 아내를 얻은 후, 눌러앉아 행복하게 살았다고 하는 것이 흔한 이야기의 전개이다. 흔하게 나타난다는 것은 독자에게 이미 익숙해져 있으면서, 가장 친숙하게 받아들일 수 있는 형태라 할 수 있다. 작가는 가장 보편적인 형태를 그대로 받아들이면서, 현실적 합리성을 추구하여 과거보는 일을 계속 성취하도록 하면서 구체적 배경과 여러 인물들 간의 관계를 여러모로 변주시키고 있다. 소설적 재미를 부가시키는 부분을 낳을 수 있었던 이유는, 양소유의 개인적 개성의 영역을 확대 시켰기 때문이다. 양소유의 모친과 정사도는 전통적인 과거 입신출세의 길을 생각하고 있는 인물로 나타나는 반면, 양소유는 자신에게 주어진 길에서 자기 나름의 색깔을 도모하면서 개성을 드러낸다. 수양 버들이 멋스러운 봄 날, 봄기운을 즐기며 진채봉을 만나고, 시회에서는 자신의 실력을 과시하여 계섬월을 얻기도 하고, 정경패를 혼인 전에 미리 만나고자 전략을 짜는 등, 여러가지 치기를 부리기도 하는 인물로 묘사한다.

진채봉과 양소유는 첫사랑의 상대였지만, 뜻하지 않은 엇갈림으로 헤어졌다가 다시 만나게 되는데, 이 재상봉은 양소유가 정경패와 이소화와의 혼례식을 치른 후, 제3일 차에 이루어진다. 진채봉은 자신을 못 알아보는 양소유를 먼발치에서 바라보다가 자신의 정체를 밝히는 순간이다.

> 삼일에 진숙인의 방에 가니 진숙인이 승상을 올려다 보고는 문득 주르르 눈물을 흘렸다. 승상이 놀라서 묻기를, "오늘 같은 날 웃는다면 옳겠지만, 운다면 옳지 않은 일이오. 숙인의 눈물에 혹 무슨 사연이 있소?" 하니 진씨가 대답하기를, "승상이 저를 기억하지 못하시니, 승상이 저를 이미 잊어버리신 것을 알겠습니다." 하였다. 승상이 잠시 후 이에 깨달아 진씨의 고운 손을 잡고 말하였다. "그대는 화주땅 진낭자가 아니오?" 채봉은 말을 하고자 하나 오히려 목이 메여, 소리가 나오지 않았다.[449)]

양소유와 진채봉의 사랑이야기는, 사랑만의 사건으로 볼 때에는 서술상 치밀한 심리적인 교감을 첫사랑에서부터 보여주며, 여인의 님과의 안타까운

---

449) 第三日往秦淑人之房 淑人仰視丞相 輒泫然垂涕 丞相驚問曰 今日笑則可也 泣則不可 淑人之淚 抑有思乎 秦氏對曰 丞相不記小妾 可知丞相之已忘妾也 丞相少頃乃悟 就執玉手而謂曰 君得非華州秦娘子乎 彩鳳欲語轉咽 聲不出口(재구본 249~250).

이별에서 오는 한이 효과적인 묘사로 되어 있다. 진씨 성을 가진 숙인 벼슬의 여인을 맞이한 양소유의 눈에는, 그녀는 잉첩으로 시집 온 숙인일 뿐이었지만, 진채봉은 양소유가 자신의 정체를 확인할 수 있는 첫 번째 단서로 '진씨'라는 성만을 먼저 부각시켰다. 진씨를 이미 잊어버렸느냐는 말에 양소유는 이윽고 묻어버렸던 첫사랑의 기억을 떠올리고, 진숙인이 과거를 보러 가던 길에 화주땅에서 만났던 첫 사랑의 여인임을 인지하게 된다.

(2) 정경패와 여장한 양소유의 탄금 비평 장면

「구운몽」에서 양소유와 8처첩의 결연 중에서 제1 부인으로 설정되는 정경패와 양소유와의 만남은 화평의 사상을 반영하고 있는데, 이러한 사실은 구체적 사건에서는 예악에 대한 것으로 나타난다.

> 위대한 樂은 천지와 더불어 함께 만물을 和合하게 하고, 위대한 禮는 천지와 더불어 함께 만물을 品節한다. 화합하게 하는 고로 백성을 잃지 않고, 품절하는 고로 하늘과 땅에 제사지낼 수 있는 것이니 이승에 예악이 있고, 저승에 귀신이 있는 것이다. 이와 같으면 四海의 안이 모두 공경하고 함께 친애하게 될 것이다. 禮라는 것은 일을 차별하여 敬으로 합하게 하는 것이요, 樂이라는 것은 文彩를 달리하여 愛로 합하게 하는 것이니, 禮樂의 實情은 기실은 한가지이다. 그러므로 현명한 왕은 이를 서로 이어받은 것이다. 그러므로 事과 時를 나란히 하고 名과 功이 함께 하느니라.[450)]
>
> 樂이란 것은 천연으로 생겼으나 사람에게 매여 虛에서 발하여 자연으로 이루어지는 것이니 사람의 마음으로 하여금 느껴 혈맥을 고동치게 하며 정신

450) 「禮記」 第十九 樂記.

을 유동하게 하는 것입니다. 느낀 바가 같지 않으면 발하는 소리도 같지 않아 기쁨을 마음에 느끼면 소리가 흐트러지며 노여움을 마음에 느끼면 소리가 거칠어지며 슬픔을 마음에 느끼면 소리가 급해지며 즐거움을 마음에 느끼면 소리가 늘어지는 것입니다. 그 소리의 같지 않음을 잘 거두어 하나로 만드는 것은 윗사람에게 달려있으니 그 윗사람의 잘잘못에 따라 융성하거나 침체합니다. 이것은 樂의 작용이 정교(政敎)에 크게 관계되는 까닭입니다. (중략) 咸, 英, 韶, 濩의 소리를 사람마다 예찬하는 것은 그 시대의 백성이 태평을 누렸기 때문이고, 악 자체의 공력을 예찬한 것은 아니며 玉樹後庭花와 霓裳羽衣曲을 사람마다 미워하는 것은 당시의 임금이 방탕하였기 때문이지 악(樂) 자체가 나쁜 것은 아닙니다.[451)]

작품 「구운몽」 안에서의 혼사 문제는 작품 밖의 현실에서 작가 김만중이 이미 경험했던 예송의 문제, 그 예송으로 강원도 금성으로 유배를 갔던 경험이 있는 상태에서, 이번의 평안도 선천 유배 사건도 광의의 의미에서는 조대비와 장희빈 문제까지 얽힌 사건에 연루된 궁중 경연에서의 직간에서 생긴 것이다. 「구운몽」의 표면서사에 등장한 혼사에 의한 예송 수준의 사건은, 작가가 처한 현실의 갈등을 성리이념에 따라 도심을 지닌 작중 인물 양소유에 의해 그 해결 방안을 제시하고자 하는 것이 이면의 주제이다. 즉 작가 김만중은 자신의 현실에서 겪었던 예송 문제, 즉 조대비의 상복 문제에 얽힌 당파간의 해석의 차이를 군주가 어느 일방의 주장을 긍정함으로써, 조정은 예송에서 승리한 당파쪽으로 환국이 되는 현실 정치에서의 예송 관련 정치적 문제가 된 예법 적용의 해석상 이견을 「구운몽」에서는 당파간의 문제가 아닌 예부상서 양소유 자신과 황태후 사이의 혼사 갈등으로 전환시킨 것이 작품 밖 현실의 예송과, 「구운몽」이라는 작품 안에서 표면서사로 삼은 예송의 차

451) 성현, 「악학궤범」의 서문.

이다.

『구운몽』에서 양소유의 혼사 장애 극복과정이 가지는 의미는 매우 크다. 세 가지 측면에서 논의할 수 있는데, 첫째는 정실과 후실 간의 종법적 지위를 분명히 한다는 점이다. 둘째는 국왕이라 하더라도 예법 위에 군림할 수 없다는 노론적 예법관을 드러내 보인다는 점이다. 셋째는 비록 상대가 국왕이라 하더라도 그저 순종만 하는 것이 아니라, 국왕의 잘못을 시정하기 위해 간쟁하는 정신을 천명했다는 점이다

정경패는 대대로 정승을 한 높은 가문에서 태어났다. 정사도의 딸로서 재능과 미모, 양쪽 다 뛰어난 인물이다. 그러나 재상가의 처자인데다가 집안에 틀어박혀 외출을 하지 않기 때문에, 양소유가 정경패의 얼굴을 보기 위해 여장까지 해야 했고, 난양공주가 정경패를 만나보려 할 때도 애를 먹는다. 특히 음률에 정통하여, 어머니인 최부인이 뛰어난 음악가를 데려와 정경패에게 그가 연주하는 곡조를 두루 평론하게 하여 풍류를 즐겼다. 이를 악용하여, 양소유가 정경패의 얼굴을 볼 계교를 짠다. 양소유가 여장을 하여 악공으로서 최부인을 찾아와 정경패의 얼굴을 보게 되는데, 도중에 이에 대해 눈치를 챈 정경패는 얼굴이 붉어지며 뛰쳐나간다.

정경패의 몸종인 가춘운은 성이 가이고, 이름은 춘운이다. 그의 이름처럼 그에게 주어지는 역할의 대표적인 것은 진과 상반되는 가짜로서의 기능이 많은 것이 특징이다. 상전인 정경패가 바름으로서의 정과 정숙함으로서의 정을 내세운다면, 그의 시녀인 가춘운은 정숙하지 않음으로서의 부정의 범주에 들 행동을 해야 하는 위치에 선다. 그래서 때로는 양소유에게 자신을 선녀로 속이기도 하고, 귀신으로 속이는 일을 맡겼을 때, 상전의 명에 따라서 그 역할을 감당하는 특수한 역할로서의 변형된 도심을 보인다.

양한림이 거짓 선녀를 만나는 대목, 즉 가춘운을 만나 초야를 보내는 날밤에, 다음과 같은 불경 인용이 나온다.

「한림이 갈오ᄃᆡ 부쳐말솜에 ᄒᆞ얏스되 ᄉᆞᄅᆞᆷ의 몸이 물겁품과 바람ᄭᅩᆺ을 거진ᄆᆡ단 것이라 ᄒᆞ얏스니 뉘능히 그 참인 줄을 알며 뉘능히 그 거짓것인 줄을 알리오ᄒᆞ고 잇글고 벼ᄀᆡ에 누어 그 밤을 편히지ᄂᆡ니 졍이 더욱 깁허 젼보다 몃ᄇᆡ나 더ᄒᆞᆫ지라」

또 정경패가 죽었다는 구체적인 진술로서의 거짓말은 아니지만, 그런 느낌을 양소유가 받을 수 있도록 하는 언행을 하여야, 주어인 악역을 거역하지 않은 채 맡으면서도, 자신이 아닌 조직상의 상전과 가정을 위해서 수용하는 존재로서, 나름의 인격과 순수한 마음을 지니고 있다. 여기에 비하여, 그의 상전인 정경패는 양소유가 자신을 속이고 여장을 하여 자신을 농락한 것을 용서할 수 없는 부끄러움으로 생각하고, 끝내 보복을 하는 상반된 태도를 보인다.[452)]

(3) 양승상의 취미궁 감회 장면

「구운몽」에서 양소유의 마음이 가장 비애의 감성을 드러내는 대목은, 어느 가을에 화갑연을 끝낸 후에, 위국공 양승상이 온 가족인 8처첩과 함께 황제가 별장처럼 쓰던 높은 산 위에 자리한 취미궁 정자에 올라 사방을 둘러보는 대목에서 나타난다. 즉, 위국공이 된 양태사가 현종 황제의 이궁인 취미궁

452) 여증동 교수처럼, 이 소설을 '음란 · 불효소설'로 보는 과격한 주장도 대두된 것은, 양소유란 작중인물이 여덟 명의 처첩을 거느리고, 결혼을 할 때도 어머니 허락을 받지 않은 점 등을 특히 주목한 결과이다. 그러나 작가의 의도는 양소유가 여덟 부인을 둔 것은 그가 음탕해서가 아니라 남녀 사이의 사랑과 이해에 기반한 결과이고, 한 나라의 재상이 되어 이름을 널리 떨친 것은 유교 사회에서 가장 큰 효도를 부각시키기 위한 부분적인 대목에 너무 집착한 평가이다.

높은 누대에서 퉁소를 불면서 인생 무상에 젖는 대목은 양승상이 가을날 종남산 취미궁 높은 누대에서 만년에 8처첩을 거느리고 주연을 벌이는 대목이다. 그런데 이날은 양승상이 부는 퉁소 가락이 유달리 비장하게 들린다. 8처첩이 사연을 묻자, 양승상은 저 멀리 사방에 자리한 옛 황제들의 황폐한 무덤을 가르키면서, 인생이란 허무한 것임을 토로한다.

두 부인이 묻자오되, "상공이 공명을 일찍 이루고 부귀를 오래 누리시니 온 세상 사람이 부러워하는 바요, 전고에 드문 바이라, 좋은 계절 아름다운 날에 경치도 정히 좋아서 국화를 잔에 띄우고 미인이 자리에 가득하니, 이 또한 인생의 즐거운 일이어늘, 퉁소 소리가 처량하여 사람으로 하여금 눈물을 금하지 못하게 하오니 오늘 퉁소 소리 옛날 곡조 아님은 어찌된 까닭이나이까?" 하니. 태사가 이에 퉁소를 던지고 옮겨 앉으며 말하되, "북으로 바라본즉 평탄한 들은 사면으로 넓고 넘어진 고개는 홀로 섰는데 석양 쇠잔한 그림자와 거친 풀 사이에 희미한 것은 곧 진시황의 아방궁이요, 서로 바라본즉 슬픈 바람은 숲을 흔들고 저문 구름이 산에 쌓인 것은 곧 한무제의 무릉이요, 동으로 바라본 즉 분칠한 담은 청산에 비취이고 붉은 용마루는 하늘에 솟으며 또 명월이 스스로 오고 스스로 가매 옥난간 머리에 다시 의지할 사람이 없는 것은 곧 현종 황제가 양귀비로 더불어 노시던 화청궁이니 슬프다! 이 세 임금이 다 만고 영웅이시나, 이제 어디 있느뇨? 서유 초 땅의 작은 선비로 은덕을 성군께 입어 벼슬이 장상에 이르며, 또 부인과 낭자 여러분으로 더불어 만나 두텁고 깊은 정이 늙도록 더욱 친밀하니, 만일 전생이 마치지 않은 연분이 아니면 능히 이에 이르지 못할지라. 우리 무리 한번 돌아간 후에 높은 대는 스스로 넘어지고, 깊은 연못은 스스로 메워져 오늘 가무하던 집이 변하여 쇠한 풀과 찬 연기를 이루면, 필연 나무하는 아희와 소 먹이는 더벅머리 아이들이 슬픈 노래로 서로 이르되, '이는 곧 양태사가 여러 낭자로 더불어 놀던 곳이라. 대승상의 부귀 풍류와 여러 낭자의 옥안 화태 이미 적막도하다!' 하리니, 이 초동 목수가 우리 놀던 곳 봄이 내가 저 세 임금의 궁과 능을 봄과 같을지라. 이로 보건대 사람의 살아있는 것이 순식간이 아니리요?

천하에 세 가지 도 있으니 유도와 불교와 선술이라. 이 세 가지 중에 오직 불교 높고 유도는 윤기를 밝히며 사업을 귀히 하여 이름을 후세에 전할 따름이요, 선술은 허란한 데에 가까워서 자고로 구하는 자 많으나 마침내 증험이 없으니, 진시황과 한무제와 현종 황제의 일을 보면 가히 알지라. 소유 벼슬을 바친 이후로 밤마다 꿈 속에 불전에 배례하니 이는 필연 불가에 연분이 있음이라. 내 장차 장자방이 적송자를 좇던 원을 이루고, 남해에 가서 관음을 찾으며, 오대에 올라 문수를 만나 불생 불멸 하는 도를 얻어 인간의 괴로움을 벗고자 하나, 다만 그대들로 더불어 반생을 상종하다가 장차 멀리 이별하겠기에 비창한 마음이 스스로 퉁소 속에 나왔노라." 하니, 모든 낭자 스스로 감동하여 말하되, "상공이 변화한 중에 이 마음이 있으니 어찌 하늘이 정하신 바 아니리요? 첩등 형제 팔인이 마땅히 한 가지로 깊은 규중에 처하여 조석으로 부처께 예배하고 상공의 돌아오시기를 기다릴 것이요, 상공이 이번 가심에 반드시 밝은 스승을 만나고 어진 벗을 만나 큰 도를 이루시리니, 바라옵건대 상공은 득도하신 후에 먼저 첩등을 가르치소서." 하더라.

태사가 크게 기뻐하여 말하되, "우리 아홉 사람의 마음이 이미 같으니 무슨 염려할 일이 있으리요? 내 마땅히 명일로 행할 것이니 금일은 모든 낭자로 더불어 진취하리라."

이 장면은 성진이 전생의 어느 봄날, 석교상에서 8선녀를 만나서 도화 한 가지를 꺾어 던지면서 춘흥을 느낄 때의 심정이나, 성진이 환생하여 양소유로 태어난 이후 과거길에 올랐을 때, 진채봉을 만나 버들가지를 소재로 양류사를 지을 때 느끼던 춘흥과는 대조적인 분위기로, 가을철의 꽃을 대표하는 국화와 산수유가 핀 속에서 노년의 양승상이 무상감에 젖은 애상의 정서를 아낌없이 드러낸다.

양승상의 눈에는 저 멀리 진시황의 아방궁과 현종이 노닐던 화청궁이 눈에 들어왔다. 실제로는 이들 황제의 능들이 한 곳에서 보이는 공간은 없기에, 소설이라는 전제에서 사실적인 표현을 넘어선 이념적 수준에서 나온 표현이지만, 작가가 제시하고자 한 의도는 진시황도 현종도 모두 죽고 난 후, 양소유는 백 년의 부귀를 짧게 여기던 이들이 사라짐을 한탄하는 심정을 드러내기에 적절한 서술이다. 꿈에서 참선하는 꿈을 꾼 양소유는 불생불멸의 도를 얻겠다고 말하며, 8명의 여자들에게 이별을 고한다.

그때 갑자기 지팡이를 딱 치는 소리가 나더니 한 노승이 나타났다. 어느새 8명의 여자와 아이들은 간 곳이 없고, 양소유 혼자 암자에 덩그러니 남아 있게 됐는데, 이미 양소유의 손목에는 염주가 걸려 있고, 머리도 까칠까칠한 것이 완전 승려의 모습이었다. 그제야 양소유는 자신이 본래 양소유가 아닌, 연화도량의 성진이었음을 깨닫는다.

(4) 양소유와 가춘운을 통해 본 속임수의 은유적 의미

대제학 출신인 서포 김만중이 창작한 「구운몽」의 대표적인 특징의 하나는 어떤 인물의 언행이 진짜인가 아닌가 하는 것에 대한 인식론 질문을 독자들에게 던지고 있다. 그 질문은 양소유와 가춘운을 통해 작가 김만중이 속임수의 은유적 의미에 대한 풀이로 그 비밀이 풀린다.

양소유와 정경패의 몸종으로 등장하는 가춘운의 만남은 신비하고도 격정적인 육체적 만남이라는 점이 특징이다. 이런 점은 가춘운이 양소유에게 한번은 선녀로 나타나고, 또 한번은 귀신으로 나타나는 것으로 설정되어 소설로서의 흥미를 높이면서, 작품 밖으로는 젊은 숙종과 후궁 출신으로 작가 김만중이 직간을 했다가 선천으로 유배를 가고, 그곳에서 「구운몽」을 창작하는 동기와 직결된 숙종의 장숙의에 대한 총애 문제를 이면서사를 통해 은유적으로 표현함에 해답이 있다.

양소유가 가춘운을 선녀로 인식하고 만나게 되는 장면을 보면, 양소유가 흐르는 물을 따라 걸어가 동구 안으로 접어들자 조용한 산간수는 차디 차갑게 보이고 뭇 봉우리들은 우뚝우뚝 솟아 있었다. 떠다니는 한 점 티끌도 없으니 가슴 속이 저절로 상쾌해졌다. 양한림이 시내가에 홀로 서 있다가, 배회하며 읊조리며 영탄하고 있는데 붉은 계수나무 한 잎이 물결대로 흘러 내려왔다. 잎새 위에 몇 줄의 글이 쓰여져 있기에 서동으로 하여금 주워오게 해서 보니 한 구의 시가 있었다."[453)]

가춘운을 만나기 전에 양소유의 심리는 이미 선계와 같은 곳을 누비며 한껏 들떠 있는 상태이다. 가춘운은 양소유를 만나서 서왕모의 시녀로 지상에 유배 받았고, 이제 기한을 다 채웠는데, 다만 다시 승천하기 전에 양소유와의 오래된 인연을 이루기 위해 하루의 말미를 얻었다고 말한다. 밤을 함께 보낸 후 이별하는 아침에 이 선녀와 양소유는 이별의 시를 나눈다. 먼저 선녀의 시이다.

相逢花滿天	만날 땐 온 세상 꽃으로 가득했는데
相別花在地	헤어지니 꽃이란 꽃, 땅에 다 지누나
春光如夢中	봄 경치 흡사 꿈속처럼 황홀하더니
弱水杳千里	건너지 못할 강이 천리에 아득하네

다음은 양소유의 시이다.

---

453) 步隨流水 轉入洞口 幽澗冷冷 群峯矗矗 無一點飛塵 胸襟自覺蕭爽矣 翰林獨立溪上 徘徊吟哦矣 丹桂一葉 飄水而下 葉上有數行之書 使書童拾取而見之 有一句詩曰 仙狵 吠雲外 知是楊郎來 楊郎心竊恠之曰 此山之上 豈有人居 此詩亦豈凡人所作乎.

天風吹玉珮　하늘 바람은 옥패에 불어 대는데
白雲何離披　흰 구름은 어찌 갈갈이 흩어지나
巫山他夜雨　먼 훗날 무산에 밤비되어 오소
願濕襄王衣　부디 양왕의 옷 적시고 싶으니

그런데 양소유가 써 준 이 시는 가춘운과의 두번 째 만남을 위한 소품이 된다. 비록 예정된 이별이었지만, 선녀와의 사랑과 이별은 양소유에게 커다란 상실감을 주었고, 상실감을 달래기 위해 성문 밖을 나와 숲 속을 소요한다. 선녀를 잃고 인생의 무상함에 젖기도 하는 양소유는 장여화의 무덤이라는 곳에서 두 수의 시를 지어 외로운 넋을 위로한다.

美色曾傾國　일찍이 나라 기울일 미인이더니
芳魂已上天　꽃다운 혼 이제는 하늘로 올라갔네
管絃山鳥學　그 관현의 소리는 산새들이 배우고
羅綺野花傳　미인의 고운 자태 들꽃들이 전하네

古墓空春草　옛 무덤에는 쓸쓸한 봄 풀
虛樓自慕烟　텅빈 누각에는 저녁 안개뿐
秦川舊聲價　진천땅에서 드높던 옛 명성
今日屬誰邊　지금은 누굴 따르고 있는지

그런데 장여화의 무덤에서 양소유는 자신이 선녀에게 써준 시를 발견하고, 그녀가 선녀가 아니라 장여화의 혼령인 줄 알게 된다. 선녀와의 짧은 만남이 준 미련 때문에 양소유는 그녀가 선녀이든 귀신이든 상관없이 재회할 수 있기만을 간절하게 기도한다. 밤에 양소유를 찾아 온 여인은 자신이 사실 선녀가 아니라 귀신이었다고 말하지만, 다시는 못 만날 줄 알았던 여인을 만난 양소유는 아랑곳없이 기뻐한다. 하지만 기쁨도 잠시, 어느날 귀신을 쫓는 부적을 양소유에게 붙여 놓은 정생의 탓으로 영원히 헤어지게 되었다며 장여화의 혼령은 원망하며 아래의 이별시를 남긴다. 양소유와 가춘운이 나눈 두번째 이별시이다. 즉, 선녀로서 양소유와 이별하고, 다시 귀녀로서 양소유와 이별하는 시인 것이다.

昔訪佳期躡彩雲　　아름다운 기약 찾아 채운에 오르시더니
更將淸酌酹荒墳　　다시금 맑은 술을 거친 무덤에 부으셨네
深誠未效恩先絕　　정성도 다 못 했는데 은혜 먼저 끊어지니
不怨郎君怨鄭君　　원망스러운 건 낭군이 아니라 정생이라오

양소유는 이 시를 받고 충격에 휩싸이며, 이윽고 정생을 원망한다. 양소유는 이별시에 화답하는 아래의 시를 쓴다.

冷然風馭上神雲　　싸늘히 바람 타고 신령한 구름에 오르니
莫道芳魂寄古墳　　꽃다운 넋 옛 무덤에 깃들었다 하지마소
園裡百花花底月　　동산 안의 꽃이요 달 아래 있는 꽃이니
故人何處不思君　　정든 사람 어디선들 그대 생각 않으리오

서포 김만중이 선천 유배시에 이미 숙종과 장씨 여인과의 관계를 문제삼아 유배를 가게 되었으니, 작가는 소설을 쓰는 의도중에 하나로 숙종과 장씨 여인의 관계를 작품에 형상해내고 싶었던 것이다. 이러한 작가의 의도가 여덟 명의 여인 속에 숙종의 왕비와 궁녀인 인현왕후와 장희빈을 연상시킬 인물을 설정한 것이다. 그 중 제1 부인 정경패는 왕비인 인현왕후를 우의화 했고, 정경패의 시녀이며 양소유의 첩인 가춘운은 정희빈을 우의화 했던 것이다. 그래서 정경패는 정승의 따님이면서도 보다 현숙한 여인으로 설정되어

영양공주로 승격되고 끝내는 제1 부인으로서 양소유의 팔 처첩을 이끄는 대표여인이 된다. 그러나 가춘운은 정경패를 모시는 시녀로서 양소유의 첩이 될 뿐만 아니라 때에 따라 선녀로 양소유를 속이기도 하고, 귀신으로 양소유를 속이기도 한다. 가춘운은 정씨 집안의 시녀이기 때문에 자기의 주체적인 활동을 하지 못하고 상전의 명에 따라 그 하수인의 역할을 충실히 하는 미모를 갖춘 여인이다.

가춘운은 정경패와 대조되는 인물이다. 정경패가 진짜의 이미지를 지녔다면, 가춘운은 가짜라는 이미지를 지닌다. 양소유는 진짜로서의 정경패를 속인 댓가이고 가짜로서의 가춘운을 통해서 속은 보복을 장여랑의 귀신을 거쳐 그의 정체가 가춘운임을 안다. 그러나 이 가춘운 자신도 실은 8선녀의 한 선녀가 변신한 것일 뿐이다. 이런 전개 속에서 작가는 귀신의 주체를 장여랑의 무덤과 장여랑을 통해 제시한다. 양소유가 선녀로 속은 귀신이 장여랑, 즉 장여화라는 것이다. 장여화는 진후주의 애첩으로 망국의 원인이 된 인물이다. 진후주의 장여화를 통한 호색이 망국을 가져왔다는 사실을 부각시키기 위하여 여귀의 대표로 장여화를 내세운 것이다. 양소유는 장여화의 무덤이 쑥대밭 속에 있다는 사실을 통하여, 그 미모의 호색 주체도 세월의 흐름 속에는 부질없는 무상감을 제시한다.

진후주와 장여화의 관계를 대표하는 「옥수후정화」를 제시하고, 이차적으로 장여화의 무덤을 제시하면서 양소유를 이와 연계시키고, 삼차적으로는 진시황, 한무제, 현종황제의 화청궁과 양귀비를 연계시켜서 양소유로 하여금 삶의 무상감을 느끼게 한다. 이러한 서사의 이면에는 삶의 무상감이라는 상부구조 아래, 현종과 양귀비, 진후주와 장여화, 양소유와 가춘운 등으로 이어지는 황제와 한림의 호색과 그 종말의 허무함을 보여주고 있다.

이러한 기법은 작가가 숙종과 장씨 여인의 관계를 은유적으로 제시한 결과이다. 선의의 악역을 감당하면서 숙종의 총애를 받는 장희빈의 분위기를 은연중 느끼게 만드는 상당히 추상화된 비유의 인물로 나타난다. 후궁 장숙의로 파생되는 숙종과 조정의 파란을 장여화와 연계된 양소유 및 가춘운, 장여화와 진후주, 양귀비와 현종, 그리고 한무제, 진시황으로 이어지는 부귀공명과 다수의 궁녀를 거느린 황제들의 말로를 제시하는 것이다. 그러므로 작가의 의도 속에는 양귀비와 같고, 장여화와 같은 부류의 망국의 여인이 장씨 여인인 장희빈이라는 비유구조를 작품의 기저에 깔고 있는 것이다.

6-2. 대제학의 문장인 양소유의 시문과 상소문의 품격

(1) 봄의 낭만과 가을의 무상의 대응

성진의 하루는 「구운몽」이 지닌 전체 내용의 대부분을 선몽 사건을 핵심으로 한, 시간 인식의 전환 논리로 전개된다. 이는 이 하루가 성진의 총체적 삶의 방향을 축약하는 하루이기 때문이다. 이 하루의 사건은 낮과 밤의 체험, 황혼과 새벽의 체험으로 각각 대응된다. 낮의 사건이 외적인 만남의 체험이라면, 밤의 사건은 내적인 만남의 체험이다. 이 대응은 황혼과 새벽의 대응에서 더욱 그 분위기의 상반성을 보여준다. 황혼과 새벽이라는 두 가지 상반된 시간 배경의 축에서 성진의 삶의 방향을 가늠하는 큰 전환이 일어난다. 이 중에서 황혼의 시간 배경은 방황의 시간, 윤회의 시간으로 전개된다. 황혼은 팔선녀가 석교에서 서로 희롱하며 뫼날이? 저무는 줄을 깨닫지 못한다는 표현과 성진이 팔선녀와 수작을 하고, 연화도량의 선방으로 돌아오니 날이 이미 어두웠더라는 표현에서 구체화된다.

「구운몽」에서 감성적으로 가장 인상적인 장면은 성진과 8선녀가 석교에서 만나는 봄의 도화 장면과, 이에 대대적인 위치에 놓인 양승상과 8처첩이 취미궁에서 즐기는 가을의 국화 장면이다. 이 두 장면 중에서, 전자는 봄날 형산 연화봉 부근에서 성진과 8선녀가 만나서 청춘의 낭만과 이성에 사랑과 욕정을 느끼는 대목이다. 여기서는 성진이 석교 위에 앉아 있는 8선녀를 보고 길을 비켜달라는 수작을 걸고, 8선녀 또한 자태를 한껏 자랑하면서 성진의 수작을 받아 넘기는 장면을 다음과 같이 묘사하고 있다.

> 팔선녀가 대사께 하직하고 문 밖에 나와 서로 말하되, "하늘이 낸 이 남악은 한 물과 한 언덕도 우리 집 것 아닌 것이 없으되, 육관대사가 거처하신 후로부터 경계가 분명히 나누어지게 되었는지라. 연화봉 아름다운 경치를 지척에 두고도 구경하지 못한 지 오래더니, 우리 이제 다행히 낭랑의 명으로 이 땅에 왔으니, 춘색이 아름답고 산일이 저물지 아니하였으니, 이때를 좇아 저 높은 곳에 올라 연화봉 위에 옷을 떨치고 폭포천에 관 끈을 씻고 시를 읊고 돌아가 궁중 자매에게 자랑함이 어찌 쾌하지 아니하리요?" 하고, 서로 손을 이끌고 완보하여 나아갈 때, 절정에 올라 폭포 근원을 굽어보고 물 줄을 좇아 도로 내려 석교에서 쉬더라.
>
> 이때는 바로 춘삼월이라. 온갖 꽃이 골짜기에 가득하니 붉은 안개 끼인 듯하고, 새 짐승의 소리 생황을 연주하는 듯하니 봄기운이 사람의 마음을 크게 화창하게 하더라. 팔선녀가 다리 위에 앉아 물을 굽어보니, 여러 골짜기 물이 다리 아래에 모여 넓은 못이 되어 차고 맑음이 광능 땅 보배로운 거울을 새로 닦은 듯하니, 푸른 눈썹과 붉은 단장이 물 속에 떨어져 마치 한 폭 주방이 그린 미인도라. 팔선녀가 그 그림자를 희롱하며 스스로 사랑하여 능히 떠나지 못하며 산 속의 날이 장차 저무는 줄을 깨닫지 못하더라.

위의 본문에서 보면, 성진은 도화 한 가지를 꺾어서 8선녀를 향하여 던진다, 그 도화 한 가지의 여덟 꽃봉오리는 각각 떨어져서 흩어져 8개의 구슬이 되고, 8선녀는 각각 그 구슬 하나씩을 주워서 가슴에 품고 하늘 위로 날아올라 위부인이 있는 그들이 처소로 되돌아가는 내용으로 전개된다. 이 장면의 특징은 봄철 형산 석교에서 만난 성진과 8선녀는, 사랑의 감정을 나누며, 그 때 사미승인 성진은 도화 가지를 꺾어서 그 여덟 봉오리가 8개의 구슬이 되는 환술을 부리고, 8선녀는 각각 그 구슬 하나씩을 가슴에 품고 떠난다. 이는 제1 층위에서의 봄날의 성진과 8선녀의 첫 만남 장면이다. 이 장면은 종반의 가을의 양승상과 8처첩의 마지막 이별 장면인 다음과 같은 장면과 상이한 층위에서 일어나는 대대 호응 장면에 해당한다.

시간적 배경이 대대적인 호응을 보이는 사건은 양소유의 어느 봄과 어느 가을에 대한 상념이다. 봄과 가을의 계절적인 음양의 대응은 양소유의 소년 시절의 어느 봄날과, 노년 시절의 어느 가을날이라는 그의 평생의 삶이 보이는 삶의 대응에 바탕을 둔 계절이다. 봄은 성진과 양소유의 행위에 각기 시간 배경으로 수용되고 있다.

성진의 경우는 석교에서 팔선녀와 만나는 장면에서 시간 배경을 봄으로 하여, 춘흥을 느끼기에 적절한 배치 위에서 사건이 전개된다.

> 절졍의 올나 폭포 근원을 구버보고 믈줄을 조차 도로 나려 석교의 다ᄃᆞᄅᆞ니 이ᄣᅢ 졍히 츈삼월의 온갖 ᄭᅩᆺ히 골의 ᄀᆞ득ᄒᆞ여시니 블근 안개 ᄢᅵ인 듯ᄒᆞ고 새 즘싱의 ᄇᆡᆨ가지 소ᄅᆡ ᄉᆡᆼ황을 쥬ᄒᆞᄂᆞᆫ ᄃᆞᆺᄒᆞ니 봄긔운이 사ᄅᆞᆷ의 ᄆᆞ음을 태탕킈ᄒᆞ더라.

또, 양소유가 소년으로 과거에 응시하기 위하여 장안으로 가는 도중에 화주의 화음현에서 진채봉을 만나는 대목도 양소유의 춘흥을 보여주는 장면이다.

양류사는 중국 악부에서 「양류지」가 남녀의 애정을 주제로 삼고 있던 것에서 차용한 것이다. 양소유가 늘어진 버드나무 가지[454]를 보고 탄복하기를,

454) 여기서 버드나무는 미인의 '휘느러지고 가늘한 허리'를 상징한다.

"고향 촉 땅 안에도 비록 진기한 나무가 많지만, 이와 같이 하늘하늘한 수천 개의 가지에 축축 길게 늘어진 수만 줄기의 버드나무는 일찍이 보지 못하였도다." 하고 이내 양류사를 짓는다.

양류사에서는 버드나무 여러 줄기가 푸른 색깔을 띠고 축축 늘어져 있는 모습이 마치 푸른 비단을 짜 놓은 듯하고, 그 긴 줄기들은 바람에 휘날려 단청을 칠한 고운 누각을 스쳐댄다. 이런 봄날의 양류를 보고 느끼는 흥취 속에서 양소유는 이 버드나무가 가장 풍류스러운 나무이므로 가상의 인물에게 이 버드나무를 부지런히 심으라고 말한다.

이처럼 버드나무는 어쩌면 이렇게도 푸르를 수 있는지 감탄스러울 지경이다. 그 긴 줄기들은 바람에 휘날려 곱게 단청으로 칠한 기둥에 스쳐댄다. 역시 가상의 인물에게 이 버드나무 줄기를 잡아 꺾지 말라고 당부한다. 이 나무는 다른 나무들보다 가장 정이 많은 나무이기 때문이다. 시 읊는 소리가 맑고 밝으며 호탕하고 상쾌하여, 완연히 종을 치고 경쇠를 두드리는 것 같았고, 한줄기 봄바람이 그 여운을 불어다가 표연히 누각 위에 흩날렸다.

이때 양소유는 봄의 풍경 속에서 버들을 소재로 한 시를 읊는다. 이것이 인연이 되어 양소유가 여덟 여인 중에 첫 대면자인 진채봉을 만나게 된다.

> 봄바람이 거두쳐 뉴샹으로 올라가니 누 가온듸 옥 ᄀᆞᆺ튼 사름이 ᄇᆞ야흐로 봄잠을 드렷다가 글소릐의 ᄭᆡ여 난간을 의디ᄒᆞ여 두로 ᄇᆞ라보더니 졍히 양싱으로 더브러 두 눈이 마초이니 구름 ᄀᆞᆺ튼 머리털이 귀밋히 드리웟고 옥치 반만 기우러ᄂᆞᆫ듸 봄잠이 족디 못ᄒᆞ여 ᄒᆞᄂᆞᆫ 양이 쳔연이 슈려ᄒᆞ야 말노 형용ᄒᆞ기 어렵고 그림을 그려도 방블티 못ᄒᆞᆯ너라

또, 양소유는 진채봉과의 만남이 실패로 돌아가자, 고향으로 돌아갔다가 이듬해 다시 과거에 응시하려고 경사로 향하였다. 그때 양소유가 낙양에 도달한 때가 봄이었다.

낙슈ᄂᆞᆫ 도셩을 힌 깁을 편듯ᄒᆞ고 텬딘교ᄂᆞᆫ 믈을 걸타 무지게 빗겻ᄂᆞᆫᄃᆡ 블근 박공과 프른 디애 공듕의 니러나 그림재 믈 속의 써러져시니 진실노 텬하의 제일승디라 ᄉᆡᆼ이 졈쥬 니ᄅᆞ던 쥬뒨 줄 알고 나귀를 ᄎᆡ 텨 누 알ᄑᆡ 나아가니 금안쥰매 길히 메여 십분여루ᄒᆞ고 누샹의 온갖 풍뉴소ᄅᆡ 공듕으로 나려오니 양ᄉᆡᆼ은 하람 부윤이 손을 ᄃᆞ리고 잔쳐ᄒᆞᄂᆞᆫ가 ᄒᆞ여 셔동으로 ᄒᆞ야금 무ᄅᆞ라 ᄒᆞ니 셩듕 모든 공ᄌᆡ 일홈난 챵기를 모화 봄경을 귀경ᄒᆞᆫ다 ᄒᆞ거ᄂᆞᆯ ᄉᆡᆼ이 취흥을 쒸여

이렇게 하여 참가한 시회에서 양소유는 싯귀에, “열두거리 위에 봄이 늦었으니 버들꽃이 눈 같으니 근심을 어이하리요, 꽃가지 옥인의 단장을 부끄려하니 노래를 발치 아녀서 기운이 향기롭다”는 등의 표현을 하였다. 이러한 시를 읊고 떠나려는 양소유에게 계섬월이 따라와 다리 남쪽 분칠한 담 밖에 앵도화가 핀 집이 자기 집이니 먼저 가서 기다리라고 한다. 이렇게 하여 이들의 만남과 결합이 이루어졌다.

(2) 밤의 몽유와 새벽의 각성

「구운몽」의 시간 단위는 양으로서의 단위로 나타나는데, 대표적 단위는 하루와 평생과 윤회 생이다. 하루의 시간 단위는 다시 낮과 밤, 황혼과 새벽으로 구분 된다. 낮은 외적 시간 위에서 사건이 전개되고, 밤은 내적 시간인 심리적 체험에 의해 전개된다. 이러한 대응적 사건 전개를 보이는 성진의 하루는 축약된 삶의 양상을 보임에 반하여, 성진이 양소유로 환생하는 윤회 생은 전세와 현세, 또는 현세와 내세라는 확장된 삶의 양상을 형상하고 있다. 또 성진의 내적 시간인 참선 상의 사유 또는 꿈속의 존재인 양소유의 평생은 축약된 삶이나 확장된 삶에 비하여 일반적 삶의 시간 단위를 지닌다.

황혼의 분위기는 육관대사의 으뜸 제자인 성진이 팔선녀와의 만남으로 인하여 순간적으로나마 불법과 자신의 처지에 대한 회의를 하는 의식의 혼미, 방황을 초래하는 점이 그 절정이다. 성진은 팔선녀에 대한 관심으로 다음과 같은 생각을 한다.

> 남ᄋᆡ 세샹의 나 어려서 공밍의 글ᄅᆞᆯ 닑고 자라 요슌ᄀᆞᆺᄐᆞᆫ 님군을 만나 나면 당ᄉᆞ 되고 졍승이 되여 비단옷ᄉᆞᆯ 입고 옥ᄃᆡᄅᆞᆯ 씌우고 옥궐릐 됴회ᄒᆞ고 눈의 고은 빗출 보고 귀에 됴흔 소ᄅᆡ를 듯고 은ᄐᆡᆨ이 ᄇᆡᆨ셩의게 밋고 공명이 후셰의 드리오미 ᄯᅩᄒᆞᆫ 대당부의 일이라 우리 부텨의 법문은 ᄒᆞᆫ 바리 밥과 ᄒᆞᆫ 병 믈과 두어 권 경문과 일ᄇᆡᆨ 여ᄃᆞᆲ낫 염쥬분이라 도덕이 비록 놉고 아ᄅᆞᆷ다오나 젹막ᄒᆞ기 심하도다.[455]

이러한 성진은 곧 마음에 뉘우치고, 부처의 공부는 뜻을 바르게 함이 으뜸 행실임을 깨닫는다. 이리하여 성진은 이와 같이 마음을 그릇되게 먹으면 자기의 앞길이 해로움을 깨닫고 향로에 향을 피우고 의연하게 포단에 앉아 정신을 가다듬으며 천의 부처를 생각한다.

이로 보면, 황혼의 혼미는, 석교에서의 팔선녀와의 외적인 만남과 이로 인해 마음의 혼미를 가져와서 선방에서 잠깐 불법에 회의를 하고, 유가적 삶을 동경하는 내적인 갈등으로 나타난다. 이 갈등은 불법을 닦는 수도승의 입장에서 본 혼미이고, 유가적 삶을 살아가는 성진의 사유 또는 꿈속의 존재인 양소유의 실제적인 삶의 행각에 대한 예시적 표현이다. 이 예시적 표현으로서 성진의 생각은 곧 불가에서 본 성진의 혼미로서, 황혼의 분위기를 대표하는 하나의 구체적 상황이다.

새벽이라는 시간 배경의 제시는 성진이 참선을 통한 사유 또는 꿈에서 깨

455) 본문은 한글 노존본「구운몽」에서 인용하였음.

어나 양소유가 바로 성진의 사유 또는 꿈속의 존재였음을 깨닫게 될 때, 향로의 불은 이미 사라지고 지는 달이 창에 비쳤다는 표현과 급히 법당에 나아가니, 모든 제자들이 육관대사의 설법을 듣기 위하여 이미 다 모였더라는 표현에서 구체화된다. 이때의 분위기는 성진이 사유 또는 꿈에서 깨어나는 대목에서 나타난다. 양소유가 취미궁에 찾아온 호승에게 사부는 희롱하지 말고 바른 길로 인도하라고 하니, 곧 구름이 걷히고 호승과 팔낭자는 간 곳이 없으므로 심히 놀랐다. 또 그 높은 취미궁의 누각과 많은 집들이 일시에 사라지고, 자신의 몸이 하나의 작은 암자 가운데 있는 한 포단 위에 앉아 있다. 스스로 자신의 몸을 보니 백팔염주는 손목에 걸렸고 머리를 만지니 갓 깎은 머리털이 까칠까칠 하였다. 또 분명히 젊은 화상의 몸이요 대승상의 모습이 아니므로 오랜 후에야 비로소 자신이 연화도량의 성진행자인 줄을 알고 성진은 다음과 같이 생각하게 된다.

> 쳐음의 스ᄉᆡᆼ의게 슈ᄎᆡᆨᄒᆞ야 풍도로 가고 인셰예 환도ᄒᆞ야 양가의 아ᄃᆞᆯ되여 장원급졔 한님혹ᄉᆞ ᄒᆞ고 츌댱입샹ᄒᆞ야 공명신퇴ᄒᆞ고 냥공쥬와 뉵낭ᄌᆞ로 더브러 즐기던 거시 다 ᄒᆞ로밤 ᄭᅮᆷ이라 ᄆᆞᄋᆞᆷ의 이 필연 ᄉᆞ뷔 나의 남녀ᄅᆞᆯ 그릇ᄒᆞ믈 알고 날노 ᄒᆞ여곰 이 ᄭᅮᆷ을 ᄭᅮ어 인간부귀와 남녀졍욕이 다 허ᄉᆡᆫ 줄 알게 ᄒᆞ미로다.

이처럼 깨우친 성진은 곧 세수를 하고 의관을 가다듬고 육관대사의 처소에 가서 자신의 사유, 또는 꿈의 체험이 스승의 은덕이라고 하니, 육관대사는 네가 흥이 나서 갔다가 흥이 사라져 왔으니, 자신의 관계함이 없다고 하며, 성진이 현실과 꿈을 구별하니 아직 꿈을 깨지 못하였다고 한다. 이에 성진은 자신의 시간 의식의 층위가 스승의 층위와 다름을 깨닫고, 『금강경』 큰 법을 깨우쳐 달라고 한다. 육관대사가 『금강경』의 경문을 강론하니 백호의 빛이 세계에 쏘이고 하늘 꽃이 비같이 내렸다. 이때 육관대사가 다시 네 귀의 진언을 외우니 성진과 육관대사를 찾아온 팔선녀가 크게 깨달아 불생 불멸할 정과를 얻게 된다.

이와 같은 새벽의 분위기는 황혼의 혼미와 대응되는 크나큰 깨우침이 중심을 형성하고 있음이 특징이다. 이런 시간 인식의 최종 목표인 존재의 근원 인식은 성진의 사유 또는 꿈을 통하여 성진이 내세에 양소유로 환생하는 심리적 체험을 겪게 하여, 윤회적 삶의 생사관을 터득함으로써, 성진의 전 존재가 천상인이었음을 깨닫게 함에 그 촛점이 있다."[456]

(3) 양소유의 시문과 상소문의 품격은 대제학 김만중의 문장

「구운몽」에는 전반에서는 소설이라는 서사 양식에 한시를 삽입하여 서정적 감흥을 불러일으키거나, 주변의 정경 묘사를 통해 분위기를 형성하는 방식으로 인물이 처한 심리적인 상황을 암시하는 장면이 자주 등장한다. 후반에서는 이와는 달리 대제학 출신의 대학자 서포의 작품 답게, 궁중 관련 문서인 상소, 표, 비답 등의 궁중의 실용문이 여러 차례 등장한다. 특히, 단순 서술 사이에 한시나 상소 등을 삽입시키는 서술 기법은 서사의 전개에 리듬의 변화를 주는 변조의 기능을 하기도 하고, 서사의 사실성을 부여하는 생동감과 입체감을 제공하기도 한다. 이들의 문장은 모두 아주 품격이 높은 문장들인데, 그 이유는 작품 밖의 작가 서포 김만중이 대제학으로 있었기에 그의 문장 수준이 그대로 조정의 문장 수준과 일치하기 때문이다. 즉, 작가가 이미 현실 속에서 이런 "상소" 등의 문장을 직접 집필하던 경험이 있기 때문에, 작품 속의 이런 글들은 실제 상황의 글들과 동등하거나 그 이상의 수준을 보여주는 빼어난 문장들로 되어 있다.

---

456) 설성경, 『한국고전소설의 본질』, 국학자료원, 1993, 185쪽.

전반에 자주 등장하는 한시의 사례를 살펴보면, 제2회장에서는 양소유와 진채봉의 만남이 일어날 때, 진채봉은 양소유보다 더욱 적극적인 행동을 보이면서 자신의 유모를 통해 객점에 머물고 있는 양소유에게 화답한 양류사를 전한다. 즉, 유모가 또한 크게 기뻐하며 소매 속에서 글 봉투를 하나 꺼내어 양생에게 주었다.

樓頭種楊柳	누각 앞에 버드나무 심어 놓아서
擬繫郎馬住	낭군 탄 말 매어 둘까 생각했는데
如何折作鞭	어찌하여 줄기 꺾어 채찍 만들어
催向章臺路	길을 재촉하여 가시는가요

이처럼 누각 앞에 버드나무를 심어 놓은 뜻은, 낭군님이 오시면 거기에 말고삐를 매어 두어 머물게 하려는 것이다. 그런데 무정한 임은 그런 뜻도 몰라주고 축축 늘어진 버드나무 가지가 말채찍 만들기에 좋으니 그것을 꺾어다가 채찍 삼아서 말을 재촉해 장대의 길로 급히 떠나가 버린다.

양류는 애초에 낭군을 위해 심은 것은 아니지만, 양생을 본 진채봉이 자신의 심경을 토로하기 위하여 낭군을 기다리기 위한 소재로 끌어다 썼다. 낭군은 이 마음을 몰라주고 오히려 자신이 기대했던 것에 대해 반대의 행동을 하므로, 상대방에 대한 안타까운 마음을 가진다. 양생은 그 시의 청신함을 곱게 여겨 "비록 옛날의 왕희지나 이백이라도 더 나을 수 없으리라."며 탄복하였다. 양생도 드디어 고운 종이를 펼쳐 시 한 수를 써서 유모에게 준다.

楊柳千萬絲	버드나무 천 줄 만 줄 늘어진 줄기
絲絲結心曲	줄기마다 속마음을 맺어두었네.
願作月下繩	원컨대 월하노인 노끈 만들어
好結春消息	봄소식을 맺는다면 참 좋으리라.

버드나무의 수천 수만의 줄기마다 마다에 자기 마음 속의 곡진한 정을 맺어 둔 것같이 나는 임 그리는 마음이 절실하다는 뜻이다. 인연 있는 남녀를 끈으로 몰래 묶어서 결혼을 성사 시킨다는 월하노인처럼, 저 버드나무 줄기로 끈을 만들어 남녀간의 인연을 잘 맺었으면 좋겠다는 것이다.[457]

제3회장에서는 7차례의 한시가 사용된다. 양생이 과거를 보러 가다가 낙양에서 계섬월을 만나는 장면에서도 한시가 등장한다. 여러 서생을 보면서 말하기를, "마땅히 먼저 여러 형씨들에게 가르침을 청해야 되겠지만, 오늘 이 자리에서는 계경이 바로 시험관인지라, 답안지 바치는 마감 시간에 늦을까 걱정입니다." 하고서 바로 그 시험지를 계섬월에게 주었는데, 그 시는 다음과 같다.

楚客西遊路入秦	초의 길손 서쪽 유람 진나라 길 들어서서
酒樓來醉洛陽春	술집에 와 낙양춘 좋은 술에 취하였네.
月中丹桂誰先折	달 가운데 붉은 계수 누가 먼저 꺾을 건가
今代文章自有人	지금 시대 문장가에 스스로 사람 있지.

초나라 지역 출신인 양생은 나그네가 되어 서쪽으로 유람하던 차에 진나라 길로 들어서게 되었다. 그곳 주막에서 그곳 재사들의 시회에 참여하여 시를 짓는데, 이 시회에서는 가장 잘 지은 사람이 기녀인 계섬월을 차지한다. 그러니 계섬월, 즉 달 가운데 있다는 붉은 계수나무를 누가 먼저 꺾을 것인가. 지금 이 시대 문장가로는 스스로 자부하는 내가 있으니, 다른 사람들은 엄두도 내지 말라는 자긍심을 나타낸다.

457) "진나라 지역의 …… 만하고"의 전고로는, 가는 사람을 전송하는 것을 말한다. 한나라 사람들이 전별할 때 장안 동쪽.에 있던 파교에 이르러 버들가지를 꺾어 주었던 고사가 있다. 또, 이별의 마음을 노래한 〈절양류(折楊柳)〉라는 고대 악곡도 있다.

天津橋上柳花飛　천진교 다리 위에 버들 꽃은 날리는데
珠箔重重映夕暉　구슬 발 겹겹 친 곳 저녁 햇살 빛나누나.
側耳要聽歌一曲　귀 기울여 노래 한 곡 듣고자 원하노니
錦筵休復舞羅衣　잔치 자리 비단 옷에 춤추기는 그만 두라.

낙양의 천진교 위에 버들꽃은 봄바람에 휘날리는데 구슬을 엮어 만든 발을 겹겹이 친 이곳 주루에는 석양 햇빛이 빛난다. 이 시회에서 가장 잘 지은 작품을 계섬월이 선발하고, 거기에 맞추어 노래를 부를 것이라고 하였으니 그 아름다운 노래 소리를 귀 기울여 들어보고자 한다는 것이다. 그 자리에 함께 한 여타의 기녀들을 상대로 한 말이다. 지금까지는 그 기녀들이 춤을 추기도 하였지만, 이제는 계섬월의 아름다운 노래를 들어야 하니 그까짓 춤은 추지 않아도 된다는 사정을 나타낸다.

花枝羞殺玉人粧　미인의 고운 단장 꽃 가지도 부끄리니
未吐纖歌口已香　고운 노래 부르기 전 입은 벌써 향기롭네.
待得樑塵飛盡後　들보 먼지 다 날려서 없어진 후 기다려서
洞房花燭賀新郎　고운 촛불 신방에서 신랑에게 하례하리.

이 시는 고운 미인의 단장한 모습이 아무리 곱다는 꽃들도 부끄러움을 느낄 것이다. 계섬월의 단장한 모습은 어떤 꽃들보다도 더 아름답다는 것이다. 그 계섬월이 고운 노래를 부르기도 전에 입에서는 벌써 향내부터 나기 시작한다. 계섬월의 노래 소리로 들보의 먼지를 다 날릴 정도이니, 그 먼지가 다 날린 후에는 처음의 약속대로 우리가 동방화촉의 신방을 차릴 것이다. 그러면 계섬월은 신랑인 나에게 하례를 할 것이다.

이 시는 양소유 자신의 시가 시회에서 으뜸으로 뽑힐 것이니, 계섬월이 노래를 부르면 서로 연분을 맺을 것이라는 사실을 미리 그려 보인 것이다.

燐渠最得玉人親	네가 옥인의 친함을 가장 잘 얻음을 어여삐 여기나니
步步相隨不暫捨	걸음마다 서로 따라 잠시도 버려두지 않구나.
燭滅羅帷解帶時	그러나 비단 장막에 촛불 꺼지고 허리 띠를 끄를 때는
使爾抛却象床下	너로 하여금 상아 침상 아래 내던져지게 하리라.

이 시는 자신의 신세를 신발에다 비유한 것이다. 가춘운은 정경패를 마치 신발처럼 따르는 존재이지만, 정경패가 양소유와 혼인을 하게 되면, 자신은 버려진 신발같은 신세가 될 것임을 은유하며 지은 시다. 신발은 사람에게 가장 친한 물건 중의 하나이다. 걸어다닐 때마다 발에 신어서 잠시도 떨어지지 않는다. 그러나 비단 장막에 촛불이 꺼지고 사랑하는 사람끼리 옷을 벗고 잠자리에 들 때는 못 본 듯이 침상 아래 내동댕이치게 된다는 은유를 신발에 빗대어 하고 있다.

相逢花滿天	만날 때는 꽃이 하늘 가득하더니
相別花在地	헤어질 땐 꽃이 땅에 떨어졌구나.
春光如夢中	봄빛은 마치도 꿈 속만 같고
弱水杳千里	약수는 아득히 천리나 되네.

이 시는 양소유와 가춘운과의 이별 대목의 한시다. 가춘운이 양소유와의 이별을 슬퍼하는 척하면서 지은 것이다. 비단 수건에다 이별의 시를 적어서 한림에게 주니, 그 시는 이러했다. 서로 만날 때는 꽃이 하늘에 가득한 것처럼 세상이 아름답게 보였었는데, 이제 서로 헤어질 때는 꽃이 모두 땅에 떨어져 있는 것처럼 서글프기만 하다. 슬픔 때문에 이 좋은 봄날의 풍광도 마치 꿈속인 듯 어슴푸레하기만 하고, 이제 헤어지면 당신과 나 사이에는 아무도 건널 수 없다는 약수가 아득히 천리나 가로막고 있는 것 같다. 양생이 보고서는 이별의 회포가 불현듯 일어나 서글픈 마음을 이기지 못하여 스스로

한삼을 찢어 한 수의 화답시를 지어 준다.

天風吹玉珮衣　하늘 바람이 패옥을 불어대니
白雲何離披　흰 구름이 마구 흩어진다.
巫山他夜雨　무산 다른 밤 비에
願濕襄王　양왕의 옷을 적시고자 하노라

이 시는 하늘 바람이 불어와서 옥으로 된 패물에 불어대니 흰 구름이 마구 흩어진다고 표현한다. 이것은 가춘운이 선녀로 가장하였기 때문에 신선계로 변화한 하늘 바람이라고 하였다. 흩어진 구름이 이다음 어느 날 밤에 무산의 비가 되어 양왕의 옷을 적시러 다시 내려오기를 원하듯이, 가춘운도 다음에 밤비가 되어 양생 자신의 옷을 적셔달라며, 다시 만나 운우의 정을 나눌 날을 기약하자는 뜻이다.

美色曾傾國　미색이 일찍이 나라를 기울이더니
芳魂已上天　꽃다운 혼 이젠 이미 하늘로 올라갔네.
管絃山鳥學　피리와 거문고는 산새들이 배웠고
羅綺野花傳　얇은 비단 무늬 들꽃에만 전하도다.
古墓空春草　옛 무덤엔 부질없이 봄 풀만 자랐고
虛樓自暮烟　빈 누각엔 제 스스로 저녁 연기 피어나네.
聲價秦川舊聲價　진천의 그 옛날 드높던
今日屬誰邊　지금은 그 뉘 곁에 부쳤단 말인가.

이 시는 양소유가 정경패의 동생인 정생과 함께 그 무덤 앞에 이르러 술을 들어붓고 각각 사운시 한 수 씩을 지어 외로운 혼을 위로하는 장면이다. 과거에는 아름다운 얼굴이 나라를 기울일 정도로 뛰어났었지만, 지금은 그 꽃다운 혼이 죽어서 이미 하늘로 올라갔다. 여기서 소재로 이끌어온 장려화는 진나라의 마지막 왕인 후주의 왕비였다. 그 미인이 살았을 때 연주하던 피리며 거문고는 산새들만이 배워서 그 가락을 흉내 낸다고 하여 산새들의 소리를 미인의 연주소리에 비유하였다. 또 그 미인이 입었던 얇은 비단이며 무늬가 들어간 비단은 이제는 들꽃들만이 그 모습을 대신 전하고 있다 하였다. 옛 무덤에는 부질없이 봄풀만 자라 있고, 텅 빈 누각에는 저녁연기만 스스로 하염없이 피어오른다. 옛날에 진천에서 성가가 높던 그 몸이 지금은 어디에서 누구에게 의탁하고 있는가를 궁금해한다.

이러한 양한림의 시에 호응하여 정생도 곧장 답시를 지었다.

問昔繁華地　묻노니 그 옛날의 번화한 곳에
誰家窈窕娘　누구 집의 곱고 참한 아가씨런가.
荒涼蘇小宅　황량한 소소의 집이요
寂寞薛濤庄　적막한 설도의 별채로구나.
草帶羅裙色　풀들은 비단 치마 색을 띠었고
花留寶?香　꽃다운 혼 불러도 올 수 없으니
芳魂招不得　꽃들은 귀여운 보조개의 향기를 간직했네
惟有暮鴉翔　오직 저물녘 갈가마귀만 날고 있구나.

무덤 속에 묻힌 미인이 그 옛날 번화한 지방의 누구네 집 요조숙녀였던가 물어보고 싶어한다. 남제의 기생이었던 소소의 황량한 집인지, 당나라의 기생이었던 설도의 적막한 별채인지, 푸른 풀들은 이 여인이 생전에 입었던 푸른 치마의 색깔을 띠고 있고 발그레한 꽃들은 생전에 보배처럼 곱던 보조개에서 나던 향내가 남아 있는 듯하다는 것이다. 그러나 이 여인의 꽃다운 혼은 불러도 만나볼 수 없고, 저물녘 갈가마귀만 날아오르는 모습으로 무상감을 표현하고 있다.

제7회장에서는 1차례의 한시가 사용되는데, 진채봉이 양상서를 보고도, 자신이 진채봉임을 알리지 못하는 안타까움을 표현하는 대목이다. 진채봉은 자신이 양상서를 한번 보고 마음이 불에 타는 듯하였으나, 남들에게 알려질까 두려워 슬픔을 감추었다. 애정 어린 마음이 통하지 못함을 마음 아파하고, 옛 인연이 이어지기 어려움을 슬퍼하다가 둥근 부채를 손에 쥐고 맑은 시를 입으로 읊으니 한번 펼쳐보고 한번 읊으며 차마 잠시도 손에서 놓지 못하였다.

紈扇團團似明月	비단 부채 둥글둥글 밝은 달과 흡사하니
佳人玉手爭皎潔	미인의 옥같은 손 밝고 맑음 다투네.
五絃琴裡薰風多	오현금 안에는 훈풍도 많으리니
出入懷裡無時歇	품 속에 드나들어 그칠 때가 없다네.

여기서는 비단부채의 둥글둥글한 모습이 밝은 달과 같아서 미인의 옥같이 깨끗한 손이 그 밝고 맑음을 다툰다. 훈풍은 남풍과 같은데 순임금이 오현금으로 연주한 노래이다. 오현금으로 남풍가를 연주할 때에 품속에 들락날락하여 그칠 때가 없다는 것은, 궁중에 있는 부채의 주인에게 항상 애용된다는 말이다. 여기서 부채는 궁녀를 비유한 것이기에, 부채를 들고 있는 궁녀는 임금에게 항상 총애를 받았을 것이라는 뜻이다. 궁녀는 임금의 총애를 받는 것이 대단한 일이므로, 진채봉을 단순히 궁녀로만 인식한 양소유가 내심 그녀를 칭찬하려고 한 표현이다.

紈扇團團月一團	비단 부채 둥글둥글 달과 같이 둥근데
佳人玉手正相隨	미인의 옥같은 손 정녕 서로 따르누나.
無路遮却如花面	꽃 같은 얼굴을 가릴 길이 없으나
春色人間摠不知	봄빛을 인간에선 도무지 모른다네.

여기서 비단부채가 둥글둥글한 모습이 보름달의 둥근 모습과 같다고 하였고, 궁녀가 가지고 있는 부채이기에 미인의 옥같은 손에서 떠날 줄을 모르고 서로 따른다. 꽃같은 얼굴을 가릴 길이 없으나 그 봄빛 같은 고운 얼굴을 인간 세상에서는 도무지 알지를 못한다. 타고난 고운 자태를 부채로도 가릴 수가 없으나 궁 안에 사는 궁녀이기 때문에 봄빛 같은 고운 얼굴을 궁 밖의 다른 사람들은 전혀 알지 못한다. 진채봉은 앞의 한 수를 읊고서 탄식하기를, "양랑이 나의 마음을 알지 못하시도다. 내가 비록 궁중에 있으나, 어찌 임금의 은총을 입을 마음이 있으리요." 하였다.

제8회장에서는 1차의 한시와, 2차의 공문서가 등장한다.

紈扇團如秋月團	비단 부채 둥글기가 둥근 가을달 같은데
憶曾樓上對羞顔	일찍이 누각 위에서 수줍은 얼굴 대할 때를 생각하네.
初知咫尺不相識	지척에서 서로 알아보지 못할 줄 애초에 알았더면
却悔教君仔細看	그대로 하여금 자세히 보게 했던 일 문득 후회한다오.

진채봉은 양소유의 환선시에 자신의 글을 써놓은 것을 후회하며, 자결을 하려고 하는 것을 데려왔다고 하면서 시를 내놓는다. 임금은 그녀의 시를 읊는데, 그 시에서는 비단 부채 둥근 모습이 마치도 가을 달 둥근 모습과도 같다. 누각 위에서 양생을 만나 부끄러움을 머금은 얼굴을 하고 대면했던 일을 생각한다. 이때 양생은 지금 궁중에서 지척 사이에서 보고도 나를 알아보지 못했다. 애초부터 지척 사이에서도 알아보지 못할 임이었다면, 그 옛날에 나를 자세히 보게 했던 일이 문득 후회스럽다. 그렇게 충분히 보았으면서도 지금은 알아보지 못하는 임에 대한 원망스러움이 스며있다.

제10회장에서는 2차의 한시가 사용된다.

황태후가 두 공주를 불러놓고 〈칠보시〉[458]를 짓게 하는 대목이다. 정소저의 시와 이소화의 시는 각각 이러했다.

紫禁春光醉碧桃　궁궐의 봄빛은 벽도화에 취하였고
何來好鳥語咬咬　어디서 온 예쁜 새는 재잘재잘 지저귀네.
樓頭御妓傳新曲　누각 머리 궁궐 기생 새 노래를 연주하니
南國天華與鵲巢　남국의 예쁜 꽃이 까치와 함께 깃들이네.

여기서 보면, 정경패의 시로 벽도화는 난양공주를, 까치는 정경패 자신을 비유한 것이다. 『시경』에 왕실의 딸이 시집가는 것을 읊은 시에 '복사꽃 · 오얏꽃처럼 빛난다'고 하였고, 제후의 딸이 시집가는 것을 읊은 시에는 '까치에게 집이 있다'고 하였다. 태후가 정경패를 양녀로 삼았으나, 자신은 겸손을 나타내어 난양공주와 같은 반열이 아니라는 것이며, 이 시를 풍악으로 연주하는 것은 혼인한다는 뜻이므로, '누각 머리에서 궁궐의 기녀가 새 노래를 연주한다'는 것은 바로 이 곡조를 연주하여 정경패와 난양공주가 혼인을 하게 되었음을 알린다는 뜻이 된다. 남국의 아름다운 꽃은 벽도화, 즉 난양공주를 말하고, 정경패 자신은까치에 비유하였다. 함께 깃들인다는 것은 함께 한 집안에 시집가게 되었다는 것을 뜻한다.

春深宮掖百花繁　봄 깊은 궁궐에는 온갖 꽃이 번성한데
靈鵲飛來報喜言　신령한 까치 날아와 기쁜 소식 전하도다.
銀漢作橋須努力　은하수에 다리 놓을 때 모름지기 힘을 쓰라
一時齊渡兩天孫　두 사람의 왕녀가 일시에 나란히 건너게 되었으니.

---

458) 칠보시(七步詩)는 위 나라 문제가 그의 아우 조식을 죄 주려고, "일곱 걸음 걷는 동안에 시를 지으면 놓아주겠다."고 하였다는 고사에서 온 말이다.

이소화는 이 시에서 까치가 기쁜 소식을 전하는 새이므로, 두 사람이 양소유에게 시집가게 된 경사를 전하고 있다. 벽도화 가지에 날아와 우는 까치에 대해 '이번에 은하수에 오작교 다리를 놓을 때는 더욱 힘을 써달라'고 하였다. 그 이유는 한꺼번에 두 사람의 왕녀가 나란히 오작교를 건너가게 되었기 때문이다. 난양공주 자신과 정경패가 함께 양소유에게 시집가게 된 것을 비유하고 있다. 정경패는 겸양을 보이는 마음에서 난양공주와 자신의 신분을 차등지어 표현하였지만, 공주는 차등 없이 하늘에서 하강하였다는 뜻으로 '천손'이라고 하고 있다. 태후는 이 시들을 읊고 탄복하기를, "조정에서 만약 여자 진사를 뽑는다면 틀림없이 장원과 탐화를 나누어 차지하리라." 하고 두 시를 바꾸어 보여주니, 그들은 감탄하였다.

제11회장에서는 2차의 한시가 사용된다.

황태후가 진채봉에게도 희작시를 짓게 하는 대목이다. 진채봉은 그 시를 이렇게 지었다.

喜鵲査査繞紫宮	기쁜 까치 깍깍 울며 궁궐을 돌며 나니
鳳仙花上起春風	봉선화 위에서 봄바람이 일어나네.
安巢不待南飛去	둥지를 편히 여겨 남쪽으로 날아가기 바라지 않으니
三五星稀正在東	서너 개 별들이 희미하게 바로 동쪽에 있도다.

진채봉은 자신을 까치에 비유하여 기쁜 소식을 전하는 까치가 울며 대궐을 선회하니 봉선화 위에서는 봄바람이 일어난다며, 경사스럽고 태평한 궁궐의 모습을 자연 경물로 묘사하였다. 남쪽으로 날아가기를 원하지 않는다는 것은 자신이 이곳의 생활을 만족하게 여기고 있음을 표현한 것이다. '남쪽으로 날아간다'는 것은 조조의 〈단가행〉에 '달은 밝고 별은 드문데 까막까

치는 남쪽으로 날아간다.'[459]라는 표현을 염두에 두고 한 말이다.

마지막 구에서는『시경』〈소성〉편의 '혜피소성 삼오재동', 즉 '반짝이는 작은 별이여, 서너 너덧 개가 동쪽에 있도다'는 표현의 차용이다. 이는 첩들이 군주를 모심에 있어 부인과는 귀천이 있음을 스스로 알아 그 마음을 다한다는 뜻으로, 진채봉이 잉첩의 처지를 수용함을 표현한 것이다.

태후와 황제는 이를 보고 기뻐하면서, 옛날에 눈을 기막히게 읊어 유명한 채녀라도 양보할 것이라고 하였다. 이 시 중에 또한 〈주시〉,[460] 즉『시경』을 인용하여 능히 정실과 첩의 직분을 지켰음을 높이 평가하였다.

報喜微誠祇自知	기쁨을 알리는 작은 정성을 다만 스스로 알지니
虞庭幸逐鳳凰儀	순임금 궁정에서 다행히도 봉황의 자태를 따르네.
秦樓春色花千樹	진루에는 봄빛 돌아 수천 나무에 꽃이 피었으니,
三繞寧無借一枝	세 번 날아 도는데 어찌 가지 하나 빌릴 수 없으랴.

태후가 명하여 세 사람의 '희작시'[461]를 보여주며, "너도 능히 이와 같은 표현을 할 수 있느냐?"고 하였다. 춘운이 붓과 벼루를 달라고 하여 한번 붓을 휘둘러 지어 바쳤다. 이 시도 역시 가춘운 자신을 까치에 비유하였다. 기쁨을 알리는 것은 작은 정성에 불과할 뿐이라 남이 알아주기를 바라지 않고 스스로 아는 것으로 만족할 뿐이다. 그런데 다행스럽게도 순임금처럼 훌륭하신 임금의 궁정에서 봉황의 자태를 따르고 있다. 봉황은 가춘운의 주인인 정경패를 비유한 것이다. 까치와 같은 하찮은 존재인 자신이 봉황과 같은 훌륭하신 주인을 따름은 다행한 일임을 비유로 표현하였다. 자신도 주인인 정경

459) 月明星稀 烏鵲南飛.

460) 周詩.

461) 喜鵲詩.

패나 난양공주, 진채봉을 따라서 하찮은 신분으로나마 같이 살기를 바라는 마음을 은근하면서도 간곡한 표현으로 내비치고 있다. 끝 구는 조조의 「단가행」 중에서 '나무를 세 번이나 두루 돌지만, 어느 가지에 의지할 수 있으랴'[462]에서 차용하여 그 뜻을 역으로 응용한 것이다.

제13회장에서는 2차의 한시가 사용된다.

두 사람이 머리를 조아리고 사배를 한 뒤에 각각 사운 한 수 씩을 지어 내관에게 주어 바치게 하였다. 승상의 시는 이러하였다.

晨驅壯士出郊坰　새벽에 장사들을 몰아 들판으로 나오니
釼若秋蓮矢若星　칼은 가을 연꽃 같고 화살은 별 같더라.
帳裡群娥天下白　장막 안의 뭇 궁녀들 천하백이요
馬前雙翮海東青　말 앞의 쌍 날개는 해동청이라.
恩分玉醞爭含感　은혜롭게 좋은 술 나누어 주시니 다투어 감격을 머금고
醉拔金刀自割腥　취한 채 금칼을 빼어 비린내 나는 고기를 베네.
仍憶去年西塞外　인하여 옛날의 서쪽 변방 밖 일 생각하니
大荒風雪獵王庭　황량한 그곳 눈바람 속에 왕정[463]에서 사냥했었지.

대단한 기상이 넘치는 이 시에서는 새벽에 장사들을 몰아서 들판으로 사냥을 나오니 칼은 연화검같고 화살은 유성처럼 날아간다. 같이 따라와서 장막 안에 있는 궁녀들은 천하의 미인들이고 말 앞에 양 날개를 펼치며 나는 것은 날랜 해동청이다. 임금은 은혜롭게도 좋은 술을 보내오자, 그 은혜에 감격을 느끼고 취한 채 칼을 빼어 사냥한 사슴과 고니를 썰어서 안주로 삼는다. 그때 옛날 서쪽 변방에 출정했을 때를 생각해보니, 넓고 황량한 벌판의

---

462) 繞樹三匝 何枝可依.

463) 흉노의 수도.

눈보라 속, 흉노의 수도에서 사냥을 즐겼던 일이 생각났다.

이때 지은 월왕의 시는 이러하였다.

躞蹀飛龍閃電過	나는 용이 내달아 번개처럼 지나가니
御鞍鳴釖立平坡	안장 얹고 칼 울리며 너른 언덕에 우뚝 섰네.
流星勢疾殲蒼鹿	흐르는 별처럼 형세 빨라 푸른 사슴을 잡았고
明月形開落白鵝	밝은 달 형상이 열리자 흰 고니가 떨어졌네.
殺氣能教豪興發	살기는 능히 호기를 발하게 하고
聖恩留帶醉顔酡	성은은 취한 얼굴에 불그레한 빛 남겼네.
汝陽神射君休說	여양왕의 신기한 활솜씨 그대는 말하지 말라.
爭似今朝得雋多	어찌 오늘 아침 살찐 고기 많이 잡은 것만 같겠는가.

월왕과 승상이 탄 천하의 명마가 번개처럼 빠르다는 뜻으로 묘사되었다. 말에 안장을 얹고 칼을 울리며 평평한 언덕에 올라섰다. 사냥이 시작되자, 월왕의 화살은 유성처럼 빠르게 날아가 푸른 사슴을 죽이고, 승상의 활은 시위를 당겨 둥그렇게 휘어진 모습이 밝은 달 같은 형상을 펼치자 이내 흰 고니를 떨어뜨렸다. 사냥의 매서운 살기는 능히 호탕한 남아의 흥을 일어나게 한다. 임금이 하사한 술을 마시고 나니 취한 얼굴에 불그레한 기운이 돈다. 승상이 활 잘 쏘는 자기보고 옛날의 명궁이었던 여양왕 같다고 할 필요가 없는 것은, 오늘 아침 잡은 이 많은 살진 짐승들을 보면 여양왕보다 못하지 않기 때문이다.

이처럼 「구운몽」의 후반에서는 양소유가 성장하여 사회에서의 역할이 확대됨에 따라 공적인 문서가 자주 등장한다. 이런 공문서는 작품 밖의 작가 서포의 문장력이 대제학 출신의 문장이기 때문에, 높은 품격을 보여준다. 예부상서의 상소문은 작가가 현실에서 자주 짓던 상소문과 성격이 유사하다. 특히, 제8회장에서는 양소유가 예부상서의 위치에 올라, 자신의 혼사문제를 혼례의 원론으로 제시하면서 부마 간택을 사절하는 다음과 같은 상소문이 그러하다.

예부상서 신 양소유는 삼가 머리를 조아려 백 번 절하며 황제폐하께 말씀을 올립니다. 엎드려 생각컨대 윤리의 기강은 왕도정치의 '근본'이며, 혼인은 인륜의 '시작'입니다. 한번 '근본'을 잃으면 왕의 교화가 크게 무너져 나라가 어지러워지고, '시작'을 삼가지 않으면 집안 다스리는 도리가 이루어지지 않습니다. 집안이 망하면 국가의 흥망성쇠에도 관계가 되니 그 분명하고 드러나는 일이 아니겠습니까?

이런 까닭으로 성스러운 임금과 현명한 신하들이 일찍이 여기에 유의하지 않은 사람이 없어 그 나라를 다스리고자 할진댄 반드시 윤리의 기강을 세우는 것을 중시하고, 그 집안을 다스리고자 할진댄 반드시 혼인을 바로잡는 것을 우선으로 하는 것이니 지금의 거조가 어찌 근본을 바로 하고 다스림을 베푸는 도(道)이겠습니까? 혐의를 분별하고 기미를 밝히는 뜻입니다. 신은 정씨녀에게 이미 납폐하였고, 또 정씨 집안에 거취를 정하였습니다.

그러한즉, 신은 이미 아내가 있고, 가정이 있습니다. 생각지도 못한 채 지금에 와서 누이를 시집보내는 성대한 예식이 비슷하지도 않은 저 같이 천한 신하에게 갑작스레 미쳤으니, 신은 처음엔 의아스럽다가 종국에는 놀랍고 놀라운데다 송구하고 떨리기까지 합니다. 실로 성상의 이러한 거조와 조정의 처분이 과연 능히 예를 다 한 것이고, 마땅함을 얻은 것입니까? 설령 신이 미처 폐백을 드리기 전이고, 사위가 되기 전이라 하더라도, 집안이 미천하고 출신 지역이 한미하며, 재주는 얕고 학식은 지리멸렬하여, 즉 금련의 추려 가리는 것에 합당하지 않은데, 하물며 정씨녀와 이미 부부의 의를 두었고, 그 아버지와 이미 장인과 사위의 구분을 정하였으니, 육례를 아직 행하지 못하였다고 말할 수는 없습니다. 어찌 귀하고 착한 존귀한 분을 미천한 필부에게 혼인시키고자 하여 예에 맞는지 아닌지도 묻지 않으시고, 일의 가볍고 무거움도 구분하지 않으신 채, 구차하다는 비난을 무릅쓰고 예가 아닌 예를 행하려 하시나이까? 몰래 내리신 태후의 교지로 하여금 이미 행해진 예를 폐지하고, 이미 들인 폐백을 물리라 하셨으니, 더욱 신이 들어본 바가 아닙니다. 광무제가 송홍을 대하신 관개함을 폐하께서 이루지 못하실까봐 신은 두렵습니다. 미천한 신의 위급하고 긴박한 정성은 이미 성스럽고 밝은 덕에 관련되어 있고, 정씨녀의 궁하고 막힌 심정은 또한 민간의 일에 관계되어 있습니다.

신은 감히 폐하를 거듭 번거롭게 하려는 것이 아니요 다만 신이 두려운 바는 왕도정치가 신(臣)으로 말미암아 어지러워지고, 인륜이 신(臣)으로 말미암아 폐하여져서 위로는 성스러운 정치에 허물을 끼치고 아래로는 집안을 다스리는 도리를 무너뜨려 마침내 어지럽혀지고, 잃음을 구하지 못하는 화가 있을까 하는 것입니다. 엎드려 바라건대 성상께서는 예의의 근본을 중히 하셔서 교화의 시초를 바로 하시어, 명령을 빨리 거두어 미천한 신분을 편안히 여길 수 있도록 해주시면 매우 다행함을 이기지 못하겠습니다.[464)]

---

464) 其疏曰 禮部尙書臣楊少游 謹頓首百拜 上言于皇帝陛下 伏以倫紀者 王政之本也 婚姻者 人倫之始也 一失其本則風化大壞 而其國亂 不謹其始 則家道不成 而其家亡 有關於家國之興衰者 不其較著乎 是以聖王哲辟 未嘗不留意於是 欲治其國 必以植倫紀爲重 欲齊其家 必以正婚姻爲先者 何莫非端本出治之道 別嫌明微之意也 臣旣已納幣於鄭女 且已托跡於鄭家 則臣固有妻也 固有室也 不意今者 歸妹之盛禮 遽及於無似之賤臣 臣始疑終惑 震駭悚惕 實不知聖上之擧措 朝家之處分 果能盡其禮 而得其當也 設令臣未行儷之幣 不作甥舘之客 族賤而地微 才譾而學蔑 則寔不合於禁臠之抄揀 而況與鄭女 已有伉儷之義 與婦翁 已定舅甥之分 不可謂六禮之未行也 豈可以貴价之尊 下嫁於匹夫之微 而不問禮之可否 不分事之輕重 冒苟且之譏 而行非禮之禮乎 至於密下內旨 使之廢已行之禮儀 退已捧之聘幣 尤非臣攸聞也 臣恐陛下未能效光武待宋弘之寬也 賤臣危迫之忱 已關於聖明之聽 鄭女窮蹙之情 亦係於私家之事 臣固不敢更愬於紸纊之下 而臣之所恐者 王政由臣而亂 人倫因臣而廢 以至於上累聖治 下壞家道 終不救亂亡之禍也 伏乞聖上重禮義之本 正風化之始 亟收詔命 以安賤分 不勝幸甚.

위의 인용에서 보면, 양소유는 일국의 예부상서로서, 나라의 예법을 맡은 신분으로 자신의 혼사문제를 예법대로 처리 하고자 하여, 이런 상소를 올렸다. 즉, 양소유는 임금에게 윤리의 기강이 왕도정치의 근본이며, 혼인은 인륜의 시작임을 환기시키면서, 부부간에 그 근본의 예를 잃어버리게 되면, 집안과 국가를 다스리는 것에도 문제가 된다는 것은 유가 윤리의 기본적인 지식이라는 것이었다. 그럼에도 불구하고, 양소유에게 다가온 현실적 결과는 황태후의 부마 간택을 거절한 신하라는 죄명으로 투옥되는 일대의 파란을 가져왔다. 이는 윤리를 어지럽히는 문제가 발생하는 것은 몰라서가 아니라 실천하지 못해서 생긴 문제였다. 더구나 이 문제는 동양의 정치윤리 상, 모든 예법의 모범을 보여야 할 황가에서 발생한 문제였다. 이러한 양소유의 상소를 상제가 다 읽고 난 후에, 황태후께 아뢰었다. 그때 황태후는 크게 노하면서 양소유를 하옥시키라고 하였다. 조정의 여러 대신들이 힘써 부당함을 간하였지만, 황제는 "짐도 그 벌이 과한 줄 아나, 태후께서 방금 진노하시니 짐도 감히 사하지 못하다." 하시고는 끝내 양소유를 하옥시켰다.

이렇듯 「구운몽」에서 보여주는 양소유의 예부상서로서 황제의 대한 상소는, 작품 밖에서의 광의의 혼례 문제에 대한 작가 서포가 가장 하고 싶었던 주제에 해당한다. 상례 못지 않게 중요한 것이 혼례인데, 이 혼례의 원칙이 궁중에서부터 무너진다면 나라의 예와 기강이 무너질 수밖에 없음을 강조한다.

작가 서포는 표면서사에서 양소유의 행동에 자신이 유배오기 지전 군신사이에서 일어난 경연에서의 직간 사건을 직, 간접으로 투사하고 있다. 즉, 조대비, 조사석, 장희빈에 대하여, 어머니 윤씨부인과 작가인 서포 자신, 그리고 인현왕후와의 갈등 관계를 염두에 두면서, 거기에 대한 이념적인 해결의 방법을 소설의 표면서사에서 다루고 있는 것이다. 즉 작가 서포는 숙종에게 윤리의 기강이 왕도정치의 근본이며, 혼인은 인륜의 대사임을 「구운몽」을 통해 환기시키고자 하는 것이다. 사실 부부에 관한 예의 근본을 잃어 버리게 되면, 집안을 다스리는 것은 말할 것도 없고, 나아가 국가를 다스리는 것에도 문제가 된다는 것이 유가 윤리의 기본이다. 그럼에도 불구하고, 윤리를 어지럽히는 문제가 발생하였고, 이는 몰라서가 아니라 실천하지 못하여 생긴 문제인 것이다. 더구나 이 문제는 동양의 정치윤리 상, 모든 예법의 모범을 보여야 할 군왕가에서 발생한 문제이다. 그래서 양소유는 상소문에서 임금의 이러한 행동과 처분이 과연 예를 다한 것이며, 정담함을 얻은 것이냐고 항변한다. 그러나 양소유는 한 나라의 예부상서로서 나라의 예법을 맡은 신분으로 자신의 혼사문제 조차 예법대로 처리하지 못하게 된 것이다. 결국 양소유는 태후의 노여움을 사서 어사옥에 투옥된다.[465] 이런 양소유의 작품 속에서의 투옥은, 작가로서 자신이 희정당 경연 끝에 평안도 선천으로 유배당하는 현실 상황을 염두에 두고, 유배지에서「구운몽」을 창작하였음을 논리적으로 유추할 수 있는 근거이다.[466]

「구운몽」의 제12장회에서는 1차의 공문이 사용된다.

> 승상 위국공 부마도위 양소유는 머리 조아려 백 번 절하며 황제 폐하께 말씀 올립니다. 엎드려 생각하건대, 신은 초나라 땅에서 민간호적에 편입된 백성이었습니다. 생업이라고는 몇 이랑의 농사뿐이고, 학업이라고는 경전 하나뿐이었습니다. 노모가 살아 계신데, 콩과 물의 거친 음식도 이어 대드리지 못하여[467]

---

465) 설성경,『구운몽의 통시적 연구』, 새문사. 2007, 221쪽.

466) 서포는 문무의 요직에 해당하는 두 관직인 병조판서와 대제학에 제수되었을 때 올린 사직 상소문은 각각 일곱 차례 이상씩 거듭되고 있다. 겉으론 자신의 능력이 부족하고 질병으로 받는 고통으로 이유를 대고 있지만, 실은 정치적 역학 관계가 있었기 때문이다.

467) 丞相魏國公駙馬都尉臣楊少游 頓首百拜 上言于皇帝陛下 伏以臣卽楚地編戶之民也 生事不過數頃 學業止於一經 而老母在堂 菽水不繼 欲營升斗之祿 以備甘毳之供 不揣才分 猥蒙鄉貢 方臣之躡履赴擧 老母臨門而送之曰 門房殘矣 家業奬矣 堂搆之責 十口之命 皆付

이 대목은 양소유가 시골에 있는 노모를 모시고 오겠다는 내용의 상소를 올리는 장면이다. 이 부분이 서울대학 소장 국문본에는 생략되어 있어서 주목된다.

「구운몽」의 제15장회에서는 5차에 걸쳐 공문이 등장하는 것이 특징이다.

> 예로부터 부마 되었는 자는 감히 희첩을 두지 못함은 조정을 고마워함이라. 하물며 양공주는 용모와 재덕이 천인 같거늘 양소유 공경하여 받들기를 생각지 아니하고, 미인 모으기를 마지 아니하니 인신의 도리에 극히 그른지라. 은휘 말고 바로 아뢰어라.[468)]

於汝之一身 汝其力學決科 以顯父母 是吾望也 而祿仕太早 則躁競之刺興 官職太驟 則負乘之患生 汝其戒之 臣敢受母訓 銘在心肝 而濫以幼小之年 幸値功名之會 立朝數年 名位俱赫 金馬玉堂 世稱華貫 而臣旣冒據 黃麻紫誥 必須全才 而臣又添叨奉綸 南諭强藩 屈膝受命 西征凶酋束手 臣本白面一書生也 是豈臣能立一策辨一謨 而致此哉 莫非皇威所及 諸將效死 而陛下乃反獎其微勞 褒以重爵 臣心之愧惧惶感 有不可論 而老母所戒躁競之刺 負乘之患 不幸當之矣 至於禁臠妙簡 尤非閭巷賤臣 所敢當者 而聖命勤摯 謬恩荐加臣 逃遁不得 冒沒承順 豈不足以辱國家 而羞當世乎 嗚呼老母之所期於臣者 初不過乎寸廩而已 臣之所望於國者 本不外於一官而已 今臣居將相之位 挾公侯之富奔走王事 不遑將母 臣偃處丹碧之室 而臣母則僅掩茅茨 臣坐享方丈之食 而臣母則不厭麤糲 居處飮食 母子絶異 是以富貴處身 而以貧賤待母 人倫廢矣 子職隳矣 況臣母年齡已高 疾病沈篤 無他子女 可以扶護者 而山川遼濶 信使阻絶 消息亦不能以時相通 不待陟屺望雲 而肝腸腸已寸斷無餘矣 今幸國家無事 官府多閑 伏乞陛下諒臣危迫之情 察臣終養之願 特許數月之暇 使之歸省先墓 將歸老母 母子同居 歌詠聖德 得以盡瀜洩之樂 效反哺之誠 則臣謹當彈竭移之忠 誓報體下之恩矣 伏乞陛下矜憫焉.

468) 自前古 爲駙馬者 不敢畜姬妾者 非風流之不足也 非衣食之不贍也 盖所以敬君父也 尊國體也 況蘭英兩公主以位 則寡人之女也 以行則姙姒之德也 駙馬楊少遊 不思敬奉之道 徒懷狂蕩之心 栖心於粉黛之窟 遊意於綺羅之叢 獵取美色 甚於飢渴 朝求於東 暮取於西 眼窮燕趙之色 耳飫鄭衛之聲 蟻屯於臺榭(중략) 兩公主雖以樛木之德 不生妬忌之心 在少遊敬謹之道 安敢乃爾 驕佚自恣之罪 不可不懲 毋隱直招 以俟處分.

이 글은 낙유원에서 패배한 월왕이 태후에게 양소유를 벌주라고 권하여 마침내 월왕이 태후를 대신하여 작성한 문목이다. 비록 월왕이 희롱삼아 벌인 일이지만, 양소유가 부마의 처지이면서 축첩을 많이 한 죄를 묻는 것이 사실에 근거하고 있다. 이러한 문목에 대하여 양소유는 아래와 같이 공초를 작성한다.

> 소신 양소유 외람히 양전궁의 성은을 입사와 뛰어 승상의 높은 벼슬에 거하여 왔은 즉, 영광이 이미 극진하고 두 공주 색연의 덕을 잡아 금슬의 낙이 있시온 즉, 소원이 이미 족하거늘 어린 맘이 오히려 있삽고 호화한 기운이 달리지 아니하와, 가무하는 계집을 많이 모았사오나 이는 소신이 부귀에 누리고 성상의 은택이 넘치와 스스로 단속할 줄 알지 못한 죄오니, 신은 국법을 이윽히 보건대 부마 된 자, 설혹 비첩이 있을지라도 혼취 전 소득은 분간하는 도리 있사온지라. 소신이 비록 시첩이 있사오나, 숙인 진씨는 황상이 명하신 바니 마땅히 손을 꼽아 의논할 바 아니옵고, 소첩 가씨는 신이 일찍 정부 화원에 있을 때에 수종하던 자이옵고, 소첩 계씨 적씨 심씨 백씨 네 여인은 혹 선비 때 혹 외국에 사신으로 갔을 때, 혹 출전하였을 때에 좇아온 자니, 이는 다 혼례 전 일이옵고, 부중에 한가지로 있게 하옴은 대개 공주의 명을 좇음이옵고, 소신이 감히 천폐함이 없아오니, 나라 체례에 무엇이 손상이오며, 신자의 도리에 죄가 되나이까. 하교 여차하시니 황공 지만이로소이다.[469]

469) 小臣楊少遊 猥蒙兩殿之盛眷 驟玷三台之崇班 則榮已極矣 兩公主秉塞淵之德 有琴瑟之和 則願已足矣 而童心尙存 豪氣不除 過耽聲妓之樂 略聚歌舞之女 此無非小臣狃於富貴 溢於盛滿 不自檢飭之失 而臣竊伏 見國家令甲 爲駙馬者 設有婢妾 若婚聚前所得 自有分揀之道 小臣雖有府中侍妾淑人秦氏 皇上所命 宜不在指論之列 小妾賈氏 臣曾在鄭家花園時 使令於前者也 小妾桂氏狄氏沈氏白氏四人 或未及釋褐時所卜 或奉命外國時所從 而皆在婚禮以前 至若并畜於府中 盖從公主之命也 非小臣所敢自擅者也 論以國制 斷以王法 宜無可論之罪 而聖教至此 惶恐遲晩.

이는 양소유는 죄를 자복하되 변명하며 쓴 공초의 글이다.

또, 이 장회에서는 다음과 같은 양소유의 사직 소가 본문에 구체적으로 보인다.

승상 위국공 부마도위 신 양소유는 돈수 백배하옵고 황제 폐하께 상언하나이다. 사람이 세상에 나서 소원이 불과 장상공후이오니, 벼슬이 장상 공후에 이르면 나머지 원이 없삽고 부모 자식을 위하여 공명부귀를 축원하나니 몸이 공명부귀에 이르면 나머지 소망이 없는지라. 그리하온즉 장상 공후의 영화와 공명 부귀의 즐거움이 어찌 인심의 흠모하는 바 아니오리이까. 세상 영화 부귀 어찌 족함을 알며 화를 자취하는 줄 헤아리이까. 신이 재주 적고 능히 엷으되 높은 벼슬을 뛰어 취하며 공이 없고, 물망이 낮으되 긴한 자리에 오래 거하오니 귀함이 신자에게 이미 극진하오며 영화가 부모에게 이미 미친지라. 신이 처음 원이 이에 만분지일이옵더니 외람되게 부마 되어 예로 대접하심이 모든 신하와 다르고 은혜로 상 주심이 격외에 지나사 채소의 장위로 고량이 배부르고 미천한 종적으로 궁중에 출입하와 위로 성주께 욕되며 아래로 사분에 어기어지오니 어찌 감히 스스로 편하오리이까. 일찍이 자최를 걷우고 영화를 피하여 문을 닫고 은덕을 사양하와 참람하고 몰염한 죄로 스스로 천지 신명에게 사례코저 하오나 은택이 융숭하시매 우러러 갚지 못하옵고 또 신의 근력이 오히려 구치할 만하온고로 부득불 준좌하와 일분이라도 천은을 갚삽고 곧 물러가 선영을 지키고 여년을 마치려 하옵더니 이제 특은을 갚지 못하와 천한 나이 이미 높삽고 정을 펴지 못하와 터럭이 먼저 쇠하오매 비록 다시 견마의 충을 다하와 산악 같사온 덕을 갚고자 하오나 사세 어찌할 수 없는지라.

이제 천자 신명하심을 힘 입어 변방이 항복하여 병혁을 쓰지 아니하오며 만민이 또한 편하매 북채와 북이 놀라지 아니하오며 하늘 상서 더 이르매 거의 삼대의 회호한 다스림을 이루올지라. 비록 신으로 하여금 정부에 있을지라도 녹봉만 허비하고 격양가만 들을 뿐이요 신기한 계교 내일 일이 없아오리다. 군신은 부자 같사오니 부모의 맘에 비록 불초한 자식이라도 슬하에 있은즉, 기꺼하고 문 밖에 나간즉 생각하나니 신이 엎대여 생각하오되 폐하 반드시 신으로 늙은 신하요 예 물건이라 하사 참아 일조에 물러가지 못하게 하시오나, 인자 무모를 생각함이 어찌 그 부모 자식 사랑함보다 다르오리까. 신이 폐하의 은덕을 입음이 이미 깊사오니, 신이 어찌 멀리 하직하고 산중에 엎대어 요순 같으신 임금을 영결하오리이까. 이미 찬 그릇은 가히 넘게 못하며 이미 엎친 멍에는 가히 다시 타지 못하오니 바라옵건대 폐하는 신이 맡은 일에 견디지 못함을 헤아리시고 신의 높은 데 거하기 원치 않음을 살피사 특별히 고향에 권귀케 하와 여년을 마침을 허락하사 성덕을 노래하며 은택을 감격하게 하옵소서.[470]

---

470) 丞相魏國公駙馬都尉 臣楊少游謹頓首百拜 上言于皇帝陛下 臣窃伏以人臣之落之而願者 不過曰將相也 曰公侯也 官至將相公侯 則無餘願矣 父母之爲子而祝者 不過曰功名也 曰富貴也 身致功名富貴 則無餘望矣 然則將相公侯之榮 功名富貴之樂 豈非人心之所艶慕 時俗之所爭奪者乎 人所同艶 而不知履盛之戒 重所共爭 而未免滅頂之禍 此廣受所以決勇退之計也 田竇所以遭傾覆之災也 將相公侯 雖可榮 而孰如知足乞骸之榮也 功名富貴 雖可樂 而孰如全身保家之樂哉 臣才澼能薄 而躐取高位 功淺望蔑 而久玷要路 貴已極於人臣 榮亦及於父母 臣之始願 亦不敢萬一於此 人豈以是而期臣哉 況猥以踈逖 聯結椒掖 視過異於群臣 恩賚出於格外 以藜莧之膓肚 而飫禁臠之味 以蓬蒿之蹤跡 而處沁水之園 上以貽聖朝之辱 下而乖賤臣之分 臣豈敢自安於食息乎 早欲斂迹避榮 杜門辭恩 以僭越濫冒之罪 自謝於天地神明 而聖恩隆重 未效涓涘之報 且臣筋力尙堪駈策之勞 故臣不得不澳涊蹲居 遲回不去 擬效一分報酬之誠 而卽退守丘園 以畢餘生矣 今殊遇未答 而年齡?高 微悃莫展 而齒髮先衰 形如病木 不秋而自枯 心如眢井 不汲而自渴 雖欲復效犬馬之力 少報丘山之德 其勢未由矣 今天下賴陛下神聖 四夷率服 兵革不用 萬民又安 桴鼓不警 天休滋至 年穀頻登 庶幾致三代大同熙皡之治矣(중략) 冒居廟堂之上 不過奉朝請 而費廩粟 坐聽康衢擊壤之歌而已 尙何有 經理猷爲之事乎 噫君臣猶父子也 父母之心 雖不肖不才之子 在於膝下則喜之 出於門外則思之 臣伏想陛下 必以臣爲簪履舊物經幄 老臣不忍 其一朝退去 而嗚呼人子之思父母 何異於父母之愛其子也 臣荷陛下眷注之寵 旣至矣 沐陛下生成之澤 亦深矣

이 글은 양승상이 황제에게 사직을 청하는 공문이다. 이에 대해 황제는 다음과 같은 비답을 내려 사직을 허락할 수 없음을 전한다.

> 경의 큰 업은 조정에 높고 덕택은 생령에 입히니 곧 국가의 주석이요 짐의 고굉이로다. 옛적 태공과 소공은 나이 거의 백세로되 오히려 주나라를 도와 능히 지치를 이루었으니, 이제 경이 이미 예경에 이른바 '벼슬을 돌려보낼 나이' 아닌즉 경은 비록 일을 사례하고 지레 물러가랴 하나 짐은 가히 허락지 못할 것이요 경의 풍채 오히려 새로워서 옥당에서 조서 내던 날에 감하지 아니하고 정력이 오히려 왕성하여 위교에 도적 칠 때에 물러나지 아니하니, 경은 비록 늙음을 일컬으나 짐은 진실로 믿지 아니하니 모름지기 기산의 높은 절을 돌이켜 당우의 지치를 도움이 짐의 바라는 바이로다.[471]

이러한 공문서들은 모두 구체적 상황에 따라 실제로 씌여진 글로써, 작가의 문필력에 크게 힘입은 글이다. 작가가 최고의 교육과정을 이수하고, 나아가 조정의 고위직를 실제로 역임하였기에 여기서 제시된 글들은 작가의 공력을 여실히 보여준다. 특히, 네 번에 걸친 사직소는 작가 욕망의 대리적 해소 기능을 하고 있다. 유배지의 김만중은 처신에 있어서 물러가야 할 때와

一毫一毛 莫非造化陶鑄之功 則臣亦豈欲遠辭天陛 退伏兵壑 便訣堯舜之聖哉 第已盈之器不可使濫 已泛之駕 不可復乘 伏乞陛下諒臣不堪仕事 察臣不願居尊 特許卷歸松楸 以保殘齡 俾免亢龍之悔 臣謹當歌詠聖德 感激洪私 以圖結草之報矣.

471) 卿勳業 溢於鍾鼎 德澤被於生靈 學術足以贊治 威望足以鎭國 卿卽國家之柱石 寡躬之股肱也 昔太公召公齒幾百歲 而尙輔周室 能致至理 今卿旣非禮經所謂致仕之年 則卿雖謝事徑退 朕不可許矣 況張璧彊 本有仙骨 李鄴侯老猶不衰 松栢傲霜雪而猶勁 蒲柳値秋風而先零 此其性質之堅脆不同也 卿自有松栢之操 何憂浦柳之衰乎 朕觀卿風彩猶新 不減於玉堂草詔之日 精力尙旺 不讓於渭橋討賊之時 卿雖稱老 朕固不信 須回箕山之高節 以贊唐虞之至治 是朕之望也.

나아가야 할 때를 구분하지 못한 점이 한스러웠을 것이다. 급박하고도 치열하게 돌아가는 정국의 와중에서 김만중은 자신의 처신에 관한 냉철한 판단을 내릴 시점을 찾기가 사실 쉽지 않기도 하였다. 이미 시위를 떠난 화살처럼 당시의 정국은 파국을 향해 달릴 수밖에 없었던 것이다. 유배지의 적막과 무거운 침묵은 차갑고도 투명하게 주변을 되돌아보도록 하였다. 김만중은 「구운몽」의 사직소에서 말한다.

> 사람이 태어나 소원하는 것이 공후장상에 불과하니, 벼슬이 공후장상에 이르면 남은 소원이 없삽고, 부모는 자식을 위하여 축원하는 것이 부귀공명에 불과하니 몸이 부귀공명을 이루게 되면 남은 소망이 없게 됩니다. 그러한즉, 공후장상의 영화와 부귀공명의 쾌락이 사람의 마음에 염모하고 시속에서 다투는 바가 어찌 아니겠습니까? 그래서 사람들은 함께 염모할 줄은 알되 성하게 되었을 때 조심해야 함을 알지 못하며, 무리들이 서로 다툴 줄은 알되 정수리가 닳도록 재앙을 피하지 못합니다. 이 점이 광수(廣受)가 용감하게 물러나기로 결단한 까닭이며, 전두(田竇)가 무너지고 뒤집히는 재앙을 만난 까닭입니다. 공후장상이 비록 영광스러우나 만족을 알고 물러나는 영광만 못하고, 부귀공명이 비록 즐길만하나 몸을 온전히 하고 집안을 보존하는 즐거움만 같지 못합니다.[472)]

작가 서포 김만중은 현실에서 겪는 군신 사이의 갈등을 성리소설 「구운몽」

---

472) 人臣之落之而願者 不過曰將相也 曰公侯也 官至將相公侯 則無餘願矣 父母之爲子而祝者 不過曰功名也 曰富貴也 身致功名富貴 則無餘望矣 然則將相公侯之榮 功名富貴之樂 豈非人心之所艶慕 時俗之所爭奪者乎 人所同艶 而不知履盛之戒 衆所共爭 而未免滅頂之禍 此廣受所以決勇退之計也 田竇所以遭傾覆之災也 將相公侯 雖可榮 而孰如知足乞骸之榮也 功名富貴 雖可樂 而孰如全身保家之樂哉.

을 통해 성리이념으로 전환시켜서 표현하였다. 그 결과 「구운몽」에서는 양소유와 8처첩, 또 8처첩 사이에서도 서로가 다툼 없이 호형호제를 하며, 계급과 신분과 지역을 초월하여 단합하여 가정의 화평을 이루는 것으로 서술하였다.

7

표제의 상징성과 서두의 은유로
표출한 가족사의 정체성

7-1. 지성미를 구현하는 표제의 상징성과 음양 대대적인 확장성

(1) 한시 시어에서 가져온 '구운몽'의 의미

선행 연구에서, 이가원은 「구운몽」이라는 표제의 의미에 대해서는 이미 여러 입장이 제시된 바 있다. 이가원은 「구운몽」이라는 표제의 의미 풀이를 다음과 같이 설명하였다.

> 성진과 팔선녀가 석교 위에서 서로 만나서 선 · 불의 청정 또는 환멸의 법에 대하여 회의적인 태도를 가진 것이나, 인간 양소유와 팔부인으로 환생하여 부귀 공명의 갖은 행복을 누린 것이나, 극락생애적인 염세주의에 따른 극락세계에 귀의한 것이 달관적인 견지에 있어서는 모두 일장춘몽에 지나지 않음이니, 이는 위에서 이른바 도암의, 大旨以功名富貴 歸之於一場春夢이 곧 그것이다. 그리고 『구』의 수자는 또한 「구운몽」에 등장된 남주인공 하나와 녀주인공 여덟을 가리킨 것이었다. 뿐만 아니라, 서포의 일생에는 『꿈』이 많은 다감다몽적인 생활을 거듭하였으며, 또 『구름』의 환상적인 이상이 풍부하였으니, 이는 『서포문집』 중에 실린 시귀에서도 나타났었다. (중략)
>
> 이와 같이 『구름』과 『꿈』을 각서할 때도 있거니와, 『꿈』과 『구름』을 쌍서한 것도 없지 않았으니, 이로 보아서 서포 일생의 시경은 거의 『구름』과 『꿈』으로 장식하였던 것이다.[473)]

위의 인용을 통해서 보면, 「구운몽」의 의미는, 아홉 명의 남녀주인공이 꾸

473) 이가원, 『구운몽』, 연세대학교출판부, 1970, 16~18쪽.

는 구름같은 꿈으로 해석하고 있다.

또, 이재수는 다음과 같이 표제의 의미를 서술하였다.

『구』 자에 대하여 불교에서 『구』라는 숫자가 붙은 독특한 용어가 많지마는 가장 『구운몽』이란 뜻에 알맞은 용어는 『구공』이란 말이 아닐까 한다. 『열반경 이십구』에 『男女等根九孔不淨』이라 한 바와 같이 우리 인체에 뚫어져 있는 양안공, 양이공, 양비공 및, 대소변공 등 구처는 다 쾌락을 구하는 탐욕의 공으로 부정한 것이며, 이는 결국 무상한 것으로 고의 원인이 되는 것이다. 지금도 승려나 신도들이 아홉 개가 꿰어 있는 염주를 가지고 굴리고 있는 것은 부정의 탐심을 끊어 버리겠다는 염원에서 나온 습속일 것이다. 『구공』이 이런 뜻이라면, 『구운몽』의 『구』도 부정하고 무상한 뜻으로 기져온 수자일 것이며 특히 『구』자 다음의 『운몽』이란 뜻으로 미루어 이런 짐작은 더욱 적합할 것 같다.

『운몽』에 대하여 『운』은 『생야 일편부운기 사야일편부운멸[474]의 『운』을 말한 것이며, 『몽』은 금강경의 4구 계송의 한 『몽』자인 것이다. 참으로 일체의 현상은 무상하여 뜬 구름과 같고 꿈과 같은 것이다. 불교에서는 모든 현상은 다 변하고 참됨이 없으며 있다고 한다면 비로 무상 무아한 가체인 것이다. 언제까지나 있을 줄로만 믿고 있는 나의 정신은 참으로 허망하기 그지 없는 것, 영겁의 시간과 무한대의 공간의 교차점에 선 이 몸은 하루살이처럼 할닥거리다가 사라져야 될 운명이야말로 뜬 구름이요, 일장춘몽이 아니고 무엇이겠느냐? 결국 『운몽』은 무상하고 허망하기 그지 없는 이 사파세계를 두고 말한 것이요, 따라서 그 위에 붙은 『구』라는 숫자도 이런 뜻과 관련 지워 생각하여야 할 일이다.[475]

---

474) 生也一片浮雲起 死也一片浮雲滅.

475) 이재수, 『한국소설연구』, 선명문화사, 1973, 262쪽.

위의 인용에서 보면, 이재수도 「구운몽」을 불교적인 의미로 바라보았기 때문에, 구는 구공[476] 등의 무상한 것으로 고통의 원인이 되는 것으로, 운몽은 무상하고 허망하기 그지없는 이 사파세계를 상징한 것으로 해석하였다.

송성욱은 「구운몽」 해제에서 다음과 같이 표제의 의미를 풀이하고 있다.

> 제목의 '구운'은 주인공 성진과 팔선녀를 가리키며, 인간의 삶을 나타났다 사라지는 구름에 비유하고 있으니, '구운몽'은 결국 이들 아홉 사람이 꾼 꿈이다. 이 작품에서는 인생무상, 일장춘몽, 즉 인생의 덧없음이라는 주제를 주인공 성진의 하룻밤 꿈을 통해 보여준다.[477]

위의 인용을 통해서 보면, '구'는 성진과 팔선녀의 아홉 사람을, '운'은 인간의 삶을 나타났다 사라지는 구름의 비유로 보아, '구운몽'은 결국 아홉 사람이 꾸는 구름같이 무상한 꿈으로 해석하였다. 이와는 달리, 다니엘 부쉐는 중국에서는 "운몽같은 것을 여덟 아홉 개를 삼켜도 가슴속에 가시나 겨자씨만도 못할 것"[478]으로, 운몽 아홉 개를 삼킨다는 것과 같은 글귀로 사용되기도 하였으며,[479] 어려운 일을 쉽게 해낼 능력이 있다거나, 궐렬감을 느낀다는 임춘의 시에서도 볼 수 있듯이,[480] 운몽 아홉이라는 것은 옛 황제들과 같이 천하 어디든지 다 다녀보았고, 대장과 승상자리까지 올라서, 온 세상의 주인으로 자처할 수 있는 사람에 대한 이야기에 알맞은 설명"[481]이라고 보았

---

476) 九孔.

477) 송성욱, 『구운몽』, 2003, 민음사, 258쪽.

478) 呑若雲夢者八九 其於胸中曾不蔕芥.

479) 『文選』 권 28, 齊謳行.

480) 『신증동국여지승람』, 권11, 적성현.

481) 다니엘 부쉐, 「구운몽의 제목에 대하여」, 『동방학지』, 136집, 2006, 402~3쪽.

다.[482] 또, 이강옥은 "운몽 아홉 개가 양소유의 큰 스케일의 삶을 대변한다고 볼 수 있을지는 모르지만, 「구운몽」은 양소유의 일생만을 다룬 것이 아니다. 운과 몽은 모두 양소유의 삶 자체만을 지칭하기 보다는, 성진–양소유의 관계를 지칭한 것이라는 점을 고려한다면, 다니엘 부쉐의 운몽 해석은 초점을 벗어났다는 인상을 준다."[483]고 전제하고, 「구운몽」의 표제 구성법은 주인공의 이름을 내세우거나, 사건의 줄거리를 알리는 식의 다른 소설의 표제 구성법과는 다른 특별한 의미를 함축하였기에, 필자가 제시한, 구와 운과 몽, 그리고 구운과 운몽 등의 의미를 하나하나 차분하게 따져 볼 필요가 있다."[484] 고 하였다.

이처럼, 「구운몽」이라는 용어는 서포 김만중이 자신의 소설을 「구운몽」으로 명명하기 이전부터 사용되던 시어로써, 이 시어는 소설 「구운몽」이 창작되기 이전부터 중국과 한국의 한시에서 여러 차례 사용되었다. 작가 서포는 이런 창의적 표제를 내세우면서, 이 표제의 복합적인 의미망을 구체적인 서사 속에서 여러 가지 의미로 활용하고 있다. 그 중에서도 한시와 달리, 소설 「구운몽」의 표제는 각 음절이 각각 독립적 의미와 연계적인 의미를 가진 것

---

482) 2005년에 다니엘 부쉐교수는 「구운몽」 관련 원고를 지니고 필자가 책임을 맡아 있는 연세대학교 국학연구원을 방문하였다. 그의 원고의 일부에는 구운몽이 시어로 사용된 예가 두 곳에 제시되어 있었다. 필자는 본인이 『동방학지』를 통해 곧 발표하고자 하는 연구 결과에는 그 용례가 더 있고, 또 다른 차원의 논의도 연구 성과에 나타나고 있으므로, 필자의 글이 먼저 나오면, 부쉐의 연구 성과의 의의가 줄어들 것임을 전하면서, 부쉐의 논문이 먼저 발표되어야 한다는 제언을 하였다. 이런 태도를 취해야 하는 배경에는 사적인 인연이 있었다. 부쉐는 나의 스승이신 나손 김동욱교수와 가깝게 지냈던 존경하는 유럽 학자임과 동시에, 부쉐와 필자는 양부의 인연을 맺은 사이로, 서로 의논하여 「구운몽 표제에 대하여」로 제목을 정하고, 먼저 필자가 주선하여 『동방학지』에 특별 기고로 싣게 되었다.

483) 이강옥, 『구운몽의 불교적 해석과 문학치료교육』, 소명출판, 2010, 138쪽.

484) 이강옥, 『구운몽의 불교적 해석과 문학치료교육』, 소명출판, 2010, 138쪽.

으로 드러내기도 하였다. 즉, '구운몽'이라는 세 음절은 각각 독자적인 의미를 갖춘 것으로 이해할 수도 하고, '구운'과 '몽', 그리고 '구'와 '운몽'으로 연계된 것으로도 이해할 수 있다. 그뿐만 아니라, 분석적인 입장에서 보면, 세 음절이 각각 독립된 의미를 갖춘 '구'와 '운'과 '몽'이 독립적 의미를 가지면서, 서로 유기적인 연계성이 짙은 상관 관계에서의 의미망도 구축하고 있다.

이 문제에 대한 다니엘 부쉐는 다음과 같이 설명하였다.

> 일견하여 거기에 아홉이란 숫자는 남자 한 명과 여자 여덟 명의 작중 인물들에 대한 셈으로 보인다고 하겠다. 그럼에도 외국어로 옮기려고 하는 경우에는 의미가 판이한 여러 번역이 가능한 사실이 드러난다. 생략된 속격의 "의"를 어디에다 끼워 넣음에 따라 해석이 달라지는 것이다. 「구의 운몽」인 것을 가정하면, 아홉 명이 꾼 구름에 대한 꿈이라는 말이 되며, 「구운의 몽」이면 아홉 개 구름에 대한 〔하나의〕의 꿈이라는 제목이 된다. 전자는 J.S게일의 「The Cloud Dream of the Nine」이며, 후자는 R.러트의 「A Nine Cloud Dream」에 해당된다.[485)]

다니엘 부쉐은 게일이 1922년 런던에서 재판이 나온 「구운몽」 번역서에서 「The Cloud Dream of the Nine」로 번역하여 〈아홉 구름의 꿈〉으로 번역하였다. 또, 1974년에 Richard RUTT와 KIM Chongun이 번역한 「구운몽」에서는 「A Nine Cloud Dream」으로 번역하여. 〈아홉 개 구름에 대한 〔하나의〕의 꿈〉으로 해석한 점을 주목하였다. 여기서는 번역상에서 나오는 오역이 아니라, 표제가 지닌 다의성 중에서 그 어느 하나를 선택하면서, 게일은 표제의 '구운몽'이 지닌 의미를 개체로서의 꿈으로 보았다.

작가 서포 김만중이 표제로 사용한 '구운몽'은 소설의 표제로 명명하기 이

485) 다니엘 부쉐, 「구운몽의 제목에 대하여」, 『동방학지』, 2006, 401쪽.

전부터 중국과 조선에서 한시의 시어로 흔히 사용되었다.

중국의 한시에서 사용된 경우로는 '구운' 또는 '구운몽'은 초월적 의미를 지닌 시어로서, 도교적인 의미나 세속적인 포부나 이상을 드러내는 의미를 가지고 있었다.

도교적 의미로 사용된 경우로는, "황혼녘 문 밖에선 갈까마귀 우짖고 구운거를 뒤쫒아 옥가루 먼지 이네. 풍년을 알리니 삼등의 조짐 바라며 황혼 경치 다시 피니 육출의 꽃이라. 탁주에 이런 흥취 나눌 사람 없으니 외론 배의 길손 그 뉘 집을 찾는지. 내일 아침 시험 삼아 동쪽 숲을 보면 백척 차가운 나무 끝 옥깍지를 보리라. 〈후략〉" 채규[486]의 「설화파공운」[487]와 같은 경우다.

또, '눈'이란 제목으로 소동파의 작품에 차운한 시의 일부로 '구운'은 신선의 의미로서 '구운거'[488]는 신선의 수레를 의미한다. '구운'이 도교적 의미로 사용된 사례는 장헌의 「상원부인사[489] 같은 사례도 있다. 이 외에도 "칠월 칠석밤, 서왕모가 한궁에 내려오시는데. 상원 하부인도 위의가 대략 비슷하시네. 머리엔 삼각의 상투를 트시고, 나이는 거의 스물이신 듯, 몸에는 청상포를 입으셨고, 앉아서는 자하거를 잡으셨네. 구운의 야광관을 쓰시고 육산의 화옥패를 차셨네. 소매를 거두어 계단을 오르셔서는 서왕모께 나아가 절하셨다네. 〈후략〉" 같은 경우도 있다. 여기서도 역시 신선의 의미로 사용되어,

---

486) 蔡珪(？－1174)历澄州军事判官, 三河主簿。召爲翰林修撰,同知制诰, 改户部員外郎兼太常丞。大定十四年, 由礼部郎中出守潍州, 道卒。《金史》卷一二五附傳蔡松年。珪以文名世, 辩博號稱天下第一。元好问谓, 金源文學 "斷自正甫爲正傳之宗"(《中州集》卷一)。詞存《江城子》一首, 任三河主簿時作。見《中州樂府》。

487) 雪和坡公韻 (소동파를 차운하여 눈을 읊다).

488) 九雲車.

489) 상원부인사. 상원부인은 『한무내전』의 기록에 따르면, 한무제가 서왕모와 상원부인이 전수한 『선경』을 자줏빛 비단 주머니 속에 넣어두었다고 한다.

‘구운야광관’[490]은 신선이 쓰는 것으로 밤에 빛이 나는 ‘야광관’을 뜻한다.

또, 세속적인 포부나 이상으로서 의미로 사용된 사례로는 “공께서는 우리 왕업을 도우시어 정관 초에 어질다고 명성 나셨네. 가슴 속엔 아홉 개 구름 같은 꿈. 곁에는 늘 다섯 수레의 서책들. 지나간 일 빠르기가 이와 같은데, 이런 분이 지금 세상 또 계실지 〈중상렴공만장〉”[491]도 있다. 여기서 ‘청운에 오르고 싶은 장부의 꿈’이라는 의미로 사용되어, 세속적 이상과 포부의 의미를 보여준다. 또 다른 사례는 “재주 높으면서도 자만심을 부끄럽게 여겼고[492] 입을 열어 일을 논하면 물결이 일어나는 듯 했네. 다만 가슴 속의 아홉 층의 구름 꿈을 풀어내어 하여금 이 세상을 하나의 한단이 되게 했네[493] 맑고 서늘한 바람 불어오자 처소의 빈객들 흩어지고, 밤도 깊어 달이 지자 들보 아래 넋과 꿈이 차갑구나. 나 또한 평생 반겨 마지않았던 사람이었기에, 완성된 이 시 차마 못 보고 길이 탄식만 할 뿐.”[494] 여기서는 ‘생전에 품었던 포부와 소망’의 의미로 사용하였다. 여기서는 포부는”[495] 허망한 한단몽의 이미지로 이어지고 있다.

또, 세속적 이상으로서의 ‘구운몽’으로 그 사례는「서중빈진찬」[496]에서 “내가 이 사람의 진영을 보니 넘실대는 흉금은 마치 능히 ‘팔 · 구운몽’을 삼킬 만큼 넓고, 번쩍하는 미목은 십만의 생령을 살릴만한 공적이 있어, 평시에는

---

490) 九雲夜光冠.

491) 中相廉公挽章.

492) 참정 육맹소는 재주가 높으면서도 문인들이 부리기 쉬운 ‘自高自慢’의 객기를 부리는 것을 부끄러워 했고.

493) 당나라의 노생이 한단 땅에서 도사 여옹의 베개를 빌어서 잠을 자다가 잠깐 사이에 부귀영화를 누리는 꿈을 꾸었다는 것처럼, 육맹소는 이 세상을 그렇게 살았네.

494) 이동양의「육삼정맹소만시(陸參政孟昭輓詩)」.

495) 從教世上一邯鄲(하여금 이 세상을 하나의 한단이 되게 했네).

496) 徐仲彬眞贊(서중빈의 진영에 붙이는 화찬).

가히 큰 띠 매고 패옥을 차, 조정 일을 법도대로 행하겠고, 전시에는 가히 격서를 날리며, 종횡으로 적을 막을 사람이라."와 같이, '팔 · 구운몽'이 영웅호걸의 기상과 포부로서의 의미를 가지고 있다.

세속적 갈등으로서의 의미로 세속적인 자잘한 갈등을 뜻하고 있다. 이런 용례를 살펴보면, 위대하도다, 조물주는 참으로 호방하여서, 흙 움키고 모래 뭉쳐 이런 물건 만들었나. 푸른 협곡 쪼개 갈라 구름과 우레를 내고, 달리는 강물 끊어내 호수와 굴을 만들었네. 인하여 부처 따라 큰 발자취 밟아도 보고,[497] 신선과 더불어 하늘을 나는 학도 타보았네. 지팡이 짚고 다녀도 암곡의 깊이를 모르겠고[498] 구름 뚫고 올라 봐도 의복이 무 젖는 것만 알 뿐[499] 서리 맞은 잎새에 몸 숨기는 놀란 새를 앉아서 보며, 움푹 파인 바위에 늙은 교룡이 서렸을 걸 알겠네. 금 · 옥 같은 모래알 하도 맑아 일일이 셀 수 있겠고, 오래된 거울 · 화장함 같은 못은 차갑게 미동도 않네. 생각하니 형은 세상과 소원한 채 홀로 우뚝 서서, 이르기 어려운 절정을 오직 나와 함께 했네. 달팽이 뿔 위의 만 · 촉 싸움일랑 영원히 그만두고, 흉중의 구운몽도 한바탕 씻어내세나. 높디 높은 부래산 돌아보니 길 잃겠고, 깎아 지른 무릉길 오갈 사람 없겠구나. 푸른 대바구니에 풋것 따 담으니 외껍질엔 향기 돌고, 흰 두렛박줄이 푸른 우물물을 가르니 은병마저 얼겠네[500] 돌아오는 길에 안개만 자욱하여 탕곡은 어둑어둑한데, 들에 세운 사당엔 생기가 넘쳐 신령한 샘에 물이 솟네. 옷 벗어 여기서 목욕을 한다면 티끌 있는 사람 없겠고, 가벼워진 몸

497) 여기서 고삐란 속세의 인간에겐 말에 해당되지만, 신선들에겐 타고 다니는 학에 해당된다.

498) 속속들이 계곡을 돌아다녀 보아도 암곡이 얼마나 깊은 줄 모르겠고.

499) 구름을 뚫고 정상에 올라 보아도 산이 워낙 커서 산의 높이는 모르겠고, 다만 구름에 옷 이 젖는 것만 알뿐.

500) 흰 두렛박줄이 푸른 우물물을 가르고 담겨지니, 그 물을 담은 은병마저 얼 정도로 그 물이 맑고 투명하네.

으로 구름 사이 봉황을 타볼 수도 있겠네 "라 하였다.[501] 여기서 "영사각상양만촉 일세흉중구운몽"[502]은 "달팽이 뿔 위의 만 · 촉 싸움일랑 영원히 그만두고, 흉중의 구운몽도 한바탕 씻어 내세나"라 하여, '갈등 많은 세상살이의 얼룩'으로서의 의미로 사용되었다. 또, 소식의 〈차운정정보유벽락동〉[503]에서는 "가슴속에 몇 개의 운몽택이 있느뇨? 그러고도 남은 곳이 많이도 넓구나."[504]라 하였다.

이 외에도, 특립한 군자의 이상과 포부로서의 의미의 시어로는, 명나라 나기의 「송양명부지곤산서」[505]에서는 "특립한 군자의 이상과 포부로서의 의미를 담고 있다. "대장부의 흉중에 진실로 팔 · 구운몽이 있어도/ 살면서 알곡 먹으며 추우면 갈옷입고 더우면 벗으며 살아가니/뭇 사람들이 듣기엔 기이할 게 없네.[506]/남들과 상론을 할 때엔 고분고분하여 예리한 견해는 감추고 머뭇거리며 반드시 상고하고 의심하여 혼자 주장하는 법이 없다."[507]와 같은 경우와, 옛 군자의 기상으로서의 의미로 사용된 남송 시대의 유극장[508]의

---

501) 소식, 「동정보유백수산」.

502) 永辭角上兩蠻觸 一洗胸中九雲夢.

503) 次韻程正輔游碧落洞.

504) 胸中幾雲夢 餘地多恢宏.

505) 명나라 羅玘, 送楊名父知崑山序(곤산에 부임하는 양명부를 전송하는 서).

506) 大丈夫胸中固八九雲夢也 而其宮居粒食燠絺寒裘亦衆人耳無奇也.

507) 至於與人商論 恂恂反反 韜鋒悶頻 必有稽疑而無獨往.

508) 宋文学家(1187-1269) 字潜夫 号后村. 今属福建人 淳佑六年(1246)以"文名久著 史学尤精", 赐同进士出身 官至工部尚书兼侍读特授龙图阁学士 早年仗义执言 几经罢黜 晚年趋奉贾似道 为人所讥 刘克庄诗曾受四灵派诗人赵师秀 翁卷影响 学晚唐 喜雕琢 又与江湖派诗人戴复古 敖陶孙等交往 其诗集《南岳稿》曾被刻入《江湖诗集》 后来眼界扩大 转而学习陆游诗歌 内容亦逐渐丰富 写过不少伤时忧国的诗作 晚年喜欢杨万里的诚斋体 诗风活泼但有时失于浅露 刘克庄词属辛弃疾一派 以爱国内容和豪放风格见称于时 代表作有(贺新郎)《送陈真州子华》(沁园春)《梦孚若》(玉楼春)《戏林推》等 其名句 "男儿西北有神州 莫滴水西桥畔泪"(玉楼春)《戏林推》爱国情深, 沉郁苍凉, 历来为人激赏 刘克庄文长

「후촌시화」[509] '옛군자의 기상으로 청산은 누굴 위해 저리 높이 솟았나. 청산의 그림자가 삼백리에 드리웠네. 깊은 대숲은 교각마저 이미 가리고, 빽빽한 연잎은 못물을 반쯤 감추었네. 구구하게 명예나 이욕 쫓는 인간들 눈감고 앉아보니 참으로 비루하고나. 구름 잠긴 집 안의 강개한 사색인은 아마도 옛 군자의 풍도를 가진 사람인 듯, 강으로 흘러가는 돌샘의 물은 매끄럽고 벼랑을 무너뜨릴 듯한 아침의 눈은 무겁네. 소치는 아이는 괴롭고 주릴까 애태우는데, 소는 추운지 끌어도 꼼짝도 않네. 낙락장송에 기대고 있는 저 이는 누구신지, 아홉 빛깔 구름의 꿈을 흉중에 품고 있어라. 가을바람은 불어와 집을 흔들어댈 듯한데, 한바탕 웃고 싶어도 함께할 이가 없네" 등이 있다. 또, 탈속적 삶에 대한 지향 의지로서의 의미로는 정구의 「제장영중촉도」[510] "재주 땅 별가 벼슬하는 이는 참으로 앳된 봉황. 굶주리고 떨지언정 옛 기이한 것을 찾아 즐기네. 경북의 짙푸른 하늘을 엿보고자 하여 곧장 동강을 올라가 진 · 송을 두루 밟았네. 아름다운 때를 만나면 고요한 대에 앉아, 가슴 속 아홉 빛깔의 꿈을 흘러 나오게 한다. 건곤은 희미하게 끝이 없어 본래 형적이 없고, 나만 홀로 터럭 끝만치 신명한 작용을 발해보네"와 같이, '탈속적 삶에 대한 지향 의지와 상통한다. 또, 고양된 안목으로 작은 분별을 극복한 인

于制诰题跋等文体 所著《后村诗话》论诗常联系史事及作者生平 颇为人称道。著作全集有《四部丛刊》收《后村先生大全集》196卷, 系影印抄本 词集有《宋六十名家词》本《后村别调》1卷《后村长短句》5卷 今人钱仲联《后村词笺注》 4卷。

509) 劉克莊, 後村詩話.

510) 程俱, 題蔣永仲蜀道圖(장영중의 촉땅으로 난 길 그림에 제하다」.

511) 王世貞, 자는 元美. 호는 鳳洲 · 弇州山人. 江蘇省 太倉 출생. 1547년 진사가 되고 형부(刑部)의 관리가 되었으나, 강직한 성격 때문에 당시의 재상 엄숭(嚴嵩)의 뜻을 거역하였다. 엄숭이 구실을 만들어 古都御史인 그의 아버지를 사형시키자, 벼슬을 그만두고 아버지의 무고함을 주장하여 8년간이나 노력한 끝에 명예를 회복시켰다. 그 뒤 다시 지방관에 복귀하였고, 南京의 刑部尚書를 마지막으로 관직에서 물러났다. 젊을 때부터 문명이

생관으로서의 의미의 시어로는 왕세정[511]의 「순의공서 잡흥」[512]에서는 고양된 안목으로 작은 분별을 극복한 인생관으로서의 의미를 담고 있다.

이처럼 시어로서의 '구운몽'과 '팔구운몽'은 동정호와 흉중에 담긴 대장부의 기개를 느끼게 한다. 수평적인 광대함 못지않게 수직적인 정신적 품격의 높이도 느끼게 한다. 여기서 '팔 · 구운몽'은 흔히 여동빈의 〈황학루 한시〉, 〈황량몽 고사〉를 연상하게 한다. 특히 '팔 · 구운몽'내지 '구운몽'은 동정호의 다른 이름인 '운몽택'이라는 이름으로 중국 지명에서 사용하는 것과도 관계가 된다. 무창 주변에 위치한 황학루의 시, 특히 최호의 시에서는 맹자의 호연지기에 해당 되는 대장부, 유학자의 기개나 기운을, 운몽택을 삼키고 내뱉는 것으로 표현하는 것과도 상통한다. 이러한 사실로 보면, '구운몽'이란 말은, 시어로는 도교적인 초월성의 함의로부터 세속적인 영웅성 심지어 세속적인 갈등을 함의하고 있을 뿐만 아니라, 동정호와의 관련성까지 지닌 개념화된 말이다. 물론 일반적인 수준에서 이 단어가 지닌 글자의 뜻으로는 '구운'이 가지는 층층의 '높음'과 '몽'이 가진 '꿈'이라는 의미만이 부각되어 이해될 수도 있지만, 작가 김만중이 염두에 둔 소설 표제로서의 의미는 작품의 서사내용과 연관해 볼 때, 고도의 지성적인 함의를 지닌 상징시어 수준의 의미망을 구축하고 있는 창의적 표제이다.

높아 嘉靖七才子(後七子)의 한 사람으로 손꼽혔고, 학식은 그 중에서도 제1인자였다. 후칠자의 맹주격인 李攀龍과 함께 李王이라 불려 명대 후기 의고문파의 지도자가 되었으며, 이반룡이 죽은 뒤에는 그 지위를 독점하였다. 만년에는 白居易 · 韓愈 · 柳宗元, 蘇東坡 등의 작품에도 심취하였다. 문학 · 예술론은 《藝苑卮言》에 수록되어 있다. 중국 四大奇書의 하나로 알려진 《金瓶梅》가 그의 작품이라는 설이 있고, 희곡으로는 《鳴鳳記》가 유명하다.

512) 順義公署 雜興(「순의현 공관에서 흥나는 대로 읊다」), 제29수

또, 조선시대의 권벌[513])은 [514]) 다음과 같이 읊었다.

古戒臨淵懼	옛말에 못에 이르러서 경계하라했는데
今知躡谷㥘。	지금에 계곡을 넘으며 두려움을 알았네
蘿煙朝滿棧	안개같은 여라덩굴이 아침 잔도에 가득하고
嶽色暮盈窓	산빛은 저녁창에 가득했도다
爽塏三山一	상쾌한 삼산이 그 하나라면
奇觀五老雙	기이한 오로봉이 그 짝이로다.[515])
胸寬九雲夢。	흉금이 구운몽처럼 거리낌없으니
何用倩長杠	긴 교량을 빌어다 어디에 쓰리오[516])

古戒臨淵懼	옛말에 못에 이르러서 경계하라했는데
今知躡谷㥘	지금에 계곡을 넘으며 두려움을 알았네
蘿煙朝滿棧	안개같은 여라덩굴이 아침 잔도에 가득하고
嶽色暮盈窓	산빛은 저녁창에 가득했도다
爽塏三山一	상쾌한 삼산이 그 하나라면
奇觀五老雙	기이한 오로봉이 그 짝이로다[517])
胸寬九雲夢	흉금이 구운몽처럼 거리낌없으니

---

513) 생존 년대는 1478~1548년.

514) 次韻伯懼.

515) 淸方文《廬山詩 · 〈五老峰〉序》: "又十里爲五老峰, 懸崖削壁, 排空插漢, 如五老人騈肩而立, 眞巨觀也。".

516) 『충재선생문집』, 시, 백운암.

517) 淸方文《廬山詩 · <五老峰>序》: "又十里爲五老峰, 懸崖削壁, 排空插漢, 如五老人騈肩而立, 眞巨觀也。"

何用倩長杠　　긴 교량을 빌어다 어디에 쓰리오[518]

또, 김인후[519]는 다음과 같이 읊었다.

鳴之家設酌　　명지의 집에서 술자리를 벌이다가
座中求詩　　좌중에서 시를 달라기에 〈중략〉
內翰風流天下聞　　한림학사의 풍류야 천하에 자자하고
舞袖蕩漾如翔鴻　　춤추는 소매깃도 기러기처럼 너훌대네[520]
異日金鑾殿上人　　훗날 이 사람 금란전 위에서
八九雲夢呑心胸　　흉중에 팔구운몽을 삼키리니
優游散漫太平春　　태평한 봄날 우아하게 노닐며
獨鶴不與群鷄同。　　한 마리 학이 뭇 닭들과는 같지 않으리[521]

심희수가 〈사은사로 가는 서장관 윤기경에게 이별하며 준 시〉[522]에서 다음과 같이 읊었다.

淸風孤竹夏天凉　　청풍고죽에 여름하늘마저 서늘한데
筐篚酬恩覲耿光　　보답위해 광주리를 받들어 정성을 보이네
北學細觀周禮樂　　북쪽으로 가서 자세히 주나라의 예악을 살피고
東歸剩補舜衣裳　　동쪽으로 돌아와 순같은 정치에 이바지한다

518) 『충재선생문집』, 시 백운암.

519) 생존 년대는 1510~1560년.

520) 東坡老人在昌化, 嘗負大瓢, 行歌田間。有老婦年七十, 謂坡云 "內翰昔日富貴, 一場春夢" 坡然 之。里中呼此媼爲春夢婆(宋 趙令畤《侯鯖錄》卷7).

521) 김인후, 『하서선생전집』, 칠언고시.

522) 贈別謝恩書狀尹正知敬.

先將學術分朱陸　학술을 우선하여 주자학과 육왕학을 잘 구분하지만
還就文章擇漢唐　도리어 문장에 나아가서는 한나라와 당나라를 선택했네
增益胸襟九雲夢　이번 사행길로 흉금 속의 구운몽을 더하리니[523)]
重逢刮目對珪璋　다시 만나는 날 눈 비비며 사행사를 맞겠네[524)]

또, 도곡 이의현의 〈백상루에서 달을 감상하며 읊다〉[525)]에서도 시어로 '구운몽'이 등장한다.

長風吹我遼塞去　바람이 멀리서 불어와 나를 요동으로 가게 하니
八月來止安州城　팔월이라 안주성에 와서 멈추었네
安州城閣何鬱律　안주성의 누각 어찌 이리도 험하고 높은가
直與睥睨較崢嶸　곧장 성가퀴와 우뚝함을 견주네
(중략)
八九雲夢不足言　여덟아홉 개의 운몽으로도 표현하기 부족하니
風生兩腋欲翩翩　바람이 양 겨드랑이에서 일어나 훨훨 날고 싶네
俄然日落天氣昏　갑자기 해가 져 날이 어두워지니
萬象迷茫渾一色　온갖 형상이 어슴푸레 한 빛깔 되었다오
平楚依依冪長野　가지런한 나뭇가지 아득히 긴 들을 덮고 있고
孤嶼曖曖連遠碧　외로운 섬 희미하게 먼 푸른 하늘과 이어져 있구나
千家山郭攢星列　산촌의 수많은 인가는 별처럼 모여 있고
一帶晴川曳霧縠　맑은 강 한 줄기에 무곡을 늘어놓은 듯
衆人歡呼起相看　사람들이 환호하여 일어나 보니

523) 여기서의 「구운몽」은 포부.
524) 『일송선생문집』, 시, 칠언율시.
525) 〔百祥樓賞月歌〕.

怪底幻出玉浮圖　　괴이해라 옥으로 부도를 빚어내었네[526)]

이처럼 '구운몽'이라는 시어를 통해 서포가 어떤 시들을 직접 읽었는지는 현재로서는 다 판단하기 어렵지만, 여기에 구체적인 사례로 제시한 한시들은 최소한 서포 이전의 시인들의 작품이기 때문에, 이들 중에서 일부는 서포 김만중이 직접 대할 수 있었던 것으로 추정할 수 있다. 그 이유는 서포 김만중은 한국 및 중국의 한시에 상당한 조예를 가지고 있었기에, 한 두 작품도 아닌, 여러 시대에 여러 작가가 시어로 '구운몽'을 사용한 위의 시들 중에서, 그 일부를 서포가 읽지 못했다고 판단할 근거를 찾기는 더욱 어렵다.

이러한 한시 외에도 '구운몽'을 전고형 수식어로 사용한 사례가 『조선왕조실록』에도 있는데, 선조가 〈영의정 이항복의 사직 요청에 대해 불윤 비답을 내리다〉에서 다음과 같이 말하였다. 영의정 이항복의 처음 상소에 대하여 다음과 같은 비답을 내렸다.

> "발탁하여 조정에 두고 의지하는 마음이 한창 깊은데 요직을 사양하여 갑자기 사직하는 상소를 보게 되었다. 국가의 안위(安危)가 실로 경의 거류(去留)에 달렸는데 진퇴를 어찌 경솔히 할 수 있겠는가. 경은 석덕(碩德)으로 나의 충신(忠臣)이다. 청렴한 기품은 열 길 연꽃과 같이 진세(塵世)에서 높이 빼어났고 화평한 흉금은 구운몽(九雲夢)을 머금은 듯 끝없이 망망하다. 일찍이 경국 제세(經國濟世)의 재주를 간직하였고 평소부터 공보(公輔)의 촉망을 받았었다. 맑고 깨끗한 인품은 물들지 않아서 스스로 빙벽(氷蘗)의 절조를 지녔고 검소하게 행동하여 오히려 위포(韋布)[527)]의 뜻을 보존하였는데, 경력을 오래 쌓아 명성이 더욱 높아졌다. 전쟁을 겪던 지난 날을 생각하건대 충정(忠

526) 『도곡집』 제3권, 百祥樓賞月歌.

527) 위포(韋布)는 한사(寒士)의 뜻.

貞)의 공을 더욱 힘썼다. 세찬 비바람 속에서도 절개를 지켜 변하지 않았고 산과 못처럼 높고 깊은 그 마음 시종 돈독하였다. 전부(銓部)를 맡을 때는 인재를 뽑음에 공평하다고 이름났고 병조를 맡아서는 군율(軍律)이 확립되었다. 계책은 국가의 재건에 많이 도움이 되었고 조처한 일은 뭇 사람의 마음에 합당하였다.

이에 복상(卜相)하여 드디어 정승자리에 오르니 중망(重望)은 풍속을 진정하기에 충분하여 조정의 우의(羽儀)가 되었고, 묘책은 시대를 바로잡기에 충분하여 국가의 주석(柱石)이 되었다. 훈명(勳名)을 책에 기록해 포장(褒奬)하여 호위(扈衛)한 공을 갚으려 했는데 이룬 공을 사양하여 차지하지 않으니 더욱 겸손한 뜻을 알 수 있다. 그런데 물러가기를 비는 계청을 한창 국사에 마음을 기울여야 할 때에 올릴 줄 생각이나 했겠는가. 내 성의가 미덥지 못하여 자리에 있기가 편안치 못해서인가, 아니면 과인의 덕이 임금답지 못하여 국사를 도모하기에 부족해서인가? 올린 글을 한 번 보니 부끄러움이 더욱 심하다.

지난 번 소관(小官)의 망령된 말로 인해 과인이 말을 하게 되었으나 생각해 보면 경에게 무슨 관계이겠는가. 잘못 오해하지 말라. 생각건대 국사가 하나도 믿을 것이 없고 시세는 갖가지로 걱정이 된다. 남쪽의 적은 재침할 흉모를 굳혀 사태가 바야흐로 급박하고 북쪽 오랑캐는 질주해 올 형세인데, 막을 자 누구인가. 어려운 일을 잘 구제해야 할 때이니 태정(台鼎)의 자리를 굳이 사양해서는 안 된다. 더구나 사소한 병으로 어찌 짐을 벗어버리고 물러가 쉴 수 있겠는가. 집안에 누워서 다스린다면 많은 기무(機務)를 걱정할 것이 없으며 약을 쓰지 않아도 병이 나아 신명(神明)이 도와 줄 것이다. 겸퇴(謙退)만을 고집하지 말고 경을 갈망하는 나의 마음에 부응하라. 아, 의리로는 군신이요 은혜로는 부모와 같은데, 어찌 나를 버리려 하는가. 시대의 성쇠와 나라와 존망이 실로 경의 손에 달려 있으니, 그 직을 편히 여겨 내 마음을 저버리지 말라. 사직을 윤허하지 않기 때문에 이렇게 교시하니 잘 알 것으로 생각된다."

하였는데, 이는 홍문관 응교 심열(沈悅)이 지은 글이다.[528]

또, 정철의 제자로서 성격이 자유분방하고 구속받기 싫어하여 벼슬하지 않은 채 야인으로 일생을 마쳤으며, 젊었을 때에 이안눌과 함께 평안북도 강계에서 귀양살이하던 정철을 찾아갔으며, 19세에 과거 시험을 보았는데, 초시와 복시에 장원을 하였으나, 글자 하나를 잘못 적은 일로 인해 내쫓김을 당한 후에 술과 시로 나날을 보냈던 권필도 시어 '구운몽'을 사용하였다. 권필은 1606년 주지번과 양유년이 중국 사신으로 왔을 때는 한강에서 접빈하는 모임에도 참여하였다. 임진왜란 때에는 구용과 함께 주전론을 강경하게 주장했다. 광해군 초에 권세 있는 중신 이이첨이 권필에게 서로 가깝게 지내길 청했으나, 권필은 이를 거절했다. 그는 임숙영이 과거 시험의 「책문」에서 전란 후의 현실에 대한 분노와 저항을 표출하면서, 유희분 등 권신들이 제멋대로 행동하는 것에 대해 공격했다가, 광해군의 뜻을 거스르게 되어 급제에서 제외된 일이 있었다. 이 사실을 들은 권필은 분함을 참지 못하여 「궁류시」를 지어서 이를 풍자하고 비방하였다. 이 때문에 광해군이 크게 화를 내며 시의 출처를 찾았다. 그러던 중 1612년 김직재의 옥에 연루된 조수륜의 집을 수색하다가, 권필이 조수륜과 연관되었음이 밝혀져서 권필은 전라남도 해남으로 귀양을 가게 되었는데, 귀양지로 가던 도중 동대문 밖에서 행인들에게 받은 술을 폭음했다가 죽었다.

이러한 삶을 살다간 권필은 호방하면서 어딘가에 얽매이지 않는 성품에, 시를 통하여 당나라 시풍의 낭만적인 서정과 자기성찰을 통한 울분과 갈등을 토로하며 당대 현실의 잘못된 사회상을 비판 풍자하였다.[529] 이러한 권필의 묘갈을 김만중은 자신의 스승 송시열이 지었기 때문에 권필의 다음과 같

528) 『조선왕조실록』, 선조 34년(1601) 6월 20일.

529) 권필은 한시 이외에도 한문소설 「주생전」을 지었다.

은 시를 특히 즐겨서 향수 한 것으로 추정된다.

또, 사상[530]의 칠언장구에 다음과 같이 차운하였다.

大塊吹萬頗紛紜	대괴[531]에 만 가지 부는 바람 자못 분분한데
今古一夢槐安國	고금이 모두 한바탕 꿈이라 괴안국이로세
百年忽忽駒過隙	백년이 빨리 흘러 망아지가 틈을 지나는 듯하니
浮生在世誰非客	덧없는 인생 세상에서 누군들 나그네 아니리오
丈夫何必自局束	장부가 스스로 속박되어 움츠릴 필요가 있으랴
會向四海窮遐矚	모름지기 사해로 나가 천하를 두루 구경해야지
今年附驥作遠遊	올해는 천리마에 붙어 먼 곳을 유람하였으니
却笑半世頭角縮	반평생 머리를 움츠리고 산 게 도리어 우습구나
我公天與英雄表	우리 공은 하늘이 영웅의 의표를 주었으니
威儀仰望何抑抑	그 위의 우러러보면 얼마나 억억한지
氣度眞如秋嶺雲	기상은 참으로 추령의 구름과 같고
神秀欲射扶桑旭	정신은 부상의 해를 쏠 듯하도다
妙年高躡青雲衢	젊은 나이에 청운의 길에 높이 오르니
珂馬堂堂照南陌	가마 타고 당당하게 남맥을 걸었지
胸中雲夢呑八九	가슴속에 운몽 여덟 아홉 개를 삼켰으니
千頃汪汪人敢測	천 이랑 넓은 물결 누가 감히 헤아리랴
世路風波空擾擾	세상길의 풍파는 공연히 시끄러운데
嶷然獨立千丈壁	우뚝이 홀로 선 모습 천길 벼랑 같아라

530) 사상(使相)은 월사 이정귀를 가리킨다. 명나라에서 문장가로 이름 높은 고천준이 조선에 사신으로 올 때 이정귀가 야인의 신분으로 있던 권필을 접반사의 일행으로 뽑아 주었다.

531) 『장자』, 〈제물론(齊物論)〉에 "대저 대지가 숨을 쉬니 이름하여 바람이라 한다.〔夫大塊噫氣其名爲風〕" 하였고, "대저 부는 바람의 소리는 만 가지로 다르다.〔夫吹萬不同〕" 하였다.

平生端有活國計	평생에 오직 나라 살릴 계책 가졌으니
擬扇仁風被橫目	어진 바람 부쳐서 횡목에 끼치고자 했지
縱橫磊落霸王略	웅대한 왕패의 책략 종횡으로 전개해
幾回敷奏龍爐側	몇 번이나 어전에서 임금께 아뢰었던가
聲華誰復出公右	명성은 뉘라서 공을 앞설 수 있으랴
不誣方將任鼎軸	장차 재상을 맡을 것임이 틀림없어라
昨者承綸辭九重	어저께 윤음을 받들고 구중궁궐 떠나니
驛路迢迢連鴨綠	역로는 아스라이 멀어 압록강에 잇닿았다
幕中得士皆英才	악부에 뽑은 선비들은 모두 영재이니
喜氣敷腴滿尺宅	기쁜 기색이 넘쳐 척택에 가득하여라
興酣落筆九天上	흥이 무르익어 구천 위에서 붓을 내리니
滿紙風雲生霹靂	종이에 가득한 풍운에 벽력이 이는 듯해라
小生魯鈍無所能	소생은 노둔하여 잘하는 것이라곤 없고
怯膽變勇仍怵惕	담이 겁에 질리고 용기 변해 두려워했지
幸蒙君子垂拂拭	다행히도 군자께서 이끌어 발탁해 주시니
一日能通十年塞	하루아침에 십 년의 곤궁함이 뚫렸어라
自謂踸踔予無如	스스로 도약하며 나만 한 사람 없다 하고
執鞭萬里追逸跡	채찍을 잡고 만리 길 공의 뒤를 따랐지
到處溪山得遊覽	가는 곳마다 산수를 유람할 수 있었는데
關西況是紛華域	하물며 관서 지방은 번화한 곳임에랴
人生此樂餘事無	인생에 이 즐거움뿐이요 다른 일 없으니
客裏轉覺充膚革	객지에서 신체가 더욱 건강해졌어라
公館淸樽開讌語	공관에서 술 마시며 환담을 나누느라
永夜不寐聞寒柝	딱따기 소리 들으며 추운 밤을 지샜지
白戰張軍各自强	백전의 장군들이 저마다 강하니
詩壇酒壘還相扼	시단과 주루에서 서로 상대를 제압했네

諸子文章日杲杲	다른 분들의 문장이 해가 솟는 듯하니
我如爝火徒不熄	나는 부질없이 꺼지지 않는 횃불 같았어라
逢場恣意豈論命	만난 곳에서 맘껏 놀았으니 어찌 명을 논하랴
一醉累月甘落拓	여러 달 동안 낙척한 신세 달게 여겼지
向來萬事多反覆	종래에 만사는 뒤바뀌는 것이 많으니
一離一合寧有極	이별과 만남이 어찌 끝이 있으리오
世人相對不相識	세상 사람은 마주해도 서로 알지 못하니
尺地亦如山海隔	지척의 땅 사이에 산해가 가로막힌 듯
益知玆會不可常	이 모임이 특별하다는 것 더욱 알겠으니
更展朱盤催鼓笛	다시금 주반을 펴고 풍악을 재촉한다
擊節高歌肝膽露	장단 맞추며 높이 노래해 간담이 드러나니
今辰何辰夕何夕	오늘은 무슨 날이며 이 밤은 무슨 밤인가
酒闌相見忽歎息	술자리가 다할 무렵 서로 보면서 홀연 탄식하고
倚劍一嘯聲更劃	검을 비껴 들고 한번 휘파람 부니 소리 더욱 세차다
男兒墮地要材力	남아가 땅에 떨어지면 재주가 있어야 하지만
豈異金在爐中躍	쇠가 용광로 속에서 뛰어오른 것과 어찌 다르랴
數子俱爲時所重	여러 사람들은 모두 당대에 명망이 높으니
縱欲拂衣那可得	환로를 떠나고자 한들 어찌 될 수 있으랴
我待東還脫身去	나는 동쪽으로 돌아가면 한 몸 훌쩍 떠나
塵纓更向滄浪濯	속진에 찌든 갓끈을 창랑의 물결에 씻으리
他年雪棹倘相訪	훗날 눈 속에 노를 저어 행여 나를 찾아오면
白頭醉臥江邊石[532]	백발로 강가의 바위에서 취해 누워 있으리

532) 권필, 『석주집』 별집 제1권 칠언고시.

이 한시에서 전고로 등장한 몇몇은 「구운몽」의 전반적인 소재와도 상통함을 보여준다. 첫째, 괴안국은 당나라 때 이공좌의 「남가태수전」에 나오는 남가일몽 이야기의 무대가 되는 나라이다. 순우분이라는 사람이 오래된 괴목나무 아래서 술에 취한 뒤 꿈을 꾸었는데, 괴안국에 들어가 왕의 부마가 되고 30년 동안 남가 태수를 맡아 부귀영화를 다 누리고 깨서 보니 자기가 노닐던 곳이 바로 뜰 앞 큰 괴목 아래였고 그곳에 개미굴이 있어 개미들이 드나드는 것이 보였다 한다.[533)]

석주집 제1권 오언고시의 〈사회시 병서〉[534)]에는 자신의 성품이 소루하고 허탄하여 세상에 맞지 않기에 예법을 지키는 선비들의 배척을 몹시 받았고, 그래서 허물없이 서로 친하게 지내는 사람은 오직 네 사람이 있을 뿐이었는데, 난리 통에 서로 헤어져 생사를 알 수 없다. 꿈결같이 아득한 지난날의 성대한 교유를 생각하매 옛 생각에 감회가 일어 두보의 「팔애」[535)]에 비겨서 오언시 네 편을 지었다고 하였다.

胸次九雲夢　가슴 속에는 구운몽이 있으니
稽天浮大浸　그 물결이 하늘에 닿아 일렁이고
妙道發開楗　오묘한 도의 관건을 열었으니
世俗安敢闖[536)]　세속 사람이 어찌 감히 엿보리오

이 한시에는 '가슴속에는 구운몽이 있다'고 하였다. 이 뿐만이 아니라, 〈병

533) 『석주집』 별집, 제1권, 칠언고시 〈사상(使相)의 칠언장구에 차운하다〉.

534) 「四懷詩」.

535) 「八哀」.

536) 『석주집』 제7권 칠언절구, 〈병중에 밤비 소리를 듣고 초당이 생각나서 평생의 일을 서술하다〉.

중에 밤비 소리를 듣고 초당이 생각나서 평생의 일을 서술하다〉 에서도 '구운몽'이라는 시어가 등장한다. 이 시에 등장하는 '운몽의 가슴'은 가슴속이 매우 드넓음을 뜻한다. 소식의 〈차운정정보유벽락동〉[537]에 "가슴 속에 몇 개의 운몽택이 있느뇨. 그리고도 남은 곳이 많이도 넓어라." 하였다. 운몽택은 중국 남방에 있는 큰 호수로 동정호 남쪽 부분이 이에 해당한다고도 한다. 소식의 〈동정보표형유백수산〉에 "길이 부질없는 세상 분쟁을 사절하여, 가슴속 구운몽을 한바탕 씻노라." 하였다.

이런 중국과 조선의 여러 한시들의 추상적인 세계를 서포 김만중은 여러 복합 소재를 활용하여 구체적인 서사로 소설화하였다.

(2) 유가의 「태극도설」에 근거한 '구'와 '구운'의 의미망

작가 서포 김만중은 「구운몽」 창작을 통하여 조선 소설이 결코 중국소설, 특히 통속 연의소설과는 다른, 성리학을 기반으로 한 지성미를 담아낸 성리소설이 있음을 청나라에 대한 조선의 문화적 자존감을 드러내 보이고자 했다. 그는 한시나 가사만이 아니라, 통속소설적 흥미를 가지고 있으면서도 최고의 사상 철학, 특히 제왕학은 물론 제신학의 주제를 담고 있는 성리소설을 창작하겠다는 의지를 가지고 「구운몽」을 창작할 당시, 정치적 현안과 군신 사이의 갈등을 해소할 수 있는 자신감을 가지고, 역사의 시시비비를 가리는 사관의 춘추필법을 구사하는 수준에서 한유, 소동파, 두보, 백거이와 같은 품격 갖춘 명문으로 「구운몽」을 창작하였다. 이러한 사실은 「구운몽」의 표제에서 이미 입증이 된다. 「구운몽」이라는 표제는 소설의 제목이지만, 선행한 어떤 문학 작품과 달리 이미 중국과 조선에서 한시를 창작할 때 사용해오던

537) 「次韻程正輔游碧落洞」.

시어에서 가져온 것이다. 그렇게 함으로써, 서포는 이미 시어로서의 '구운몽'이 함축하고 있는 '인간의 가장 이상적인 소망'이라는 표제에 호응하는 작품 내용으로 독자들이 바라는 '가장 이상적인 소망'을 서사로 구성하여 성리소설로 창작한 것이다. 일상의 논리로 본다면, 성진의 참선 속의 무의식 활동과 팔선녀의 꿈 속의 무의식 활동이 포괄되는 통칭이 이들 아홉 사람이 진행하는 구몽에 해당된다. 이러한 상황은 일반적이 꿈과는 구분되는 허구적인 몽으로서, 작가 서포가 창안한 새로운 차원의 집단적 꿈이다.[538] 이처럼 소설 「구운몽」의 표제인 세 음절은 총괄적인 단위에서 구현되는 의미이. '구운몽'이라는 의미를 양소유의 삶을 통해 살펴보면, 아홉 사람이 소망하는 최상의 행복을 향한 소망으로서의 꿈이다. 양소유와 8처첩, 즉 아홉 사람이 함께 만들어가는 부귀공명에 대한 집단적인 소망, 또는 9사람의, 아홉 가지의 화려한 꿈의 집합 등으로 이해될 수 있다.[539]

표제의 '구'가 지닌 은유는 본화에서도 나타난다. 서두에서는 자연을 대표하는 천하의 유명 산을 통해 표현된 반면에, 본화에서는 성진과 팔선녀, 양소유와 여덟 처첩이란 작중 인물의 수로 '구'를 형상하고 있다. 그러면서도 서두의 '구'는 '운몽'의 의미망과 상관적 기능을 드러낸다. 즉, 본화에서의 성진과 팔선녀, 양소유와 팔처첩이란 남녀 주역들의 인원수인 '구'는 미완성의 수라면, 결미의 스승과 아홉 제자들의 인원수인 '십'은 '비운비몽'[540]과 호응을 이루면서 완성된 수의 의미로 나타난다.

이러한 표제의 이치에서 '구'의 철학적 원천은 역리에 있고, 주로 세간, 속세에서의 유가적 삶에서의 윤리도덕에 기저를 두고 있다. 8선을 주축으로 한

538) 설성경, 『구운몽연구』, 국학자료원, 1999, 213쪽.

539) 초양왕과 같은 9인이 운몽, 즉 동정호를 지나며 무산선녀와의 꿈을 꾸는 이야기 등으로도 해석될 수 있다.

540) 非雲非夢.

'음은 여성의 길'과, 성진을 주축으로 한 '양은 남성의 길'을 각기 대응하며, 조화로운 '동정의 길'의 '양의'의 길로 보여준다. 그 길은 남녀의 외적인 '음양의 만남', 여성간의 내적인 팔괘의 조화로운 묘합의 길을 보여준다. 그 중 8선녀는 시집을 가는 출가의 모습을 보여주는 그야말로 여성의 길을 걷는다. 특히 집단적 출가를 그리고 있다는 측면에서, 보다 발전적 형태를 보인다. 그 집단적 출가의 과정은 외적으로는 각각 천정한 짝인 남편 구하기지만, 그들 집단 사이에서는 질서와 균형이라는 8인의 안정된 위상 찾기로 나타난다. 즉, 이상적이고 행복한 한 가정을 구축하기 위하여, 1인의 가장을 중심으로 삼으며, 합에서 분리로, 다시 분리에서 합으로 교체와 반복을 통해 우주적 도를 실현하는 모습을 형상한다.

8선의 적강 및 해체와 8부인의 환원과 통합이라는 기능의 확대로, 선행하던 단일 적강의 모티프를 복수의 적강 모티브로 발전적 수용으로 성장시킨다. 그러면서도 복수적 강화 속에서의 근원은 태극처럼 하나이던 8인이 사방, 상하, 귀천의 8형으로 각기 분산되지만, 원래의 정신인 천상적 미덕을 잃지 아니하고, 한 가정을 이루며 유가적 윤리의 이상을 실현한다.

(3) 도가의 『운급칠첨』에 근거한 '운'과 '운몽'의 의미망

「구운몽」 표제의 '운'은 도가의 신비적이고 낭만적인 분위기로 '운'의 의미망을 구축하는 점도 있다. 표제의 세 음절 중에서 '운'은 분위기나 배경의 요소로 어느 시공간, 인물 사건에도 자유스럽게 개입하고 있는 점이 '구름'이 지닌 변화 무쌍한 자유스러움의 이미지와 상통한다. 게다가 '구운'과 '몽'으로 이해하는 경우에는, '구운'은 『운급칠첨』[541]에 '태하중유팽팽지실 결백기이조

541) 雲笈七籤.

구 합구운이입우'[542]으로 보아, 대우주를 구성하는 요소들이다. 그 우주 공간 속이 거대하고 신비로운 대우주는 '구운'의 흰 기운을 모아서 구축한 숭고한 큰 집이므로 표제의 제 2음절 '운'은 도가의 『운급칠첨』을 그 상징적 근거로 삼고 있다.[543] 「운급칠첨」은 도교 경전인 천궁 보장을 편성한 것으로 122권 170여만의 도가경전이다. 「운급칠첨」[544]은 도가서의 상자를 장식하는 명칭인 운급과, 삼동에 사보를 더하여 함께 칠보를 만들었다는 뜻에서 칠첨이라 하였다. 그래서 「운급칠첨」은 칠보의 도교 경적의 핵심 일컫는다.[545]

또, 『운급칠첨』[546]에는 〈오악진형도〉 서, 〈오악진형 신선도기〉, 〈왕모수한 무제진형도〉, 〈오악진형도법병〉 서 등이 있는데, 두 종류의 진형도 중에서 두 번째의 진형도에 속하는 것이다. 오악 쪽에서는 남악 형산에 속하는 곽산

---

542) 太霞中有彭彭之室, 結白氣以造構, 合九雲以立宇

543) 작품에서는 '천서운전(天書雲篆)'이 우왕에 대한 기록으로 서술되고 있지만, 실은 서두에 일관되게 흐르는 도가적 분위기 속에 용해되어 있는 용어인 점에서도 이를 확인할 수 있다. 즉, 일반적으로 천서(天書)는 원시천존이 말한 바를 담은 도교 경전을 의미하고, 운전(雲篆)은 도교에서 신묘한 글귀를 찬양할 때 쓰는 술어이다. 가령 이를테면, 도교의 초기 경전으로 가장 중요한 지위에 있는 「운급칠첨」에도 언급된 '천서(天書)'나 '운전(雲篆)'이 이를 반증한다.

544) 남악 형산은 『집선전』으로는 위부인이 주처하는 곳이고, 『운급칠첨』으로 본다면, 제3 南嶽 衡山洞의 朱陵洞天의 石長生이 다스리는 도교의 성지이다. 게다가 제4第 西嶽 華山洞 惣仙洞天은 華州 華陰縣의 眞人인 惠車子가 다스리는 곳이라는 점은, 성진이 환생하여 양처사와 유씨부인(위부인의 제2층위의 화신 존재 이미지)의 아들로 태어나는 곳이 수주 華陰縣이라는 사실과도 맥락이 상통하는 점이 있다.

545) 書成之後, 爲便於觀覽, 張君房又依〈天宮寶藏〉, 編成 〈雲笈七籤〉 一百二十二卷, 百七十餘萬言. 題名 〈雲笈七籤〉者, 蓋道教稱仙經本爲 「天書雲篆」, 裝道書的箱子因稱 「雲笈」. 三洞(洞眞部, 洞玄部, 洞神部)加四輔(太玄部輔東眞, 太平部輔洞玄, 太淸部輔洞神, 正一部總輔三洞)共七部, 因稱 「七籤」. 〈雲笈七籤〉, 意謂七部道教經籍之精要. (『雲笈七籤』의 서문, 1992 북경 신화서점).

546) 『雲笈七籤』 79권의 「符圖章」.

과 잠산이 있다. 동방삭의 「오악진형도」 서에는 동악태산군, 남악형산군, 중악숭고산군, 서악화산군, 북악항산군으로 되어 있고, 남악형산군에는 황제소명곽산잠산저군[547]으로 되어 있다. 또 남악의 명칭은 『상서』「순전」[548]편과 『이아』「역산」 등에서 보이지만 그 위치에 대해서는 여러가지 논의가 있다. 한무제가 남악을 곽산 즉 천주산에 비정한 이래 육조시기에는 곽산이 남악으로 등장한다. 곽산은 오늘날 여강군 첨현에 속하는데 첨수가 이 산으로부터 나온다. 한무제 이전의 남악이 호남성 남부에 있었던가 하는 문제는 논의의 여지가 있지만, 육조시대의 사람들이 널리 남악의 제사를 곽산인 천주산에 옮겨 온 것은 무제였다고 전한다.[549]

도가적인 측면에서는 도가의 수행법에서 단전 호흡을 통하여 죽음을 면하는 영생의 길을 추구하듯이, 도가적 수행으로서의 성진의 큰 호흡을 통한 기의 흐름을 성진과 8선녀, 특히 8선녀가 하룻밤 동안 실천한 수행법이, 불가적으로는 성진의 수행에서 하룻밤의 선몽으로 실천된 것과 수행의 원리면에서는 상통한다. 특히 심리적인 호흡의 용량은, 동정뜰과 동정호의 안팎을 송두리채 들이키고 내뱉을 수도 있는 거대한 기운을 가지고 있거나, 그런 기운을 가지려고 수련을 받고 있는 성진과 그의 도반들임을 시사한다. 작가 서포는 이런 기운의 움직임을 구체적인 사건으로 보여주고자, 성진의 1차 동정용궁행과 같은 작은 걸음 내지 호흡과, 2차 동정용궁행에서의 거대한 걸음 내지 거대한 호흡으로서의 '운몽 내왕', 즉 거대한 한 번의 호흡으로 '운몽을 들이키고 뱉음'과 같은 대장부, 깨달은 이의 광대하고 신기한 기운을, 꿈과 깸, 내지는 한번의 선몽과 그 깨어남의 이야기로 전환시켜 보여준 것으로 판단된다.

547) 黃帝所命霍山潛山儲君.

548) 舜典 爾雅 譯山.

549) 小南一郎, 위의 책, 333~336쪽.

(4) 불가의 『금강경』에 근거한 '몽'과 '구몽'의 의미망

「구운몽」의 표제 중에서 '몽'[550]은 단순한 몽유가 아닌, 참선과 연결된 장편의 몽유일 뿐 아니라, '보지 못하는 것'에서 '깨닫지 못하는 것'라는 자각하지 못한 '혼미한 상태'의 의미까지 상징하기도 한다. 이는 작품 결미에 드러나는 자기 존재를 자각하여 돈오 대각한 상태의 '비몽'의 대응어가 되면서, 선적인 몽유로 철학적 의미까지 포함하는 뜻으로 해석될 수 있다.

「구운몽」의 제1장회 이름은 〈노존사남악강묘법 소사미석교봉선녀〉[551] 이다. 장회 제목의 의미를 풀어보면, '늙은 존경스러운 스님은 남악에서 묘법을 강론하고, 젊은 사미승은 석교에서 선녀를 만난다'는 뜻으로, 이는 늙은 존사와 젊은 사미승이 서로 상반된 행동을 하고 있다는 것을 대조적인 두 가지 사건을 통해 제시해주고 있다. 여기서는 우선 '노'와 '소'라는 수식어로서 스승으로서의 늙은 세대를 대표하는 존사와 제자로서의 젊은 세대를 대표하는 사미라는 두 세대와 직분 내지 처지의 대응을 보여준다. 존경받는 노스님과 아직 구족계[552]를 받지 않은 젊은 수도승의 대립이 선명하게 드러난다. 스승은 남악 형상에서 묘법을 강의하지만, 제자는 석교에서 선녀들과 수작을 하고 있다는 표현에서 본문을 지키고 있는 스승과 제 길을 벗어나 어긋난 길을 가고 있는 제자의 모습이 대비된다. 이런 대조, 대립, 대응의 상황 속에서 '남악'이라는 공간과 '석교'라는 두 공간이, 그리고 사미승과 선녀라는 남녀 사이에 불교와 도교라는 종교 간의 대응이 또다시 관심을 불러일으킨다.

---

550) 중국 작품 중에 작품으로 표제에 「夢」이 붙은 것에는 「楊州夢」(唐, 于?의 撰) 「鴛鴦夢」(明, 葉小紈의 撰), 「瑤臺樓」 (明, 趙進美의 撰) 등이 있고, 「구운몽」과 동시대의 작으로 「瓊花夢」 (龍燮의 撰)과 「因緣夢」 (石龐의 撰) 등이 있다.

551) 老尊師南嶽講妙法 少裟彌石橋逢仙女.

552) 具足戒.

표제의 '몽'은 소설의 제자 기법과 관련되어 있기 때문에 그 개성이 더욱 부각 된다. 당시의 관습으로는 '몽'이란 제자의 방식이 사용되지 않았다. 일반적인 제자 방식은 '전' '록' '기' '곡' 등이 있었고, '몽'은 「양주몽」, 「요대몽」 같은 중국 설화에만 사용된 적이 있었다. 이런 설화의 제자 기법을 소설의 제자 방식으로 전용한 것이 「구운몽」에서 처음 사용한 '몽'이다. 그러기에, '몽'이라는 제자 방식은 설화 차원에서는 익숙한 형식이요, 소설 차원에서는 새로운 시작[553]이라는 전통과 혁신의 양면성을 보여준다. 「구운몽」의 '몽'은 '선적인 몽유'로서의 '몽'이라는 독특한 의미망을 구축하고 있기에, 그 혁신의 정도는 상당한 질적 전환을 이룬 것으로 평가 된다. 즉, 「구운몽」은 인도의 승려 육관대사가 중국에 들어와서 『금강경』을 설법하고, 제자 성진은 10년간의 수도 끝에 이 설법의 이치를 깨치고 반야의 지혜를 터득하게 된다는 줄거리를 외화로 삼고 있다.

육관대사가 소의경전으로 삼고 있는 『금강경』은 일체의 유위법은 모두 꿈과 같다는 것을 비유의 요체로 삼고 있다. 작품의 기본으로서 가장 근간이 되고, 주제 형상화에 결정적인 기능을 하는 서사체계를 선적인 몽유로 설정한 것은 『금강경』의 이치가 토대가 된다. 즉, 시간성 이중부정으로 표현되는 '상과 비상과 비무상'[554]의 관계 속에서 이들 각 층위의 상이 실체일 수 없음을, 연속적 층위 전환의 여러 상을 총체적으로 인식함으로써 각각의 상에 대한 집착에서 벗어나게 되어 존재의 실상을 인식하게 된다는 이치이다. 이런 이치의 방편으로 활용된 꿈이기 때문에 이는 설화나 일반 소설에서 볼 수 있

---

553) 소설로서는 구운몽의 〈몽〉이란 제자 방식이 나온 이후에 국내나 외국 작품에서의 「홍루몽」 등에서 〈몽〉 제자법이 등장한다. 국내에서는 옥련몽, 옥루몽, 옥린몽, 옥선몽, 유화 등이 나왔다. 중국과 일본에서는 「홍루몽」 등이 나왔을 정도로 「구운몽」의 〈몽〉 제자 방식은 동아시아권에서 선두 주자로 나타났다. 국내에서는 〈몽자소설〉이란 유형성을 가능하게 할 정도로 그 후의 작품의 제자법에 실질적인 영향을 미쳤다.

554) 相, 非相, 非無相.

는 일상적 꿈의 의미와는 구분된다. 그러므로 「구운몽」의 표제에서 제시된 몽은 『금강경』의 '몽'이 제공하는 철학적 차원의 '몽'이라는 것을 고려하면서, 통속적 의미의 '꿈'이 지닌 의미를 함께 이해할 때, 표제의 뒤에 숨겨진 지성적 성리소설로서의 의미망을 온전히 파악할 수 있다.

또, 사건의 본무대인 형산의 대표적인 다섯 봉우리의 하나인 연화봉의 묘사를 "그 아릭 연화봉이 잇스되 그 형셰 가장 노푸고 웅장하야 운무 자옥하야 그 전면을 더펴난 고로 일긔 청명치 안히한 씩면 사람이 능히 그 산형을 어더 보지 못하더라."라 하여, 운무의 베일에 쌓여 있는 산형을 뚜렷이 보기 어렵다고 해 두었다. 특히, 천기가 확소하지 않는 다면, 그 산과 봉우리의 진면목을 볼 수 없다는 언급은 참으로 촌철살인의 수준에 오를 수 있는 탁월한 표현이다.

(5) 표제의 상징성은 태극론에 근거한 유불선 철학의 무한 확장성

「구운몽」의 표제가 지닌 총체적인 의미망을 살펴보면, 태극론에 근거한 유불선 철학의 무한 확장성을 지닌다고 할 수 있다. 「구운몽」의 세 음절의 의미망을 각각 나누어 살펴보면, 첫째, '구'는 작품의 내용과 결부시켜 볼 때, 유가의 역철학과의 관련성이 깊다. '구'는 성진을 지칭하는 1과 팔선녀를 지칭하는 8의 배합을 이루고 있다. 이 중에서 제1 층위에서의 집단으로서의 8선녀는 제2 층위에서는 각각 흩어져서 출생하지만, 사건이 진행되면서 양소유를 중심으로 모여서 8처첩을 이룬다. 이들 중에서 제1 부인이 된 정경패가 관음보살 앞에서 하는 서원은, 부처 앞에서는 동근수와 같이 그들이 신분 등의 차등과 관계없는 하나의 불제자이며, 중생임을 표명한다. 8인 각자가 흩어지면 처지가 다른 중생이지만, 하나의 개념으로는 일체중생임을 의미하기도 한다. 이는 8인이 다시 1인과 합해지는 9인의 기능에서도 마찬가지이다. 그래서 그들 9인은 하나라는 면에서 수 개념으로 형상한 것이다.

첫째, 표제의 '구'의 논리가 된 『주역』에 의하면 '역'이라는 말은 변화를 뜻하며, 우주 만물의 변화 계기에 있어서, 인간으로 하여금 궁, 변, 통, 구[555]하는 '변화의 도'를 자각하고 순응케 함에 목적이다. 그래서 황제 요, 순 임금이 천도변화의 계기를 맞이하여 역의 온오한 진리를 드러낸 건괘와 곤괘의 원리로써 천하를 다스렸다.[556] 『주역』의 철학은 사물로부터 도로 되돌아가는 측면에서 말하면 인간의 궁리진성[557]으로부터 하늘이 내린 덕에 상합하는, 즉 형이하[558]의 세계로부터 형이상[559]의 세계로 되돌아가서 자연과 융합하는 대도로 진입하여 천지와 더불어 합일의 경지로 나아가는 것을 말한다. 그래서 공자는 『주역』에서 많은 길을 제시하여 각자 개성에 맞는 길을 택해 본성을 회복하도록 가르쳤다. 『주역』 가운데서 형이하의 기[560]의 세계로부터, 형이상의 도의 세계로 되돌아가 본성을 회복하는 큰길을 제시하는 것이 바로 '성성존존 도의지문'[561]이라는 글이다. 여기에서 '도'란 태극 유행의 자연 작용이요, '의'란 『중용』에서 '의는 마땅함이다'라고 한 '마땅함'에 해당되는 것으로, 일을 행함에 마땅함을 얻는 것을 '의'라 한 것이다. 그러니 '도의'란 뜻은 '자연의 도에 합당한 인위적 행사'를 의미하는 것이며, 만약 사람들이 '성성존존'하면, 일체의 행사는 곧바로 자연의 도에 합당한 것이 된다는 것이다.[562] 인간이 생명 중에 이 '성'을 바로 발현하려면, 반드시 자각과 존양공부[563]

555) 窮, 變, 通, 久.

556) 김만산, 「역학의 시간관」, 『주역의 현대적 조명』, 1992, 범양사, 151~152쪽.

557) 窮理盡性.

558) 形而下.

559) 形而上.

560) 器 道.

561) 『주역』, 계사전, 제7장. 成性存存 道義之門.

562) 김학권, 「주역의 존양론」, 『주역의 현대적 조명』, 한국 주역학회편, 범양사, 1992, 169쪽.

563) 存養工夫.

가 필요하게 되며, 이 자각과 존양의 정도에 따라 성덕군자[564]와 일반 백성으로 나뉘게 되는 것이다.[565]

공자는 내성을 통해 이처럼 생명과 천명이 연결되어 있음을 깨달았다. 즉 『논어』에서도 "어느 날 공자가 그의 제자인 자공에게 말하기를, '나는 말을 아니하고자 한다.' 자공이 말하기를 '선생님께서 말씀하시지 않으면 소자는 무엇으로 천지의 도를 진술하리이까?' 공자가 말하기를 '하늘이 무슨 말을 하느냐? 사시를 운행하고, 백물을 생성하나 하늘이 무슨 말을 하느냐?" 이것은 인간의 성명이 깊숙히 천도에 융합되어 있음을 천명한 것으로, 심오한 내성과 존양의 공을 포함하고 있다. 내성이 중요한 까닭은 인간이 천도로 되돌아가려면, 천이 부여한 성을 좇아 수련의 공을 쌓아야 하는데, 이 성을 파악하려면, 곧 자기의 내심을 향한 성철을 가져야 하기 때문인 것이다.[566]

둘째, '운'은 작품의 내용과 결부시켜 볼 때, 도가의 철학과 관련성이 깊다. '운'은 행운유수처럼, 흘러가는 변화의 상을 상징함과 더불어, 전환의 기능을 주요 역할로 하고 있다. 9인이 윤회환생이라는 전환의 기능을, 또 미몽의 9인이 몽롱함을 깨고 대각으로 전환하는 상황을 상징하기도 한다.

셋째, '몽'은 작품의 내용과 결부시켜 볼 때, 불가의 철학과 관련성이 깊다. 〈몽〉[567]의 참선을 통한 양도로서의 불가적이고 남성 중심의 길이 각기 조화를 이루는 데서 역과 참선 간의 겹합으로 이루어진 최상의 도의 실체를 구현한다. 이 점은 최치원, 원효와 의상, 지눌과 보조, 퇴계와 율곡 등으로 이어지는 한국사상사의 풍류지향적 전통과 맞닿아 있다. 『금강경』의 공관 철학

564) 成德君子.

565) 이는 「구운몽」에서는 성진이 전생에서 닦은 도로 해석할만하다.

566) 김학권, 「주역의 존양론」, 『주역의 현대적조명』, 한국 주역학회편, 범양사, 1992, 171쪽.

567) 『說文解字』에 따르면 꿈은 인지할 수 없는 불명확한 실체이다. 반면, 『太平御覽』에서는 꿈은 실체는 없지만 하나의 象에 의해 이루져 있다. 중국의 夢文化는 주로 점몽에 집중되어 발전하였다.

인 지닌 지속적 이중 부정을 꿈으로 전환시키는 기법을 활용하여 참선 형식의 몽유 형식, 또는 윤회 형식의 몽유 형식을 개발하여 작품의 시공간 천상계과 지상계, 다시 수궁계로 확대하는 시공간 세계를 확장시켜 서사를 입체화시켰다. 그 결과 몽유설화나 몽유록이 지닌 단형의 서사가 보여주지 못하던 다차원 속에서 벌어지는 장편의 선적인 몽유 형식을 창안하게 되었다. 특히, 시공간 세계의 확장은 서사의 수평적인 확장만이 아니라, 의식의 수직적인 심화까지 보여주는, 불교 철학적인 의미를 배경으로 한 독창적인 서사를 창안하였다.

또, '구운몽'이라는 시어는 도교적인 초월성의 함의로부터 세속적인 영웅성 심지어 세속적인 갈등을 함의하는 용례까지 보여주는 상징성이 깊은 말이다. 글자의 뜻만 놓고 본다면, '구운'이 가지는 층층의 높음과 '몽'이 가진 꿈이라는 이미지는 기본적으로 높다는 속성과 꿈같다는 속성을 가지고 있는 바, 높음의 함의는 문맥에 따라 각각 초월적인 공간으로서의 높음을 의미할 때도 있고, 세속적인 지위의 높음을 의미할 때도 있기 때문에, 한 단어 속에서 상반된 초월성과 세속성이 포괄될 수 있었던 것이다. 이는 한편, '꿈'이라는 의미 또한 현실 속에서 꿈꾸는 일탈 혹은 초월로서의 소망이라는 의미로도 읽을 수 있고, 초월적인 입장에서 볼 때, 영원할 수 없는 현실의 종국적 허망함이 꿈과 같다고 인식되는 허망이라는 의미로도 읽힐 수 있다.[568)]

송대의 철학자 주염계는 이학의 토대를 두고 부분적으로 신도가를 기초로 하여 유교를 다시 체계화 했다. 그의 만년에 노산 연화봉 밑에서 은거하면서, 도가의 교의와 『주역』에 바탕을 두고 유교사상을 재구성하였다. 그의 주요 저서인 「태극도설」은 전체 250여 자로 된 짧은 책인데, 여기에서 "만물의 근원은 태극이며, 태극이 실제로 만물을 형성한다"는 사상에 근거한 형이상

568) 설성경, 『구운몽의 비밀』, 서울대학교 출판부, 2012, 195~198쪽.

학을 제시했다. 태극은 『주역』 계사[569]에 구절이 기록된대서 처음으로 유래되었다. 또한 도가서인 『도장경』 중에서 〈상방대동진원묘경품도중〉[570]에도 작자나 연대 미상인 「태극선천도」가 기록되어 있으며, 북송 시대에 주염계의 〈태극도〉와 그에 따르는 도설이 유가에서는 처음으로 나타났다. 그후 주희에 의해 유학의 중흥기를 맞이하면서, 유가의 중심적 원리로 이용하였다.

이처럼 「구운몽」이라는 표제의 총체적인 의미는 향수자의 측면에서 보면, 모호성이 강하기 때문에 독자들에 따라서 비교적 자유롭게 받아들일 수 있지만, 독자의 지적 수준에 따라서 통속소설의 평범한 의미와 같은 수준에서 '9인의 부귀공명의 꿈'이야기 정도로 받아들이고 작품 속으로 곧장 들어갈 수도 있다. 그러나, 한시를 어느 정도 이해하는 독자들은 어찌 한시의 시어인 '인간이 소망하는 최상의 꿈'아홉 사람을 중심으로 펼쳐지는 작품일 것이라는 수준에서 평범한 표제는 아니라는 느낌을 가지고 독서로 들어갈 수도 있다. 그러나 이 작품을 끝까지 정독한 최상급의 독자들은 자신이 이 작품을 읽기 전에 미리 예측한 것은 오판이었고, 이 작품은 당시까지의 어떤 중국소설에도 뒤지지 않는 성리소설로, 표제의 '구운몽'만 하더라도 최고의 상징성을 지닌 것으로, 충신이요, 효자이며, 명문가 출시의 대제학 서포 김만중의 명작에 어울리는 표제와 그에 연계된 총체적인 서사구조의 치밀함에 감탄을 하지 않을 수 없다.

「구운몽」의 표제에 대한 이런 판단과 향수 수준은 필자가 제시한 제목의 대 비밀을 읽고 나서야 비로소 그 의미에 다다를 수 있다. 즉, 유불선의 융합적 인식 차원에서 「구운몽」이라는 표제의 최상위의 위치에 존재하는 성리소설로서의 참 의미는, 우선 불교의 공관 철학으로는 '몽'은 '구도 아니요, 운도 아니요, 몽도 아닌, '비구 비운 비몽'이라는 또 다른 층위의 의미 기반 위

569) 易有太極 是生兩儀 兩儀生四象.

570) 道藏經中 上方大同眞元妙經品圖中.

에서, 유가의 성리학적 의미에서도 표면적인 '구운몽' 뒤에 감춰진 이면적인 의미의 대칭점에 있는 '십으로서의 비구', '맑음으로서의 비운', '각성으로서의 비몽'이라는 상대적인 의미의 세계가 지향하는 가상이 아닌 실상의 세계를 뜻하는 또 다른 실상의 표제가 있다. 그것은 비무상의 개념에서 보면, '허상이나 가상'과는 구분되는 현상 세계의 인식과는 다른 '실이나 진'의 실상의 세계를 인식할 수 있는 지혜의 세계, 즉, 진정으로 깨달은 존재의 인식 세계가 있음이 「구운몽」이라는 표제를 지닌 작품의 대주제로 자리하고 있음이다.

7-2. 형산 진면목 보기는 성리학의 도심을 인식하고 실천함을 은유

서두를 통해 본 서술과 묘사의 은유성을 살펴보면, 서두는 환상, 낭만, 화려함 등의 분위기를 드러낸다. 「구운몽」은 서두의 사건이 일어날 공간 설정의 묘사에서부터 서술을 시작한다.

> 천하의 명산으로 동에는 태산, 서에는 화산, 남에는 형산, 북에는 항산이 있고, 그 가운데는 숭산이 있으니, 이른 바 오악이라. 오악 가운데서 형산은 중토에서 가장 멀리 있는데, 그 남쪽에는 구의산이 있고 북쪽에는 동정호가 지나고 소상강이 둘러있다. 형산에는 축융, 자개, 천주, 석름, 연화의 다섯 봉우리가 높은데, 구름이 그 낯을 가리고 안개가 그 허리에 둘러, 날씨가 천명하지 못하면 사람이 그 진상을 보지 못할러라.
>
> 옛날 우왕이 홍수를 다스리고 이 산에 올라 비를 세워서 공덕을 기록하니, 하늘 글과 구름같은 전자가 아직 있다. 진나라 때에 위부인이 도를 얻고 상제의 명을 받아 선동과 옥녀를 거느리고 이 산에와 지키니, 이른 바 남악 위부

인이라. 예로부터 그 신령한 자취와 기이한 일은 이루다 기록하지 못할러라.

또 당나라 시절에 한 노승이 서역 천축국으로부터 형산 연화봉의 경치를 사랑하여 제자 오륙백 명을 거느리고 큰 법당을 짓고 늘 금강경 한 권을 외더라. 노승의 당호는 육여화상 또는 육관대사라 하는데, 중생을 가르치고 귀신을 제어하니 사람들이 생불이 세상에 내려왔다 이르더라. 대사 문하의 제자 수백 사람 중에 불법에 신통한 자가 삼십여 인이라. 그 중에 특히 젊은 제자의 이름은 성진이니, 얼굴은 백설 같고 정신은 가을물 같고 나이는 겨우 이십 세에 삼장경문을 통하지 못하는 것이 없고 총명과 지혜 빼어나므로 대사 극히 애중하여 장차 의발을 전하고자 하더라.[571)]

첫 문장이 '천하명산'으로 시작되는 서두의 본문에 가서는 광대한 구도로 접근하는 공간 묘사에서, 더욱 이 작품의 독특한 맛을 접하게 됨을 보여준다. 이러한 서두는 파노라마처럼 펼쳐지는 배경 묘사로 시작된다. 우주공간에서 지구촌을 손바닥처럼 내려다보고 있는 듯한, 숨은 서술자는 천상의 위치에서 지상을 조감하면서, 지구 최고의 성지, 즉 지상의 가장 아름다운 명지인, 천하의 명산 중의 명산으로 근접하면서, 작품이 전개될 핵심 공간을 구체적으로 제시한다. 즉, 공간 제시는 우주 공간에서 천하의 중심으로 인식되던 중국 전 영토로 접근하는 조감형 방식으로, 위에서 내려다보는 시점에서 공간 배경의 선택과 집중화로 서술을 이끌어가며, 그 공간의 서술 대상은

571) 天下名山 曰有五焉 東曰東岳卽泰山 西曰西岳卽華山 南曰南岳卽衡山 北曰北岳卽恒山 中央之山曰 中岳卽嵩山 此所謂五岳也 五岳之中 惟衡山距中土最遠 九疑之山在其南 洞庭之湖經其北 湘江之水環其三面 若祖宗儼然中處 而子孫羅立 而拱揖焉 七十二峯 或騰擢而矗天 或嶄嶭而截雲 如奇標俊彩之美丈夫 七竅百骸 皆秀麗淸爽 無非元氣所鍾也 其中最高之峯 曰祝融 曰紫蓋 曰天柱 曰石廩 曰蓮花 五峯也 其形擢竦 其勢陟高 雲翳掩其眞面 霞氣藏其半腹 非天氣廓掃 日色晴朗 則人不能得其彷佛焉 昔大禹氏 治洪水 登其上 立石其功德 天書雲篆 歷千萬古而尙存.

오악이라는 중국 5대 명산으로 1차적으로 좁히고 있다.

명산의 제시 순서도 5대 명산의 위치와 방향이 더불어 제시되고, 다시 2차적으로 그 중의 하나인 남악 형산으로 공간 배경을 좁히고, 또 점차로 형산의 유명한 다섯 봉오리로 관심을 좁히며 집중시켜 나간다. 이렇게 하여 오악과 그 중의 한 명산의 봉우리의 이름 하나 하나씩 구체적으로 제시함으로써, 논리적인 공간 배경의 제시 방식을 보여준다. 즉, 중토에서 가장 먼 남쪽에 있다고 한 형산은 구의산이 남쪽에 있고, 동정호가 북편에 지나고, 상강의 물이 그 삼면을 둘러있다. 여기서, 구의산과 동정호, 상강은 여타의 지리서에서 형산의 위치를 표현하는 것을 단순히 차용한 것이 아니라, 작가 서포의 의도 아래, 이러한 상황을 더욱 강조하며 서술하고 있다.[572] 형산 연화봉의 묘사에서는, 최고의 산봉우리가 늘 구름에 가려져 있기 때문에, 날씨가 청명한 때가 아니면 그 진정한 모습을 만나보기 어렵다고 했다. 이 묘사에 주제적 의미가 담겨 있다. 형산 연화봉이 평소에는 늘 구름에 가려져 있지만, 정말 맑을 때면, 연화봉의 실체가 보인다는 것을 통해, 사람들도 노력 끝에 깨달음을 얻으면, 세상의 실상을 볼 수 있다는 의미를 전하려고 했다. 한 번 깨달음을 얻어 그 실상을 본다면, 그 다음부터는 구름에 가려 있어도 그 실상을 느낄 수 있지 않겠는가? 즉, '꿈속의 꿈'이 더 제대로 된 실체라고 이야기함으로써, 소설 「구운몽」은 화이부동[573]의 세계를 말하고 있다. 양소유를 통해 유교를 이야기하고, 성진을 통해 불교를 이야기하고, 위부인과 팔선녀를

---

572) 여기서 구의산은 바로 군산으로, 군산은 "순임금이 남순(南巡)길에 올랐다가 창오의 들에서 돌아가시니 강남의 구의(九疑)에 장사지냈다"는 곳으로 아황과 여영의 이비전설과 연관되어 있다. 즉, 순임금이 죽고 돌아오지 않자, 두 왕비인 아황과 여영은 남편의 시신을 찾기 위하여 군산으로 찾아갔고, 그때 백발노인을 만나 안내를 받아 아홉 봉우리를 찾아다닐 때에 구멍을 하나씩 뚫고 돌아다녔는데 아홉개 봉우리를 모두 뚫고도 끝내 찾지 못했기에 창오산을 구의산으로 부르게 되었다는 지명 전설이 있다.

573) 和而不同.

통해 도교를 이야기함으로써, 유교와 불교, 도교는 서로 공존하고 조화를 이루는 종교임을 김만중은 말하고 있다.

「구운몽」은 서두에 형산의 역사적 사실로 우임금의 사적을 내세우면서, 유가의 학맥의 전수를 직접적으로 서술한다. 한유는 유가 도통의 역사를 요임금부터 순자와 양웅에 이르기까지 논하며, 주공 이전 사람들은 윗자리에서 임금노릇을 해서 그 도가 행하여 졌고, 주공 이후 사람들은 아랫자리에서 신하노릇을 했기에, 그 말이 오래 전해졌다.[574] 또, 『서경』의 전수에서는, 위로 하늘을 두려워하고 아래로 백성을 사랑하는 정치의 철학은 요에서 순으로, 순에서 우로, 다시 탕으로 문왕 · 무왕으로 이어져 내려오고, 문왕과 무왕 때의 정치철학은 주공이 남겨놓은 예악문물에 잘 나타나고, 이는 공자에 의해서 다시 집대성되었다.[575]

특히, 「구운몽」 서사의 발단이 되는 공간인 천하의 명산 형산과 그 여러 봉우리 중의 하나인 연화봉[576]은 요, 순, 우, 탕, 문왕의 정통적인 태평성대를 잇는 유가정치와 공자의 학맥의 배경이면서, 천상에서 하강한 위부인과 같은 신선과, 천축국에서 온 고승 육관대사가 머무르는 지상의 최고 성스러운 곳임을 강조한다.

---

574) 한유, 「原道」 "夫先王之敎者 何也 博愛之謂仁 行而宜之之謂義 由是而之焉之謂道 足乎已無待於外之謂德 其文 詩書易春秋 其法 禮樂刑政 … 斯道也何道也 曰斯吾所謂道也 非向所謂老與佛之道也 堯以是傳之舜 舜以是傳之禹 禹以是傳之湯 湯以是傳之文武周公 文武周公 傳之孔子 孔子傳之孟軻 軻之死 不得其傳焉 荀與揚也 擇焉而不精 語焉而不詳 由周公而上 上而爲君 故其事行 周公而下 下而爲臣 故其說長".

575) 舜亦以命禹 舜後遜位於禹 亦以此辭命之 今見於虞書大禹謨 比此加詳.

576) 형산의 다섯 봉우리를 서술함에서도 허구성의 한 단면을 보여준다, 형산 오봉의 서술에서 그는 형산은 천주, 석름, 연화 등의 다섯 봉우리로 되어 있다고 하였다. 그러나 중국의 실제 오봉의 이름에서는 연화봉 대신에 부용봉으로 대체되어 있다. 이는 육관대사가 세운 사찰과의 친연성을 강조하기 위해서는 불교적 분위기를 환기시키는 이름으로 '부용'보다는 '연화'로 표현하여 더 깊은 의미를 표현하기에 적절한 선택을 하였다.

육관대사와 성진이 수행하는 핵심 공간인 형산에 대한 묘사 다음에, 상강물이 삼면에 둘렀고[577] 그 공간[578]은 상징적인 묘사로 그려진다. 중앙에서 가장 멀리 떨어져 있는 형산을 소상강 강물이 삼면을 에워싸고 있다는 것은 소상강의 고사에 얽힌 굴원의 정신세계가 떠받치고 있는 신비스런 형산임을 드러낸다. 이 형산이 곧 조종[579]의 중심이고, 자손들이 나립하여 共揖하고 있는 것 같다[580]는 서술도 온전한 한 국가나 가문의 조상과 후손간의 예교의 질서를 반영한 것이다.

여기서 산세를 통한 인간에의 비유는 첫째는 조종과 그 자손들로 비유되고, 둘째는 미장부에 비유된다. 이러한 인간에 대한 비유는 작가의 창작 의식이 투사된 자연과 인간 관계성을 표현한 것으로 판단할 수 있다. 남악 형산이 중국 오대 명산이라는 제시 하에서 남쪽의 명산인 형산은 참으로 유명한 산수, 풍광을 지녔는데, 그 산세는 흡사 자연석에 빚어놓은 이상적인 인간의 형상, 인간의 도덕성을 엿보게 하는 형상임을 비유[581]한 것이다. 또 서

577) 湘江水之水環其三面 若祖宗儼然中處 而子孫羅立 而拱揖焉.

578) 或騰踔而矗天 或嶄嶭而截雲 如奇標俊彩之美丈夫 七竅百骸 皆秀麗清爽 無非元氣所鍾也

579) 서두의 묘사에서 "서두의 조종의 읍하는 모습"은 주희가 송대의 황제들에게 요 순의 이상을 제시하고 그 방법으로 『대학』의 공부론을 제시했다. 특히, 〈주자봉사〉에서는 군주의 한 마음이 정치의 성패를 좌우한다는 현실적 공효론 또한 이 맥락에서 운위되었다. 조종을 모범으로 한다는 법조종의 관념은 송나라 시대 이래 조선에서도 거론되었다.

580) 구의산과 상강에서 연상되는 것은 순임금과 아황, 여영, 그리고 굴원과 같은 성인, 열녀 충신 등의 이미지이다. 이런 주변의 분위기를 지닌 형산이나 연화봉의 외형이 '조종을 향하여 읍하는 자손'이나, '미장부(美丈夫)'로 비유되고 있다.

581) 이 중에서 〈석대우씨치홍수등기상(昔大禹氏治洪水登其上) 입석기공덕(立石記功德) 천서운전역천만고이상존(天書雲篆歷千萬古而尙存)〉을 보면 사실과 허구의 복합 기미를 보여준다. 옛 기록 중에서 '입석기공덕(立石記功德)'에 관한 것으로는 「오월춘추(吳越春秋)」에는 〈우동순지형산(禹東巡至衡山) 발석취서(發石取書) 득통수지리(得通水之理)〉라 있다.

영기의 「남악기」에는 〈하우도수통독 각석서명산지고〉[582]라고 하였다. 이렇게 시인 학자들의 한시에 오르내리는 이 순루비[583][584]는 우비[585]라고도 하며, 하나라의 우임금이 치수를 성공한 후에 쓴 것으로 모두 70여 자라 한다. 또, 형산이 72봉[586]이라는 표현은 공자와 그의 제자 72명의 관계를 은유하고 있다.

또, 「구운몽」에서는 서두의 묘사에서부터 대제학이 창작한 성리소설답게, 여러 전고를 통한 다채로운 의미를 내장하여 조밀하게 응집된 표현을 보여준다. 즉, 중토에서 가장 먼 남쪽에 위치했다고 한 형산은, 동정호, 구의산, 소상강과 연계하여 소설의 공간 배경으로 제시하였다.[587] 순임금은 남순길에 올랐다가 창오에서 죽었다. 그래서 강남 구의에 장사 지내고, 영릉이라 하였다. 군산은 "순임금이 남순길에 올랐다가 창오산에서 돌아가니, 강남의 구의에 장사지냈다"는 곳으로 아황과 여영의 이비전설과 연관된 곳이다. 즉,

---

582) 夏禹導水通瀆 刻石書名山之高.

583) 峋嶁碑.

584) 우왕이 하늘로부터 얻은 하도는 그의 치수 공덕에 바탕이 되었다. 물론 작품에서는 〈昔大禹氏 治洪水 登其上 立石其功德〉이라 하여. 우왕이 형산에 올라 세운 '峋嶁山碑'를 표면상 지칭하고 있다. 또 〈天書雲篆 歷千萬古而尙存〉도 이 공덕비의 내용이 영원함을 내세운 것이다. 하지만, 그 이면에 숨겨진 의미로는 그의 치수와 관련된 「낙서」의 의미가 깔려 있다.

585) 당나라 문인 한유(韓愈)의 「순루산시(峋嶁山詩)」에는 〈순루산첨신우비(峋嶁山尖神禹碑) 자청석적형모기(字青石赤形模奇)〉라 하였다. 또, 송나라의 심료(沈遼)는 「봉증왕사왕존사(奉贈王笥王尊師)」에서 〈욕상구의망남극(欲上九疑望南極) 순루불견신우비(峋嶁不見神禹碑)〉라 하였다.

586) 형산 72봉의 묘사에서 제시된 조종을 모시는 자손들, 미장부의 이미지로 연계된다. 동시에 주자, 공자와 같은 옛 현인, 성인들의 이미지와도 중첩된다. 그러므로 양소유의 출세담은 성진이 일시 꿈꾸던 부귀공명을 담는 단순한 기능만이 아니라, 그 자체로서 이미 온전한 유가사회의 이상향을 담고 있다.

587) 비록 허구이지만, 역사적 사실과 지리적인 실재성을 부각시키고 있다.

순임금이 죽고 돌아오지 않자, 두 왕비인 아황과 여영은 남편의 시신을 찾기 위하여 군산으로 찾아갔고, 그때 백발노인의 안내를 받아 아홉 봉우리를 두루 찾아 다니면서, 다녀간 곳에는 구멍을 하나씩 뚫고 다녔는데, 아홉 개 봉우리를 모두 뚫고도 끝내 찾지 못했기에 창오산을 구의산으로 부르게 되었다는 전설이 있는 곳이다. 이런 연고로, 순임금을 장사지냈던 구의는 구봉, 구의산, 창오산이라 한다.[588]

또, 유향의 『열녀전』「유우이비전」[589][590]에도 순임금과 아황, 여영의 이야기가 전하고 있다. 이 두 왕비의 전기를 윤색한 전설이 군산지역에는 "이비는 대단한 절망 상태로 슬픔을 안고 동정산으로 돌아왔다. 그 후 우울하게 지내다 죽었다. 그들은 천국에서 부군과 함께 만났다. 그리하여 순임금과 이비는 상수의 신이 되었다. 그래서 그들은 '상군' '상부인'이라 부르고, 동정산은 '군산'이라 부르게 되었다. 그리고 이비를 기념하기 위하여 그의 묘 뒷산에 상비를 모시는 사당을 지었다."[591]고 한다. 그때 순임금의 두 왕비인 아황과 여영은 남편이 나가 오랫동안 돌아오지 않자, 사방에 물어 찾으면서 동정호 가운데 있는 군산에 이르러 홀연히 순임금이 불행하게 세상을 떠났다는 소식을 듣게 되었다. 앞을 바라보니 동정호의 아득한 물결뿐, 길은 끊어지고 파도만 일어 혼을 부를 곳조차 없어, 간장이 끊어지는 것 같아 병을 얻어 몸을 가누지 못하고 죽어 이곳에 장사하게 되니, 이를 우제이비묘[592]라 하였다.[593]

---

588) 사마천의 『사기』, 『오제본기』.

589) 有虞二妃傳.

590) 제일권 母儀傳 제일편 「有虞二妃傳」.

591) 이경수 강종복 편 「이비적전설」 『군산일부서』, 국제전망출판사, 우쾌제의 「이비전설과 고소설의 관계 고찰」, 『한국 고전소설과 서사문학』, 1998, 집문당, 554~555쪽.

592) 虞帝二妃墓.

593) 『水經注』 湘水. 우쾌제의 윗 논문 548쪽에서 재인용.

또, 창오산의 양지바른 곳에 순임금을 장사지냈다는 기록[594]도 있다. 이처럼 아황, 여영 두 왕비에 대한 전설은 순임금이 남순 길에 올라 돌아오지 않자, 두 왕비는 늙은 병사로 가장하고, 고생 끝에 순임금이 머물고 있는 동정호 내의 군산을 찾아갔지만, 끝내 만나지 못하고 창오에서 돌아가신 소식만을 듣는다. 이때 두 왕비가 부군을 부르며 슬피 울 때, 피눈물을 대숲에 뿌리니 얼룩무늬가 생겼다고 전한다. 그리고 죽은 남편의 얼굴이라도 한번 보겠다고 시신을 찾아 나섰지만, 찾지 못하고 그대로 돌아와 순절했다고 한다. 이것은 열녀의 대표적 유형인 순절적 열녀의 효시적 인물임을 말해준다.[595]

「구운몽」의 서두에서는 형산에는 옛 사람들의 기이한 업적들을 기록해놓은 천서가 구름 전자로 순루비에 기록되어 있다고 했다. 이 천서[596]와 구름 전자는 제왕의 조서를 뜻하기도 하면서 동시에 운전[597]은 전서[598]의 한 서체' 를 뜻하기도 한다. 이런 천운을 뜻하는 구체적인 비석인 순루비[599]는 원래의 비석은 호남성 형산현 운밀봉에 있었다. 곤명, 성도, 소흥, 서안, 비림 등에

---

594) 『山海經』의 「海內南經」.

595) 우쾌재, 「이비전설과 고소설의 관계 고찰」, 『한국 고전소설과 서사문학』, 1998, 집문당, 567쪽.

596) 이 중에서 〈昔大禹氏 治洪水 登其上 立石記功德 天書雲篆 歷千萬古而尙存〉을 보면 사실과 허구의 복합 기미를 보여준다. '立石記功德'은 「吳越春秋」에는 〈禹東巡至衡山 發石取書 得通水之理〉라 있고, 또 徐靈期의 「南岳記」에는 〈夏禹導水通瀆 刻石書名山之高〉라 있고, 唐나라 韓愈의 「岣嶁山詩」에는 〈岣嶁山尖神禹碑 字靑石赤形模奇〉라 했고, 宋의 沈遼는 「奉贈王筍王尊師」에서 〈欲上九疑望南極 岣嶁不見神禹碑〉라 있다. 이렇게 시인들의 싯귀에 오르내리는 이 岣嶁碑는 禹碑라고도 하며, 夏禹가 치수시에 쓴 것으로 모두 七十餘字라 한다.

597) 雲篆.

598) 篆書.

599) 岣嶁碑.

있다. 이들 시에 홍범구주의 정치원리와 정치풍자를 담는 것은 문학적 관습상 가능하다. 즉 현실과 허구의 거리를 보이며, 사실과 상극적인 표현을 함으로써, 성인의 정치가 나타나지 않는 현실에 대한 역설적인 표현일 수 있다. 〈천서운전 역천만고이상존〉[600]은 서포 당대 반대파인 남인의 우두머리에 속했던 허목의 『미수기언』에 나타난 「형산신우비발」[601]에 보면, 우나라가 상서로운 낙서를 얻어서 구주를 펴고 형산의 돌에 새겼으니, 역시 물체의 생김에서 본 뜬 글씨이다. 이러한 서술을 보면, 〈천만고상존〉이란 것은 해석하기에 따라 사라졌다 나타났다 하는 현실 문맥으로 볼 때, 허구적 표현이 된다.

작가 김만중의 깊은 마음속에 자리한 창작이나 주제 제시의 의도를 제대로 이해하기 위해서는, 표면서사에서 제시되는 사실의 지리적 소개를 전고로 삼고 파고들어야 만날 수 있고, 이는 한 단계 높으면서도 작가가 살아가는 현실과 밀착된 상황들을 대면할 수 있다. 이런 수준의 작품 향수를 위해서는 작가가 단순 지리적인 설명을 넘어서는 지리적 공간의 포진에 주목해야 한다. 형산 주변에는 구의산이 남쪽에 있고, 동정호가 북편에 지나고, 상강의 물이 그 삼면을 둘러있다는 사실을 제시하는 데에 있다. 구의산과 동정호, 상강은 여타의 지리서에서 형산의 위치를 이렇게 집약적으로 표현하지는 않고 있으므로, 이런 배치로 볼 때, 작가 서포는 지리와 역사서 또는 다른 작가의 작품을 단순히 차용하는 것이 아니라, 작가가 작품에서 대주제로 제시할 내용에 가장 적합한 복선으로서의 지리적 역사 배경으로서의 유가의 역대 성역의 집결지로 인식할, 공간을 창의적으로 배치하는 작가적 탁월함을 발휘한 것으로 판단 된다.

이런 의도적인 배치와 배열을 주목하면, 특별히 형산의 봉우리가 72봉[602]

600) 天書雲篆 歷千萬古而尙存.

601) 衡山 神禹碑跋.

602) 한글본과 달리. 한문본 구운몽서는 형산이 72이라고 하였다.

이라는 점을 강조한 사실에도 주목할 필요가 있다. 여기서 72라는 수가 지닌 상식적인 은유나 문학적 상징의 연계 정보로 보면, 공자의 제자가 72명이라는 사실과 통한다. 즉, 형산이 72봉으로 이루어져 있다는 것은 형산의 봉우리 숫자에 대한 사실적인 계산만이 아니라, 72라는 숫자에 맞추기 위하여, 중국인들이 이미 주변에 포진하는 산봉우리를 계산한 결과로 얻은 것이 '72산봉'이다. 이는 나아가 조종과 성현을 모시는 유가의 스승을 존경하는 전통 내지 각 명가의 조상을 기리는 후손들의 모습을 형상한 것이며, 더 나아가서는 신유학인 성리학의 개척자인 주자와 그 학맥을 잇는 성리학자들의 정신세계를 형상한 것으로 판단된다.[603]

남송의 도학이 주자의 이본론[604]과 육상산의 심본론의 양대 진영으로 나뉘어 각기 '이'와 '심'을 본체로 하는 우주본체론을 전개하던 속에서, 이본론, 심본론과는 달리, 호상학파는 '성'을 본체로 하는 성본론 체계를 제시하였다.[605] 호상학파는 주자의 민학 일파와 어깨를 나란히 하며,[606] 형산과 장사

603) 天下名山 曰有五焉 東曰東岳卽泰山 西曰西岳卽華山 南曰南岳卽衡山 北曰北岳卽恒山 中央之山曰 中岳卽嵩山 此所謂五岳也 五岳之中 惟衡山距中土最遠 (중략)其中最高之峯 曰祝融 曰紫盖 曰天柱 曰石凜 曰蓮花 五峯也 其形擢) 其勢陟高 雲掩其眞面 霞氣藏其半腹 非天氣廓掃 日色晴朗 則人不能得其彷彿焉.

604) 理本論.

605) 남송 시기에 전성을 이루던 이정의 낙학을 이은 양대 학파 중에서 호상학은 형인 정호의 학풍에 가까우며, 주자의 민학은 동생인 정이의 학풍과 가까우므로 이정의 낙학은 호상학'과 주자의 민학 으로 발전하였다.

606) 주자는 장식이 주강으로 있던 악록서원에서 강의하였다. 호상학파를 만든 대표 인물 호안국과 호굉이었고, 주자는 호상학파를 완성시킨 학자로, 형산을 주축으로 한 호상지역을 배경으로 삼았다. 서포는「구운몽」에서 남악 형산 및 소상강을 중심으로 한 호상학파의 주거지를 즉 호상지역을 작품의 주요 배경으로 삼은 것은 남송시대 호상도학의 본거지와, 즉 주자의 활동 등이 작가의 의식 속에 작용한 것으로 볼 수 있다. 이 지역은 초사의 작가 굴원의 연고지이고, 순임금의 두 비인 아황 여영의 소상반죽의 고사가 있는 곳이다.

일대를 주무대로 하였다.[607] 호상학파의 한 사람인 호굉은 벽천서당을 벽천서원으로 확충건설하고, 여기에서 장식을 제자로 맞아들여 학맥을 이어나갔다. 호씨 부자는 벽천서원 외에도 남악 자운봉 아래에 문정서당을 짓고 강학하였는데, 호안국은 남악의 아래에서 생을 마치기 위하여 이곳에 땅을 매입하고 초당을 지어 서당이라 칭하며 15년 동안을 출입하지 않았다.[608] 호굉은 또 담주를 유람할 때 영향을 지나다 운봉이 우뚝 솟았으며 임곡이 유청한 것에 끌려 영향의 도산에 도산서원을 건립하여 강학하였다. 여기서 도학사상의 본거지를 구축하여 1165년 장식이 장사의 성남 묘고봉 아래 성남서원을 짓고, 또 장사 악록서원의 주임 강의를 맡은 이래 1180년, 그가 세상을 떠나기까지는 호상학파의 확대와 정통화가 이루어 도학의 정통으로 자리잡게 되었다.[609]

서포 김만중은 열녀를 상징하는 요임금의 딸인 아황과 여영이 순임금의 두 처가 된 역사 사실을 염두에 두고, 「구운몽」에서는 동정용왕의 딸을 양소유의 첩으로, 정경패와 이소화를 양소유의 두 부인으로 삼아 2층위와 3층위의 이중적 은유로 설정하였다. 여기에 더 나아가 현실 소재에서는 작가 서포의 부친인 충정공 김익겸을 투사시켜, 동정용왕으로 설정하였기에, 총체적인 은유 수준에서의 의미로 보면, 순국열사 김익겸의 아들인 작가 서포는 자신을 작품에서는 동정용녀 백능파로 삼아서, 8선녀의 화신인 양소유의 8처첩 중에서, 제2 층위의 전반부에 등장하는 7여성들과는 달리, 유일하게 제3 층위에,

607) 이후 황종희와 전조망이 『송원학안』을 편찬할 때 주희의 관습을 받아들여 '호상학'이라 칭하였다.

608) 明, 鄭維恒, 『衡山縣志』 권5, 『胡文定公書院祭祀題本』.

609) 이 시기 호상학파의 발전은 악록서원의 진흥과 밀접한 관련을 맺고 있다. 악록서원은 북송 때부터 중국 4대 서원의 하나로 꼽혀 왔는데, 이때 다시 확장시킨 것이다. 장식은 성남서원과 악록서원을 학술 활동의 영역으로 함으로써 호씨 부자에 의해 남악 일대의 세 서원을 중심으로 펼쳐지던 중심 무대를 이곳으로 옮겨 왔고, 호상학을 한 걸음 더 발전시켰다.

처음으로 유일하게 등장하는 백능파를 최고의 열녀로 삼았음을 알 수 있다.

아황과 여영의 역사를 제2 층위에서는 양소유의 두 처인 영양공주 정경패와 난양공주 이소화로, 제3 층위에서는 백능파로 설정하여, 『금강경』에 따른 날줄에 해당하는 상과 비상과 비무상 중에서 최고의 심성 수준인 선경에 존재하는 동정용왕의 딸로 올려놓으면서, 전체적인 작품구조에서 가장 근본을 보여주는 고승 육관대사의 화두형 발언인 "누가 동정용궁에 나를 대신하여 회사하고 올까?"에 대한, 대신 회사의 화두형 질문에서 육관대사는 작가 자신으로, 그 제자 성진은 숙종에 비유된 존재로 하였다. 이로 보면, 육관대사가 말한 동정용궁 회사의 대상이 된 주체인 동정용왕과 그 딸은, 작품 밖의 현실 인물을 비유하는 이면 서사의 메시지로 보면, 순국열사 충정공 김익겸과 그의 아들이요, 숙종의 수석 경연관이요, 현재 선천에 유배당해있는 작가 서포 자신을 말하고 있다.

7-3. 인명의 창작에서 보여준 상징과 복합적 의미망

(1) 제1 층위의 위부인과 육관대사의 작명 배경

육관대사의 원천은 역사적 사실로 보면, 인도에서 중국에 불법을 전하러 온 달마가 그 한 사례가 될 수 있다. 달마는 남인도 출신의 타밀인 승려로, 선종의 창시자인 동시에 초대 조사이자 인도 불교의 제28대 조사이다. 이런 역사적 인물도 있었듯이, 「구운몽」에 등장하는 불교계의 최고 인물인 인물은 육관대사다. 그의 법명에 해당하는 '육관'은 원래 불가의 용어[610]로 일체

610) 菩薩瓔珞)本業經에 나오는 住觀, 行觀, 向觀, 地觀, 無相觀, 一切種智觀.

의 보살과 부처가 기묘한 관찰의 법문에 들지 않음이 없음을 뜻한다. 그러나 「구운몽」에서는 천축국으로부터 중국에 온 육관대사는 늘 『금강경』을 지니고 다니면서 설법을 하기 때문에, 그 법명은 『금강경』의 마지막 게송 중에서 '일체유위법 여몽환포영역로역전'[611]이라는 마지막 4구게가 소재의 원천이 된다. 또 『능엄경』[612]에는 '성진원융 개여래장 본무생멸'[613]이라는 표현에서 성진'에서 유래한 것으로 파악할 수 있다. 육관대사의 수제자요, 나중에는 육관대사의 자리를 물려받는 성진의 이름을 따온 것이다. 또 단순한 이름뿐만 아니라 성진이 본래 여래장을 지니고 있었고, 그래서 생멸을 떠난 존재로 형상됨에도 활용되고 있음이 다음과 같은 「구운몽」의 장회의 이름과 본문에서 확인된다. 「구운몽」의 제16장회명인 '진상인이 원래의 위치로 되돌아감'은 연화도장이라는 현실 세계의 성진이 선유를 통하여, 꿈이나 꿈속의 꿈으로까지 들어갔다가 다시 현실의 성진으로 환원된다는 의미와, 천상의 극락세계의 성진상인이 현실세계로 내려왔다가 다시 극락이라는 천상의 세계의 성진으로 환원된다는 의미를 포용하고 있다.

제1 층위의 성진이 윤회 환생한 제2 층위의 존재인 양소유는 도가의 양처사의 아들이다. 율곡은 「인심도심도설」에서 '성은 마음의 체요 정은 마음의 용'[614]이라 말했듯이, 율곡적 사유는 김만중의 사유적 원형으로서, 성진의 명명과 양소유의 명명에 일관되게 존재하는 성리학적인 도심으로서의 '성'이라는 의미가 내장되어 있으며. 그 근본인 성리의 '이'가 사람에게 부여된 도심으로 활동하여 인심으로 나서는 사람들과는 도심으로 존재하는 8처첩과 함

611) 一切有爲法 如夢幻泡影 如露亦如電 應作如是觀.

612) 작자의 시 가운데에는 『楞嚴經』에 대한 기록이 있어, 그가 이 불경을 이해하고 있었음을 보여준다.

613) 性眞圓融 皆如來藏 本無生滅.

614) 性是心之體 情是心之用.

께 인심에 기울어진, 정에 의해 행동하는 인물들과 맞서는 의리의 존재가 된다. 제1 층위에서 참선하는 성진으로 보면, 하늘로부터 품수받은 본성적 측면을 보여주는 성진은 수행을 하는 사미승으로 설정되었고, 그는 제1 층위에서의 참선을 통하여, 제2 층위의 환생한 양소유로서, 양소유의 60년 동안의 삶을 살아간다. 참선으로서의 소유는 작품 밖의 작가 서포의 사유적 차원에서는 '미발지성'[615]이 '발'하여 경험하는 '심'의 '소유'로서, 작품 속에서의 심성은 '성진과 양소유'라는 두 인물로 구분되고, 다시 통합되어 깨달음을 얻어 사미승 성진에서 보살도를 얻은 성진대사로 전환하게 된다는 것을 인물의 명명을 통해서도 보여준다.

(2) 성진과 양소유의 작명에 나타난 대대적 성향

우암 송시열은 제자 서포에게 보낸 서신에서 다음과 같이 서포의 학문적 깊이를 격찬하는 가운데, 다음과 같은 '소유'에 대한 내용이 담겨 있다.

> 온공(溫公)과 소유(少游)의 두 조목에 대한 가르침은 지극히 즐거운 일인데, 지금 또 많은 별록(別錄)을 보여 주니, 더욱 바라던 마음에 위로가 되네. 보내 준 여러 조목에 대한 회답을 바치는 외에 또 일찍이 만족스럽지 않았던 것을 하나하나 기록하여 묻는 바이니 다시 재량하여 처리함이 어떠한가. 대체로 자네의 성질이 안정되어서 조급하거나 요란스러운 병통이 없는 까닭에 문자에 있어서 자세히 간파함이 이와 같으니. 만일 보고 따지는 번거로움을 꺼리지 않는다면 모든 의심나는 바를 계속하여 질문하겠네.[616]

여기 나오는 온공은 사마광의 봉호이다. 소유(少游)는 송나라 진관(秦觀)

615) 未發之性

616) 송시열, 『송자대전』, 제74권 서, 김중숙에게 답함, 1682년 1월 29일.

의 자이며, 그는 시 · 사에 능하여 별기사(別妓詞)를 지었는데 별기사 중의 '화천수(和天瘦)'에 대해 논평을 가지고 논한 것이다.[617)]

『고문진보』에 소개된 위진남북조 시대의 역학자 진도람의 '소유'에 관련된 용어다. 작가 서포는 이런 단어의 위미를 염두에 두면서, 당나라 현종 때에 '양귀비'를 총애하다가 당나라가 망국의 길로 나아간 과거의 중국 역사와, 서포 당시에 숙종이 장희빈을 총애하다가 조선이 망국으로 나아갈 수도 있음을, 충신으로서 조정을 생각해보는 작가의 심정을 진도람의 글에 등장한 '소유'[618)]를 연계시켜서, 인심으로 빠졌던 당현종과 양귀비와는 달리, 도심으로 환원한 양소유를 설정하여 「구운몽」을 창작하였다. 서포는 주인공 양소유가 천하의 각지에서 찾아든 8처첩을 만나서 조화와 화복의 가정을 이루듯, 조정의 갈등을 해결하며 천하의 중심이 되는 나라를 지켜나가는 영웅적인 삶의 원형으로 삼는다. 이에 대한 전고로서의 '소유'라는 이름은, 양소유의 전생 이름인 성진과도 상통하는 것으로 설정하여, 단순한 흥미 중심의 통속소설 수준에서 '소유'가 잠시 놀다가는 일생이라는 의미 이상의 작명으로서, 작가 서포의 의도가 양소유의 성과 이름의 실상 차원으로 개입하였음을 알 수 있다.

(3) 정경패 · 이소화 · 가춘운 · 계섬월의 작명의 이치

「구운몽」의 제1 층위에서 육관대사는, 천축국에서 중국에 들어온 『금강경』의 최고 지혜를 터득한 존재이듯이, 8선녀의 스승인 위부인은 초기 도교 경

---

617) 송시열, 『宋子大全』, 권8 隨箚.

618) 少游.

전인『황정경』의 최고 전문가라 할 수있다. 황정[619]이라는 말의 뜻은 인간의 성과 명의 근본을 가리키는 것이며, 구체적으로는 뇌인 상황정과 심장인 중황정, 그리고 비장인 하황정 등을 말한다. 양생과 수련의 요지는 명리를 탐내는 마음이 없는 담박한 상태다. 이런 상태에 이르는 방법은 기욕을 단절시키고, 호흡을 조절하며 수진 즉 타액을 삼키는 것이고, 신성을 길러, 정 · 기 · 신[620]을 '황정'에 응집시키는 것이다. 특히, 경패[621]의 핵심 의미인 '경'은 『황정경』의 경실장에서 가져온 말이다.

『황정경』의 경실장 21편의 다음과 같은 내용이 있다.

뇌인 경실(瓊室)의 중앙 부위인 니환궁(상단전)에는 주변의 팔궁에서 모여든 還丹(환단)의 핵심 원료인 팔궁(八宮)의 진액(眞液)이 응축되어 있고, 이이환궁(泥丸宮)의 진액(眞液)인 원양(元陽)과 좌신(左腎)의 신수(腎水)인 원음(元陰)이 서로 상대하여 작용하고 있으니, 팔궁과 신장의 원양(元陽), 원음(元陰)이 이환궁(泥丸宮) 주변을 늘 감싸 둘러, 이윽고 융합되어서 순양진기(純陽眞氣)로 화하여 전신에 흩어 퍼지니 실로 묘한 일이라.

장생의 공을 이루는데 있어서 지극히 삼가해야 할 것은 남녀지사를 경계하고 삼가하여 정(精)을 함부로 누설치 아니하여야 하거늘 어찌 죽음을 스스로 자초하여 그대의 원신(元神)으로 하여금 속절없이 눈물만 흘리게 하는가? 이렇듯 원정(元精)을 크게 손상시키면 그대의 삼혼칠백은 영원히 흩어져 버리니, 오직 전일하게 진기(眞氣)를 흡입하고 방사를 삼가하여 진정(眞精)을 갈무리하면 삼단전에는 정기신이 가득차게 될 것이니 가히 삶을 보존할 수 있게 된다. 만약 바다가 넘치게 되면 모든 도랑이 무너지게 되며, 나무가 말

---

619) 黃庭.

620) 精 · 氣 · 神.

621) 瓊貝.

> 라 죽으면 자연히 잎 또한 모두 말라 떨어지듯이 진기(眞氣)가 고갈되어 버리고 원정(元精)을 함부로 다 누설하여 버리게 되면 이미 몸은 보전할 수 없게 되느니라. 오로지 마음을 전일하게 쏟아 망령되이 망동치 아니하고 수진(修眞)의 도(道)로서 몸과 마음을 잘 다스리게 되면 이내 공을 완성하여 길이 길이 평안케 될 것이다.
>
> 원진(元神)의 거처인 니환궁(상단전)이 편안하게 안정되니 이어서 중단전과 하단전 또한 순양진기로 가득차서 그 신묘한 제기능을 수행케 되니, 마음을 고요하고 담백하게 하고 눈을 감으면 안으로 자성(自性)이 밝아져서 외부경계에 전혀 끄달리지 않게 되어 원신(元神)과 육체는 태평하게 될 것이다. 이러한 원신과 원정을 헛되이 손상시키는 일을 삼가고 삼가하면 늙은이는 반로환동 하게 될 것이니 이러한 진법이 담겨진 황정내경을 깊이 공부하여 수행에 매진하면 급기야 그 공을 이루어 상청(上淸)에 오를 수 있느니라.[622]

『황정경』에서 강조하는 정을 단단히 하고, 기를 연성하는 내단파의 학설에서는 뇌와 신이 몸을 닦고 목숨을 보존하는 지위에 있어서, 특히 중시하고 있다고 설명한다. "나를 보호하여 니환을 척택하니 신이 지족하고, 나를 지켜 단전과 명문을 지키니 곧 정이 자충한다고 했고, 그 요점은 염담하고, 안으로 살피는 내시와 방실을 멀리하는 것"[623]이라고 한 것처럼 경실장은 도가의 연단에는 내단과 외단의 구분이 있다. 내단은 자신으로써 노화가 된다. 자신 안의 정기가 약물이 된다. 정기와 신이 엉기어 모여서 흩어지지 않고

---

622) 瓊室之中八素集, 泥九夫人當中立, 長谷玄鄉繞郊邑, 六龍散飛難分別, 長生至愼房中急, 何爲死作令神泣, 忽之禍鄕三靈歿, 但當吸氣錄子精, 寸田尺宅可治生, 若當決海百瀆傾, 葉去樹枯失靑靑, 氣亡液漏非已形, 專閉御景乃長寧, 保我泥丸三奇靈, 恬淡閉視內自明, 物物不干泰而平, 慤矣匪事老復丁, 思영玉書入上淸.

623) 최창록, 『황정경 연구』, 태학사, 1998, 69~70쪽.

대약을 연성하는 것이다. 외단은 진연과 진홍을 취하여 화후를 추첨해서 장생의 약물을 연단하는 것이라고 하였다. 이처럼 경실장에서는 "오로지 정욕을 폐하면 오래도록 편안할 것이다" 했다. "오로지 정욕을 폐하고 일광을 먹어 보존 한다" 노자가 말하기를 "잘 닫은 것은 열쇠 없이는 열 수 없다"고 했고, 『상청자문영서』[624]에 비근을 채취하는 방법이 있으니 항상 해가 처음 뜰 때에 동향하여 치아를 부딪기를 아홉 번 하고, 나직이 일혼의 이름과 일중(日中)의 오제의 글자를 외워 "일혼은 주역이니 빛이 은은히 구슬에 비치니, 노을이 적성에 돌아오면 밝은 불꽃이 회오리 치는 모습이다" 하고 16자를 외워 빌기를 마침에 눈을 감아 굳게 지키고, 해 가운대의 5색이 안개처럼 흩어져 와서 한 몸을 감싸는 것을 존사한다. 이에 일광유하가 함께 입 안으로 들어오니 이름하여 일회비근이요, 옥포수모이다. 해를 향해 안개를 삼키기 45번 하고 나서 또 침을 아홉 번 삼킨다고 했다. 이는 선도의 존사와 민간신앙적인 무의적 요소가 아우러져 있다. "마음을 고요하고 깨끗하게 하고 눈을 감으면 안이 저절로 밝아진다. 물물마다 간여치 않으면 태평하고 편안할 것이요, 악한 일을 삼가면 늙은이가 젊은 장정으로 돌아오니, 옥서를 정연하게 읊으면 상청에 들어갈 것이니라." 하여 누구나 선도를 수련하면 신선이 될 수 있다는 확신을 주고자 했다.[625]

이처럼 '경'[626] 이란 말은 도가의 『황정경』의 '경실[627]에서 가져온 것으로, 방실을 멀리한다'는 의미가 깔려 있다. 즉, 방실을 멀리하여 정기를 보존 자충하여 장수하며 신선이 된다는 뜻이 정경패란 이름의 '경패'의 의미 속에 내재해 있다. 정경패는 정욕에 얽매이지 않는 여인으로 형상된 반면에, 양소유

---

624) 上淸紫文靈書.

625) 최창록, 『황정경 연구』, 태학사, 1998, 37~38쪽.

626) 瓊.

627) 瓊室.

는 정욕에 얽매이기 때문에 정경패의 육신을 수중에 넣기가 어려운 것임을 여러 사건과 곡절을 주어 지연시키는 것으로 이끌어간다. 물론, 겉으로는 부부로서의 혼사 장애의 이야기로 진행되지만, 다른 면에서는 환생한 8명의 여인 중에서 가장 어렵게 혼인을 성사 시키고, 그중에서도 초야에까지 신부인 그녀가 정경패임을 모른 채 양소유가 아내 될 사람을 미리 보아야 한다고 극성을 부린 것과는 달리 정경패와 부부로서의 첫날 밤을 보냄으로 묘사되고 있다. 그 결과, 예악을 중시하는 정경패는 예를 추구하여 '방실'을 멀리하는 뜻을 담은 '경패'라는 인물로 형상하여, 황태후 때문에 양소유를 사이에 두고 혼사 문제로 이소화와 경쟁 관계를 갖는다. 이소화의 이름은 조화'를 강조하는 화음 악기를 뜻하며, 정경패와 이소화는 혼사문제에 대하여 예론적 전개 끝에 정경패가 우선적 위치를 차지하여, 정경패가 제1 부인, 난양공주 이소화가 제2의 부인이 된다.

제2 부인이된 난양공주 이소화의 이름인 '소화'[628]는 악기의 명칭에서 취한 것으로,이 악기는 이소화의 탄생담과 관련되는 것으로, 훗날 양소유와의 인연을 확인하는 매개로도 활용된다.

이소화의 이름은 이 화음 악기의 명칭에서 취한 것으로, 왼쪽에 있는 것이 소이고, 오른쪽에 있는 것이 화이다.

> 『황정경』 경실장의 '경실'[629]은 '방실'[630]을 멀리하는 것이다. 양소유가 정경패 집안에 머물면서 가춘운에게 '방실'의 역할을 맡기면서도 전혀 질투심이 없다. 정경패는 바깥 출입을 삼가는데 반하여 양소유는 혼약한 여인을 미리 보지 못해 앙앙한다. 이는 양소유는 외모나 육욕에 매달리지만, 정경패는 예

628) 簫和.

629) 瓊室.

630) 房室.

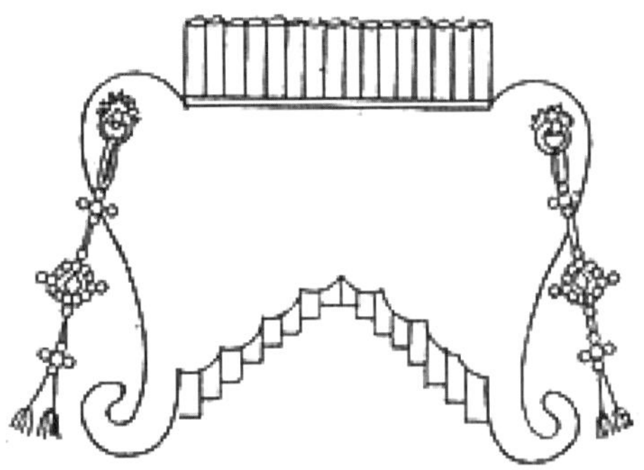

소(簫)

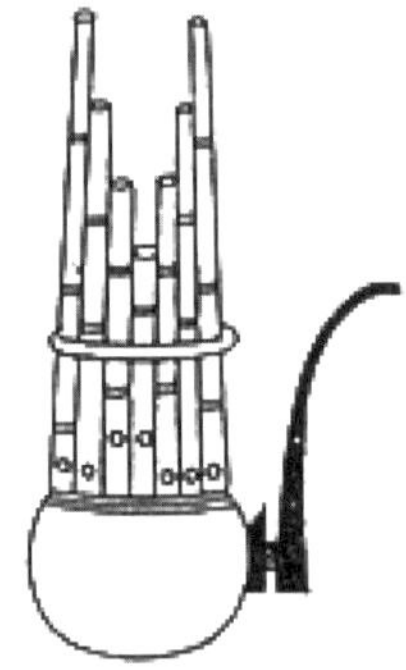

화(和)

악과 도가적 수련을 중시함을 보여준다. 양소유와 정경패의 그토록 어려움 끝에 실현된 초야 장면, 즉 첫 침실 장면이 '벼개를 나란히 하고 보냈다'는 정도로 극도로 단순히 묘사된다. 정경패는 초야까지도 자신이 정경패임을 속인다. 이는 양소유가 경패를 약혼 이전에 미리 보기를 안달한 것과는 달리, 끝내 초야에 같이 지내면서도, 그녀가 정경패임을 제대로 인식하지 못하는 어리석음을 범한다. 초야의 '방실'을 했지만, 실은 정경패와의 '방실'을 인식하지 못한 것이다. 즉, 첫 대면하는 신부로서의 타자 같은 이미지의 순수함으로 첫 합방을 이룬다. 양소유와 정경패 혼인 갈등 사건은 한편으로는 예법 지키기의 문제이면서, 다른 한편에서는 쉽게 근접하지 못하는 예를 지키는 여성들의 이야기, 즉 '첩이나 기생'들과는 구분되는 법도 있는 유가 여성들의 '탈방실' 의식을, 작가 서포는 도가『황정경』의 경실장 이론을 빌려 와서 '방실'에 매달리는 젊은 숙종을 풍자하고 있는 것이다.

이런 방실 풍자 주제는, 이소화의 이름에서 뜻하는 '소'와 '화'의 의미와 연계시켜 볼 때, 「구운몽」의 주제군 중에서 핵심주제의 하나로써, 지극히 지성적 형상으로 표현된 고도의 풍자이다. 즉, 제2 층위의 유가적 혼례윤리의 수준을 넘어서는 비무상 선경의 제3 층위에서 출생한 동정용왕의 공주인 백능파는 자신에 대한 애욕을 탐내는 남해태자와의 관계를 결사적으로 거부하고 멀고 먼 위치의 험한 백룡담까지 피해와서 독극물로 접근을 금지하며 신체를 보호하며, 남해태자의 늑혼형의 비혼례, 즉 윤리를 무시한 폭압적인 공격에 저항한다. 그러나, 백능파는 양장군이 반사곡에 포위되어 있을 때, 군사들과 양장군이 죽게 된 처지에 놓이고, 또 의로운 자객 심요연과의 위기 탈출과 심요연의 예언 수준의 조치와 협력에 의하여, 자신의 시녀들을 양원수가 있는 반사곡 병영의 진영에 보내어, 양원수를 구출할 목적으로 초대를 하고 백룡담에서 최초의 만남을 갖는다. 이는 8선녀의 환생 인물로는 8번째의 태음을 상징하는 마지막 만남의 존재로 등장하는 것으로, 「구운몽」 서사의 중핵에 놓인 만남이다.

이러한 양장군과 백능파와 만남은, 제1 부인이 되는 양소유와 정경패와의 만남과는 그 품격이 다른 만남이다. 즉, 유가 윤리에 따른 양소유와 정경패의 만남은 양소유가 6례의 예법을 손상하는 낭만적인 끼를 표출한다. 즉, 양소유가 여장을 하고 혼례전에 정경패를 직접 만나본다는 유가 윤리의 예법을 어기면서 양소유의 난봉끼를 드러낸다.

제1 층위인 상에서, 동정용왕이 백의노인으로 화하여, 육관대사의 『금강경』 법연에 참여한 것은, 단순히 『금강경』의 설법 내용을 듣고자 한 것과는 다른, 그 이상의 의미를 갖고 있다. 즉, 자신의 딸인 백능파의 혼사, 특히 남해태자의 강압에 의한 늑혼 강요로 자신의 딸인 백능파가 고통을 당하고 있는 처지에서, 백능파의 천정배필이 될 존재를 육관대사에게 추천을 요청하는 특수 혼사의 6례에 의한 행위에 해당하는 의미를 내포한 만남이다. 출가시킬 딸을 가진 동정용왕은, 육관대사에게 그 제자 중에서 사위감 추천을 요청하는 동정용왕과 육관대사 사이의 청혼담이면서, 천정 혼사의 6례의 문명 같은 거대 특수 혼사담이, 육관이 제안한 회두형 발언인 “누가 나를 대신하여 동정용왕께 회사하고 올 것인가”의 진정한 의미가 참선의 선경 체험과 동정용왕의 부마 간택 사건이 불교의 참선과 유교의 국혼이라는, 상이한 유불의 핵심 중대 상황이 하나로 융합되는, 풍류 차원의 최고 상징 서사기법 위에 놓인 대사건이요, 최고 풍류미학을 보여주는 대목이다. 그렇기에 이런 구조에 동원되는 중국 역사 문학 내의 전고에 있어서도, 〈유의전〉과 〈능파고사〉 같은 것이 동원되고, 조선 숙종대의 역사 정치 현실 사건의 원천에서도, 조대비 가문의 조창현, 조사석, 장희빈 등과, 윤씨부인 가문의 김익겸, 김만기, 김만중, 인경왕후, 민진후 가문의 인현왕후 등이 총동원되는 것으로, 조선의 현실 갈등이 소설에서 이념적으로 해소되고, 이것이 다시 중국의 표면서사로 전환되어, 「구운몽」의 내용이 되는 것을 가장 단적으로 보여주는, 「구운몽」 서사의 최고 현묘한 한수이며, 서포의 공력이 가장 극적으로 형상화된 성리소설 창작미학의 최대의 묘처가 되는 대목이다.

7-4. 한글 필사본 및 목판본의 계통과 상대적인 특징

(1) 나주와 완판본 「구운몽」 텍스트는 소설 목판본의 개척

서포 김만중이 창작한 「구운몽」 원전과 그 표기 수단에 대하여, 정규복은 한문본이 원전이라 주장하였고, 다니엘 부쉐는 한글본이 원전이라 주장하였다. 여기에 비하여 필자는 작가 서포는 1차로 한문으로 창작하고, 한문을 해독하지 못하는 향수자들을 위해 작가 김만중이 직접 한글본도 만들었다는 견해이다. 이러한 평가는 선천에서의 「구운몽」 창작과 달리, 남해 유배지에서의 「사씨남정기」 창작 때에는 한글본만 창작을 하였다.[631]이는 주장을 각기

631) 서포의 종손인 북헌 김춘택은 「사씨남정기」는 한글본만 있기에, 작접 한역을 하였다.

할 때, 거기에는 '음도 양도 공존하고 있다'는 판단을 외면하기 때문에 자신의 논지를 뒷받침하는 쪽만을 바라보고 자신의 논지가 지닌 결합요인은 외면하게 된다. 이러한 이치에 근거한 정규복의 한문본 원작설, 부쉐의 국문본 원작설을 음양을 내포하며 초극하고 있는 현상을 상징한 태극의 상징처럼 한문과 국문 이원표기론으로 방향을 바꿔어 바라봄으로써 해결된다.

강전섭 소장 한문 필사본은 정규복 한문 교합본과는 다른 계열이다. 강전섭 한문 필사본은 축약된 독자적 개작본이다. 제1장회의 경우, 서두 쪽보다는 후반에서 더욱 축약이 심하게 이루어진다. 그런데 서울대 규장각 소장 한글본 필사본은 물론 원전계보다는 축약본에 해당하지만 강전섭에 없는 내용들이 부분적으로 나타나는 점으로 보면, 서울대 규장각 국문본 필사본과 관련이 있는 한글 텍스트에서의 중역본으로 판단된다.[632] 그러므로 정규복의 주장대로 강전섭 소장 한문 필사본이 원전계의 텍스트이고, 서울대 규장각 소장 한글 필사본은 원전계에 속하는 강전섭 소장 한문 필사본을 모본으로 한 번역본이라는 견해는 오류이다.

강전섭 소장 한문 필사본은 문투가 한글 번역본 또는 무리한 한문 축약본 같은 조잡한 문투로 진행된다. 특히 서두의 무리한 변개로 첫 장회가 여타 텍스트의 '노존사'와 달리 '존노사'로 시작된다. 또, 강전섭 한문 필사본 본은 서울대 규장각 소장 국문본의 텍스트를 대상으로 중역했다고 할 경우 결미 대각 부분에서 전후의 교체, 오자, 낙자가 많이 이루어졌다. 특히 『금강경』의 본문에 '백호광사세계 '로 되어있어, 『금강경』이라는 불경의 엄정성과 내용을 정확하게 인지하고 있는 서포 김만중에게는 어울리지 않는다. 그뿐만이 아니라, 귀신 등의 표현도 오류가 많고, 추가 덧칠한 자체 정정 오류 부분도 다수 있어, 정성스럽게 번역했거나, 아니면 번역된 텍스트의 필사의 경우라 해도, 대제학의 필사 텍스트라고 하기는 어렵다. 특히, 『금강경』의 꽃이라

632) 上淸紫文靈書.

할 사구게가 없다는 결정적인 결함을 가지고 있어 중역전, 또는 중역후에 중간 변이가 이루어진 텍스트로 판단된다. 게다가 양소유의 표기도 유독 소유가 아닌 소유로 되어 있어 한글본의 한역으로 보인다.[633)]

정규복이 이룬 성과인 초기 한문 필사 노존본을 토대로 한 재구본이 후기 한문 필사본인 강전섭본에서는 어떤 변이를 나타내고 있는가를 제1장회의 내용을 통해 살펴보면 다음과 같다.

두 텍스트의 출입과 변이를 기호로 표시해서 텍스트의 상대적인 개성을 살펴보면 다음과 같다.

(가) 天下名山 ■(曰)有五焉 東曰東岳卽泰山 西曰西岳卽華山 南曰南岳卽衡山 北曰北岳卽恒山 中央之山曰 中岳卽嵩山 此所謂五岳也 五岳之中 惟衡山距中土最遠 九疑之山在其南 洞庭之湖經其北 湘江之水環其三面 若祖宗儼然中處 而子孫羅立 而拱揖焉 七十二峯 或騰踔而矗天 或嶄嶭而截雲 如奇表(標)俊彩之美丈夫 七竅百骸 皆秀麗淸爽 無非元氣之(□)所種也 其中最高之峯 曰祝融 曰紫盖 曰天柱 曰石廩 曰蓮花 五峯也 其形擢踈(竦) 其勢陵(陟)高 霧(雲)翳掩其眞面 霞氣藏其半腹 非天氣廓掃 日色晴朗 則人不能得其彷彿矣(焉)

(나) 此時八仙女尙在石橋之上 正與性眞相遇 性眞捨其錫杖 上手而禮曰 僉女菩薩 俯聽貧僧之言 貧僧卽蓮花道場 六觀大師弟子也 奉師之命 下山而去 方還歸寺■(中)矣 石橋甚挾 菩薩齊坐 男女恐不得分路 惟願僉菩薩暫移蓮步 特借歸路 八仙女答拜曰 妾等卽衛夫人娘〃之(□))侍女也 承命於夫人 問候於大師 歸路適少留於此矣 妾等聞之 禮云 於行路 男子由左而行 女子(婦女)由右而行 此橋本來偏窄 妾等且以(已)先坐 今道人從橋而行(去) 於禮不可 請別尋他路而行 性眞曰 溪水旣深 且無他徑(逕) 欲使貧道(僧) 從何處而行乎 仙女■(等)曰

633) 최창록, 『황정경 연구』, 태학사, 1998, 37~38쪽.

昔達磨(摩)尊者 乘蘆葉涉大海 和尙若學道於六觀大師 則必有神通之術 涉此小川 何難之有 而乃與兒女子爭道乎 性眞笑而對(答)日 試觀諸娘子(□)之意 必欲索行人買路之錢也 然貧■■(寒之)僧 本無金錢 適有八顆明珠 請奉獻於諸娘子以買一線之路 說罷手折(持)桃花一枝 以擲■(於)仙女之前 四雙絳萼 卽化爲明珠 祥光滿地 瑞彩燭天 若出於海蚌之胎也(□) 八仙女各拾■(取)一箇(介) 顧向性眞 口粲 然一笑 竦身乘風 騰空而去 性眞佇立橋頭 擡首遠望 良久雲影始滅而(□)杳(香)風盡散 憫然如失

(다) 兀然端坐 默念於心日 男兒生世 幼而讀孔孟之書 壯而逢堯舜之君 出則作三軍之師 入則爲百揆之長 着錦袍於身 結紫綬於腰 揖讓人主 澤利百姓 目見嬌艶之色 耳聽幼妙之音 榮耀(輝)極於當時(代) 功名垂於後世 此固大丈夫之事也 噫我佛家之道 不過一盂飯一瓶之水 數三卷■(之)經文 百八顆之念珠而已 其德雖高 其道雖玄 寂寞太甚(矣) 枯淡■(而)止矣 假令得(悟)上乘之法 傳祖師之統 直坐於蓮花臺之(□)上 三魂九魄 一散於烟焰之中 ■(則)夫誰(孰)知一箇(介)性眞生於天地間乎 思之如此 念之如彼 欲眼而(□)不眼 夜已深矣 霎然合眼則八仙女 忽羅立(列)於前矣 驚悟開睫 則(□)已不■(可)見矣 遂大悟(悔)日 釋敎工夫 正其心志 斯爲上行也(矣) 我出家十年 曾無半點 苟且之心矣 邪心忽發 今乃之(如)此 豈不有妨於我之前程乎 遂■■■■(自熱栴檀) 趺坐蒲團 振刷精神 輪盡項珠 ■(方)靜念千佛矣 忽■(聞)童子立窓外 呼之日 師兄■(着)睡否(乎) 師父命召之矣 性眞大悟(愕)日 深夜促召 必有故也 仍與童子 忙詣方丈大師集衆弟子 儼然正坐 ■■■■(威儀肅肅) ■■■■(燭影煌煌) 乃厲聲責■(之)日 性眞汝知汝罪否(乎) 性眞顚倒下階 ■(跪)而對日 弟子■(服)事師父 十闋(閱)春秋 而曾未有毫髮不順(恭)不恭(順)之事 ■■■■(誠愚且昏) 實不知自作之罪■(矣) 大師日 修行之工 其目有三 ■(日)身也 ■(日)言也 ■(日)意也 汝往龍宮 飮酒而醉 歸到石橋 逢■(邂逅)女子 以言語酬酌(酢) 折■(贈)花枝 與之相戱 及其還來 尙此(且)眷戀(繾綣) 初旣蠱心於美色 又(旋)且留心(意)於富貴慕世俗之繁華 厭佛家之寂然(滅) 此三行工夫 一時壞了 ■(其)罪固大矣 不可仍

(□留於此地也 性眞叩頭泣訴曰 師乎〃〃 性眞誠有罪矣

(라) 性眞只號泣(惟悌泣) ■■(而已) ■(頓)無行意 大師■(復)慰之曰 心苟不淨(潔) 雖在(處)山中 而(□)道難■(不可)成■(矣) 不忘■(其)根本 雖往紅塵■■■■(落於十丈狂塵之間) ■■■■■■■■(畢竟自有稅駕之處) 而有歸路 汝若欲歸(□汝必欲復歸於此) 則吾■■(當躬)自領(率)來 ■■(汝其)勿疑而行■(矣) 性眞■■無(知不可)奈何 禮拜■(拜辭於)佛像及師父 與衆同門(師兄弟)■(相)別 偕力士向冥司(隨力士□而歸) 入陰魂■(之)關 過望鄉■(之)坮(臺) 抵(至)豊都城■(外) 〃(守)門鬼卒 問之■■■(問其所從來) 力士答(曰)以(承)六觀大師法旨 押來(□領)罪人■■■(而來矣) 云卽開路與之■■(鬼卒開城門而納之) ■■(力士)且至□(直抵)森羅殿 又如是言之閻王作到付公事 給力士而還送之性眞乃進 跪於殿下閻王問曰(以押來性眞之意告之 閻王使之召入 指性眞而言曰□□□□□□□□□□) 性眞(□□)上人 〃〃(□□)■(之)身 ■(雖)在■(於)南岳■■■■■(山蓮花之中) 而■■(上人之)名 已記(載)於地藏王香案■(之)上計(矣) 不久■■■■(寡人以爲上人)得■(成)大道 高升(一陞)蓮座 則■■(天下)衆生 ■■(必將)都(普)被恩(陰)德矣 ■■(今因)何事 到此地也(辱至於此乎) 性眞大慚■■■(良久乃)告于(□)王(□)曰 性眞無狀 路上(□曾)遇南岳仙女■■■(於橋上) ■■■(不能制)一時 不能操心(□□之心) 故■■(仍以)得罪於師父 而(□)待命於■(大)王矣 閻王使左右 上言於地藏王曰 南岳六觀大師 ■■■■■(使黃巾力士) ■(押)送■(其)弟子性眞 自■(要令)冥司致(論)罪 而異於等閑(□此與他)罪人■■(自別) 故取■(敢仰此)稟矣 菩薩答曰 修行之人 去來■■(一往一來) 惟■(當依)其■(所)願 何必問也(更問) 閻王正(方)欲問■■(按決矣) 性眞之罪(□□□□) ■(兩)鬼卒入(又)告曰門外(□□) 黃巾力士 以六觀大師■(法)命 押來(□領)八罪人■■■■■(來到於門外)矣 [634)]

634) 이 비교표를 보는 방식은 노출된 문장은 〈바로 뒤에 ( )가 없는 한〉 두 이본에 공통된다. ■는 강전섭 본에는 없는 자이다. (□)는 초기 노존본(재구본)에는 없는 자이다. ( )

위의 몇 대목의 비교에서 드러나듯이, 강전섭본은 초기 노존본을 토대로 한 재구본보다 더욱 정확한 표현을 보이는 어휘도 더러 있지만, 전반적으로는 문장 표현의 수준이 재구본을 따르지 못한다.

또, 성진의 참선 장면에서도 '불유방어아지전정호 수부좌포단 진쇄정신 윤진항주정념천불의(不有妨於我之前程乎 遂趺坐蒲團 振刷精神 輪盡項珠靜念千佛矣)'로 표현되는데, 재구본에는 '豈不有妨於我之前程乎 遂自熱梅檀 趺坐蒲團 振刷精神 輪盡項珠 방정념천불의(豈不有妨於我之前程乎 遂自熱梅檀 趺坐蒲團 振刷精神 輪盡項珠 方靜念千佛矣)'로 되어 있어, '자열전단(自熱梅檀)'하여 향을 피우는 내용까지 서술되고 있다. 이 소설이 참선을 중시하는 선적 몽유란 창의적 구성을 개발한 작가의 작품이라 할 때, 이 부분의 치밀성은 원작가에 의해 서술된 부분으로 보아야 적절할 것이다. 이 중에서 특히 '구아'와 '구아 구아'는 단순한 반복이란 것이상의 상당한 어감의 차이를 주는 표현이다. '고고'란 표현이 그렇듯이, '응아'와 '응아 응아'의 차이는 후자 쪽이 더욱 사실적인 표현인 것이다. '고고'를 '구아구아'로 표현하여 '응아 응아'라는 표현이 주는 빼어난 감각성을 살리며 성진이란 한 인간의 죽음에 대한 충격을 독창성 빼어난 시각으로 살려낸 것이 작가의 그야말로 기발한 표현법이다. 이러한 대목에서 작가가 겨우 '구아'라는 수준에서 서술한 것을 뒤의 개작자가 이러한 세부적인 표현까지 새 맛으로 살려내어 '구아구아'로 변이시켜 대작가 김만중의 부족한 문장을 더욱 성숙화 세련화시켰다고 판단하기에는 무리가 따른다.

또, 강전섭본은 동자가 참선하는 성진을 찾아와서 부른다는 실은 꿈속의 사건을 서술할 때, '사부명소지의 성진대오왈 심야촉소 필유고야'라 하여 놀

안의 글자 수만큼이 ( ) 바로 앞의 글자 수만큼으로 대체된다. 이를테면, 無窮■■(自有不盡)之快樂의 경우는 강전섭본 "無窮之快樂", 초기 노존본(재구본)은 "自有不盡之快樂"와 같다.

라서 대답하는 상황을 '대오왈'로 서술하였다. 물론 이 상황에서 어느 한 표현은 사용이 적절하지 못하다고 할 수는 없지만, 전체의 사건에 대한 표현으로 보아 참선으로 들어가는 도입부이므로 '대오'는 오히려 참선에서 깨어나고, 다시 『금강경』 설법을 듣고 진리를 깨우치는 득도의 순간에, 대오, 대각, 돈오의 표현이 더욱 어울리는 것이다. 왜냐하면, 이 대목의 현장감은 잠시 졸다가 깨어나는 듯한 분위기를 묘사하고 있기 때문에 진리의 깨달음을 얻는 표현으로 선가의 표현을 선소설로도 지칭되는 작품에서 그 원작가 김만중이 그리 남용할 가능성은 거의 희박하기 때문이다.

이러한 변이 상황은 강전섭본이 초기 노존본을 전반적으로는 축약시키면서 또 상당 부분은 기본 줄거리나 문장 표현은 유지하면서도 대체적 표현도 선택하고 있음을 보여준다. 그러므로 강전섭본을 향유한 독자들은 원작자 김만중이 창작한 표현과는 상당 부분 질적 하락을 가져 온 텍스트를 읽은 결과가 된다. 「구운몽」은 그 자체가 최고 지식인이며 당대 최고 수준의 문장가가 지은 완성도 높은 지성소설이기 때문에 후대의 축약형 개작자에 의해서 작품의 성숙보다는 오히려 완성도가 떨어지는 변이의 과정을 보여준다는 것이 특징이다.[635)]

완판 한문 계해본에는 텍스트상 중요한 오류가 제14장회의 양승상이 적경홍을 축하하는 장면의 일부 누결과 제16장회의 대각 장면의 탈락으로 나타난다.

① 諸美人皆稱賀曰 吾輩虛做十年工夫矣

② 此時所獲翎毛 土委山積 兩處射女 所殪雉兎亦多矣 各獻於座前 丞相與越王等弟其功各賞百金 更成坐次 俾停衆樂 只使五六美人 各奏淸絃洗酌更斟矣

③ 蟾月內念曰 吾兩人.

635) 설성경, 『구운몽연구』, 국학자료원, 1999, 104쪽.

위에 제시한 나주 한문 을사본의 ①, ②, ③의 내용이, 완판 한문 계해본[636] 에서는 ①, ③으로만 되어 있어, 앞의 ②부분인 '此時所獲翎毛 土委山積 兩處射女 所殪雉兎亦多矣 各獻於座前 丞相與越王等弟其功各賞百金 更成坐次 俾停衆樂 只使五六美人 各奏淸絃洗酹更斟矣'이 누결된다. 그래서 계해본에서는 '諸美人皆稱賀曰 吾輩虛做十年工夫矣 蟾月內念曰 吾兩人으로 진행된다. 또 제16장회에서의 누결을 살펴보면 을사본[637] 하권 80장 후면 마지막 행과 81장의 전체, 82장 전면의 첫 행이 다음의 ①, ②, ③으로 진행된다.

① 記夢中之一見 不記十年之同處 誰謂楊丞相聰明

② 乎丞相憫然曰 少游十六歲以前 不離父母眼前 十六歲登第 連有職名 不出京城 南使燕鎭 西擊土蕃之外 足跡無所不及處何時與師傅十年相從乎 胡僧笑曰 丞相尙未醒昏夢矣 少游曰 師傅可能使少游大覺乎 胡僧曰 此不難矣.(中略)急向石泉淨洗其面 着衲整弁 自詣方丈衆闍梨 已齊會矣 大師

③ 高聲問曰 性眞人間滋味果如何耶 性眞叩頭流涕

이렇게 진행되는 나주 목판 한문 을사본을 모본으로 개각한 완판 한문 계해본에서는 을사본의 81장의 본문인 ②가 누결된 채 '然只記夢中之一見 不十年之同處 誰謂楊丞相 聰明 高聲問曰 性眞人間滋味果如何耶 性眞叩頭'로 이어진다. 이러한 누결이나 생략의 원인은 완판 한문 계해본이 나주 한문 을사본의 판각 배열이 지닌 체계를 유지하려는 의도에서 찾을 수 있다. 상하권으로 된 나주 한문 을사본을 완판 한문 계해본에서는 6권으로 확대하였다. 이때에 각 권의 첫 줄에는 '구운몽 권지일'식으로 권수 표시를 한 행에 판각하는 등, 독자적 개성도 추구하지만 근본적으로는 나주 한문 을사본과 동일

636) 6권의 11장 후면 3행과 4행.

637) 을사본(가), 을사본(나)의 두 텍스트가 이 부분은 동일하다.

한 행문의 배열을 추구하였다. 즉, 완판 한문 계해본에서는 매 행의 자수와 매 행 단위의 본문이 지닌 위치를 을사본에 일치시키려는 하였음이 다음의 비교에서 확인된다.

听此性眞之言昔阿蘭尊者入於娼女之家與同寢席 (나주 을사본)[638]

听此性眞之言昔阿蘭尊者入於娼女之家與同寢 (완판 계해본)[639]

위의 예문에서 보면, 나주 한문 을사본은 10행에서 예외적으로 한 행에 21자가 판각되었으나, 완판 한문 계해본은 원칙에 따라 20자로 판각되어 있어 1행 속의 본문이 일치하지 않게 되었다. 이렇게 되자, 완판 한문 계해본에서는 8장 전면 1행인 그 다음 행에서 다음의 예처럼 의도적으로 한 자가 더 많은 21자를 판각하여, 다시 나주 한문 을사본의 한 행의 본문과 일치시켰다.

失其操守而釋伽大佛不以爲罪但設法而敎之弟 (나주 을사본)

席失其操守而釋伽大佛不以爲罪但設法而敎之弟 (완판 계해본)

이러한 일치 의도가 상권 중간 부분부터는 약화되지만, 하권의 앞부분에서는 다시 강화됨을 볼 때, 완판 한문 계해본이 나주 한문 을사본과 같은 본문 배열을 하고자 했음이 확인된다. 또 나주 한문 을사본은 상권이 86장, 하권이 83장으로 총 169장으로 되어 있으므로, 완판 한문 계해본도 1책이 52장, 2책이 58장, 3책이 59장으로 총169장으로 일치시켰다. 이는 성진의 대각 장면의 누결이 단순 실수가 아닌 의도적 결과일 수 있음을 보여준다. 즉, 나주 한문 을사본은 한 줄의 판면에 두 줄의 내용을 판각한 부분이 몇 차례 있

638) 을사본(나)본.

639) 계해본의 7장 후면 10행.

었고, 여기에다 각 권의 권수 제시가 6행이나 있었으므로 실제로는 총 장수가 을사본보다 한 장이 더 늘 수밖에 없었다. 그러나 성진의 대각 장면인 작품의 맨 마지막 두 장을 남겨 놓고는 의도적으로 한 장의 본문을 탈락시켜서 완판 한문 계해본도 169장으로 만들어 나주 한문 을사본에 일치시켰을 수 있다.

또 완판 한문 계해본은 6권의 판심이 14장 다음인 15장, 16장의 두 장이 누락되고 17장으로 곧바로 연결되는 정서사의 실수가 있었기 때문에 33장에서 을사본 하권의 81장 한 장을 의도적으로 누결, 생략시켜서 완판 한문 계해본 6권의 마지막 장의 판심은 34장이나 실제는 32장으로 끝내게 하였다. 이는 완판 한문 계해본의 마지막 두 장을 남겨 놓고 정서사가 확인하니, 실제의 장수는 33장이 되겠지만 판심에 제시된 장수는 35장이 될 것이므로, 을사본을 충실히 따라서 같은 장수로 판각될 것을 기대하였던 판주에게 완판 한문 계해본이 나주 한문 을사본보다 장수가 늘어난 것을 드러내지 않으려고 정서사의 임기응변에 의한 결과일 수도 있다.[640]

이러한 출판의 뒷상황은 결과적으로 「구운몽」의 대단원인 성진의 대각 장면의 논리적 전개에 중요한 손실을 가져오게 되어, 독자들의 「구운몽」 이해에 상당한 결함 요인이 되는 결과를 초래하였다.

(2) 완판본과 경판본 한글 「구운몽」 텍스트에 나타난 축약 양상

김만중이 창작한 「구운몽」의 이본 중에는 한글본도 필사본과 함께 목판본으로 완판본과 경판본이 있다. 이 중에서 경판본 국문본은 축약된 텍스트이다. 이 경판 텍스트는 원전에 가까운 초기 한문텍스트에 비교하여 볼 때 상

640) 설성경 · 박태상, 『고소설의 구조와 의미』, 새문사, 1996, 400~404쪽.

당한 훼손이 이루어졌다. 그래서 원전의 작품 수준을 격하시키는 결과를 가져왔다. 전주에서 판각된 한글 목판본은 2권 2책으로, 본문은 상권 55장, 하권 50장으로 총 105장본이지만 목록이 한 장 더 있으므로 실제는 106장본이다. 판의 서지를 보면, 반엽광곽 13행이며 매 행은 16자 내지 21자로 되어 있고 판심은 상하내향화문어미,[641] 장수와 함께 '九', '九云', '九雲夢'이 각기 새겨져 있다.

간기는 상권은 '壬戌孟秋 完山開板'이고, 하권은 '丁未仲春 完南開刊'으로 되어 있는데, 임술은 1862년으로 이 판이 원각본이고, 정미는 1907년으로 임술판의 보각시에 나타난 간기다. 즉 임술의 간기가 있는 상권에서는 5, 6, 16, 43, 44, 45, 46, 52장의 여덟장이 보각되었고, 정미의 간기가 있는 하권에서는 29, 34, 35, 36, 42, 50장의 여섯 장이 보각되었는데, 보각시에 하권의 끝 장인 50장에 새 간기인 "정미개간"을 넣은 것으로 보인다. 그런데 현재 남아있는 텍스트는 대부분 양진태의 명의로 발행된 다가서포본이다. 이는 1909년 일제가 출판물 규제를 위한 출판법을 시행한 후, 조선총독부 경무총감부의 인가를 받기 위하여 판권지를 첨부한 출판기이므로, 임술 및 정미의 판원들을 가지고 1916년에 인쇄하여 출판한 사실을 알려준다.

상권은 다른 목판본소설과는 달리, 본 내용에 들어가기 전에 다음과 같은 특이한 목록을 제시하였다.

> 九雲夢 目錄
> 구운몽 목녹
>
> 楊少游楚國楊處士之子僧名性眞
> 양소유은초짜양쳐ᄉᆞ의아ᄃᆞᆯ이니승명은셩진이라

641) 上下內向花紋魚尾.

八仙女

팔션녀라

鄭瓊貝鄭司徒之女英陽公主

경경패은졍사도의쌀이니영양공듀라

李簫和皇帝之女蘭陽公主

니쇼화은황졔의쌀이니난양공듀라

秦彩鳳秦御史之女淑人

딘칙봉은딘어ᄉᆞ의쌀이니슉인이라

桂蟾月洛陽人

계셤월은낙양사ᄅᆞᆷ이라

賈春雲孺人

가춘운은유인이라

狄驚鴻河北人

젹경홍은하북사ᄅᆞᆷ이라

沈裊烟도客楊州人

심요년은검긱이니양쥬사람이라

白凌波洞庭龍王之女

빅능파은동졍용왕의쌀이라

완판 국문본은 속표지에 새로 만든 제목을 인물 중심으로 먼저 소개된다. 본문이 시작할 때, 적절한 문양을 넣어 개화기의 분위기와 흡사한 독자의 구미에 맞추려는 이독성을 제시하고 있다.

한문본은 각 회장 앞에 제시한 회장명 대신에, 차례에서 한문, 한글의 이원표기에 의한 독특한 형식의 목록을 제시하고 있다. 내용은 「구운몽」을 성진이 꿈속에서 인간 양소유로 환생한 후 만나게 되는 팔부인과의 관계를 중심으로 한 인물 중심의 줄거리로 재편성한 것이다. 이는 결국 독자들이 사건의 서사에서보다는 남녀 주인공들 사이의 애정적 결연에 중심을 두고 읽게 되는 독서방향을 제시하는 비평적 기능의 하나다.

문장의 전반적인 흐름은 단순한 번역문체를 탈피하고, 우리말 고유의 속언과 맛을 풍기게 하는 소박하고 부드러운 한글문체에 접근하였다. 물론 간간히 한문본의 직음역이 있기는 하지만, 생략이 그리 심하지는 않아 자연스럽다. 이는 한문본의 의미를 충분히 이해하고 어려운 고사와 성어구를 잘 풀이하여 서술함으로써 서민 독자를 위한다는 목판본의 본질을 실현하려는 노력이었다.

내용의 전개에는 장면 전환에서 한문본에는 없는 '각설'이란 전환 접사를 다음과 같이 가끔 사용하고 있다.

① 녀를 영솔ᄒᆞ야 인간으로 보내더라 ○ 각셜이라 셩진이 ᄉᆞ쟈를 ᄯᆞ라 가닌 문득 대풍(상권 10장 후면 12,13행)

② 이업ᄉᆞ리잇가 ᄉᆡᆼ이 오히려 눈물을 ᄲᅳ리고 써ᄂᆞ니라 △ 각셜이라 냥ᄉᆡᆼ이 장안의 들러가서 거(상권 28장 전면 8,9행)

또 한문본에 자주 제시되는 시의 내용은 한글본이란 특수성으로 인하여 다음과 같이 처리하고 있다.

① 양뉴ᄉᆞ를 지어 을프니 그 글의 ᄒᆞ여시되 냥뉴 프르러 뵈 ᄶᆞᆫ듯ᄒᆞ니 긴 가지 그림 누를 ᄯᅥᆯ쳣도다 원컨데 부즈런이 심노라 이 버들이 ᄀᆞ장 풍뉴로다 ᄯᅩ ᄒᆞ여시되 양뉴 엇지 플르고 프르요 긴 가지 깁지동을 ᄯᅥᆯ쳐도다 원컨ᄃᆡ 그ᄃᆡᄂᆞᆫ 잡아ᄭᅥᆨ지 마라 이 남기 가장 다정ᄒᆞ도다

② 그 글의 ᄒᆞ여시되 초ᄀᆡᆨ니서유노닙진ᄒᆞ니 쥬누ᄂᆡ취낙양츈을 월즁단계을 수션절고 금ᄃᆡ문장이ᄌᆞ유인을 글의 하여시되 초나라 손이 서으로 노라 길이 진의 드니 술누의와 낙양봄의 취ᄒᆞ엿도다 ᄃᆞᆯ ᄀᆞ온 ᄃᆡ 단계를 뉘믄져

썩글고 금딕문장이 스스로 샤룸이 잇도다 하엿더라

위에 인용한 한글 임술본은 각각 다음의 한문 을사본의 내용에 해당한다.

③ 乃作楊柳詞 其詩曰 楊柳青如織 長條拂畵樓 願君勤種意 此樹最風流 楊柳何青青 長條拂綺楹 願君莫攀折 此樹最多情

④ 其詩曰 楚客西遊路入秦 酒樓來醉洛陽春 月中丹佳誰先折 今代文章自有人 天津橋上柳花飛 珠箔重重映夕暉 側耳要聽歌一曲 錦筵休復舞羅衣 花枝羞拂玉人妝 未吐纖歌口已香 待得樑塵飛盡後 洞房花燭賀新郎

위의 인용에서 보면, ①에서는 한시의 원문에 대한 음독이 없이, 전체 번역문만 있고, ②에서는 음독과 번역은 함께 소개하고 있으나 축약시키고 있다. 전체 내용에서 보면, 시의 경우는 전반부에서는 비록 축약한 형태로라도 제시함이 많고, 후반부에서는 생략이 강화된다.

정미본은 후반부도 대체적으로는 자상히 서술되고 있으나, 최후의 결미에서는 축약이 많고, 또 해설적 태도가 다음과 같이 나타남이 특징이다.

① 大師曰汝乘興而去興盡而來我有何于與之事乎且汝曰弟子夢人間輪回之事且汝以夢與人世兮而二之也汝夢猶未覺也莊周夢爲蝴蝶蝴蝶又變爲莊周莊周之夢爲蝴蝶耶蝴蝶之夢爲莊周耶終不能卞之孰知何事之爲夢何事之爲直耶 今汝以性眞爲汝身以夢爲汝身之夢則汝亦以身與分謂非一物也性眞少游孰是分也孰非分也 性眞曰弟子蒙暗不能卞夢非眞也眞非分也 望師傳說法使弟子覺之 大師曰我當設金剛經大法以悟汝心而當有暫來 弟子汝姑待之 言不畢守門道人入告曰昨日所來衛夫人座下仙女八人又到請謁於大師矣 大師命召之八仙女詣大師之前 合掌叩頭曰弟子等雖侍衛夫人左右而常無所學未制妄念情慾乍動重譴隨至 塵土一夢 無人喚醒(中略)此後性眞率蓮花道場大

衆 大宣敎化 仙女龍神人與鬼物尊重性眞如六觀大師 八尼皆師性眞心得菩薩大道 畢境皆歸於極樂世界 嗚呼異哉[642)]

② ᄃᆡ사왈 네 흥을 ᄭᆡ여 갓다가 흥이 진ᄒᆞᄆᆡ 왓스니 ᄂᆡ 무삼 간셥ᄒᆞ리료 ᄯᅩ 네 셰상과 ᄭᅮᆷ을 달이 아니 네 ᄭᅮᆷ이 오히려 ᄭᆡ지 못ᄒᆞ여ᄯᅩ다 셩진이 ᄌᆡᄇᆡ ᄉᆞ직ᄒᆞ고 셜법ᄒᆞ야 ᄭᅮᆷᄭᆡ옴을 청ᄒᆞ니라 잇ᄯᆡ의 팔션녀 들어와 ᄉᆞ례왈 제ᄌᆞ등이 위부닌을 묘셔 ᄇᆡ혼 거시 업싸와 졍욕을 금치 못ᄒᆞ와 즁견을 입어 쌉더니 ᄉᆞ뷰 구제하시믈 입ᄉᆞ와 한 ᄭᅮᆷ을 ᄭᆡ여 싸오니 원컨ᄃᆡ 제ᄌᆞ되여 길이 갓타시물 바ᄅᆞᄂᆞ니다 ᄃᆡ소 크게 우셔왈 너히 진실노 ᄭᅮᆷ얼 알아쓰니 다시ᄂᆞᆫ 망염을 ᄉᆡᆼ각지 말ᄂᆞ ᄒᆞ고 직시 ᄃᆡ경법을 베푸러 셩진과 팔선여를 가라치니 인간누싸년 변화ᄂᆞᆫ 다 ᄭᅮᆷ 밧기 ᄭᅮᆷ이요 일심이 불법의 긴칙하니 극ᄂᆞᆨ셰게의 만만셰 무궁지락이로구나

이처럼 한글로 표기된 ②의 정미본은 한문으로 서술된 ①의 완판 을사본에 비하여 엄청난 축약 서술을 나타내었다. 특히, 정미본은 작가가 관념소설, 지성소설로서의 「구운몽」에서 가장 역점을 두고 구성한 꿈과 현실의 관계 제시를 위한 「장자」의 '제물론'의 인용, 팔선녀의 불법귀의에 나타난 구체적 상황, 성진의 『금강경』 큰 법을 깨우치는 순간의 묘사, 성진이 의발을 전수받아 중생을 구제함과 육관대사의 서역으로 돌아감 등의 주요 요소와 장면들의 제시에 결정적인 결점을 주게 되었다.

또, 본문은 전반적으로는 축약형의 서술이지만 가끔은 독자의 분위기를 위하여 창작형으로 변이되는 경우가 있다. 그 한 예는, 정사도의 시비가 생일기념으로 도관에 초을 켜러왔을 때 정사도부인이 '거문고 듣기'를 좋하한다고 한 서술이나, 두련사가 하는 다음과 같은 대응이다.

642) 완판 한문 을사본.

ᄉᆡᆼ이 대희ᄒᆞ야 날을 기ᄃᆞ리더니 그러구러 날이 당ᄒᆞ니 졍ᄉᆞ도의 시비 부인의 명으로 향촉을 ᄀᆞ지고 왓거ᄂᆞᆯ 연ᄉᆡ 바다 삼쳥젼의 가 불젼의 가 공양ᄒᆞ고 시비를 보닐ᄉᆡ 이ᄣᅢ예 ᄉᆡᆼ이 녀도ᄉᆞ의 의관을 ᄒᆞ고 별당의 안자 거문고를 ᄐᆞᄂᆞᆫ지라.

여기서 보면, 삼청전이나 불전의 공양하는 내용은 원전에 없는 완판에서의 개작의 결과다. 또, 두련사가 양소유에게 정경패를 만나게 해주는 묘책을 강구하는 것이나, 이미 양소유가 거문고를 배워둔 것과 같은 복선은 허구성의 강화에 해당된다.[643]

또, 완판 「구운몽」은 계섬월을 만나는 장면에서, 진채봉의 첫사랑과는 다른 특이한 기생과의 황홀한 첫밤을 느끼게 된다. 계섬월은 일찍 부모가 돌아가자 계모 밑에서 부모의 장례 비용을 대기 위한 예의 희생자가 되어 창기로 팔리게 된 기구한 운명의 여인이다. 그러면서도 불운과 시련에 굴하지 않고, 진채봉을 사귀고 적경홍과는 어진 남성을 만나면 둘이 평생 같이 모시며 평생 한 길을 걷기를 맹서한다. 아울러 장안의 정경패의 인간됨도 또한 알고 있다. 이러한 계섬월을 첫 침실의 대상으로 삼는 인연 또한 여타의 영웅과는 구분된다. 진채봉의 혼사에 대한 미련을 뒤로 미루게 하고, 그 대신 정경패와의 인연을 예시해준다. 이는 당장은 한 여성에 대한 미혹이나 미련으로 연연할지 모르지만, 전인생의 역정으로 볼 때 그러한 집착은 옳은 길이 아님을 보여준다. 또 계섬월과 같은 미색과 재덕을 갖춘 여인이 있지만, 영웅적 인물이 될 양소유의 혼례란 품격에 맞추기 위해서는 첩으로서도 그를 모실 수 있다는 계섬월의 미덕을 보여준다. 이러한 사실들은 단순한 남녀의 애정 역정이 아니라 가정이나 사회, 국가의 기강을 예교주의로 풀어가는 「구운몽」 작가의 유가적 태도를 예교, 예악주의로 제시해주고 있다. 특히 남전산 도인

643) 설성경, 「구운몽 연구」, 국학자료원, 1999, 115~120쪽.

이 옛 악을 전하는 의도는 바로 가정이나 나라의 질서를 악으로 바로 세우라는 뜻이 담겨 있다. 그래서 양소유는 여러 여성과의 관계에서 예와, 악으로서 모든 인연을 맺고 풀어가는 상징적 의미를 강조하고 있다. 이 점이 단순한 출세주의, 영웅주의를 추구하는 군담계 영웅들과 차별화를 보이는 예악적 영웅인 양소유의 개성이다. 이것이 나아가서는「구운몽」의 주요한 내포주제이며, 현실적 삶에서의 대표주제이기도 하다. 그러면서도 외연주제는 불교주제로서, 공사상을 제시하면서도 궁극에가서는 미타사상을 통한 서방 극락을 향하는 정토사상을 포괄하는 종교적 내세관을 깔고 있다. 이러한 탄력적인 두 주제가 상호 보완적인 측면에서 뫼비우스의 끈처럼 교체순환하는 입체적인 주제인식을 형상하고 있다. 이를 고정된 평면적인 시각에서만 보면서 그 총체성을 인식했다는 주장은 지성소설의 한 면을 놓치는 결과를 가져온다.

완판「구운몽」은 속표지에 창작한 제목을 인물 중심으로 특별히 먼저 소개한다. 또 본문이 시작할 때, 적절한 문양을 넣어 개화기의 분위기와 흡사한 독자의 구미에 맞추려는 이독성을 제시하고 있음이 경판이나 다른 완판과 다른 특징이다. 또, 본문은 전반적으로는 축약형의 서술이지만 가끔은 독자의 분위기를 위하야 창작형으로 변이되는 경우가 있다. 그 한 예는, 정사도의 시비가 생일기념으로 도관에 초을 켜러왔을 때 정사도부인이 '거문고 듣기'를 좋하한다고 한 서술이나, 두련사가 하는 다음과 같은 대응이다. "ᄉᆡᆼ이 대희ᄒᆞ야 날을기ᄃᆞ리더니 그러구러 날이 당ᄒᆞ니 졍ᄉᆞ도의 시비부 인의 명으로 향촉을 ᄀᆞ지고 왓거ᄂᆞᆯ 연ᄉᆡ바다 삼쳥젼의 가 불젼의가 공양ᄒᆞ고 시비를 보닐ᄉᆡ 이ᄣᅢ 예ᄉᆡᆼ이 녀도ᄉᆞ의 의관을 ᄒᆞ고 별당의 안자 거문고를 ᄐᆞᄂᆞᆫ지라." 여기서 보면, 삼청전이나 불전의 공양하는 내용은 원전에 없는 이 이본의 개작의 결과로 판단된다. 또, 두련사가 정경패 만날 묘책을 강구하는 것이나, 이미 양소유가 거문고를 배워둔 것과 같은 복선은 일품에 속하는 허구적 실현에 해당된다.

경판「구운몽」 지나친 축약으로 인하여 작품성의 손상을 많이 가져왔다.

경판「구운몽」은 원작의 중간 부분에 해당되는 성진의 참선 속에서 존재하는 양소유가 꿈 속에 백능파를 만나 결연을 하고 백능파와 함께 동정용왕을 만난 후에 돌아오다가 형산에 오르는 사건이 전체서사의 진행이 80%쯤 진행된 곳에 위치할 정도로 축약의 심하게 이루어진 텍스트다. 이런 전개 때문에 작가 김만중이 최고 불교 철학의 『금강경』과 유가철학의 「태극도설」을 비롯한 성리찰학을 융합하여 구축한 성진의 현실, 성진의 현실에서의 참선상의 현실, 그리고 다시 성진의 현실에서의 참선 상의 현실에서 꾸는 꿈 속의 현실이 지닌 심리적인 제3 층위 사이의 철학적인 의미를 제대로 독자들이 읽어낼 수 있는 길을 차단해버렸다. 예를 들자면, 종결 부분에서 육관대사사 "금강경을 닑어 네 ᄆᆞ음을 ᄭᆡ닷게 ᄒᆞ리라" 문직흰 ᄌᆡ 고ᄒᆞ되 "어제 왓던 팔션녜 ᄯᅩ 뵈기ᄅᆞᆯ 쳥ᄒᆞᄂᆞ이다" 대ᄉᆡ 부르시니 팔션녜 합쟝 고두왈 "졔ᄌᆞ 등이 망녕으로 영욕이 동ᄒᆞ와 진토의 니르러 불너 ᄭᆡ울 사ᄅᆞᆷ이 업더니 ᄉᆞ부의 ᄌᆞ비ᄒᆞ시믈 닙ᄉᆞ와 위부인 궁즁이 가와 젼일 죄를 샤뎨ᄒᆞ고 불문의 도라왓ᄉᆞ오니 대ᄉᆞᄂᆞᆫ 밝이 ᄀᆞᄅᆞ치소셔" ᄒᆞ고 금의와 단쟝을 폐ᄒᆞ고 금젼도를 들어 스ᄉᆞ로 터럭을 ᄭᅳᆫ고 대ᄉᆞ긔 뵈오니 대ᄉᆡ 칭찬ᄒᆞ시고 팔션녀와 셩진을 위ᄒᆞ여 셜법ᄒᆞ니 구인이 ᄃᆡ도ᄅᆞᆯ ᄭᆡᆺ쳐 대ᄉᆞ 셩진의 도통을 보고 가ᄉᆞ와 금강경을 젼ᄒᆞ고 셔텬으로 향ᄒᆞ니 셩진이 년화도쟝 즁을 거ᄂᆞ려 교화ᄅᆞᆯ 베푸니 사ᄅᆞᆷ마다 공경을 뉵관ᄃᆡᄉᆞ와 ᄀᆞᆺ치 ᄒᆞ다. 팔션녀 다 셩진을 스승으로 셔겨 보살의 ᄃᆡ도ᄅᆞᆯ 엇어 극낙셰계도 도라마다 니르더라 "와 같은 축약 문제는 물론 표기의 오류도 자주 나타난다. 게다가 이 앞 장면에서는 성진 '소화상'을 '노화상'으로 표기할 정도의 각수들이 실수를 보인다.

현재까지 남아있는 경판 한글본의 경우를 살펴보면, 경판 한글본도 몇 가지 판이 출간되었다. 간기가 없는 32장본인 경판 (가)본과, 효교 신간으로 나온 32장본인 경판 (나)본과, 정해년 포동에서 간행된 29장본인 경판 (다)본의 세 이판이 있다. (가)본은 각 면이 13내지 14행이며, 매 행은 23 내지 27자이고, 판심은 상화문어미로 되어 있다. 또 분장이 없이 연철되었고, 행서체로 되어 있어 이독성은 높지 않다. 경판 (가)본과 경판 (나)본은 31장까지의 내용은 행문까지 동일하나, 끝장인 32장에서는 부분적인 어구의 차이가 있다. 또, 자형은 전체가 다르기 때문에 경판 (나)본은 경판 (가)본의 이판 신간으로 판단된다. 경판 (다)본은 28장의 후면까지는 경판 (가)본을 복간한 것으로 보이고, 끝 장인 29장 경판 (가)본의 29장 2행에서 끝 장까지의 103행을, 29장 전면 2행에서 29장 후면까지의 27행으로 크게 축약시켰다.

이를 토대로 경판 (가)본, 경판 (나)본, 경판 (다)본의 계통을 추정하면 다음과 같다.

경판 가본(32장) → 경판 나본(32장)
경판 가본(32장) → 경판 다본(29장)

경판 (나)본은 경판 (가)본을 모본으로 하여 다시 판각하였으나, 마지막 장인 경판 32장만은 부분적인 본문을 축약하였다. 그 결과, 경판 31장까지의 글자의 모양과 위치는 모본을 따랐기에 대체로 일치하나, 세밀히 비교하면 차이가 나타난다. 또 경판 (가)본의 2장과 3장, 4장과 5장 사이의 후면의 끝 자와 전면의 첫 자의 반복 출현의 오류가 수정 없이 다시 판각되었음을 다음의 예에서 알 수 있다.

① 니 청컨ᄃᆡ 다른 길노 가소셔 셩진이 소왈 제낭ᄌᆞ의 쁫을 보(2장 끝행)
② 보오니 길갑슬 밧고져 ᄒᆞᄂᆞᆫ도다 도화 ᄒᆞᆫ 가지를 썻거 팔 (3장 첫행)
③ 귀극ᄒᆞ리니 날을 ᄉᆡᆼ각지 말나ᄒᆞ고 청학을 타고 깁흔 뫼 (4장 끝행)
④ 뫼흐로 드러가니 상셔의 구롬이 ᄉᆞ면의 둘넛더라 각셜 양 (5장 첫행)

이처럼 경판 (나)본은 경판 (가)본을 모본으로 다시 판각한 것이므로, 마지막 장인 32장의 전면까지는 복각이나, 32장의 후면에서는 축약의 의도와 오독에 의한 오각의 흔적이 보인다. 또 경판 (다)본은 경판 (나)본과 28장까지는 같은 판본이나, 경판 (나)본의 29장부터 32장까지의 넉장의 내용을 새로 축약한 29장의 한 장 만으로 개각하였다. 그 결과 경판 (나)본의 29장 전면 3행의 "금오상장군이 되고"까지는 동일한 문장이나, 그 이후부터 끝까지는 경판 (나)본의 102행을 단 26행으로 크게 축약시켰다. 이는 경판 (나)본의 판이 너무 낡게 되자, 끝 부분을 축약하여 개판한 결과에 의한 것이거나, 이미 정해본으로나, 효교본에서 출판하였는데 포동에서 다시 신간하기 위한 본문 변이욕구와 출판비용의 절감이거나, 출판업자간의 판본의 매매 등의 결과로 볼 수 있다. 또 경판 (가)본과 경판 (다)본의 본문상의 차이는 경판 (가)본, 경판 (나)본의 29장 전면 2행에서부터 다음과 같이 비롯된다.

경판 (가)본: 이니 계시 소성이라 한님혹ᄉᆞ되고 제뉵ᄌᆞ의 명은 치경이니 심시소싱이라 금오상장군이 되고 장녀의 명은 부단이니 진시 소싱이라 월왕의 아들 양왕비 되고 ᄎᆞ녀의 명은 영낙이니 황틱ᄌᆞ의 쳡이 되다

경판 (다)본: 이니 계시 소싱이라 한림학ᄉᆞ되고 뉵ᄌᆞ의 명은 치경이니 심시 소싱이라 금오상장군이 되고 이녀도 다 귀문의 출가ᄒᆞ니라

위의 사례를 보면, 경판 (가)본의 장녀와 차녀에 대한 자세한 설명은 경판 (다)본에서는 "이녀도 귀문에 출가했다"는 단순한 축약문으로 변이시켰다. 이러한 현상은 그 이후 끝 문장까지 계속되어서, 본디 노존본계 원전애서 많이 축약된 경판 (가)본은, 경판 (다)본에서 다시 큰 축약을 보임으로써 다음과 같은 결미로 경판 (가)본과 경판 (다)본이 끝맺고 있다.

경판 (가)본: 문 직흰 죄 고ᄒᆞ되 어제 왓던 팔선녀 ᄯᅩ 뵈기를 청ᄒᆞᄂᆞ이다 대ᄉᆡ 부르시니 팔선네 합쟝고두왈 제ᄌᆞ등이 망녕으로 영욕이 동ᄒᆞ와 진토의

니르러 불너 씌울 사ᄅᆞᆷ이 업더니 ᄉᆞ부의 ᄌᆞ비ᄒᆞ시믈 닙ᄉᆞ와 위부인 궁즁이 가와 젼일 죄ᄅᆞᆯ 사뎨ᄒᆞ고 뷸뮬의 도라왓ᄉᆞ오니 대ᄉᆞᄂᆞᆫ 밝이 ᄀᆞᄅᆞ치소셔 ᄒᆞ고 금의와 단쟝을 폐ᄒᆞ고 금젼도를 들어 스ᄉᆞ로 터럭을 ᄭᅳᆫ코 대ᄉᆞ긔 뵈오니 대ᄉᆡ 칭찬ᄒᆞ시고 팔선녀와 셩진을 위ᄒᆞ여 셜법ᄒᆞ니 구인이 ᄃᆡ도ᄅᆞᆯ 씻쳐 대ᄉᆞ 셩진의 도통을 보고 가ᄉᆞ와 금강경을 젼ᄒᆞ고 셔텬으로 향ᄒᆞ니 셩진이 년화도쟝 즁을 거ᄂᆞ려 교화ᄅᆞᆯ 베푸니 사ᄅᆞᆷ마다 공경을 뉵관ᄃᆡᄉᆞ와 ᄀᆞᆺ치ᄒᆞ다 팔선녜 다 셩진을 스승으로 셔겨 보살의 ᄃᆡ도ᄅᆞᆯ 엇어 극낙세계도 도라마다 니르더라.

경판 (다)본: 팔션예 ᄯᅩ한 삭발ᄒᆞ고 ᄃᆡ사계 뵈옵는지라 ᄃᆡᄉᆡ 칭단ᄒᆞ고 구인을 ᄃᆡᄒᆞ여 셜볍ᄒᆞ여 도를 씌친 후의 가ᄉᆞ와 금강경을 셩진의계 젼ᄒᆞ고 셔천으로 힝ᄒᆞ니 셩진이 연화도장의 거ᄒᆞ여 교화을 베풀고 팔션여 모다 셔뇨 스승으로 셤겨 보살의 ᄃᆡ도을 젼ᄒᆞ여 극낙세계로 가니 쳔만고의 희한헐 일이러라

이러한 축약 변이의 가장 큰 원인은 출판 담당자들의 출판비 절감과 값싼 목판본 소설의 제공을 요구하는 수요자로 인하여 텍스트의 질적 저하가 생긴 결과이다. 그러나, 동일한 장수로도 보다 효과적인 축약으로 우수한 축약본을 만드려는 의지가 출판사에서 적극적으로 가지지 못하였다. 이는 판본 간의 서술량의 비교에서 드러난다. 경판 (다)본도 16회장에서 경판 (가)본, 경판 (나)본의 80행을 단 20행으로 한 대목에서 너무 지나치게 축약하였기 때문에 작품의 지적인 주재미를 드러내는 데 손상을 가하였다. 이러한 경판 (다)본의 결점은 비록 29장으로 축약을 하더라도 축약의 균형을 유지하고, 특히 선몽을 마친 후의 대각 장면이 지닌 작품 의도를 드러내는 데에는 실패하였다는 점이다.[644)]

---

644) 설성경, 「구운몽 연구」, 국학자료원, 1999, 120~124쪽.

8

광통학으로 본 서사 양식으로 형상한 성리소설의 창의적 지성미

8-1. 선몽으로 드는 윤회의 묘사와 선몽에서 깨는 각몽의 묘사

(1) 윤회 환생의 선몽으로 들어가는 장면의 묘사

「구운몽」은 선몽이라는 특이한 문답법 형식의 선적인 꿈으로, 불교의 가르침을 소설화한 뛰어난 선 소설의 속성을 지니고 있다. 선사들의 공안과는 약간 다른 선문답 형식인 선몽을 통하여 육관대사와 성진이 선적인 차원의 심적 대화를 나누는 것을 사건의 주축으로 삼고 있다. 이 문답을 통하여 성진은 공과 무의 경지를 자연스럽게 여행하는 선적 소유를 하게 된다. 스승은 제자에게 깨우침의 최고 수준을 가르치기 위하여, 선의 방식을 택했으며, 이것이 문학적으로 형상화된 것이 바로 양소유, 즉 성진의 참선상의 삶이다. 그 선적 문답은 성진이 '공'과 '무'의 경지를 자유롭게 여행하는 '참선적 소유'로 진행된다. 그 결과, 참선 속에서 현실세계의 잡다한 사건들을, 2세에 걸쳐 철저히 그리고 충분히 향유했기에, 그 체득과 심득을 토대로 『금강경』의 반야 지혜를 터득하고 돈오하고 대각하게 된다.[645)]

이러한 대각 장면을 전개하는 서술과 묘사에서는 철학적인 이치와 연계된, 우아한 묘사와 세밀한 표현들이 작품의 사상적 깊이와 품격을 높여주어, 상층 양반 독자층의 호감을 얻는 데 기여하였다.[646)] 「구운몽」 속의 다채로운 문장들은, 중국의 역사와 문학적 전고를 비롯한 대제학 출신의 작가 서포가 손수 창작한 한시와 상소문 등으로 그 높은 수준을 보여준다.

서포 김만중의 고매한 인품에서 우러난 필력이나 문장의 품격에 대하여,

645) 설성경, 「구운몽의 환몽체계와 선문답」, 『동방학지』 제92집, 1996, 87쪽.

646) 조동일, 한국문학통사 3(제4판), 지식산업사. 2005, 524쪽.

김창흡은 다음과 같이 평하였다.

> 그는 지혜와 이해력이 특출하여 어려운 책 읽기를 매우 쉽게 하였다. 경서와 자서(子書)의 요의(要義)로부터 구류(九流)의 학술과 많은 방기(方技), 산수(算數), 율려(律呂), 상위(象緯), 여지(輿地) 등속에 이르기까지 책을 펼치면 즉시 비밀까지 활연히 이해하였다. 정교하게는 불가와 노장의 동이(同異)에 대해서 유무(有無)의 사이를 출입하였고, 거친 것으로는 패관소설의 담천조룡(談天彫龍)에 대해서도 곡진하게 궤뚫었다. 풍아(風雅)의 원류와 시대에 따른 높고 낮음에 이르러서는 더욱 자세하였다. 그 분이 지은 시는 근원이 맑고 가락이 원만하여 안배하고 나열하는 공을 드리지 않아도 은밀하게 음율에 맞아떨어졌다. 그 시의 운절유양(韻折悠揚)한 데는 왕왕 문륜서풍(文綸緖風)의 태(態)가 있었다. 문(文)에서는 스스로 장기가 아니라 하여 평생토록 몇 개의 글밖에 없다 하였으나, 실제로는 넉넉하여 글의 왕복에 능하였다. 「대부인행장(大夫人行狀)」은 처절하여 여울처럼 일렁이고 있다. 내 동생 택재의 발문이라면 또한 매강의 여러 문집 서문과 닮아 있으니 이것 또한 어찌 구차하게 육일의 구도에 맞기를 구한 때문이겠는가? 구양수의 「상강천표(상江阡表)」를 가지고 있었다. 이는 천기(天機)가 발하여 참으로 터득된 바가 있어 이런 정도까지 능히 하게 된 것이었다. 그는 비록 집안 사람이라도 자기 글에 말이 미치면 얼굴을 벌겋게 하며 부끄러운 빛을 띠었을 정도로 겸손하였다.[647]

이처럼 「구운몽」의 문장은 "성령이 간직된 것이 영롱하여 천혈하고, 사물과 더불어 간격이 없으니, 성령이 발휘되어 문사를 지어서 하늘의 천진을 움직이고 흔들기 때문에 의도하지 않아도 저절로 공교롭게 된다. 이처럼 맑고

647) 김창흡, 〈서포집서〉.

통창한 기운이 오묘함을 발한 문장이기에 그의 문장은 특별히 귀중하다."[648]는 점이 특징이다.

「구운몽」에서, 사미승 성진이 석교상에서 8선녀를 만나서 수작 하는 등의 죄를 짓고 연화도량에서 축출되어 인간세상으로 환생할 때, 출생하는 장면을 보면, 황건역사의 사자는 계속, 죽어서 새로운 인간으로 출생하게 될 성진에게 "방안으로 들어가라" 하면서 재촉했다. 성진이 주저하는 것을 보다 못한 사자가 성진의 등을 밀쳤다. 그 바람에 성진이 땅에 넘어지면서 순간 눈앞이 캄캄해지기에 크게 "사람 살려"라고 외쳤으나, 목구멍에 걸려 제대로 나오지 않았다. 다만 어린아이가 우는 소리만 날 뿐이었다.'

이때의 상황은, 특히 성진의 선몽 속에서 성진은 죽고, 양소유로 윤회 환생하면서 윤회 환생의 순간에 대한 서술로서, 죽는 주체인 성진 쪽의 상황과, 태어나는 주체인 양소유 쪽의 상황을 차례로 제시함으로써, 한 존재의 전 후세의 거시적 삶인, 성진으로서의 삶과 양소유로서의 삶을 더불어 보여준다. 이때 성진이 죽음의 현장에서 한 마지막 발언을 '구아구아'[649]로 부르짖는 것으로 서술한다. 이 표현이 태어나는 이승 쪽의 부모의 귀에는 '응아응아'소리로 들린다. 그 소리가 워낙 강력해서 부모들은 우렁찬 이 아이의 소리를 듣고 훌륭한 인물이 태어난 징후로 받아들인다.

그런데 전생에 해당되는 죽는 성진이 부르짖은 '구아'는 표면적 뜻으로는 '나를 구해주오'라는 뜻이다. 그러나 좀 더 깊이 이 말의 뜻을 찾아보면, 단순히 '나를 구해주오'란 뜻 이상의 깊은 의미가 숨겨져 있다. 죽는 존재는 사미승이기 때문에 성진의 발언 '구아'[650]는 불가적 용어로 음차를 따른 용어로는

---

648) 救我.

649) 南無.

650) 김창흡, 〈서포집서〉.

'나무'[651]요, 뜻으로는 '귀명'[652]이 된다. 즉 '구아'라는 말은 불가에서는 범어 'namas'를 음사, 음차한 '나무'로, 귀명 '경례'로 번역되는 불법의 표현이다. 즉, 구아라는 성진의 마지막 한 마디의 표현은 듣는이에 따라, 죽음의 현장에서 내뱉는 평범한 인간의 '날 살려줘!'이기도 하고, 육관대사의 수제자답게 마지막 순간에도 불법승의 삼보에 귀의하는 진정한 승려의 절실한 속마음을 드러내는 간곡한 한 마디도 되는 것이다.

또, 성진이 꿈에 드는 장면으로 보이지만, 실상에서는 꿈이 아닌 참선 속의 상황을 현실처럼 서술하는 특수한 기법을 작가 서포는 구사하였는데, 이때 참선으로 들어가는 장면에 대한 서술에서도 그 특징이 드러난다.

> 마침내 스스로 향나무를 태워 포단에 가부좌를 하고 정신을 떨쳐 힘써, 목에 건 염주를 알알이 굴리며 바야흐로 일천부처를 염하고 있었는데, 홀연 동자가 창 밖에서 불렀다.[653]

외화에서는 꿈에 드는 시작점을 꿈을 깨는 장면에 가서야 파악할 수가 있다. 여기서는 홀연 동자가 부른 장면부터가 꿈에 드는 장면이다.

> 상서가 바야흐로 영중에 있으면서 도적 물리칠 계책을 생각하나 끝내 좋은 방책이 없었다. 한참동안 번민하고 괴로워 하다가 정신과 기운이 매우 피곤하여 탁자에 의지해 잠깐 졸았는데 홀연 기이한 향내가 나더니 영중 안을 두루 채웠다."[654]

---

651) 救我 救我.

652) 歸命.

653) 을사본 「구운몽」 "遂自熱梅檀 趺坐蒲團 振勵精神 輪盡項珠 方靜念千佛矣 忽然童子立窓外 呼之".

654) 尙書方在營中 思退敵之計而終無善策 悶惱之久 神氣頗困 倚卓而少眠 忽有異香 遍滿營中.

이 장면은 양소유가 겪는 인생 가운데, 가장 시련 많은 순간을 다루고 있다. 양소유의 삶을 살기 전 성진은 출장입상[655]을 꿈꾸었다. 그러나 이 대목에서 꿈 속 주인공인 양소유는 조정에 들어와서는 감옥에 투옥되고, 도성 밖을 나가서는 진퇴양난에 빠진다. 그래서 한참동안을 번민하고 괴로워하다가 잠깐 조는 것이다. 그런데 이 꿈속에서 양소유는 현실 속의 부당한 혼례 문제에서 받은 괴로움을, 꿈 속 동정용궁 백능파의 혼사 문제를 대신 해결해주는 과정을 통하여 해소한다. 그리고 현실적 고통에 지쳤던 양소유는 동정용궁 꿈속에서, 떠나왔던 형산에 가보곤 그곳에 머무르고 싶어 한다. 양소유는 성진의 꿈 속 꿈에서, 꿈 속 양소유의 꿈 밖의 밖을 본 것이다.

(2) 선몽에서 깨어나는 대각 장면의 묘사

육관대사의 수제자로 수행하고 있던 성진 사미승이 아주 기묘한 참선을 끝내자 마자, 참선 속에서 함께 8처첩으로 평생을 함께 했던 8선녀가 육관대사를 찾아와서 불법에 귀의하고자 하였을 때, 일어나는 상황을 살펴보자.

성진이 거대한 참선을 끝내고 양소유에서 성진 소화상으로 환원될 때 간결하나 함축적인 참선 형식의 묘사가 나타난다.

> "향로의 불은 꺼지고 지는 달이 창에 비친 작은 암자였다. (중략) 스스로 제 몸을 보니 일백 여덟 낱 염주가 손목에 걸렸고 머리를 만지니 갓 깎은 머리털이 가칠가칠하였으니 완연히 소화상의 몸이었다"

60년이라는 양소유의 한 평생이 결국은 성진의 하룻밤 참선 속의 사건이

655) 出將入相.

며, 60년에 걸친 꿈이었음을 깨달은 성진은, 성진이 죽어서 양소유로 윤회 환생하여, 젊어서 장원급제하여 한림학사가 되고, 정경패와 혼사가 이루어지려 할 때, 황태후가 부마로 간택하려 했으며, 그때 늑혼을 거부하다가 어사옥에 갇히고, 그때 마침 토번이 침공해와서 대장군이 되어 출정하였다가 반사곡에서 토번군에게 포위를 당해 죽을 지경에 놓였을 때, 청수담에 피신해 있던 백능파의 도움으로 구출되는 등의 긴 사건들이 모두 하룻밤 꿈이었다. 이를 인식한 성진은 이런 집단적이고 평생에 걸친 특수한 꿈은 사부인 육관대사가 '인간 세상의 부귀영화와 남녀의 정욕이 전부 허황된 것임을 알게 하려고 하신 일'이라는 것을 깨닫고, 육관대사에게 엎드려 눈물을 흘린다.

그런 상황에서 육관대사가 물었다.

> "네가 흥이 나서 갔다가 흥이 다해서 돌아왔는데 내가 무슨 간섭을 하겠느냐. 또 네가 인간 세상과 꿈을 다르게 생각하니 아직 완전히 꿈을 깬 것이 아니구나. 옛날에 장자가 꿈에서 깨어난 뒤 자신이 나비가 된 것인지, 나비가 자신이 된 것인지를 구별하지 못했다고 하는데, 성진과 양소유 중에서 무엇이 꿈이고 무엇이 꿈이 아니더냐."

전날 석교에서 만나 수작을 하였고, 그날 밤 참선 중에 함께 환생하여 8처첩으로 평생을 살았던 8선녀가 육관대사 앞으로 와서 합장하고 불도의 길에 들겠다고 말한다.

> 다시 들어와 사뢰되, '제자 등이 이미 얼굴을 변하였으니 맹서하여 사부 교명을 태만치 아니하리이다.'대사 가로되, '선재선재라. 너희 팔인이 능히 이렇듯 하니 진실로 좋은 일이로다.' 드디어 법좌에 올라 경문을 강론하니 백호빛이 세계에 쏘이고 하늘 꽃이 비같이 내리더라. 설법을 장차 마치매 네 귀

> 진언을 송하여 왈, '一切有爲法 如夢幻泡影 如露亦如電 應作如是觀'이라 이르니, 성진과 여덟 니고 일시에 깨달아 불생불멸할 정과를 얻으니.[656)]

또, 육관대사의 설법이 지닌 높은 경지는 설법자의 신비롭고 장엄한 묘사에서도 확인된다.

> "백호 빛이 세계에 쏘이고 하늘 꽃이 비같이 내린다."

이 대목은 종교적 형상을 취한 셈이다. 마음의 세계였기 때문에 구체적인 묘사는 하지 않는다. 연화봉의 봄에서 시작한 성진의 춘몽인 선적인 몽유는 취미궁의 가을에서 끝난다. 성진의 깨달음은 마치 연꽃이 피었다가 시들고 반면에 연실이 맺히듯, 연화봉의 화려한 봄은 양소유의 출장입상하는 부귀영화로 이어졌다가 취미궁의 가을에서 다 스러지고 꿈에서 깨어나듯 삶의 본질에 대한 깨달음에 도달한다. 이 작품의 표현도 중심 심상의 변화와 인식의 진전에 따라 변화했다. 처음 연화봉은 신성한 공간으로 그려졌고, 연화봉의 봄 경치에 취한 8선녀와 성진의 마음의 행로에 따라 꿈에서 겪게되는 모든 세계는 그 감각적 형상으로 표현된다. 이와는 달리, 성진의 마음의 행로가 그 본연의 곳으로 돌아오자 표현 역시 세계의 감각적 형상화에서 논증적 설명으로 교체된다.[657)]

이렇게 전개되는 「구운몽」의 대단원은 유의법의 세계와 무위법의 세계를

---

656) 『구운몽』. "復入告曰 弟子等既已變形 誓不慢師傳之敎訓矣 大師曰善哉善哉 汝等八人也至誠如此 寧不感動 遂引上法座講說經文 白豪光射世界 天花下如亂雨 說法將畢 乃誦四句之偈 性眞 及八尼姑 皆頓悟本性 大得寂滅之道.".

657) 김종철, 「구운몽의 세계와 그 표현」, 『옛소설에 나타난 우리말의 아름다움』, 한글학회, 1994, 53쪽.

대별하면서, 성진이 살아가는 현실은 유위법의 세계에 속하므로, 여기서 일어나는 삶에 대한 지나친 애착을 대각하여 얻는 깨달음의 세계로 나아가는 데에 장애가 된다는 세존의 가르침을 정점으로 하고 있음을 확인할 수 있다.

『금강경』에서 세존이 설법하는 세 차원, 즉 상과 비상과 비무상이 머무름이 없는 마음이어야 함을 강조한다. 이를 작가 서포는 「구운몽」에서 그 서사 구조를 『금강경』의 상과 비상과 비무상[658]에 근거하여 공관을 표현하기 위하여 핵심 이치로 시간성 이중부정에 근거한다. 즉, 주인공이 처한 세 가지 시공간 층위를 상대적 층위로 설정하였다. 그래서 「구운몽」에서는 스승인 육관대사가 제자인 성진에게 선적인 몽유 형식을 빌려서, 성진의 심리적 체험을 상이한 시공간 층위상에서 진행하도록 하는 것으로 나타낸 것이다. 즉, 「구운몽」의 서사체계는 선적인 몽유가 핵심이 되고, 이 선몽은 육관대사가 제자 성진에게 10년간 설법한 「금강경」의 핵심 이치를 창의적으로 서사화한 것이다. 그래서 성진의 현실 층위, 성진의 꿈의 층위인 선몽의 층위, 성진의 '꿈 속의 꿈'인 '선몽 속의 꿈'이 주인공의 육신과 정신이 움직이는 층위 이동이나 전환의 주요 기능으로 삼고 있다.

이러한 선몽구조에 의거한 「구운몽」의 서사체계로 보면, 제1 층위의 사건은 성진이 밤 동안에 진행하는 참선은 현실에서 비롯되는 사건이다. 그러나 일반적인 참선에서 생각을 비우는 쪽으로 참선이 진행함과는 달리, 여기서는 참선하는 주체인 성진의 내적인 심리 상황을 구체적인 행동으로 전환하여, 그 인물의 구체적인 언행을 서사적으로 펼쳐내며 서술한다. 그러므로 성진이 실제로는 형산의 선방에서 가부좌의 자세로 참선을 하고 있지만, 서술자는 이 장면을 숨겨둔 채, 성진이 전개하는 선적인 몽유 의식을 갖추고 있기 때문에, 참선이 진행되는 동안에 참선의 주체인 성진은 형산 연화봉에서 참선 수행을 하고 있으나, 소설의 서술자는 이러한 형산 연화봉에서 참선 수

658) 相 非相 非無相.

행은 보여주지 않고, 성진의 심리적인 상태 속의 모습을 동일한 성진의 외모와 언행으로 계속해서 서술하는 것이다. 그래서 작중 인물인 성진은 물론 독자들도 성진이 참선을 하는 것이 아니라, 실제 행동을 하는 것으로 이해하게끔 서술하는 것이다.

그러나 이러한 속임수의 서술은, 제2 층위의 사건에서, 성진이 양소유로 환생하여 60년 동안 생활한 다음에 깨어보니, 실은 지나간 성진의 윤회와 양소유의 일생이 꿈이었음을 깨닫게 될 때, 그때 비로소 작중 인물이나 독자들은 꿈임을 인식하게 된다. 그러나 이러한 인식은 또다시 이어서 그것은 꿈이 아니라, 선적인 몽유로서, 변형된 참선임을 성진은 자각하며, 더욱 더 당혹감을 느끼게 된다. 즉, 꿈을 깬 성진이, 자신에게 일어난 지난 밤의 사건이 단순한 사건과 달리, 다층위의 서사체계 위에서 전개된, 선몽상의 현실이었으므로, 상이한 층위에서 일어난 사건 사이의 관계상을 인식하는데 혼란을 느끼게 된다.

성진의 이러한 혼란은 성진이 8선녀와 함께, 육관대사의『금강경』설법을 들으면서,『금강경』의 '상과 비상과 비무상'에 대응되는 세 차원의 시간 층위 위에서 존재하는 자아의 실상을 겪게 된 것이다. 즉, 성진은 자신이 겪은 현실, 현실 위의 선유상에서 일어나는 선유상의 현실, 또 그 선유상의 현실 위에서 몽유를 하게 되고, 그 몽유상의 현실에 존재하는 세 차원에 걸친 존재를 통합적으로 인식하게 된다. 즉, 자신의 동일한 활동이 진행의 종결에 가서는 선몽 형식으로 전환되는 특수한 형식을 취하고 있기 때문에, 선몽 형식의 쪽에서 보면 전생과 현세에 걸친 60년 동안의 생생한 현실이었음을 깨닫게 된다. 즉, 육관대사는 이들 각 층위의 상이 지닌 관계를 터득한 깨달은 자이고, 성진은 이런 지혜를 체득하기 위해 오래 수행한 선승이기 때문에,『금강경』설법을 들으면서, 한 순간에 연속적 층위 전환에서 일어난 각 상들의 관계에서 무상과 무아를 체득할 수 있는 총체적인 인식으로 공의 지혜를 깨닫게 된다.

이런 성진이 얻게 된 대각으로서의 깨우침은, 성진이 선몽을 마치고 현실로 돌아왔지만, 인식의 수준에서는 여전히 혼미한 상태의 1단계와, 선적인 몽유 중에 2단계, 3단계, 4단계, 5단계의 서사 진행에서 수직적, 수평적 이동 중에 만난 상대들의 관계상을 성찰하면서, 육관대사가 설법하는 『금강경』의 비무상론과 아상 인상론을 연계시켜 인식하게 됨으로써, 비로소 대각하게 되는 것이다. 즉, 선적인 몽유를 끝낸 다음에 육관대사가 『금강경』을 설법하는 내용의 절정에 해당하는 4구의 게송인 '일체 유위법은 실상이 아닌 몽환'과 같은 것임을 강조한 비무상론에 근거한 제3 층위의 시공간 구조를 온전하게 인식하여, 대각을 하는 내용과 상응한다.[659]

이런 통합의 인식을 성진에게 유도하는 육관대사는 10년에 걸친 『금강경』 설법의 최종 설법을, 성진과 새로 찾아온 선계의 제자인 팔선녀를 함께 모아놓고 하게 된다. 이 설법은 결국, 사제지간의 불법 전수 의례가 되고, 성진의 대각에 의해, 성진사미가 성진대사로 지위가 격상되는 대축제일이 되는 것이다.[660]

『금강경』의 32장회의 〈응화비진분〉[661]은 이러하다.

> "수보리여! 어떤 사람이 한량없는 아승지 세계에 칠보를 가득 채워 보시한다고 하자. 또 보살의 마음을 낸 어떤 선남자 선여인이, 이 경을 지니되 사구게 만이라도 받고 지니고 읽고 외워 다른 사람을 위해 연설해 준다고 하자. 그러면 이 복이 저 복보다 더 뛰어나다. 어떻게 남을 위해 설명해 줄 것인가? 설명해 준다는 관념에 집착하지 말고 흔들림 없이 설명해야 한다. 왜냐하면,

---

659) 성진 중심으로 서술이 되지만, 결미에서는 8선녀도 함께 대각을 한다는 점을 부각시키고 있다.

660) 설성경, 『구운몽의 통시적 연구』, 새문사, 2007, 119쪽.

661) 應化非眞分.

일체 모든 유위법은 꿈, 허깨비, 물거품, 그림자, 이슬, 번개 같으니 이렇게 관찰할 지라."

부처님께서 이 경을 다 설하시고 나니, 수보리 장로와 비구, 비구니, 우바새, 우바이와 모든 세상의 천신, 인간, 아수라들이 부처님의 말씀을 듣고 매우 기뻐하며 믿고 받들어 행하였습니다.[662)]

또, 「구운몽」의 마지막 장회명은 〈진상인반본환원〉[663)]으로 제시되었다. 이것은 불가나 유가의 학술 용어가 아닌 노장철학의 용어다.

『법화경』의 해당 본문을 보면 다음과 같다.

"이때, 일월등명(日月燈明) 부처님께서 『대승경(大乘經)』을 설하시니 이름을 무량의(無量意)라 했으며, 보살을 가르치는 법이요 부처님이 깊이 간직하는 바였습니다. 이 경전을 설하시고는2 곧 대중 가운데서 가부좌를 맺고 무량의처삼매(無量意處三昧)에 드시니, 몸과 마음이 움직이지 않으셨습니다. 이때 하늘은 만다라꽃, 큰 만다라꽃, 만수사꽃, 큰 만수사꽃을 비처럼 내려 부처님과 대중 위에 흩뿌리고, 널리 부처님의 세계는 여섯 가지로 진동하였습니다. 이때 회중(會衆)에는 비구, 비구니, 우바새, 우바이, 천, 용, 야차, 건달바, 아수라, 가루라, 긴나라, 마후라가, 인, 비인과 여러 작은 왕, 전륜성왕 등이 있었는데, 이 모든 대중은 일찍이 없던 일을 만나 환희에 넘쳐 합장하고 일심으로 부처님을 우러러보았습니다. 이때, 여래께서는 미간에 백호(白毫)

662) 須菩提 若有人 以滿 無量阿僧祇世界 七寶持用布施. 若有 善男子 善女人 發菩薩心者 持於此經乃至 四句偈等 受持讀誦 爲人演說 其福勝彼. 云何爲人演說 不取於相 如如不動. 何以故 一切有爲法 如夢幻泡影 如露亦如電 應作如是觀. 佛說是經已 長老須菩提 及諸比丘 比丘尼 優婆塞 優婆尼 一切世間 天人阿修羅. 聞佛所說 皆大歡喜 信受奉行. 不取於相 如如不動.

663) 구본명, 「노장의 의식구조론」, 연세대학교 인문과학 31권, 1974,. 75~141쪽.

상으로부터 광명(光明)을 놓아 동쪽 1만 8천의 부처 땅을 비추시니, 미륵보살이여, 이때 회중에 2십억 보살이 있어 즐겨 법을 듣고자 하였는데, 이 모든 보살은 그 광명이 널리 부처 땅을 비추는 것을 보고 일찍이 없던 일이라 하여 그 광명이 비치게 된 인연을 알고 싶어했습니다. 그때 묘광(妙光)이라고 하는 8백 제자를 데리고 있는 한 보살이 있었습니다. 이때 일월등명(日月燈明) 부처님이 삼매(三昧)에서 일어나 묘광보살(妙光菩薩) 때문에 『대승경(大乘經)』을 설하시니, 이름은 '묘법련화('妙法蓮華)'요, 보살을 가르치는 법으로서 부처님이 깊이 간직하는 바였습니다."

이와 같은 『법화경』의 본문은 다음과 같은 『구운몽』의 본문에 변형 수용되고 있다.

대사 가로되, '선재선재(善哉善哉)라. 너희 팔인이 능히 이렇듯 하니 진실로 좋은 일이로다.' 드디어 법좌에 올라 경문(經文)을 강론하니 백호(白毫) 빛이 세계에 쏘이고 하늘 꽃이 비같이 내리더라. 설법을 장차 마치매 네 귀 진언(眞言)을 송(誦)하여 가로되, '일절유위법一切有爲法 여몽환포영(如夢幻泡影) 여몽환포영(如夢幻泡影) 응작여시관(應作如是觀)'이라 이르니라.

이러한 육관대사의 설법에 대한 주변적인 상황인 '백호 빛'의 내용과 '하늘 꽃'의 내용은 『금강경』에는 없는 표현이다. 이는 작가가 육관대사가 『금강경』만을 가지고 와서, 그 경만을 10년간 설법했다고 하며 『금강경』을 표면에 내세우지만, 작품 서술에서는 『금강경』과 함께 『묘법연화경』에서도 그 용어와 상황 묘사 방법을 참고하여 수용했음을 나타내는 것이다.

「구운몽」의 첫 장회명인 노존사남악강묘법의 '묘법'은 본문의 내용에서 보면, 육관대사가 제자 성진 등에게 『금강경』을 설법하는 것을 표현한 것이다. 여기서 사용한 '묘법'이란 표현은 『금강경』에서 세존이 가르치는 내용이 '기묘한 지혜'를 담고 있음을 지칭한다. 『금강경』의 이치를 '묘법'이라는 말로 표현한 것은『금강경』에서는 차용한 어휘가 아니라『묘법연화경』에 있는 어휘를 작가가 소재로 차용한 것을 볼 수 있다.

「구운몽」에서는 육관대사가 성진과 팔니고 등의 제자들을 앞에서 하는『금강경』의 '고별 설법회'의 설법을 마치자, '백호 빛이 세계를 비추고 하늘에서 하늘꽃인 천화가 내린다'는 깨달음에 대한 우주적 축복의 묘사는,『금강경』의 묘사가 아닌『묘법연화경』으로 불리는『법화경』의 내용이다.

8-2. 팔선녀가 발언한『예기』에서 차용한 '남좌여우'의 상징

(1) 발단에서 본 표면서사의 음양 대대에 자리한 이면서사의 의미망

위부인이 거느리는 여성 선녀들이 자리한 공간은, 지상에서 가장 풍광이 미려하면서도 역사적인 신비감을 지닌 남악 형산이요, 요순시대와 위진 남북조 시대의 역사성을 지닌 연화봉이다. 당나라 시절이 되자, 이 신비스런 공간에 비로소 석가세존의 불법을 전하고자, 천축으로부터 국경을 넘어온 육관대사가 등장하게 된다. 그리하여 위부인이 자리잡고 있는 남악 형산 연화봉의 다른 한편에, 처음에는 초암에서 시작한 사찰이 육관대사가 보살과 같다는 풍문을 듣고 모여든 이들에 의해, 웅대한 사찰로 건립되었다. 그 결과 형산 연화봉은천하에서 가장 주목받는 거룩한 종교 시설이 갖추어진 신성공간으로 설정된다.

이런 공간적인 배경과 분위기위에서, 어느 봄날, 비로소 정적인 상황에서 동적인 상황으로, 젊은 승려와 선녀 사이에 사랑의 기운이 피어난다. 최고의 신격인 옥황상제가 다스리는 천상계에서 지상계로 내려온 여선관 위부인의 제자들과, 석가세존의 불법을 전하고자 천축으로부터 중국으로 들어온 노존사 육관대사의 제자들 사이에서의 첫 인연이요 아름답고 기이한 만남의 사건이 벌어진다. 이러한 상황은 작품의 서두에서 "남악 형산은 늘 구름으로 가려져 있어 날씨가 아주 청명하여 구름과 안개가 걷히지 않는 날에는 그 진면목을 볼 수 없다"고 하였기에, 세속 천하의 사람들은 이러한 젊은 남녀의 기이한 만남을 알지도 못하고, 보지도 못한다. 다만, 이 작품을 읽는 독자들만이 천하의 높고 높은 명산, 그 빼어난 연화봉의 선가와 불가의 젊은 9인의 남녀들이 펼치는 흥미진진할 것 같은 사랑의 사건을 엿볼 수 있도록 작가 서포는, 구름과 안개 속에서 일어나는 내용을 향수할 수 있는 아주 특별한 논리를 통해 독자들을 일깨워주면서 소설의 발단으로 들어간다. 이것이 지성적 성리소설을 목표로 대제학 서포가 「구운몽」의 표면서사를 전개하는 격조 높은 품격의 지성미의 한 사례이다.

「구운몽」에서 다루는 유가의 예론에 대한 소설 내적 의미는, 표면서사에서 황태후가 어진 신하를 부마로 삼기 위해, 늑혼이라는 비상수단을 사용해서라도 곁에 두고자 하는 예를 벗어나는 상황에 대하여, 이면서사에서, 작가 서포는 현실의 숙종은 예를 벗어난 처지에서 어진 신하를 축출하는데, 소설 속 왕은 온갖 비난을 감수하더라도 관철시키려 하다가 좌절되자 투옥시키지만, 난양공주의 설득에 태후와 황상이 순순히 따름으로써, 이념적인 해결로 전환시킨다. 황태후가 자신이 낳은 이소화와 애초에는 자신의 딸이 아닌 정경패를, 이소화의 권유로 양녀로 받아들여 영양공주로 만든 다음에, 두 공주를 함께 양소유의 부인으로 삼는 것으로 서사화를 시킨 것은 「구운몽」이 지닌 주제의 한 영역인, 질서 있는 궁중 혼사의 한 사례를 설정하여 보여준 것이다. 즉 황상은 황상대로 올바른 판단과 황상다운 포용으로 문제를 해소하고, 양소유는 양소유대로 황상의 근본의도를 굴절 없이 받아 들여서 혼사에 얽힌 군신간의 갈등을 멋지게 해소하고 있다. 그러나 작품 밖의 현실과는 그러하지 못하다. 이런 왕에 대한 문제 해결의 모범 답을 제시하고 있다.

이 당시 현실문제였던 예송의 문제도 그렇다. 서인측의 천하동례와 차자설 및 희빈 장씨와 관련된 조사석에 대한 간쟁은 모두 인군을 충심으로 아끼는 마음과 예치국가를 이룩하려는 주자 성리학적 이상에서 나온 것이지 결코 국왕에 대한 무시나 당파적 이권에 의한 근시안적인 발언이나 태도는 아니었다. 국왕이 국왕으로서의 풍도로 신하들의 근본 취지를 읽어 주고 믿어준다면, 소설의 황상과 양소유 보다 더 멋지게 현실의 가슴 아픈 갈등과 반목을 계속하지 않을 수도 있으리라는 서포의 간곡한 소망이 담겨 있다.

양소유의 예론적 태도는 천하동례에 대한 확고한 신념이다. 혼사갈등을 문제 삼은 논의들은 늑혼의 문제이다. 현실의 정치적 긴장감을 가지고 전개되는 천하동례로 무장한 신하의 신념과 황권의 절대성을 내세워, 강제 결혼을 명령하는 황태후 사이의 갈등이 전개된다. 이는 예론 앞에서는 천하 만민이 동등하다는 작가의 신념이 반영된 것으로, 덕 있는 양소유가 끝내 황제 및 황태후의 어질지 못한 결정을 하지 않도록 행동을 전환하는 이야기로, 작품 밖의 현실상의 군왕인 숙종을 풍간하는 것이다. 이러한 늑혼에 관련된 사건은 소설과 현실의 갈등을 바로 적용할 때, 얻어진 소설 내 문맥이고, 이러한 현실의 치열한 갈등이 원만한 소설 전개와 상충하지 않으면서 전개되도록, 작가가 미리 마련해 놓은 소설의 내적 장치인 것이다. 즉, 작가가 의도한 내밀한 주제의식으로 이상적 군신간의 이상적 갈등 해소 사례를 제시함으로써, 현실 국왕의 경직되고 속 좁은 근시안적 안목을 은근히 풍자하고, 「구운몽」이 제시하는 원만한 군신간의 이해를 설득력 있게 드러내고 있다.

이런 점이 「구운몽」의 주요 사건으로 혼사문제를 다룬 이유다. 즉, 양소유의 혼례 문제는 표면적인 소재와 서술이고, 그 뒤에는 이면서사를 통한 작가의 「구운몽」 창작 당시에 군주와 신하, 비빈 사이에 놓인 최대의 정치 문제에 얽힌 현안을 다룬다. 물론 소설에는 애정 갈등을 중심으로 혼사갈등이 쟁점이 되긴 하지만, 「구운몽」의 경우에는 기본 의도가 일반 군담계 영웅소설과는 그 혼사 갈등의 의도가 다르게 나타난다. 양소유의 혼인은 궁중의 늑혼이라는 미묘한 문제를 어떻게 풀어나가느냐에 작가의 창의력이 드러나고, 작품의 의도가 드러난다. 상례나 혼례를 둘러싼 예송의 정치적인 상처를 더 이상 반복해서는 안되고, 이를 둘러싼 당쟁의 근원문제를 노출시키고, 나아가서는 이러한 갈등을 탕평의 차원에서 극복해보려는 작가의 애민, 애족적 행위가 성리소설의 창작으로 나타난 것이다.

작품 속에서, 양소유와 황태후의 공주 이소화의 혼사 갈등이 소재 원천이 된 것은, 현실의 실재 사건인 여러 번에 걸친 예송으로 판단된다. 그 한 예로, 예송 논쟁의 단서는 인조가 왕권을 적장자와 적손자가 아닌 차자인 봉림대군에게 넘겨줌으로써, 왕권 자체의 정통성에 문제의 여지를 남긴 것에서 시작한다. 예송 논쟁으로 격해진 정치적 분위기는 정치적 공방전으로 옮겨가기 쉬웠고, 이런 분위기 속에서 신료에 대한 국왕의 지배력은 강화되었다.

다음은 김만중이 관작을 삭탈 당하고 유배를 가게 된 상황에 대한 『조선왕조실록』의 기록이다. 당시 왕의 발언은 다음과 같다.

> 상감께서 승지 정석(鄭晳)에게 명하여 전지(傳旨)를 쓰게 하시고 말씀하셨다. "나라를 다스리는 도리는 임금과 신하, 위 아래가 함께 힘쓰고 서로 공경하여 비록 조그만 혐의가 있어도 마음에 두지 말고 함께 나라 일을 돕는 것이 옳거늘, 당론이 선조대왕 초년부터 성해지기 시작해서 효종대왕 시절에 이르러서는 시열과 준길 등이 속이 좁고 잔단 무리로서 자취를 산림에 붙이고서 선비라는 이름을 빌려서는 멀리서 조정의 권세를 움켜쥐고 있어서 무릇 인물을 올리고 물리침과 크고 작은 정사에 반드시 먼저 두 사람으로 의논하여 결정한 뒤에 주달하니 어찌 통탄스럽지 아니한가? 예를 논할 때를 미쳐서는 효종대왕을 깍아 내려서 적통(嫡統)을 서파(庶派)로 논함으로써 마침내 대례(大禮)를 그르쳤고, 지난 해 빈청(賓廳)에서 회의할 적에 이르러서도 선왕께서 친히 예경을 고찰하시어 재삼 물으셨는데도 여러 신하들이 예를 의논함이 중한 줄은 알지 못하고 한갓 권신(權臣)에게 아부할 마음만 먹고서 진실을 대

답하지 아니하니, 선왕께서는 벌컥 진노하셨으나, 다만 재상 김수흥만 죄주시고 우두머리로 잘못을 저지른 자(송시열)의 죄를 바로잡음에는 미치지 못한 채 하늘이 무너지는 슬픔을 만나고 말았다. 내가 어린 나이로 자리를 이었으나 선왕이 남기신 뜻을 따라 귀양보내는 벌을 약간 베풀어서 위로 효종대왕께서 받으신 치욕을 씻어 나라의 높고 무거운 예를 바로 잡을 것이다. 김아무개는 간교하고 바르지 못한 무리로서 일찍이 앞 조정의 허상(許相)을 논척하다가 특별히 너그러운 은전을 입어 형장(刑章)을 면하고 다만 정배(定配)에 그쳤으니 가히 다행하다 할 것이오 어쩌다 승선(承宣)을 제수받은 것도 또한 과분하다 할텐데, 뉘우쳐 고칠 것은 생각지 아니하고 돌아보고 꺼리는 바 없이 미세(微細)한 일을 빌미삼아 장황하게 말을 꾸며서는 두 어진 신하를 모함하는 데 온 힘을 다 기울이니 진실로 지극히 놀랍도다. 파직(罷職)하고 말 수는 없을 것이다. 송창(宋昌)은 평소 물망(物望)도 없었는데 우연히 당돌하게 곧바로 나와서 그 이유를 군부(君父)에게 다그쳐 묻기를 두 번 세 번 하니, 벗들 사이에서 서로 잘못을 나무라는 것 같도다. 그 군상(君上)도 없고 당론(黨論)에만 아부하는 죄를 징계하지 아니할 수가 없다. 아무개는 관작(官爵)을 삭탈(削奪)하고 창(昌)은 잡아다 조사하여 처리하라."

석(晳)이 말했다. "신이 임금을 가까이 모시는 직분에 있으니 감히 아뢰지 아니할 수 없습니다. 아무개 등이 이미 죄를 입었는데 죄를 더하심은 지나친 듯합니다." 상감께서 말씀하셨다. "다만 붓을 잡고 쓰기만 하라"[664)]

예송 논쟁 여파는 김만중에게도 미쳤다. 일찍이 김만중도 예론에 관한 언급을 피할 수 없었다. 민신의 복제 문제에 대해 김만중은 다음과 같이 발언한 바 있다.

664) 숙종 원년(1675) 윤오월 27일의 기록, 『서포년보』, 서울대학교출판부, 1992. 106쪽.

신이 듣자 오니, 청풍부원군이 고 교관 민업(閔業)의 집안일을 말씀드려서 상감께서는 당해조로 하여금 조사해 내라는 명을 내리셨다 합니다. 신이 민업과 서로 알고 지내는 교분은 없으나, 듣자오니 민업이 죽은 뒤에 그 아들 世益이 미친병이 있으므로, 그 손자 민신이 그 아비를 대신하여 복을 입을 것으로 귀일되었으므로 그렇게 복을 입은 것입니다. 신이 朱子의 글을 보니 송나라 광종은 정신병이 있어서 집상할 수 없었으므로 광종의 아들인 영종이 집상하여야만 했습니다. 그래서 주자가 이러한 차자를 올린 것입니다. 이로써 보건댄 민신이 병든 아비를 대신하여 복을 입은 것도 근거가 없지는 않습니다.[665)]

또 이와 같은 문제를 다루고 있는 실록의 다른 관련 자료를 보면 다음과 같다. 숙종 원년 11월 20일에 이와 관련된 발언을 하였다.

장령(掌令) 남천한(南天漢)이 아뢰기를, "민신(閔愼)이 상제(喪制)를 무너뜨려 윤상(倫常)을 어지럽게 한 일은 이미 성명(聖明)께서도 통촉하시는 바이기에 다시 군말이 필요치 않습니다마는, 그 산 아비를 죽은 것같이 대우하여 조부(祖父)의 상(喪)에 대복(代服)한 것은 실로 사람의 도리로서는 차마 하지 못할 바이며, 왕법(王法)으로서도 용납할 바가 못됩니다. 혹 그가 스스로 한 것이 아니기 때문에 깊이 죄주려 하지 않는다고도 하지만, 만일 민신으로 하여금 일호(一毫)라도 그 어버이를 어버이로 여기는 마음이 있었다면, 비록 권하는 자가 백 사람이 있었다고 하더라도, 어찌 차마 산 사람을 죽은 것같이 대우하여 그 아비의 복을 빼앗아 대신 입겠습니까? 이를 가르친 자는 비록 남이라 하더라도 복을 입은 자는 민신입니다. 청컨대 민신을 율(律)에 의하여 죄를 정하게 하소서. 박세채(朴世采)가 민신으로 하여금 조부의 상을 대

665) 『조선왕조실록』, 현종 14년(1673) 9월 13일.

복하게 할 때에 처음에는 다만 식견(識見)이 어두워 틀렸을 따름이요, 윤상을 어지럽히고 풍속을 상패하게 하려고 짐짓 그렇게 한 것은 아니었습니다. 그러나 공의(公議)가 이미 발론되고 분명한 증거가 이미 드러난 뒤에도 오히려 미망(迷妄)한 소견을 고집하고 굳혀서 반드시 그 과오를 문식(文飾)해서라도 이겨내려고 하였으며, 또 그 방제(旁題)와 조천(:遷) 등의 말도 크게 주자(朱子)의 본의(本意)를 어기었고, 그 가묘(家廟)에 고(告)하는 글에도 다만 '봉사(奉祀)를 부탁한다.'고만 썼으니, 이는 주자가 치사(致仕)한 뒤에 예경(禮經)의 늙어서는 전해준다.'는 뜻에 따라 그의 손자로 하여금 섭행(攝行)하게 함이요, 방제와 조천까지도 모두 아비가 죽어서 아들이 계승하는 것처럼 하는 것은 아닙니다. 만약 박세채의 말과 같이 한다면 이는 주자가 살아있는데도 이미 그 증조(曾祖)와 고조(高祖)를 조천한 것입니다. 가령 그날 증손에게 전하였다면 장차 그 조부를 조천해야 하고, 현손(玄孫)에게 전하였으면 장차 그 아버지[考]를 조천해야 할 것입니다. 범인(凡人)도 오히려 그렇지 못할 것인데, 주자와 같은 현인(賢人)이 했다고 할 수 있겠습니까? 또 백량(伯量)의 말이 답하기를, 장래에 소손(小孫)이 봉사(奉祀)하더라도 그 사세는 마땅히 이와 같이 해야 할 것이다.' 했으니, 대개 자기가 죽은 뒤에는 감(鑑)이 승중(承重)하고, 야와 재(在)가 감의 숙(叔)이 되니, 이는 백량(伯量)의 집과 마찬가지라고 이른 것이지 실상 주자가 계신 때를 이른 것이 아닙니다. 백량의 집은 곁에 숙부가 있고 그 조카가 제사를 이어받들기 때문에 조천하여 모시는 예(禮)는 본래 숙부로 하지 않고 조카로 해야 하지만, 주자의 집에는 위로 조부가 있고 손자가 제사를 섭행하고 있는데, 사당을 고쳐 모시는 예에 있어 어찌 그 조부를 버려두고 손자를 따르겠습니까? 박세채는 도리어 이를 한 꿰미에 꿰려고 했으니, 또한 그릇된 것이 아니겠습니까? 주자어류(朱子語類)》의 문답(問答)이 명백한 지금 이를 평일에 문답한 말이라 이르고 인정(人情)과 사세(事勢)로 보아 있을법하다고 말하였으며, 사당에 고하는 글은 도(道)가 이루어지고 덕(德)이 높아진 뒤에 있었던 것인데, 임의로 제 생각만을 가지고 굴신(屈伸)하고는 감히 스스로 그 사이에서 취사(取舍)하였습니다. 아! 사당에 고하는 글에는 다만 제사를 붙이는 말만 있는데, 그 말 밖의 뜻을 지어내어 사당을 고쳐 모시는데도 함께 통용한다고 이르고, 《주자어류》에 문답한 말은 본시 바꿀 수 없는 정론(定論)인데도 준용(遵用)하기에는 합당하지 못하다고 일렀으니, 이 또한 선현(先賢)을 무방함이 심하지 않습니까? 청컨대 전(前) 장령(掌令) 박세채를 사판(仕版)에서 삭제하게 하소서." 하니, 임금이 그대로 따랐다.[666]

사실 2차 예송에서의 이러한 서인측의 패배의 이면에는 김석주가 있었다. 송시열과 같은 서인이지만 집안 간에 해묵은 감정이 있었기에 송시열을 제거하고 서인의 패권을 차지하려는 계파 안의 분열이 큰 이유였다. 한당 이었던 조부 김육은 생전에 대동법을 확대 실시하려 했다가 산당인 김집과 그의 제자들에 의해 좌절하고, 사후에는 그의 두아들 김좌명, 우명 형제가 아버지 김육의 묘에 분수에 넘치게 묘에 이르는 길을 설치했다가 송시열 등에 의해 논척되었다. 현종 14년인 1673년에는 민신의 복제문제로 김우명과 송시열이 대립하게 되었다. 그런데 김석주의 작은아버지 김우명은 현종의 장인인 청풍부원군이다. 김석주와 김우명은 집안의 오랜 숙적을 제거하기에 좋은 기회를 놓치지 않고, 남인의 삼년상을 찬성하고 나서며 현종을 자극해 송시열 계열을 제거하려 했다. 이러한 청풍김씨가의 행보는 2차예송의 귀결에 심대한 영향을 미쳤다. 그러나 얼마 안 있어 남인이 득세하여 서인은 물론 자신의 정치적 입장이 뿌리째 흔들리는 위기감을 느낀 김석주는 다시 남인세력을 제거하기에 나선다. 그래서 일으킨 것이 '삼복의 변'이다. 물론 이 사건 바로 전에 허적의 유악 남용 사건으로 숙종은 수도권의 군사적 핵심 요직을 서인에게 이미 다시 돌려준 상태였다. 새로이 군권을 장악한 서인명단에는 훈

666) 『조선왕조실록』, 숙종 원년(1675) 11월 20일.

련대장직에 부임한 김만기[667]도 포함되었다. 이런 때 정원로가 허적의 서자 허견이 삼복[668]과 더불어 역모를 꾀했다는 고변을 했다. 물론 김석주가 배후 조종을 한 것이었다. 이로 말미암아 남인들이 일거에 정치판에서 물러나니 이것이 바로 1680년의 경신환국이다.

예송 논쟁으로 가열한 남인과 서인간의 정치적 대결 양상은 9년 후 기사환국에서 남인의 득세로 상황이 다시 반전된다. 이에 앞서 남인은 장렬왕후의 동생인 조사석을 통해 장희빈과 선을 대고 있었고, 장희빈은 조사석과 동평군 항을 통해 궁중에 선을 대어 숙종의 환심을 샀다. 처음에 숙종이 조사석을 좌의정에 앉혔을 때 조사석의 인사에 장희빈이 관계되었다는 소문은 그래서 나온 것이었다. 이러한 여항의 말을 경연의 자리에서 숙종에게 진언했다가, 갑작스런 숙종의 노기로 말미암아 말의 출처를 대라는 하교를 받는다. 그러나 말의 출처를 끝내 대지 않아, 김만중은 결국 1687년 9월 12일에 선천으로 유배되었다.

(2) 석교에서 팔선녀가 발언한 『예기』 전고의 '남좌여우'의 상징

율곡의 『동몽선습』에서는 『소학』을 강조하고 있다.

유학의 요체는 수기치인이고 그것은 수신제가로부터 출발한다. 그리고 수신과 제가를 연결하는 고리는 곧 가정이다. 가정은 수신과 제가가 이루어지는 요람이기 때문이다. 사계 김장생은 "수신제가하는 데는 『가례』나 『소학』보다 더 절실한 것이 없고, 치심진학하는 데는 심경이나 근사록보다 더 긴요한 것이 없다."고 하였다.[669]

---

667) 김만중의 친형으로, 인경왕후의 아버지이다.

668) 복창군, 복선군, 복평군.

669) 송시열 찬, 『사계어록』.

이로써 보면 김장생은 수신제가의 기본서로 『가례』와 『소학』을 꼽고 있었고, 배우는 자에게 가장 절실한 책으로 인식하고 있었다. 또, 김장생은 『소학』, 『심경』, 『중용』, 『대학』, 『주역』 등의 글을 묵송하여 밤낮으로 계속해 돌려가며 복습하였는데, 제아무리 위급한 사이라 하더라도 잠시도 중단한 적이 없었으며, 의심스럽고 분명하지 않은 곳을 만나면 침식까지 잊어가며 깊이 연구하고 힘써 사색하여 반드시 해결하고야 말았다.[670]소신의 의견으로는 소학이 오륜과 관계된 책이니 경연에서 이것이 절실할 듯싶습니다.[671]

이처럼 사계 김장생은 평소에도 늘 소학을 묵송하였고, 또 인조에게도 경연에서 『소학』을 강할 것을 권면하였다.

> 무릇 60일 동안 신독재 선생의 어버이를 받드는 정성어린 효도와 예절을 자세히 보니, 모두가 소학(小學)에서 본 그대로였다.[672]

이것은 문인 권극중이 두 달간 연산의 사계선생 댁에서 함께 생활하면서 사계선생의 선비적 삶을 체험하였는데, 이때 신독재 김집의 부친을 섬기는 도리가 『소학』과 일치하였음을 증언한 것이다. 이처럼 사계 김장생의 집안에서는 가정의례를 『가례』에 준하면서, 소학을 묵송하고, 강학하고, 실천하였으며, 또한 가례를 존신하여 기준으로 삼았다.[673]

작가 김만중은 「구운몽」에서 성진이 동정용궁에 갔다가 돌아오는 길에 흐르는 시내에서 붉어진 낯을 씻다가 향기에 취하여 내를 따라 올라가다가 육관대사를 뵙고 오는 8선녀를 만난다. 술을 마셔서 이미 마음이 흐트러진 성

---

670) 송준길 찬, 『사계시장』.

671) 『조선왕조실록』, 인조 1년(1623) 5월 10일.

672) 권극중, 『신독재 유사』.

673) 한기범, 「사계 김장생의 가정관과 아홉 아들」, 『한국사상과 문화』, 80집, 2015, 98~102쪽.

진에게 8선녀가 석교 위에서 봄날의 춘정을 드러내는 발언을 한다.

> "팔선녀 답례하고 이르되, 우리는 위부인 시녀러니 부인의 명을 받아 대사께 문안하고 돌아가는데, 첩 등은 들으니 '도로에서 남자는 왼쪽으로 말미암고, 부녀는 오른쪽으로 행한다.'하니, 이 다리는 심히 좁고 첩 등이 이미 빌렸으니, 도인의 말이 심히 마땅치 아니하오 청컨대 다른 길로 행하소서."[674)]

여기서 "길에서 남자는 왼쪽으로 말미암고 여자는 오른쪽으로 행한다."는 표현은『예기』에서 차용한 것이다.『예기』의 내칙편에는 "여자는 문 밖으로 나갈 때에는 반드시 그 얼굴을 가리며, 밤에 어디를 갈 때에는 촛불을 밝히는데, 촛불이 없으면 가지 않는다. 도로에서 남자는 오른쪽으로 가고 여자는 왼쪽으로 간다."로 되어 있다.

『소학』 중에서도 남여 구분의 기본적이며, 핵심적인 예의 문제를 거론한 핵심어가 담긴 대목이다.[675)] 더 나아가 이 효자 서포가 생이별의 고통 속에서 병든 몸을 지탱하면서 자식의 해배 귀환을 손꼽아 기다리는 자애로운 노모를 위해서, 유배지에서「구운몽」을 지어, 대표 독자요 최초의 독자가 될 한양의 모친에게 헌증한것이「구운몽」이다. 그러하기에, 모친이 어릴 때 직접 가르쳐준『소학』의 대표적 구절이요, 예조판서를 역임한 최고 학자가『예기』에도 실린 이 구절을「구운몽」 속에, 8선녀의 발언 대목에 실수로 서술하였

674) 八仙女答拜日 妾等卽衛夫人娘娘侍女也 承命於夫人 問候於大師 歸路適少留於此矣 妾等聞之 禮云 於行路 男子由左而行 婦女由右而行 此橋本來偏窄 妾等且已先坐 今道人從橋而去 於禮不可 請別尋他路而行(계해 목판본).

675)『소학』의 이 부분은 작가 서포는 대제학 출신의 당대 최고 학자이면서,『예기』에는 물론 유가사회에서 어린이들이 학문의 길로 들어설 때, 가장 먼저 접하는『소학』에도 있을 뿐만 아니라, 서포가 이『소학』을 유복자로 태어난 이후 어릴 때 모친 윤씨가 구송해주는 것을 직접 배운 책의 핵심적인 내용이다.

다고 할 수는 없다. 서포 김만중은 의도적으로 『예기』와 『소학』에 있는 이 구절을 작품 「구운몽」 속에 반대로 뒤집어서 서술하였다. 즉, 8선녀들의 언행이 보여주는 속성을 단적으로 제시하기 위한 것으로, 겉으로는 위부인의 제자요, 그 용모 또한 주방의 미인도에 비견되는 미인들로서, 육관대사의 젊은 수제자인 성진을 한눈에 빠져들게 하는 선녀들이다. 그러나 그러한 8선녀의 언행이 예론의 지식 정보를 왜곡시키는 잘못된 정보요, 표현이라는 것을 부각시키는 장치로서, 8선녀의 이 표현은 가장 권위 있는 『예기』를 내세우면서도 실은 정반대의 이야기를 하고 있는 엄청난 위선을 고도의 지성적 풍자로 보여준다.

8-3. 형산 악록서원의 주자 강연과 한양 희정당에서의 서포의 경연

(1) 남악에서 벼슬하고 형산 악록서원에서 마지막 강연을 한 주자

서포 김만중은 여러 가지 측면에서 주자의 삶과 학문을 남달리 숭앙하였다. 그래서 주자정신의 본질에 근접하려는 태도를 자신의 정치적 삶과 학문의 길에서 닮고자 했다. 그 뿐만 아니라, 굴원의 초사 정신 또한 자신의 문학 창작으로 투사시켜 보고자 하였다. 이런 태도가 충군 지사로 표현되는 미시적 유배문학과는 구분되는 거시적 유배문학, 내지 초탈적 유배문학으로 표현되는 「구운몽」의 작품세계를 펼치게 한 것이다. 남악 형산에는 신이한 일이 역사적으로 많다. 우왕의 치수로부터 주자에 이르기까지 역사와 학문 발전에 기여한 성현 석학들의 위대한 업적을 살펴볼 수 있는 곳이다. 작가 서포는 상수학파, 특히 주자가 남악묘를 관리하는 벼슬을 했고, 제자들을 위해 강연을 했던 공간인 남악 형산과 동정호, 그리고 소상강을 묶어서 신성공간으로 설정하였다. 이곳을 핵심 배경으로 당나라 시절, 도가의 위부인과 불가의 육관대사가 제자를 가르치는것을 표면서사로 삼으면서, 이면서사에서는 송나라 시대의 주자의 가르침을, 다시 청나라 시대에는, 조선에서의 작가 서포가 군주 숙종을 가르침을 가장 구체적인 현실 주제로 삼아, 작품의 다중주제로 설정하였다.

이렇듯, 주자를 그리는 작가 서포의 마음이 투영된 형산 권역의 역사적 배경을 살펴보며, 주요 공간 배경으로 설정된 남악 형산은, 철저히 작가의 정신세계나 의도면에서, 주자를 염두에 두고 있음을 알 수 있다.

주자는 장식과 수십년에 걸친 교류를 통하여 학문을 이루었다.[676] 장식은 1165년에 장사 지역의 성남 묘고봉 아래에 성남서원을 짓고, 또 장사의 악록서원에서 주임 강의를 맡은 이래 세상을 떠난 1180년까지는 남송의 도학이 대대적으로 발흥하였다.[677] 악록서원은 북송 때부터 중국 4대 서원의 하나로 꼽혀 왔는데, 이때 악록서원을 복원 중수하였기 때문이다. 특히, 이 시기에 장식은 성남서원과 악록서원을 학술 활동의 영역으로 함으로써 호씨 부자에 의해, 남악 형산 일대의 세 서원을 중심으로 펼치던 중심 무대를 이곳으로 옮겨서 호상학을 한 걸음 더 발전시켰다. 이런 상황 속에서 장식은 주자와의 학문적 교류가 이곳에서 본격적으로 이루어졌다.

주자는 관료로 재직 중 군주에게 「주자봉사」[678]를 올렸다. 이것은 관직 생

---

676) 주자는 손수 쓴 장식의 비문에서 술회하고 있다.

677) 이 시기를 호상학(湖湘學) 시기 가운데 '상(湘)'시기라 한다.

678) 봉사(封事), 주차(奏箚), 차자(箚子)등의 글을 묶은 작은 책자로, 모두 33편이 4권 체재로 담겨 있다.〈주자봉사〉에 수록된 상소문은 주희의 문집에 있는 상소문의 일주이다. 다만, 그 체재는 주희의 문집에 실려 있는 것을 그대로 옮긴 것이다. 주희의 문집은 모두 100권으로 구성되어 있으며, 주희가 관료로 재직하는 시절에 작성했던 봉사, 차자, 의장(儀狀) 등 수백 편에 가까운 글들을『주자대전』권 11부터 권23까지 실려 있다.

활의 산물로 주희가 지닌 정치사상의 핵심을 담고 있다. 주희는 20세 후반에 천주 동안현의 주부를 시작으로 60대 후반까지 크고 작은 내외의 관직을 거쳤고, 1162년 33세 되던 해에는 감남악묘[679]를 맡았다.[680] 그는 도교의 사원인 궁관과 오악의 사묘를 관리하는 것이 주 임무였다. 주희는 이 일을 젊었을 적부터 자원하여 수행했다. 최초의 관직 경험이었던, 4년간의 동안현 주부를 마친 뒤 주희는 사록직을 맡기를 원하였고, 그 결과 감남악묘에 임명되었다.[681] 주희는 이 시간을 자신이 구축한 학문을 실천하는 중요한 계기로 생각하고, 자기에게 주어진 직분에 최선을 다했으며, 주요한 국면 국면마다 남송 사회가 안고 있는 현안을 정리하고, 이를 타개할 수 있는 방안을 자신의 사상을 근거로 하여 군주에게 적극 개진했다.[682]

수공전[683]에서 올린 주차는 주자 34세 때인 1163년의 〈감남악묘〉의 직책에 있을 때, 주희는 막 즉위한 황제에게 치세의 근본에 대해 설명하였다, 유가의 입장에서 볼 때, 치세의 바른 도리는 『대학』의 도에 응축되어 있는데, 그 핵심은 수신이며, 이 수신으로부터 출발해야만 치국평천하[684]의 마땅한 도리에 도달할 수 있다는 것이다. 곧 주희는 효종에게 지금까지의 잘못된 학

---

679) 미우라쿠니오, 김영식 등(역), 「인간주희 연표」, 창작과비평사, 1996 참조.

680) 대체로 50대와 60대에 활발하게 관직 활동을 했던 것을 볼 수 있다. 황간(黃幹)이 행장에서 "선생은 남강의 지사가 되고 절동의 감찰칙사가 되어서 처음으로 그가 배운 학문을 실천할 수 있었다"고 한 대로 그는 50세가 넘어 본격적인 관료 생활을 경험했으며. 그 생활을 통하여 그의 평소 생각을 정치의 현장에서 구체적으로 실천했다. 이 시기에 지은 글들은 그의 사상과 송 사회의 현실을 접맥하고 있기에, 그가 작성한 어떤 종류의 글보다 핍진하고 현실감에 넘쳤다.

681) 주자의 제자 황간이 행장에서 "50년간 네 명의 황제(高宗, 孝宗, 光宗, 寧宗)"를 섬겼는데, 지방관으로서 외지로 나간 것은 겨우 9년, 조정에 섰던 것은 단 40일 뿐이었다.

682) 주자사상연구회 역, 『주자봉사』, 혜안, 2011, 15쪽.

683) 3월에 효종의 부름을 받고, 10월 6일에 수공전(垂拱殿)에서 황제를 만났다.

684) 治國平天下.

문적 관심을 일소하고 유학의 기본 덕목에 충실한 군왕이 될 것을 권고하였다. 이러한 내용을 담고 있는 〈계미수공주차〉[685]에서는 효종 즉위년에 효종을 만나 올린 글로서, 제왕학, 주전, 언로 확대, 측근 제거를 논하였다.[686] 주자는 계미년(1163) 수공전에서 올린 주차(2)에서는 "신이 살펴보건대 오늘날 나라가 취할 계책을 논하는 것에 대개 세 가지가 있는데 (중략) 신이 들은 바에 의하면, 하늘은 높이 있고 땅은 낮은데 있으며, 사람은 그 가운데에 자리하는데 천도는 음양을 벗어나지 않고, 지도는 강유를 넘어서지 않습니다. 그러므로 인과 의를 버려두고는 인도가 설 근거가 없습니다. 그런데 인은 부자 관계 보다 큰 것이 없고, 의는 군신 관계 보다 클 수가 없으니, 이것이 소위 삼강의 요점이요, 오상의 근본입니다. 인륜은 지극한 천리로서, 천지간에서 피할 곳이 없는 것입니다. 임금과 아비의 원수와는 같은 하늘을 이고 서지 않는다고 한 것이, 바로 하늘이 덮고 땅이 싣는 바와 같습니다. 이것은 군신과 부자의 성품을 가진 자가 심한 통증을 느끼어 스스로 어쩔 수 없는, 같은 마음이 생겨나는 것이지, 오로지 한 개인의 사사로움에서 나오는 것이 아닙니다."[687]라 하였다.

「구운몽」의 발단에서 육관대사가 조성한 사찰의 풍경을 묘사할 때, 두보 한시를 인용하고 있다. 즉, 서포는 「구운몽」의 주요 공간배경, 특히 사건이 진행되는 핵심 공간인 설법전을 묘사하면서 중국 최고 시인인 두보의 한시 「악록산도림사행」[688]을 인용하고 있다

---

685) 癸未垂拱奏箚.

686) 『주자대전』 권3 수록.

687) 주자사상연구회 역, 『주자봉사』, 혜안, 2011, 182~184쪽.

688) 嶽麓山道林寺行, 『원화군국지』에 따르면, 악록산은 장사현 서남쪽.에 있으며, 상강과 6리를 떨어져 있다. 『방여승람』에서는 한편 영록봉이라고도 이름하였다. 상서땅 옛나루터로부터 언덕을 오르면, 좁은 지름길과 높은 소나무가 있고, 산간수가 굽이굽이 서리어 흐르고, 여러 봉우리가 첩첩이 빼어난데, 아래로 상강이 굽어 보인다. 악록사는 산꼭대

당나라 시절에 어떤 고승이 서역 천축국으로부터 중국에 들어와 형산의 빼어난 모습을 사랑하여 연화봉 꼭대기에 나아가 띠집을 엮어서 살면서 대승의 불법을 강의하여 중생을 교화하고 귀신을 제어했다. 그러자 이때에 서방의 가르침이 크게 유행하여 사람들이 모두 존경하며 믿어 살아있는 부처가 다시 세상에 나왔다고 여기었다. 이에 부자는 자기 재물을 쉽게 여기고 가난한 자는 자기 힘을 내어, 첩첩 봉우리는 깍고 끊어진 골짝엔 시렁을 얹어, 재료를 모으고 솜씨를 갖춰, 크게 법당을 열었는데 그윽하고 아득하며 쓸쓸하고 고요하여, 경치가 천배만배 빼어났다. 이는 실로 두보의 시에 이른바 "동정을 벌로 삼아 산문을 높이 여니, 불전의 기둥다리 적사호에 박혔어라. 오월에도 시린 기운 부처마저 서늘한데, 밤낮 이은 극락음악 향로 앞엔 아침예불"이란 네 구(의 경치)를 이미 다 한 것으로, 산세가 빼어나고 도량이 웅대하여 남방의 최고라고 일컬어졌다. 그 스님은 오직 〈금강경〉 한 권을 손에 쥐었는데, 혹은 육여화상이라고도 하고, 육관대사라고도 한다.

위에 인용된 두보의 시는 「악록산도림사행」으로 여기에 나오는 악록산은 형산 72봉의 마지막 봉이기에, 형산에 세워진 육관대사의 연화도량을 이 시로 묘사함은 이치에 맞는 듯하지만, 실제의 지리적 조건으로는 형산의 주봉인 연화봉에서 악록산까지는 거리가 멀다. 그러므로 작품의 서술자의 시작은 형산 연화봉과 악록산, 동정호를 하나의 가시권역으로 인식하는 시인의 눈으로, 연화봉에 새로 창건한 대법당을 묘사하고 있다.

기에 있는데 백여 계단이면 이를 수 있다. 아래에는 이옹(李邕)의 악산사비가 있다. 또는 이르기를, 도림사는 악록산의 아래에 있는데, 선화현으로부터 8리쯤 된다고도 한다.(元和郡國志 岳麓山在長沙縣西南, 隔湘江六里. 方輿勝覽 又名 靈麓峰, 乃岳山七十二峰之數. 自湘西古渡登岸, 夾徑喬松, 泉澗盤繞, 諸峰疊秀, 下瞰湘江. 岳麓寺在山上, 百餘級乃至, 下有李邕麓山寺碑. 又云 道林寺在岳麓之下, 距善化縣八里. 杜甫著/仇兆鰲注『杜詩詳註』5, 中華書局).

이처럼 서포는 두보의 시를 인용하여 육관대사가 주장하고 있는 '절의 기둥은 적사호에 박혔고, 시야는 동정호로 열려있음을 한시[689]로 묘사하였다. 즉, 두보의 「악록산도림사행」[690] 시를 차용하여, 표면서사에서는 육관대사가 불가의 『금강경』을 설법하는 사찰을 묘사하면서도, 전고를 통한 이면서사에서는 송나라 시대의 주자, 다시 조선의 숙종 시대의 서포가 행하였던 창경궁의 희정당 경연에서의 작가 서포와 군주인 숙종을 연상하게 하는 고도의 전고 활용의 기술을 보여주고 있다.

이렇듯 작가 서포가 구사하는 높은 수준의 창의성은 두보의 시에서 가져온 것이다.

玉泉之南麓山殊	옥천땅 남쪽에는 녹산이 빼어난데
道林林壑爭盤紆	도림사 숲골짝이 다투어 구불구불
寺門高開洞庭野	동정을 벌로 삼아 산문을 높이 여니
殿脚插入赤沙湖	불전의 기둥다리 적사호에 박혔어라
五月寒風冷佛骨	오월에도 시린 기운 불상마저 서늘한데
六時天樂朝香爐	밤낮 이은 극락음악 향로 앞엔 아침예불
地靈步步雪山草	영기 어린 땅이라 걸음마다 설산의 풀
僧寶人人滄海珠	보배로운 스님은 사람마다 창해 구슬
塔劫宮牆壯麗敵	불탑 계단과 사찰 담장은 장려함을 다투고

689) 門高開洞庭野 殿脚插入赤沙湖 五月寒風冷佛骨 六時天樂朝香爐.

690) 『원화군국지』에 따르면, 악록산은 장사현 서남쪽.에 있으며, 상강과 6리를 떨어져 있다. 『방여승람』에서는 한편 영록봉이라고도 이름하였는데, 악산은 72봉에 든다. 상서땅 옛나루터로부터 언덕을 오르면, 좁은 지름길과 높은 소나무가 있고, 산간수가 굽이굽이 서리어 흐르고, 여러 봉우리가 첩첩이 빼어난데, 아래로 상강이 굽어 보인다. 악록사는 산꼭대기에 있는데 백여 계단이면 이를 수 있다. 아래에는 이옹(李邕)의 악산사비가 있다. 또는 이르기를, 도림사는 악록산의 아래에 있는데, 선화현으로부터 8리쯤 된다고도 한다.

香廚松道淸凉俱　　절간 부엌과 솔길은 청량함을 갖추었네
蓮池交響共命鳥　　연당엔 울려퍼지는 가릉빈가의 울음소리
金牓雙廻三足烏　　주련 글씨에는 맴도는 삼족오의 눈부심
方丈涉海費時節　　방장산 찾아 바다건넌들 시간만 버릴 텐가
玄圃尋河知有無　　곤륜산의 황하 원천 찾아봐야 없으리라
暮年且喜經行近　　만년이라 소요할 곳 찾음이 더욱 기쁘고
春日兼蒙暄暖扶　　봄날의 온기까지 겸하니 더욱 따뜻하네
飄然斑白身奚適　　떠나본들 머리 센 내가 어디를 가겠는가
傍此煙霞茅可誅　　이 곳의 놀 안개 경치에 띠집 지을만한데
桃源人家易制度　　무릉도원의 집은 짓는 법도 간단하고
橘洲田土仍膏腴　　귤주 땅의 토질은 그대로가 기름지네
潭府邑中甚淳古　　담주의 고을 안이 순박하며 옛스럽고
太守庭內不喧呼　　태수의 관정 안은 소란스럽지 않다네
昔遭衰世皆晦迹　　난세 만난 옛 사람들 모두 종적 감췄는데
今幸樂國養微軀　　다행히도 지금 나는 좋은 땅에서 휴양하네
依止老宿亦未晩　　노승에게 의지함이 또한 늦진 않았네
富貴功名焉足圖　　부귀 공명 따위야 어찌 족히 도모하리
久爲謝客尋幽慣　　사령운처럼 오랫동안 산수를 익히 헤매고
細學周顒免興孤　　주옹을 잘 배워 흥이 발함을 면하고 보니
一重一掩吾肺腑　　겹겹이 쌓인 산모습이 나의 오장 육부같고
山鳥山花共友于　　산새 산꽃 모두들 나의 벗이라 하겠구려
宋公放逐曾題壁　　송지문이 쫓겨나며 일찍이 붙여 논 시처럼
物色分留待老夫　　물색 각기 그대로인 채 늙은 나를 기다렸네

「구운몽」에 그대로 직접 수용되어 있는 '동정을 벌로 삼아 산문을 높이 여니, 불전의 기둥다리 적사호에 박혔어라. 오월에도 시린 기운 불상마저 서늘

한데 밤낮 이은 극락음악 향로 앞엔 아침 예불'이 환기하고 있는 것은 악록산이다. 그런데, 여기서 악록산을 의미있게 살펴 보아야 한다. 악록산은 바로 주자가 말년에 복구한 서원인 악록서원이 있기도 한 곳이다. 악록산이 환기하는 분위기를 읽어내기 위해 다음의 사실을 살펴볼 필요가 있다. 주자는 1194년 그의 나이 65세에 지담주형호남로안무사[691]로서 담주에 부임했고, 악록서원을 복구한 해에 황제의 경연자리에 나아가 『대학』을 강의하여 식읍 100호와 자금어대를 하사받았으나, 이내 시기를 받아 지위를 박탈당했다. 주자는 건양 땅의 고정으로 돌아왔다가 잠깐 다시 황제의 관심을 받았고, 이에 다시 시기를 받아 위학도당으로 몰려 파면되는 한편, 학파가 풍비박산되는 비운을 맛보았다. 주자는 그의 비참한 말년에 자신의 울분을 「초사」에 대한 주석작업으로 달랬다. 「초사」는 억울함을 안은 채 자결한 초나라 의 전설적인 충신 굴원의 작품이다. 더구나 위의 '악록산도림사행'[692]이란 작품은 전란 속에 방랑했던 우국의 시인 두보가 그의 말년의 심정을 담고 있는 작품이다. 위의 시에서 두보가 노래한 행복은 소박하기 짝이 없으나, 그의 일생을 놓고 볼 때, 그 작은 행복이 잠시나마 누리는 더없는 행복이었다. 이상의 문학 관습상 전통을 종합해 보면, 이에 인용한 시가 바로 서포의 처지와 심정을 드러내는 소재로 매우 의미심장에게 활용되었음을 확인할 수 있다. 왜냐하면, 김만중은 경연 끝에 직언을 하여 유배형을 받은 충신의 심정으로, 주자처럼, 임금의 경연자리에서 경전을 강의한 인물이었으며, 더구나 김만중 자신의 일생도 이미 인생의 노년기로 접어들고 있었기 때문이다.

691) 知潭州荊湖南路按撫使.

692) 嶽麓山道林二寺行.

(2) 한양 희정당에서 행한 서포의 경연이 지닌 충신의 은유성

작가 서포 김만중이 「구운몽」을 창작하는 동기가 된 선천 유배 직전에, 서포는 의금부 판사요 대제학으로서, 군주인 숙종을 상대로 한 경연장에서의 대표 경연관이었다. 당시 조사석은 우의정[693]을 제수받은 상태였다. 서포 김만중은 항간의 여론을 바탕으로 두 가지 문제를 한꺼번에 들고나와 왕에게 대들었다. 숙종은 장씨와 조사석의 문제를 금시초문인 듯 모른체 하려 하였고, 김수항의 일에 대해서도 회피하였지만, 그는 왕의 모든 실책과 정국의 불안정이 오로지 여총에 근원이 있다고 따졌다. 숙종의 노기는 하늘을 찌를 듯하였으나, 그는 굽히지 않고 왕의 그릇된 정사를 비난하였다. 왕은 그 자리에서 그를 옥에 가두도록 명하였다. 그 다음 날 영의정 남구만, 예조판서 남용익 등이 입시하여 그를 구원코자 하였으나 숙종은 듣지 않고 선천으로 유배를 명하였다.

작가 서포 김만중은 1687년 9월 11일 경연장의 지경연사로서, 서포 김만중을 주축으로 한 경연관들과 국왕 숙종이 주고받은 발언들의 핵심 내용이 기록된 『조선왕조실록』의 내용을 간추려 보면 다음과 같다.

---

693) 51세 되는 숙종 13년 9월 11일 경연에서 그는 조사석에 관한 일과, 영돈녕부사 김수항의 파직의 에 두 문제를 들어서 왕에게 크게 공격하였다. 조사석은 복제문제의 주인공인 인조의 계비 자의대비의 재종제로서 이례적인 승급으로 판동녕부사의 자리에 있었다. 그때는 후에 장희빈이 된 귀인 장씨에 대한 왕의 총애가 나날이 두터워 가던 때였으므로 귀인 장씨는 동평군 항과 결탁하여 무시로 왕의 처소에 출입할 뿐 아니라 그녀의 모친과 항이 조사석이 한 무리가 되어 모의함이 적지 않았고, 총권에 편승한 조사석의 언행과 전례가 없었기에 특별한 승진은 항간에 많은 물의를 자아내고 있었다. 김수항은 서인의 맹장으로 정치 원로로서 명망이 높았지만 숙종의 미움을 받고 몇 차례 파직을 당했으며 벼슬도 요직을 맡지 못하고 있었다. 그래서 세간에서는 김창협이 구인 장씨를 통렬히 반박하는 상소를 올린 탓으로 숙종의 분노가 그 아버지인 김수항에게 미친 것으로 믿고 있었다.

"요사이 전하께서 김수항과 이단하에 대한 대우가 그전보다 크게 달라지셨는데, 김수항에 대해서는 외부 사람들 모두의 말이 '김창협의 상소 때문이다.'라고 합니다. 어찌 전하께서 그의 아들이 한 일 때문에 그의 아비에게 화풀이를 하시겠습니까? 이는 김수항의 죄명이 분명하지 않기 때문에 이런 의심을 가지는 말이 외간에 마구 퍼지게 되는 것이 아닐 수 없습니다. 지금 전하께서도 신료들에게 마치 의심이 쌓여 풀리지 않으시는 것 같은데, 그렇다면 아래에서도 성상께 의심이 없을 수 없게 되는 것은 또한 당연한 일입니다. 대사헌 이익의 상소 내용에 이른바 '의아스러운 마음이 날로 생겨나고 있습니다.'라고 한 것이나, '조사석이 불안해진 것은 민진주 때문이 아닙니다.'라고 이수언의 상소에서 말하게 된 것도 또한 이런 때문입니다. 지난번 한성우의 상소는 한 말이 매우 광망하여 진실로 성상의 마음을 개오하기에 부족한 것이기는 했습니다마는, 비답하신 말씀이 매우 엄격하였고 신자로서는 차마 들을 수 없는 말씀이 있기도 했기에, 항간에서는 더러 송인종 때, 온 성의 일과 같은 것이라 하고 있습니다. 유언은 옛적부터 대내에서 총애받는 궁녀가 있을 적에 생기는 수가 많았습니다. 만일 시경 맨 첫 장의 시로서, 부부의 도가 잘 행해져 가정이 평화로움을 뜻하는 관저장 같은 시가 생긴 문왕 때라면 그런 말들이 어디에서 생겨나게 되겠습니까? 바라건대, 전하께서는 반성하시면서 더욱 수신하고 제가하는 도리를 닦으소서." 하였다[694]고 기록하고 있다.[695]

또, 남인 쪽의 역사 서술자들이 바라본 『숙종실록 보궐정오』에서는 서포 김만중이 이날 경연에서 한 발언을 아주 비판적으로 평가하고 있다. 즉 "김만중이 주강 때에 항간에서 조사석의 대배는 후궁에게 연줄을 댄 것으로 의

694) 『조선왕조실록』, 숙종 13년(1687) 9월 11일.

695) 『조선왕조실록』, 숙종 13년(1687) 9월 11일.

심하고 있다는 뜻으로 진달했다가, 임금이 진노하여 말의 근거를 힐문하게 되었는데도, 추대하지 않았기 때문에 하옥하도록 명하게 된 것이다. 신하된 사람이 임금을 섬길 적에는 은휘하지 않기에 주력하는 법이니, 김만중이 아뢴 말은 진실로 우직한 듯하나 실지는 그렇지 않은 점이 있다. 대개 이때에 당인들이 훈척들을 끼고서 오랫동안 국가의 권병을 쥐고 있으며, 반석 같은 세력으로 여기고 있었는데, 임금이 갑자기 훈구인 신하들을 싫어하여 박대하게 되고, 조사석이 사류 중의 사람으로서 갑자기 은권을 입어 가복하게 하여 정승을 제수하게 되었던것이다. 대개 임금이 바야흐로 내폐가 있었고, 장차 크게 출척이 있게 되므로 권한을 아랫사람들에게 맡겨 두지 않고 싶었던 것이다. 그래서 구차를 핑계로 이번의 특별한 제배가 있었던 것이고, 조사석에게 사정을 두어서 그런 것이 아니었다. 이에 당인들 가운데 일종의 무뢰한 사람들이 이미 시기하고 미워하는 사심이 있었던 데다가 또한 자신들이 위태해질까 하는 마음을 가지고서 조사석이 국척의 처지에 있으며 폐종과 결탁했다고 그럴듯한 말을 갖다 붙이고 흉악한 말로 허풍을 쳐, 사람들의 마음을 현혹시키고 사류들을 더럽히는 술책을 부렸던 것이다. 이는 실로 이사명과 홍치상의 무리 한두 사람의 입에서 나온 말이고 원래 온 나라 대중이 비방하는 것은 아니었는데, 김만중이 이사명의 가까운 인척으로서 그의 속이는 말을 받아들여, 길거리에 떠도는 말이라고 핑계하며 군상에게 진달하게 된 것이다. 자기와 의견이 다른 사람들을 모함하기에만 급급하여 임금을 속이는 것이 됨을 알아차리지 못했으니, 어찌 은휘함이 없는 아주 정직한 선비에게 견줄 수 있겠는가? 형벌과 화를 입어 종사를 망치게 되더라도 불행한 일이 아니다."[696]라고 기록하고 있다.[697]

---

696) 『숙종실록보궐정오』 13년 (1687) 9월 10일.

697) 설성경, 『윤씨부인의 삶과 그 정신』, 지식과 교양, 2011, 113~114쪽.

이러한 경연 현장에서 일어난 사건[698]은 서포와 숙종이 중심이 된 경연에서 서포가 보여준 상감의 면전에서 장시간에 걸쳐서 전개된 폐부를 찌르는 비판이었기에, 숙종으로서는 이치로는 감당하기 어려우므로 분노어린 태도로 거듭 거듭 언근을 밝히라고 협박에 가까운 명령을 내리게 된 것이다. 그런데 서포로서는 이러한 면전 직언은 조사석을 정승에 제수할 때 일어났던 의망을 무시한 특명에 대한 비판이면서, 숙종이 총애하는 장숙원의 모친과 조사석과의 연계설에 대한 입체적인 문제의 표출이기도 하였다. 그러기에 이 직간 사건은 강직한 서포가 목숨을 걸고 벌인 군신간의 진검 승부적인 충신의 논리가 정연한 발언이었다. 즉, 서포의 직간은 과감하고 논리적인 데 비하여, 숙종은 감정적이라는 점이다.

이런 현실 상황 속에서 젊은 숙종은 자신이 장희빈에 대한 총애가 조정에 혼란을 가져오는 단초가 되고, 그것이 서포의 경연에서의 숙종 면전 직간이라는 대사건으로 이어졌고, 경연 현장에서 충직한 서포의 간언을 수용하지 못한 숙종은 국왕이라는 힘으로 군주로서 법도에 어긋나는 일을 자행하여, 직간한 충신 서포의 뜻을 수용하여 자신이 행하고 있는 문제들에 대한 각성을 하기는 커녕, 끝내 자신의 화를 참지 못하고 선을 넘어선 분노 끝에 경연의 대표였던 지경연관 서포를 언근을 밝히지 않는다는 죄목으로 선천으로 유배를 보내는 실책을 하게 된 것이다.

작가 서포 김만중으로서는 1687년이 여러 가지 의미가 중첩되는 해이다. 1637년에 자신이 병자호란의 고통 속에서 모친 윤씨부인의 유복자로 태어난 지 꼭 50년 되는 해이므로, 불행의 반복에 해당되는 해이다.[699] 이는 곧

---

698) 경연에 참가한 여타 인물로, 세 명이 토론에 적극적으로 개입하였고, 토론은 논쟁화 하면서 장시간에 걸쳐서 진행되었다.

699) 이 해는 자신이 유복자로 강화도 앞 바다에서 태어난 지가 꼭 50년이 되는 해이다. 동시에 자신의 부친 김익겸이 나라를 위해 순국 순사한 지가 꼭 50년이 되는 해이며, 당시의

윤씨부인에게 큰 아들과는 사별이요, 작은아들은 유배라는 생이별의 아픔이 된 것이다. 이러한 윤씨부인의 심정을 가장 잘 알고 있는 효자 서포는「구운몽」속의 인물들이 구축하는 충효의 주제를 통하여 모친의 울적한 심정을 위로해드리고 싶었던것이다.[700] 그러므로 작가 서포 김만중은 모친 윤씨부인이 평생을 통해 일관되게 바랐던 가정과 나라를 향한 간절한 염원이 현실에서는 직간하는 충신인 서포가 유배를 가는, 정의가 통하지 않는 상황과는 다른 군주와 신하간의 갈등이 지혜롭게 해소되어, 진리와 정의가 통하고 충신의 간언을 수용하는 성군의 이야기를 창작하여, 모친과 세계에 당당히 성리소설이라는 이름으로 내놓게 된 것이다.

숙종 18년 1692년 4월 30일자의 기록은『조선왕조실록』의 기록이고, 그 다음의 인용은『조선왕조실록 숙보』의 기록이다. 전자의 역사편찬은 노론이 권력을 잡았을 때는 우호적인 측면에서 평가하고, 후자는 남인이 권력을 잡았을 때의 수정 보완한 적대적인 측면에서 평가한 것이다. 동일한 인물을 대상으로 4월 30일자의 서포 졸기에 대한 정사 기록도 이를 평가 기술하는 실록 편찬 사관들의 관점에 따라 이토록 달랐다. 그런 와중에도 전자에서는 서포의 효심을 "사람됨이 청렴하게 행동하고 마음이 온화했으며 효성과 우애가 매우 돈독했다." "적소에 있으면서 어머니의 상사를 만나 분상할 수 없으므로, 애통해 하며 울부짖다가 병이 되어 사망하였다"고 하였고, 후자에서는

조선국왕 인조가 삼전도에서 청태조에게 무릎을 꿇은 지가 꼭 50년이 되는 해이다. 작가로서의 서포 김만중은 이 50년이 지닌 다양한 의미를「구운몽」속에 표현해내기로 작심을 하고「구운몽」속에서 자신의 이미지를 담은 영웅 양소유의 활동과 자기 모친의 이미지를 담은 양소유의 모친 현모 유씨부인에 연계된 50년전의 추억을 특별히 부각시켰다.

700)『금강경』에는 복덕론을 펼치기를, 특히『금강경』을 대표하는 사구게 만이라도 유통 보급하는 이에게도 무한 복덕이 주어진다고 하였기에, 모친에게 헌정할「구운몽」에서는 이 사구게를 육관대사의 두 이름, 즉 육관과 육녀로 표현하여「구운몽」의 독자들이 접할 수 있도록 하였다.

"문사에 능하였고 효성과 우애가 돈독하여 어미를 잘 섬긴다고 소문이 났었다." "해도로 귀양가서 어미의 상사를 만났지만 분상하게 되지 못했다"고 하였다.

이는 그가 평소 모친 윤씨부인에 대한 지극한 효성을 보인 것을 공통적으로 인식하고 있지만, 그런 효심이 있음에도 불구하고 유배지에 있었기 때문에 임종과 분상을 하지 못했다는 이유를 각각 당파적인 관점에서 서술한 것이다. 그러므로 서포 김만중의 효심에 대해서는 당대의 역사 기술을 맡은 사관들까지도 의견이 일치하는 초당파적 평가로서의 서포 효심인 것을 확인할 수 있다

또, 도암 이재는 문집『삼관기』에서 서포 김만중의 효심에 대하여 다음과 같이 전하고 있다.

> 김만중 공은 성품이 지극히 효도스럽고 유복자로서 부공의 얼굴을 보지 못함을 평생의 아픔으로 생각하였다. 거기서 모부인 섬기기를 심히 사랑으로 한 나머지 모부인의 뜻을 즐겁게 하는 것이 있으면 옛날의 효자 노래자가 하던 병아리 울음소리와 어린이 울음소리까지 연출하였고, 모부인이 즐겨하신 옛 역사와 신기한 책으로부터 패관잡기에 이르기까지 이들을 모아 밤낮으로 모부인의 좌우에서 읽혀드려 웃음꺼리로 삼았고, 젊어서부터 늙을 때까지 공사가 아니고서는 모부인 곁을 떠난 적이 없었으며, 매일 아침저녁의 신성을 한번도 차질이 없었음을 이웃 사람들이 모두 알았다. 김공의 지성스런 효도가 이와 같았다.[701]

여기서는 서포가 평소에 행한 효성의 구체적인 언행들을 제시한다. 즉, 서포는 유복자로 태어났기 때문에 부친 김익겸의 얼굴을 보지 못함을 평생의

701) 이재,『삼관기』.

아픔으로 생각하였다는 사실과, 그런 사연 때문에 자신을 홀로 키운 모친 윤씨부인에 대한 효심이 다르기에, 삼강행실의 사례를 들 때, 효행의 모범으로 거론되는 노래자처럼, 모친을 즐겁게 하려고 "병아리 울음소리와 어린이 울음소리까지 연출" 하기도 하고, "옛 역사와 신기한 책으로부터 패관잡기를 밤낮으로 옆에서 읽혀드려 웃음꺼리"로 삼게 하였으며, 매일 "아침저녁의 신성에 한번도 차질이 없었음"을 강조하였다는 것이다. 이처럼, 윤씨부인이 갖가지 어려움 속에서도 자식들을 정성껏 양육하였기 때문에, 이런 위대한 모친 밑에서 성장한 서포 김만중은 그 효심이 남다를 수밖에 없었던 것이다. 그래서 파벌이 극심한 시기였지만, 조정의 대신들로 서포의 효심은 누구나 인정하게 되었다.

이 밖에도 서포 김만중으로부터 직접 강학을 받은 그의 종손 김춘택은 그의 효심에 대하여 『북헌집』[702]에서 전하는 등, 윤씨부인에 대한 그의 뛰어난 효심은 두루 알려진 사실이었다.[703] 이러한 여러 문헌들의 기록으로 확인되는 효자로서의 서포 김만중에 대한 당대의 인식은 숙종 32년에는 효행에 관한 정표로 그에게 문효공이라는 시호가 내려진 것으로 확인이 된다.[704]

8-4. 백능파로 충신 서포를 표상한 3층위 시공간의 의미

(1) 초급 수준에서 만나는 양원수와 백능파의 결연에 대한 의미

「구운몽」은 예의 문제, 그 중에서도 혼례의 문제를 집중적으로 다룬 작품

702) 김춘택, 「서포유사별록」『북헌집』 권 16.

703) 정규복, 1월의 문화인물, 『김만중』, 1999, 12~13쪽.

704) 사재동, 「문효공 서포선생휘만중 효행숭덕비문」, 1999.

이다. 작가가 주로 활동하던 현종과 숙종 당대의 조정은 조대비의 상례 문제로 당파성이 강화되면서 정국이 소용돌이쳤다. 서포는 이런 문제로 인하여, 1차는 강원도 금성으로, 2차는 평안도 선천으로 유배를 가게 되었다. 이런 작가의 정치적인 시련은 작품 「구운몽」에서는 주인공 양소유가 황태후가 강요하는 공주 이소화와의 혼사를 거절하는 혼례에 관한 반대상소를 올렸다가 분노한 황태후의 뜻을 거스르지 못하는 황제가 예부상서 양소유를 어사옥에 가두는 장면, 그리고 백능파가 남해태자의 늑혼 강요에 대응하여 동정호에서 멀리 떨어진 서쪽 국경 근처의 청수담, 일명 백룡담에 피신하여 머무는 것으로 설정되었다.

「오륜전전」의 작가로, 15세기에 활동한 중국의 구준이 남긴 예에 대한 명언으로 다음과 같은 말이 있다.

> "예(禮)란 천하에 하루라도 없어서는 안 된다. 중국이 이적과 다른 까닭, 인류가 금수와 다른 까닭은 예가 있기 때문이니, 예가 하루라도 없어서야 되겠는가?[705] "나는 먼 지방에서 태어나 어려서부터 예학에 뜻을 두었으며, 마음속으로 '전국에 문헌이 있는 곳에는 이 예에 대해 반드시 집집마다 시행할 것이고, 사람마다 익혔을 것'이라고 여겼었다. 하지만 나중에 북으로 올라와 중앙 조정에서 벼슬을 하게 된 뒤에 세상에 이 예를 시행하는 사람이 또한 드물다는 것을 알게 되었다.《문공가례》의 본주를 취해서 요약하여 의절을 만들되, 친근한 말들로 바꿔서 사람들이 쉽게 이해하여 시행할 수 있도록 하였으니, 장차 궁벽한 시골의 배움이 얕은 선비들에게 골고루 미치게 하려는 것이다.

705) "禮之在天下不可一日無也 中國所以異於夷狄 人類所以異於禽獸 以其有禮也 禮其可一日無乎]" 〈가례의절서(家禮儀節序)〉.

「구운몽」은 제1부에서는 수행승인 육관대사의 제자 성진이 동정용궁에 회사하고 오다가 석교에서 8선녀를 만난 후에 잠깐 불가에 회의를 느끼다가는 곧 정신을 다시 가다듬고, 참회하면서 포단을 깔고 참선을 하게 된다. 이때부터 서사의 객관적인 전개는 성진의 죽음과 양소유로의 환생이라는 제2부의 사건으로 전환된다.

제2부에서는 환생한 양소유는 8선녀가 환생한 8인의 여성들 중에서 진채봉, 계섬월, 정경패 등의 7인을 차례로 만난다. 그리고 제3부에서는 양소유의 꿈에 동정용왕의 딸로 환생한 백능파를 마지막으로 만난다. 양소유가 꿈에서 만난 백능파는 동정용왕의 딸로 태어났기에, 양소유는 백용담에서 백능파와 결연한 이후, 함께 동정용궁으로 초대받아 동정용왕을 만난다. 이는 성진이 양소유로 환생하기 이전에 제1차 동정용궁회사에 대한, 제2차 동정용궁회사 해당한다. 양소유가 꿈에서 깨어난 후에 전개되는 서사는 제4부에 해당하는 서사다. 양소유는 8여성들을 처첩으로 거느리며, 양승상이 되어 부귀와 공명을 동반한 최고의 행복을 누린 다음, 꿈에서 깨어 성진으로 환원되면서 서사는 제5부로 전개된다. 제5부에서는 성진의 양소유로의 환생은 실은 성진이 참선 행위 속의 사건이라 스스로 판단하지만, 성진은 8선녀와 함께 육관대사의 『금강경』 설법을 듣고 나서는, 자신이 어제 겪었던 선몽을 통한 서사가 『금강경』의 '상과 비상과 비무상'에서의 마음자리를 옮겨 다닌 것일 뿐이라는 공론을 터득함으로써, 『금강경』의 반야진리를 대각을 하게 된다. 이러한 사실로 보면, 「구운몽」의 표면적인 주제는 수행 승려인 성진과 8선녀의 『금강경』 공관에 대한 인식을 통한 『금강경』의 반야 진리를 대각하는 것이 주제가 된다.

이런 수준에서 「구운몽」을 이해하면, 양소유와 8처첩의 관계에서 제1 부인과 제2 부인의 위치를 차지한 정경패와 이소화가 서열이 가장 높은 존재가 된다. 이 경우도 양소유의 혼사에 나타난 특징은 두 명의 부인을 얻는다는 점, 그것도 황태후의 두 공주인 영양공주와 난양공주를 배필로 삼는다는 점이다.

유가적 사유 속에서도 정실부인이 둘인 경우가 전혀 없는 것은 아니다. 바로 순임금의 경우가 이에 해당된다. 아황과 여영이라고 알려진 두 여인은 전설적인 성군인 요임금의 두 딸로서, 두 명 모두 순임금의 정실부인이다. 성인인 순임금은 두 명의 정실부인을 맞이하고도 동요됨이 없었다 한다. 이를 두고 맹자는 "순임금이 거친 밥과 거친 나물을 뜯어 먹고 살 때는 마치 그대로 평생을 보낼 것 같더니, 천자의 지위에 올라 좋은 옷에 거문고를 연주하며 두 부인의 시중을 받음은 마치 본디부터 가지고 있던 것처럼 자연스럽게 여기셨다."[706] 순임금의 마음가짐에 대하여 주자는 성인의 마음은 빈천하다고 해서 분수 외의 것을 선망하지도 않고, 부귀하다고 해서 심중에 동요함을 있게 하지도 않는다. 맞이하는 상황에 따라 그것을 편안히 여길 뿐이다."[707]

작가 김만중의 창작 의도를 독자들이 쉽고 정확하게 이해할 수 있도록, 가장 은밀한 이야기를 표면에 드러내는 방식으로 「구운몽」을 창의적으로 개작한다면 「백능파전」이라고 할 수 있다. 이 「백능파전」은 8선녀 중에서 유일하게 작가 자신을 투영시킨 인물이 백능파이고, 작가의 부친 김익겸을 비유하는 동정용왕의 딸이며, 또 육관대사가 가장 믿고 수제자로 삼은 성진의 최고의 천정배필인 사실을 인지할 수 있는 서사 구조의 참신한 뒤집기 전략이라 할 수 있다.

「구운몽」의 전체구성과 인물 주제를 구비하고 있으면서도 '상–비상–비무상'을 전환시킨 '현실–꿈–꿈의 꿈'에서 '꿈의 꿈'을 오히려 현실로, '꿈'을 비상의 꿈으로 전환하는 방식과 같은 뒤집기 방식으로 보여주면 독자들은 백능파를 제대로 이해할 수 있는 길이 열린다. 이 「백능파전」과 함께 다시 「구운몽」을 읽게 되면, 「구운몽」의 주제와 인물 형상의 미학이 쉽게 이해될 수

706) 孟子曰 舜之飯糗茹草也 若將終身焉 及其爲天子也 被袗衣 鼓琴 二女果 若固有之(『孟子』 盡心下).

707) 言聖人之心, 不以貧賤而有慕於外, 不以富貴而有動於中, 隨遇而安.

있을 것이다. 다시 말하면, 「구운몽」의 서사구조를 인물을 중심으로 뒤집기 방식으로 보여준다면, 작가 김만중의 창작의 비밀이 현재보다 훨씬 분명하게 이해될 수 있다.

이러한 원리로 「백능파전」을 읽은 후에, 다시 「구운몽」을 읽게 된다면, 「구운몽」이야말로, 동양의 소설 중에는 최초의 '메타 소설'로 이해하게 된다. 즉, 「구운몽」 속에 또 하나의 소설로서 「백능파전」이 있고, 은밀한 「백능파전」을 「구운몽」 이 외연에서 감싸주고 있는 구조이기 때문이다. 그러므로 「구운몽」 속의 내부 액자 속하는 〈백능파 이야기〉는 「구운몽」의 철학적인 소재로 본다면 『금강경』 속에 내장된 〈호접몽〉과 같은 것이다.

그래서 『금강경』이 외화로서, 표면에 노출된 소재들이라면, 〈백능파전〉과 〈호접몽〉은 그 외화에 내포된 삽화이면서도, 외화의 기능 못지않은 역할을 해내는 것들이다. 이들은 소설속의 소설, 철학적 담론 속의 철학적 메타 소설, 메타 철학이라는 다중적 구조를 지닌 지성소설로 평가 될 수 있다. 「구운몽」의 총체적인 사상은 유 불 선을 융합하고 포용하는 풍류적 사상을 가진, 표면에서는 배경이 중국 당나라 시절의 이야기를 다룬 소설이요, 내면에서는 조선소설이라는 조선의 작가 김만중이 한국소설의 특질을 유감없이 발휘한 세계 명작으로 평가될 수 있다.

(2) 선몽구조 속의 「백능파전」으로 감추어 둔 「구운몽」의 참 주제

서포 김만중은 「구운몽」에서, 양소유의 꿈 속의 현실에 해당하는 시공간에서, 위기의 양장군을 지원하는 백능파의 기능을 크게 부각시켰다. 즉, 양소유의 8처첩 중에서, 건의 위상으로 8여인 중에서 첫 번째로 등장하는 상징적 존재인 진채봉은 버드나무로 상징되는 인의 정신을 상징한다면, 곤의 위상으로 8여인 중에서 미지막 여덟 번째로 등장하는 상징적 존재인 백능파는 소

나무나 대나무로 상징되는 의[708]의 정신을 형상화한 음양대대나 음양조화의 상징적인 인물이다.[709]

양소유의 현실 시공간인 제2 층위에서의 주제는, 양소유의 '효와 부부간의 화합'을 표면서사로, 이면서사에는 숙종과 자신 사이의 '군신 및 비빈간의 화합'을 은유적인 주제로 담고 있다. 특히, 예부상서 양소유는 자신의 혼사문제를 예법대로 진행하고자 황태후가 내린 부마 간택을 사양하며, 윤리의 기강이 왕도정치의 근본이며, 혼인은 인륜의 시작임을 환기하는 상소를 올리고, 그 상소는 파란을 가져와 옥에 갇히게 된다. 부부에 관한 예의 근본을 잃어버리면, 집안과 국가를 다스리는 데에 문제가 된다는 것은 유가 윤리의 기본 지식이기 때문이다. 이런 문제의 발생은 이론을 몰라서가 아니라, 실천하지 못해서 생기는 것이다. 그런데 정치 윤리상 예법의 모범을 보여야 할 황실가에서 문제가 발생하였다. 이러한 문제는 은유적이라고 할 수 없는 일반적 의미의 예송의 한 단면을 다루고 있다. 그런데, 양소유의 현실과 선몽 속에서 진행되는, 두 차례의 동정용궁의 내왕 중에서, 두 번째의 동정용궁행에서는, 첫 번째의 동정용궁 내왕에 걸린 시간에 비하여 엄청난 차이를 보인다. 즉, 전개되는 서사 시간의 속도를 비교해보면, 형산에서 참선하는 성진의 시간 진행 속도와 그가 참선 속에서 양소유로 환생한 존재로 살아가는 시간의 속도는 그 전개 속도가 거의 54,000과 1의 차이를 가진다.

양소유의 삶에서 참선하는 형산의 성진으로 반본 환원했을 때 느끼는 성진의 이 두 가지 시간의 차이에서 오는 충격은 참으로 엄청난 충격인 것이다. 그것을 단순히 꿈으로만 인식하기에는 너무나 큰 존재와 존재 사이의 충격이다. 그런 상황에서 육관대사는 〈장주몽〉을 호출하고, 자신이 인식하고 거론하는 양소유의 삶은 꿈이고, 거짓이라는 논리에 육관대사는 『금강경』의

---

708) 義.

709) 이시형, 버드나무 정신론, 뇌 교육의 중요함. KBS 아침마당, 2016. 12.

공관 수준에서, 꿈과 현실의 상대적 관계와 선몽의 절대적인 관계 수준에서, 혼미해지며 자신의 정체성, 특히 성진과 양소유 사이의 정체성에 대한 혼미를 『금강경』 설법으로 벗어나게 해달라는 요청에 육관대사는 조금만 기다리면 찾아올 사람이 있을 테니 기다렸다가 함께 설법을 듣게 하겠다고 하는데, 성진은 자신이 꿈속에서 만난 여인들로 판단했던 8선녀와 8처첩이 육관대사를 찾아와서 불법에 귀의하겠다고 한다.

현실 속의 성진으로서는, 참선의 형식을 빌린 성진의 환생으로 인한 양소유로의 삶이, 꿈이라고 인식되기도 하고, 또 엄연한 양소유의 현실로서의 60년으로 인식되기도 한다. 이런 두 가지 시간 인식의 철학적 인식이 곧 『금강경』의 공관에서의 '현실과 꿈과 꿈의 꿈'의 관계이다. 작가 서포의 의도로 보면, 작가 자신을 때로는 육관대사로, 때로는 성진과 양소유로, 때로는 백능파와 동정용왕으로 상대적 상관성 속에서 구현해낸다. 이런 자기 투사에 의해 등장하는 다양한 존재를 하나로 통합을 하면, 백능파가 곧 작가 서포자신의 투영이며, 「구운몽」의 진정한 주인공인 셈이다. 즉, 백능파는 여러 모습으로 등장하는 작가 서포의 이미지 중에서 가장 순수하고, 온전한 존재로 형상된다. 서포는 이 작품의 진정한 주인공으로서의 백능파의 존재로 자리하고 있는 것이다. 이런 점에서 보면, 「구운몽」에 등장하는 현실에서 숙종과 서포의 투사 인물 중에서, 작가 서포의 작품 안에서의 자아는 백능파가 가장 핵심에 놓인 존재이며, 이 작품을 「백능파전」 또는, 충신이며 효자인 작가의 「서포전」이라 일컬을 수 있다.

거시적인 인물의 역할에서 본다면, 제3 층위에서 동정용왕의 딸로 출생하여 백용담에서 고통을 견디고 있는 백능파가, 제2 층위에서 토번군에 포위를 당하여 위기에 놓여있던 양원수를 꿈에 초정하여 인연을 맺는 것은 아주 특별한 만남에 해당된다. 그 특별한 만남을 보다 구체적으로 살펴보면, 황태후는 자신의 딸 이소화와 양소유를 결연시키기 위하여 양소유가 이미 정혼한 정경패와 파혼을 하라고 명한다. 그러나 양소유는 부마 간택이라는 부당한 황명에 맞서다가 결국 투옥되기에 이르렀다. 그때 토번이 국경을 침공하여 장안 가까이까지 공격해오자 조정 대신들은 양소유만이 토번군을 막을 수 있다고 하므로, 황태후는 양소유를 출옥시켜 대원수로 삼아 위기에 처한 나라를 구하도록 명한다. 양소유는 토번을 완전히 물리치기 위하여 반사곡까지 진군하였지만, 토번군의 작전에 휘말려서 진퇴양난의 위기에 봉착하여 포위망을 탈출할 궁리를 한다. 즉, 대원수가 된 양소유가 병영의 막사 중에 있으면서 적을 물리칠 방법을 생각했으나, 종내 좋은 계책이 떠오르지 않는다. 양소유는 한참동안 고민하며 괴로워하여, 정신과 기운이 피곤하므로 탁자에 의지하여 잠깐 잠이 들었다.

이때 양소유가 제3 층위로의 전환이 되고, 그 직후에 일어나는 양원수와 백능파의 결연으로 나아가는 장면을 살펴보면 다음과 같이 시작된다.

> 양원쉬 영듕의셔 도적 믈니틸 계교ᄅᆞᆯ ᄉᆡᆼ각디 못ᄒᆞ여 ᄎᆞ야의 교위ᄅᆞᆯ 의지ᄒᆞ여 잠간 조으더니 믄득 긔이ᄒᆞᆫ 향내 코의 ᄀᆞ득ᄒᆞ며 녀동 냥인이 나아오니 용뫼 긔이ᄒᆞ더라 샹셔ᄃᆞ려 닐오ᄃᆡ 우리 낭ᄌᆡ 잠간 귀인을 쳥ᄒᆞ시더이다 샹셰 문왈 낭ᄌᆞᄂᆞᆫ 엇던 사ᄅᆞᆷ고 녀동이 대왈 우리 낭ᄌᆞᄂᆞᆫ 뇽왕 저근ᄯᆞᆯ이시니 요ᄉᆞ이 집을 피ᄒᆞ여 이 ᄯᅡ히 와 겨시니이다 샹셰 왈 뇽신이 잇ᄂᆞᆫ 곳은 필연 깁ᄒᆞᆫ 믈이니 나ᄂᆞᆫ 인간 사ᄅᆞᆷ이라 가고져 ᄒᆞᆫ들 어이 어드리오 녀동 왈 밧긔 와 시니 귀인이 그 ᄆᆞᆯ을 ᄐᆞ면 슈부 가시미 어렵디 아니ᄒᆞ시리이다 샹셰 녀동을 조ᄎᆞ 가 보니 총마 일필을 금안을 지엇고 죵ᄌᆞ 십수인이 의복이 션화ᄒᆞ더라 샹셰 ᄆᆞᆯ긔 오ᄅᆞ니 슌식 ᄉᆞ이의 못믈노 드러가니[710)]

한문본과 한글본을 대표하는 두 이본의 구체적인 표현에는 상이함이 있으나. 사건의 흐름에는 차이가 보이지 않는다.

---

710) 서울대학교 규장각 소장 한글본 「구운몽」.

백능파는 신마를 보내어 양원수를 모셨고, 양원수는 수궁의 신비로움에 놀라게 된다.

여기에 이어지는 다음 장면은 다음과 같은 본문으로 서술된다.

> ᄒᆞᆫ 큰 문의 다다ᄅᆞ니 궁궐이 쟝녀ᄒᆞ미 왕ᄌᆞ의 잇ᄂᆞᆫ 곳 ᄀᆞᆺ고 문 딕흰 군병이 고기 머리와 ᄉᆡ오 나ᄅᆞᆺ시 셰샹 사ᄅᆞᆷ과 다ᄅᆞ더라 미녀 수인이 문을 열고 샹셔ᄅᆞᆯ 인ᄒᆞ여 당듕의 니ᄅᆞ니 뎡듕의 남으로 향ᄒᆞ야 ᄇᆡᆨ옥 교위ᄅᆞᆯ 노홧거ᄂᆞᆯ 시녀 쳥ᄒᆞ야 교위의 안ᄌᆞ라 ᄒᆞ고 비단 ᄌᆞ리ᄅᆞᆯ 계ᄒᆞ의 ᄭᆞᆯ고 (중략) 홀연 급ᄒᆞᆫ 우레 소ᄅᆡ예 슈졍궁뎐이 흔들여 키 ᄶᅡ브ᄃᆞᆺ ᄒᆞ니[711][712]

문득 기이한 향내가 영중 안에 두루 채워지더니 젊은 여자 두 명이 양소유 앞에 나아와 섰다. 용모 상태가 매우 기이해서 선녀가 아니면 귀신이었다. 두 여자는 양소유에게 말하기를, "우리 낭자께서 귀인께 한 말씀 전하고 싶어 하십니다. 바라건대 귀인은 한번 누추한 데 방문하는 수고를 아끼지 마소서" 양소유가 묻기를 "낭자는 어떤 분이며 어디에 계시는고?" 하니, 두 여자는 답하기를, "우리 낭자는 동정용왕의 작은 따님이십니다. 요즈음 궁중을 잠시 떠나 이 곳에 와 머무십니다."[713]라고 한다.

---

711) 俄頃到水府 宮闕宏麗 如王者之居 守門之卒 皆魚頭蝦鬚矣 女童數人 自內開門出 導尙書升堂上 殿中有白玉交倚 南向而說侍女 請尙書坐其上 鋪錦繡步障於階砌之下 (중략) 日未明 一聲疾雷 鍔鍔(金+隱)(金+隱) 簸却水晶宮殿.

712) 서울대학교 규장각 소장, 「구운몽」.

713) 尙書方在營中 思退敵之計 而終無善策 悶惱之久 神氣頗困 倚卓而少眠 忽有異香 遍滿營中 女童兩人 進立於尙書之前 容狀奇異 非仙則鬼 告於尙書 吾娘子欲告一言於貴人 願貴人無惜一枉於陋穢之處 尙書問曰 娘子是何人在何處 答曰 吾娘子 卽洞庭龍君小女也 近日暫離宮中 來寓於此地矣(정규복 재구 「구운몽」, 225쪽.).

그 녀ᄌᆞ의 미려ᄒᆞ미 신션ᄀᆞᆺ고 복식의 빗나미 셰샹의 업ᄂᆞᆫ 배러라 시녀 일인이 찬언ᄒᆞ여 ᄀᆞᆯ오ᄃᆡ 동졍뇽녀ᄂᆞᆫ 양원슈긔 뵈오믈 쳥ᄒᆞᄂᆞ이다 샹셰 놀나 피ᄒᆞ랴더니 두 시녀 븟드러 도로 교위예 안치고 네 번 절ᄒᆞ고 니러나니 패옥소ᄅᆡ 쟝쟝ᄒᆞ더라 샹셰 청ᄒᆞ여 오ᄅᆞ라ᄒᆞ니 여러번 ᄉᆞ양ᄒᆞ다가 올나 져근 좌를 빗셜ᄒᆞ고 안거ᄂᆞᆯ 샹셰 왈 쇼유ᄂᆞᆫ 이 진셰 범샹ᄒᆞᆫ 사ᄅᆞᆷ이오 낭ᄌᆞᄂᆞᆫ 놉흔 신녕이라 이제 녜도를 이대도록 공슈이 ᄒᆞ니 쇼유의 아디 못ᄒᆞᄂᆞᆫ 배로소이다 뇽녜 ᄀᆞᆯ오ᄃᆡ 쳡은 동졍뇽왕의 저근 ᄯᆞᆯ이라 쳡이 ᄀᆞᆺ 나며 부왕이 샹계의 됴회ᄒᆞ라 ᄀᆞᆺ더니 댱진인을 만나니 쳡의 팔ᄌᆞ를 므ᄅᆞ니 진인이 니ᄅᆞᄃᆡ 이 녀ᄌᆡ 명이 젼셰예 션가를셔 ᄂᆞ려와 금셰예 뇽신이 되어시니 다시 사ᄅᆞᆷ의 몸을 비러 인간의 크게 귀ᄒᆞᆫ사ᄅᆞᆷ의 희쳡이 되어 일ᄉᆡᆼ 부귀번화를 누리고 죵의도 블가의 도라가리라 ᄒᆞ니 우리 뇽신이 비록 슈부의 읏듬이 되어시나 사ᄅᆞᆷ의 몸엇기를 귀히 넉이고 신션과 부텨를 더옥 공경ᄒᆞᄂᆞᆫ디라 쳡의 ᄆᆞᆺ형이 경슈의 셔방 마ᄌᆞ 가더니 ᄀᆡ가ᄒᆞ여 뉴진군의 안해되니 구족이 다 공경ᄒᆞ여 대졉ᄒᆞ믈 다ᄅᆞᆫ 형뎨로 갓치 아니 ᄒᆞ더니 쳡은 졍과를 어더 문호의 영광이 쟝ᄎᆞ 형의 우히라 부왕이 도라와 쟝진인의 말을뎐ᄒᆞ니 궁즁이 다 하례ᄒᆞ더니 남히뇽왕의 아들 오현이 쳡의 곱닷 말을 듯고 제 부왕ᄃᆞ려 닐러 우리 집의 구혼ᄒᆞ니 우리 동명이 남히뇽왕의 관할 되엿ᄂᆞᆫ디라 뎌의 말을 거ᄉᆞ리면 욕이 이실가 저허 부왕이 친히 가 댱진인의 말을 니ᄅᆞ니 남히왕이 사오나온 아ᄃᆞᆯ의 말을 듯고 도로혀 부왕의 말을 허탄ᄐᆞ ᄒᆞ고 구혼ᄒᆞ기를 더옥 구지 ᄒᆞ니 쳡이 부모 슬하의 이신즉 욕이 일문의 미출가 ᄒᆞ여 부모를 ᄯᅥ나 홀노 도망ᄒᆞ여 가싀덤블을 헤혀고 외로이 오랑캐다희 머므니 부모ᄂᆞᆫ 다만 회답ᄒᆞ되 녀ᄌᆡ 원티 아냐 도망ᄒᆞ여 나가시니 오히려 ᄇᆞ리디 아니 홀진대 녀ᄌᆞᄃᆞ려 므ᄅᆞ라 ᄒᆞᆫ 대 이리온 호 ᄀᆞᆺ초 핍박ᄒᆞ믈 보고 미친아ᄒᆡ 스ᄉᆞ로 군졸을 거ᄂᆞ려 노략ᄒᆞ려 ᄒᆞ더니 쳡이 지극ᄒᆞᆫ 원통과 괴로온 졀이 텬디를 감동ᄒᆞ여 못믈이 변ᄒᆞ여 ᄒᆞᆫ빙디옥ᄀᆞᆺᄒᆞ여 다ᄅᆞᆫ ᄶᅡ 슈족이 드러오디 못ᄒᆞᄂᆞᆫ 고로 쳡이 시러곰 잔명을 보젼ᄒᆞ여 군ᄌᆞ을 기ᄃᆞ리더이이다 쳡이 귀인을 청ᄒᆞ여 더러온 ᄶᅡ히 니ᄅᆞ시게 ᄒᆞ믄 ᄒᆞᆫ갓 쳡의 회포을 베플려ᄒᆞ미 아니라 삼군이 믈이 업셔 우믈 파기를 슈고ᄒᆞ니 비록 ᄇᆡᆨ당을 파도 믈을 엇디 못ᄒᆞ시리이다 쳡의 사ᄂᆞᆫ 못믈이 녜ᄂᆞᆫ 청슈담이라 본ᄃᆡ 됴흔 믈이러니 쳡이 온 후 슈셩이 다ᄅᆞ게 되니잇다 사ᄅᆞᆷ이 감히 먹디 못ᄒᆞ여 일홈을 곳쳐 ᄇᆡᆨ죵담이라 ᄒᆞᄂᆞ니이다 이제 귀인이 이에 님ᄒᆞ시니 쳡이 죵신의탁ᄒᆞᆯ 곳이 잇ᄂᆞᆫ디라 죵젼의 괴로온 ᄆᆞ음이 님의 플엿ᄂᆞᆫ디라 그윽ᄒᆞᆫ 골의 양츈이 도라옴ᄀᆞᆺᄒᆞ니 일노부터 믈마시 녜와 다ᄅᆞ디 아니ᄒᆞ리니 삼군이 기러 먹어도 해롭디 아니ᄒᆞ고 몬져 먹고 병든 사ᄅᆞᆷ도 능히 곳치리이다 샹셰 왈 낭ᄌᆞ의 말노 볼작시면 우리 냥인의 인연이 하ᄂᆞᆯ이 정ᄒᆞ션디 오라니 아ᄅᆞᆷ다온 긔약을 이제 감히 졈복ᄒᆞ리잇가 뇽녜 ᄀᆞᆯ오ᄃᆡ 쳡뵈 더러온 ᄌᆡ질을 군ᄌᆞ긔 허ᄒᆞ연디 오라거니와 이제 문득 군ᄌᆞ를 뫼시믄 가치 아니미 세 ᄀᆞᆺ디니 ᄒᆞ나흔 부모긔 알외디 못ᄒᆞ여시니 녀ᄌᆞ의 사ᄅᆞᆷ 조ᄎᆞ미 이러ᄐᆞᆺ 구ᄎᆞᄒᆞ미 가치아니ᄒᆞ고 둘흔 쳡이 쟝ᄎᆞᆺ 사ᄅᆞᆷ의 몸을 어더 군ᄌᆞ를 셤길거시니 이제 비ᄂᆞᆯ과 진의 도든 몸으로 팀셕을 뫼시미 가치 아니ᄒᆞ고 세흔 남히 태ᄌᆡ ᄆᆡ양 사ᄅᆞᆷ을 보ᄂᆡ여 이곳의 와 탐텽ᄒᆞᄂᆞ니 진실노 미친 계교를 ᄂᆡ여 일댱 요란ᄒᆞ미 이실가ᄒᆞᄂᆞ니 낭군은 모ᄅᆞ미 ᄲᆞᆯ이 진의 도라가 삼군을 졍졔ᄒᆞ야 대공을 일온 후 개가를 브ᄅᆞ시고 경ᄉᆞ로 도라가셔든 쳡이 당당이 치마를 잡고 진슈를 건너리이다

드ᄃᆡ여 뇽녀로 더브러 침셕의 나아가 은졍이 견권ᄒᆞ더니 홀연 급ᄒᆞᆫ 우레소ᄅᆡ예 슈졍궁젼이 흔들여 키 ᄶᅡ브ᄐᆞᆺ ᄒᆞ니 시녜 급히 왈외ᄃᆡ 큰 홰 낫ᄂᆞ이다 남히 태ᄌᆡ 무슈ᄒᆞᆫ 군병을 거ᄂᆞ려 마즌편 뫼히 진치고 양원슈로 더브러 ᄌᆞ웅을 결ᄒᆞ랴 ᄒᆞᄂᆞ이다 뇽녜 샹셔를 ᄭᆡ와 닐오ᄃᆡ ᄂᆡ 처엄의 낭군을 머므ᄅᆞ디 아니믄 이 일을 념녀ᄒᆞ미라 샹셰 ᄃᆡ로 ᄒᆞ여 ᄀᆞᆯ오ᄃᆡ 미친 아히 어이 이러ᄐᆞᆺ 무례ᄒᆞ리오 ᄉᆞᄆᆡ를 ᄯᅥᆯ티고 말긔 올나 믈 밧긔 소냐 나니 남히 군병이 ᄇᆡᆨ뇽담을 에워ᄡᅡ거ᄂᆞᆯ 샹셰 삼군을 지휘ᄒᆞ여 태ᄌᆞ로 더브러 ᄃᆡ진ᄒᆞ니 남히 태ᄌᆡ 진듕의 말타고 소ᄅᆡ 진동ᄒᆞ며 태ᄌᆡ 몰 ᄃᆞᆯ녀 내ᄃᆞ라 ᄭᅮ지져ᄃᆡ 양쇼위 사ᄅᆞᆷ의 인연을 희지어 남의 혼ᄉᆞ를 파ᄒᆞ고 남의 쳐ᄌᆞ를 겁냑ᄒᆞ니 ᄆᆡᆼ셰ᄒᆞ여 널노

더브로 텬디간의 셔디 아니ᄒᆞ리라 샤셰 ᄯᅩᄒᆞᆫ ᄆᆞᆯ ᄃᆞᆯ여 대쇼ᄒᆞ고 닐오ᄃᆡ 동졍녀ᄌᆡ ᄀᆞᆺ ᄂᆞᆯ제 쇼유로 조ᄎᆞ미 텬도의 티부ᄒᆞ야시니 나ᄂᆞᆫ 블과 텬명을 슌죵ᄒᆞᆯ ᄯᆞ름이라 태ᄌᆡ 대로ᄒᆞ여 모든 도적을 모라 샹셔ᄅᆞᆯ 잡으라 ᄒᆞ니 니제독과 별참군이 용약ᄒᆞ고 내ᄃᆞ라 ᄃᆞ라드니 샹셰 ᄇᆡᆨ옥편을 ᄒᆞᆫ번 드니 대당 진듕의셔 일만군의 ᄒᆞᆷ긔 발ᄒᆞ니 패ᄒᆞᆫ 병과 쇠잔ᄒᆞᆫ 갑이 ᄯᆞ히 ᄀᆞ득 눈ᄀᆞᆺ치 ᄂᆞᆯ이엿더라 농ᄌᆡ 몸 우ᄒᆡ 두어 곳이 샹ᄒᆞ여 능히 변화ᄅᆞᆯ ᄒᆞ디 못ᄒᆞ여 마ᄎᆞᆷ내 잡힌배되니 샹셰 ᄌᆡᆼ텨 군을 거두고 태ᄌᆞ을 ᄆᆡ여 진듕의 도라오니 문잡은 재 알외ᄃᆡ ᄇᆡᆨ농담 낭ᄌᆡ 친히 군젼의 나아와 원슈긔 하례ᄒᆞ고 장ᄉᆞ들을 호군ᄒᆞ려 ᄒᆞ나이다 샹셰 대희ᄒᆞ여 청하여 드러오니 농녜 빠홈 이긔믈 하례ᄒᆞ고 일쳔 셤 술과 일만 머리 쇼로 호군ᄒᆞ니 ᄉᆞ졸이 ᄇᆡ블이 먹고 즐겨 노ᄅᆡ 부ᄅᆞᄂᆞᆫ 소ᄅᆡ 딘동ᄒᆞ더라 양원슈 농녀로 더브러 안고 남ᄒᆡ 태ᄌᆞᄅᆞᆯ 잡 드려오니 감히 우러러보디 못ᄒᆞ거ᄂᆞᆯ 샹셰 ᄭᅮ지셔 ᄀᆞᆯ오ᄃᆡ 내 텬명을 밧ᄌᆞ와 ᄉᆞ이를 딘뎡ᄒᆞ니 일ᄇᆡᆨ신녕이 텽녕티 아니리 업거ᄂᆞᆯ 어린 아ᄒᆡ 망녕되이 텬명을 아디 못ᄒᆞ고 텬병을 항거ᄒᆞ니 이ᄂᆞᆫ 스ᄉᆞ로 죽기ᄅᆞᆯ 취ᄒᆞ미라 나의 허리 아ᄅᆡ 찬 보검이 위ᄃᆡᆼ승샹의 경하농 버히던 잠기라 본ᄃᆡ 네 머리ᄅᆞᆯ 버혀 삼군을 호령ᄒᆞᆯ 거시로ᄃᆡ 너의 아비 남ᄒᆡᄅᆞᆯ 딘뎡ᄒᆞ여 ᄇᆡᆨ셩의게 은혜이시므로 너ᄅᆞᆯ 샤ᄒᆞᄂᆞ니 도라가 이우란 텬명을 슌죵ᄒᆞ여 망녕되이 마ᄋᆞᆷ을 내디 말나 군듕의 금챵약을 내여 태ᄌᆞ의 샹처의 발나 노하보내니 태ᄌᆡ 머리ᄅᆞᆯ ᄡᆞ고 쥐숨ᄃᆞᆺ ᄃᆞ라나니라[714]

위의 인용에서 보면, 양원수는 수부에 이르러서, 귀빈으로 대우를 받으며 시녀들의 안내를 받아서 백옥으로 장식된 당상의 전 위에 마련된 의자인 초상석의 자리에 오르게 된다. 그리고는 양원수는 백능파로부터 자신이 초대받은 이유와, 남해태자가 결연을 강요하면서 핍박함을 피하여 임시로 백용담에 피신해 있는 이유를 듣는다. 그리고 백능파와 양원수는 하늘이 정해준

714) 서울대학교 규장각 소장 한글본 「구운몽」, 230쪽.

부부의 인연이기에, 백능파는 양원수에게 일신을 의지하고자 한다. 양원수는 백능파가 바로 하늘이 정해준 인연임을 알게 된다. 즉, 백능파가 출생했을 때, 동정용왕이 천상에 올라가서 장진인에게 점을 쳐보니, 장진인은 백능파의 운명은 지금은 비록 용궁에 태어난 용녀이지만, 장차는 지상의 귀인을 만나서 영화를 누리고 난 다음에 불가에 이르는 인연이라고 하였다. 이런 예언에 따라 백능파는 '그 사람'을 기다려 온 것이다. 그런데 남해용궁의 태자가 상국으로서의 위세만 믿고서 강제로 결혼을 요구하자, 백능파는 청수담으로 피신해 있었다. 그리고 아무도 가까이 접근하지 못하도록 맑고 단 맛이 나던 청수담의 물을, 쓰고 독이 서린 물로 변화시켜 버렸다. 그래서 이름도 백룡담으로 바뀌게 되었다. 이후로 물맛이 다시 변하게 되었으니 군사들이 그 물을 마시면 치유될 수 있으리라고 한다. 양소유는 백능파가 아직은 자신의 처지와 예를 지키기 위하여 운우의 정을 나눌 수 없다고 하지만, 백능파를 이해시키고 나서 그날 밤에 육체적인 사랑까지 나누게 된다.

그러자 백능파를 감시하고 있던 남해태자가 이 사실을 알고는 분노하여 수부를 공격해 오지만, 양소유는 남해용궁의 태자를 다음과 같이 토벌한다.

> 이 밤의 밝은 달과 맑은 바람이 또한 나의 좋은 정회를 도우니 좋은 날을 어찌 헛되이 보내겠으며 아름다운 기약을 어찌 차마 홀로 저버릴 수 있으리오 … 중략 … 상서가 말을 세우고 크게 웃으며 말하기를, "동정 용녀와 나는 삼생의 묵은 인연이 있으니 하늘 장부에 적혀 있고 신선들도 아는 바이다. 나는 불과 하늘의 명령에 순하게 하고 하늘의 가르침을 받들 따름이다. 너같이 조그만 비늘 달린 미물이 어찌 이와 같이 무례하느냐?" 태자가 크게 노하여 수천 수만 종류의 물고기들에게 상서를 잡으라고 명령하였다. 잉어 제독과 자라 참군이 용기를 북돋우며 뛰어 오름에 상서가 한번 대장기로 베고 백옥 채찍을 들어 휘두르니 백만의 용감한 군졸들이 일제히 몸을 일으켜 차고 밟으니 얼마 있지 않아 패배한 물고기들과 버려진 갑옷이 땅에 이미 가득하였

다. 태자는 몸에 몇 대의 화살을 맞아 변신을 하지 못하고, 종당에는 당나라 군대에 사로잡힌 신세가 되었다. 상서는 금고를 울려 군대를 거두어들이고 태자를 결박시켜 영중으로 돌아왔다. 문을 지키는 군졸이 보고하기를, "백룡담 낭자가 직접 군문 앞에 찾아와 군사들에게 음식을 크게 차려 먹이고 있습니다."[715]

이러한 제3 층위에서의 사건이 보여주는 의미, 특히 양소유와 남해용자의 전투는 작가 김만중이 당하고 있던 당파 사이의 갈등을 의미한다. 이런 문제와 더불어, 성진이 환생하여 양소유가 된 다음에 꿈속에서 펼치는 사건은 제2차 동정용궁 회사[716]의 완성으로, 성진이 보여주었던 제1차 동정용궁 회사와는 큰 차이가 있다. 양소유와 백능파가 함께 동정용궁에 나아가서 회사하는 것은 양소유가 잠을 깬 후부터 지속적으로 제2 층위에서의 활동에서 보여주는 갈등 해결의 원동력이 된다. 이로 미루어 보면, 성진이 행한 제1차 동정용궁 회사는 동정용왕에게 단순히 인사만 하고 돌아온 것이고, 제2차 동정용궁 회사는 성진에게 부과된 과제인 백용담에 피신해 있는 백능파를 구제하고, 그녀를 괴롭히는 포악한 남해태자를 과감하게 징벌해야 하는 목표가 있었던 것이다.

---

715) 今夜明月淸風 亦助我好情 良辰豈可虛度 佳期何忍孤負 遂携龍女 穩度一宵 交會之歡 非夢卽眞 日未明 一聲疾雷(中略)尙書立馬大笑曰 洞庭龍女與少游 有三生宿緣 卽天宮之所簿 眞人之所知也 我不過順天命也 奉天敎也 如爾幺麽鱗虫 何無禮若是耶 太子大怒命千萬種水族捕尙書 鯉提督鼈參軍 鼓氣賈勇 騰躍而至 尙書一麾而斬之 擧白玉鞭一揮之 百萬勇卒 齊發蹴踏 不移時 敗鱗殘甲 已滿地矣 太子身被數箭 不能變化 終爲唐軍所獲 尙書擊金收軍 縛太子還營 門卒報曰 白龍潭娘子 親詣軍前 仍以大食高士卒矣(정규복 재구「구운몽」(정규복,『구운몽 원전의 연구』, 보고사, 2010).

716) 이때 양원수는 자신이 성진의 선몽 속의 존재인 양소유의 몽유 상의 존재임을 모를 뿐만 아니라. 여기서 자신과 동정용왕의 만남이 육관대사가 낸 화두의 실천임을 인지하지 못한다.이런 상황은 독자들 또한 마찬가지이다.

표면적인 서사로 보면, 서포로 은유되는 백능파는 제3 층위의 완전한 신성세계에서 김익겸으로 은유되는 동정용왕의 딸로 출생한다. 이곳은 8선녀 중에서 다른 7여인은 악업으로 형산에서 멀리 떨어진 중국 천하 중앙과 지방의 곳곳으로 인연 따라 출생하지만, 백능파만은 선업으로, 형산 바로 밑의 동정호 용왕의 딸로 출생하였다. 이러한 설정은 이면서사를 통하여, 제3 층위 이전의 전반부에 해당하는 양소유의 현실은 황태후에 의하여 양소유와 정경패의 혼사가 제대로 이루어지지 않는 불화와 갈등을 보여주지만, 제3 층위에서 양소유와 백능파가 천정 배필로서의 혼사를 이룬 다음에 전개되는 후반부에 해당하는 양소유의 현실에서는 화평과 갈등이 없는 양소유와 8처첩의 행복한 삶으로 전개된다. 이런 설정은 태극 팔괘론으로 보면, 양소유의 짝이 되는 8여인 처첩 중에서 가장 마지막에 등장하는 곤괘 상징의 백능파가 8여인 중에서 가장 높은 지위에 놓이는 핵심 여인인 셈이다. 백능파는 자기가 백용담에 온 후에, 남해용자 오현이 갖가지로 핍박하지만 군자인 양원수를 기다렸다.[717] 백능파의 수난과 양원수의 구제 사건은 진채봉을 비롯한 계섬월, 정경패, 가춘운, 적경홍, 이소화, 심요연과 같은 7여성과는 차원이 다른 존재였다. 그러나 제2 층위에서는 양소유를 중심으로 한 정경패와 이소화와는 부인의 지위를 다투지 않으면서 첩으로의 지위에서 최선을 다한다.

백능파 대목의 전고에 해당 되는 소재 중에는 당나라의 「유의전」 설화가 있다. 그 내용은 유의라는 유생이 과거에 낙제하여 귀향하는 도중에서, 양을 먹이며 우수에 잠겨있는 한 미인을 만나서 그 연유를 물으니, 답하기를 자기는 동정 용궁의 딸로서, 이곳 경천군의 차자와 결혼을 하였으나, 남편은 방탕하여 집안을 돌보지 않을 뿐만 아니라, 시어머니에게도 학대를 받아 나날이 슬픈 날을 보내고 있으나, 친가에 연락을 하려고 해도 방법이 없어 고민

717) 설성경의 『구운몽의 비밀』에서는 성진 중심으로 서술이 되지만, 결미에서는 8선녀도 함께 대각을 한다는 점을 부각시키고 있다.

하고 있으니, 당신이 마침 남쪽으로 간다 하니, 나의 편지나 전해 줄수 있겠느냐고 애원하였다. 유의는 기꺼이 그의 요청에 응낙하고, 용녀가 가르쳐 주는 방법을 써서, 용궁에 들어가 용왕을 만나 친서를 전하니, 용왕이 눈물을 흘리며 슬퍼하고 있을 때, 별안간 흑풍이 일어나서 적룡이 나타나더니, 청천을 뚫고 날아갔다. 이가 바로 동정왕의 아우인 전당군인데, 경양군과 일대접전을 하여, 경양군의 아들을 죽이고 용녀를 데리고 돌아왔다. 동정왕은 거대한 잔치를 베풀고 유의를 위로하였으며, 전당군은 감격하여 용녀를 유의에게 주려고 하였으나, 유의는 이를 사양하였지만, 결국은 결혼을 하게 되었다.

「구운몽」에는 전고로 등장하는 전당군 파진악을 핵심 내용으로 하고 있는 「유의설화」[718]와 동정용녀의 이름이 된 「능파설화」가 『태평광기』에 수록되어 있다. 즉, 「구운몽」에서 양소유가 토번을 정복하고 반사곡에 들어가서, 병영 진중에서 잠깐 졸고 있을 때, 백룡담에서 임시로 피신하고 있던 동정용왕의 딸인 백능파와 결연을 맺고, 또 백능파를 괴롭히고 있던 남해 용왕의 태자인 오현을 대파하고, 동정용왕은 자기의 딸을 구출해 준, 양소유를 초대하여, 동정용궁의 응벽전에서 성대히 축하연을 열고 가무로 환대하는 사건에 등장한다.

김만중은 중국의 「유의전」의 내용을 참고하여 「구운몽」에서 동정용왕의 이야기를 전개하였다.

"용왕이 대답하되 수부에 옛적에는 이 곡조 없더니 과인의 맏딸이 경하왕 태자의 안해 되매 유생의 전하는 글을 인하여 목양의 곤함을 만남 줄 알고 과인의 아우 전당군이 경하왕으로 더불어 크게 싸와 대파하고 여아를 거느려 오니 궁중 사람이 풍악과 춤을 짓고 이름하여 이르되 전당군파진악(錢塘君破

718) 明日又宴毅於凝碧宮 舞萬夫於其右 中有一夫前曰 此錢塘君破陳樂 舞千女於其左 中有一女前進曰 此貴主還宮樂.

陳樂)이라 혹은 귀주환궁악(貴主還宮樂)이라 일컬어 궁중 잔치에 왕왕이 아뢰더니, 이제 원수 남해용자를 파하여 우리 부녀로 서로 모이게 하니 전당군의 옛 일과 방사한 고로 그 이름을 고쳐 원수파진악(元帥破軍樂)이라 하노라"

이처럼 양소유가 토번을 정복하고 반사곡에 들어가서, 병영의 진중에서 잠깐 졸고 있을 때, 그곳에 있는 백룡담에서 동정 용왕의 공주인 백능파와 결연을 맺고, 전부터 능파를 괴롭히고 있던 남해 용왕의 아들인 오현을 대파하였을 때, 동정용왕은 자기의 딸을 구출하여 준 양소유를 동정용궁의 응벽전에 초대하여 성대히 축하연을 열고 가무를 베풀었을 때, 양소유가 그 기이한 무곡에 대하여 물으니, 용왕은 '유의의 고사'를 인용하여 답하였다.

또, 「구운몽」에서는 예악에서의 화를 통해, 싸움이 없는 조화로운 삶과 가정 내의 화평을 제시한다. 금석사죽포토혁목[719]에 비유되는 8여인은, 각자의 음색과 소리를 가지면서도 아름다운 조화를 이루는 주체들이다. 특히 주체의 중심이 되는 '금과 석'은 각각 제2 층위에서는 양의 상징인 이소화, 제3 층위에서는 음의 상징인 백능파가 문제해결의 과정과 방법을 주도한다. 이는 이소화의 경우에 혼례에 얽힌 갈등을 하나씩 풀어나가는 부드러운 유화의 방식을 택하고 있다면, 백능파는 대결의 정신으로 혼례에 얽힌 부당성을 치열하게 드러내고, 또 과감하게 해소하는 강직함의 방식을 택한다. 이런 음양,[720] 강유의 상반된 속성으로 해결하는 방식으로 음양의 조화를 보여준다. 이는 군자다운 형식의 다툼[721]으로, 대사회적 화합 정신을 제시한다. 예악

719) 金石絲竹匏土革木.

720) 몽중현실과 몽중몽: 지상과 수부.

721) "子日 君子無所爭也 必也射乎 揖讓而升 下而後飲 其爭也君子"
"言君子恭遜不與人爭 惟於射而後有爭 然其爭也 雍容揖遜 乃知此 則其爭也君子 而非若小人之爭也 〈備旨〉夫子以禮讓風天下 日君子恭以持己 遜以接人 渾然一無所爭焉 欲於無爭之中而求其有爭者 必也於射見之乎 蓋將射之時 比耦而進 三揖三讓而後 升堂以射(하

이외에도, 양소유는 활쏘기를 비롯한 글쓰기에도 능통한 교양적 삶을 보여주는데, 그 대표적인 것이 낙유원에서 월왕과의 시합이다. 또 양소유는 대완국의 말을, 월왕은 천리부운총이라는 말을 몰아 경쟁을 한다. 그러나 이때의 경쟁은 이른바 말을 모는 법식[722]대로의 경쟁일 뿐이다. 그리고 기악으로 승부로 내고, 끝내 벌주를 마시는데 이러한 기악과 활쏘기 같은 경쟁을 통하여 피비린내 나는 투쟁과는 거리가 먼, 그야말로 군자다운 다툼을 보여준다.

이는 양소유가 거느리는 양씨부와 월왕이 거느리는 월왕부라는 두 집단 사이의 갈등과 그 해소의 과정과 방법을 보여준다.

작가 서포 김만중은 당대 현실의 어지러운 정치싸움의 치부를 역설적으로 드러내면서 「구운몽」의 화합지향의 면모를 완성시킨다. 즉, 정치현실에서는 군왕을 에워싸고 야기된 당시 정치상황에서, 극도로 대립하는 당파간의 알력에 대한 자기 반성과, 더 나아가 원칙에 대한 재확인이라는 기능을 성리소설에 담아 펼친 것이다. 작가 서포는 「구운몽」을 창작하면서, 양소유와 백능파의 제3 층위에서의 결연에 대하여, 자신이 현실에서 일으킨 국왕 숙종과의 갈등 관계에서 숙종의 혼미를 깨우치려는 충신의 소위 '충신 연주 지사'로서의 심정을 소설에 담아 창작한 것으로 판단된다. 그래서 제3 층위에서는 작가 자신을 투영시킨 백능파와 군주 숙종을 투영시킨 양원수의 혼사담을 은유 내지 상징적으로 표현하였다.

전체 서사로 볼 때, 양원수와 백능파의 결연은, 육관대사가 성진을 깨우치는 선몽의 핵심 즉, 비무상 차원에 성진이 환생하여 양소유가 되고, 다시 양소유가 꿈 속에 양원수가 되어서 토번과의 전투 중에 죽을 위기에 몰렸을 때, 백능파의 도움으로 남해태자를 제압하고, 항복시키는 사건이 놓여있음을 주목해야 한다. 이는 제1 층위와 제3 층위를 중심으로 해석하면, 작가 서

략) 「原本備旨論語集註」, 卷三.

722) 『맹자』의 〈공손추〉 대목.

포를 상징하는 작품 속의 두 존재는, 성진과 백능파로서, 이 존재는 둘이면서 하나로서, 『금강경』에서 세존이 마음자리를 논할 때 등장하는 '아상'과 '인상'을 구분하지 않아야 한다는 이치를 서사적 이야기로 전환시켜 보여주는 것이다.

『금강경』의 상과 비상과 비비상의 지혜와, 아상과 인상의 지혜를 응용하여, 현실에서의 인물인 모친 윤씨부인과 작가 자신을 모델로 삼은 소설 속의 인물들을 각 층위에서 다양하게 투사시킨 인물들을 등장시킨다. 이때에는 같은 층위의 인물이라도, 상대적 상관 관계에 의하여, 한 등장인물에 두 명의 역사 현실의 인물을 모델로 삼아 은유시키기도 한다.

그 대표적인 사례로, 자신의 어머니인 윤씨부인은, 제1 층위에서는 위부인으로, 제2 층위에서는 유씨부인과 최씨부인으로, 작가인 서포 자신은 제1 층위에서는 육관대사와 성진으로, 제2 층위에서는 양소유로, 제3 층위에서는 백능파의 모델로 각각 등장시킨다. 또, 제2 층위의 양소유의 경우, 옛 초땅 부근의 양처사와 유씨부인의 아들로 태어나 성장하는 양소유를 역사 현실에서 작가 서포의 모델로 삼았다면, 양소유가 정경패와 혼사담을 전개할 때는 양소유를 숙종의 모델로 삼기도 한다. 이런 이치의 근거는 『금강경』에서 세존이 제시한 소위 '공'이라는 반야지혜의 방식으로 제시한, 상과 비상, 비비상의 지혜와 아상과 인상의 지혜를 응용한 결과에 해당한다.

작가 김만중은 「구운몽」의 총체적인 구조를 통하여, 현실에서 일어나는 여러 갈등을 소설 작품안에서는 성리본심인 도심을 지닌 주역들을 통하여 갈등이 해소되는 이념적인 서사로 전환하여 전개함으로써, 현실의 갈등을 치유하여 화합함으로 행복한 삶의 세계로 전환시켜, 독자들이 이를 향유하면서 그런 성리 이념이 제대로 전개되는 화평과 행복의 세계의 인물들을 닮아가기를 기대하였다. 이런 점에서 보면, 작가 서포는 자신의 모친인 윤씨부인을 택당의 인용처럼, 위서에 비유되는 윤지의 딸이라는 현실의 역사 소재가 전고의 논리적 유관 근거가 되고, 제1 층위의 위부인과 짝을 이루는 제2 층위의 양소유의 모친 유씨의 관계도, 위부인인 윤씨가 김익겸의 집안으로 시집을 간 역사적 전고를 토대로, 양처사의 아내를 유씨로 설정한 것과 같다. 또 제1 층위에서도 형산 동쪽의 육관대사와 성진, 서쪽의 위부인과 8선녀의 대대적 관계와 제2 층위의 양소유와 8처첩, 양처사와 유씨부인과 양소유, 황태후, 황제, 이소화, 월왕, 정경패, 진채봉, 가춘운, 적경홍, 심요연, 백능파와의 관계를 서사로 풀어간다. 이러한 서사의 전개에는 당나라 때에 옛 굴원의 활동지역 초땅 지역의 출신 양소유가, 적강의 공주 이소화의 슬기로, 같은 적강의 귀녀 정경패의 슬기로 혼사 문제를 해결하려고 노력하고, 이때까지 풀리지 않은 갈등인 양소유의 늑혼 거절로 인한 어사옥 투옥은, 마침 토번의 침략으로 이를 제어할 장군으로 양소유로 택하여 대원수로 전진에 파송하고, 양장군의 위기는 같은 적강의 동정용녀인 백능파의 도움으로 위기를 벗어나 혼사로 해결된다. 이런 전반부의 해결 방식은 그대로 후반부의 양소유의 순조로운 공주와의 혼사 해결을 시작으로, 8처첩과의 집단 혼사와 가정 화목으로 양소유의 일생은 2차 월왕의 도전마저 해결하고 성공적으로 전개된다는 점이 하나의 큰 원리로 설정되어 있다.

또한 표면서사의 양처사와 유씨부인과 양소유는, 이면서사의 중국의 초나라 굴원의 소상강 멱라수와 순임금의 이비인 아황, 여영의 황릉묘의 관계를 제3 층위 표면서사의 형산의 노승 육관대사와 동정호의 용왕, 백능파, 양장군 사이에서 벌어지는 서사의 삼각구도에서의 악인형 남해태자와의 관계 등은, 이면서사에서, 조선의 윤씨부인과 김만중과 짝을 이루는 조대비와 조사석의 관계, 숙종을 사이에 둔 인현왕후와 장희빈의 서사의 삼각구도에서의 혼란과 갈등을 극복하는 이념형 서사로 전개한다. 이는 서사의 본질론을 통하여, 서포의 현실에서 볼 때, 경연 끝에 하룻밤 사이에 유배된 자신과, 숙종과 조사석, 윤씨부인과 조대비, 인현왕후와 장희빈의 중첩된 삼각구도에서의 갈등을 해소로 전환하는 당면한 현실적 갈등을 작품에 투사시킨 결과이다.

표면서사에 내재한 이면서사에서는 예송논쟁으로 가열한 남인과 서인간의 정치적 대결양상은 9년 후, 기사환국에서 남인의 득세로 상황이 다시 반전된 현실 상황, 그로 인하여 남인은 장렬왕후의 동생인 조사석을 통해 장희빈과 선을 대고 있었고, 장희빈은 조사석과 동평군 항을 통해 궁중에 선을 대어 숙종의 환심을 샀다. 처음에 숙종이 조사석을 좌의정에 앉혔을 때, 조사석의 인사에 장희빈이 관계되었다는 추측은 그래서 나온 것이었다. 이러한 여항의 말을 경연의 자리에서 숙종에게 진어했다가, 무안해진 숙종의 노기로 말미암아 말의 출처를 대라는 하교에 응하지 않자, 결국은 1687년 9월 12일에 김만중은 선천으로 유배를 가게된 역사 정치의 현실상황을 성리 이념으로 전환시켜 놓은 실용적인 성리소설이다.

이러한 사실들은 「구운몽」에서 성진의 제1 층위에서의 행동인 양소유의 현실에서는, 양소유의 모친인 유씨부인으로 형상하였다. 이러한 작가 서포가 「구운몽」에 등장하는 유일한 천상계의 존재로 지상의 형산에 좌정하고 있는 제1 층위 서사에 등장하는 위부인과, 제2 층위 서사에 존재하는 여성 중에서, 황태후와 사돈 관계의 위치에서 영양공주, 난양공주를 비롯한 8처첩의 시모로, 만년에 절대적인 행복을 누리는 양소유의 모친 유씨부인으로 설정한 것은 유복자로 태어난 작가 서포가 그 어머니 윤씨부인의 삶을 볼 때, 초년에는 행복했지만, 중년에는 전란으로 인한 미망인의 처지에서도 자식을 특출하게 키우고, 손녀가 숙종의 왕비가 되는 영광을 누렸지만, 다시 만년에는 유복자로 태어난 서포 자신 때문에, 유배를 당해 멀리 선천에 있게 된 고통에 대하여, 작품 「구운몽」을 통하여 지극한 위로를 바친것으로 판단된다. 이는 작가 서포 김만중은 현실에서 야기된 갈등의 정점에 해당하는 자신의 평안도 선천의 유배 상황, 일시적으로 인심에 치우쳐 혼미해진 군주 숙종이 도심을 회복하여 깨닫게 됨으로써, 자신이 선천 유배에서 해배되는 것을 성리소설 「구운몽」으로 제시하고 있다.

8-5. 풍류사상과 성리소설의 전통을 함께 녹여 들어올린 다중서사형 지성미

(1) 「구운몽」의 다중적 인식세계의 순환과 유불선의 기묘한 융합의 미학

고운 최치원이 12세 때 당나라 유학을 떠나 과거까지 급제하고 17년 만에 고국에 돌아왔다. 너무 어려서 가서 신라에 대해선 몰랐다. 그런데 당나라에서 유불도를 다 익히고 돌아와보니, 신라에 그것이 이미 다 있더라는 것이다. 그래서 "우리나라에는 깊고 오묘한 도가 있다. 이를 풍류라 한다. 실로 이것은 유 불 도 삼교를 포함한 것이요, 모든 중생과 접해 인간화 한다"고 했다. 중국에도 풍류라는 말은 있지만, 그것이 도가 된 것은 한국뿐이다. 풍류는 멋이다. 그건 서양의 미의식과 다르다. 한국인은 특유의 미의식이 있어서 인생을 멋있게 살라고 한다. 유불도를 다 통달해야 나오는 멋이 한국인의 얼이다.[723])로 규정하기도 한다.

이런 여러 종교를 포용하면서, 또 스스로의 특성을 지니는 소위 풍류문화의 전통을 김만중은 「구운몽」의 창작에서 적절히 사용하였다. 즉, 최치원이 거론한 풍류사상[724])의 구체적인 사례로, 불가철학의 절정을 이루는 반야계 경전인 「금강경」의 반야철학과 성리철학의 인심과 도심의 주제를 제3 층위

723) 조현 기자, 100살 신학자 유동식 "우리의 혼 풍류도를 발현해 세계인을 열광케 하라."한겨레, 2021. 1. 20.

724) 최치원은 '도란 탁마의 도리가 끊어진 자리'이지만, 진정한 도라는 것은 개별 종파의 종지에서만 추구되는 것이 아니라 삼교를 통괄하는 상위적이고 보편적인 진리로서의 도가 중요함을 역설하였다. 핵심 수식어 현묘는 유교의 정대, 중정이라는 도와, 불교의 원묘, 대각이라는 선도의 현허, 청허의 도와는 구분되는 '실내포함삼교(實乃包含三教)'의 본질로, 조화나, 집성, 절충, 통일, 통합의 의미를 초월한 철학으로, 유불선의 각면을 내포하면서도 그 이상의 절묘함을 지닌 것이다.

의 서사구조 상에서, 도심을 닦아가는 육관대사의 제자 성진과 천상에서 지상으로 내려온 선관 위부인의 시녀 8인의 선녀가 반야철학을 깨달음으로 보살의 도를 이루어, 집단적인 혼사담을 통해, 유가의 호국신인 동정용왕의 딸 백능파와 성진의 혼사가 하늘이 정한 최고 수준의 존재들이 대혼사임을 제시하는 것이 「구운몽」의 대주제다.

서포는 유불선의 소재를 융합하면서, 끝내는 이들을 포괄 융합하여, 조선형 성리소설로 한 차원 더 들어 올리는 광통학의 창의적 방법을 개발하여 「구운몽」을 지은 것이다.

이런 창의적 방법을 가장 유용하게 구사하는 기술 중의 하나가, 육관대사가 기른 제자 성진이 수행의 마지막 단계에서 만나게 되는 「금강경」에서 제시한, 비무상 내지 비비상의 경지를 동정용궁 회사로 변형된 특수 화두로 현실에서 1차로 회사하고, 이를 근거로 다시 참선을 통한 2차 회사를 통하여 「금강경」의 공관이라는 지혜를 체득하여 성진을 비롯한 8선녀가 육관대사의 「금강경」 4구게를 듣고 보살의 도를 얻는 대각을 동시에 하게 된다는 표면서사의 완결된 의미를 제시하는 방법이다.

이때 작가 김만중이 구사한 기술은, 허균의 「홍길동전」에서 앞선 천군계 심성소설을 발전시켜서 활용한 이중서사를 다시 중복합시킨 3중의 다중서사 방식으로 인간 심성의 깊이를 더해서 불가철학의 선경에서 성리철학의 도심을 지닌 성진과 8선녀의 화신이 양원수와 백능파가 천상에서 정해준 혼사를 이루어, 제1 층위의 서사에서 등장한 석교 장면에서 성진과 8선녀 중에서 가장 높은 차원의 부부 관계를 이루지만, 표면서사의 제2 층위에서는 그보다 늦게, 상대적으로 더 낮은 수준에서의 결혼인 양소유와 정경패 및 이소화의 결혼에서 이루어지는 혼사 순서에 따라서 영양공주가 된 정경패가 제1 부인이 되고, 황태후의 공주인 난양공주 이소화가 제2 부인이 되고, 백능파는 첩으로 남게 된다는 서술이다.

이런 표면서사는 제2 층위에서의 부부 관계를 넘어서는 제3 층위의 양원수와 백능파의 부부 관계가 실상에서는 가장 높은 수준의 완벽한 혼사라는 사실을 통하여, 이면서사에서의 젊은 사미승 같은 숙종과 늙은 육관대사 같은 서포의 관계가 그러하고, 이는 역사 현실에서는 창덕궁의 희정당 경연에서, 군신이 갈등 관계만 야기하여, 젊은 숙종이 진실한 스승이요, 늙은 충신 서포를 언근을 밝히지 않는다는 가벼운 인심 차원에서, 군주라는 막강한 권력자로서 작가 서포를 평안도 선천으로 유배시킨 것에 대한 잘못을 일깨우는 충신의 연주곡과 같은 주제를 내장하고 있다.

이런 문제에 대하여, 「구운몽」의 구조를 선문답으로 풀어볼 수 있는 실마리를 찾을 수 있는 다음과 같은 서포의 비평이 있다.

> 선가에서는 반야의 지혜 전수에 있어서 사제간의 관계, 특히 공안(公案), 화두(話頭)로 통칭되는 문답의 방식을 강조한다. 구운몽은 선사(禪師)들의 공안(公案) 형식의 문답과 금강경의 석가 세존의 문답법을 가미한 독특한 선적(禪的) 문답법을 효율적으로 사용하고 있다..그 선적(禪的) 문답은 성진이 '공(空)'과 '무(無)'의 경지를 자유스럽게 여행하는 '선적(禪的) 소유(少遊)'로 진행된다. 그 결과 참선 속에서 현실 세계의 잡다 한 사건들을 二世에 걸쳐 철저히 그리고 충분히 향유했기에, 그 체득(體得)과 심득(心得)을 토대로 금강경 반야(般若)의 지혜를 터득하고 돈오(頓悟)하고 대각(大覺하)게 되는 것이다.[725)]

김만중은 『서포만필』에서 "석씨가 말하는 성씨는 그 본말을 연구해 보면, 요컨대 이 세 가지에 벗어나지 않는다." 하였고, 뒤를 이어 말하기를 "그러나 이 세 가지는 다 마음의 묘용이니 어찌 본성이라 이를 수 있겠는가." 하였으니, 그렇다면 성현들이 마음을 논한 것이 석씨와 다름이 없단 말인가. "모

725) 설성경, 「구운몽의 환몽체계와 선문답」, 『동방학지』, 92집, 1996, 90쪽.

든 상을 버리고 허망과 깨달음의 관계를 깨달아서 공과 상이 통철하여 신이 한 용도가 일정한 방향이 없게 된다."는 것은, 바로 석자들이 정신을 농간하여 하늘의 이치를 끊어 없애려는 것인데도, 그는 이제 마침내 성현이 논한 마음과 함께 나란히 견주어 동일시하려고 하니, 옳은가 옳지 않은가? 정암의 학문은 처음에 이미 선학에 잘못되었고, 뒤에 성현의 글을 보고 문식하였다. 그러므로 그의 말이 이와 같은 것이니, 이것은 유교와 불교는 도가 이미 같지 않고, 마음을 세움도 또한 달라서 음양과 주야의 상반되는 것과 같음을 알지 못한 것이다.

어찌 저들의 소견을 근거하여 이 도를 할 수 있단 말인가. 불씨가 "작용이 바로 성이다."라고 한 말은 진실로 기를 이로 인식하고 심을 성이라고 논한 것이다. 정암의 실제 견해의 잘못은 실로 여기에서 나온 것이다. 그러므로 이기는 한 물건이라는 말과 도심은 성이요 인심은 정이라는 말도, 또한 다 이로 인하여 잘못된 것이다. 이미 이와 기를 한 물건이라 하였다면, 인심과 도심을 진실로 이와 기에 나누어 소속시킬 수는 없는 것이다. 그러므로 그 말이 반드시 이와 같이 되었으며, 정암이 스스로 위로 향하여 찾아간다는 것도 불씨들 소견 이외에 이 자가 있다는 것을 알았음에 불과할 뿐이요, 그 '이'라는 것도 '기' 위에 그 절도가 있음을 인식함에 불과할 뿐이다.

정암이 말한 이란 것은, 다만 기 가운데에 있는 이일 뿐이니 "마땅히 기가 전환할 때에 이를 볼 수 있다."는 것이 바로 그의 병통이다. 비록 그의 학설이 장황하고 찬란하며 변화무궁하나 그 귀결을 찾아보면 여기에서 벗어나지 않는다. 또 정암은 매양 스스로 지극히 마땅한 한 곳으로 돌아가야 한다고 말하는데, 그 말에도 스스로 모순되는 것이 많다. 이미 이와 기를 한 물건이라 하였고, 또 체와 용을 두 물건이라 하였으며, "한번 음하고 한번 양한 것을 도라 하고, 음양을 측량할 수 없음을 신이라 한다."[726]는 말을 함께 인용

726) 一陰一陽之謂道 陰陽不測之謂神.

하여 체와 용이 두 물건이 됨을 증명하였다. 만일 도가 체이고 신이 곧 용[727] 이어서 도와 신이 두 물건이 된다면, 이와 기가 과연 한 물건이겠는가? 이와 기가 과연 한 물건이라면 도와 신을 또 어떻게 두 물건이라고 할 수 있겠는가." 하였다.

김창흡은 『서포만필』의 서에서 서포의 만필 내용에 대하여, "불가 · 유가 · 도가 · 산수 · 율려 · 천문 · 지리 등의 구류의 학에 대한 견해가 점철되어 있다."고 하였다. 벌열 가문에서 태어나 정승의 지위에까지 오른 김만중이 이런 소설을 창작할 수 있을 만큼 자기혁신을 한 것이 놀라운 일이 아닐 수 없다."[728]

서포는 "불서[729]는 번잡하나, 그 요지는 진공묘유[730]란 넉 자에 있다. 규봉종밀에 의하면 진공은 유에 어기지 않는 공이요, 묘유는 공에 어기지 않는 유라 하였다. 이 말은 주렴계의 '무극이 태극'과 유사하다. 주자가 「정성서」[731]의 성자를 사용함에 차이가 있다 함은, 아마 성은 일정하여서 말할 수 없다 함이다. 선가에서는 작용을 성이라 하기 때문에 그들 책에는 정선비구라는 말이 있는데, 의심건대 정자, 장횡거의 학문이 선가에서부터 변화되었기 때문에 인습적으로 쓰고 고치지 아니했던 것이리라."[732]고 하였고, "유가는 도리를 강구하고 불가는 공심을 요구하고 있다. 유가는 심과 이의 일치성을 내세우지만, 불가에서는 심과 이를 둘로 본다."[733]는 진술로 근거가 된다.

서포는 "주자도 성리학은 선학과 십분 상사하고, 그 틀리는 것은 호말에

727) 神即用.

728) 조동일, 『한국문학통사』, 제3권(초판), 지식산업사, 1984, 107쪽.

729) 佛書.

730) 眞空妙有.

731) 정이가 性에 대하여 논한 글. 譯註에서 인용.

732) 김만중, 『서포만필』, 상 83, 162~163쪽.

733) 김만중, 『서포만필』, 상 83, 229쪽.

불과하다 하였다. 그러면 그 미묘한 상이점이 무엇인가를 알아야 한다. 그런데 지금 학자들은 선을 알지 못하고 또 선자도 성리학을 알지 못하면서 서로 배격만 하고 있고 그 단점을 지적하지도 못하고 있으니 가소로운 일이라"[734] 고 개탄하였다.

이처럼 「구운몽」은 유, 불, 도의 사상이 혼합되었다. 작중 인물의 직접적인 표현에서도, 부귀공명을 다 이룬 양승상은 취미궁에서 "천하에 세 가지 도가 있으니 유도와 선술이라. 이 세 가지 중에 오직 불교는 높고, 유도는 윤기를 밝히며, 사업을 귀히 하여 이름을 후세에 전할 따름이요. 선술은 허탄한데 가까워 자고로, 구하는 자 많으나 마침내 증험이 없으니 진시황과 한무제와 현종황제의 일을 보면 가히 알지라. 소유 벼슬살이를 마친 이후로 밤마다 꿈 속에 불전을 배려하니, 이는 필연 불가에 연분이 있음이라. 내 장차 장자방이 적송자 좇던 원을 이루고 남해에 가서 관음을 찾으며, 오대에 올라 문수를 만나 불생불멸하는 도를 얻어 인간의 괴로움을 벗고저 하나…"라 하였다. 여기서는 양승상의 최종 소망은 세존의 이치를 따른 불가의 길로 나서서 불생불멸하는 도를 얻는 것을 내세우고 있지만, 이 작품의 전체적인 흐름은 천하의 세 가지 도인 유불선 중에서 어느 하나의 도만이 아닌 여러 상대적인 도의 가치를 다 누리며, 최종적으로 영생을 하는 길로 나아가는 것이 가장 이상적인 큰 길임을 제시한 것과 다름이 없다.

「구운몽」에서는 "두 공주가 여섯 첩에게 결의형제하기를 제의하니, 낭자들이 사양하고 있을 때 영양공주가 이르되, 유현덕, 관운장, 장익덕 세 사람은 군신 사이로되 도원결의하거늘"이라 한 것은 「삼국지연의」 제1회 미담을 수용한 결과이다.

---

734) 김만중, 『서포만필』, 상 83, 221쪽.

하루는 두 공주가 서로 의논하되, "이제 우리 두 아내와 여섯 첩이 친함은 골육보다 더하며 정은 형제와 같으니, 이 어찌 하늘이 명하신 바가 아니리요? 마땅히 귀천을 가리지 말고 호형 호제할지라." 하고, 이 뜻으로 여섯 낭자에게 말하니 다 사양하는 중 춘운과 경홍과 섬월이 더욱 응하지 아니하거늘, 영양공주가 말하되, "유현덕 관운장 장익덕 세 사람은 군신의 사이로되 도원 결의를 하였거늘, 나는 춘운으로 더불어 본디 규중에서 좋은 벗이니 형제됨이 무슨 불가함이 있으리요? 세존의 아내와 등가의 여자는 존비가 현수하고 정절과 음행이 다르거늘 오히려 대사의 제자되어 마침내 바로 연분을 얻었으니, 처음 미천함이 필경 성취하는데 무슨 관계가 되리요?" 하고, 두 공주 드디어 여섯 낭자로 더불어 궁중에 나아가 감추어 둔 관음보살을 화상 앞에 분향 재배하고, 서약문을 지어 고하였다.

"유세차 연월일 제자 정경패 이소화 진채봉 가춘운 계섬월 적경홍 심요연 백능파 등은 목욕 재계하고 삼가 관음보살 앞에 고하나이다. 경에 일렀으되, '사해 지내는 다 형제가 된다.' 하였으니, 무타라. 그 지기와 의미 상통한 연고요, 혹 천륜의 친함으로 길에 행하는 사람같이 보는 자 있으니 무타라. 그 정과 뜻이 상위한 연고라. 제자등이 처음에 비록 남북에 각각 나서 동서에 흩어졌다가 한 사람을 함께 섬기게 되었삽고, 또 한 집에 거하오매 지기가 상합하며 정의가 상통하오니 물건에 비하면 한 가지 꽃이 풍우에 흔들려 혹 규방에 날리며, 혹 언덕에 떨어지며, 혹 산 속 시냇물에 떨어지나, 그 근본을 말하면 동근생이라. 하물며 사람은 한 형제 한 기운일 따름이오니 흩어졌다가 어찌 한 곳에 함께 돌아가지 아니하리요. 고금이 비록 멀고 넓으 오나 한 때에 같이 있삽고 사해가 비록 넓고 크오나 한 집에 같이 거하오니, 이 실로 전생의 연분이요 인생의 좋은 기회라. 그런 까닭으로 제자 등이 함께 서역하와 형제를 맺삽고 길흉과 생사를 같이 하랴 하오니, 이 중에 혹 이심을 두어 맹세한 말을 저버리는 자 있으면 하늘이 반드시 죽이시고, 신명이 반드시 꺼리시리니, 바라옵건대 관음은 복을 인도하시며 재앙을 사루어 첩 등을 도우시어 백년 후에 함께 극락 세계로 돌아가게 하옵소서."[735] 하였더라.

위에서 인용한 「구운몽」의 내용은 「삼국지연의」의 도원결의 대목의 주제를 변용시켜서 수용한 것이다. 즉, 여덟 미인인 정경패, 이소화, 진채봉 등 양소유의 8처첩의 의형제 이야기로 확대하여 서술하였다. 유현덕 관운장 장익덕 세 사람은 군신의 사이로되 도원 결의를 하였거늘"[736]라는 구절에서 분명히 드러나 듯이, 「삼국지연의」에서 장비의 제언으로 유비, 관운장, 장비 세 사람이 관음보살 앞에서 도원결의하는 장면을 「구운몽」에서 습용한 것이다.[737] 「구운몽」에서는 정경패를 비롯한 8인의 관음 불전에서의 발원문으로 전환 한다.[738] 관중의 「삼국지연의」와 김만중의 「구운몽」의 관계에서 동일한 소재인,

---

735) 維年月日弟子 鄭氏瓊貝 簫和李氏 彩鳳秦氏 春雲賈氏 蟾月桂氏 驚鴻狄氏 裊烟沈氏 凌波白氏 越宿齋沐 謹告于南海大師之前 世之人或有以四海之人 而爲兄弟者 何則 以其氣味之合也 或有以天倫之親 而爲路人者 何則 以其志之乘也 弟子八人等 始雖各生於南北 散處於東西 而及長 同事一人 同居一室 氣相合也 義相孚也 此之於物 一枝之花 爲風雨所撼 或落於宮殿 或飄於閨閣 或墜於陌上 於或飛山中 或隨溪流而達於江湖 然言其本 則同一根也 惟其同根也 枯花木無心之物 而其始也 同開於枝 其終也 同歸於地 人之所同受者 亦一氣而已 則氣之散也 豈不同歸於一處乎 古今邈濶而拜一時 四海廣大而居同一室 此實前生之宿緣 人生之幸會 是以弟子等八人 同約同盟 結爲兄弟 一吉一凶 一生一死 必欲之相隨而不相離也 八人中苟有懷異心 而背失言者 則天必殛之 神必忌之 伏望大師 降福消災 以佑妾等 使百年之後 同歸於極樂世界幸甚(「구운몽」 한문목판본 6권 〈駙馬罰飮金屈巵 聖主恩借翠微宮〉.

736) 劉關張三人 君臣 終不廢兄弟之義.

737) 정규복, 『구운몽 연구』, 보고사. 2010. 395쪽.

738) 정규복, 구운몽 연구, 보고사. 2010. 396쪽. "「삼국지연의」의 "不求同年同月同日生 但願年同月同日死 "을 「구운몽」에서는 "其始也 同開於枝 其終也 同歸於地"로 전환된 것이다. "背義忘恩 天人共戮"이 「구운몽」에서는 "八人中苟有懷異心 而背失言者 則天必殛之 神必忌之"로 교체 서술한 것이다. 그리고 「삼국지연의」에서 祭拜의 대상이 '皇天后土'였던 것

천신에게 고하여 맹서하는 결의형제 대목의 서약문의 표현을, 문체론 차원에서 비교해 볼 때, 선행한 세계적인 명작 「삼국지연의」에 비하여, 「구운몽」의 표현이 더욱 절실하고 핍진하여 천지신명의 감동을 일으키기에 적절한 진정성이 담뿍 들어있는 표현이라 판단된다. 그 이유는 「구운몽」은 평범한 소설의 단순 서술과는 구별 되는, 작가가 대제학 출신으로 대학자의 문필력에 의한 명문장이기 때문이기도 하다.

정경패가 이런 서원을 주도할 수 있었던 것은, 이미 정경패가 혼사 이전에 규방 생활에서 보여준 다음의 발원에서부터 비롯된다.

정경패의 발원서는 다음과 같다.

> 제자 정경패는 삼가 백배하고 비자 춘운을 목욕재계하여 보내어 제불전에 비나이다. 제자 정경패는 죄악이 심히 중하옵고 업장이 미진하여 세상에 나매 여자의 몸이 되옵고 또 형제의 낙이 없아오며, 지난 번에 이미 양씨의 납채를 받아 장차 몸을 양문에 맡기고자 하왔삽더니 양랑이 부마 간택에 뽑히매 군명이 지엄하시니, 제자 양씨로 더불어 어찌하오리까. 다만 하늘 뜻과 사람의 일이 사로 어기심을 한탄하옵고 기박한 몸이 여망이 없아오며, 몸은 비록 허락하지 아니하였사오나 맘은 이미 붙었사온즉 아직 부모 슬하에 의지하여 미진한 정을 보내고저 하오니, 이 신세의 기구함을 인하여 다행히 일신의 한가함을 얻은 고로 이에 감히 정성을 불전에 올려 제자의 심정을 표하옵나니 바라옵건대 제불은 통촉하시고, 자비지심을 드리우사 제자의 늙은 부모로 하여금 상수를 누리게 하옵시고, 제자의 몸으로 하여금 질병 재앙이 없이 부모 앞에서 채색 옷을 입고 새새기를 희롱하며 재롱하는 즐거움을 다하게 하옵소서. 부모 백년 후에 맹서코 부처께 돌아와 세속 연분을 끊고 경계하는 말씀을 복종하여 만에 제계하여 경문을 외우며 몸에 정결히 하여 불전에 예배

이 「구운몽」에서는 '南海 觀音菩薩'로 변용되었다.

하와 제불의 후은을 갚사오리이다. 춘운이 본래 경패로 더불어 크게 인연이 있사와 이름은 비록 노주나 정의는 형제라 일찍 주인의 명으로 양씨의 첩이 되었삽더니 일이 맘과 틀려 아름다운 인연을 보존하지 못하옵고 길이 양씨를 하직하고 다시 주인에게 돌아오니 사생 고락을 가히 같이 하올지라. 제불은 제자 두 사림의 심중 일을 굽어 살피사 세세생생에 다시 여자의 몸 되기를 면하여 전생의 죄를 소멸하며 후세의 복을 주사 좋은 땅에 환생하여 쾌활한 낙을 누리게 하옵소서.

제1 부인인 정경패는 8여인들 중에서도 유독 이러한 불교에 대한 믿음이 있었기 때문에, 8인의 불전 발원이 자연스럽게 이루어질 수 있었다.

(2)「구운몽」의 참선 주역을 융합시킨 대각 장면의 은유적 주제와 지성미

「구운몽」은『금강경』의 공관인 비무상의 선경과 주역의 함괘의 택산의 의미를, 북쪽이요 상괘인 상효의 택괘와 하괘인 산괘의 상징성을 북쪽의 동정호와 남쪽의 형산에 비유하여 공간 배경에 연계된 서사를 보여준다. 이 작품을 읽고 감상을 할 때, 표면서사를 주목한 일반 독자는 성진이 환생한 양소유가 8처첩을 거느리면서, 정경패인 영양공주가 제1 부인, 이소화인 난양공주가 제2 부인, 그리고 첫 만남의 여인인 진채봉이 잉첩으로 제3위를 차지하게 되고, 계섬월 가춘운 적경홍 심요연 백능파는 첩이 되지만, 이면서사를 주목한 지성적인 독자들은 성진이 낮에 1차로 동정용궁에 회사하고 돌아오다가, 석교에서 만난 8선녀가『예기』에는 '남좌여우'라고 하였다는 말에 제대로 대응하지 못하고, 꽃잎이 구슬이 되는 환술만으로 대처한 것과는 달리, 절에 돌아와서 스스로 8선녀와의 수작을 참회하고 참선에 들어, 선몽 속의 현실에서 양소유로 환생한 후에 진채봉 계섬을 정경패 가춘운 이소화 적경홍 심요연의 7여인과는 인연은 맺으나, 정식 혼사를 이루지 못하고, 정경패와 이소화와는 정식 혼사를 이루어가는 과정에 갈등이 야기된다.

양소유는 토번과의 전쟁에서, 반사곡 전투 중에 최고의 위기에 봉착했을 때, 남해태자의 늑혼 강요를 피해, 동정호를 떠나와서 백룡담 독극물 속에서 몸을 피하고 있던 백능파가 위기에 빠진 양소유를 구해낸다. 백능파는 백용담에서 자신과 양소유의 천정 인연을 알리고, 그 인연의 의미를 깨달은 양소유는 백능파와 육신의 관계를 맺은 후, 함께 동정호로 가서 아버지인 동정용왕에게 부부의 인연을 맺은 사실을 알린다. 동정용왕은 기뻐하며 '귀주환궁악'과 '원수파진악'을 연주하며, 그들의 혼사를 축하한다. 그 후에 양원수는 귀환하다가 형산으로 가서 절간의 호승에게 불가에 귀의하려 하지만, 호승이 지금은 때가 아니라는 말을 듣고 깨어보니, 반사곡의 병영에서 잠시 꿈을 꾸는 사이에 백능파와의 혼사가 이루어졌고, 동정용왕에게 사위 대접을 받은 것을 인지하게 된다. 양소유는 반사곡 전투에서 승리함으로 토번과의 전쟁을 이기고, 개선장군이 되어 황궁으로 귀환한다. 그 결과 양소유는 황태후의 뜻에 따라, 혼사 갈등을 일으킨 정경패와 이소화와의 혼사 문제를, 황태후가 주선하여 두 공주와의 합동 결혼으로 혼사갈등을 해소하게 된다. 이런 표면서사의 원천 구조를 주목해보면, 성진은 제1차 동정용궁 회사 때와는 달리, 참선을 통해서『금강경』의 비무상의 경지에 해당하는 선경에서 백능파와 혼사를 성취하게 된다. 이것이 제2차 동정용궁 회사에 해당하는 육관대사의 뜻에 부응하는 제대로 된 용궁 회사에 해당한다. 이런 수준에서 이루러지는 양소유와 백능파의 혼사는 양소유가 8여인 중에서 가장 먼저 정식 육례를 갖춘 수준에서 이룬 혼사이며, 이렇게 맺어진 백능파는 8여인 중애서 특별한 제1 부인이라는 것이 진정한 깨달음이다. 즉,『금강경』에 근거한, 비무상의 체험인 성진의 참선 방식과, 주역의 8괘에 따른 8선녀 중에서, 집단이 아닌 개체로 볼 때는 동정용왕의 딸인 백능파가 고난 중의 백룡담에서, 가장 먼저 양소유와 특별한 정식 혼사를 이룬 천정의 인연인 것이다. 이로서 양소유의 차원이 아닌 양장군의 차원에서 이루어진 동정용왕의 공주인 백능파와의 혼사가, 양원수의 가장 확실한 정식혼사 임을 뜻하는 것이다. 이는 『금강경』의 성진의 꿈속에서 전개되는 현실 중에서 가장 위기에 처했을 때 일어났던 꿈 속의 사건인, 『금강경』의 비무상[739]에서의 현실에서는 양소유의 제1의 정식 부인은 백능파였던 것이다. 양소유가 현실과 꿈을 깬 상태, 즉 성진이 참선을 마친 상태에서, 육관대사의 『금강경』 설법을 듣고, 성진의 현실과 성진의 참선 속에서의 현실과 꿈의 관계를 『금강경』의 공관인 비무상의 이치로 깨닫고 보면, 성진은 자신이 환생하여 8처첩과 한 평생을 살았지만, 『금강경』의 공관인 비무상에 근거한 실상과 지혜의 눈으로 인식하면, 양소유로서 자신이 한 평생을 살면서도 정경패, 즉 황태후가 양녀로 수용한 영양공주와 이소화인 난양공주를 제1 부인, 제2 부인으로 인식하고 살았던 것은 크게 잘못된 인식이었음을 깨닫는 것, 즉, 육관대사가 10년만에 다시 최종적으로 설법하는 『금강경』의 이치로 보면, 표면서사에서 성진의 환생 내지 '몽환포영노전'같은 심리 인식상의 존재인 양소유는 표면서사가 은유하는 이면서사로 보면, 진정한 충신인 서포나, 진정한 왕비인 인현왕후가 아닌, 조사석이나 장희빈을 진정한 충신과 왕비로 착각하는 혼미한 인식의 군주가 곧 숙종이며, 이 혼미한 군주가 대각성 하는 것이, 곧 성진의 대각이 가진 진정한 주제인 셈이다.

이런 사실들을 종합해 보면, 작가 서포는 얼핏, 통속소설로도 이해될 수 있는 「구운몽」을 창작하면서, 평소 모친 윤씨 대부인과 국내외의 소설을 독서하고 또 토론하고, 더 나아가서는 파다하게 소설을 창작해본 달인의 위치에서, 「구운몽」을 창작했다고 본다. 비록 유배된 몸이지만, 효자 서포는 모부인의 마음에 만족할 만한 걸작을 창작하여, 작품과 함께 보내는 편지에서는 겸손하게 「몽환」이라는 작품을 보낸다고 표현했지만, 실상은 유복자로서 사

739) 非無相.

무치게 보고 싶은 부친 김익겸을 동정용왕으로 하고, 모친 윤씨부인은 위부인으로, 자신은 육관대사로, 때로는 성진과 양소유로 그리고 백능파로 다중의 위상에 따른·인물에 투사 시켜 소설로 창작한 것이다.

또한 상대적 상관성에 따라 상대인 숙종을 성진과 양소유, 양원수로 설정하는 특수한 기법을 『금강경』의 공관에 따른 상, 비상, 비무상[740]의 논리로, 과거와 현재와 미래는 상호 관계일 뿐, 절대적이지 않다는 논리 위에서 서사구조를 설정하여 전개한다. 또한 그 서사구조의 특수한 공간이 인공적인 무대 장치와 같은 서사의 공간 위에서, 『주역』의 「태극도설」 즉, 『주역해석』과 같은 이론에 근거하여, 태극 같은 집단의 8선녀, 또 이 8선녀를 해체하여 음양의 2분화로, 4상의 4분화로, 8괘의 8분화로 응집과 확산에 따른 개성과 성격을 부여하는 창작기술을 발휘한다. 즉, 가정과 사회, 국가로 나아가며, 조정에서는 군신과 비빈 사이에 어떻게 평등과 차등 속에서 질서와 조화를 이루고, 인의예지를 지키면서, 화이부동의 평화를 이루어 가는가를 상징적인 성리 이념을 서사화하여 소설에 담아낸다.

서포 김만중은 유가의 전통적 예악사상의 붕괴를 막고, 성현들이 제창한 유가 사상과 성리철학의 사상을 회복함으로써, 숙종의 혼미와 당파성으로 인한 혼란한 정치질서를 바로잡으려는 의도를 지니고, 왕이나 관료들이 처한 각각의 처지나 입장이 우선하던 현실 앞에서는, 사실적이고 직설적인 서사보다는 은유적이고 우회적인 우화 방식이 성리소설의 이중서사화를 통한 창의적 서술로서의 최적의 선택임을, 오랜 시간 송강의 가사를 한역하여 품에 지니고 다녔던 결과로, 격물치지의 차원, 주자 독법의 진검승부의 승부처에 해당하는 비장의 서술 무기를 활용하였음을 알 수 있다. 이는 지식인 작가의 자기표현 욕구를 성리소설로 창작하여, 주제적 의미를 굴절시키고 심화시키는 방법으로서, 표면서사 중에는 선적 의미를 지닌 부분과 우언적 표

740) 相, 非相, 非無相.

현으로서의 2중 서사구조로 구축된 중층적 의미를 실현시키는 부분이, 각각의 대목에서 달리 자리하도록 구성 하였다. 물론 흥미성만을 위한 단선적 표면서사도 다수 있지만, 서사의 질적인 측면에서 가장 공력을 들인 전고 형식을 내장하여 의미망을 구축하고 있는 핵심적인 우언적 방법의 실현 대목에서는, 중층적 우의화가 그만큼 의미 형상화에 무게를 갖는다. 즉, 제1 층위에서는 남악 형산의 사찰의 웅장함을 묘사하는 표현의 '악록산' 한시 장면과, 성진과 8선녀의 석교에서의 수작 대목에 등장하는 '남좌여우' 대화 장면이고, 제3 층위에서는 백능파 대목이며, 성진의 대각 장면의 유가적 의미로의 전환 방식 등이 그러하다.

풍류 광통학으로 「구운몽」의 진면목을 독자가 향수하게 되면, 대제학 출신이 진정한 충신의 위치에서 혼미한 군주 숙종을 깨우치기 위하여, 『금강경』의 비무상론과 『화엄경』에서 유래한, 수월관음도에서 선지식을 찾아 나선 관음보살을 만나기까지의 고행의 길이, 성리소설의 도심에 입각한 양소유와 8처첩의 혼례 질서에 대한 비유에서 양소유와 백능파가 결연하는 성리학적 의미를 파악할 수 있다. 이런 서사의 논리 전개는 불가의 세존이 제시한 『금강경』에 담긴 깨달음에 대한 지혜와, 16세기 퇴계와 남명, 그리고 율곡과 우계 등의 성리학자들이 제시한 도심과 인심의 문제를 적절하게 융합시켜서 창의적으로 구축한 시공간 구조와 그 주어진 장에서 남녀 인물들의 사건으로 펼치며 표면서사를 이끌어간다. 즉, 표면서사는 중국 당나라 시절의 승려와 선녀들의 깨달음이 주제이지만, 이면서사를 통해서 우의적으로 제시하는 참 주제는, 작가가 처한 조선의 숙종과 충신의 관계에서, 군신간의 깨달음이 주제인 것이다. 이런 점이 곧, 불교철학과 성리철학을 서사의 3중구조와 주제 형상의 2중성을 기반으로 창작한 서포 김만중의 지성적 성리소설인 「구운몽」의 특질이다. 이런 수준에서 「구운몽」의 지성미를 향수하게 되면, 종래의 통속소설로 규정하던 「구운몽」의 위상은, 군신의 화합과 함께 각성의 길로 나아가는 중용과 화평의 창의적 서사를 통하여, 17세기 조선 성리소설의 수준과, 그 지성적인 미학의 세계를, 동양 문학의 보편성 속에서 독특한 개성을 분명히 보여주고 있음을 알게 된다. 이는 작가 서포 김만중이 당대 최고의 학문과 덕행을 실현한 대제학의 위치에 있던 학자요, 충신이요, 최고의 작가였기에 가능했던 문학적 성과이다.

8-6. 영조와 정조가 판단한 서포의 효심과 「구운몽」 속 양소유의 효성

(1) 영조의 「구운몽」 독서

영조의 긴 재위 기간은 성숙과 태평의 시기이기도 하지만, 인륜이나 가족관리의 측면에서는 불행의 자취가 남겨진 시기였다. 그 단적인 사례가 숙종과 장희빈과 세자간의 문제, 영조와 세자 간의 문제가 인륜의 침몰을 보여준 암울한 역사적 그늘을 남긴 사건이기 때문이다. 경종은 숙종 18년인 1688년에 숙종과 궁인 장씨 사이에서 숙종의 큰아들로 태어났지만, 갑술환국으로 왕비가 되었던 생모가 희빈으로 강등된 후 14세 때, 세자로서 부친 숙종에 의해 자신의 어머니 장희빈이 사사되는 것을 목격하는 고통을 감내하였다. 이런 연유로 세자는 이 사건 이후 줄곧 병환에 시달렸으며, 왕위에 오른 이후에도 끝내 후사도 얻지 못하고 생을 마감하였다.[741)]

741) 일설에는 그가 아이를 얻지 못한 것이 희빈 장씨 때문이라고 한다. 즉, 희빈 장씨는 숙종이 내린 사약을 받고는 마지막으로 세자가 보고 싶다고 숙종에게 애원하게 되는데, 숙종은 처음에는 이를 거절하다가 결국 인정에 끌려 그녀의 청을 들어주게 된다. 하지만 막상 세자를 그 자리에 데려다 놓았을 때에 돌발적인 사태가 터지고 말았다. 장씨는 자신의 아들을 보더니 재빠르게 달려와서는 다짜고짜 그의 하초를 움켜쥐고 잡아당겨

경종의 뒤를 이은 영조도 1694년에 숙종과 궁인 최숙빈과의 사이에서 둘째 아들로 태어났다. 그 후 1699년에 연잉군에 봉해졌고, 경종 1년인 1721년에는 왕세자에 책봉된 뒤에, 왕위에 올랐다. 그러나 영조는 아들 사도세자를 뒤주에 가두어 죽게 한 비운의 왕이며, 그 사도세자의 아들이 정조가 되었지만, 조부에 의해 부친이 죽게 된 슬픈 역사를 안고 살았던 임금이다.

영조는 평소에 숙종을 오래 모시지 못한 것을 지극한 통한으로 여긴 나머지 탄신일에 하례를 청하면 문득 『장자』의 말을 인용하면서 한사코 거절하였다. 그리고 『시경』의 어버이를 그리워하고, 슬퍼하는 육아와 척호의 시를 읊으면서, 처연하게 눈물을 흘렸으므로 경연장의 신하들이 모친에 대한 한이 있어 그럴 수도 있으리라고 생각하였다. 그 후에도 탄신일의 하례에 관계되는 일이 있으면, 그러하지 않은 적이 없었다.[742] 그런데, 영조 시대에는 윤씨부인의 증손자인 김양택이 영의정까지 올라 가문의 영광을 보여주었다. 이런 배경[743] 속에서 국왕인 영조는 「구운몽」을 즐겨하여 두 차례나 이 작품에 대한 관심을 측근 신하들에게 표현하였다. 즉, 영조가 51세가 되는 1751년에 중국의 로맨스 소설이라고 할 수 있는 재자가인 소설인 「평산냉연」[744]의 문장 수준에 대하여 언급한 후, 신하들에게 「구운몽」의 작가가 누구인지 물었다. 영조의 물음에 신하들은 작가가 김만중이라고 알려주었다. 그러나 이 말을 들은 영조는 「구운몽」의 문장이 우수하다는 판단에 근거하여, 문장으로 유명

버렸다. 그 때문에 세자는 그 자리에서 기절을 했고, 이 사건 이후 항상 시름시름 앓으며 남성 구실을 하지 못했다고도 전한다.

742) 영의정 김양택이 쓴 영조의 지문.

743) 영조 초년에는 『구운몽』이 나주에서 목판으로 출판되었다.

744) 「평산냉연(平山冷燕)」은 청나라 초기에 널리 유행하던 장편소설로, 평여형, 산대, 냉강설, 연백함이라는 네 명의 청춘 남녀들이 서로 흠모하며 어울리다가 마침내 두 쌍의 짝을 이룬다는 염정소설이다.

한 이의현이 작가로 추정된다 하였다.[745)]

또, 영조는 모친에 대한 한이 많았던 군주였다. 그는 자신의 출생이 지닌 원초적인 한계가 있었기에, 모친에 대한 효심을 발휘하는 영웅 양소유의 부친은 신선으로 떠나가고, 모친이 홀로 키운 양소유는 미모와 탁월한 재능을 갖춘 풍류 호걸이요, 문무의 영웅으로서 부마가 되고 중국 각지에서 만난 8명의 처첩을 한 집안으로 모아 놓고 함께 행복한 가정을 꾸미는 이야기가 더욱 자신이 부자 간에 이루지 못한 한을 보상하는 내용으로 제공 받았을 수 있다. 이런 상황 하에서, 영조의 딸인 화협옹주의 시아버지인 약방 제조 신만은 승지 김양택에게 직접 들었다면서, 「구운몽」은 김만중이 지은 것이 맞고, 그 어머니를 위해 지었다는 창작 동기까지 알려주었다.

또, 왕명의 출납을 담당하던 행정기관의 일기에는, 1차로 영조가 제조 신만, 부제조 조명리와 나누는 대화에서 「구운몽」을 독서한 기록[746)]이 있다. 영조가 언제 처음으로 「구운몽」을 읽었는지는 확실히 규정할 수는 없지만, 이때에는 분명히 독서물로 삼고 있었다. 그때 영조는 「구운몽」의 작가를 이의현[747)]으로 알고 있었다. 이의현은 「소현성록」을 필사한 용인 이씨의 동생으로 「구운몽」과는 관계없는 인물이다. 신하인 신만[748)]은 군주인 영조에게 「백화전」이라는 소설 작품을 거론하면서 「구운몽」과 「사씨남정기」는 김만중이 지었다고 정확하게 정보를 알려주었다. 2차로 영조 37년에 「구운몽」 독서에 대

745) 정병설, 『구운몽도』, 문학동네, 2001, 17쪽.

746) 영조가 「구운몽이 누구의 작품인가를 묻자, 조명리는 김만중의 작품이라고 하고, 신만은 「남정기」와 「백화전」이란 작품도 있다고 한다. 그러자 영조는 자신은 이의현이 지은 것으로 알고 있었다고 하자, 신만은 승지 김양택은 김만중과 가까운 친척이기 때문에 물어보니 정말 김만중이 병든 어머니를 위하여 지었다고 하였다.

747) 이의현(1669~1745).

748) 신만이 물어보았다는 승지 김양택은 김만중의 종손으로, 그의 부친은 예조판서를 지낸 김진규이다.

한 기록이 있다. 1751년부터 10년 뒤인 1761년 7월 11일에 61세가 된 만년의 영조는 다시 「구운몽」을 거론하는데, 이때에는 영조가 “김진규가 늙으신 어머니를 위하여 「구운몽」을 지었다고들 하는 것인가?” 하고 물으면, 홍봉한은 그렇다고 대답을 하고, 영조는 다시 “좋은 글이야. 그래 문형이 되었을 때 문형이 재주 있다는 소리를 많이들 한다”고 대답하였다. 이 대화를 통해서 보면, 67세의 영조는 10년 전에는 작가가 이의현이라고 하여 신만이 김만중이라고 알려주었던 것을 잊어버리고, 이번에는 「구운몽」의 작가를 서포 김만중의 조카인 김진규로 인식하고 있었다. 3차로는 영조 39년에 「구운몽」 독서이다. 즉, 2차 독서로부터 2년 후인 1763년 12월 25일에 63세의 영조는 다시 홍봉한과의 대화 중에 「구운몽」을 거론하였다.[749] 이번에는 정조의 외조부로서 혜경궁 홍씨의 부친이요, 영조와 사돈 지간인 홍봉한[750]과의 만남에서 「구운몽」이 화제가 되었다. 영조가 이번에는 「구운몽」의 작가가 김만중의 조카인 죽천 김진규가 아닌가 하고 물었다. 이때 영조의 사돈이요, 사도세자의 장인인 홍봉한이 그렇다고 하자, 영조는 ‘구운몽은 좋은 글’이라고 칭찬했다. 당시 형조판서로 있었던 김양택은 12년 전에 신만이 「구운몽」에 대해서 물었다는 바로 그 사람으로, 김만중의 종손이다. 2년 전에는 「구운몽」을 김진규가 지었다고 하더니, 이번에는 김진규의 아들인 김양택의 사촌 아우라고 알고 있다. 영조는 물론 홍봉한 또한 2년 전에 나누었던 대화를 기억하지 못하고, 이번에는 「남정기」도 그 사람이 지었다고 응대하였다. 여기서 영조는 「구운몽」을 “아주 좋다”고 하면서, “서술한 것이 뛰어나게 아름다운 것이 진문장”이라고까지 극찬을 하였다.

이처럼 「구운몽」은 대제학 출신의 서포 김만중이 창작한 고품격의 수려한 문장력을 구사한 지성적 성리소설로서, 군주인 영조는 물론 조정의 중신들

749) 정병설, 『구운몽도』, 2001, 문학동네, 18~19쪽.

750) 홍봉한(1713~1778).

도 독서의 대상으로 삼아 읽고 있었음을 알 수 있다. 이런 분위기로 인하여 궁중의 화공들은 속화인 민화를 그릴 수 있었고, 왕과 왕후나 후궁, 또는 중신들의 사랑방에도 「구운몽도」가 10폭의 병풍으로 제작되어 배치될 수 있었던 것으로 추정된다.[751)]

(2) 정조의 「구운몽」 독서와 「모시언해」

정조는 "처음에 장헌 세자 꿈에 용이 잠자리로 들어와서 그 꿈을 깨고는 이상한 생각이 들어 그 용 모양을 벽에다 그려두었는데, 임신년 9월 22일 기묘일에 왕이 탄생하였다. 탄생하자 쩌렁쩌렁한 목소리가 마치 큰 쇠북소리 같았으며, 정신기운이 번쩍번쩍하고 두 눈이 깊고 영채가 있어 하늘이 내린 사람임을 알 수 있었다. 2세 때 벌써 문자를 알았고, 3세 때는 사부에게서 『소학』을 배웠는데 날이 갈수록 슬기로워 사부를 번거롭게 하지 않았었다. 8세에 왕세손에 책봉되고, 10세에 학궁에 들어갔는데 『소학』의 제사에 명명혁연[752)]이라는 구절을 짚으면서 그 뜻을 박사에게 묻기를, "밝은 명이 내 몸에 있다는 것은 과연 어느 경지를 가리킨 것이며, 그것이 훤히 빛나게 하려면 무슨 공부를 어떻게 해야만 합니까?" 하니, 박사가 그 대답을 못했고, 교문에 둘러서서 구경하던 이들은 모두 안색을 바꾸며, 참으로 성인이라고 서로들 축하하였다. 춘저에 있으면서는 날마다 빈료들과 어려운 문제를 놓고

751) 이 시기에는 「구운몽도」가 자수병풍으로 만들어져서 궁중의 연회에 화려한 분위기를 자아내는 역할을 감당했을 가능성이 높다. 왜냐하면, 민가에서는 민화로 통용이 되었지만, 현재 전하는 몇몇 자수 병풍은 그 예술적인 품격으로 보아서 웬만한 양반 집안에서 집안 장식용으로 사용했다고 보기보다는 궁중 연회용이라고 평가할 만하다.

752) 明命赫然.

서로 토론하였는데, 가령 사단칠정[753]의 구별이라든지 중화[754]의 설, 또는 성과 도의 이발 · 미발[755] 등등의 문제들에 대하여 실오라기 하나 털끝 하나도 남기지 않고 세밀히 분석하여 그 모두가 사문에 있어 바꿀 수 없는 당연한 논리로 정립되었다.[756]

정조는 즉위년인 1776년 3월 10일의 〈중외에 교문을 반포하여 사면의 은전을 내리다〉에서 "중외에 교문을 반포하기를, "왕은 말하노라. 황천이 한없는 재앙을 더없이 내리어 갑자기 거창한 일을 만나게 되었다. 소자가 보위를 이어받게 되었는데, 억지로 백성들의 심정에 따르고 공경히 떳떳한 법을 지키려는 것이었으니, 어찌 임금의 자리를 편히 여겨서이겠느냐? 지난 날에 열성들께서 남기신 전통은 거의 삼대 시절의 융성한 것과 견주는 것으로서, 조종의 공덕은 상제의 대명을 받든 것이었고, 문무의 모열은 후손들에게 편안함을 끼친 것이었다. 공손히 생각건대, 대행 대왕께서는 진실로 잘 계술하시어 순과 같은 총명을 사방에 펼치므로 아! 만백성이 이에 화합하게 되고, 문사는 삼재의 도리를 겸하였으니 참으로 팔도가 좇아서 감화되었다. 고은 모전에 앉는 것을 엷은 얼음을 디디는 것처럼 생각하여 매양 공경하여 두려워하는 정성이 간절하였고, 가난한 집의 곤궁을 풀어 주기에 진념하여 더욱 자식처럼 돌보는 정사에 힘을 썼다. 근검이 왕가와 나라 가운데 나타나게 되었으니 진실로 순일한 덕이 밝아졌기 때문이고, 효제가 신명에게도 통하게 되었으니 이는 백행의 근본이라고 하는 것이다. 인경의 존왕의 의리를 계양하여 황단에 향사하는 의식을 갖추어 놓았고, 홍범구주[757]의 회극에 관

---

753) 四端七情.

754) 中和.

755) 已發 · 未發.

756) 『조선왕조실록』, 정조 대왕 묘지문.

757) 洪範九疇.

한 공부에 힘을 써 만물들이 화육의 테두리 안에 안기게 하였다. 아! 아름다웠도다. 50년 동안 빛이 나게 임어하시어 이에 천재일우[758]의 국운이 비로소 돌아올 날을 보게 되었다. 춘추는 당나라 요임금이 문치하던 때를 넘게 되어 만백성들이 모두 받들게 되고, 덕은 이미 위나라 무공의 억계[759]에 부합되어 임금의 지위를 편안하게 누리시었다."[760]라 하였다.

또, 정조 8년인 1784년 10월 19일의 〈영남 도신 이병모가 초계 문신의 강의를 올려보내고 교정을 맡았던 유생의 성명을 보고하다〉에서 "영남 도신 이병모가 초계 문신의 강의 7책을 베껴 올려보내고, 이어 교정을 맡았던 유생의 성명을 보고하였다." 하였다. 정조 14년인 1790년 3월 28일의 〈차대하다〉에서는 "상이 이르기를, "경의 말이 참으로 옳다. 그러나 각기 그 재능에 따라 쓰는 것도 옛날의 방도이다." 하니, 종수가 아뢰기를, "물욕에 담박한 사람을 발탁하여 등용하면, 아마 퇴폐해진 풍속을 수습할 수 있을 것입니다." 하고, 제공이 아뢰기를, "조정에 있는 사람들이 큰일을 당할 때마다 먼저 발뺌할 생각부터 하니, 이렇게 하고서야 어떻게 나라를 저버리지 않을 수 있겠습니까. 충에 대해서 말하는 사람은 반드시 어리석은 충이라고 말하는데, 충자 위에 어리석이라는 우자 하나를 붙이는 것은 바로 고지식한 사람이 자기 몸을 생각할 줄 모르고 나랏일에만 힘을 다한다는 뜻입니다. '모신'[761] 두 글자는 그 의미를 따져보면 바로 노자의 현빈[762]을 지키는 도리로써 성인의 문하에서 배척당한 것입니다." 하였다. 상이 이르기를, "제 몸이 있은 다음에야 가정이 있고 가정이 있은 다음에야 나라가 있기 때문에 세상의 자기

---

758) 千載一遇.

759) 억계(抑戒)의 억(抑)은 『시경』 대아(大雅)의 편명. 모시서(毛詩序)에 의하면 '억은 위나라 무공이 주나라 여왕을 풍자하고 또한 스스로를 경계한 시이다.'라고 하였음.

760) 『조선왕조실록』, 정조 즉위년(1776) 3월 10일.

761) 謀身.

762) 玄牝.

몸을 위해 꾀하는 자들이 이런 식으로 처신하는 것인가?" 하니, 제공이 아뢰기를, "『시경』에는 '이미 밝고 또 슬기롭게 제 몸을 보전한다.'라고 하였는데, 이 뜻을 잘못 해석하게 되면 '슬기롭게 보전한다.'는 것을 자기 몸을 위해 꾀하는 것으로 보기 쉽습니다. 그러나 '슬기롭게 보전한다.'는 것이 '제 몸을 위해 꾀한다.'는 것과 어찌 비슷한 점이 있겠습니까. 제 몸만 생각하는 사람은 반드시 말을 조심하는 법입니다. 『서경』에 '입은 전쟁도 일으킨다.'고 말한 훈계가 있고 보면, 그 입을 조심하지 아니하여 스스로 화를 입는 자는 참으로 이 경서의 훈계에 어긋납니다. 그러나 단지 자기 몸만을 위해 꾀하는 것을 능사로 여긴다면 어떻게 나라를 위하여 충성을 다하겠습니까." 하였다.[763]는 기록이 있다.

또, 정조 21년인 1797년 9월 28일의 〈차대를 행하고 이기양을 망에서 뺀 것 등을 대신들과 논의하다〉에서는 "우의정 이병모가 아뢰기를, "어제 승지의 소에 비답하신 것을 삼가 보건대 '감히 지척해 말하지 못하고 승지에게 죄를 돌린다.'는 하교는 혹 분부가 중도에 지나친 듯합니다. 전 이조 판서가 또한 어찌 매우 두려워하지 않겠습니까." 하니, 상이 이르기를, "『시경』에 '힘쓰고 힘쓰는 우리 임금님 사방의 기강이 된다.'하였다.[764]는 기록이 있다. 정조 22년인 1798년 7월 20일의 〈우의정 조진관과 조덕윤의 의리가 없음을 책망하다〉에는 "상이 이르기를, "비국 당상 가운데 병을 이유로 못 나오겠다고 한 사람은 누구인가?" 하니, 우의정 이병모가 아뢰기를, "호조 판서 조진관입니다." 하였다. 상이 이르기를, '큰 의리의 차원에서 말하건대, 벗어나면 천하게 보고 들어가면 주인으로 섬긴다 해도 안 될 것이 없다.'고 하는데, 이에도 역시 허다한 분수가 있는 법이거늘 어떻게 사람마다 이럴 수가 있기에 막중한 의리를 가지고 그 자들이 까불며 희롱하는 자료로 삼게 할 수가 있겠는가. 만

763) 『조선왕조실록』, 정조 14년(1790) 3월 28일.

764) 『조선왕조실록』, 정조 21년(1797) 9월 28일.

약 조정에 참으로 우리 당의 인사가 있다면 이런 무리들에 대해 북 치며 성토하는 일을 어찌 늦추겠는가. 이른바 의리라고 하는 것이 거꾸로 이런 자들로 말미암아 무너지고 있는데, 이를 막지도 못하고 중지시키지도 못하고 있는 상황에 비유하자면 마치 성곽도 세우지 않은 채 땅에 거하는 것과 같고 배 타고 가면서 노를 잃어버린 것과 같다고나 할 것이다. 시에 이르기를 '버들을 꺾어 만든 채마밭 울타리, 미친 이도 두려워 넘지 못하네.' 라고 하였는데, 광부도 두려워했다면 나약란 지아비는 물론 두려워할 줄 알았으리라는 것을 알 수 있다. 그런데 오늘날의 인간들은 전혀 놀라거나 두려워하는 마음이 없이 물결에 휩쓸려 따라가기만 하면서 안정을 찾지 못한 채 동요하고 있으니 이런 자들은 정말 꾸짖을 가치도 없다 하겠다.[765]"는 기록이 있다.

또, 1799년 10월 12일의 〈축하 예물을 올린 것에 대한 봉천 승운 황제가 반사한 조서〉에서 는 "짐이 생각건대 『시경』에서는 사성[766]을 노래하며 천명을 받은 넓고 큰 경사를 기리었고, 『주역』에서는 은천[767]을 일컬으며 눈부시게 아름다운 점괘를 뽑게 된 뜻을 드러내었다. 조종 대대로 내려오는 덕을 이어받아 그렇게 되기를 구하셨음에 삼가 의식을 거행하여 부제를 올리었고, 제후들의 덕으로 많은 복을 받게 되었음에 큰 은택을 베풀어 윤음을 반포하게 되었다. 이에 법전을 상고하여 아름다운 법도를 밝히는 바이다."[768] 라고 하였다.

정조가 이르기를, "『시경』 삼백 편은 읽을수록 더욱 좋아서 오래 읽으면 읽을수록 더욱 그 참맛을 알게 된다. 예컨대 '문왕의 손자들이 본손과 지손 모두 백세를 전할 것이며, 모든 주나라의 선비들도 또한 대대로 드러나리로

---

765) 『조선왕조실록』, 정조 22년(1798) 7월 20일.

766) 思成.

767) 殷薦.

768) 『조선왕조실록』, 정조 23년(1799) 10월 12일.

다.'라는 시는, 이 네 구절을 시험 삼아 읊어 보면 무한한 의미가 담겨 있으니, '청묘의 시를 비파로 연주할 때에 한 사람이 창하고 세 사람이 화답한다'는 정도만이 아니다." 하였다. 상이 이르기를, "내가 젊었을 적에 시를 무척 좋아하여, 『시경』 삼백 편으로부터 송 · 명의 제가에 이르기까지 그 울타리를 엿보며 아름다운 구절을 주워 모았고, 더러는 작자의 필의를 보아 그 오묘한 뜻을 깨닫기도 하였다. 그러다가 곧 이로움은 없고 공부에 해만 끼친다고 생각하여 일체 포기한 지가 이제 20여 년이 되었다. 근래에 심기가 화평하지 않아서 내 성향에 맞는 여러 문집들을 가져다가 두어 차례 펼쳐 보았는데, 불현듯 생각이 넓어지고 막힘이 없어지는 것을 깨달았으니, 이것이 바로 『시관』을 편찬하게 된 동기이다. 옛사람이 '심기가 화평하지 않을 때는 악기를 한번 읽으면 마음 속의 근심을 쏟아 버릴 수 있다.'고 하였는데, 참으로 옳은 말이다." 하였다. 상이 이르기를, "내가 요즈음은 시를 지을 때 심혈을 기울이지 않고 그저 손 가는 대로 써 내려갈 뿐이다. 『춘저록』을 한번 보았더니 순아하고 풍채와 정치를 갖추어서 근래의 작품이 미칠 수 있는 것이 아니었다." 하였다.

재계하는 날 각신에게 하교하기를, "요사이 자궁을 기쁘게 해드리기 위해서 『시경』에서 100편을 발췌하여 『모시백선』이라고 이름 짓고 경들로 하여금 분담하여 언해로 번역해서 올리게 하였다. 옛날에 김만중은 하룻밤 사이에 「구운몽」을 지어 자신의 어머니에게 바쳤다데, 나의 경우에는 뜻을 봉양할 수 있는 길이 오직 여기에 있으니, 경들은 게을리 말고 힘쓰도록 하라."고 였다. 정조는 "패관 소설은 사람의 심술을 가장 해치는 것이니, 문장과 경술에 뜻을 둔 선비라면 상을 준다고 하더라도 보지 않을 것이다. 더구나 음조가 낮고 슬프며 날카롭고 경박한 고신얼자의 슬프고 근심스러운 소리를 무엇 하러 읽겠는가. 처음에는 이러한 문체를 추구하는 자가 있다는 말을 듣고도 대수롭지 않게 여겨 내버려 두어도 다스려질 것이라고 생각했는데, 요사이에 와서 보니 시례를 전수해 온 집안의 자제로서 근밀한 자리에 출입하고 왕명을 윤색하는 자들까지도 습속에 물드는 것을 면치 못하고 있다. 그것이 세도와 시운에 관계되는 문제라는 것을 크게 깨달았으니, 하교를 통해서 한 번 바로잡지 않을 수 없다."고 였다.[769)]

이외에도 『궁중기문』을 살펴보면, 정조는 서연에서 『시경』을 강론하다가 궁관에게 말하기를 '척호[770)] 편에서 자기가 부모를 생각하는 것은 말하지 아니하고, 부모가 자기를 생각하는 것만을 말하였다. 효자는 부모의 심정을 자기의 마음으로 삼으므로 그 말이 이와 같은 것이며, 자기가 부모를 생각하는 심정도 자연히 그 속에 포함되어 있다.'고 하였다. 또 『상서』를 강론하다가 말하기를 '요순은 큰 성인인데도 그 신하는 오히려 게을리하지 말고 황탄하지 말도록 경계를 하였다. 신하로서 임금에게 충고하는 도리는 응당 어려운 일을 요구해야 한다. 그러니 임금이 요순에 미치지 못하는데도 신하가 바른 말을 하지 않는다면, 나라를 다스릴 수 있겠는가.'라고 하였다. 또 말하기를 '은나라의 세 임금과 주나라의 문왕은 안일하지 아니한 까닭에 나라를 오랫동안 유지하였고, 순임금은 사람을 등용하여 일을 맡긴 까닭에 편안하여 임금 자리에 가장 오래 있었다. 이것이 비록 다른 것 같지만, 안일하지 않아야만 편할 수 있는 법이니, 임금의 도리에 있어 안일하지 않는 것을 제쳐두고 다른 무엇을 취하겠는가.'라고 하였다.[771)]

정조는 『구운몽』을 직접 읽는 수준에 머물지 않고, 서포가 모친 윤씨부인을 작품 『구운몽』 속에 투영시켜 성리이념을 담은 제왕학에 근거한 나라에 대한 충성심과, 효자로서의 사모곡같은 『구운몽』을 창작하였듯이, 〈모시삼백편〉의 한글 언해와 더불어 화성 행궁 조성의 모델로 삼는 수준에서 『구운몽』을 인식하고, 자신의 실천적인 정책 입안의 근거로 삼았다.

---

769) 정조, 「홍재전서」 163권. 일득록, 문학, 일성록, 정조 9년(1785) 10월 16일

770) 陟岵.

771) 『조선왕조실록』, 정조 13(1789) 10월 7일의 〈장헌대왕지문〉.

이러한 배경에는 정조 16년인 1792년 윤 4월 27일에 10,057인이 연명한 대규모의 상소가 정원에 봉입되는 것과 같은 영남 사림들이 올린 상소같은 사회적인 문제도 관련이 있었다고 판단된다. 즉, 이때의 대규모 집단의 상소는, 억울하게 뒤주에 갇혀 죽은 사도세자의 신원을 위하여, 영남지방의 사림들이 올린 상소였다. 이 상소를 접한 정조는 파격적으로 상소 올린 대표인 이우를 불러 상소문을 낭독하게 하고, 울음을 겨우 참으면서 들었다. 사도세자는 정조의 친부로 아버지였던 영조의 명에 의해 죽은 이후, 정조는 백부였던 효장세자의 아들로 입적이 되고, 정조는 이 사건에 대해서 다시는 언급하지 않고 정치 문제화하지 않겠다는 약속을 해야만 했다.

이처럼 정조는 차대 형식에서의 지속적인 군신 사이의 학술 대화 끝에, 1798년 7월 29일에는『오경백편』을 완성하다〉는 기록이 있다. 또, 1799년 10월 3일에는『아송』이 완성되었다는 대목 속에 "순임금의 조정에서는 뒤를 이을 아들에게 제일 먼저 음악을 가르쳤다. 오늘날 음악 교육은 마땅히 시를 통해 이루어져야 하는데, 삼백편[772] 이후로 사무사[773]의 뜻을 얻은 것은 오직 주자의 시밖에 없다. 따라서 문왕을 기다려야 하는 선비들을 흥기 시키려면 무엇보다도 주자의 시를 가르쳐야 할 것이다.'하고, 직접 사부와 금조와 고체시 · 근체시 등 3백 59편을 뽑는 한편, 그 끝에 명 · 잠 · 찬 · 제 · 사[774] 등의 글을 부록으로 실어 모두 4백 15편을 수록, 8권으로 정리한 뒤 책 이름을『아송』이라 하였다. 아송이란 말은 아언과 같은 의미였다. 그리고 존경각에 소장해 두고 유생들을 달마다 강의에 참고하는 책으로 삼도록 하였다."[775]고 하였다.

---

772) 삼백편:『시경(詩經)』을 말함.

773) 思無邪.

774) 銘 · 箴 · 贊 · 題 · 辭.

775)『조선왕조실록』, 정조 23년(1799) 10월 3일.

(3) 1783년에 문효의 시호를 받은 서포 김만중

숙종은 20년인 1694년 4월 10일에 전 판서 김만중의 관작을 회복하라고 명하였다[776)]또, 1696년 10월 2일에 동지사 최석정이 건의하여 다음과 같이 김만중에게 치제하도록 하였다.

주강에 나아갔다. 동지사 최석정이 말하기를, "고 판서 김만중은 갑술년초에 복관(復官)하라는 명이 있었으므로 으레 마땅히 치제(致祭)하여야 하나, 죄를 받은 것이 무거웠으므로, 성상의 뜻이 어떠하신지 몰라서 아직 거행하지 못하였습니다. 당초 주대(奏對)에 잘못이 있었다 하나 멀리 귀양가서 죽었고, 또 문벌이 융성할 때에 권요직(權要職)을 힘껏 사양하여 보사 공신(保社功臣)에 참여되지 않았으므로 공론이 칭찬하니, 치제하여야 마땅할 듯합니다."

하니, 임금이 말하기를, "당초에 잘못이 있기는 하였으나, 어찌 오래 되어도 풀어 주지 않을 수 있겠는가? 빨리 치제하게 하라." 하였다. 옥당관(玉堂官) 이정명(李鼎命)이 오두인(吳斗寅) · 박태보의 처자에게 종신토록 급료(給料)하기를 청하고, 이정겸(李廷謙)이 박태보의 아버지 박세당(朴世堂)은 더욱 먼저 곤궁을 돌보아 주어야 한다고 이어서 아뢰니, 임금이 본도(本道)에 명하여 곤궁을 돌보아 주게 하였다.

또, 숙종은 32년(1706) 2월 27일에, 영의정 최석정은 말하기를, "이경석의 효행이 있는 것을 말하고, 우의정 김창집은 김만중의 효행을 아뢰니, 임금이 세 신하에게 모두 정표를 가(加)할 것을 명하였다.[777)]

---

776) 『조선왕조실록』, 숙종 20년(1694) 4월 10일.

777) 『조선왕조실록』, 숙종 32년(1706) 2월 27일.

정조는 재위에 오른 지 7년째인 1783년 2월 20일에는 예조 판서 김만중에게는 문효를 시호를 내렸다.[778] 정조는 1795년 10월 12일에는 허적의 관작을 회복시켜 주면서, "이 대신의 일에 대해서는 일찍부터 깊이 헤아려 왔다. 의리라고 하는 것은 공적인 물건으로서 그 체로 말하면 거울처럼 텅 비어 있고 그 용으로 말하면 저울대처럼 공평한 것이다. 그러니 하나라도 사의가 개입된다면 어떻게 의리라고 할 수가 있겠는가. 경신년의 사실에 대해서는 공사의 문적에 분명히 기재되어 있으니 사람이라면 그 누가 이것을 모르겠는가. 그의 속 마음을 볼 때 용서해 줄 만하고 그 자취로 볼 때 죄를 범하지 않았다는 것은, 첫째 연석에서 주달한 것을 통해 알 수 있고, 둘째 죄수로서 공초한 것을 통해 알 수가 있다. 그런데도 당화로 막혀 사람마다 주체적인 정견을 갖지 못하게 된 나머지 1백여 년이 지나는 동안 고상에 관계된 일이라면 제기해서는 안될 조목으로 내팽개쳐 두어 왔다. 이것이 어찌 의리이며 도리라고 하겠는가. 가령 고상이 두 마음을 품고서 다른 행동을 하였다면, 고 대사헌 이익상이나 고 대사간 김만중 같은 사람들이 어째서 사형에서 감해 주는 율을 받들어 따랐겠는가. 칙철지명을 다칠 우려가 있다.'고 하신 성조의 분부를 통해서도 분명히 인식할 수 있는 것이다."[779] 하였다.

또, 『일성록』의 정조 9년인 1785년 6월 11일에는 다음과 같은 기록이 있다.

> 중희당에서 약방 제조 서유린, 사옹원 제조 조시준을 소견하였다.
>
> 내가 이르기를, "오늘날 조정이 비록 기강이 없기는 하지만, 일개 조준(趙㻐)이 어찌 감히 이와 같을 수 있단 말인가. 이것이 무슨 큰일이기에 경재(卿宰)에게 말하겠는가마는, 경들이 마침 폄좌로 인하여 궐내에 있다가 각각 직장(職掌)으로 입시하였기 때문에 이렇게 하교하는 것이다.

---

778) 『일성록』, 정조 7년(1783) 2월 20일.

779) 『조선왕조실록』, 정조 7(1783) 2월 20일.

조준은 지금의 이른바 조금 성예(聲譽)가 있다는 사람이다. 한번 일을 맡겨 쓰고 싶어서 높은 반열에 두었는데 그는 도리어 남을 이기려고 힘쓰는 마음을 품은 것이 마치 싸움하는 사람이 주먹을 불끈 쥐고 휘두르는 형세와 같아서, 하는 일마다 신하의 분의(分義)가 전혀 없으니, 어찌 이러한 도리가 있단 말인가. 대체로 관직에 출처(出處)하는 도리는 공무를 행할 만한 직임이라면 곧 공무를 행하고, 공무를 행할 수 없는 직임이라면 비록 칼이 목에 들어오더라도 단지 평소 갖고 있던 절의를 굳게 지켜야 될 뿐이다. 그런데 조준의 경우는 무릇 공무를 행할 만한 직임에 대해 반드시 먼저 고집 부린 뒤에 공무를 행하는 것을 위주로 하여 한번 제수하는 명이 있으면 곧바로 신칙하는 하교를 하게끔 함으로써 어려운 일을 잘한다는 헛된 명예를 구하기만 하고 엄절한 대강(大綱)은 생각하지 않았다. 그저 명예를 구하느라 탐욕을 부리고 기강을 무너뜨림으로써 분의를 완전히 망각하였으니, 이와 같은 버릇을 감히 나에게 부린단 말인가.

비록 지난번 함답(緘答)으로 말한다 하더라도 종이 가득히 장황하게 써서 눈으로 볼 수 없을 정도였다. 내가 꼬치꼬치 말하지 않은 것은 그를 위해서가 아니라 숨기고 싶기 때문이었다. 그가 부모에게 효성스러운 것으로 칭송되고 있다고 하는데, 충(忠)과 효(孝)는 본래 두 가지가 아니니 진실로 효를 충으로 옮기는 마음이 있다면 그동안 제수하는 명이 내렸을 때 어찌하여 그때마다 즉시 삼가 사은하는 일이 없었는가. 임금을 성실함으로써 섬기는 자라면 결코 이와 같아서는 안 되는 것이다. 나는 이를 보고서 그가 대단히 무엄하다는 것을 잘 알게 되었다. 이른바 '고집이 세다'라는 것을 그가 필시 자부할 것이고 사람들도 이를 칭송하는데, 참으로 이른바 천하에 가소로운 일이다. 그처럼 현달하고 문장에 능한 자가 어찌 고집이 센 사람이 될 수 있겠는가. 그의 본말(本末)과 장단(長短)에 대해 감히 하늘을 속일 수 있겠는가. 지난날 북적(北賊)이 일어났을 때부터 추향(趨向)이 분명하지 않아 남쪽을 등지고 북쪽을 향했으니, 고집이 센 사람이 진실로 이와 같단 말인가. 그가 궁함(宮銜)을 띠

고 공무를 행한 것이 겨우 며칠뿐이었기 때문에 내가 그때부터 이미 그를 의심하였다. (중략)

일전에 빈대(賓對)를 하라는 명이 있은 뒤에 몸은 공당(公堂)에 나왔으면서 병을 조섭한다고 핑계하고는 동료 당상이 연석에서 물러 나오기를 누워서 기다렸으니, 그의 행동이 너무도 놀랍고 통탄스러웠다. 그런데 오늘 예문관 제학에 제수한 명에 이르러서는 기해년(1779, 정조3) 9월 13일의 부처(付處)하도록 한 전교를 돌이켜 생각한다면 더욱 어찌 송연히 두려워할 줄을 모르고 대뜸 누차 역임했던 자리에 대해서 궐 밖에 현패(懸牌)한단 말인가. 그 의도가 어디에 있는지를 이해하지 못하겠다. 오늘날 조정에 비록 인재가 없다고는 하지만, 이러한 사람은 결코 용납해서는 안 된다. 옛날 숙묘조 때 고 중신(重臣) 김만중(金萬重)은 바로 일찍이 판금오(判金吾)를 거친 사람인데 경연(經筵)으로 입시하였다가 하나의 경미한 일로 인하여 당시에 처분이 있기까지 하였다. 내가 조준에 대하여 어찌 금오로 넘겨 조사하도록 하는 것을 애석히 여기겠는가마는, 그가 현재 명성이 있어 일세(一世)를 크게 기만하고 있으므로 내가 만일 그런 일을 한다면 사람들이 필시 나의 정령(政令)을 손상시키는 일이라고 말할 것이기 때문에 우선 그대로 놔두어 그로 하여금 날로 죄를 쌓게 함으로써 사람들이 함께 분노하기를 기다리는 것이다. 이것은 그를 기용하고 버리는 것에 대해 중론(衆論)을 따르고 싶기 때문이다.[780)]

또 하교하기를, "지금 대면하여 신칙한 하교는 조준에 있어서는 다행이라고 할 만하다. 그 사람의 일을 또 어찌 알 수 있겠는가. 어제도 운운한 바가 있었는데 서포(西浦) 김만중(金萬重)은 한 번 잘못 말한 죄로 거의 불측(不測)한 죄과에 빠질 뻔하였으니, 내가 호판에 대해서도 어찌 사사건건 곡진히 용서할 수 있겠는가. 내가 여러 말 하지 않겠지만, 앞으로의 일을 지켜보다가 김만중의 예(例)를 쓸 것이다." 하였다. 이어 여를 타고 나와 일첨문(日瞻門)

780) 『일성록』, 정조 9년(1785), 6월 11일.

에 이르렀다. 본궁의 영은 입시하라고 명하였다. 내가 이르기를, "궁원(宮園)의 과실(果實) 중에 천헌(薦獻)하는 데 적합한 것을 신칙하여 수호하게 하여 천신(薦新)할 때 쓰고, 그대로 정식으로 삼아 의궤(儀軌)에 올리도록 하라." 하였다. 이어 협양문을 경유하여 대내(大內)로 돌아왔다.[781]

(4) 1886년에 종묘 배향 공신이 된 서포 김만중

서포 김만중이 유배형을 받고 한양을 떠나 평안도 선천으로 향한 이후, 조정에서는 그에 대한 신구의 소리가 이어졌다. 서포 김만중이 선천으로 유배형을 받은 얼마 후인 1687년 10월 17일에는 궁중에서 대사간 신완이 숙종에게 김만중에 대한 명을 도로 거두기를 청하였다.[782] 9월 12일의 서포의 면전직소 일이 있은 지 1개월 가량이 지난 10월 10일에는 영의정이, 김만중의 일을 들어 아랫사람들을 무조건 의심하지 말기를 부탁하는 일이 조정에서 일어난다.[783] 이러한 군신간의 논의는 조정의 대신들이 붕당을 짓고 있기 때문에, 그 당략에 따라 부당한 발언을 한다는 선입견을 가져서는 되지 않으므로, 김만중에 대한 판단도 당색으로만 몰아간다면, 사직에 보탬이 되지 않는다는 주장이다. 그러나 숙종은 여전히 김만중의 직언도 편당의 의한 것으로 개탄하고 있다. 또, 그 10일 후인 숙종 13년 10월 27일에는 궁중에서는 홍수헌이 김만중을 신원하여 구제하는 일이 있었다.[784] 또, 20일이 지난 11월 16일에는 궁중에서 지평 이제민이 김만중이 했다는 말의 진위여부를 뚜렷이 캐기를 상소하는 일이 벌어진다. 숙종 14년 11월 3일에 김수항과 최석정의

781) 『조선왕조실록』, 정조 9년(1785) 6월 12일.

782) 『조선왕조실록』, 숙종 13년 10월 17일.

783) 『조선왕조실록』, 숙종 13년 10월 10일.

784) 『조선왕조실록』, 숙종 13년 10월 27일.

청으로 김만중이 석방되는 기사에도 이때로 다시 거론된다.[785)]

숙종 13년인 1687년 9월 12일에는 판중추부사 이단하가 김만중을 해면하기를 바라는 상소하였다. 판중추부사 이단하가 상소하여 해면하기를 바라니, 임금이 단지 두어 글자의 비답을 내렸다. 이때 이단하가 시골에 있으면서 김만중의 일이 있었던 것을 알지 못하고 상소했었기 때문에, 임금의 뜻이 더욱 드러나게 싫어하고 박대함을 보였다. 숙종은 같은 날, 영의정이 김만중의 일을 들어 아랫사람들을 무조건 의심하지 말기를 다음과 같이 진언하였다.

> 영의정 남구만이 임금에게 아뢰기를, "김만중의 뜻은 단지 들은대로 상달(上達)하려 한 것이니, 그의 말이 진실로 그르기는 합니다마는, 전하께서 붕당(朋黨)을 싫어하기만 하여 일의 옳고 그름을 구명하지 않는다면, 신하들이 장차 과오를 구제하느라 겨를이 없게 될 것인데, 무슨 일을 하게 될 수 있겠습니까? 옛적부터 당론(黨論)은 반드시 그 사람과 나라를 망쳤었는데, 요사이 조신(朝臣)들이 서로 편당이 되는 수가 없지 않으니, 진실로 걱정스럽습니다. 그러나 전하께서 만일 이 때문에 아랫사람들을 모조리 의심하시게 된다면 폐해가 더욱 커지게 될 것입니다. 선조조의 상신(相臣) 이준경이 유언(遺言)한 상소에서 조신(朝臣)들이 당이 갈라짐을 들어 말했었는데, 선정신(先正臣) 이이가 매우 그르게 여기면서 말하기를, '그 사람은 장차 죽으려면서 하는 말이 악(惡)해졌다.'고까지 했었습니다. 대개 그의 뜻은, 조정에 비록 두 갈래로 갈라지는 폐단이 있다 하더라도, 만일 임금이 먼저 의심하는 마음을 가져버리게 된다면, 반드시 위태해지고 멸망하게 되는 화가 있게 되기 때문이어서일 것입니다. 만일 전하께서도 이처럼 의심을 하시게 된다면, 신(臣)은 사직(社稷)에 대한 근심이 장차 이루 말할 수 없게 될까 염려됩니다." 하니, 임금이 이르기를, "나 역시 어찌 사람마다 의심하겠는가? 다만 편당이 되는

---

785) 『조선왕조실록』, 숙종 14년 11월 3일.

폐해가 개탄스럽다." 하였다.[786)]

또, 다음 날인 1687년 9월 13일에는 옥당에서는 김만중을 용서할 것을 청하였다. 그러나 임금은 받아들이지 않았다.

"김만중이 진 죄는 귀양보내는 것에 그치지 않지만 우선 말감(末減)하는 법에 따라 서쪽 지방의 좋은 지역에 두게 한 것이니, 국법으로 말한다면 진실로 이미 너무 관대하게 한 것이다. 그대들이 당초에 이미 등대(登對)했고, 또한 이어 차자를 진달하여서 제멋대로 구제하니, 진실로 마음이 아프다. (중략) 지금 죄안을 날조하여 멋대로 파직하기를 청하니, 더욱 통탄스럽고 해괴하다." 하였다. 이제민은 사람됨이 음침하고 간교하였으므로, 말의 근거를 구핵(究핵)하라고 한 명을 틈타 일망 타진(一網打盡)하는 꾀를 부리려 했었던 것이다. 이에 처리할 때를 당해 심술이 모두 드러나므로 물정(物情)이 놀랍고 분하게 여기지 않는 사람이 없었는데, 유독 임금은 그의 영합을 반갑게 여기며 가상하다고 허여하여, 옳음과 그름을 전도(顚倒)함이 이러하므로 식견 있는 사람들이 우려하였다.[787)]

같은 날, 지평 이정익 등도 김만중을 두둔하고 용서를 다음과 같이 청하였다.

지평 이정익 · 장령 김호 등이 김만중을 신구(伸救)하다가 모두 엄한 분부가 내리게 되므로, 인피(引避)하고 물러가 대명(待命)했다. 지평 이제민이 아뢰기를, "임금을 무망(誣罔)하는 떠도는 말을 탑전의 자리에서 진달하게 되

786) 『조선왕조실록』, 숙종(보궐정오) 13년(1687) 9월 12일.

787) 『조선왕조실록』, 숙종 13년(1688) 9월 13일.

었으니, 말의 근거를 폭로하게 하신 것은 성상께서 뜻이 있으신 것인데, 대신(臺臣)이 앞질러 도로 거두시기를 청했습니다. 비록 망령되고 경솔한 짓이기는 합니다마는, 대개 생각하고 있는 것이 있으면 반드시 진달해야 하는 의리에서 나온 것이므로, 갑자기 목소리와 안색을 돋구시는 것은 자못 너그럽게 포용하심이 모자라는 일입니다. 이 때문에 경솔하게 언관(言官)을 체직할 수는 없으니, 모두 출사(出仕)하게 하시기를 바랍니다." 하니, 임금이 윤허했다.[788)]

같은 날, 옥당에서도 김만중의 용서를 다음과 같이 청하였다.

옥당에서 차자를 올려 김만중을 신구하며 멀리 귀양보낸 명을 정지하도록 청하니, 임금이 답하기를, "김만중이 진 죄는 귀양보내는 것에 그치지 않지만 우선 말감(末減)하는 법에 따라 서쪽 지방의 좋은 지역에 두게 한 것이니, 국법(國法)으로 말한다면 진실로 이미 너무 관대하게 한 것이다. 그대들이 당초에 이미 등대(登對)했고, 또한 이어 차자를 진달하여서 제멋대로 구제하니, 진실로 마음이 아프다. 이제민은 신진(新進)인 사람인데도 아첨하여 기쁘게 하는 작태(作態)는 본받지 않고 정직하게 강개(慷慨)한 생각을 진달했기에, 오직 그의 가상함만 보겠고 그가 화나게 함은 볼 수 없는데, 지금 죄안(罪案)을 날조하여 멋대로 파직하기를 청하니, 더욱 통탄스럽고 해괴하다." 하였다.[789)]

비국의 여러 신하를 인견하여 군국(軍國)의 모든 일을 강론했다. 임금이 이르기를, "김만중을 오늘 성문이 열리기를 기다렸다가 내어보내게 하였는데, 반드시 지체하며 관망(觀望)하려고 즉각 나가지 않을 것이다. 일전에 대

788) 『조선왕조실록』, 숙종 13년(1688) 9월 13일.

789) 『조선왕조실록』, 숙종 13년(1688) 9월 13일.

신이 진달하기를, '여러 대신들이 대부분 외방에 있게 되어 모양이 아름답지 않고 국사가 불행하게 되었다.'고 했었지마는, 김수항(金壽恒)과 이단하(李端夏)는 진실로 나로 말미암아 불안하게 된 것이고, 조사석(趙師錫)은 신하들이 쫓아낸 것이다. 내가 오늘날 개탄(慨歎)하며 통곡하게 된 일이 있다. 이번에 정승을 더 정하게 할 때 여러 공주(公主)들이 마침 들어왔었는데, 숙명공주(淑明公主)가 묻기를, '어느 사람으로 삼았습니까?'하기에, 내가 말하기를, '조사석으로 삼았습니다.'하니, 숙명공주가 '그 사람이 재주 있다는 것은 듣지 못했습니다. 하고, 숙안 공주(淑安公主)는 말하기를, '조사석이 좋은 명정(銘旌) 감을 얻게 되었습니다.'라고 했었다. 조정 신하의 현명한 여부를 어찌 공주들이 상관하여 그들이 말을 이렇게 하는지 내가 진실로 한심스러웠다. 여양 부원군(驪陽府院君) 민유중(閔維重)의 상사 때에는 여러 공주(公主)들이 으레 내전(內殿)께 위문하는 것이기에 궁인(宮人)들이 사사롭게 서로 알려 들어오게 한 것인데, 숙명 공주가 바로 앞에 다가와 높은 음성으로 말하기를, '성상께서는 들어오라는 명이 없었는데 상궁(尙宮)이 사람을 시켜 들어오라고 했기에 감히 왔습니다.'하며 언사와 기색이 이상했고, 얼굴과 목이 붉어졌었다. 그전부터 조정의 진신(搢紳)이 내관(內官)과 결탁하고, 궁인들이 궁가(宮家)와 내통하는 것은 모두 통렬하게 금하는 법이기에 지난해에 비망기(備忘記)에다 언급했던 것이고 다른 뜻이 있었던 것이 아니었다. 그런데도 여러 공주들이 이로부터 의심을 품고 전과 크게 달라지므로 내가 마음을 썩여온 지 이미 오래인데, 군상(君上)을 모함하고 욕했으니, 어찌 앙화(殃禍)가 없을 일이겠는가?" 하니, 영의정 남구만(南九萬)이 아뢰기를, "규문(閨門)안의 일들은 은덕이 의리를 덮어야 합니다. 선왕(先王)의 동기간이 단지 이 두어 사람만 있으니, 비록 잘못하는 것이 있더라도 은덕이 의리를 덮는 도리를 생각하시기 바랍니다." 하였다. 임금이 이르기를, "경(卿)은 이러한 말을 듣고도 괴이하게 여기지 않는가? 은덕으로 의리를 덮는다는 것은 무슨 말인가? 신료(臣僚)들에게 경멸받고 지친(至親)에게 모욕받게 되었으니, 이러한데도 편안히 앉아 있기만 한다면 내가 진실로 무상(無狀)한 사람이 될 것이다." 하니, 남구만이 아뢰기를, "성상의 분부가 마치 공주들의 무례함을 이유로 김만중이 진달했던 말의 근거에 의심을 두시는 듯한데, 이는 적당하지 않은 듯합니다. 성명(聖明)께서 마음을 다스리는 도리에 있어 마땅히 이처럼 억측하지 않으셔야 합니다." 하였다. 임금이 화를 내어 이르기를, "경은 사리에 어두움이 너무 심하다 해야 하겠다. 나는 아직 눈 멀지 않았다. 비록 성인이 다시 난다 하더라도, 정사에 관여하는 일을 하고 군부(君父)를 업신여기는 일을 한다면 반드시 그르다고 여길 것인데, 지금 구원(救援)하려고 하니, 이해할 수 없다." 하니, 승지 박태손(朴泰遜)이 아뢰기를, "방금 내리신 이 분부는 화평함이 부족한 듯합니다. 사방에 전해진다면 어떻다고 여기게 되겠습니까? 김만중은 사람됨이 옹졸하고 우직하여, 그의 본뜻을 따진다면 생각하고 있는 것이 있으면 반드시 진달하는 의리에서 한 말입니다.

또한 김만중은 김익겸의 유복자로서 70세가 된 늙은 어미가 있습니다. 그의 형이 졸서(卒逝)한 것이 겨우 지났는데 이제 또 김만중이 멀리 귀양간다면 그의 어미가 의지할 데가 없을 것이어서 정리(情理)가 불쌍합니다." 하였다. 임금이 이르기를, "박태손은 자못 너무도 방자하다. 김만중이 차마 듣지 못할 말을 군부에게 했는데도 감히 구원하는 일을 하고, 공주들에게 관한 일에 있어서도 또한 불평에서 나온 말로 여기고 있으니, 내가 지친들을 모함하는 것으로 여기는 것이냐? 오늘날의 일이 이 지경이 되었으니, 진실로 한심스럽다. 빈계 사신(牝鷄司晨)도 오히려 경계가 있는 법인데, 하물며 공주들이겠느냐?" 하였다. 이때 임금의 위엄과 노여움이 이상하여 대신에게 화풀이하기를 조금도 가차없이 하므로, 여러 신하들이 당초에는 김만중을 구원하려고 했다가 모두들 감히 말을 하지 못했다. 대사간 유헌이 나아가 아뢰기를, "김만중이 항간에 떠도는 근거가 없는 말을 천청(天聽)에 진달하기까지 했으니, 경솔한 짓을 한 책임이 진실로 있기는 합니다. 그러나 이는 숨기는 일이 없어야 하는 의리를 자신에게 돌린 것에 지나지 않을 뿐입니다. 또 그전부터 떠돌아다니는 말은 본래 밝혀낼 수가 없었습니다. 옛적 인조조(仁祖朝)에 여염(閭閻) 집의 여자들을 궁중(宮中)으로 뽑아들인다는 말이 중외(中外)에 전파되었었는데, 대사간(大司諫) 이명준(李命俊)이 글을 올려 극력 간하니, 인조께서 진노(震怒)하시어 특별히 말의 근거를 밝혀내도록 명하셨습니다. 온조정이 기가 죽어 한 명도 열거하여 논하는 사람이 없었는데, 신(臣)의 숙부(叔父) 유성증(兪省曾)이 홀로 아뢰기를, '옳지 않습니다.'하자, 성조(聖祖)께서 홀연히 깨달으시고 마침내 명령을 정지했었습니다. 이는 오늘날 전하께서 마땅히 본받으셔야 할 일이 아니겠습니까? 이번에 김만중이 귀양가게 된 것은 진실로 뜻밖에 생긴 일로서 조야(朝野)가 놀래어 기상(氣象)이 시름하며 슬퍼하고 있습니다. 하물며 지금 천재(天災)와 시변(時變)이 마음에 놀랍고 보기에 참혹하지 않은 것이 없는데, 만수전(萬壽殿)의 화재에 이르러서는 극도에 달하게 되었습니다. 전하께서 마땅히 공구(恐懼)하고 수성(修省)하시며 대중의 선을 모아들이고 언로를 열어 놓아, 재변을 해소하고 치도(治道)를 보필하게 할 방도를 마련하셔야 할 때입니다." 하니, 임금이 비록 따르지는 않았지만 말씨가 조금 화평해지게 되었다.[790)]

또, 위와 같은 신구들이 있은 지 3일이 지난 1687년 9월 16일에도 사헌부에서 김만중을 귀양보내는 명을 도로 거두기를 다음과 같이 청하였다.

사헌부에서 김만중을 멀리 귀양보내는 명을 도로 거두도록 계청(啓請)하고, 또 이제민(李濟民)이 앞자리에 입시(入侍)했으면서도 즉시 아뢰는 말을 하지 않은 것을 들어 체차(遞差)하기를 청했으나, 임금이 모두 따르지 않았다.

사간 김횡이 상소하기를 "김만중이 근거도 없는 말을 가지고 천안(天顔)이 지척(咫尺)인 자리에서 진달하기까지 했으니, 그의 망령되고 경솔함이 과

790) 『조선왕조실록』, 숙종 13년(1688) 9월 13일.

연 심합니다. 그러나 그의 본뜻을 따져 본다면, 임금을 섬기는 데 숨기는 일이 없게 하고 생각하고 있는 것이 있으면 반드시 진달해야 하는 의리에서 벗어나지 않은 것입니다. 어찌 다른 뜻이 있었던 것이겠습니까? 전하께서 이에 있어서 특별히 하늘과 같은 아량을 넓히시어 심하게 책망하지 않고 단지 더 권면을 하셨다면, 이러한 떠도는 말이 마치 벌건 숯불에 새털이 사라지듯 하고 말았을 것입니다. 어찌 전하의 명성(明聖)으로 생각이 이에 미치지 못하셨습니까? 대신(臺臣)이 아뢰는 말을 이미 윤허하지 않으시고, 옥당(玉堂)의 차자에는 또한 엄한 비답을 내리시어, 논사(論思)와 이목(耳目)의 자리에 있는 신하들을 너무나 심하게 꺾어 버리시니, 이와 같은 거조(擧措)는 진실로 성명(聖明)한 세상의 화평한 도리에 흠이 될 것입니다. 올해의 수해는 이전에 없던 것으로서, 떠내려간 집과 익사한 민중이 그 수효가 매우 많았고, 벼락이 떨어지는 변이 궁궐 뜰에서 지극히 가까운 자리에서 있었고, 만수전(萬壽殿)의 화재는 또한 일찍이 없던 환란입니다. 구언(求言)하는 분부가 내린 지 이미 여러 날이 되었지만 누구 하나 응지(應旨)하는 사람이 없는데, 조정의 기상(氣象)이 또한 이러하니, 신(臣)의 구구한 근심은 한때의 견벌(譴罰)이 마땅함을 잃은 것에 있을 뿐만 아닙니다. 대신(臺臣)들의 논계(論啓)가 나온 다음에는 비록 군상(君上)의 명령이 있게 되더라도 그대로 받들어 거행하지 못하는 법입니다. 이는 곧 3백 년이 넘는 오래된 법인데, 후사(喉司)의 신하들이 단지 뜻을 받들어 순종할 줄만 알고 준수하지 못하고 있으니, 명령의 출납(出納)을 진실하게 하는 도리가 과연 어디에 있습니까? 신하된 사람은 할 일이 임금의 잘못을 바로잡는 데에 힘쓰는 것인데, 때를 틈타 자신이 나서서 과격하게 들추어내려 하고 있으니 이런 신하를 두었다가 장차 어디에 쓰겠습니까? 처리와 말이 모순되고 어그러졌음은 말할 것도 없는데 전하께서 도리어 가상하게 여기고 권면하시니, 이것이 어찌 옛 성왕(聖王)들의 치우침이 없었던 뜻이겠습니까? 삼가 바라건대, 전하께서 노여우심을 자애(慈愛)로 돌리시어 조정에 화평한 복(福)이 커나가게 하신다면 이루 말할 수 없는 다행이겠습니다." 하니, 답하기를, "이미 나의 뜻을 여러 신하에게 내린 비답에 말했는데, 어찌하여 이처럼 서로 이어서 번거롭고 시끄럽게 하느냐? 받아들이지 않는다." 하였다.[791)]

또, 20일이 지난 1687년 10월 6일에도 옥당에서 김만중의 해배를 다음과 같이 상소하였다.

옥당에서 정지하기를 청하고, 장령 김호가 또한 상소하여 말했으나 모두 받아들이지 않았다. 이숙이 아뢰기를, "김만중이 근거가 없는 말로 인해 죄를 입고 귀양가게 되었습니다. 비록 김만중이 너무나 망령되고 경솔하기는 했습니다마는, 엄격하신 하문(下問)에 몰리어 들은 바를 바른 대로 진달한 것에 지나지 않을 뿐이었습니다. 어찌 다른 뜻이 있겠습니까? 송(宋)나라 인종(仁宗)은 명성(明聖)한 임금이었고, 문언박(文彦博)은 한 시대의 중망(重望)을 지닌 사람이었는데, 당개(唐介)가 후궁(後宮)에게 연줄을 대고 있다고 대놓고 배척했었습니다. 비록 죄를 입고 멀리 귀양갔었으나 오래되지 않아 불러다가 임용(任用)하게 되고, 문언박도 비방을 받은 뒤에 마침내 병축(秉軸)하게 되었는데, 세상에서 명상(名相)이라 칭찬했었고 기롱하는 말이 없었습니다. 성상께서도 포용하는 도리에 있어 단지 한 차례의 웃음거리로 돌리셨어야 할 것인데, 지나치게 음성과 안색을 돋구시어 화평한 도리를 크게 잃어버리게 되므로, 신(臣)은 한탄스러움을 견디지 못하겠습니다. 당장의 도리는 시급하게 전환(轉環)하시는 미덕을 보이어 군하(群下)들의 당혹을 풀어 주시고, 이어 조사석(趙師錫)을 위로하고 권면하신다면 조사석이 어찌 마침내 물러가 있게 되겠습니까?" 하고, 남구만이 잇달아 진달했으나, 임금이 들어주지 않았다.[792)]

---

791) 『조선왕조실록』, 숙종 13년(1688) 9월 16일.

792) 『조선왕조실록』, 숙종 13년(1688) 10월 6일.

또, 위와 같은 일이 있은 지 11일이 지난 1687년 10월 17일에도 대사간 신완이 김만중에 대한 명을 도로 거두기를 다음과 계사로 청하였다.

이에 앞서 대사간 신완이 김만중에 대한 명을 도로 거두기를 청하려고 초잡은 계사에 이르기를, "떠도는 말의 망측(罔測)함을 통탄스럽게 여기고 심정과 뜻이 통하지 못함을 개탄하시며, 말의 근거를 캐어서 엄하게 징계하여 다스리려고 하시니, 진실로 성상의 뜻이 있는 데를 알겠습니다."했으므로, 물론 '이는 명을 도로 거두게 하는 것이 아니라 곧 죄주기를 청하는 말이다.'했었다. 정언 유명웅이 위의 말을 삭제하고 다시 지어 잇달아 입계(入啓)하려는데, 신완이 바야흐로 인고(引告)하고 나오지 않기 때문에 미처 의논을 통하지 못했었다. 이때에 이르러 신완이 상소하여 유명웅을 배척하니, 답하기를, "급급하게 삭제하고 고친 잘못은 본래 귀결되는 바가 있는 것이고, 경에게 있어서는 별로 인혐(引嫌)해야 할 일이 없다." 하였다. 유명웅이 이 때문에 인피(引避)하고, 신완도 또한 대응하여 인피하자, 장령 남필성이 단독으로 처리하여, 유명웅은 체직하고 신완은 나오게 하도록 청하니, 임금이 그대로 따랐다.[793)]

또, 위와 같은 일이 있은 지 4일이 지난 1687년 10월 21일에도 옥당에서 자신의 생각을 버리고 대신들의 좋은 의견을 따르기를 다음과 같이 청하였다.

양사에서 입시하여 앞서 아뢴 일을 거듭 아뢰니, 임금이 이르기를, "일의 옳음과 그름은 논하지 않고, 오직 명을 도로 거두기만 배워야 하느냐?" 하였다. 대개 김만중의 일을 가리킨 것인데, 대간(臺諫)이 모두 다 인피(引避)하게 되자, 옥당(玉堂)에서 차자를 올려 출사(出仕)하게 하기를 청하고, 따라서 생각

793) 『조선왕조실록』, 숙종 13년(1688) 10월 17일.

하고 있는 바를 진달하기를, "대간이란 것은 잘잘못을 논쟁하는 것으로 직책을 삼는 법입니다. 전하께서 요사이 대간의 말에 대해 으레 싫어하고 박대하시는데, '옳음과 그름을 논하지 않는다.'는 말씀은 심하게 거부한 말씀이고, '명을 도로 거두기만 배운다.'는 말씀은 너무도 가볍게 여기신 말씀이니, 허심 탄회(虛心坦懷)해야 하고 사기 종인(舍己從人)해야 하는 의리에 어그러진 것이라 할 수 있습니다. 또 김만중(金萬重)의 일은, 항간(巷間)에 그런 허황되고 위험한 말이 있은 지 오래되었기에 전하께서 그런 말이 있음을 아시도록 하려 한 것이었습니다. 전하께서 비록 말의 근거를 캐내려고 하셨지만 마침내 할 수 없었는데, 그윽이 보건대, 오늘날의 처분은 자못 말을 만든 죄를 도리어 김만중에게 돌리는 듯하게 되었습니다. 이는 전하께서도 마음이 또한 화평스럽지 못한 바가 있게 되고, 물정(物情)이 지금까지도 답답하게 여기는 바이니, 진실로 마땅히 대간을 우대하고 공론을 통쾌하게 들어주셔야 합니다." 하였다.

임금이 화를 내어 답하기를, "처리한 말 이외에 여타의 말을 더 넣은 것도 이미 체례(體例)를 잃은 것인데, 김만중을 위해 변명한 것은 더욱 지극히 방자한 일이다. 오늘날 당한 일은 진실로, 이전에는 들어볼 수 없던 큰 변인데, 흉적(凶賊)이 아직도 머리를 보존하고 있으니, 이는 진실로 한스러운 일이다. 그러나 만일 말을 만든 죄를 김만중에게 돌린 것이라면 어찌 귀양보내는 것에 그치고 말았겠는가? 김만중의 이미 드러난 죄로 말한다면, 군부(君父)의 말은 믿지 않고 한갓 떠도는 말만 믿어, 감히 '그의 아들의 잘못 때문에 노여움을 그 아버지에 옮긴다.'는 등의 말로 은연중 속을 떠보는 술책을 부렸으니, 이는 군상(君上)을 경멸(輕蔑)한 것이다. 이미 망측(罔測)한 말을 듣고서는 도리어 의심하면서도 믿는 마음을 가진 것이다. 그가 비록 보잘것없기는 하지만 지위가 높은 반열에 이르렀는데도 엄중하게 하문(下問)하는 마당에 마침내 전해 준 사람을 숨겼으니, 이는 동료들은 아끼고 임금 속이기는 달갑게 여기는 것이다. 이러한 큰 죄를 졌는데도 신문(訊問)을 가하지 않고 서쪽 지역의 좋은 고장에 누워 있게 했으니, 진실로 너무 너그럽게 하는 잘못을 저지른 것이다. 한편 사람들의 구원하려 하는 의논을 가지고 억지로 공론이라 하며 반드시 소청을 이루려고 하는 일 같은 것은 너무도 기탄함이 없는 짓이라 할 수 있다." 하였다.

이때 임금이 김만중을 노여워함이 오래도록 그치지 않아, 말이 김만중에게 미치기만 하면 반드시 거센 기색으로 꺾어 버리게 되므로, 사람들이 감히 말을 할 수 없었다.[794)]

또, 위와 같은 일이 있은 지 6일이 지난 1687년 10월 27일에도 홍수헌이 경연에서 김만중을 다음과 같이 신원하였다.

진강이 끝나자, 검토관 홍수헌이 글의 뜻에 따라, 송나라 인종이 왕소의 말을 받아들여 여자 식구를 내어보낸 일을 들어 풍간(諷諫)하였으나, 임금이 답하지 않았다. 홍수헌이 또 시독관 남치훈과 함께 언로가 두절된 폐단을 말하고, 이어 김만중을 신구(伸救)하였다. 지사 남용익도 잇달아 아뢰었으나, 임금이 모두 받아들이지 않았다.[795)]

또, 위와 같은 일이 있은 지 20일이 지난 1687년 11월 16일에도 지평 이제민이 김만중이 했다는 말의 진위여부를 뚜렷이 캐기를 다음과 같이 상소하였다.

지평 이제민이 상소하기를, "김만중이 연석에서 진달한 말이 비록 오락가락하며 떠도는 말에서 나온 것이기는 하지만, 만일 떠돌아다니는 말이라 핑계하여 유야무야한 속에 두어버림으로써 군부(君父)로 하여금 이전에 없던

794) 『조선왕조실록』, 숙종 13년(1688) 10월 21일.
795) 『조선왕조실록』, 숙종 13년(1688) 10월 27일.

그런 누명을 쓰고도 마침내 가릴 수 없게 되도록 한다면, 천하 후세의 의혹을 풀어줄 수 없을 듯합니다. 원위(源委)를 따져보고 허실(虛實)을 캐보아 만일에 조금이라도 그럴 듯한 사실이 있었다면, 마땅히 '잘못이 있었으면 고쳐가고 없었으면 더욱 힘써가야 한다.'는 뜻으로 성심껏 바로잡아 구원해야 할 것입니다. 만일에 그렇지 않고 근거도 없는 말을 한 것이라면, 통쾌하게 그의 모함을 분별하여 조가(朝家)의 처분이 명백한 데로 귀결되게 해야만 할 것입니다. 이러는 것이 어찌 시기를 틈타서 영합(迎合)하는 계책을 한 것이겠습니까?" 하니, 임금이 이르기를, "시기를 틈타 영합했다는 말은 본뜻이 아니기는 하지만, 대론(臺論)이 거듭 나와 버린 다음에는 그대로 있을 수 없는 것이다." 하고, 체차하였다.[796)]

또, 위와 같은 일이 있은 지 4일이 지난 1687년 11월 20일에도 주강에서 김만중이 과중하게 처벌 받은 것 등을 대신들이 다음과 같이 말하였다.

주강에 나아갔다. 시독관 최규서 · 검토관 홍수헌이 또 김만중이 과중하게 죄를 입은 것과 이제민의 마음씀이 불측함을 진달하였으나, 임금이 마침내 깨닫지 못하였다. 지경연사 여성제도 또한 간략한 몇 마디 말로 김만중을 신구(伸救)했다. 여성제는 전후에 등대(等對)한 적이 몇 번이었는지 알 수 없었지만 마침내 한마디 말도 않다가 이때에 이르러서야 여론을 주워모아 비로소 진달했는데, 대개 또한 동평균 이항의 당이기 때문에 이런 책임만 면하는 일을 한 것이다.[797)]

위와 같은 일이 있은 다음 해인 1688년 1월 8일에는 양사에서 김만중의 원

796) 『조선왕조실록』, 숙종 13년(1688) 11월 16일.

797) 『조선왕조실록』, 숙종 13년(1688) 11월 20일.

찬을 환수하는 계청을 정지하였다. 또, 6개월 5일 후인 7월 13일에는 3조에서 김만중을 돌아오게 할 것을 다음과 같이 청하였다.

이조 판서 박세채가 성 밖에 이르자, 임금이 잇따라 사관을 보내어 속히 들어오라고 하였는데, 박세채가 숙명(肅命)하고 임금이 사대(賜對)하니, 박세채가 대략 규계(規戒)를 아뢰고 소매에게 1통의 차자(箚子)를 내어 바쳤다. 차자 중에 5건의 일을 들어 진계(陳戒)하였는데, 1조에는 성실(誠實)의 도(道)를 논하였고, 2조에서는 거조(擧措)를 논하였는데, 거기에 이르기를, "김수항은 견식(見識)과 역량(力量)이 이미 넓지 못하면서 주장하는 의논은 지나치게 중(重)하여 훈척(勳戚)이 한창 성하던 날을 당해서 애이(崖異)하지 않았으며, 이어 대간(臺諫)과 모순(矛盾)되어 언로(言路)를 막히도록 하였습니다. 이단하는 경술(經術)과 충관(忠款)이 그와 비할 사람이 드물 정도이지만 혼란을 극복하고 번거로운 것을 결단하는 능력이 적으므로, 일을 만나면 괘오(詿誤)가 없지 않을 것이니, 마땅히 책망과 격려를 더하여 그 지나친 것을 억누르고, 그 미치지 못한 것에 힘쓰게 하여 개석(開釋)이 반드시 이루어지도록 기약하소서." 하였다.

3조에서는 희로를 논하였는데, 김만중을 용서하여 돌아오게 할 것을 청하였다. 제4조에서는 제가(齊家)를 논하였는데, 거기에 이르기를, "이징명과 한성우는 말이 궁금(宮禁)에 관계되어 전후(前後)에 죄를 얻어 혹은 외군(外郡)에 보직(補職)되고 혹은 한직(閑職)에 머무르고 있는데, 청관 요직(淸官要職)의 의망(擬望)에는 문득 성상께서의 낙점(落點)을 아끼시니, 신(臣)은 속으로 지나치다고 생각합니다." 하였다.[798)]

이 일이 있은 다음 날인 1688년 7월 14일에 영의정 남구만과 우의정 여성

798) 『조선왕조실록』, 숙종 14년(1688) 7월 13일.

제가 청대하여 〈비망기〉에서 김만중을 거론하였다.

이때에 김수항은 이미 매복(枚卜)한 일로 배척당해 물러났고, 이수언 · 민진주 · 한성우 · 김만중 등 여러 사람은 차례로 견책을 당하여 물러났으며, 이선이 탄핵을 당한 것도 궁금(宮禁)에 미움을 받고 임금의 뜻을 잃었기 때문에 대관이 이 일로 인하여 밀쳐낸 것이다. 이것이 모두 세상에서 일컫는 바 노론이고, 그 끌어올려 포열된 자는 죄다 소배(少輩)의 당이었다. 이에 나라 안에 비방하는 말이 떠들썩하여 모두 노론을 청류라 하고 소배들을 비천하게 여겨 후궁의 당이라고 지적하였다. 남구만 등이 진실로 이미 마음 속에 만족하지 못하고 있었는데, 지금 박세채를 신구하고 항의 일을 힘써 진달한 일로 인하여 말이 매우 경직하였으니, 대개 이 일 때문에 스스로 남에게 해명하고자 했던 것인데, 그 마음으로는 믿는 바가 있어 임금이 그다지 죄를 주지 않으리라 여겼던 것인데, 임금이 곧 크게 노여워하여 '이 무리들은 이랬다 저랬다 하여 믿을 수가 없다.'고 생각하여 드디어 남인을 쓸 뜻을 두게 된 것이요, 남구만 등의 교묘한 계책은 이에서 크게 실패한 것이다. 다음으로 조사석이 또 문득 일을 만나 대항하여 말하는 것이 딴 사람인 것처럼 하였으나, 또한 남구만의 뜻과 같았으므로, 임금이 더욱 불쾌하게 여겨 드디어 그 관직을 갈고 따르고 빌붙으며 아첨한다고 지목하니, 당시의 일이 드디어 변경되었다.

또, 1688년 8월 19일에도 대사헌 이규령이 김만중을 유배에서 풀어줄 것을 청하였으나, 임금이 따르지 않았다. 그리고 2개월 5일 후인 1688년 11월 3일에 대신과 재신을 인견하였을 때, 영의정 김수흥이 김만중의 해배를 요청하자 숙종은 비로소 다음과 같이 허락하였다.

대신과 비국(備局)의 여러 재신들을 인견하였는데, 영의정 김수흥이 차자를 올려 남구만을 석방할 것을 청하고 인하여 김만중은 집에 노모가 있으므로 인정과 도리상 불쌍히 여길 만한 정상을 말하니, 임금이 답하기를, "차자의 사연이 이에 이르니, 남구만은 특별히 삭출(削黜)하여 방송(放送)하고 여성제는 삭직(削職)하며, 김만중은 죄를 짓고 법을 범한 것이 밉기는 하나 편배(編配)된 지 한 해를 지났고 모자의 정리가 다른 사람과는 다름이 있으니, 특별히 석방하라." 하였다.[799)]

그러나 이 일이 있는 지, 2개월 11일 후인 1689년 1월 14일에는 유학 유위한이 올린 상소문에서도 김만중은 노모와 떨어져있음이 안타까워 석방했음을 다음과 같이 거론하였다.

유학(幼學) 유위한(柳緯漢)이 상소(上疏)하기를, "오늘날 하늘이 성상(聖上)의 마음을 움직이게 하여 능히 원자(元子)의 명호(名號)를 정하게 함은 종사(宗社)와 생민(生民)을 위하는 생각이 보통 사람보다 만만(萬萬) 배 뛰어나십니다. (중략)

효묘(孝廟)의 사자(嗣子)는 오직 현묘(顯廟)뿐이었고, 현묘(顯廟)의 사자(嗣子)는 오직 전하뿐이었습니다. 효묘께서 아직 즉위하지 않았는데도 원손(元孫)을 벌써 책봉하였으며, 현묘께서 즉위하시어 성궁(聖躬)을 바로 탄생(誕生)하셨던 까닭으로 국본(國本)이 흔들리지 않고 인심(人心)도 저절로 정하여졌습니다. 이제 전하께서는 즉위하신 지 오래되고, 춘추(春秋)가 한창 왕성하신데도 계사(繼嗣)를 탄생하지 못하여 전성(前星)의 자리가 비어서 온나라의 신민(臣民)이 밤낮으로 근심하고 당황하다가 종사(宗社)에 경사가 있어 비로소 한 왕자(王子)를 얻으셨은 즉, 전하께서 처리하심이 어찌 다만 원자(元子)의 명호(名號)만 더하겠으며, 명위(名位)를 바르게 해서 허튼 의논을 진압할 것을 생각하지 않을 수 있겠습니까?" 하였다.

799) 『조선왕조실록』, 숙종 14년(1688) 11월 3일.

또 말하기를, "전하께서 두 대신을 방환하심은 그 황폐한 변방에 귀양가서 죽는 것을 가엾게 여기시기 때문이며, 김만중을 석방하심은 그 노모와 멀리 떨어져 있기 때문이었습니다. 다만 권대운을 양이(量移)하심은 전하께서 그 80된 노신(老臣)이 장차 천극(栫棘)에서 죽음을 불쌍히 여기시고 그 사정을 살피시어 용서케 하셨는데, 뜻밖에도 너무나 심한 논란이 있어 도로 장독(瘴毒)이 있는 바닷가로 귀양보냈으니, 언제 죽을지 알 수 없습니다. 권해(權瑎)와 이옥(李沃)도 모두 70된 노부(老父)가 있고, 정유악(鄭維岳) · 심단(沈檀)도 또한 거의 죽게 된 편모(偏母)가 있는데, 남쪽으로 옮기고 북쪽으로 귀양가서 골육(骨肉)이 서로 떨어져 있습니다. 하지만 오늘날 담은(覃恩)은 홀로 두 대신(大臣)과 김만중(金萬重)에게만 미치고, 권대운(權大運) 등 제신(諸臣)에게는 미치지 못했으니, 신은 저으기 애석하게 생각합니다." 하였다.

집의(執義) 박진규(朴鎭圭) · 장령(掌令) 이윤수(李允修)가 아뢰기를, "김만중(金萬重)은 송시열의 심복(心腹)으로서 착한 이들을 죽이고 해치는 것이 곧 그 기량(伎倆)입니다. 명성과 위세를 빌려 조정을 어지럽히고, 또 망극(罔極)한 말을 만들어, 전석(前席)에서 진달하여 성궁(聖躬)을 속이고, 대비(大妃)를 침핍(侵逼)하였으되, 흐릿하게 둘러대어 끝내 정직하게 아뢰지 않았는데, 이제 홍치상의 일로 보건대 그 말이 한두 번 전해져 김만중의 귀에 들어갔음을 알 수 있습니다. 그런데도 끝내 이를 은휘하였으니, 청컨대 극변(極邊)에 안치(安置)하소서. 판결사(判決事) 박지(朴贄)는 사람됨이 교활하여 권력이 있는 곳이면, 치질을 핥듯이 비열한 수단을 써서 사진(仕進)하고 사류(士類)를 터무니없이 무함하여 자기의 이익만 생각하였으니, 청컨대 사판(仕版)에서 삭거(削去)하소서." 하니, 임금이 단지 명하여 박지(朴贄)만을 파직(罷職)시키고, 김만중의 일은 그대로 따랐다. 또 말하기를, "인상(人上)이 된 사람이 참혹한 무욕(誣辱)을 입었는데도 김만중은 조금도 경동(驚動)하는 뜻이 없이 반신 반의(半信半疑)하는 가운데 두었으며, 전석(前席)에서 아뢴 말은 이미 모질고 흉악하였다. 두세 차례 엄문(嚴問)하기까지 하였지만, 끝내 말을 전한 사람을 숨기어, 애군(愛君)하는 것이 벗만 같지 못하였으니, 진실로 한심(寒心)하다고 할 만하다. 그 당시 신자(臣子)에게 진실로 통박(痛迫)하고 신변(伸辨)하는 마음이 있었다면, 일제히 소리쳐서 토죄(討罪)를 정했어야만 마땅할 것인데, 도리어 영구(營救)하기에만 급급(汲汲)하고 오직 견책받을까 두려워하였다. 지평(持平) 이제민(李濟民)의 인피(引避)는 진실로 군부(君父)가 무욕(誣辱)당한 것을 통탄한 것인데, 공박하고 배척하는 것을 그치지 않았으니, 이는 군부(君父)를 마치 길가는 사람처럼 본 것이었다. 그 밖에 제신(諸臣)들의 해괴한 일은 낱낱이 듣기가 어려운데, 오늘날에 이르러서는 송시열의 소(疏)에 환히 드러나서 남김이 없으니, 군신(君臣)의 분의(分義)가 어찌 완전히 망해 없어지는 데 이르지 않겠느냐? 내가 뼈에 사무치도록 마음이 아파 일찍이 밥을 먹고 쉬면서도 잊지 못하였다. 지난 겨울에 재이(災異)가 거듭 겹치어, 천도(天道)와 인정(人情)이 서로 멀지 않음을 볼 수 있었으나, 이제 너희들이 그 죄를 나열하였으되, 하나는 군부(君父)를 존경함이고, 하나는 사설(邪說)을 배척함이었다. 말이 엄격하고 의리가 정대하고 그 명쾌(明快)함을 다하였으니, 내가 심히 가상히 여기고 감탄하였다." 하였다.

대사헌 민종도, 장령 박신 · 김구만, 지평 성관이 아뢰기를, "김만중(金萬重)이 악한 말을 하여 윗사람을 무망하고도 끝내 사실대로 고(告)하지 않다가 장차 형신(刑訊)을 더하려고 하니, 비로소 그의 아들을 끌어다가 감히 그 말이 무함을 입은 집에서 나왔다고 하였습니다. 정상(情狀)을 헤아릴 수 없으니 청컨대 엄중히 국문(鞫問)을 더하소서. 인신(人臣)이 모진 말을 하여 웃사람을 무망한다면 그 죄가 어떻겠습니까? 그런데도 홍치상(洪致祥)은 스스로 밝히지 않았으니, 청컨대 엄히 국문(鞫問)하여 실정을 알아내어 방형(邦刑)을 바르게 하소서. 송상민(宋尙敏)은 송시열의 4종(四種)의 논(論)을 조술(祖述)하고 도설(圖說)을 만들었으니, 마음을 씀이 음흉하고 패만하였는데, 왕법(王法)으로 채 바로 잡지 못하고서 갑자기 장하(杖下)에서 죽었습니다. 그런데 권세를 가진 간사한 무리들이 정권을 잡으니, 목숨을 바쳐 절개를 지켰다

하여 이미 포증(褒贈)을 더하고, 또 그의 아들을 녹용(錄用)하였으며, 흉소(兇疏)를 발간해 퍼뜨려 추장(推奬)하기를 다하였으니, 청컨대 그의 증직(贈職)을 추탈(追奪)하고, 그의 아들 제용 직장(濟用直長) 송후석(宋後錫)도 사판(仕版)에서 삭거(削去)하소서." 하였으나, 임금이 모두 윤허하지 않았다.

또 하교하기를, "김만중(金萬重)의 정상(情狀)은 그 통심(痛心)함을 다하였으나 국문(鞫問)은 너무 지나치다. 홍치상(洪致祥)은 스스로 흉측한 말을 지어내 군부(君父)를 모욕하였으니, 이는 정히 《춘추(春秋)》의 무장(無將)이고 한법(漢法)의 부도(不道)이니, 국청(鞫廳)을 설치하여 추문(推問)함에 어찌 경(卿) 등의 청함을 기다리겠느냐? 하지만 내가 귀주(貴主)에게 간곡히 마음 아파하여, 벌써 그 죽음을 용서하라고 명하였으며, 왕언(王言)이 한 번 나가면 신의를 잃을 수 없는 것이다. 오직 송상민(宋尙敏) 부자(父子)의 일은 옳게 생각한다." 하였다.

숙종 15년인 1689년 윤 3월 7일에 숙종은 김만중에 대해 교서를 내렸다.

임금이 말하기를, "김만중(金萬重)은 일찍이 노모(老母)를 두고 맹세하면서 끝까지 사실대로 고하지 않았고, 지금 엄한 힐문을 받고도 오히려 굳게 숨기다가 이사명이 복주(伏誅)된 다음에야 자복(自服)하였으니, 신하가 되어 어찌 이렇게 할 수가 있단 말인가?" 하니, 민암(閔黯)이 아뢰기를, "김만중이 자신의 노모는 아끼지 않고 이사명과 홍치상을 아꼈으니, 진실로 그 마음의 소재(所在)를 헤아릴 수가 없습니다." 하였는데, 임금이 말하기를, "김만중의 죄상(罪狀)은 만 번 죽어도 애석할 것이 없지만 어찌 참작(參酌)할 도리가 없겠는가? 절도(絕島)에 위리 안치(圍籬安置)하라." 하였다.

서포 김만중은 젊은 숙종을 모신 희정당 경연에서 조사석과 장희빈에 얽힌 풍문을 직간을 하다가 평안도 선천으로 유배되었지만, 조정의 여러 신하들은 그의 석방을 위한 진언을 하였다. 그러나 젊은 숙종은 왕자가 장희빈의 몸에서 탄생할 때까지 해배시키지 않았다.

이런 상황이 일어나기 직전에 김만중은 젊은 숙종을 깨우치려는 염원과, 그 결과로서의 소설 속의 군주의 대각을 은유하는 주제를 대승불교의 공관을 다룬 『금강경』을 철학을 다중의 서사구조 위에서 형상해내었다. 그러하기에 「구운몽」은 조정에서 의로운 신하들이 보여준 해배의 발언보다는 차원이나 방식을 달리한, 충신의 문학 상소요, 문학경연에 해당한다. 이러한 군신 관계의 주제를 당시까지 한양에 생존해 계시면서 유배지의 아들 걱정을 하고 계신 지혜로운 모친 윤씨부인을 효심으로 자신의 가족들인 부모와 자신을 작품에 투사시킨 가족 서사담을 은유와 상징으로 표현해내는 지성적인 효심을 발휘하였다.

이런 격조 높은 「구운몽」은 작품으로 세상에 탄생된 뒤에는 위로는 국왕에서, 양반들은 물론 남녀 평서민이 모두 애독하는 작품이 되었다. 이런 분위기에 따라, 순조 때인 1803년에 한문본이 목판으로 전라도 나주에서 한문으로 출간되었다. 그 이후에는 구운몽에 대한 인기에 힘입어 한문 필사본과 한글 필사본만이 아닌 한양과 전주에서 한글 목판으로 출간이 되어 목판본 소설의 향수시대를 선도하였다. 국내에서의 이러한 인기로 인하여, 「구운몽」은 중국으로 건너가서, 중국인들도 독서의 대상으로 삼을 뿐만 아니라, 중국인들이 번안하여 수용하는 특수한 상황까지 일어났음은 다음의 한시에서 확인된다[800)]

墨鳶裴虎迄無休 　　묵자의 연, 배민의 호랑이는 쉴 새 없었는데
篇什叢殘盡刻舟 　　자잘한 문장 모두 각주구검이나 다를 바 없네
豈但梅花空集句 　　어찌 매화시만 부질없이 집구시로 지었겠나

800) 『벽로전집』, 권1 연파.

九雲夢幻九雲樓[801]　「구운몽」도 하릴없이 「구운루」로 바뀌었네

이 한시의 주에서는 "우리나라 소설인 「구운몽」을 자신의 뜻을 더하여 부연하였으니, 예를 들면 양소유를 양진[802]의 후예로 하고, 가춘운을 가충[803]의 후예로 한 것 등이다. 다른 인물들도 모두 이와 마찬가지다. 모두 권두에 도상을 그려 넣어, 김성탄의 사대기서 처럼 10책으로 만들고, 서명을 「구운루」[804]로 고쳤다. 자서에 이르기를, "나는 서성에서 벼슬살이를 했는데, 배에서 「구운몽」을 얻었으니, 이는 곧 조선 사람이 편찬한 것이다. 그 일 가운데 채록할 만한 부분이 있으나, 조선에서는 패관야사류의 책들을 우아하게 여기지 않았던 까닭에 개찬하였다."고 하였다.

8-7. 김만중이 「구운몽」을 통해 구현한 지성미의 본질과 극적 서사구조

서포 김만중의 모친 윤씨부인은 평소에 패설로 불리던 소설을 즐겼다.[805]

---

801) 「燕京雜詠」의 〈墨鳶裴虎〉.

802) 楊震(?~124).

803) 양진의 후예로 하고, 가춘운을 가충(賈充, 217~282)의 후예로 삼았다.

804) 「九雲樓」.

805) 北軒 김춘택은 "嘗見先生之侍大夫人 非故爲戲 (중략) 夫惟如此 其他所以婉容愉色承顔吳志之事 小子不暇論也(北軒集 권16, 西浦遺事 別錄)
윤씨부인만이 아니라, 서포의 증조부인 신독재 김집 집안에 전하는 수택본 한문소설집에는 신독재가 직접 소설에 교열을 가하고 기록을 남긴 흔적이 남아있다. 신독재수택본이 김집의 교정한 소설책으로 추정된 것이다. 이 수택본에는 왕시붕기우기(王十朋奇遇記), 유소랑전(劉少娘傳), 왕경룡전(王景龍傳), 만복사저포기(萬福寺樗蒲記), 이생규

김만중은 효자로서 평안도 선천의 유배지에서 한양에 계신 모친 생각에 꿈을 꾸고, 1차로는 한시로 그 꿈을 소재로 하여 「기몽」을 지었다. 다시 꿈을 꾸고 「기몽(2)」를 지었다. 그리고 그는 이번에는 모친을 위하여 모친을 천상에서 옥황상제의 명을 받고 8선녀를 거리고 중국의 남악 형산을 다스리는 여선관인 위부인으로 설정한 『구운몽』을 창작하였다. 그런데 서포의 소설 창작은 신라 때에 김대성이 불교적 신앙에서 어머니를 위한 효심과 나라와 중생의 구원을 위해 불국사 창건이라는 거대한 불사를 성공적으로 해내었듯이, 어머니를 위한 효심과, 군주 숙종을 위한 충성심으로 세계적인 명작 『구운몽』을 창작하였다.

서포 김만중은 인조가 남한산성에서 1637년 1월 30일에 삼전도 굴복을 한 치욕의 날로부터 11일 후인 1637년 2월 10일 이 세상에 태어났다. 그 당시의 상황을 윤씨부인으로부터 들은 비극적 상황을 김만중은 평생 잊을 수 없었고, 그 개인적이고 가정적이고 국가적인 한을 「구운몽」에서 완전히 해소시켰다.

작가 김만중은 늙은 모친을 위로하고 혼미한 군주 숙종을 깨우치려는 충효심을 성리도심으로 풀어낸 「구운몽」에서, 정축호란 때 순국한 부친인 충정공 김익겸을 동정용왕으로 설정하고, 자기 자신을 육관대사, 성진, 양소유, 백능파에 투사시켜서 스승과 제자로, 남성과 여성으로 다양한 인간상으로 형상시키는 세계문학 역사상 초유의 기법을 구사하였다. 그 뿐만이 아니라, 표면서사의 이면에 감추어진 이면써사에서는 예송논쟁으로 현종으로부터 유배형을 받고 강원도 금성에 머물던 1차 유배사건과. 다시 숙종에게 조

장전(李生窺墻傳), 최문헌전(崔文獻傳), 거시안마별인귀(去時鞍馬別人歸), 과기탄(寡妓嘆), 고반승(古班僧), 예언 관련 야담 한 편 등이 실려있어, 서포 가문이 소설에 대해 개방적인 의식을 가지고 있었다고 볼 수 있을 것이다. 이는 윤씨부인이 소설 듣기를 좋아했다는 기록과 함께 김만중이 소설을 창작할 수 있었던 분위기를 뒷받침해준다.(정학성, 삼경문화사, 2000. 262쪽.) 한편, 같은 책 263쪽.에서 정학성은 신중하게 '신독재'가 과연 김집인지 여부에 대한 판단은 뒷날의 논의에 맡긴다는 신중론을 펴기도 하였다.

사석, 그리고 조대비와 장희빈에 얽힌 문제를 직간하다가 선천으로 2차 유배된 사건을 양소유와 백능파의 표면서사에 투영시켜서 현실에서 겼었던 사실 등을 성리이념으로 융합시켜 천하영웅의 부귀공명이라는 행복담으로 표현해내었다. 이러한 아들 김만중의 모친 정경부인 윤씨부인은 이런 표면서사에 내장된 이중의 의미망을 통해 조선 조정의 갈등이 결과적으로는 내우외환에 백성들이 고통받는 근본 원인이 되었음을 전하는 주제를 담고 있음을 인식할 수 있었다. 작가로서의 아들 김만중도 이런 모친의 소설 비평 안목을 충분히 인지하고 있었기에 2차 유배지 평안도 선천에서 이 작품의 별명을「몽환」이라 지어 한양의 모친에게 부쳐드렸다.

이제 다시 서포의 탄생을 살펴보며,「구운몽」의 이면 서사를 짐작해 보자.

인조 14년인 1636년 12월 1일, 청태종은 몸소 전쟁에 나설 것을 결심하고 청대 7만, 몽골 군 3만, 한족군 2만 등 도합 12만의 대군을 심양에 모아 예친왕 대선, 예친왕 다이곤, 예친왕 다탁 등을 이끌고 조선을 침입에 나섰다.

9일에 압록강을 건너 다탁은 전봉장 마부태에 명해 바로 서울로 진격하도록 했다. 마부태는 의주부윤 임경업이 백마산성을 굳게 수비하고 있음을 알고, 이를 피해 밤낮을 달려 심양을 떠난 지 10여일 만에 서울에 육박했다. 청군이 압록강을 건너 조선을 침입했다는 급보가 중앙에 전달된 것은 12일로서 의주부윤 임경업과 도원수 김자점의 장계 도착한 뒤였다. 보고에 접한 조정에서는 비로소 적의 형세가 급박한 것을 알고는 있었으나, 이렇게 빨리 진격해오리라고는 예상하지 못했다. 13일 오후 늦게 재차 장계가 이르러 청군이 이미 평양에 도착했다고 하자 조정은 갑작스런 변란에 황망해 결단을 내리지 못했다. 도성 안은 흉흉해 성을 빠져나가는 자들로 줄을 이었다. 다음 14일 개성유수의 치계로 청군이 이미 개성을 지나갔다는 것을 알게 되자 급히 판윤 김경징을 검찰사로, 부제학 이민구를 부사로 명하고 강화유수 장신으로 주사대장을 겸직시켜 강화를 수비하도록 했다.

한편, 원임대신과 김상용에게 명해 종묘사직의 신주를 받들고 세자빈 강씨, 원손, 둘째 아들 봉림대군, 셋째 아들 인평대군을 인도해 강화도로 피하도록 했다. 심기원을 상중에서 불러내어 유도대장으로 삼고 호조참의 남선을 찬획사로 삼았다.

인조도 그날 밤 숭례문으로 서울을 빠져 나와 강화도로 향했으나, 적정을 탐색하던 군졸이 달려와서 청국군이 벌써 영서역을 통과했으며, 마부태가 기병 수백을 거느리고 홍제원에 도착해, 한 부대를 보내 양천강을 차단해 강화도로 가는 길이 끊겼다고 보고했다. 인조는 다시 성안으로 들어와 숭례문 누각에 앉아 사후 대책을 물으니, 전 철산부사 지여해가 정병 500을 주면 사현(沙峴)에 나가 청군의 선봉 부대를 무찌르겠다고 했다. 그 말에 여러 신하들은 500의 군사로 적을 시험하는 것은 위험하다는 반대 의사를 개진했다. 결국, 이조판서 최명길이 홍제원 청군 진영에 나가 술과 고기를 먹이며 출병의 이유를 물으면서 시간을 지연시키는 사이에 인조는 세자와 백관을 대동하고 남한산성으로 들어갔다. 인조 일행이 남한산성으로 들어간 뒤 영의정 김류 등은 본 산성이 지리적으로 불리함을 들어 야음을 타서 강화도로 옮겨갈 것을 역설하므로 다음 15일 새벽에 인조는 산성을 떠나 강화도로 떠나려 했다. 그러나 마침 눈이 내린 뒤라 산 언덕에 얼음이 얼어서 왕이 탄 말이 미끄러져 왕은 말에서 내려 걸어서 갔는데, 여러 번 미끄러져 몸이 편안하지 못해 강화도로 가는 것을 포기하고 다시 산성으로 돌아왔다.

강화도 수비를 맡은 검찰사 김경징은 대신이나 대군의 말도 믿지 않고 마음대로 일을 처리해 성안에 있는 피난민이나 섬 사람들의 신임을 얻지 못했으며, 청군이 강화도만은 침입하지 못할 것이라 호언장담을 했다.강화유수겸 주사대장 장신은 '검찰사의 지휘 명령을 받들 사람이 아니라'고 서로 배척하는 등 알력이 심해 강화 수비에 많은 문제를 안고 있었다.

1637년 1월 21일 밤 초경에 청군이 강화도를 침입하자 김경징은 그제야 놀라서 파수계책을 일르면서 화약과 총탄을 나누어주었다. 부마 윤신지로 대청포를 지키게 하고, 유정량은 불원을, 유성증은 장령을, 이경은 가리산을 각각 지키게 하는 한편, 김경징 자신은 진해루 아래로 나가서 갑곶을 지키려 했다. 그러나 군사가 적은데다 새로 모집하는 군사들도 흩어져서 결국 강화도성을 지키기로 했다. 한흥일과 정백형을 시켜 성안에 피난온 사람을 이끌고 성첩을 나누어 지키게 하고, 연미 서쪽을 풍덕군수 이성연이, 연미 북쪽은 개성유수 한인이, 갑곶 아래는 첨지 유성증이, 선원 이하는 유정량이, 광성 이하는 윤신지가 각각 지켰다. 청군이 나루터에 주둔해 홍이대포를 쏘니 포탄이 물을 넘어 육지 몇 리밖에 떨어졌다. 이를 본 김경징과 이민구는 놀라 부성으로 들어가려 했으나 주위의 반대로 들어가지 못했다. 주사대장 장신은 해전을 벌리려다 도중에 퇴각해 싸움을 회피하니 강화도의 위급은 촌각에 달려 있었다. 청군은 복병을 의심해 배를 출발시키지 않고 1척을 먼저 보내 7명을 상륙시켰다. 이것을 본 관군이 조총을 쏘았으나 화약에 습기가 차서 불발되었다. 적병 7명은 해안을 둘러봐도 사방에 복병이 없자 흰 깃발을 흔들어 부르니 일시에 적의 대군이 밀어닥쳤다. 성의 수비를 맡은 김경징과 이민구는 말을 버리고 나룻배를 타고 장신의 전선에 올라타고 함께 도망하니, 남은 것은 부성 안에 있는 빈궁과 왕자 및 대신들로 싸움에 익숙하지 못한 사람들뿐이었다. 대신들이 명해 부성을 사수할 것을 결의했다. 빈궁이 일의 급박함을 듣고 통곡하며 성을 나가 바다를 건너가려 했으나 비국이 문을 굳게 지키고 열지 않았다. 이에 내관 김인 등을 불러 원손을 보호하고 피신할 것을 부탁해 그들은 원손을 모시고 교동에 이르렀다가 주문도로 옮겨 그대로 당진으로 향했다.

부성이 함락되자 청군은 성안에 들어와 숙의와 빈궁과 봉림·인평 두 대군 및 대군의 부인을 협박해 나오게 하고, 드디어 군사를 풀어 크게 약탈을 자행하고 관가와 사가를 막론하고 모조리 불사르며 살육과 약탈을 자행한 뒤 다시 물을 건너 남한산성으로 향했다. 강화도에서 순절한 사람으로는 원임대신 김상용 등의 관원과 어린이, 부녀자들도 많았다.

1월 30일 인조는 세자와 함께 호곡 소리가 산성 안을 가득히 채운 채 서문으로 출성해 한강 동편 삼전도에서 성하의 맹의 예를 행한 뒤 한강을 건너 서울로 돌아왔다. 한편, 강화부성이 함락될 때 전현직 관료나 아직 벼슬에 나가지 않은 많은 선비들이 순절했고, 부녀자들이 바다에 뛰어들거나 목을 메어 절개를 지켰는데 난이 끝나자 이들의 충절과 절개를 기리기 위해 나라에서 벼슬을 추증하거나 정문을 내렸으며, 단을 설치해 죽은 자들의 영혼을 위로했다.

서포 김만중이 「구운몽」을 창작하게 된 동기는 자신이 평안도 선천으로 유배를 오게 된 근원을 다시 살피고 원인을 탐색한 결과로서, 그 잘못된 결과를 가져온 근본 원인을 해소하여 소설로 창작하며 군신 사이에서 일어난 갈등을 해소하겠다는 기획이었다. 작가로서의 김만중은 자신이 군주 숙종에게 창덕궁 희정당에서 경연을 했던 『주역』 함괘의 해석과, 이에 관련되어 자신과 경쟁 관계에 있던 조대비의 조카인 조사석이 정승으로 임명받은 것은, 남인들의 지지를 받고 있고, 숙종이 총애를 하여 후궁에서 숙인으로까지 급속 승급한 장숙인의 연대에 의한 것임을 인지하고, 이에 관련된 거리의 풍문을 직간한 것에서 촉발된 결과였다. 이렇게 야기된 문제를 해결하기 위해서는 먼저, 이런 현상을 정확하게 파악하고, 그 갈등의 근본 문제인 젊은 숙종의 혼미한 판단을 바로잡을 수 있는 숙종이 상황에 대한 재인식과 그로 인한 정치적인 판단을 제대로 하는 길이 요청되었다.

작가 김만중은 이런 생각지도에 따라서, 자신의 가족과 숙종의 가족의 상대적 관계를 대표 인물모델로 설정하고, 이들 인물을 통해 서사를 펼치면서, 자신의 가족이 추구하는 길이 두 가족의 문제를 해결하는 것만이 아닌, 조정의 정치적인 안정과 국가적인 문제를 해결할 뿐만 아니라, 국민들에게도 행복을 제공할 수 있는 길임을 인식하였다. 즉, 군주인 숙종이각성하여 나라를 안정되게 이끌도록 기여하는 충신의 길과 모친을 위로하는 효자의 길을 함께 인식하였다. 이런 판단에 따라서, 김만중은 작품의 인물 모델을 설정하기를, 신성계의 인물과 세속계의 인물들로 구분하여 자신의 부친은 동정용왕으로, 모친 윤씨대부인은 위부인으로, 자신은 육관대사로 투영시켰다. 그리고 상대적인 인물로, 조대비는 황태후로, 숙종은 황제로, 조사석은 황제의 동생인 월왕으로 투영시켰다. 그리고 성진과 8선녀를 등장시켜서, 성진은 자기 자신과 숙종의 융합 모델로 투영시켜, 때로는 자기 자신으로, 때로는 숙종으로 등장시켰다. 작가 서포는 결국, 군신 관계의 두 인물이 하나의 존재에서 분화된 두 인물임을 보여주고자 했다. 이와 병행하여 8선녀는 백능파를 가장 상위에 두어 신성계에 속한 존재로 활동하게 하고, 나머지 7인은 속계에 속한 인물들로 설정했다. 이런 의도에 따라서, 8선녀가 환생한 인물들 중에서 양소유의 부부 관계에서 정경패와 이소화는 양소유의 부인으로, 진채봉은 잉첩으로, 그리고 나머지 계섬월 가춘운 적경홍 심요연 백능파는 첩으로 설정하였다. 이런 배치의 실상은, 숙종을 비유한 성진과 양소유가 가장 깊은 인연으로 해석되는 진정한 충신이야말로, 백능파로 설정된 작가 서포 자신임을 깨닫는 것을 표면서사에서 확장된 이면서사의 심층 주제로 설정하여 전개한 서포 김만중의 고급 창작 기술인 것이다. 그러므로 얼핏 보면 통속소설과도 흡사하지만, 실상에 있어서는 대제학 서포가 성리학을 무르녹여 성리소설로 창작한「구운몽」이 내포하는 있는 지성미에 해당한다.

「구운몽」에서는 대표 인물의 한 사람인 양소유의 역사 인물 모델을 설정함에 있어서, 다중 복합 소재원을 보여주었다. 즉, 서포 김만중은 대제학 출신의 작가답게, 성진이 선몽 중에 환생한 존재인 양소유의 모델로 다중적인 복합모델로 활동하는 특별한 현실상의 인물을 투사시켜서 성리소설의 주인공다운 양소유라는 인간상을 탄생시켰다. 즉, 양소유의 모델은 우선 표면서사에 등장하는 중국인으로서의 양소유의 모델과, 그 이면서사에 근거를 둔 조선인으로서의 작가 서포 자신과 그와 연관된 인물 모델로 구분할 수 있는 다중 모델의 융합인물이다. 이들 다중 모델을 대표하는 인물은 중국 쪽의 모델로서, 초나라 때의 충신인 굴원과 당나라 태종 때의 충신 위징을 들 수 있다. 또 조선 쪽의 모델로는 작가 자신과 형인 서석 김만기, 그리고 작가의 군주인 숙종을 복합모델로 투사하여 이면서사의 양소유라는 성리이념을 실현시키는 이상적인 인간상으로 형상하였다. 이처럼 굴원과 위징, 김만기와 김만중, 숙종을 다중 복합모델로 투영시킨 양소유의 설정 원리는『금강경』의 논리인 아상과 인상을 구분하는 혼미한 존재, 중국인과 조선인, 죽은 형인 김만기와 생존해 있는 아우 김만중, 신하인 김만중과 군주인 숙종을 구분하는「태극도설」에서 음양의 구별론이 아닌, 통합과 융합으로의 이치를 작품의 인물 모델의 소재원에서부터 적용한 결과이다.

또, 작중 인물이 활동하는 시공간 세계를 설정함에 있어서는, 현실에서의 숙종에 의해 유배된 현실을 기본 갈등의 소재로 삼으면서, 이를 자신의 가족과 숙종을 작품 속에 성리심에 뿌리를 둔 성진과 8선녀를 표면서사에 포진시켜서 통합과 분리의 이치에 맞게 전개시켰다. 그 결과, 성진과 8선녀를 태극도설에 근거하여 헤어짐과 만남의 전개를 통하여, 현실의 시공간에서는 성진과 8선녀로 전개시킨다. 그리고 꿈 속의 시공간에서는 양소유와 8처첩을 중심으로 한 유씨부인과 양소유 가문과, 황태후와 황제 가문의 승부를 서사로 전개 시킨다. 그리고 다시 양소유와 8처첩 중에서 양소유와 최고의 천상인연을 지닌 한 쌍의 존재는 양소유와 백능파의 부부 관계라는 논리를 양소유의 꿈 속이면서도, 백능파의 현실 시공간에 해당하는 백용담의 양장군과 백능파, 그리고 동정용왕과 호승이 등장하는『금강경』에 근거한 비무상의 가장 순수 심성의 세계에서 펼친다.

작가 김만중은 현실에서 야기된 젊은 숙종의 조대비, 조사석, 장희빈과 이들 그룹을 지지하는 남인 세력과 맞서고 있는 늙은 서포와 윤씨부인, 그리고 인현왕후를 지지하는 노론 세력의 힘겨루기를 작품 속에 투사시켜서, 양소유 팀과 황제팀의 승부, 백능파와 나머지 7인의 차별화, 그리고 최고의 존재 드러내기의 승부가 이면서사의 본질에 놓여 있다. 이런 측면에서 표면서사 속에 내장된 이면서사의 승부와 최종 서사의 대주제는 숙종을 투사시킨 젊은 성진을 대각시키는 늙은 육관대사에 투사시킨 김만중이 육관대사의 금강경 전법으로 비유된 승부를 펼친다. 늙은 육관대사가 젊은 성진과 8선녀를 대각시키는 비유적인 진검 승부에서 육관대사는 최종 장엄한 승리를 얻는다.

작가 서포 김만중은 2차에 걸친 「기몽」으로 자신의 무의식적인 심리 체험을 작품화 한 다음에는, 2차에 걸친 꿈 소재를 작품화 한 「기몽」을 소설로 서사화하는 「구운몽」의 표면서사에, 중국의 문학 소재로 굴원의 「초사」를 비롯하여 『태평광기』, 두보의 한시, 오승은의 「서유기」, 백낙천의 「장한가」 등을 복합 소재로 삼았다. 그러나 그 이면서사에서는 조선의 문학인 정철의 「사미인곡」과 「속미인곡」을 복합소재로 삼았다. 또 다른 한편으로 철학 영역에서는 『금강경』을 핵심 소재로 가져와서, 시간성 이중부정으로 활용한다. 또한 허균의 「홍길동전」 등의 군담계 영웅소설의 영웅의 일대기 중에서, 중국의 울동이 지하굴에 납치해온 두 여인인 백씨녀와 조씨녀를 구별하여 아내로 삼듯이, 8선녀가 윤회한 여덟 여인들을 처첩으로 삼으면서, 그 중에 최고 위치에 백능파를 배치한다. 이 백능파가 탄생하는 시공간 세계는 나머지 일곱 여인들과는 차원이 다른 시공간 세계로 『금강경』에서 제시하고 있는 비무상 내지 비비상의 심성세계에 해당한다. 이 순수 심성세계는 신격의 수준에 위치한, 형산의 위부인, 그 북쪽의 동정용궁에 있는 동정용왕, 그리고 인간으로서는 『금강경』의 지혜를 깨달은 육관대사가 존재하는 초월적인 심성의 세계이다.

서포 김만중은 이런 다중적 이원서사 위에서 특수한 존재들로 설정하여 제시하고 있는 위부인과 동정용왕, 그리고 육관대사와 성진을 통하여, 깨달은 성진은 그 심성의 순수성인 도심의 차원에서는 둘이면서 하나에 해당하는 존재라는 것을 『금강경』의 아상과 인상을 구분하면 깨달음의 지혜인 공관의 세계. 비비상과 비무상의 세계를 자유롭게 내왕할 수 있는 무애의 보살이 될 수 없음을 보여준다. 이런 다중적이고 상관적인 인물의 심성 세계를 내세운 상징적인 인간상을 통하여 작가 서포 김만중은 김익겸과 윤씨부인, 그리고 그 아들인 김만중 자신과 그의 서사적 자아인 육관대사, 성진, 양소유, 그리고 백능파가 최고의 순수 본성을 지닌 도심의 충신이요, 효자임을 성리소설 「구운몽」을 통해 논리적으로 제시한다. 서포는 현실에서 제왕학의 기능도 하는 이 상소형 소설작품 「구운몽」을 통하여 혼미한 젊은 숙종이 깨닫기를 염원하였다.

「구운몽」에서는 이러한 동양 최고 수준의 깨달음의 미학을 지닌 것 못지않게 이를 효율적으로 제시하는 방법으로, 중국의 도가계의 설화인 「황량몽」과 「화서몽」 같은 남가일몽형의 극적인 서사 방식, 즉, 조경남의 「춘향전」에서 볼 수 있는 대단원에서 극적인 대반전을 이루는 형식을 활용하여, 성진과 8선녀가 봄날 석교상에 만나서 벌인 잠시의 수작과, 그 끝에 향내 나는 8개의 구슬이 인연이 되어 윤회 환생하여 그들이 석교에서 나눈 인간적인 사랑이 양소유와 8처첩으로 모두 한 가정을 이루어 인의를 실현하는 평생을 보냈지만, 인간 존재의 유한성에 무상감을 먼저 느낀 양승상이 취미궁에서 불가에 귀의를 원해 떠나려는 순간에 취미궁 난간에 호승이 나타나 그들을 깨워준다. 이렇게 일시에 성진과 8선녀로 돌아오는 환생을 통한 시공적인 확산은, 반본과 환원의 극적인 순간에서 양소유와 8처첩의 60년의 일생은 하룻 동안 일어난 형산에서의 참선 내지 몽환으로 충격적인 대반전을 보여준다. 그뿐만이 아니라 『장자』의 제물론에 등장하는 〈호접몽〉을 통하여, 성진이 양소유로 환생했던 것이 허망한 꿈이라는 판단에, 성진에게 육관대사는 다시 성진과 양소유는 어느 것이 참이고 현실이며, 어느 것이 거짓이고 꿈이냐는 충격적인 질문을 하게 된다. 이러한 성진의 거듭되는 특수한 교육, 즉, 심성의 시공간 위에서 체험적이며 집단적으로 제공되는 위대한 질문 뒤에 『금강경』을 설법하여 모든 현상세계에 대한 집착에서 벗어나는 해탈의 자유를 얻어 보살의 대도를 얻게 한다. 이런 동양 최고의 수준을 보여주는 유불선의 대융합의 극적인 서사를 제시하고, 작가 자신과 그를 유배 보낸 숙종을 「구운몽」 속에 서사적 자아로서의 육관과 서사적 타자로서의 숙종을 젊은 성진으로 투사시켜서, 끝내 깨닫게 하는 성리철학과 불교철학을 하나의 극적인 사사구조로 형상해냈다는 점에서 「구운몽」은 최상의 지성미를 갖춘 성리소설이다.

9

마무리

고전 작품은 시대를 초월하여 생명력이 증강되는 작품일수록 더 명작이다. 서포 김만중의 「구운몽」은 17세기 말에 완결의 형식미를 갖추어 창작된 이후, 일반 양반들은 물론, 규방과 궁궐의 군주들까지도 독서에 동참하여 진정한 국민문학으로 국민들의 관심과 공감을 얻어오고 있다. 작가 서포 김만중은 이미 17세기에 완성도 높은 세계문학으로서의 조건을 완비한 작품을 내놓았다. 그러나 여기에 부응하는 비평이나 연구가 뒤따르지 못했기 때문에, 작품의 본질과 구조, 미학 등을 명쾌하게 제시하지 못했다. 그 결과 작품의 원초의 텍스트는 많은 손상을 입은 채, 독자들을 만나게 되었고, 이 작품을 재생산하는 개작가들도 원작의 지성미를 인식하지 못한 채, 표면에 노출된 현상적인 서사에 의한 통속적인 수준의 해석을 근거로 재창조하는 결과를 초래하였다.

「구운몽」의 작가 서포 김만중은 1637년, 병자호란 때 강화도에서 순절한 충정공 김익겸의 유복자로 태어나, 당쟁의 소용돌이 속에서도 그 심성은 중심을 한번도 놓치지 않은 대제학 출신의 관료요, 성리학자요, 시인이요, 소설작가이다. 그는 대유학자 김장생의 증손으로, 숙종의 첫 왕비인 인경왕후의 숙부로서, 현숙한 경복당 윤씨부인의 둘째 아들이다. 그는 조정에 출사하여 대제학, 대사헌의 지위를 얻기도 했지만, 서인에 속한 관리로서 3차례에 걸친 유배의 고통을 겪었으며, 1692년에 마지막 유배지인 남해군의 작은 섬 노도[806]에서 세상을 떠났다. 그는 2차 유배[807]지인 평안도 선천에서, 정치적인 좌절에도 굴복하지 않고, 처절한 몰락의 길로 떨어지는 상황 속에서도, 자신과 조정에 다시 비치게 될 찬란한 빛을 지향하면서, 유배지에서 제자들

806) 기록에는 '남해에 위리안치' 시킨 기록만 있으나, 현지의 구전에서는 이곳으로 지목하여 왔으므로, 이를 근거로 추모비도 세워놓았다.

807) 『서포년보』에는 선천 유배 때, '인생이 환몽이라는 주제'의 소설을 지어 모친에게 보낸 기록이 있다.

까지 가르치면서, 한편으로는 모친과 군주를 향한 효심과 충군의 심정을 작품에 담아내며, 당대적 문제를 이유할 수 있는 방안을 종교 철학적인 논리 위에서 흥미로운 이야기로 표현해냈다. 그는 숙종이 전횡하던 당시로서는 유배형을 받은 죄수로 낙인찍힌 어둠 속의 현실이지만, 그러한 절망적인 환경 속에서도 좌절하지 않고, 인간적 비애나 애통을 견디는 수준을 넘어, 오히려 밝고 아름다운 문학으로 변용시켜 발산함으로써, 생산적인 해소를 하였다. 그러기에 그의 고난은 분노와 한의 심정으로 나아갈 수 있는 정서를 문학과 예술로 굴절, 발산하여 지성적인 정서로 표출하였다.

서포가 판단한 당대 정치적 혼미는 군신의 문제, 비빈의 문제가 안팎으로 뒤얽혀서, 당론의 갈등과 상승적 작용을 하고 있다고 판단하고, 이러한 국정 현안에 대한 군주인 숙종의 각성은 물론, 그 주변에 포진한 광역의 의미망에서, 조대비를 주축으로 하여, 숙종을 포함한 조사석과 장희빈 등의 각성까지도 의미상 포함하고 있다. 즉 숙종이 국왕으로서의 역할을 주도하기 위해서는, 조대비의 품을 떠나, 군신의 축에서는 조사석을, 비빈의 축에서는 장희빈을 지원하는 남인 세력과 거리를 두고 멀리해야 한다는 것을 소설로 거대한 상소를 하고 있는 것이다.

작가 서포는 이러한 정치적인 파국을 바로잡는 방식으로, 1차 경연에서 직간하여 실패하였기에, 2차로는 소설 「구운몽」으로 표현 방식을 전환하여, 군신간의 소통, 나아가서는 백성과 역사와의 소통으로 전환한 것이다. 그래서 자신이 처한 유배라는 정치적인 현실을 근거로 하여, 이를 이념적으로 해소한 대대적 상황을 소설 속에서 '상감 첨화' 형식을 창안하여 표현하였다. 즉, 표면서사에 이면적인 의미를 첨가 부여하면서, 인물의 비유 관계를 위부인에는 윤씨부인을, 동정용왕에는 김익겸을, 육관대사에는 서포 자신을, 성진에는 숙종을, 8선녀에는 조정의 신하와 비빈 등을 상징적으로 비유 설정하여 표현하였다.

작가 서포 김만중이 이런 창의적 방식의 이중 서사구조를 개발하여, 표면서사 이면에 주제를 담아낸 배경은, 국정이 혼란하고 극심한 당쟁 상황에서 유배되었기에, 철저한 보호색이 요구되었기 때문이다. 그는 일시적으로 혼미해진 군주와 또 그러한 처지에 놓이게 될지도 모를 독자들을 위하여, 정치 문제를 다루지 않는 듯하면서, 본격적으로 다루는 방식인 다중의 우의와 상징의 방식을 개발하여, 성리학의 심성 문제를 도심과 인심의 인물들에 투영 대비시켜 서사를 전개하였다.

서포의 이러한 소설 창작 기술은, 불가와 유가, 특히 성리학에서 이미 개척해 놓은 인간 심성론에 근거한 것으로, 표면에 드러난 서사에서는 당나라 때의 중국에서 일어나는 사건, 그것도 육관대사라는 인도의 승려가 중국에 와서 제자 성진에게 불법을 전하는 방식과, 승려인 성진이 환생하여 8처첩을 거느리고 사는 평생의 삶을, 하루 동안의 선몽으로 대체시켜 표현하는 복합 다중구조의 특수한 소설 창작법이다.

서포 김만중이 이러한 특수 상황을 소설로 창작해내는 방법을 개발하여 창작한 「구운몽」은, 유배문학, 대제학 문학, 제왕학 문학, 창의성 문학이라는 수식어가 따라붙는다. 이는 당시의 시대적 상황과 환경적 조건이 작가 서포의 삶과 공존하였기 때문이다. 이런 상황에 놓인 작가 서포의 「구운몽」의 창작 동기 중에는, 중국의 연의소설을 넘어서는 중원을 장악하는 양소유라는 통일 영웅을 설정하여, 정신적인 승리로 군담계 영웅의 활약상을 통한 대의명분, 소중화 의식의 확장된 개념인 문화 북벌론의 실현으로, 부친과 모친 나아가 효종과 스승 우암의 숙제를 함께 해결하려는 의지가 큰 몫을 차지 했던 것이다.

「구운몽」을 창작하는 데에 있어서 가장 원천 배경이 된 사건은, 남인계를 지지하는 조대비 그룹의 대표인 숙종과 노론계의 윤씨부인 그룹의 대표인 작가 서포가 희정당 경연에서 한판 승부를 벌인 것이다. 여기서 패배한 서포는 선천으로 유배되었지만, 이에 굴하지 않고 제2 단계로, 소설 「구운몽」을 창작하여 다시 재승부를 한다. 그는 독특한 선몽구조를 개발하여 「구운몽」의 서사를 전개한다. 즉 육관대사의 『금강경』에 의한 성진의 혼미를 대각시키는 3층위를 승강하는 사건을 심성을 중심으로 풀어낸다. 이러한 서사의 창작기법은 상감형 서사인 표면서사에 현실 사건을 투영시킨 이중 서사 기법으로서, 「구운몽」의 이면서사에 투사시킨 현실의 사건은 어머니 윤씨 부인의 가문과, 조 대비 가문의 한판 승부가 서사의 중심이다.

「구운몽」은 창작 과정에서 활용된 다채로운 중국의 철학과 사상, 그리고 다양한 문학들이 각각의 위치에서 최고와 최상의 융합으로 이루어진 서사구조 위에, 다중 서사구조를 구비하고 있다. 「구운몽」은 주체와 객체가 각각의 위치에서, 객체로서의 상대가 가진 개성과 장점을 이해하여 상생하고 화합함으로서, 조화로운 삶을 함께 만들어 향유 하는 동양적인 미덕을, 민족적인 것과 세계적인 것, 귀족적인 것과 서민적인 것, 유교적인 것과 불교적인 것, 중국적인 것과 주변 국가적인 것의 대 조화라는 큰 개념의 길을 열어준 작품이다. 이런 사실은, 통속적인 듯한 성리학 소설이라는 고급소설의 특질을 지니고 있는 「구운몽」이, 지난 수 백년 동안 독자들에게 소설을 통한 치유를 유효하게 실현하였다는 점에서 확인이 된다. 서포 김만중의 「구운몽」은 불가와 유가를 회통 시킨 종교 철학의 역사적, 철학적 관점에서의 범국민적인 향수와 성리학 입국의 교육 정신과 문화의 전통을 거의 무의식적인 수준에서 향수 하게 함으로써, 우리 민족의 정신문화 속에 깊은 영향을 미쳤다.

「구운몽」은 당대의 국왕으로부터 후대의 국왕, 그리고 당대의 서민과 부녀들로부터 국민문학과 국민예술로 그 영향력을 선구적으로 확장해 나감으로써, 명실상부한 한국형 세계고전이 되었다. 「구운몽」은 단순한 몽환구조의 환상적 작품으로서의 꿈이나 이상을 담아낸 것이 아니라, 현실을 투사시킨 허구로서의 실재적인 역사 현실과 허구세계를 접목시킨 본격적인 팩션소설이요 지성소설이며, 정치 윤리를 담아낸 풍자적 유배소설이다.

창작 환경의 측면에서 「구운몽」은 군신간의 토론에서 생겨난 정치적 소통에서 야기된 문제를 철학적으로 극복하고 갈등을 해결하는 심리적인 치유문학이다. 공간적인 면으로 보면, 유배지에서 창작한 유배문학이고, 사상 철학의 측면에서는 대제학이 창작한 격조 높은 지성소설이다. 그러면서 서사 전개의 기법은 참선을 기반으로 한 다중 차원의 의식을 넘나드는 이중적 몽자소설이요, 비유적인 측면에서는 중국에서 일어나는 표면서사의 조선의 군신 갈등 문제를 담아내고 있는 은유적 우의소설, 대각소설, 충효소설 등의 이름을 붙일 수 있다. 작품의 질적인 품격으로 보면, 중국 문화권을 배경으로 한 진정한 한국문학의 특질과 미학을 담아내고 있다. 이를 포괄하는 것으로는 「구운몽」은 소재 주제, 그리고 구조로 볼 때, 한국 문학사상 최초의 세계문학이다.

서포 김만중은 조선조 현종과 숙종 시대, 즉 이미 두 차례 유배를 당하여, 예악론의 악폐를 겪고 있는 상태에서 거듭되었던 예송의 논쟁으로 인한 환국이, 곧 정국을 갈등과 혼미로 이끌게 되고, 자칫 원래의 예론이 가진 취지나 장점이 아닌 망국의 길로 나아갈 수 있음을 성리소설 「구운몽」을 지어 임금의 각성을 촉구한 것이다. 이러한 판단은 곧 「구운몽」의 주제가 '구운몽'이라는 유가적 이상의 소망이, 자칫 예론의 잘못된 적용으로 인하여, 국가적 붕괴로 나아가는 것을 소설의 서사로 치유하고, 자칫 망국의 길로 치달을 수 있는 조정을 흥국의 길로 돌이키는 주제를 소설에 담아 유배지에서 올린 거대 상소이다.

광통학으로 볼 때, 『훈민정음』에 담긴 한글 창제의 이치인 천지인 삼재 중에서 위부인은 천에, 동정용왕은 지에, 육관대사는 인에 각각 해당하는 상징적 존재로 위치함을 알 수 있다. 그런데, 서포 김만중의 생각지도에는 기독교에서 말하는 하늘의 존재까지 내포하고 있음을 감지할 수 있다. 이미 육관대사나 동정용왕, 나아가서 위부인의 천상 세계와는 차별화된, 윤리도덕 위주의 유교나 성리학, 나아가서 도교나 도가에서는 도달하지 못하는 『성경』의 창조주 하나님의 존재를 유추할 수 있는 의미 차원에서, 단순히 도가적 하늘 이상의 창조주의 존재까지를 인식하고 있는 작가의 태도가 이면적 해석에서는 가능한 지점이 있음으로 판단된다. 이러한 추정이 가능한 것은 서포가 『서포만필』에서 조선의 종교사의 측면에서 야소교의 도래를 예측한 점이다. 언젠가 미래의 시대에 조선에도 야소교가 점점 들어와, 과거에 불교가 이 땅에 들어와서 이렇게 확장되었듯이, 멀지 않은 미래의 그 어느 때에는 불교 이상의 야소교의 신앙 시대가 도래할 것임을 예측한 것이다. 당대 지식인으로서는 생각지도 못한 선견지명을 보여주었던 서포의 예측은 그가 세상을 떠난 지 약 100년 후인 정조 시대에 중국을 통하여 천주교가 들어왔으나 제대로 수용하지 못하고 사학으로 몰아 핍박하였다. 그러나 그 후, 다시 약 80년 후인 19세기 말에는, 미국과 캐나다를 통해 개신교가 들어와서 성공적으로 안착하였다. 이렇게 초기 선교사들에 의해 들어온 기독교는 일제 강점기를 지나면서 그 세력이 점차 확장되어, 독립운동에도 기여하였다. 이런 분위기 때문에 「구운몽」은 이미 102년 전인 1922년에는 게일 선교사에 의해 영어로 번역되어 미국과 영국에서 출간되었으며, 한국은 서포 김만중의 예측대로 동아시아에서 가장 대표적인 기독교 국가가 되어, 인구 비율로 볼 때는 세계에서 기독교 선교 1위의 나라가 되었다.

참고문헌

김태준, 『증보조선소설사』, 학예사, 1939.

강상순, 『구운몽의 상상적 형식과 욕망에 대한 연구』, 고려대학교 대학원 박사학위논문, 1999.

김무조, 『서포소설연구–특히 그의 양면성을 중심으로』, 형설출판사, 1974.

김병국, 『서포 김만중의 생애와 문학』, 서울대학교출판부, 2001.

______, 최재남, 정운채 공역, 『서포년보』, 서울대학교출판부, 1992.

______, 『구운몽』, 서울대학교출판부, 2008.

김영철, 「구운몽에 나타난 전통 가정교육」, 서울대학교 대학원 박사학위논문, 1996.

김일렬, 「구운몽 신고」, 『한국고전산문연구』, 동화문화사, 1981.

김현룡, 「서포소설」, 『한중소설설화비교연구』, 일지사, 1976.

김현양, 『한국 고전문학사의 거점』, 보고사, 2007.

박명희, 「고소설의 여성중심적 시각 연구」, 이화여자대학교 대학원 박사학위논문, 1990.

박성의, 『구운몽의 사상적 배경연구』, 동아출판사, 1970.

박태상, 『조선조 가정소설 연구』, 연세대학교 대학원 박사학위논문, 1988.

배영희, 「구운몽에 투영된 구의 역학적 분석」, 경원대학교 대학원 박사학위논문, 1995.

사재동, 『서포문학의 새로운 탐구』, 중앙인문사. 2000.

서대석, 『군담 소설의 구조와 배경』, 이화여자대학교출판부, 1985.

설성경, 『구운몽의 연구』, 국학자료원, 1991.
______, 『구운몽의 통시적 연구』, 새문사, 2007.
______, 『윤씨부인의 삶과 그 정신세계』, 사람과 책, 2011.
______, 『구운몽의 비밀』, 서울대학교출판부, 2012.
설성경 · 박태상(공저), 『고소설의 구조와 의미』, 새문사, 1996..
성현경, 『한국소설의 구조와 실상』, 영남대학교출판부, 1981.
신재홍, 「몽유양상의 소설사적 전개에 관한 연구」, 서울대학교 대학원 박사학위논문, 1992.
안창수, 『구운몽 연구』, 영남대 박사학위논문, 1989.
엄기주, 『유가의 소설적 대응양상에 관한 연구』, 성균관대학교 박사학위논문, 1992.
유병환, 『고전소설 구운몽 연구』, 동국대학교 대학원 박사학위논문, 1989.
이가원, 『구운몽』, 덕기출판사, 1970.
이강옥, 「구운몽의 불교적 해석과 문학치료교육」, 소명출판, 2010.
이기영, 『한국의 불교사상』, 삼성출판사, 1976.
이승복, 『처첩갈등을 통해서 본 가정소설과 가문소설의 관련양상』, 서울대학교 대학원 박사학위논문, 1995.
이원수, 『가정소설 작품세계의 시대적 변모』, 경북대학교 대학원 박사학위논문, 1991.
이재수, 『한국소설연구』, 선명문화사, 1973.
장세호, 『사계 김장생의 예학사상』, 경인문화사, 2006.
정규복, 『구운몽 연구』, 고려대학교출판부, 1974.
______, 『구운몽 원전의 연구』, 일지사, 1977.
정규복(편), 『김만중 문학 연구』, 국학자료원, 1994.
정병설, 『구운몽도』, 문학동네, 2010.
정병욱, 『구운몽』, 민중서관, 1968.
조동일, 『한국문학통사』, 3권, 지식산업사. 1994.

최기숙, 『17세기 장편소설 연구』, 연세대학교 대학원 박사학위논문, 1999.

최기표, 『금강경』, 세창미디어, 2014.

최영성, 『한국유학통사』, 심산, 2006.

한기범, 「광산김문과 사계 · 신독재」, 대전시립박물관, 2015.

한태동, 『세종대의 음성학』, 연세대학교 출판부, 1998.

허 춘, 『고소설의 인물연구-중재자를 중심으로-』, 연세대학교 대학원 박사학위논문, 1987.

황의동, 『기호유학연구』, 서광사, 2009.

홍인표, 역주『서포만필』, 일지사, 1990.

황패강, 『조선왕조소설 연구』, 단국대학교출판부, 1986.